Isabel de Castela

A PRIMEIRA GRANDE RAINHA DA EUROPA

Giles Tremlett

Isabel de Castela

A PRIMEIRA GRANDE RAINHA DA EUROPA

Tradução
Geni Hirata

Rocco

Título original
ISABELLA OF CASTILE
Europe's first Great Queen

Primeira publicação na Grã-Bretanha

© Giles Tremlett, 2017

Mapa *by* ML Design. Árvore genealógica *by* Phillip Beresford

Giles Tremlett assegurou seu direito de ser identificado como autor desta obra em conformidade com o Copyright, Designs and Patents Act, 1988.

Nenhuma parte desta obra pode ser reproduzida, ou transmitida por qualquer forma ou meio eletrônico ou mecânico, inclusive fotocópia, gravação ou sistema de armazenagem e recuperação de informação, sem a permissão escrita do editor.

Todos os esforços necessários foram feitos para rastrear e encontrar detentores de direitos autorais de material de terceiros reproduzido neste livro, mas, se algum tiver sido ignorado por falta de informação, as editoras terão o prazer, no caso de uma futura reimpressão, de divulgar. Para fins legais, os agradecimentos da página 621 constituem uma extensão desta página.

Direitos para a língua portuguesa reservados com exclusividade para o Brasil à
EDITORA ROCCO LTDA.
Av. Presidente Wilson, 231 – 8º andar
20030-021 – Rio de Janeiro, RJ
Tel.: (21) 3525-2000 – Fax: (21) 3525-2001
rocco@rocco.com.br
www.rocco.com.br

Printed in Brazil/Impresso no Brasil

Preparação de originais
MAIRA PARULA

CIP-Brasil. Catalogação na fonte.
Sindicato Nacional dos Editores de Livros, RJ.

Tremlett, Giles

T725i   Isabel de Castela: a primeira grande rainha da Europa / Giles Tremlett; tradução de Geni Hirata. – 1ª ed. – Rio de Janeiro: Rocco, 2018.

Tradução de: Isabella of Castile : Europe's first great queen
ISBN 978-85-325-3099-8
ISBN 978-85-8122-728-3 (e-book)

1. Isabel I, Rainha da Espanha, 1451-1504. 2. Espanha – História – Fernando e Isabel, 1479-1516. 3. Espanha – Reis e governantes – Biografia. I. Hirata, Geni. II. Título.

17-45942   CDD–946.03092
                                               CDU–929.731

O texto deste livro obedece às normas do
Acordo Ortográfico da Língua Portuguesa.

"Não houve na história nenhuma mulher
que tivesse suplantado suas realizações."
Hugh Thomas, *Rivers of Gold: The Rise of the Spanish Empire*

"Provavelmente a personagem mais importante da nossa história."
Manuel Fernández Álvarez, *Isabel la Católica*

Para Katharine Blanca Scott, por tudo que realizamos.

SUMÁRIO

Mapas		10
Árvore genealógica		14
	Introdução: A primeira grande rainha da Europa	17
1	Nenhum homem jamais teve tanto poder	29
2	O Impotente	35
3	A filha da rainha	44
4	Dois reis, dois irmãos	52
5	Touros	60
6	Escolhendo Fernando	68
7	Casamento com Fernando	78
8	Princesa rebelde	84
9	Os Bórgia	98
10	Rainha	115
11	E rei!	120
12	Nuvens de guerra	127
13	Sob ataque	133
14	Embora eu seja apenas uma mulher	148
15	Momento decisivo	155

16	Aviltando os Grandes da nobreza	164
17	Justiça implacável	176
18	*Adiós* Beltraneja	187
19	A Inquisição – populismo e pureza	200
20	Cruzada	220
21	Assolaram-nos, cidade por cidade	235
22	Deus salve o rei Boabdil!	243
23	Os Tudor	257
24	A queda de Granada	265
25	Transferência de poder	274
26	Expulsão dos judeus	285
27	O vale de lágrimas	297
28	A corrida para a Ásia	307
29	Mulheres e o espírito festivo	324
30	Uma noite infernal	333
31	Um novo mundo	338
32	Índios, papagaios e redes	351
33	Repartindo o mundo	364
34	Um novo continente	382
35	Casamentos dos Bórgia	396
36	Todos os tronos da Europa	402
37	Embora clérigos... ainda somos de carne e osso	409
38	A frota de Joana	418

39	Dois maridos tendo, morreu donzela	426
40	A terceira punhalada de dor	439
41	O imundo Tibre	445
42	Nós, alemães, os chamamos de ratos	455
43	O fim do islã?	469
44	O sultão do Egito	480
45	Como uma leoa enfurecida	486
46	O Juízo Final	499
	Epílogo: Um raio de glória	513
	Apêndice: valores monetários e moedas	527
	Notas	529
	Bibliografia	599
	Agradecimentos	621

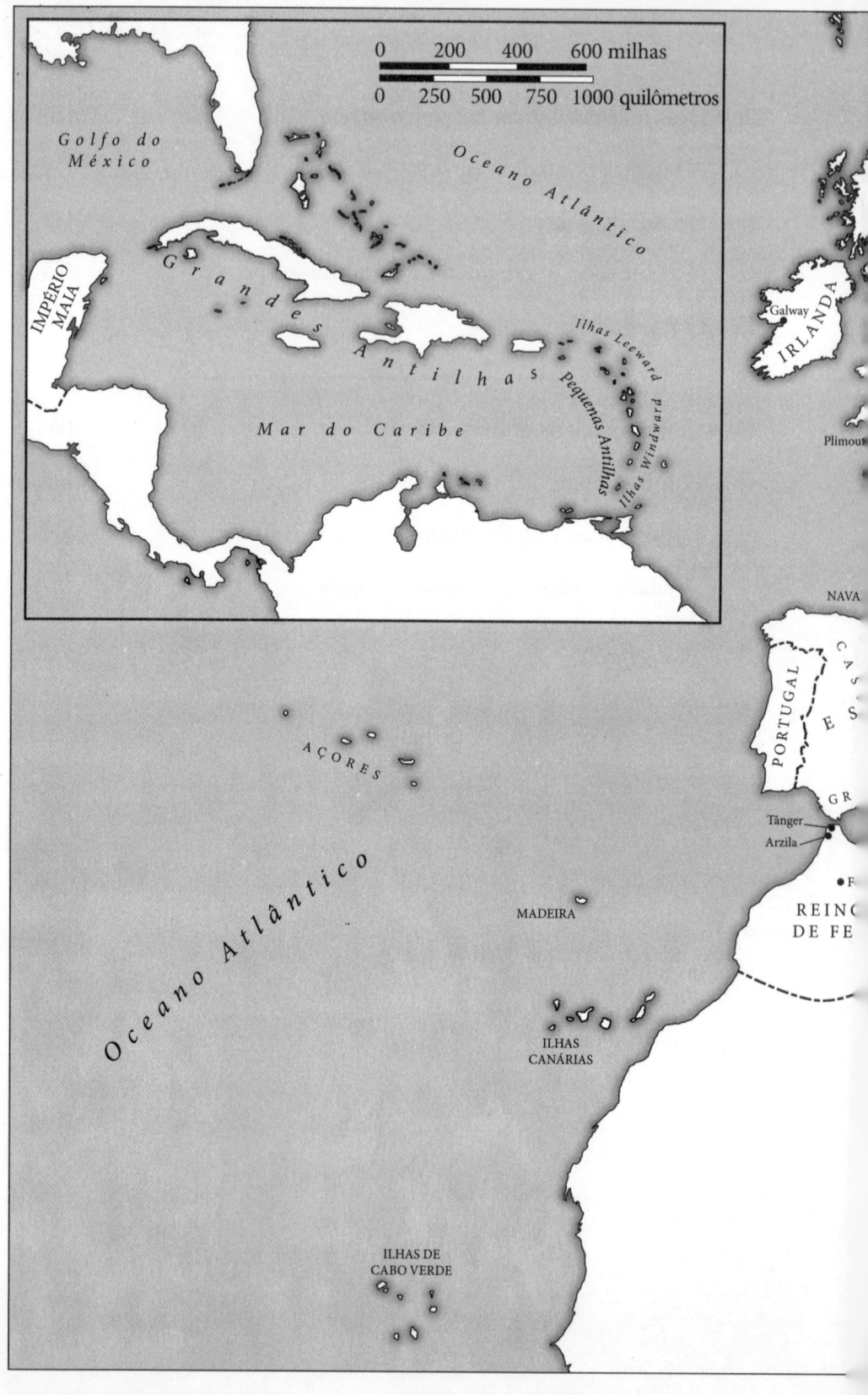

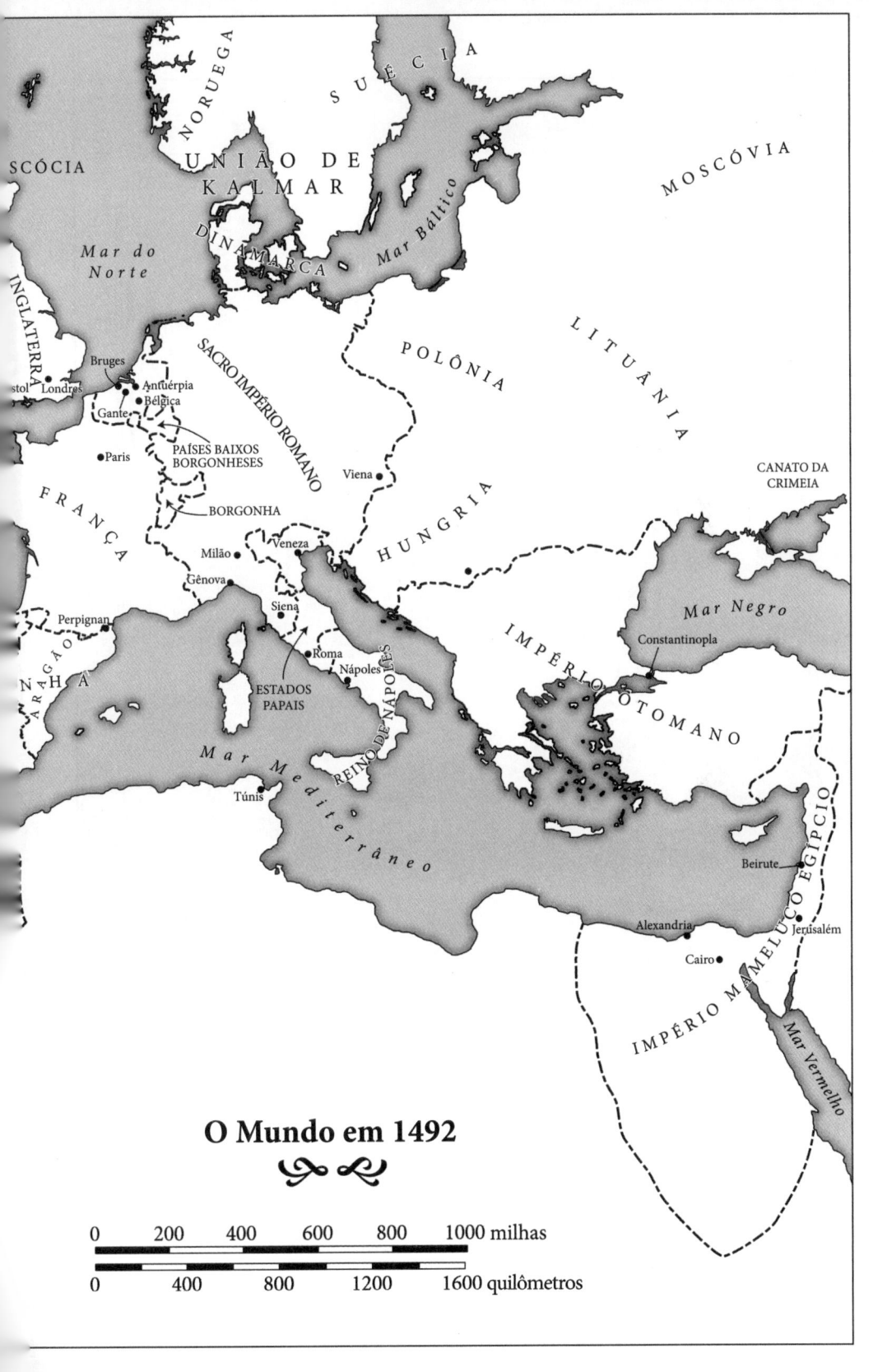

O Mundo em 1492

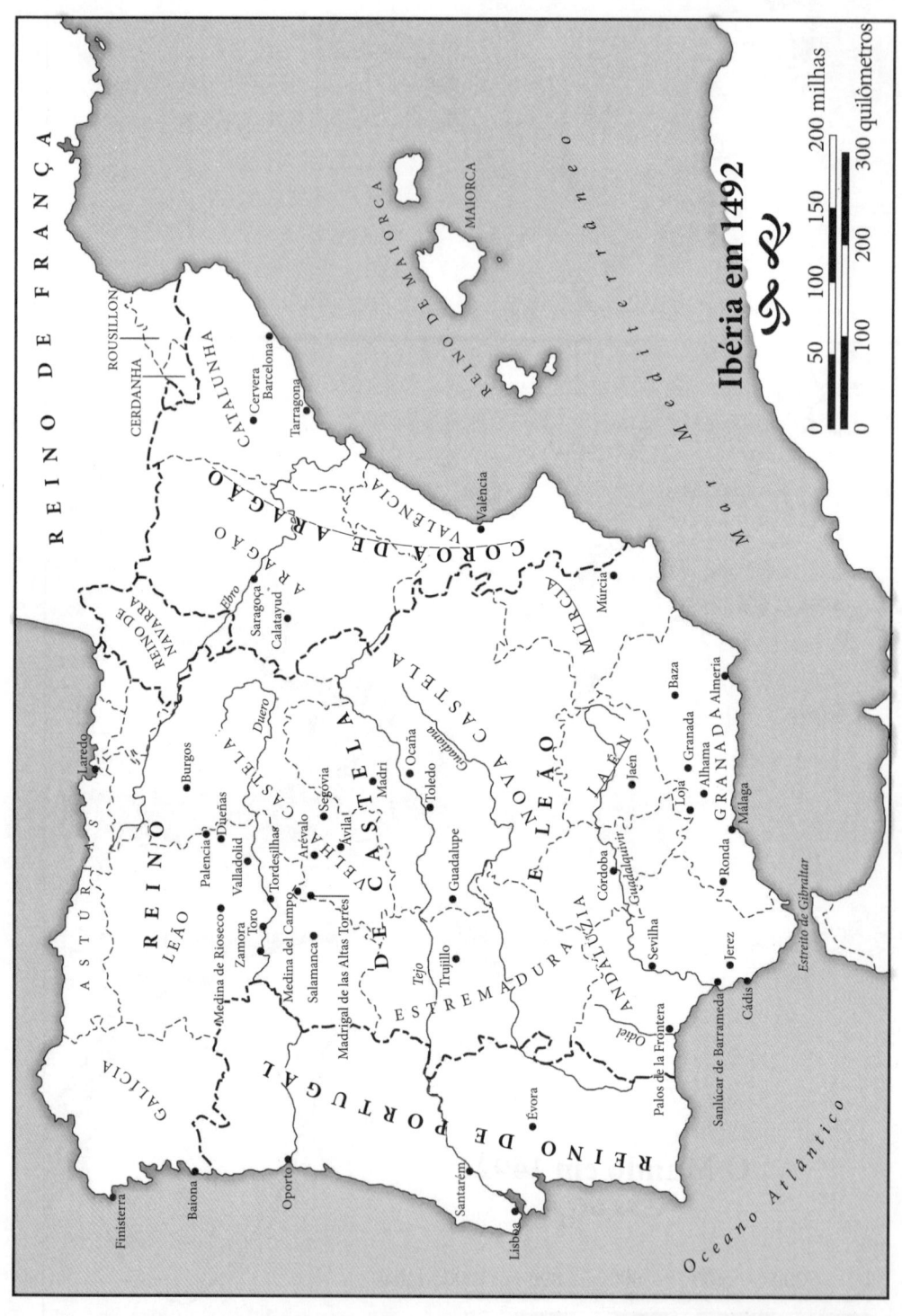

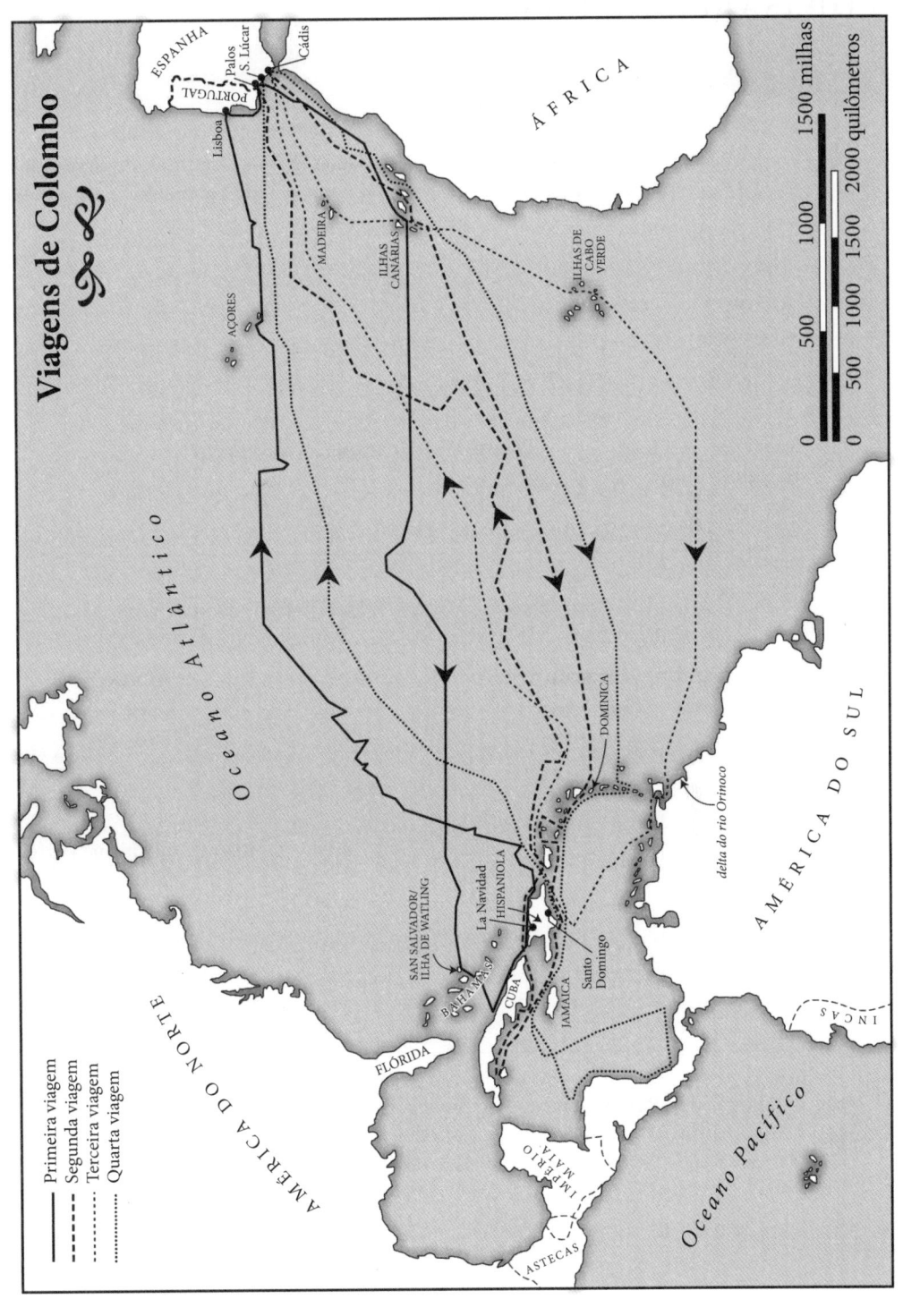

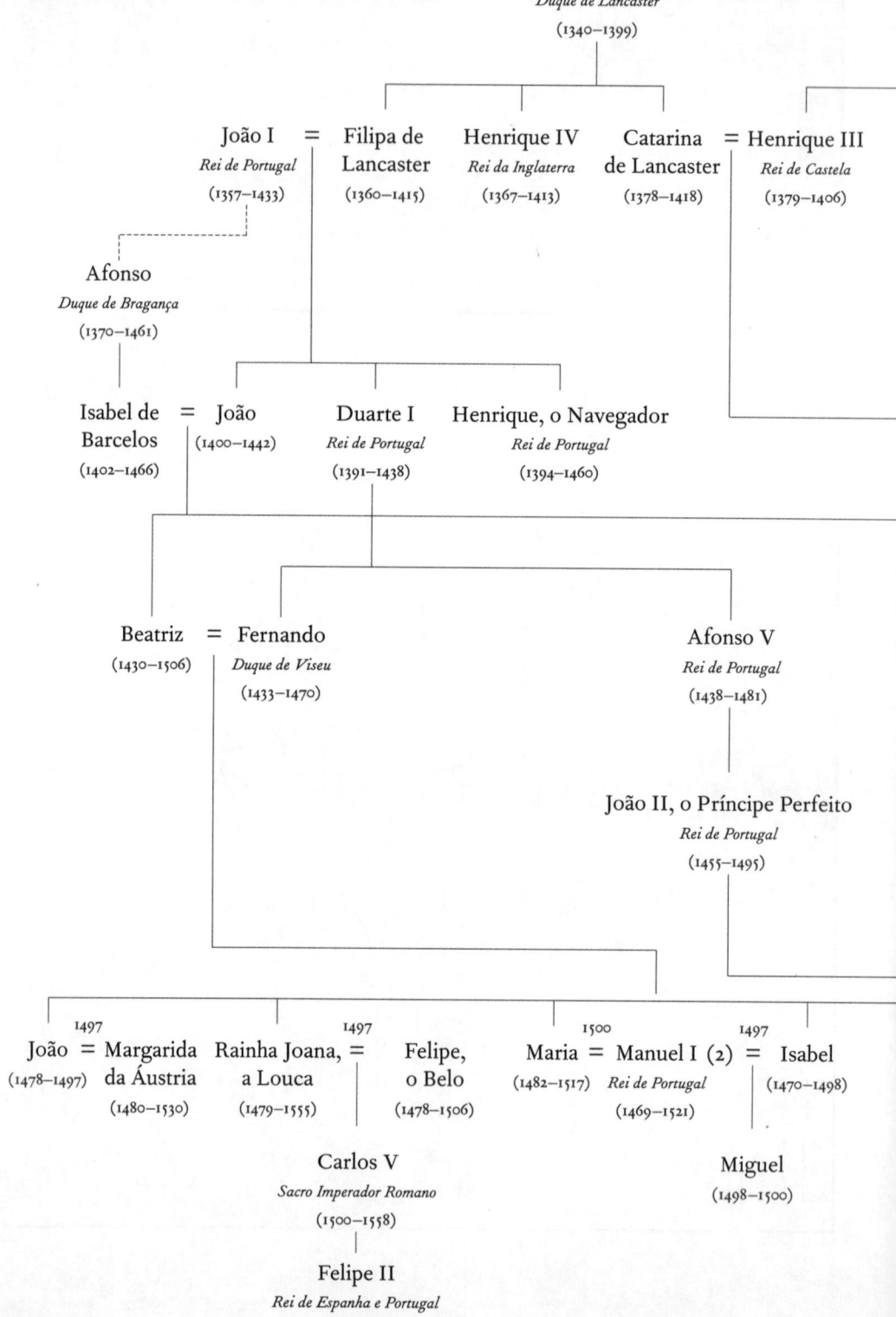

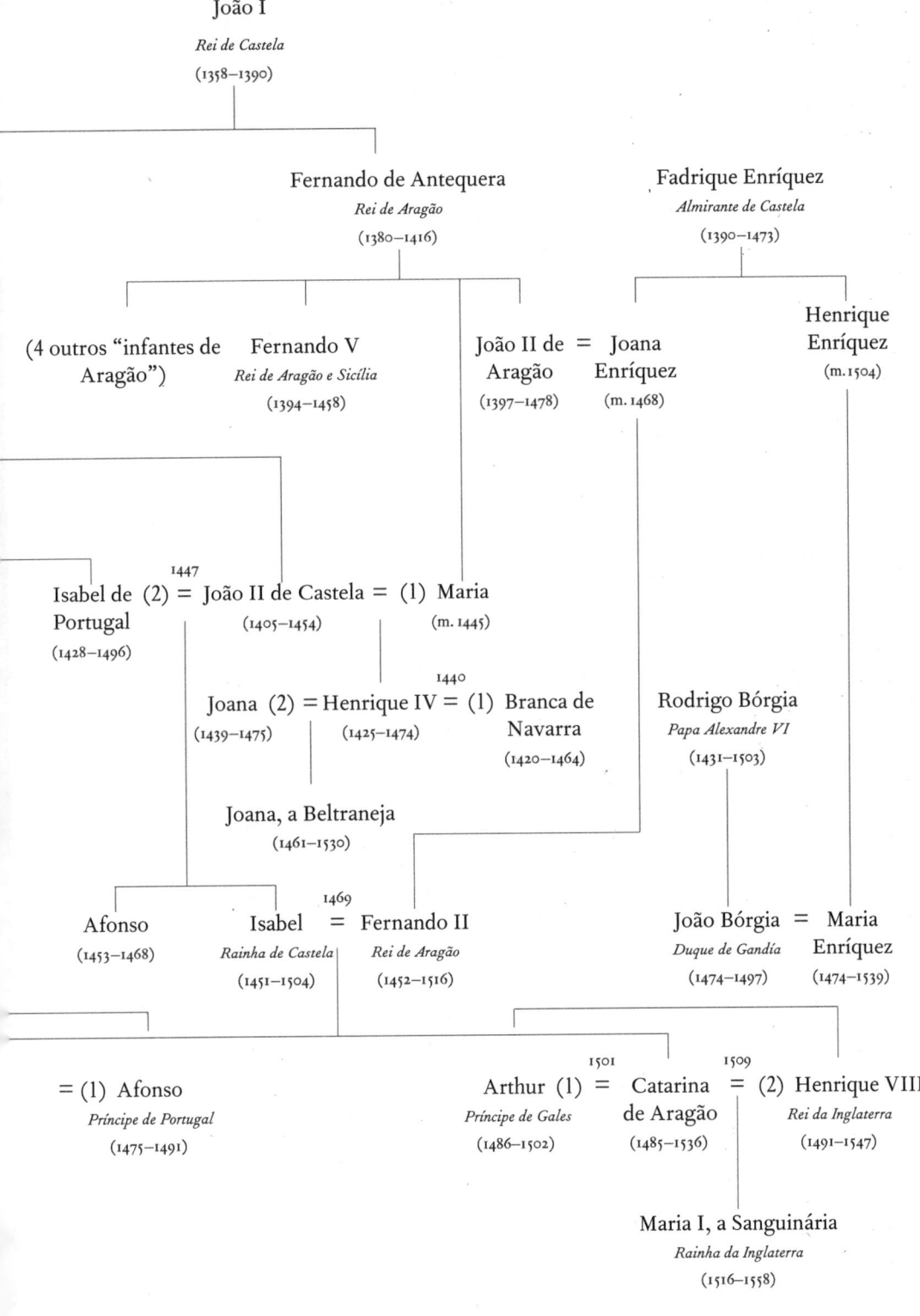

INTRODUÇÃO

A primeira grande rainha da Europa

Segóvia, 13 de dezembro de 1474

A visão era impressionante. Gutierre de Cárdenas caminhava solenemente pelas ruas de Segóvia, geladas e varridas pelo vento, a espada real mantida com firmeza à sua frente, segura pela ponta, e a empunhadura para o alto. Atrás dele, vinha um novo monarca, uma mulher de vinte e três anos, de altura mediana a baixa, cabelos louro-avermelhados e olhos verde-azulados, cujo ar de autoridade era acentuado pela ameaça da arma de Cárdenas. A espada era um símbolo do poder real tão forte quanto qualquer coroa ou cetro. Aqueles que enfrentavam o ar frio e cortante de Segóvia para ver a procissão sabiam que aquela espada significava a determinação da jovem de fazer justiça e impor sua vontade pela força. As joias reluzentes de Isabel de Castela falavam de magnificência régia, enquanto a espada de Cárdenas ameaçava violência. Ambas indicavam poder e a disposição de exercê-lo.[1]

Os espectadores estavam estupefatos. O pai e o meio-irmão de Isabel, os dois reis que governaram a turbulenta Castela pelos setenta anos anteriores, não eram famosos pelo uso do poder. Haviam deixado que outros governassem por eles. No entanto, ali estava uma mulher, por mais incrível que fosse, declarando-se determinada a governá-los ela própria. "Alguns na multidão murmuravam que nunca haviam visto nada igual", relatou um dos presentes. Os descontentes não tinham nenhum escrúpulo em contestar o direito de uma mulher de governá-los e não precisavam ficar de boca fechada. A monarquia fraca de Castela tornara-se objeto de deboche, desobediência e franca rebelião. Durante décadas, os reis do país não passaram de joguetes para uma parte daqueles aristocratas poderosos, arrogantes e proprietários de terras, que já se referiam a si próprios como os "Grandes", a alta nobreza espanhola. Aquela mulher que alegava ser sua nova rainha em um dia de dezembro de 1474 pode ter aparecido em seus trajes e joias mais magníficos, mas somente um pequeno número de Grandes, sacerdotes e outros altos dignitários a acompanhava. Era um sinal de que seus problemas iam além do seu gênero e da condição de fragilidade da monarquia de Castela. Afinal, Isabel não era a única pretendente ao trono, nem era a pessoa designada como tal pelo monarca anterior. Aquilo era, em resumo, o golpe antecipado de uma usurpadora. Ninguém podia ter certeza de que iria dar certo.[2]

Castela era o maior, mais forte e mais populoso reino naquela que os romanos (e seus herdeiros visigodos) chamaram de Hispânia e que hoje está dividida entre os dois países da Península Ibérica – Portugal e Espanha. Com mais de quatro milhões de habitantes, era significativamente mais populosa do que a Inglaterra e um dos maiores países da Europa Ocidental. O reino que Isabel reclamava era o resultado de uma lenta conquista de seis séculos de terras que haviam sido ocupadas pelos muçulmanos – conhecidos pelos cristãos como *moros*, ou mouros –, que atravessaram os quinze quilômetros de águas turbulentas que separam a Espanha do Norte da África no estreito de Gibraltar e varreram a Ibéria no começo do século VIII. A história recente de Castela nada tinha de gloriosa e sua experiência de rainhas regentes era tanto distante quanto tida como deplorável.[3] Ninguém vivo podia se lembrar de como era ter um monarca forte, enquanto lutas internas e vizinhos problemáticos – Aragão a leste, o reino muçulmano de Granada ao sul e Portugal a oeste – continuavam a absorver grande parte de sua energia. Lidar com esses três países e com o pequeno, mas em geral irritante, reino nortista de Navarra era praticamente tudo que conseguia fazer em termos de aventuras estrangeiras – embora a família real muitas vezes buscasse parceiros de casamento no exterior e a própria Isabel se vangloriasse tanto de uma mãe portuguesa quanto, em Catarina de Lancaster, uma avó inglesa. Mais ao norte, a França continuava sendo uma potência muito maior – que Castela tinha o cuidado de não perturbar.

Os que observavam o desfile de Isabel pelas ruas frias de Segóvia não podiam saber que estavam testemunhando os primeiros passos de uma rainha destinada a se tornar a mulher mais poderosa que a Europa já vira desde a era romana. "Essa rainha de Espanha, chamada Isabel, não teve igual nesta terra por quinhentos anos", um visitante maravilhado do Norte da Europa proclamou um dia, admirando o temor e a lealdade que ela provocava entre os castelhanos mais humildes e os mais poderosos Grandes.[4] Não se tratava de um exagero. A Europa possuía uma experiência limitada com rainhas regentes, e menos ainda com rainhas regentes bem-sucedidas. Poucas das que se seguiram a Isabel tiveram um impacto tão duradouro. Apenas Elizabeth I, da Inglaterra, a arquiduquesa Maria Teresa, da Áustria, Catarina, a Grande, da Rússia (ofuscando uma formidável antecessora, a imperatriz Elizabeth) e a rainha Vitória, do Reino Unido, podem rivalizar com ela, cada qual em sua própria era. Todas enfrentaram os desafios de ser uma soberana em um mundo predominantemente dominado por homens e todas tiveram reinados longos e transformadores, deixando legados que seriam sentidos por séculos. Somente Isabel fez isso liderando um país que emergia do tumultuado fim da Idade Média, utilizando as ideias e os instrumentos do começo da Renascença para começar a transformar uma nação indisciplinada e rebelde em uma potência europeia com uma monarquia ousada e ambiciosa no centro.[5] Ela foi, em outras palavras, a primeira nesse ainda pequeno clube de grandes rainhas europeias. Para alguns, ela continua a ser a maior. "Não houve na história nenhuma mulher que tivesse suplantado suas realizações", afirmou o historiador da Espanha Hugh Thomas.[6] Este autor concorda, pelo menos no que diz respeito às mulheres monarcas e seu impacto no mundo.

As realizações de Isabel não são apenas notáveis por causa de seu sexo, mas especialmente por ele. Isabel surgiu depois de mais de um século de crise na Europa. Em 1346, uma tropa de tártaros, durante um cerco, havia lançado os corpos cobertos de manchas, devastados pela praga, de vítimas da Peste Negra em uma guarnição militar genovesa na Crimeia. Os genoveses foram forçados a fugir em navios que levaram a doença para a Europa, ou assim alegou o escritor genovês

Gabriele de' Mussi, depois de ver a praga devastar sua cidade natal, Piacenza. Na verdade, a Peste Negra tomou muitas outras rotas dentro da Europa, onde ceifou a vida de um terço da população. O fato acelerou a morte do sistema feudal na maior parte da Europa Ocidental, privando-a de mão de obra e provocando desde revoltas de camponeses ao abandono de terras produtivas.[7] Então, em 1453, o belo e arrojado sultão otomano de vinte anos Mehmet II ordenou que seus navios fossem levados por terra para dentro do estuário Corno de Ouro, isolando a capital da cristandade oriental, Constantinopla. Esta logo caiu em suas mãos. Exércitos muçulmanos, então, completaram sua ocupação da Grécia e de grande parte dos Bálcãs, assinalando mais um episódio sombrio na história da Europa cristã ocidental. A explicação para tudo isso, em um mundo dominado pela religião e pela superstição, era simples e amplamente compartilhada. Deus estava furioso. Sua ira se abatera sobre um mundo pecaminoso e, em alguns lugares, acreditava-se que Deus havia fechado as portas do paraíso. Os cristãos há muito sonhavam com um líder mítico e redentor, o Último Imperador do Mundo, ou o Rei Leão, que recuperaria Jerusalém e converteria o mundo à verdadeira fé.[8] Agora, com o islamismo em ascensão e eles próprios diante de um declínio aparentemente irreversível, precisavam de tal líder ainda com maior urgência.

Os castelhanos desejavam que o grande salvador da cristandade fosse um de seus próprios monarcas, porém reis fracos trouxeram constante decepção. Os estrangeiros viam uma Espanha permanentemente imersa em disputas, como um país envolto em uma "escuridão natural",[9] e Castela continuou sendo uma sociedade volátil e instável. Uma categoria social inteiramente nova, a dos "cristãos-novos" ou conversos, ainda estava sendo assimilada entre frequentes explosões de violência. Os conversos eram os filhos e netos dos que um dia constituíram a maior comunidade de judeus do mundo, a maioria dos quais parecia ter sido convertida à força oitenta anos antes. Nas cidades, uma burguesia crescente de mercadores de lã, banqueiros, comerciantes e oligarcas locais lutava para se impor. Em outros lugares, muitos buscavam alcançar ou manter os privilégios de classe – em geral, personificados pela ampla, ainda que empobrecida, categoria de *hidalgos,* cujo nome derivava do termo *hijos de algo,* ou "filhos de algo".[10] Entretanto, o verdadeiro poder ainda permanecia nas vastas e isentas de impostos propriedades dos Grandes, ordens militares e Igreja – que eram também a maior ameaça à autoridade real.[11] No entanto, em um continente dividido em dezenas de reinos, cidades-Estados, principados e ducados belicosos, Castela era um dos poucos países com potencial para produzir um líder que pudesse reverter a debilitada sorte da cristandade ocidental. Grandes rebanhos de carneiros da raça merino, resistentes e de lã fina de excelente qualidade – cerca de cinco milhões de cabeças –, haviam transformado Castela no que um historiador chamou de "a Austrália da Idade Média", com lã sendo enviada para sofisticados centros têxteis do Norte da Europa.[12] Em Roma, a capital espiritual da Europa, o papa tinha absoluta consciência da importância dessa riqueza, já que a Ibéria era responsável por um terço da renda do papado.

Ninguém jamais imaginara que o Último Imperador do Mundo seria uma mulher, mas Isabel, em aliança com seu marido, o rei Fernando de Aragão, fez mais do que qualquer outro monarca de sua época para reverter o declínio da cristandade. Apesar disso, Isabel permaneceu admirada por quase toda a Espanha. Há muitas razões para isso. Uma foi o uso que ela fez da violência. Esta é uma arma legítima e necessária para o exercício do poder, mas geralmente é considerada perturbadora quando usada por uma rainha – como se aquelas que usurpam o papel masculino de liderança fossem guiadas por forças malignas e obscuras que anulam uma feminilidade supostamente natural e amável. Isabel não tinha nenhum escrúpulo em empregar a violência, sentindo a mão de Deus por trás de cada golpe desfechado em seu nome. Em nenhum lugar isso foi mais verdadeiro do que em sua tentativa de completar a chamada Reconquista, derrotando o antigo reino muçulmano de Granada. Isabel admirava Joana D'Arc, mas não fez nenhuma tentativa de imitá-la liderando tropas em batalha. Isso era trabalho de homem e ela acreditava firmemente na divisão dos sexos (bem como de classes, fé religiosa e grupos étnicos). Nesse, e em muitos outros aspectos, ela era não só uma mulher de seu tempo, mas uma extremamente conservadora. Nem ela sentia alguma necessidade de fingir qualquer forma de masculinidade, embora os homens geralmente achassem que só podiam explicar seu extraordinário sucesso atribuindo-lhe algumas de suas próprias qualidades masculinas. Enquanto Elizabeth I mais tarde viesse a proclamar ter "o coração e o estômago de um rei", Isabel preferia expressar um espanto furioso de que "como uma mulher frágil" ela fosse muito mais ousada e beligerante do que os homens que a serviam.

A Castela que ela reclamava o direito de governar devia seu nome aos castelos, ou *castillos,* que pontilhavam um reino esculpido em séculos de guerra e conquista de terras muçulmanas. A identidade de seu país foi moldada em torno de seu papel como uma nação das Cruzadas, defensora da fronteira sul do cristianismo. As distintas regiões de Castela deviam sua existência, ainda, aos diferentes estágios de uma Reconquista que tivera início nas montanhas que assomavam sobre a costa da Cantábria, ao norte, e se espalhavam lentamente pela região mais ampla, conhecida como Velha Castela. Essa região ficava ao norte de uma cordilheira central de montanhas e serras de cumes nevados, que incluíam as cadeias Guadarrama e Gredos. A Velha Castela (juntamente com as terras onde a Reconquista foi deslanchada e obteve seus primeiros sucessos, nas Astúrias, no País Basco e na Galícia) era limitada ao norte e a oeste por uma linha costeira perigosa e inóspita. Incluía o próprio Fim da Terra, ou Finisterra, da Espanha, onde deslumbrados romanos maravilharam-se com o sol se pondo por trás da borda ocidental do mundo conhecido. Essa antiga parte de seus domínios estruturava-se em torno de uma rede de belas cidades muradas, como Segóvia, Ávila, Burgos e Valladolid, que se tornaram ricas graças ao comércio de lã. Todo outono, os rebanhos de ovelhas seguiam em direção ao sul pelas montanhas – ou "pelos passos", como Isabel dizia – para os seus pastos de inverno na região que se tornara conhecida como Nova Castela. Esta região era presidida pela antiga Toledo, com suas igrejas magníficas, mesquitas e sinagogas convertidas, que juntas simbolizavam séculos de coexistência religiosa na

Espanha. Mais ao sul e a oeste ficava a próspera Andaluzia, com suas férteis planícies, portos no Atlântico e a maior cidade do país, Sevilha, como sua florescente capital. Longe, para leste, ficava a escassamente povoada terra de fronteira de Múrcia, que oferecia a Castela portos no Mediterrâneo. A Estremadura, na fronteira ocidental de Castela com Portugal, também devia muito de sua natureza a sua própria condição de fronteira.

Pelas paisagens diversificadas e em geral acidentadas de Castela — do noroeste úmido e verde ao sudeste árido, semelhante a um deserto —, a violência de Isabel era dirigida contra aqueles que se opunham ao seu golpe de usurpadora, desafiavam a autoridade real ou ameaçavam a pureza de seu reino. A limpeza étnica e religiosa levou milhares à fogueira, dezenas de milhares foram banidos[13] e muitos mais forçados a se converter ao cristianismo. Judeus e muçulmanos foram apagados da população oficial da Espanha, forçando muitos a esconderem sua verdadeira fé. Sua nova Inquisição estatal, dirigida pela monarquia, usava frágeis provas e confissões extraídas sob tortura para levar à fogueira conversos cuja impureza racial geralmente era a única base real para suspeitas sobre suas crenças. E foi durante o seu reinado que os espanhóis cristãos de linhagem judaica começaram a se ver formalmente categorizados como súditos de segunda classe. São atos terríveis pelos padrões éticos atuais, mas foram amplamente aplaudidos em uma Europa que via com desdém a mistura de religiões da Espanha. Muitos se perguntavam por que os espanhóis levaram tanto tempo para fazer o que eles próprios haviam feito há séculos.

Limpeza étnica ou religiosa, escravização e intolerância não eram vistas com maus olhos. Podiam, na verdade, ser virtuosas. Entretanto, mesmo pelos parâmetros de sua própria época, Isabel era considerada severa. O próprio Maquiavel fez comentários sobre a "crueldade piedosa"[14] praticada nos reinos de Isabel. Em público, ela aperfeiçoou uma forma distante de realeza impassível, mas por trás disso havia uma mulher de convicções intensas e inabaláveis. Somente Fernando e um punhado de frades cristãos austeros e severos, a quem ela recorria em busca de orientação moral, pareciam capazes de fazê-la mudar de ideia.

Ainda assim, muitas pessoas sentiam-se agradecidas, pois essa mesma severidade inflexível trouxe estabilidade e segurança às suas vidas cotidianas – protegendo-as da violência do populacho, da ganância dos Grandes e da crueldade fortuita daqueles que desprezavam com arrogância as leis de Castela.

A aparente calma de Isabel escondia não só uma ferrenha força de vontade, como também um conceito elevado de seu lugar na história e um desejo de fama duradoura que levaram sua ambição muito além das tradicionais fronteiras de Castela. Navios do vizinho Portugal já estavam aventurando-se em águas distantes do Atlântico e para o sul, ao longo da costa da África. Sob a liderança de Isabel, com a ajuda do talentoso e excêntrico navegador genovês Cristóvão Colombo, Castela pressionou mais e mais para oeste, descobrindo todo um "Novo Mundo" que lhe angariou glória, poder e ouro. Isso também quadruplicou o tamanho geográfico do que viria a ser denominado "civilização ocidental" e ajudou a provocar uma mudança tectônica no poder global. Era, em muitos aspectos, o milagre pelo qual a conflituosa cristandade estivera esperando.

Tudo isso foi conseguido, em parte, porque Isabel começou o processo de impor o que outros príncipes e monarcas em toda a Europa se esforçavam para instalar – um novo tipo de domínio real que reduzia o poder político dos senhores feudais e concedia mais a uma nova classe de leais e dependentes burocratas reais. Era uma transição ousada e inteligente, não revolucionária, mas ainda assim profundamente transformadora, e tudo feito, ironicamente, com apelo à tradição. Em seu desejo de angariar o máximo poder possível para a coroa – uma precursora das monarquias absolutistas dos séculos posteriores –, ela governava em pé de igualdade com seu marido, Fernando, cujos reinos menores de Aragão por fim lhes deu o controle conjunto da maior parte da Espanha contemporânea, embora esse tipo de governo fosse muito mais fácil de implantar em Castela. Na verdade, seu maior ato político foi forjar uma aliança com Fernando que era ao mesmo tempo única e claramente compreendida por ambos, embora provocasse – e continue a provocar – confusão. "Algumas pessoas ficavam surpresas e diziam

'Como? Há dois monarcas em Castela?'", perguntou um perplexo visitante da Inglaterra, escrevendo em francês.[15] "Eu escrevo 'monarcas' porque o rei é rei por causa da rainha, por direito de casamento, e porque eles se denominam 'monarcas'." Até mesmo observadores contemporâneos, portanto, tentaram compreender esse fenômeno ímpar com explicações mais extravagantes, pintando a rainha tanto como uma companheira silenciosa e subserviente a Fernando ou, por outro lado, como uma megera dominadora. No entanto, o "nós" real empregado em suas cartas refletia a realidade, pois a assinatura de Isabel era também a de seu marido e vice-versa – ao menos em Castela, pois as leis de Aragão a tornaram rainha consorte e, na prática, o sócio minoritário lá.

Um dos maiores problemas para um biógrafo de Isabel é separar o papel do marido e o da esposa, embora isso seja uma tarefa inútil. Se uma das primeiras e mais importantes decisões de Isabel foi a de se casar com Fernando e outra tenha sido compartilhar o poder quase como iguais, então ela também merece crédito pelas ações de seu marido. As glórias dele eram dela também (assim como as dela eram dele) e devem ser acrescentadas, e não subtraídas, de suas realizações individuais. Seus fracassos e excessos também devem ser compartilhados, mas a descoberta precoce do casal de que duas pessoas cuja parceria baseia-se na lealdade e na confiança absoluta na capacidade de que juntos podem fazer muito mais do que uma única pessoa sozinha é a chave para a compreensão do reinado de Isabel. Essa era a melhor expressão do amor do século XV – na maioria das vezes, uma questão de respeito. No caso de Isabel, este vinha acompanhado de uma paixão possessiva e ciumenta, que seria uma marca de seu caráter intenso e determinado.

Outra dificuldade em revelar a verdade sobre a vida de Isabel é o seu gosto pela propaganda. Ela compreendia intuitivamente, como diria Maquiavel, que "governar é fazer crer". Ela também queria assegurar que sua versão da história – em que ela aparece como uma figura santa, que oferece um amor severo e redentor a uma nação perdida – iria triunfar. Para isso, Isabel contava com um grupo de cronistas submissos que não só dependiam dela para sua sobrevivência, como quase sempre tinham que submeter seu trabalho à sua aprovação. Este biógrafo tentou usar essas crônicas de maneira criteriosa, levando em consideração os preconceitos dos autores, sem ignorar o fato de que eles em geral foram testemunhas dos momentos mais importantes da carreira de Isabel. Sempre que possível, eles foram comparados com observadores mais imparciais, fossem missivistas, visitantes estrangeiros ou os áridos, porém reveladores, registros municipais, estaduais e da Igreja que os pesquisadores espanhóis continuam a garimpar.

Para muitos católicos romanos, a capacidade de Isabel de promover uma limpeza em seu próprio país – inclusive extirpando grande parte da corrupção na Igreja, que lançava as pessoas nos braços do protestantismo – foi crucial para transformar a Espanha em um baluarte contra o luteranismo e a heresia. As caças às bruxas realizadas tanto por protestantes quanto católicos pelo resto da Europa, ressaltam, mostraram-se tão cruéis e mais sanguinárias do que sua mais aterrorizante invenção, a Inquisição espanhola. Até hoje, seus mais ferrenhos defensores fazem campanha por sua beatificação. Entre as razões que apresentam é a de que a viagem de Colombo às Américas, uma iniciativa que viu populações inteiras exterminadas, resultou em muitas conversões ao cristianismo.

Uma *leyenda negra,* construída em torno da Inquisição e reforçada tanto pelo menosprezo protestante quanto pela inveja italiana, moldou a visão de uma rainha que lançou as bases do primeiro império global e preparou a Espanha para se tornar a potência europeia dominante durante a maior parte do século XVI. Na Espanha, aconteceu um processo oposto de glorificação. Isabel tornou-se um modelo de toda virtude possível e um símbolo para conservadores religiosos e ditadores. ("A inspiração para nossa política na África", diz uma placa colocada em 1951 pelo regime do ditador general Francisco Franco na sala do pequeno convento em Madrigal de Las Altas Torres, onde ela nasceu quinhentos anos antes.) Essa lenda negra, juntamente com o dramático declínio posterior da Espanha, ajudou a marginalizá-la nas narrativas dominantes da história europeia. A lascívia sexual, entretanto, a manteve fora da literatura e da imaginação popular. Isabel podia ser coquete, mas não teve nenhum amante conhecido ou suspeito – carnal ou não. Ela se manteve agressivamente fiel a seu marido itinerante, Fernando, lutando contra seu próprio ciúme enquanto desdenhava mulheres de moralidade inferior (e havia muitas). O fogo do amor ou da luxúria ocultos não incendiou seu reinado. A paixão era por Deus, seu marido e seu país. Sua história não é sobre sexo. É sobre poder.

I

Nenhum homem jamais teve tanto poder

*A casa da família Stúñiga,
Valladolid, 3 de junho de 1453*

O mais notável homem de Castela levantou-se ao amanhecer, assistiu à missa e tomou a sagrada comunhão. Em seguida, Álvaro de Luna escolheu algumas cerejas de uma travessa e enxaguou com vinho goela abaixo as poucas que sua garganta fechada, temerosa, lhe permitia engolir. Lá fora, as ruas de Valladolid começavam a absorver os primeiros raios do implacável sol de verão de Castela. O nobre de sessenta e três anos que governara o reino por tanto tempo sabia que esta seria sua última refeição. Logo trouxeram uma mula até a casa onde era mantido prisioneiro naquela rica cidade de mercadores e ourives. Com uma capa preta sobre os ombros e o chapéu no lugar, eles o conduziram pela movimentada rua comercial conhecida como La Costanilla, ao longo de um afluente pequeno e malcheiroso do rio Esgueva, até a praça principal. "Esta é a justiça que nosso Senhor Rei ordena para este cruel tirano e usurpador da coroa real, como castigo por sua malignidade e serviço, ordenando que sua cabeça seja decepada!", gritou o arauto – nervosamente se esquecendo de dizer *des*serviço. A mente afiada de Luna produziu uma resposta rápida e mordaz. "Muito bem dito", ele retrucou. "É assim que estou sendo pago pelos meus serviços."[1]

Mesmo a uma hora tão cedo, uma grande multidão se acotovelava para ver o mórbido cortejo por uma das maiores cidades do reino – situada em meio a campos de cereais e pastagens acidentadas nas amplas planícies de ar rarefeito da *meseta* alta e central da Espanha. As janelas estavam apinhadas de espectadores. Durante anos, Luna governara em nome do verdadeiro monarca, João II, acumulando não somente poder, como também vasta riqueza. Suas terras, e as da poderosa Ordem Militar de Santiago, que ele comandava, estendiam-se por todo o país. João o adorara como um herói e o amara quando era um rei criança. "Nenhum homem... jamais chegou tão alto ou teve tanto poder ou foi tão amado por seu rei", escreveu um cronista contemporâneo chamado "o Falcão".[2] Poucos, ele podia ter acrescentado, foram tão odiados por seus inimigos. Estes espalharam um boato obsceno de que o relacionamento entre o jovem que foi nomeado pajem do monarca de três anos quando ele próprio tinha dezoito anos transformara-se em algo sexual e impróprio. Assim que João alcançou idade suficiente para governar por conta própria, Luna tornou-se seu *privado*, ou favorito, exercendo o poder real em nome do monarca. Agora que se encaminhava para sua morte, o povo da cidade estava tão empolgado quanto abismado de testemunhar o drama eternamente apaixonante da queda de um grande homem. Tochas ardiam em dois grandes crucifixos de cada lado de um tablado coberto com um pano preto onde o carrasco aguardava. Não havia nenhum machado ou espada pesada para uma morte rápida. O carrasco trouxera, em vez disso, um *puñal* – uma adaga pontiaguda, às vezes sem corte. "Eu lhe suplico que se certifique de que esteja bem amolado", disse Luna, enquanto andava de um lado para o outro do patíbulo. Ele trouxera sua própria corda para amarrar suas mãos, mas quis saber para que servia o aro preso a um suporte de madeira. O carrasco informou-lhe que era para exibir sua cabeça, assim que fosse decepada. "Faça como quiser!", ele retorquiu. A gola de seu gibão azul de lã prensada, forrado com um exuberante pelo cinza-metálico de raposa-polar, foi aberta e ele foi obrigado a se deitar no estrado. O carrasco pediu seu perdão, depois enterrou o *puñal* em seu pescoço e arrancou sua cabeça.

Dois membros da realeza de nome Isabel estavam não muito longe de Valladolid nesse dramático dia de verão de 1453, provavelmente em seu palácio recém-construído a cerca de sessenta quilômetros na cidade murada de Madrigal de Las Altas Torres – uma construção despretensiosa de prédios estreitos de dois andares ao redor de um grande pátio. Uma delas era a filha do rei João, a futura rainha de Castela, de dois anos de idade. A menina de cabelos louro-avermelhados, olhos verde-azulados e pele extraordinariamente clara era nova demais para saber o que estava se passando. Mas sua mãe, Isabel de Portugal, estava imensamente satisfeita com o fato de o sangrento espetáculo ser encenado em Valladolid. A rainha consorte, que era a segunda esposa de João, ajudara a orquestrar a queda do homem que os mantivera afastados durante a maior parte dos seis anos de seu casamento. Outros Grandes também estavam satisfeitos. Eles passaram a odiar não só o poder de Luna, como também a maneira como ele justificava esse poder como uma mera continuação da própria supremacia absoluta e de direito do rei sobre seu povo. Não gostavam de vê-lo apregoando que o rei estava tão acima dos próprios Grandes. Acreditavam que também eles deviam ter uma influência importante na condução do reinado e uma fatia maior de sua riqueza. O crime de Luna não fora seu controle sobre o rei, mas sua incapacidade de compartilhar. As pessoas comuns de Valladolid estavam divididas quanto à sua morte. Uma bandeja de prata colocada em frente ao cadafalso para coletar contribuições para os custos de seu funeral logo se abarrotou de moedas, gravadas com a figura do rei ou com seus símbolos de um leão e de um castelo. O próprio rei João não suportou ficar na cidade para a morte do homem que ele adorara quando criança e confiara como um monarca. Manteve-se a distância, enquanto outros executavam suas ordens.[3]

O reinado de quarenta e sete anos de João começara com sua robusta mãe inglesa, Catarina de Lancaster, atuando como corregente para o pequeno monarca. A filha de João de Gante, de mais de um metro e oitenta de altura e cada vez mais obesa, comia e bebia compulsivamente. Sua estatura imponente, faces coradas, jeito másculo de andar e figura continuamente em expansão tinham um impacto surpreendente nos que a viam.⁴ Os homens não estavam acostumados a serem dominados de cima daquela forma. Mas Catarina morreu, seus músculos definhando quando João tinha apenas treze anos. Sua morte apenas aumentou a dependência emocional do menino órfão em relação a Luna. As principais contribuições de Catarina à dinastia Trastâmara de seu marido foram a compleição inglesa e os olhos claros passados para sua neta.

O pai de Isabel era alto, vigoroso, inteligente e profundamente culto. "Ele falava e compreendia latim, lia muito bem, apreciava livros e histórias. Sentia grande prazer em ouvir poesias e era um excelente crítico delas", disse Fernando Pérez de Guzmán, um dos muitos poetas talentosos de Castela. Ele era, entretanto, um rei fraco, que preferia caçar ou ouvir música aos assuntos do governo, submetendo-se às ordens de Luna "com mais obediência e humildade do que qualquer filho já fizera com seu pai". Havia enormes obstáculos a transpor, especialmente com o incômodo reino vizinho de Aragão, que então era governado por um ramo arrogante da família Trastâmara. Aragão ocupava uma fatia grande, triangular, da Ibéria, inclusive a maior parte de sua costa leste e as duas grandes cidades comerciais marítimas, Barcelona e Valência, bem como possuíam a Sicília e a Sardenha. A família soberana, especialmente um grupo de jovens príncipes irmãos conhecidos como os infantes de Aragão, reclamava inúmeras extensões de terras em Castela. Mas Castela era mais rica, mais populosa e mais poderosa. Luna por fim derrotou os infantes, embora o mais bem-sucedido deles – o astuto, implacável e longevo futuro rei de Aragão, João, o Grande – tivesse continuado a ser uma pedra no sapato de Castela por décadas.

Após a morte da primeira esposa de João II, deixando-o com um único filho e herdeiro chamado Henrique, um novo casamento foi arranjado com Isabel de Portugal. Os muitos poetas guerreiros da corte ficaram impressionados com a neta de dezenove anos do rei João I de Portugal. Era linda, gentil e recatada. Iñigo López de Mendoza, marquês de Santillana e o maior poeta da época, descreveu sua "pessoa e rosto refinados" dignos de um afresco de Giotto. Essa aparente timidez escondia uma força de caráter e uma determinação em entrar na refrega política que Luna viria a lamentar. João tinha quarenta e dois anos quando se casou novamente, e a jovem mulher que entrou em sua cama o excitava enormemente. "O resultado foi muito diferente do esperado, já que o monarca tornou-se apaixonado pela meiga jovem e começou a desfrutar com grande liberdade o honesto tratamento (sexual) de sua bela mulher", disse o cáustico servidor real Alfonso de Palencia, um dos maiores cronistas do posterior reinado de Isabel.[5] Alguns se preocupavam, dizendo que essa paixão era ruim para a saúde do rei. Ele já era considerado "perto da velhice", mas sabidamente partilhava "prazeres ininterruptos" com sua jovem mulher. Seus conselheiros temiam que ela o exaurisse. Essa pode ter sido uma das desculpas usadas para manter João longe dela. Na maior parte do tempo, Isabel permanecia no pequeno e insípido palácio em Madrigal de Las Altas Torres com sua corte de damas portuguesas, enquanto os negócios de Estado mantinham seu marido constantemente em viagens. Os céus vastos e abertos da *meseta* castelhana – a mais alta região da Europa depois da Suíça – e o movimento intenso de cegonhas e outros grandes bandos de pássaros migrando para e da África devem ter proporcionado pouco consolo a uma mulher acostumada aos campos verdejantes e às paisagens marinhas de Portugal. Em certa época, a rainha viu seu marido apenas duas vezes em dois anos. Foi em Madrigal de Las Altas Torres – famosa pelo estilo arquitetônico mudéjar, tipicamente ibérico, que misturava estrutura e decoração árabes com formas góticas e românicas – que sua filha Isabel nasceu em 22 de abril de 1451.[6] O surgimento de um segundo herdeiro ao trono, depois de seu meio-irmão Henrique, de vinte e seis anos, foi comemorado, mas deve ter havido decepção com o sexo da criança. Um segundo filho teria sido muito melhor para garantir a segura continuidade da dinastia da família Trastâmara. E a tempo surgiu um dezenove meses depois, com o nascimento do irmão de Isabel, Afonso.

Isabel de Portugal era de uma cepa nobre e altiva e praticamente a única pessoa além de Luna a ter acesso privado ao rei. "A jovem senhora encontrava oportunidades para aconselhá-lo em segredo, o que era bom tanto para a própria honra do rei quanto para a segurança do trono", observou um cronista real. Quando ele começou a cogitar em agir contra seu favorito, ela o incentivou a continuar e arrolou apoio dos Grandes. Era uma demonstração do lado poderoso, orgulhoso e tenaz das mulheres reais portuguesas que serviriam de modelo para a pequena Isabel. A derrocada de Luna trouxe um alívio apenas temporário. João logo adoeceu, mas não o suficiente para desistir de sua paixão pela jovem esposa. "Ninguém ousava avisá-lo da ameaça à sua vida que sua paixão desenfreada representava", registrou Palencia.[7]

Sem prática, o pai de Isabel achou o governo de suas terras sem Luna mais difícil do que ele esperara. Ele podia desfrutar de mais tempo com a esposa, mas seu vigor estava minguando. Um ano depois, também ele morreu e o meio-irmão de Isabel, Henrique, subiu ao trono. A reação da pequena Isabel não foi registrada, embora em seu testamento seu pai a tivesse cuidadosamente nomeado a terceira na sucessão de sua coroa, depois de Henrique e de seu jovem irmão Afonso. Ninguém esperava que ela um dia se tornasse rainha. De qualquer forma, ela manteria sua posição na linha sucessória somente até que o novo rei Henrique pudesse produzir sua própria descendência.

2

O Impotente

A corte real de Castela, 1454 – 1461

O esperma do rei era decepcionante. Os médicos haviam levado Henrique IV ao orgasmo masturbando-o eles próprios. O resultado foi considerado "aguado e estéril", ainda que bom o suficiente para fazer uma tentativa de inseminação artificial. A segunda mulher de Henrique, Joana de Portugal, recebeu um fino tubo de ouro para introduzir na vagina o sêmen que seu marido havia produzido. "Era para ver se (por meio do tubo) ela podia receber o sêmen, mas ela não pôde", um médico alemão que viajou para a corte de Castela, Hieronymus Münzer, relatou mais tarde. Um médico judeu rico e respeitado chamado Samaya, que fora médico real durante décadas, supervisionou o extraordinário procedimento. A primeira experiência registrada da história de uma tentativa de inseminação artificial humana era um sinal do quanto o meio-irmão de Isabel de Castela estava desesperado para gerar um herdeiro à sua coroa.[1] Os problemas que estava sofrendo eram suficientes para gerar um apelido cruel que servia também como uma metáfora para o seu reino – ele era Henrique, "o Impotente".

Quando Isabel nasceu, seu meio-irmão Henrique estava casado com Blanca, uma princesa do reino independente de Navarra. A desafortunada Blanca saíra de seu leito de núpcias "nas mesmas condições em que chegara, o que preocupou a todos", o filho de um médico real escreveu posteriormente.[2] A tradição exigia que os lençóis fossem exibidos depois da consumação, de modo que a humilhação do príncipe de quinze anos e de sua noiva de dezesseis deve ter sido pública. Tentativas posteriores de sexo haviam sido igualmente desastrosas e o casamento de treze anos foi discretamente anulado com base no fato de não ter havido consumação, após uma audiência em uma igreja na pequena cidade segoviana de Alcazarén, em maio de 1453. "Eles são livres para se casarem novamente... para que o príncipe possa se tornar pai e a princesa, mãe", declarou o enviado do Vaticano, Luís de Acuña. Henrique culpou a bruxaria por seus problemas, com seus advogados alegando que o casal sofreu "impotência recíproca devido a influências malignas". Eles também queriam que os súditos do rei soubessem que o problema era temporário e específico, apresentando a prova coletada por um "padre honesto" que entrevistara inúmeras supostas amantes do rei em Segóvia. "Com cada uma delas ele teve relações carnais como qualquer outro homem potente, e seu membro viril era firme e devidamente produzia sementes viris", foi dito aos presentes à audiência. Os inimigos de Henrique sussurravam que ele devia ser homossexual. Outros diziam que seu problema era fisiológico, causado por um pênis malformado, com uma glande bulbosa e uma base estreita que tornava difícil manter uma ereção. Ele fora um jovem doentio, de aparência estranha, talvez porque seus pais fossem primos em primeiro grau.[3]

Isabel foi afastada para mais longe ainda da corte real quando Henrique subiu ao trono em julho de 1454,[4] mudando-se com sua mãe Isabel de Portugal e seu irmão menor, Afonso, para a cidade murada de Arévalo, não muito longe de Madrigal de Las Altas Torres. Lá, em um fim de mundo castelhano, a jovem Isabel passou sete anos felizes. A casa de dois andares de Arévalo era menor do que o palácio em Madrigal de Las Altas Torres, mas generosa pelos padrões de uma cidade tão modesta. A linha do horizonte de Arévalo, como em Madrigal, era dominada por suas muralhas, torreões de defesa e torres de igreja quadradas. Quase tudo era construído no estilo mudéjar, os tijolos dispostos em bonitos padrões ou com pedras brutas, cascalhos e barro preenchendo espaços regulares, ovais, entre colunas e fileiras de tijolos vermelhos. Uma ponte construída pelos árabes ligava dois arcos ogivais ao pé de uma encosta íngreme que levava ao rio Adaja. Embora abundante em águas, a cidade estava longe da força moderadora do mar e, situada acima dos vales íngremes de dois rios, ficava completamente exposta às severas condições meteorológicas da *meseta*. Invernos longos e frios e verões escaldantes e curtos alternavam-se sucessivamente, separados apenas por breves outonos e primaveras. Era um lugar tranquilo e reconhecidamente saudável, cercado por campos de cereais, vinhedos e bosques de pinheiros cuidadosamente mantidos, e com hortas ao longo das margens dos rios.[5] "A Peste raramente chegou aqui, por causa de seu ar límpido e puro", escreveu um cronista da cidade posteriormente. O aspecto mais exótico de Arévalo era sua extraordinariamente grande população de muçulmanos mudéjares (como eram conhecidos os que viviam na Castela cristã) e de judeus, talvez um quarto do total. Estes haviam entusiasticamente tomado parte nas comemorações da cidade quando Henrique, o meio-irmão de Isabel, subiu ao trono, com fingidas encenações de regozijo precedendo o grito geral de "Castela! Castela para o rei Henrique!". Jovens princesas não deviam se misturar com tais pessoas. Visitantes do Norte da Europa que franziam o cenho à estranha mistura de religiões de Castela queixavam-se de que em alguns lugares os muçulmanos eram difíceis de serem distinguidos dos cristãos. Visitantes castelhanos que ali chegavam, assim como a outras cidades de muçulmanos mudéjares, obviamente sofriam os mesmos problemas. Tentativas de fazê-los cortar o cabelo de modo diferente e usar símbolos azuis da lua crescente, de modo que pudessem ser reconhecidos por pessoas de fora, pareciam ter fracassado. Mas os Alis, Yussufs, Fatimas e Isaacs de Arévalo eram facilmente identificáveis pelos próprios habitantes da cidade, com claras diferenças em costumes, danças, dias de culto e na maneira como cozinhavam seus alimentos, usando óleo em vez de gordura de porco ou toucinho.[6]

Isabel de Portugal entrou em forte declínio após a morte de João, ao que consta trancando-se "em um quarto escuro, condenando-se ao silêncio". Palencia fala de sua "crescente loucura". Sua filha mostrou-se protetora, mas parece ter reagido à insanidade de sua mãe criando uma pele dura de defesa e apegando-se às certezas simples e ordeiras fornecidas pela religião, tradição e hierarquia social. O aparecimento em Arévalo de outra Isabel portuguesa – a avó viúva da jovem infanta

Isabel de Barcelos – mitigou a dor e a confusão de crescer em meio a tão profunda depressão. Barcelos fazia parte de uma família real portuguesa autoconfiante que usufruía dos frutos da conquista internacional graças aos seus intrépidos exploradores e navegadores. Seu genro castelhano a tinha em tão alta consideração que ela se tornara uma de suas conselheiras. Sua família portuguesa era tudo que a pequena Isabel por fim desejaria ser – nobre, conquistadora e devota. Barcelos parece ter sido a mais influente das mulheres que supervisionou a infância de Isabel, dando-lhe um inabalável senso de status e confiança em sua própria capacidade. Foi ali também, no ambiente protegido do modesto palácio em forma de U, com seu pátio e jardins fechados em Arévalo, que ela desenvolveu uma forte ligação fraternal com seu companheiro de infância Afonso. A felicidade geral de Isabel em Arévalo pode ser medida pela amargura com que mais tarde recordou sua partida.[7]

A jovem Isabel estava cercada de servidores portugueses, mas um dos homens de Luna – Gonzalo Chacón, outro propagandista[8] da supremacia real – foi encarregado de sua educação. Ele pode ter lembrado à jovem as razões de seu pai para ter mandado executar Luna, que incluía "usurpar minha preeminência real" e ignorar a "superioridade real".[9] Ela também deve ter ouvido as lendas locais de como Arévalo tinha sido o lar de Hércules, que dali observava as estrelas na límpida noite da *meseta*, ou como um palácio próximo havia abrigado reis góticos cristãos da Espanha antes de os exércitos muçulmanos varrerem o país no século VIII.[10] Poetas e historiadores de Castela escreveram nostalgicamente sobre aqueles reis sem vícios, valentes e viris, alegando que eram descendentes do próprio Hércules e esperando o momento em que Deus iria permitir ao seu país resgatar sua glória natural. As dificuldades de Castela eram um castigo divino por pecados que, com os mouros ainda ocupando o grande reino sulista de Granada, não haviam sido inteiramente purgados. Onde João II falhara, esperavam, Henrique agora podia ser bem-sucedido. Isabel pode ter gostado das histórias românticas do passado de Castela, mas não as teria visto como uma aula educacional para uma futura monarca. Ela era, afinal, apenas uma menina.

Não só tinha dois irmãos, como na improvável eventualidade de que viesse a herdar a coroa de Castela, podia-se esperar que um marido governasse por ela.[11]

Como seu pai, João II, Henrique também confiava em seu favorito para a tarefa de governar – neste caso o ganancioso e ambicioso Juan Pacheco, marquês de Vilhena, que o dominara desde menino. Pacheco "encorajara a luxúria do príncipe, permitindo que ele se deixasse levar por todo tipo de comportamento libidinoso, seguindo cegamente os degenerados à depravação",[12] escreveu um de seus muitos detratores. Pacheco fora colocado ao lado de Henrique por Álvaro de Luna e passou a imitá-lo em muitos aspectos, enquanto também aprendia com seus erros.[13] Enquanto Luna pregava uma forma arcaica de absolutismo real, com ele próprio como o detentor do poder do monarca, Pacheco alegava ser o líder de uma facção de nobres que ajudaria o rei a governar de uma forma mais colegiada e supostamente já consagrada. Seu verdadeiro interesse era o enriquecimento pessoal, usando a conspiração, o caos e uma constante troca de alianças com os ávidos Grandes como instrumentos principais.

Pacheco logo arranjou um segundo casamento para Henrique. Sua nova esposa era mais uma princesa ibérica, Joana de Portugal. Joana tinha apenas dezesseis anos, uma beleza notável, como tantas outras princesas europeias, apenas uma moeda de troca usada para selar uma aliança com seu irmão, rei Afonso V. Alguns viam um casamento entre a bela e a fera. Henrique proclamou que ele a queria para ter filhos que iriam "acrescentar uma autoridade maior à minha condição de rei", mas ele também tomou a precaução de abolir a lei que tornava as noites de núpcias reais um espetáculo público.[14] Um observador da corte pilheriou dizendo que o rei jamais geraria um filho e "riu da farsa da noite de núpcias, dizendo que havia três coisas pelas quais ele não se curvaria para pegar na rua: a virilidade do rei, a pronúncia do marquês (o gago Pacheco)[15] e a seriedade do arcebispo de Sevilha".[16]

Henrique era vinte e seis anos mais velho do que sua meia-irmã, Isabel. Era um homem gentil, tímido e culto, com uma queda para baladas trágicas.[17] Músico e cantor talentoso, colecionador de animais exóticos e extraordinário cavaleiro, não era, por temperamento, adequado ao papel público de um rei. Não havia nada de que mais gostasse do que se esconder com seus animais ou penetrar em densas florestas, acompanhado por sua leal guarda pessoal de mudéjares muçulmanos. Um acidente na infância o deixara com um nariz deformado, achatado no rosto, mas ele era alto, atlético e de olhos azuis, com uma barba cerrada e cabelos louros. Para seus admiradores, isso o fazia parecer um leão feroz. Para seus inimigos, ele "parecia um macaco".[18] Henrique sofria de uma forma de acromegalia ou gigantismo, o que o deixava com mãos e pés grandes demais, juntamente com a cabeça anormalmente grande e feições brutas. Sua enorme testa destacava-se acima de olhos estranhamente fixos e arregalados, maçãs do rosto fortes que se achatavam à medida que davam lugar a um maxilar sólido e comprido.[19] Era um rei sem nenhuma afetação e de pouca autoestima, que rejeitava as pompas diárias da realeza. "Ele nunca permitia que as pessoas beijassem sua mão e não se dava muita importância... Vestia-se com simplicidade, em tecidos de lã, com longas túnicas e capas encapuzadas: cerimônias e insígnias reais não eram de seu gosto", disse Diego Enríquez del Castillo, seu admirador e cronista oficial. Um retrato pintado por um viajante alemão mostrava-o em uma capa simples, de capuz, e botas de montaria; dois felinos parecendo linces aos seus pés e a cabeça coberta com um gorro vermelho. Ele era, em resumo, um gigante amável – intimidante, mas oprimido por seus próprios defeitos físicos e apenas adequadamente feliz quando fora da vista do público. Nem se interessava muito pelos seus meios-irmãos. Isabel poucas vezes se encontrou com o rei nos primeiros anos de sua vida.[20]

Pacheco era um favorito capaz, apesar de sempre agir em causa própria, e juntos, ele e Henrique fizeram um começo promissor. O fim da Guerra dos Cem Anos na França aumentou o comércio e trouxe uma pequena expansão econômica quando Castela renovou sua tradicional aliança com os franceses.[21] Henrique também injetou dinheiro em uma nova guerra contra o reino mouro de Granada, o que era não só um ponto de honra, como uma oportunidade de crescimento territorial e enriquecimento pessoal tanto para a coroa, a aristocracia menor e as famílias dos Grandes. Também oferecia um prestígio mais amplo em uma Europa traumatizada pela perda de Constantinopla para os turcos muçulmanos no ano anterior ao que Henrique subiu ao trono.

Seu maior problema era uma facção rica e poderosa dos Grandes. Enquanto Álvaro de Luna estava naquele cadafalso, esperando que decepassem sua cabeça em Valladolid há alguns anos, ele identificou um dos criados pessoais de Henrique na multidão. "Diga ao príncipe para dar recompensas melhores aos seus criados do que o rei autorizou para mim", ele disse. Henrique fez exatamente isso, distribuindo aos Grandes e outros uma boa parte de sua riqueza real – especialmente a renda das terras e cidades chamadas de realengo, que pertenciam diretamente à coroa. Conforme o poder e a riqueza deles aumentavam, os do rei diminuíam. O ganancioso Pacheco puxava as cordas, pegava seu quinhão e se assegurava de que sua família se elevasse acima do resto. A guerra de Henrique em Granada, para a qual ele levantou um grande exército, foi menos ousada do que muitos gostariam. Ele preferia o atrito à guerra aberta e batalhas previstas. "Ele era piedoso, em vez de cruel, e prezava a vida de seu povo mais do que o derramamento de sangue, dizendo que a vida de um homem não tinha preço", segundo del Castillo. "Ele preferia infligir danos a seus inimigos aos poucos, em vez de ver seu povo morto ou ferido."[22] Esta era uma estratégia sensata, mas alguns a achavam covarde, especialmente porque os mouros estavam se negando a pagar os tributos que Castela normalmente exigia de Granada.

Durante todo o tempo, Pacheco e os outros nobres tramavam pelas suas costas, incentivando o caos. Nas bordas mais selvagens ao norte do reino, na chuvosa Galícia e ao longo da orla marítima, varrida pelas tormentas da Cantábria, arquissacerdotes, bispos, nobres e cavalheiros menos importantes lutavam uns contra os outros por terras ou apoderavam-se de territórios reais com verdadeira impunidade.[23] Caos semelhante reinava nas terras fronteiriças de Múrcia, a sudeste, enquanto Grandes e outros homens fortes locais brigavam entre si pelo poder sobre a sulista Sevilha e grande parte da Andaluzia cristã. E onde o poder real era fraco e os nobres estavam ocupados lutando entre si, o crime prosperava, a justiça ficava ausente e o povo estava insatisfeito.

Os que buscavam razões para criticar Henrique encontravam muitas, especialmente sua falta de magnificência real, grandiosidade e esplendor. "Ele encobria aqueles bonitos cabelos com chapéus comuns, capuzes e gorros de mau gosto", disse um de seus maiores detratores, o futuro cronista de Isabel, Alfonso de Palencia. "Sua grande altura era vulgarizada... por roupas que estavam aquém de sua dignidade e sapatos ainda mais surrados." Não sabemos o que disseram a Isabel sobre seu meio-irmão, mas sua aparência desmazelada, indigna de um rei, não deve ter impressionado favoravelmente sua orgulhosa avó portuguesa. Havia até mesmo boatos de que seu compromisso com o cristianismo era suspeito, e ele foi acusado de permitir que guardas pessoais muçulmanos "arrancassem rapazes e moças dos braços de seus pais e os corrompessem".[24] Famílias muçulmanas gostavam de lhe levar iguarias quando ele viajava, aproveitando-se da fraqueza do rei por doces. "Eles iam ao seu encontro com figos, passas, manteiga, leite e mel, que o rei comia com grande prazer, sentado no chão à maneira dos mouros. Nesse aspecto, como em tudo o mais, ele se adaptava aos hábitos deles e isso os fazia se sentir mais fortes, enquanto, ao mesmo tempo, as preocupações de nosso próprio povo não paravam de crescer"[25], Palencia escreveu com evidente menosprezo. Os mouros nos reinos de Henrique, como os judeus de Castela, estavam sob sua proteção pessoal, que ele manteve, apesar da crescente pressão popular contra ambos. Um pregador populista chamado frei Alonso de Espina atiçava o ódio com histórias inventadas sobre crianças cristãs sequestradas que tinham seus corações arrancados por judeus, que os reduziam a cinzas, misturavam ao vinho e os bebiam.[26] O antigo "libelo de sangue" contra os judeus – a acusação de que sequestravam e matavam crianças cristãs e usavam o sangue em rituais secretos – que circulava pela Europa há séculos, apesar das tentativas de vários papas de esmagá-la, chegou até Castela.[27] "Assim como o diabo tem mil maneiras de fazer o mal, assim também o judeu, seu filho", Espina proclamou.[28]

Nobres buscando provocar confusão também encorajavam ataques[29] à ampla comunidade de conversos ou cristãos-novos, em sua maioria descendentes de famílias judias que se converteram em massa durante a erupção de violência contra os judeus sessenta anos antes. Mais uma vez, frei Espina[30] atiçou as chamas de ódio em direção ao que, por questões de sangue, alguns ainda viam como um grupo que fazia parte da "raça judia".[31] Outro frade, Fernando de la Plaza, alegou até ter recolhido cem prepúcios de cerimônias secretas de circuncisão de conversos.[32] "Frei Fernando disse ao rei que não tinha os prepúcios em sua posse, mas que o fato lhe fora relatado por pessoas de autoridade... mas recusou-se a mencionar seus nomes, de modo que se verificou que tudo não passara de mentiras", disse Del Castillo.[33] À medida que a preocupação popular por "judeus secretos" crescia, o frade superior converso da Ordem de São Jerônimo, frei Alfonso de Oropesa, foi encarregado de investigar sua existência na arquidiocese de Toledo. Ele concluiu que os poucos casos da chamada "judaização" (a adoção de crenças e rituais judaicos) deviam-se principalmente à ignorância, enquanto as queixas não passavam, em grande parte, de inveja ou de interesses econômicos dos chamados "cristãos-velhos".[34]

Conforme os anos se arrastavam, o poder de Henrique se desintegrava e o caos se espalhava. A falta de um herdeiro direto não ajudava. Então, sete anos após ter se casado com Joana de Portugal, esta finalmente engravidou. Ninguém exprimiu surpresa, ao menos em público, à repentina capacidade do rei de procriar. Talvez as experiências de inseminação artificial tivessem funcionado. Castela comemorou, mas para sua meia-irmã Isabel este foi um dos momentos mais traumáticos de sua vida. Se Joana desse à luz um novo herdeiro, Henrique iria querer qualquer pretendente ao trono por perto e sob vigilância. Isabel e seu irmão menor Afonso, agora com dez e sete anos respectivamente, receberam ordens de deixar Arévalo e ir para a corte. "Afonso e eu, que éramos apenas crianças na época, fomos de forma desumana e pelo uso da força arrancados dos braços de nossa mãe e lançados sob o jugo da rainha Joana", ela queixou-se mais tarde.[35]

3

A filha da rainha

Segóvia, 1461-1464

A rainha Joana esbravejou e agarrou dona Guiomar de Castro, a estrela em ascensão da corte de Castela e amante oficial de seu marido, pelos cabelos. Com a outra mão, a rainha apanhou um *chapín*, o sapato semelhante a um tamanco com sola plataforma de madeira, que ela usava para patinhar pelos pátios lamacentos e que proveitosamente acrescentava vários centímetros à sua altura normal. A seguir, ela desfechou um golpe na cabeça de Guiomar com o pesado sapato. "Ela a golpeou várias vezes na cabeça e nos ombros", um cronista relatou.[1] A vida na corte, a Isabel de dez anos logo descobriria, era muito mais agitada do que na indolente e segura Arévalo.

Isabel e Afonso despediram-se de sua mãe e avó no final de 1461 e viajaram os sessenta e cinco quilômetros de Arévalo a Segóvia através do frio cortante do inverno.[2] É impossível saber como sua mãe lidou com a separação. Nos anos seguintes, Isabel a visitaria sempre que possível, mas no curto prazo a menina de dez anos estava nas mãos da rainha Joana. Mais tarde na vida, Isabel passaria a ver a rainha como uma espécie de madrasta má, que maltratava a jovem que veio para a sua corte, embora o cronista oficial de Henrique, del Castillo, cujo papel era glorificar seu rei o máximo possível, afirmasse o contrário. "Ela sempre foi tratada com amor e fraternidade", escreveu.[3]

Segóvia era uma cidade muito maior do que Arévalo, empoleirada em uma montanha exposta ao vento com um impressionante aqueduto romano que levava água de uma encosta a outra em fileiras de arcos duplos de trinta metros de altura. A mudança de ambiente, da ingenuidade protegida e infantil para um mundo de intrigas políticas e sexuais sofisticadas, foi absoluta. A cunhada de Isabel, Joana, havia trazido consigo para o palácio de San Martín da cidade um grupo de jovens e aristocráticas damas de companhia portuguesas, famosas pelo comportamento coquete e pelas roupas excêntricas.[4] "Nunca antes um grupo de jovens tão completamente indisciplinadas havia sido visto", relatou o mal-humorado cronista Palencia.

> Suas vestes provocantes atiçavam, um efeito aumentado ainda mais por suas palavras insinuantes. As risadas sempre faziam parte de suas conversas... Elas se refestelavam dia e noite com maior abandono do que se estivessem em uma taverna. O resto do tempo passavam dormindo, exceto nos momentos que reservavam aos cosméticos e perfumes; e não faziam nenhum segredo disso, andando despidas em público dos mamilos ao umbigo, pintando-se com maquiagem branca dos pés, tornozelos e pernas às coxas e virilha, para que, quando caíssem de suas montarias – o que acontecia com demasiada frequência –, suas pernas reluzissem com brancura uniforme.[5]

A irrestrita misoginia de Palencia e seu desejo de destruir a reputação de Henrique IV sem dúvida fizeram-no exagerar na profundidade dos decotes e no comportamento sedutor dessas damas portuguesas adolescentes; no entanto, observadores neutros também mostraram-se chocados. "A rainha de Castela está aqui. E com ela muitas mulheres com diferentes acessórios de cabeça: uma usava uma boina, outra, um gorro vermelho com uma *carmagnole*; os cabelos de outra estavam soltos, ou dentro de um chapéu ou presos para cima com uma tira de seda ou um turbante mouro", um perplexo nobre navarro relatou. "Algumas portam adagas, outras têm espadas ou até mesmo lanças, dardos e capas castelhanas. Eu, senhor, nunca tinha visto tantos trajes antes."

Isabel logo descobriu que a vida na corte de Joana de Portugal no sólido, ainda que desregrado, palácio de San Martín era violentamente competitiva, mas também divertida. A rainha adorava festas e acreditava, como muitos, que uma corte real devia fazer isso intensamente. Esse modo de agir a tornava um atraente contrapeso social a seu marido arredio e antissocial – que mantinha metade do castelo para sua própria criadagem. O amor cortês, o jogo teatral e ritualístico da conquista e do arrebatamento praticado nas cortes reais de toda a Europa eram parte essencial da diversão e da intriga. Era, ao menos em tese, uma forma segura de recreação. O amor cortês não se valia da sedução física, mas de elaborados rituais e exageradas declarações de amor passional. Tratava-se não só de uma questão de postura, mas também de paixão. Isabel presenciou tudo isso na corte, e apesar das rotineiras condenações da infame corte de Joana por cronistas posteriores que eram pagos por ela, nunca expressou aversão ou desaprovação. Em um caso memorável, um de seus emissários teve que ser levado de um banquete inglês depois de desmaiar diante da visão da dama que estava cortejando. Era ainda um passatempo perfeitamente honroso para homens e mulheres casados. O próprio coração de Isabel batia mais rápido ao ouvir histórias dos perigos mortais enfrentados por cavaleiros em batalhas, mas poetas e trovadores há muito contavam histórias de mal de amor e adoração sem esperança, e ela certamente não se queixou de ser o foco amoroso de uma efusão de poesia cavalheiresca espanhola mais tarde em sua vida.[6]

    Isabel aprendeu que os reis tinham permissão, e até esperava-se isso deles, para participar dos jogos do amor cortês. Assim também as rainhas. Nas justas, os jovens cavaleiros deviam lisonjear a rainha Joana usando suas cores, enviando-lhe presentes e proclamando sua devoção e absoluta disposição de morrer em combate por ela – ou por uma de suas damas de companhia. O amor cortês era um terreno seguro também para o sexualmente inibido Henrique. Os reis podiam levar suas amantes para a cama, mas isso não era absolutamente necessário. Dona Guiomar era a mais conhecida, mas não a única, das amantes formais de Henrique. Ela sem dúvida mantinha Henrique interessado e o jogo amoroso deles permitia-lhe projetar-se como um homem de vigor sexual, apesar de não ter engendrado nenhuma prole. O maldoso Palencia achava que Henrique deliberadamente atormentava a rainha com suas amantes, na esperança de empurrá-la para os braços de alguém que a deixasse grávida de um filho que ele poderia alegar ser seu. "Ele achava que o ciúme [provocado por] essas falsas relações [sexuais] era o instrumento mais poderoso para quebrar a resistência da rainha", alegou Palencia. É mais provável que o inseguro rei estivesse apenas representando, da mesma maneira como ele insistiu em ter três noites de núpcias "formais", em anos separados, com Joana. De qualquer modo, nada havia de chocante nisso. O relacionamento era considerado por comentaristas mais benévolos como "honroso e lucrativo".[7]

No entanto, as linhas em torno do amor cortês eram indefinidas e podiam causar problemas. Esse foi o caso com a oportunista e arrogante Guiomar. Seu crime, aos olhos de Joana, era a falta de respeito que demonstrava por ela, a rainha. Os rapazes que anteriormente haviam usado as cores da rainha em competições de justa e outros torneios haviam passado a usar as cores de Guiomar. Presentes e outros regalos de amor cortês iam para Guiomar, não para Joana. "Os que buscavam favores reais voltavam-se para dona Guiomar, não para ela [a rainha]", afirmou Palencia. Partidários de uma e de outra entravam continuamente em conflito e toda essa história ameaçava sair de controle. O braço direito de Henrique, Pacheco, preferia Joana, enquanto seu outro conselheiro, o arcebispo de Sevilha, era a favor de Guiomar. Tudo isso fazia parte do irrevogável colapso da moralidade, como Palencia escarneceu quando escreveu mais tarde – para os olhos críticos de Isabel – a versão mais difamante da vida de seu meio-irmão. "Era insuportável para ela ver a favorita do rei recebendo toda a boa fortuna e ouvir os louvores feitos à cortesã, assim ferindo sua dignidade", ele disse. Henrique ficou furioso com sua mulher pelo ataque a Guiomar. Sua resposta foi colocar a presunçosa amante em acomodações luxuosas a duas léguas de distância e cobri-la de presentes e regalias. "O rei ia vê-la com frequência", relatou del Castillo.[8]

Tornar-se amante formal do rei era um bom passo na carreira para uma ambiciosa dama da corte como Guiomar, a qual continuou sua trajetória casando-se com o poderoso duque de Treviño e tendo com ele dez filhos (enquanto ele também adquiria mais meia dúzia de descendentes ilegítimos com suas próprias amantes).⁹ A outra "amante" conhecida de Henrique, Catalina de Sandoval, se tornaria abadessa – uma posição de poder e riqueza –, apesar de sua espantosa reputação de "procurar homens livremente". Neste caso, Palencia alegou, Henrique colocou-a imediatamente a cargo de um famoso convento fora dos muros da cidade de Toledo, onde as freiras eram famosas por sua "vida frenética e dissoluta". A imaginação maliciosa de Palencia acrescentou detalhes escabrosos à sua propaganda depreciativa. Henrique não só enviou homens armados para expulsar a reformista abadessa então em residência, alegou ele, como o rei também ordenou a decapitação de um dos outros amantes de Catalina – um belo jovem chamado Alfonso de Córdoba – pelo simples despeito de um impotente.¹⁰

Enquanto os reis podiam levar suas amantes para a cama, as rainhas tinham permissão para fazer o jogo do amor somente se reservassem seus corpos para seus maridos. Até mesmo Palentia admitiu que, por enquanto, Joana permanecia uma rainha consorte boa, recatada e fiel. "Ninguém jamais foi tão boa amiga da cortesia e da virtude como Sua Alteza", escreveu o poeta Gómez Manrique.¹¹

A ala da rainha no palácio de Segóvia era independente e separada do lado do rei pela casa de animais que abrigava os leões de Henrique.¹² Isabel pouco via Henrique, já que o lado da rainha tinha sua própria saída por um grande arco de granito que dava para uma pequena praça. Uma fileira de lojas vendendo peixes, carne e pão estendia-se em frente a um dos lados do palácio e ruas próximas deviam se agitar com o comércio. Muralhas grossas mantinham o calor do verão do lado de fora e fogueiras deviam rugir no inverno, quando ventos gélidos e inclementes açoitavam a cidade. Em termos arquitetônicos, Isabel trocara as torres mudéjares das igrejas de Arévalo pelas formas romanescas sólidas de Segóvia. A corte de Henrique era nômade, mas as gravidezes de Joana também significaram que houve períodos em que o rei tinha medo de movê-la, e nos primeiros dois anos com a rainha, Isabel passou longos períodos em Segóvia ou Madri.¹³

Quando a data do parto se aproximava, em fevereiro de 1462, o rei enviou uma liteira para transportar Joana o mais delicadamente possível até seu palácio Alcácer, na então pequena e relativamente pouco importante cidade de Madri. Isabel provavelmente também viajou os quase cem quilômetros de estrada acidentada, pois ela seguia a corte da rainha praticamente onde quer que fosse.[14]

O parto foi difícil. Ao contrário do que ocorria em outras cortes europeias, onde as mulheres reais retiravam-se para seus aposentos acompanhadas por um séquito inteiro de mulheres, em Castela os homens estavam presentes. Na realidade, Joana entrou em trabalho de parto com uma multidão de homens ao redor, inclusive o rei, seu favorito, Pacheco, e vários outros membros graduados da casa real.[15] Henrique, conde de Alva de Liste, enlaçou-a com seus braços para ampará-la, enquanto ela se agachava para dar à luz.[16] Após um longo esforço, a criança finalmente nasceu. Foi motivo tanto de alegria quanto de decepção. Em vez de um menino, que seria um rei incontestado, Joana pariu uma menina. Em Castela, este problema era menor do que em outros lugares, onde as mulheres não podiam governar. A menina podia herdar o trono, se necessário, embora se esperasse que o marido governasse em seu nome. No entanto, após sete anos de casamento estéril, o nascimento era também uma vitória. Henrique provara que podia procriar. Se um pode ser gerado, outros mais certamente poderiam. A corte comemorou com competições, corridas de touros e o jogo de canas, semelhante a um combate de justa, herdado dos mouros, onde grupos de cavaleiros a galope em seus cavalos arremessavam longas varas, ou *cañas*, uns contra os outros.[17] Oito dias depois, a menina foi batizada Joana, como sua mãe. Foi um grande acontecimento, como não poderia deixar de ser. O poderoso arcebispo de Toledo, um proeminente membro da Igreja feudal e peso-pesado da política, pertencente à poderosa família Carrillo, batizou a menina. Isabel também estava lá – a menina de dez anos tornou-se madrinha de sua pequena sobrinha.[18] "O reino inteiro se regozijou", relatou del Castillo.[19]

Três meses depois, Henrique ordenou que o parlamento, as cortes, composto de representantes ou procuradores de dezessete cidades importantes, se reunissem em Madri juntamente com a maioria dos grandes senhores feudais, bispos e cavalheiros para aceitar, mediante juramento, Joana como herdeira do trono. "Ordeno que jureis aqui à minha filha, princesa dona Joana, minha primogênita, que sereis fiéis e leais a ela como é o costume com os primogênitos dos reis, de modo que, quando Deus acabar comigo, haja alguém para herdar e reinar sobre estes reinos", disse-lhes Henrique.[20] Isabel e Afonso foram os primeiros a jurar. Isabel caminhou até sua prima, o bebê nos braços do arcebispo de Toledo, fez o juramento e beijou as mãozinhas de sua futura rival. Alguns nobres, inclusive Pacheco, alegaram terem jurado contra a vontade. Documentos secretos foram assinados com essa declaração, mas sem explicar a razão. Isabel mais tarde alegou que ela sabia exatamente por que eles haviam se oposto a fazer o juramento, culpando a rainha Joana. "Era algo que ela [a rainha] exigira porque ela sabia a verdade a respeito de sua gravidez e estava tomando suas precauções", disse, referindo-se à supostamente dúbia paternidade da criança.[21]

É impossível provar ou refutar a teoria que fez a pequena Joana mais tarde receber o apelido de "La Beltraneja", pelo nome de seu suposto pai, Beltrán de la Cueva, o *mayordomo* de Henrique, ou o mordomo real.[22] Isabel mais tarde ampliou e difundiu a teoria, mas dois acontecimentos reveladores sugerem que a menina era realmente filha de Henrique. O mais convincente é que Joana ficou grávida novamente um ano depois. Neste caso, era um menino, mas a rainha sofreu um aborto aos seis meses. Uma curiosa carta enviada a Henrique por um servidor da rainha, mantendo-o a par do que acontecia enquanto ele estava fora, revela os próprios médicos jurando que outra gravidez poderia logo ser engendrada. O médico judeu Samaya fora enviado para cuidar de Joana enquanto ela recuperava a saúde após o aborto sofrido em Aranda de Duero, acompanhada de Isabel e do resto de sua corte. Esta era uma cidade murada, densamente povoada, a cento e sessenta quilômetros ao norte de Madri, onde as casas empoleiravam-se em cima de um labirinto de adegas frias que armazenavam o que já era, e ainda é, um dos mais preciosos produtos da *ribera*, ou margens, do rio Duero, que fluía para oeste – o encorpado vinho tinto feito de vinhas locais crescidas em solo calcário. Samaya fizera um bom trabalho. "Ele a curou tão bem que Sua Senhoria encontra-se agora muito saudável", disse o autor da carta, chamado Guinguelle. "*Maestre* Samaya diz que apostaria o próprio pescoço que, se Vossa Alteza viesse hoje, a rainha engravidaria novamente."[23] Talvez, com seu fino tubo dourado para inseminação artificial, Samaya tivesse encontrado um modo de ajudá-los a superar os problemas físicos do rei ou os traumas psicológicos que possam tê-los acompanhado. Seja como for, o fato de que a pequena Joana nasceu em matrimônio e nunca foi repudiada como sua filha biológica era suficiente para assegurar sua posição legal como sua herdeira.[24]

A preocupação com a questão da paternidade chegou a Roma, onde um relatório do papa Pio II a seu secretário, Gobellino, dezoito meses depois do nascimento colocou às claras todas as possibilidades que eram discutidas à meia-voz na corte e que Isabel, agora com doze anos, deve ter ouvido. "Dizia-se que a rainha... fora fecundada sem perder a virgindade. Alguns diziam que o sêmen entornado na entrada [de sua vagina] havia penetrado nos lugares mais ocultos dentro dela. Outros acreditavam que um homem que não Henrique era o responsável, e que ele desejava um herdeiro tão ardentemente que tratou a menina como se fosse sua própria filha porque fora aquela mulher quem dera à luz."[25] Os rumores que alcançaram Roma forneceram aos problemáticos Grandes uma desculpa para a rebelião.[26] Uma falsa herdeira estava sendo impingida sobre Castela, eles podiam argumentar. Seu dever era agir.

4

Dois reis, dois irmãos

Ávila, 5 de junho de 1465

A rebelião foi encenada em um dia de verão, do lado de fora das muralhas guarnecidas de torres e recortadas de ameias de Ávila – uma imponente construção maciça de granito cinza, cravejada com oitenta e sete torres protuberantes, que se estendia por mais de três quilômetros ao redor da cidade situada no alto de uma montanha. Um palco de madeira havia sido erguido e uma multidão se reunira para ver o espetáculo. Uma imagem do rei, vestido de luto, foi colocada em um trono simulado. Ao seu redor, viam-se um bando de Grandes, com Pacheco, o beligerante arcebispo de Toledo, Alfonso Carrillo e os Manrique, outro poderoso clã da nobreza, liderando-os.[1] "Ele tinha uma coroa na cabeça, a espada da justiça à sua frente e uma vara nas mãos", relatou o cronista Enríquez del Castillo, que permaneceu fiel a Henrique. O arcebispo aproximou-se do boneco e arrancou sua coroa, insistindo em voz alta que ele já não merecia tratamento real. Pacheco,[2] então, apoderou-se de seu cetro enquanto outros tiravam-lhe a espada. Henrique havia perdido seu direito de reinar ou de administrar justiça, disseram à multidão. Em seguida, derrubaram a cadeira do rei e chutaram-no para fora do palco. Alguns espectadores explodiram em lágrimas. Mas o nobre Diego López de Zúñiga e outros continuaram a lançar insultos ao brinquedo quebrado, gritando *"A tierra, puto!"*[3] ("Para o chão, maricas!").

Com o boneco de Henrique por terra, eles levaram o novo rei ao palco. Era Afonso, o irmão de Isabel, um menino de apenas onze anos de idade.[4] Jovem demais para governar, iria obviamente precisar deles, os Grandes, para fazer o trabalho por ele. Ergueram o garoto sobre os ombros entre gritos de "Castela para o rei Afonso!". O país agora tinha dois reis. A guerra civil fora declarada.

Isabel não estava nas muralhas de Ávila para ver seu amado irmão ser declarado rei em junho de 1465. Ela ainda estava na corte de Henrique e Joana, mas agora seu status havia mudado. A batalha entre Henrique IV e Afonso tinha dois grandes atores coadjuvantes — seus respectivos herdeiros, a infanta Joana e Isabel —, e o controle delas fazia parte do novo jogo.

Nos dias que antecederam essa peça teatral, os nobres haviam discutido vários modos de justificar sua ânsia de poder. Entre as sugestões mais absurdas estava a de que Henrique fosse acusado de heresia por tentar secretamente convertê-los ao islã. Mentes mais sábias disseram que era pouco provável que o papa, que era quem teria que decidir, aceitasse esse argumento. Outros alegavam que Henrique deveria ser acusado de quebrar a suposta tradição de que os reis de Castela eram historicamente eleitos pela nobreza e por aclamação pública.[5]

Isabel era agora uma peça importante no complexo tabuleiro de xadrez da política castelhana. Ela fizera doze anos em 1463, e portanto já estava em idade de casar.[6] Quem se casasse com ela se tornaria um dos homens mais poderosos do reino. Quando Castela se dividiu em duas facções, Henrique buscou o apoio de Portugal, enquanto os subversivos nobres olhavam para Aragão e seu rei, João, o Grande. A melhor maneira de selar uma aliança era com um casamento, especialmente se a futura noiva tinha sangue real castelhano. Em abril de 1464, Isabel se viu transportada para uma cidade na fronteira com Portugal para conhecer o irmão da rainha Joana, de trinta e um anos, rei Afonso V de Portugal. Ao que tudo indica, Isabel falou com ele em português, aprendido tanto na casa de sua mãe quanto com as damas de companhia da rainha Joana. "Sua beleza o cativou a tal ponto que ele quis casar-se com ela imediatamente", relatou o bajulador Palencia.[7]

Os que tramavam a rebelião acusavam Henrique de manter Isabel e seu irmão sob seu controle e contra a vontade deles. Fizeram até mesmo uma tentativa canhestra de raptá-los da fortaleza do Real Alcácer de Madri, facilmente frustrada, bem como uma segunda tentativa alguns meses mais tarde. "Temos certeza de que certas pessoas, mal-intencionadas, se apoderaram do ilustre príncipe Afonso e, ao mesmo tempo, da ilustre princesa Isabel. E como se não bastasse, também temos certeza de que essas pessoas concordaram e planejaram matar o referido príncipe e casar a princesa com alguém que a afastasse para longe", escreveu o decepcionado grupo de Grandes no manifesto de maio de 1464, que acendeu a primeira faísca de rebelião. "E isso será feito sem a concordância dos Grandes deste reino, como é o costume quando tais arranjos são feitos, tudo com o intuito de permitir que a sucessão [da coroa] neste reino passe para alguém que não tem nenhum direito a ele." Eles exigiam que os jovens príncipe e princesa, a quem agora chamavam de "os herdeiros de direito" da coroa, deveriam ser afastados da rainha Joana e entregues a eles.[8]

À medida que a autoridade real se desintegrava, os supersticiosos castelhanos começaram a ver maus presságios. Um tornado varreu a sulista Sevilha, uma cidade dividida entre violentas facções políticas, derrubando prédios e matando pessoas. Sevilhanos amedrontados ergueram os olhos para o céu e viram o que parecia ser fileiras de soldados alinhados para entrar em combate. Muitos viram seu próprio futuro ali pintado, nos céus turbulentos acima da cidade mais populosa de Castela. As pessoas comuns sabiam que, embora o espírito da rebelião estivesse confinado à classe nobre, eram eles que sofreriam se esta desencadeasse o caos da guerra. Uma inflação desenfreada, epidemias e más colheitas pioravam a situação. Tinham razão em se preocupar. A guerra civil irrompeu em setembro de 1464, com Henrique isolando-se por trás das grossas muralhas de Segóvia.[9]

O bando de Pacheco estendeu sua lista de reclamações, que já incluía a restauração do costume de que as noites de núpcias reais fossem um evento público, com notários e testemunhas. Nesse ponto, eles voltaram sua mira para os conversos, acusando Henrique de cercar-se de hereges. Acrescentaram mais cor às suas queixas, alegando que a guarda moura do rei era dada a violar mulheres e entregar-se a práticas homossexuais. Ele aumentava impostos sem justificativas, agia sem consultar os nobres, permitia a cunhagem de moedas falsas e não administrava a justiça adequada, acrescentaram. Acima de tudo, queixavam-se de que ele agora era refém de seu *mayordomo*, Beltrán de la Cueva. Pela primeira vez, ousavam declarar abertamente que o rei era um corno e sua filha, resultado de adultério. "Tanto Sua Alteza Real quanto ele [Beltrán] sabem que ela não é sua filha e não pode ser sua sucessora legal", disseram. Esta primeira alegação pública da ilegitimidade de Joana viria a ser a chave do futuro de Castela, e de Isabel.[10]

Henrique procrastinava. O idoso bispo de Cuenca, Lope de Barrientos, levantou um grande exército e o instou a lutar. "Caso contrário, entrará para a história como o rei mais inútil que já houve na Espanha", ele disse. Em vez disso, ao menos inicialmente, ele preferiu ceder, renegando o direito de Joana de herdar o trono e declarando Afonso seu herdeiro. O menino foi entregue a Pacheco. Isabel, a quem foi dito que iria ter seu próprio domicílio, deve ter se agarrado por um breve instante a uma promessa de que poderia também retornar para sua mãe, em Arévalo. Mas Henrique, então, voltou atrás em sua palavra, exigindo que Afonso voltasse para a sua guarda e se preparasse para a guerra. Isabel teve que permanecer em Segóvia, vendo frustradas suas esperanças de se juntar à mãe. Em vez disso, ela era vigiada pela rainha Joana, enquanto seu irmão era erguido nos ombros dos Grandes em Ávila e proclamado rei.[11]

Pacheco logo procurou tirar proveito do caos. Seus mensageiros disseram a Henrique que a melhor forma de conseguir a lealdade de sua família de volta e esmagar a rebelião era casar Isabel com seu irmão e companheiro de rebelião, Pedro Girón, um poderoso magnata de Andaluzia e mestre da Ordem Militar de Calatrava. Ele estava preparado para pagar um bom preço, oferecendo-se para levar três mil lanceiros e emprestar 70 mil dobras (como eram chamadas as moedas de ouro mais valiosas de Castela) a Henrique, e prometendo que ele e seu irmão iriam mudar de lado e "levar o príncipe, irmão dele, e colocá-lo [de novo] sob seu poder". Henrique concordou, insistindo para que Girón viesse "o mais rápido possível". A jogada era ao mesmo tempo brilhante e carregada de perigo. Colocava a família violenta e traiçoeira de Pacheco a um passo da coroa. Girón partiu para Segóvia equipado com dinheiro e uma grande escolta de homens destinados a impressionar aqueles que o viam com seu poder e magnificência.[12] Isabel, percebendo que ela se tornara um simples item de barganha, seria seu prêmio.

Isabel não levantara nenhuma queixa contra o proposto casamento de Portugal, provavelmente porque casar-se com um monarca não parecia abaixo de sua dignidade. Agora, entretanto, ela reagiu com horror, caindo de joelhos e suplicando a Deus que a libertasse do casamento com Girón. Suas preces foram atendidas. Enquanto Girón cavalgava para encontrá-la, ele adoeceu e dez dias depois morreu. Henrique ficou desalentado, mas Isabel, que acabara de completar quinze anos, ficou feliz. Seu casamento português agora ficara também esquecido, conforme o caos grassava de ambos os lados de um conflito que nenhum dos dois era forte demais para vencer. A experiência pareceu marcá-la, e ela começou a tirar suas próprias conclusões sobre permitir que outros decidissem seu destino.[13]

A guerra civil, enquanto isso, se arrastava. As batalhas eram cada vez mais esparsas e distantes umas das outras, pelos padrões de outros confrontos na Europa, e o número de vítimas notavelmente baixo. Com a autoridade real agora completamente ausente ou contestada, o reino decaiu a uma série de conflitos em sua maioria locais. Alguns não passavam de antigas rivalidades reavivadas, outros refletiam o novo embate entre o rei e os Grandes ou a crescente intolerância em relação aos conversos, enquanto alguns criminosos e nobres ambiciosos roubavam ou se apoderavam de tudo que podiam. A rebelião contra os conversos eclodiu em Toledo, que há muito era o foco de rivalidade entre cristãos-novos e cristãos-velhos, com os dois lados pegando em armas e o fogo consumindo parte da cidade. Dois líderes conversos foram enforcados pela multidão enfurecida. "Eles se opunham à Igreja e, assim, foi ordenado que fossem pendurados pelos pés, de cabeça para baixo!", gritava um arauto conforme seus corpos nus eram exibidos em desfile pela cidade. Os nobres mudavam de um lado para o outro, alguns tentando ficar dos dois lados ao mesmo tempo. Pacheco era mestre nessa ação. "Com um dos pés plantado no ombro de um dos reis e o outro pé plantado no ombro do outro rei, ele mija em cima de nós todos", queixou-se um outro nobre.[14]

Uma batalha em Olmedo, em agosto de 1467, produziu uma estreita, mas inconclusiva vitória para Henrique. Foi, pelos padrões dessa guerra conturbada ainda incipiente, uma grande batalha – mas apenas quarenta e cinco soldados morreram. O arcebispo de Toledo, liderando o exército de Afonso, foi ferido. Um mês depois, Afonso virou a maré da sorte, entrando em Segóvia quase sem luta depois que traidores abriram os portões para suas tropas. As ondas de choque logo chegaram ao palácio de San Martín. A rainha Joana, apavorada, correu para a catedral, e depois para a reforçada segurança do majestoso Real Alcácer, uma fortaleza de contos de fada com torres pontiagudas que coroavam um rochedo inexpugnável, projetando-se sobre a confluência dos rios Eresma e Clamores. Mas a Isabel de dezesseis anos descobriu, quase pela primeira vez, que precisava tomar sua própria decisão. Ela se alinharia com Joana ou apoiaria seu irmão contra seu meio-irmão? O dilema não parece ter sido difícil de resolver. A lealdade de Isabel permanecia firmemente com seu companheiro de infância de Arévalo, e não com o fraco, ainda que gentil, meio-irmão vinte e seis anos mais velho do que ela. "Eu permaneci em meu palácio, contra a vontade da rainha, a fim de deixar sua desonesta custódia, que era ruim para a minha honra e perigosa para a minha vida", Isabel explicaria mais tarde na vida, acrescentando mais do que um toque de justificado drama. Seu encontro com Afonso, que apareceu mais tarde no palácio de San Martín, foi um encontro feliz, segundo os cronistas – "ambos estavam felizes, de feições alegres".[15]

Apoiar Afonso foi uma decisão que iria mudar sua vida, embora ela não pudesse saber. Foi também muito corajosa. Ninguém sabia como a guerra civil terminaria ou quem iria sofrer mais. No entanto, pela primeira vez, Isabel agora também mostrava seu temperamento. Ela se alinharia ao irmão, mas somente com algumas condições. Estas condições ela explicitou com absoluta clareza. Os conselheiros mais importantes de Afonso, inclusive Pacheco e o arcebispo de Toledo, deveriam assinar um documento concordando que ela não iria ser forçada a um casamento que não quisesse. Ela também exigiu que tivesse permissão para voltar à casa da mãe em Arévalo.[16] Ela viveu com Joana na corte de Henrique por seis anos, mas o modesto palácio da viúva e as torres mudéjares de Arévalo eram seu verdadeiro lar.

Henrique perdera Segóvia, sua cidade preferida. Foi demais. Ele começou a negociar outra vez com Pacheco e seus aliados, que exigiram que a rainha Joana passasse à custódia deles. Esse foi o fim da carreira política de Joana, e respondeu vivendo à altura da reputação que já lhe atribuíam. Ela começou um duradouro relacionamento com Pedro de Castela, sobrinho do homem sob a guarda de quem fora colocada – o notoriamente indigno de confiança arcebispo de Sevilha, Afonso de Fonseca. Joana, desta vez, realmente engravidou de seu amante, Pedro de Castela. Ela tentou esconder a gravidez sob uma armação especial de arame, mas de nada adiantou. Deu à luz um filho, Andrés. E não parou por aí, pois teve um segundo filho, chamado de Apóstol. Tal comportamento tão descaradamente escandaloso alimentou o furioso ataque posterior de Isabel à reputação de sua cunhada, mas Henrique não se mostrou muito descontente e continuou a enviar presentes à mulher, inclusive um serviço de prata e até mesmo uma cama.[17]

Isabel, enquanto isso, desfrutava de seu retorno a Arévalo. Quando Afonso completou quatorze anos, em 17 de dezembro de 1467, eles comemoraram seu aniversário na casa da mãe, tendo Isabel organizado uma representação teatral e se vestido como uma das musas. Pediu a Gómez Manrique, o grande poeta da corte, que escrevesse os versos que ela e suas damas de companhia encenaram para seu irmão. Permaneceram ali por vários meses, mas um surto de peste fez com que

Afonso, Isabel e suas tropas fugissem de Arévalo no final de junho de 1468.[18]

Pararam na vila de Cardeñosa para passar a noite, onde serviram truta empanada a Afonso. Naquela noite, ele dormiu mal e na manhã seguinte não conseguia falar. Isabel permaneceu à sua cabeceira pela maior parte dos quatro dias seguintes. Conforme as horas se passavam e os médicos tentavam sangrá-lo, ficou claro que seu irmão estava morrendo. Isabel teve tempo de discutir com Pacheco e o arcebispo de Toledo o que deveria acontecer em seguida. Ela própria escreveu cartas no dia 4 de julho. "Segundo os médicos, e em consequência dos pecados deste reino, sua vida corre tanto perigo que é improvável que ele sobreviva", ela disse. "E todos vós sabeis que, no momento em que o Senhor decidir tirar sua vida, a sucessão dos reinos e terras reais de Castela e Leão, como sua legítima herdeira e sucessora, passarão a mim."[19]

5

Touros

Touros de Guisando, 19 de setembro de 1468

Era um dia claro e fresco nas terras descampadas aos pés do Cerro de Guisando, um primeiro e suave baluarte em direção ao lado sul das elevadas montanhas da Serra de Gredos, na Espanha central. Quatro enormes touros de granito assomavam no meio do que, considerando-se a época do ano, devia ter sido uma paisagem árida de relva e arbustos amarelados; as árvores ainda cheias de folhas e uma linha tortuosa de hortaliças verdes marcando o curso de um estreito riacho suavemente gorgolejante. Aquele era um lugar especial. Um punhado de contemplativos monges da Ordem de São Jerônimo decidiu refugiar-se do mundo em um monastério pequeno e rústico na encosta de um colina verde próxima. Ninguém sabia o que os misteriosos touros de dorso longo estavam fazendo ali, nem quem os esculpira tão cuidadosa e penosamente em blocos maciços de granito bruto. A presença dos touros falava de força física e séculos de história não registrada. Era um lugar apropriado para Isabel selar um acordo histórico.

A princesa montava uma mula lindamente ornamentada. Era conduzida pelo arcebispo de Toledo, Alfonso Carrillo, que caminhava a contragosto e desconfiadamente à frente dela conforme se aproximavam do rei. O belicoso arcebispo viera com duzentos de seus próprios lanceiros. Mas este encontro não era sobre guerra. Era sobre trazer a paz para um reino que vivera em um estado de angustiada incerteza por quatro anos. Era uma paz que Isabel havia escolhido e que, apesar de sua juventude e dependência de outras pessoas, tinha a marca da autoconfiança e da decisão que alguns já achavam perturbadora em uma pessoa de seu sexo e idade.

Henrique chegou com muito mais pompa, acompanhado de mais de mil cavaleiros. A explosão das fanfarras pelos seus trompetistas deve ter provocado uma debandada aterrorizada da fauna selvagem local para dentro de buracos, tocas e mato cerrado, ou uma revoada de pássaros assustados voando para longe. A demonstração de poder era real, já que Henrique tinha o poder de destruir Isabel e seus partidários. Alguns queriam que ele o fizesse. Mas também ele preferia a paz, ainda que isso significasse curvar-se à vontade da jovem que se aproximava dele em sua esplêndida mula. Estava cansado de problemas e, de qualquer modo, há muito tempo moldara seu comportamento em torno da vontade de evitar conflitos, armados ou não. Isabel desmontou. Aproximou-se de Henrique, curvou-se e fez menção de beijar sua mão. Era um sinal público de obediência, destinado a ser visto por todos. Henrique, seguindo tanto o costume quanto um roteiro previamente acordado, fez sinal de que não era necessário. O recado era claro. Isabel não iria desafiar Henrique pela coroa, mas não devia ser humilhada.[1]

Houve mais três outros atos nesta atuação pública em setembro de 1468 que iriam mudar a história da Espanha. Em primeiro lugar, uma carta escrita por Henrique foi lida em voz alta. Nela, ele reconhecia que Isabel era agora a legítima herdeira de seu trono. Henrique, em seguida, pediu a todos os presentes que jurassem reconhecimento da posição de Isabel como herdeira, enquanto o núncio papal, Antonio Giacomo Venier, os libertava de seu prévio juramento de lealdade à Beltraneja. Suas palavras tinham a autoridade do próprio papa. Todos os presentes, então, juraram lealdade a Henrique. Carrillo, por sua própria insistência, foi o último a fazê-lo.[2]

O obstinado arcebispo tentou com todas as forças dissuadir Isabel de fazer este acordo com Henrique, argumentando contra ele até a noite anterior. Toledo era primaz de Espanha, e um esplêndido sacerdote guerreiro que usava uma vistosa capa vermelha com uma cruz branca sobre sua armadura quando conduzia seus homens em batalha. Seu arcebispado trazia com ele um enorme poder profano, com 19 mil vassalos em suas extensas terras, bem como vinte e um castelos e um exército de dois mil homens. Era também um conspirador inveterado e aliado ocasional do rei de Aragão, João, o Grande. No entanto, Isabel mantivera a firmeza contra um dos mais poderosos homens de Castela, rejeitando vigorosamente o poderio militar que ele e o extenso clã dos Carrillo ofereciam. A fim de amenizar a sensação de humilhação do arcebispo e apaziguar seu notório mau humor, Isabel, após a missa matinal, assinou uma promessa por escrito de que garantiria que Henrique e seus homens não punissem Carrillo nem seus homens por sua lealdade a ela. Essa decisão, e outras que ela tomou durante as negociações em torno do acordo, forneceu aos envolvidos um primeiro vislumbre da personalidade forte da jovem, a quem o destino havia repentinamente lançado na linha de frente dos interesses de Castela.[3]

Isabel deve ter proferido uma prece em particular naquela manhã durante a missa. Anos mais tarde, ela alegaria, através de seus propagandistas, que era a seguinte: "Se eu realmente tenho esse direito, dai-me o juízo e a energia, com a ajuda de Vosso braço, para persegui-lo e alcançá-lo e, assim, trazer paz a este reino."[4] O "juízo e a energia" propiciam um guia útil de como Isabel via a si mesma, ao menos em retrospecto. A modéstia a respeito de suas habilidades não se incluía entre as principais preocupações. O "braço" a que ela se referia pertencia à entidade que ela achava que a havia conduzido a esta posição, Deus. A ajuda divina ou, melhor, a aprovação divina de seus atos se tornaria uma ocorrência comum na vida de Isabel. Isso serviu de base para sua autoconfiança e tornou a falsa, ou mesmo real, humildade desnecessária. Um argumento circular igualmente útil formava-se em sua cabeça. Se ela fora indicada a futura rainha de Castela, isso tinha sido determinação de Deus. E se Deus a havia escolhido para fazer o Seu trabalho, então ela só precisava respeitar Seus princípios para que Ele aprovasse suas ações, que eram divinamente sancionadas. Em mãos erradas, isso podia ser uma receita para a tirania. O único problema, na verdade, era saber exatamente quais eram esses princípios. O Dia do Juízo Final que vinha após a morte era, ela sabia, tanto real quanto assustador. Para orientação sobre isso, ela desviou-se de homens da Igreja mundanos, como o arcebispo, para uma série de frades austeros, vários deles inclusive seus confessores, que repeliam prazeres mundanos e abraçavam as versões mais rígidas da moralidade cristã. Durante suas estadas temporárias em Segóvia, ela já conhecera um deles, o sombrio prior do monastério dominicano mais antigo da Espanha, o Convento de Santa Cruz – Tomás de Torquemada. Ele tinha ideias claras sobre os males que afligiam o reino. Tais males eram os judeus, os conversos – que ele acreditava que continuavam sendo judeus em segredo –, os profetas, a simonia e servidores do governo ineptos ou corruptos.[5] O reino estava doente, ele lhe disse, e precisava ser purificado. Somente um remédio amargo lograria êxito.

Houve algumas notáveis ausências nos touros de Guisando. Nem Joana, a Beltraneja, de seis anos, que fora destituída de seu legítimo direito como herdeira, nem sua mãe, rainha Joana, estavam lá. Seus protetores, da famosa família Mendoza, que geralmente atuavam mais como carcereiros, protestaram veementemente contra o acordo. Poucas semanas antes, a rainha Joana fora a protagonista de uma fuga de conto de fada da cidade de Alaejos. Ela agora não podia mais esconder o fato de que estava grávida de sete meses de seu amante Pedro de Castela; no entanto, sua presença fora necessária na corte conforme as negociações sobre o futuro de sua filha progrediam. Henrique mandou trazê-la em meados de agosto, mas ela alegou que precisava de uma escolta melhor e maior, acorde com seu status de rainha. Os relatos sobre o que aconteceu em seguida são tão pitorescos e duvidosos quanto a razão sem dúvida precisa (a de que ela agora havia realmente posto chifres no rei) para a sua decisão de fugir. De acordo com um dos relatos, algumas noites depois ela foi baixada das muralhas da cidade em um cesto, que virou quando se aproximou do chão. A pesadamente grávida Joana, que sobreviveu à queda relativamente ilesa, foi amparada por Pedro de Castela e um jovem amigo que os esperavam com cavalos. Eles partiram pela escuridão e finalmente se instalaram em Buitrago, uma cidade governada pelos Mendoza.[6]

Joana colocou-se em perigo mortal com esse relacionamento. Mulheres que traíam podiam ser assassinadas por seus maridos, pais, irmãos ou primos para salvar a honra da família. Um tribunal na cidade sulista de Múrcia, por exemplo, havia perdoado um homem chamado Diego del Poyo por matar sua mulher depois que ela dormiu com outro homem. "Considerando a má reputação dessa mulher, ele teve razões muito justas para fazer o que fez", disseram. Mas Henrique não demonstrava nem o interesse, nem a malícia necessária para perseguir sua mulher. Talvez ele na verdade a tivesse incentivado a ter amantes no passado e receasse que ela agora o denunciasse. Ou talvez se sentisse culpado em quebrar o mais importante laço político e sentimental de seu casamento – a pequena Joana, cuja paternidade ele publicamente afirmara ser sua, qualquer que fosse a verdade biológica. O comportamento da rainha pode, na realidade, ter sido conveniente para ele, já que era um impedimento para que ela defendesse a si e à sua filha. O filho de Joana, Andrés, só viria a nascer em novembro. A situação era tão extraordinária que a legislação de Castela simplesmente não contemplava a possibilidade de uma rainha adúltera e grávida.[7]

O acordo firmado em Guisando ocorreu após uma rápida viravolta de Isabel. Alguns de seus partidários haviam presumido que, com a morte de Afonso, ela iria se proclamar rainha. Afinal, a própria Isabel havia enviado cartas enquanto aguardava a morte do irmão, declarando que essa era sua intenção. Entretanto, imediatamente após sua morte, suas cartas se tornaram menos taxativas sobre uma reivindicação direta do trono. "Eu sou a herdeira legítima", ela escreveu às autoridades em Múrcia, uma cidade pró-Afonso. "Guardai esta cidade para mim como a guardaram para meu irmão Afonso." Entretanto, eles também deveriam enviar conselheiros para decidir o que deveria acontecer em seguida. Múrcia respondeu com uma sofisticada cerimônia fúnebre, proibindo os habitantes da cidade de cantar, tocar música ou vestir roupas berrantes. Os dignitários da cidade sentaram-se ao lado de um leito de morte cerimonial, vazio, antes de se vestirem com roupas de lã grosseira, e carregaram um caixão pelas ruas até a igreja principal. A procissão iluminada com tochas – acompanhada pelo barulho de gemidos e lamentos – incluía cinco escudos cerimoniais, um dos quais era carregado por representantes dos judeus da cidade, e outra por seus mouros. As cidades de Castela e as oligarquias locais que as governavam formavam um estrato político próprio, muito semelhante aos nobres ou à Igreja. Os que haviam apoiado Afonso permaneciam, em grande parte, na expectativa, esperando para ver o que iria acontecer. Múrcia estabeleceu um conselho provisório, enquanto Jerez preferiu "não levantar a bandeira de um rei ou de uma rainha enquanto todos não estivessem de acordo".[8]

O pragmatismo rapidamente forçou Isabel a evitar um confronto direto com seu meio-irmão. Agora com dezessete anos, ela estava nas mãos dos mesmos nobres titereiros que haviam manipulado seu irmão como um fantoche para os seus próprios fins. Sem nenhum dinheiro próprio e nenhuma garantia de que os rebeldes iriam automaticamente transferir seu apoio para uma mulher, ela preferiu a cautela, o bom senso e – dentro das limitações de sua difícil situação – a rota mais independente possível. Dali em diante, ela iria limitar sua reivindicação à de "princesa e herdeira legítima dos reinos de Castela e Leão". Ela seria herdeira do rei Henrique – embora, com obstinação típica e inconsistente, sempre insistisse que seu irmão Afonso fora o legítimo rei.[9]

Em vez de orgulhosamente, ainda que de maneira tola, desafiar seu meio-irmão pela coroa, Isabel preferiu travar um tipo de batalha diferente. Ela queria ser capaz de escolher o próprio marido. Era um sinal de sua precoce consciência política que ela tão rapidamente identificasse esta como a questão crucial para tudo que estava envolvido. Seu partidário mais poderoso, o arcebispo de Toledo, estava em conluio com João, o Grande, de Aragão, que já identificara Isabel como a noiva ideal para seu filho e herdeiro, Fernando. Mas Pacheco, que fazia a maior parte das negociações por Henrique, secretamente esperava casar sua própria filha com Fernando, assim elevando ainda mais o status de sua família. Mais uma vez, ele procurou dividir, confundir e fazer prevalecer seus desígnios. A melhor maneira de terminar com a rebelião, disse a Henrique, era reconhecer Isabel como sua herdeira, depois casá-la com um príncipe estrangeiro e enviá-la para uma corte distante.[10] Tudo que Henrique precisava fazer era assegurar que ele mantivesse o direito de decidir sobre o marido de Isabel.

Isabel logo percebeu as rivalidades entre os nobres para ter controle sobre ela e, acima de tudo, sobre a escolha de seu futuro marido. Pacheco alertou-a contra o arcebispo, que também era seu tio, e a quem ele considerava "obstinado por natureza e teimoso". Esse último, enquanto isso, a advertiu que seu sobrinho estava conspirando para casá-la com Afonso de Portugal. Enquanto todos ao seu redor tramavam maneiras de casá-la com seus candidatos favoritos, Isabel disse a seu meio-irmão que ficaria feliz se ele buscasse um marido para ela, mas a última palavra teria que ser dela. E o acordo tinha que ser por escrito. "Ela tem que se casar com quem quer que o rei decida, com a anuência da princesa e de acordo com o conselho [fictício] do arcebispo [de Sevilha], do mestre [da Ordem de Santiago, Pacheco] e do conde [de Plasencia, Álvaro de Stúñiga]", afirma uma das versões do acordo.[11] Isso permitia que Isabel, Henrique e o bando de Pacheco que reunia os Grandes fossem embora, cada qual convencido de que ele, e somente ele, iria por fim decidir sobre o marido de Isabel.

A mudança de herdeira de Joana para Isabel foi muito mais do que uma questão de juramentos e promessas. Isabel insistiu que lhe fossem dados todos os direitos e propriedades devidos a um herdeiro ao trono de Castela. Isso significava que ela se tornava princesa das Astúrias, o título tradicional de propriedade do herdeiro. Com o título vinham terras e renda. Ela também recebeu direitos sobre as cidades de Ávila, Ubeda, Alcaraz e Huete, e as cidades de Molina, Medina del Campo e Escalona, bem como sua renda. A nova posição de Isabel a tornava, ao menos em teoria, financeiramente independente, e lhe dava uma base de poder pessoal. Tudo isso fez parte das negociações levadas a cabo por mensageiros e procuradores, com alterações de última hora feitas depois que Isabel e Henrique se instalaram em duas cidades vizinhas, Cebreros e Cadalso, próximas aos touros de Guisando.[12]

No breve período entre a morte de Afonso e o encontro ao lado dos touros de Guisando, Isabel se mostrou digna de sua nova condição de herdeira aparente. Ela soube quando se curvar, especialmente diante de um poder superior, mas também mostrara que sabia quando não devia ceder. Seu benfeitor, o arcebispo de Toledo, pode não ter gostado, mas ela fez valer a sua autoridade. Ela já estava demonstrando algumas das qualidades que Henrique e seu pai, João, eram famosos por não possuir. Observadores perspicazes devem ter percebido que algo estava mudando. Mas havia poucos observadores como esses. As décadas de monarcas submissos e séculos de mulheres em sua maior parte submissas tinham um peso grande demais. Embora as chances de tornar-se rainha tivessem aumentado drasticamente, a maioria esperava que ela reinasse como pouco mais do que uma autoridade simbólica. O governo seria uma tarefa para seu marido e conselheiros dele. Nem Henrique, nem Pacheco, os aparentes vencedores de Guisando, nem seus próprios partidários, como o arcebispo, mostravam o menor sinal de compreender a mulher com quem estavam lidando. Na verdade, a jovem Isabel emergia como uma personalidade intensa, decisiva e às vezes inflexível. Ela sabia estabelecer seus próprios objetivos e, mais importante ainda, como se defender. Sua autoconfiança baseava-se em crenças simples e claras, livres de exames de consciência ou da necessidade de acrescentar nuance cinza àquilo que ela via em preto e branco.

Uma questão complicada, mas vital, permanecia sem resposta. Com quem Isabel se casaria? O tratado dava a Henrique o direito de escolher, enquanto os nobres mais influentes ainda acreditavam que tinham o direito de aprovar essa escolha e a própria Isabel havia, de maneira crucial, obtido seu próprio direito de veto. O acordo de Guisando também estabelecia que Isabel devia permanecer com Henrique e seus conselheiros até que um marido fosse encontrado.[13] Quando os dois irmãos e aqueles acostumados a impor suas opiniões sobre Henrique viraram as costas para os touros de pedra e partiram juntos, com a unidade de Castela e da família Trastâmara aparentemente restaurada, cada qual tinha uma ideia diferente do que tudo aquilo poderia significar.

6

Escolhendo Fernando

Colmenar de Oreja, 24 de outubro de 1468

Os cinco cavaleiros que entraram a galope na cidade de Colmenar de Oreja devem ter parecido apenas mais um grupo de cortesãos unindo-se a Isabel e Henrique, já que a aparentemente feliz corte real de Castela se estabeleceu ali e na cidade vizinha de Ocaña para administrar um país agora pacificado. O grupo dirigiu-se para a maior igreja da cidade, Santa María, e prendeu um documento na porta. Tendo realizado seu objetivo, fugiram a pleno galope, pois sabiam que as palavras explosivas laboriosamente escritas iriam estilhaçar a ilusão de calma que descera sobre a corte e sobre o país. As notícias que o comunicado continha devem ter se alastrado como um incêndio florestal, sendo Isabel uma das primeiras a tomar conhecimento.[1]

Os cavaleiros eram conduzidos pelo conde de Tendilla, um membro graduado do clã dos Mendoza e guardião legal da princesa Joana, de seis anos de idade – agora rival de sua prima e madrinha, Isabel. O conde trouxera consigo para essa cidade a quase cinquenta quilômetros de Madri um protesto formal contra o acordo que fora silenciosamente firmado e legalizado um mês antes junto aos touros de pedra de Guisando. Prendê-lo na porta da igreja foi uma maneira segura de torná-lo público e, na verdade, servir como um mandado judicial contra Isabel e Henrique. "É de conhecimento público que a referida princesa, minha tutelada, como filha legítima do rei, foi há muito tempo proclamada e aceita, à ocasião do seu nascimento, como princesa e primeira na linha de sucessão para herdar estes reinos",[2] afirmava a carta. Era um aviso a Isabel de que sua rival nunca fora declarada ilegítima nem por seu pai, nem por sua mãe.

A princesa Joana nasceu, o conde lembrava àqueles que se reuniam à porta da igreja, de um casamento apropriado. "Ela é a filha legítima do rei e nasceu em um casamento legítimo aprovado por nosso santíssimo papa Pio, de grande fama, e pelo papa Paulo II", afirmava o documento.[3] E isso significava que ela não podia ser deserdada sem a aprovação direta do papa, "porque ele era a origem da aprovação do casamento em que ela nasceu, e dentro do qual foi confirmada como legítima herdeira".[4] Tendilla e seus companheiros[5] preferiram pregar a carta na porta da igreja por medo de represálias, segundo del Castillo, porque "tal era o poder daqueles a quem ela era dirigida que, considerando o conteúdo da apelação, não ousavam entregá-la direta e pessoalmente a eles".[6] Era um aviso de que era improvável que a coexistência em Castela de um rei, uma rainha consorte, o amante da rainha, seu futuro filho ilegítimo e duas herdeiras potenciais à coroa — ambas vistas como necessitadas de maridos — iria ser simples.

A aparência de estabilidade gerada em Guisando era apenas superficial, e os nobres já manobravam para miná-la. Pacheco continuava com suas intrigas de interesse particular, o furioso arcebispo de Toledo preparava uma ousada estratégia para recuperar Isabel e os ofendidos e ambiciosos Mendoza pretendiam virar a posse da princesa rival, Joana, a seu favor. Aragão, Portugal e França observavam de perto, aguardando as oportunidades que pudessem ser pinçadas do caos. A corte havia se transferido para Colmenar de Oreja e para a cidade vizinha de Ocaña porque este era território de Pacheco, controlado pela Ordem Militar de Santiago, da qual ele agora era o mestre. Pacheco nunca fora tão poderoso ou Henrique tão dependente. Era ali, segundo Palencia, que começaram a tramar o casamento de Isabel com um príncipe estrangeiro, sendo Afonso V de Portugal ainda o favorito. Nenhum dos homens contava que Isabel fosse qualquer outra coisa senão aquiescente.[7]

Isabel passou o Natal de 1468 em Ocaña com sua pequena corte de damas de companhia e servidores leais, praticamente uma prisioneira no feudo de Pacheco. Menos de um ano havia se passado da morte de seu irmão, mas ela já se achava tendo que tomar uma das mais importantes decisões de sua vida. Devia curvar-se diante de Henrique, aceitar o poder dos Grandes sobre a monarquia e casar-se com o rei português – um viúvo cujos filhos eram mais velhos do que a própria Isabel e que se esperava que governasse em seu lugar[8] –, ou ela podia se rebelar, casar-se com um homem de sua própria escolha e se arriscar a desencadear uma nova guerra civil.

O candidato alternativo óbvio era o precoce filho de João, o Grande, Fernando de Aragão, que logo faria dezessete anos. O maquinador monarca aragonês reinava sobre uma coleção de reinos semi-independentes que em geral mantinham um relacionamento rebelde com seu belicoso rei, o qual travava frequentes batalhas de fronteira com a França e possuía complexos interesses na Itália. Suas terras italianas incluíam a Sardenha e a Sicília, com que João, o Grande, presenteara Fernando cinco meses antes, em junho de 1468 – permitindo-lhe usar o título de rei da Sicília, embora ele permanecesse em Aragão e a tarefa de governar o reino insular fosse levada a cabo por um vice-rei. Entre as razões que João, o Grande, que estava a duas semanas de celebrar seu septuagésimo aniversário, apresentou para a nomeação foi o apoio que Fernando já lhe dera no "calor da guerra durante sua velhice". Nesse mesmo mês, ele havia formalmente nomeado Fernando como seu tenente em todos os seus reinos, permitindo-lhe exercer o poder real durante a ausência de seu pai. O rei aragonês agora imaginava seu filho, já experiente em batalha e acostumado a tomar decisões importantes, como futuro rei de uma vasta parte da Ibéria. Somente Portugal, a pequena Navarra e o reino muçulmano de Granada ficariam fora de seus domínios. Um único tratado de casamento poderia conseguir muito mais do que as antigas guerras entre seu ramo da família Trastâmara e o pai de Isabel. A futura esposa de Fernando, presumia-se, permaneceria nos bastidores – permitindo-lhe governar sozinho. Ele enviou Pierres de Peralta, o condestável de Navarra, a Castela como seu enviado, as sacolas cheias de ofertas de ouro, por escrito, para os conselheiros mais próximos de Isabel.[9]

Enquanto negociações secretas com os enviados de Aragão eram realizadas em reuniões noturnas nos aposentos de Isabel, o rei português enviou o arcebispo de Lisboa para finalizar um tratado de casamento, que ele fora levado a acreditar que seria uma mera formalidade. Seus enviados foram opulentamente recebidos por Pacheco, mas Isabel recusou-se educadamente a se comprometer com eles, ao mesmo tempo evitando um "não" direto. Enquanto os procuradores, representando as cidades, e os Grandes reuniam-se para um encontro das cortes convocado por Henrique em Ocaña, a cidade fervilhava com complôs e intrigas. Todos pareciam pressentir que aquele era um momento histórico. O poder do rei continuava a se enfraquecer, com os rebeldes que haviam consagrado Afonso como um monarca rival agora governando em nome de Henrique. Algumas das poderosas cidades da Espanha apostavam suas esperanças para o futuro em Isabel. Esses procuradores que se preocupavam com o crescente poder dos Grandes sobre as cidades e sobre o reino encontraram Isabel pronta a ouvir suas queixas, ainda que impotente de fazer alguma coisa por eles. Não lhes foi sequer oferecida a oportunidade de cumprir os termos do acordo de Guisando, jurando publicamente lealdade a Isabel como herdeira. Uma campanha de intimidação foi, então, encetada. Um nobre violento e traiçoeiro chamado Pedro de Velasco foi então enviado para ameaçar Isabel de prisão se ela não concordasse com o casamento português. "Velasco se expressou em termos tão excessivos que forçou lágrimas da princesa, e ela, constrangida, suplicou a proteção de Deus de tal desgraça e cruel infâmia", escreveu Palencia, que também afirmou que um furioso Henrique ordenou a seus soldados que prendessem qualquer um que cantasse canções pró-aragoneses nas ruas de Ocaña.[10]

Henrique devia ter tomado conhecimento da presença de Pierres de Peralta, que se instalou na residência da arquidiocese de Toledo na vizinha Yepes. Ele fora enviado com papéis em branco assinados por João, o Grande, tão desesperado estava o rei aragonês para fazer este casamento acontecer. O filho ilegítimo do arcebispo, Troilo, agora genro de Peralta, agiu como mediador. Uma lenda relata um encontro secreto entre Isabel e o intrépido embaixador, que atravessara a forte correnteza do rio Tejo à noite, no qual a futura rainha finalmente jurou casar-se com Fernando. Na realidade, é impossível determinar o momento exato em que Isabel tomou a decisão de casar-se com Fernando, mas ela obviamente já havia se decidido no final de janeiro de 1469, apenas quatro meses depois de assinar o acordo dos touros de Guisando, quando um dos emissários de João, o Grande, escreveu informando-o da escolha da princesa. "Deve ser ele [Fernando] e nenhum outro", disse o emissário. Poucos dias depois, Isabel enviou um conselheiro de confiança, Gómez Manrique, com Peralta, à cidade catalã de Cervera para ir ao encontro de Fernando. Ela não estava preparada, entretanto, a colocar sua promessa por escrito, por medo de que fosse interceptada. Em vez disso, escreveu-lhe um bilhete cifrado:

> Para meu primo, o rei de Sicília. *Señor* primo: como o condestável está indo ao vosso encontro, não é necessário que eu coloque isto por escrito, mas apenas peça desculpas pelo atraso na resposta. Ele explicará a Vossa Alteza o motivo da demora. Rogo-lhe que confie nele, e agora o senhor deve me ordenar que faça a sua vontade, e eu terei que fazê-la. E a razão para isso o senhor descobrirá por ele neste mesmo dia, porque não é algo que deva ser colocado por escrito. Da mão que agora agirá segundo o seu comando. A princesa.[11]

Henrique e seu favorito, Pacheco, continuaram convencidos de que tinham a princesa de dezoito anos sob controle. Afinal, o tratado de Guisando decretava que o rei deveria escolher, que seus conselheiros deveriam aprovar e que somente então a própria Isabel iria concordar ou não sobre seu marido. O rei e seu séquito partiram para o sul, para Andaluzia, fazendo Isabel jurar que não deixaria Ocaña nem faria planos de casamento sem eles. Alguns dos servidores de Isabel foram subornados para espioná-la, e os homens de Pacheco tinham ordens para assegurar que ela permanecesse onde estava. Enquanto Isabel tramava para si mesma, tinha uma nítida vantagem sobre os homens com quem estava lidando. Simplesmente não conseguiam imaginar que uma jovem, por mais que fosse de sangue real, pudesse agir sem eles. Isso também valia para aqueles como Palencia, que agora apoiavam o casamento com Fernando. O problema não era dela individualmente, mas das mulheres como um todo. "As mulheres têm sido a derrocada da Espanha", é como diria Palencia, atribuindo a ideia ao povo de Burgos.[12]

Anos mais tarde, surgiu uma narrativa romanceada da escolha de Isabel, a qual a via se apaixonar perdidamente, de longe, como uma menina, pelo garboso e jovem Fernando. Na realidade, Isabel era uma participante do jogo político muito mais respeitável. Sua escolha foi pragmática, não emocional. Um casamento português colocaria Isabel firmemente, talvez permanentemente, nas mãos do bando de Pacheco, de Grandes ávidos de poder. Estes já estavam secretamente oferecendo proclamar Afonso de Portugal herdeiro e Isabel mera rainha consorte tão logo fosse casada com o rei português. Mas o casamento com Fernando trazia problemas semelhantes. Ela iria se colocar nas mãos interesseiras de João, o Grande, e do arcebispo de Toledo – dois homens idosos acostumados a coagir e intimidar, e que também esperavam que ela cedesse todo o protagonismo ao seu marido. O reino de Aragão não permitia que mulheres ocupassem o trono, e Fernando, como um dos poucos homens Trastâmara disponível para governar Castela, era um rival direto de Isabel, bem como um aliado em potencial, mesmo dentro do casamento. Vários dos seus conselheiros mais velhos, como Chacón e Gutierre de Cárdenas, haviam sido muito bem subornados pelo rei de Aragão, mas ele precisava do casamento muito mais do que Portugal. Isso colocava Isabel em uma posição de barganha muito mais forte. O desejo do arcebispo de Toledo e de seus outros aliados de manter o máximo de poder possível em Castela, em vez de cedê-lo a Aragão, também agia a seu favor. Como os Grandes que dominavam Henrique, eles se imaginavam exercendo o poder no lugar de Isabel. Assim, quando chegou o momento de negociar com João, o Grande, ela podia contar com eles para fazer valer os direitos de Castela, que também eram os dela.[13]

Mais uma vez, Isabel foi ajudada pela crença básica entre os homens envolvidos que – tudo que fosse prometido ou acordado por escrito – era inconcebível que, uma vez casada, ela não fosse simplesmente entregar o poder a seu marido, um conselho de Grandes ou ambos. Nem havia nada em seu calmo e aparentemente recatado comportamento externo – um manto sob o qual Isabel estava aprendendo a esconder seu caráter de aço – para fazê-los pensar que assim não fosse. Em 7 de março, exatamente dois meses antes de Henrique partir para Andaluzia, um contrato secreto de casamento foi finalizado em Cervera.[14] Ele permitia a Fernando, que iria completar dezessete anos dois dias depois, aplicar a justiça em Castela, mas tudo o mais teria que ser acordado, assinado ou realizado com a permissão de sua mulher. Ele não podia nem mesmo deixar Castela sem sua permissão. Ele teria ainda que prover 100 mil florins quando o casamento fosse consumado, e um exército de quatro mil lanceiros para defender Isabel dos inimigos que ela estava criando agora. Mais 20 mil florins deveriam ser pagos de antemão, juntamente com um valioso colar de pérolas e rubis que os aragoneses, carentes de dinheiro, haviam penhorado em Valência.[15]

Tentativas foram feitas para limitar os danos ao orgulho real de Henrique. Em um rascunho inicial, assinado apenas por Fernando e seu pai, o jovem príncipe prometera "observar e preservar a paz assinada entre o rei Henrique e ela [Isabel], bem como permitir e assegurar que Sua Alteza reine pacificamente pelo resto de seus dias". Tanto ele quanto seu pai esqueceriam quaisquer insultos anteriores de seus antigos inimigos em Castela, inclusive Henrique, e "perdoariam tudo, a serviço de Deus e em consideração à sua serena princesa". Henrique também receberia "total obediência filial" de seu futuro cunhado. "Iremos viver pessoalmente naqueles reinos para estar ao lado da princesa e não nos afastaremos sem a aprovação dela. Nem a tiraremos desses reinos sem seu consentimento", Fernando prometera, com seus descendentes também devendo permanecer em Castela.[16] "Nós nunca os tiraremos dela, nem os levaremos para fora desses reinos contra a sua vontade."

Pelos padrões aragoneses, era um documento humilhante. Deixava Fernando praticamente um prisioneiro nas mãos de Isabel e de seus conselheiros. A ideia de que um príncipe de Aragão e rei da Sicília precisasse da permissão da esposa para estar em seu próprio reino, ou de seu pai, era chocante. Mas isso era apenas o começo, e sempre se podia esperar que a vontade de um homem prevalecesse sobre a de sua esposa. João e Fernando, de qualquer modo, não estavam em posição de fazer maiores exigências. Não podiam sequer, no começo, obter o colar que devia ser dado por Fernando à sua noiva. Isabel, agora, tinha que manter sua parte do acordo. Promessas haviam sido feitas, mas no mundo turbulento e instável da política castelhana, alianças eram feitas e desfeitas com exasperante facilidade. Os mensageiros aragoneses estavam prontos com dinheiro para comprar o apoio da nobreza, mas ela precisava provar que estava comprometida rebelando-se abertamente contra Henrique e fugindo de Ocaña. Sua derradeira desculpa para deixar a cidade era de que queria supervisionar os preparativos para as cerimônias em Arévalo, a cidade de sua mãe, para assinalar o aniversário da morte de seu irmão Afonso. Entretanto, Arévalo fora ocupada pelos aliados de Henrique, de modo que ela e sua mãe continuaram viagem para sua cidade natal, Madrigal de Las Altas Torres.[17] Mais uma vez, sua opção foi retornar para as paisagens, as pessoas e as certezas simples de sua infância.

    A decisão, entretanto, era tudo, menos infantil. Isabel deixara o histórico acordo de Guisando em frangalhos, e agora havia uma ameaça de guerra civil. Pior ainda, ela se aliara a João, o Grande, um inimigo de longa data tanto de Henrique quanto de seu pai. Castela ainda se lembrava dos dias terríveis e incertos das guerras contra os infantes de Aragão. João, o Grande, agora com setenta anos, era um dos infantes. O noivado com Fernando, entretanto, permanecia em segredo, e a reação de Henrique à desobediente partida de Isabel de Ocaña não foi nem de longe tão agressiva quanto poderia ter sido. Seu apetite por confrontos violentos era limitado, e ele preferia deixar os problemas nas mãos de Pacheco, que tinha um gosto natural por situações caóticas e mal definidas. Esses eram os momentos em que o rei mais precisava dele e que melhor podiam ser manipulados em benefício próprio.

Em vez de entrar em guerra com uma princesa cujo único crime até então fora desobedecer suas instruções e deixar Ocaña, Henrique enviou-lhe uma proposta de casamento diferente. Desta vez, vinha do rei Luís XI da França, que queria que ela se casasse com seu irmão, e herdeiro aparente, o duque de Berry. Um embaixador francês, o bispo de Arras, chegou a Madrigal, esperando que um casamento o ajudasse a estabelecer aliança com Castela contra o rei Eduardo IV da Inglaterra. O arrogante bispo irritou Isabel de tal forma com sua soberba, presunção e afetação, além de maldosos ataques verbais a Fernando, que ela mal conseguia se conter. No entanto, ela manteve a calma, dando respostas não comprometedoras que deixaram o bispo achando que havia recebido uma meia promessa. Mais tarde, Palencia alegou que Isabel mandou seu capelão, Afonso de Coca, dar uma olhada tanto no duque francês quanto em Fernando. "Ele descreveu as imensas vantagens que dom Fernando tinha sobre o outro candidato, considerando que ele tinha – mesmo descontando a enorme extensão de seus domínios e a união dos reinos – uma aparência muito melhor. O duque [de Berry] mal podia ser comparado, já que suas pernas extremamente finas o deformavam e um acúmulo de líquidos o tornava quase cego." Palencia alegava que uma França "inflada e arrogante" forçaria Castela a submeter-se à sua vontade, ao mesmo tempo que avisava que seus "costumes repugnantes" conflitavam com a suposta seriedade de Castela. Isabel parece ter levado do encontro uma aversão pela França que duraria a vida inteira. "Vossa Alteza demonstrou que desejava que qualquer outro casamento, ainda que menos útil, fosse arranjado só para evitar um casamento com o honesto e obsequioso príncipe [Fernando]", Isabel repreendeu Henrique mais tarde.[18]

Nesse ínterim, o próprio Palencia foi escolhido para viajar a Aragão para cobrar o colar de pérolas e rubis que fora prometido a ela como um adiantamento do pagamento do dote de casamento. Em meados de julho, Fernando viajou pessoalmente para o sul, para Valência, para recuperar o volumoso colar e entregá-lo a Palencia. Também fez uma oferta cavalheiresca que deve ter enternecido o coração de Isabel, e que sem dúvida combinava com sua ideia de um comportamento adequado a um cavalheiro. "Ele me chamou para encontrá-lo a sós", disse Palencia, "e me perguntou se eu achava que ele deveria viajar o mais rapidamente possível para Madrigal, levando dois companheiros e eu mesmo como guia, a fim de consolar a ansiosa princesa com sua presença e correr os mesmos riscos que ela estava correndo". O cronista devia ter consciência do peso do colar, tanto físico quanto emblemático, conforme ele cavalgava de volta a Castela. O grosso enlaçado de fios de ouro pesava mais de três *marcos* (mais de setecentos gramas), e dele penduravam-se sete grandes rubis e oito pérolas cinza ovais. Um enorme rubi pendia do centro do colar, decorado com uma bela pérola oval.[19] As joias eram prova, se ela precisasse, do compromisso de Fernando.

Isabel deve ter vivido em estado de aguda ansiedade. Seu futuro marido estava a quase quinhentos quilômetros de distância, nos reinos de seu pai. Se quisessem se casar, ele teria que se infiltrar em uma Castela extremamente hostil. Ela também corria perigo pessoal, pedindo a seu punhado de aliados Grandes para enviar tropas a Madrigal, e o ambiente em sua pequena corte começou a azedar. Nem todos queriam se unir à sua rebelião, e algumas de suas damas de companhia, temendo o pior, fugiram. Entre elas estavam algumas de suas amigas mais íntimas. "Elas sabiam que Vossa Alteza já tinha ordenado que eu fosse capturada e privada de minha liberdade, como ficou claro em algumas cartas que vieram às minhas mãos, inclusive uma da câmara municipal de Madrigal ordenando que eu fosse presa", Isabel escreveu a Henrique mais tarde. Por fim, ela decidiu que seria mais seguro deixar a cidade, partindo em uma viagem que a levaria a estabelecer-se em Valladolid.[20] Ela queria um lugar seguro onde Fernando pudesse ir ao seu encontro.

7

Casamento com Fernando

Saragoça, 5 de outubro de 1469

O vistoso rapaz de lábios cheios e cabelos escuros que finalmente partiu de Saragoça vestido como um humilde cavalariço era um ator convincente. Cavalgando com cinco homens, Fernando desempenhou seu papel por dois dias e duas noites, servindo refeições e cuidando dos cavalos. O príncipe de dezessete anos esperara impacientemente por um sinal de Isabel de que ele devia partir. Ele finalmente chegou na forma de Palencia e Gutierre de Cárdenas, que haviam viajado por vias secundárias e através da escuridão da noite a fim de evitar os espiões de Henrique. Ao longo do caminho, perceberam que os primeiros cem quilômetros da viagem de Fernando a Castela seriam feitos através de territórios extremamente hostis. Uma vez em Saragoça, os emissários de Isabel agiram como se não tivessem nada a tratar com Fernando, ficando Cárdenas escondido em seu alojamento enquanto Palencia partia para um encontro secreto com o jovem príncipe no pequeno quarto de um frade no magnífico monastério de San Francisco, cuja capela ostentava uma nave de 75 metros. Fernando, decidiram, deveria proclamar em alto e bom som que estava partindo para encontrar-se com seu pai na Catalunha, e depois, disfarçado de criado, iria se juntar a uma suposta representação aragonesa que se dirigia a Castela. Palencia e Cárdenas, enquanto isso, deixaram Saragoça com uma falsa ira, queixando-se ostensivamente de que Fernando dissera-lhes que tinha negócios urgentes na Catalunha.[1]

Após dois dias, os cavaleiros chegaram a Burgo de Osma, onde o duque de Treviño – agora casado com a antiga amante de Henrique, dona Guiomar – aguardava por eles com uma escolta de lanceiros.

Fernando insistiu para que continuassem a viagem, partindo novamente às três horas da madrugada. Em 9 de outubro de 1469, o vigoroso príncipe já estava em Dueñas, onde, entre outros, sua tia Teresa Enríquez o recebeu. Era um lembrete de que Fernando era, por parte de mãe, parcialmente castelhano. Cárdenas e Palencia continuaram rumo a Valladolid, a apenas vinte e nove quilômetros de distância, sabendo que Isabel estaria ansiosamente aguardando notícias. Parece que discutiram no caminho sobre qual dos dois merecia a glória do sucesso de sua missão.[2]

Fernando e seu pai de setenta e um anos, ainda enfrentando rebeliões ao norte da Catalunha, agora corriam mais riscos do que os assumidos por Isabel. "O rei [João] não tem nenhum outro filho ou apoio em sua velhice neste mundo além do rei de Sicília [Fernando], e dele dependem a saúde, o bem-estar e a sucessão de todos esses reinos", escreveu o secretário de João, Felipe Climent.[3] "O mero fato de que o rei diz com sua própria boca que ele [seu filho] deveria arriscar-se viajando com apenas três ou quatro homens para Valladolid, especialmente considerando as vagas promessas de segurança que possui... deveria fazer o rei de Sicília [Fernando] acreditar que sua bravura e força desafiavam qualquer descrição."

Henrique não tinha nenhuma razão para ficar surpreso com a chegada de Fernando. Um mês antes, em 8 de setembro de 1469, Isabel havia escrito para ele, de Valladolid, anunciando que iria se casar. Alegava que Henrique, os nobres e ela haviam acordado analisar quatro candidatos a marido em potencial para determinar qual seria melhor para o reino. Isabel nomeou-os, em ordem: Fernando, Afonso V de Portugal, o duque de Berry, da França, e o futuro Ricardo III, da Inglaterra. Ela repreendeu seu meio-irmão por tentar forçá-la ao casamento português, alegando que um acordo fora negociado pelas suas costas. Isabel culpou "certas pessoas", querendo dizer Pacheco, por induzir o rei Afonso a pensar que ela estava disposta a casar-se com ele, e argumentou que a vontade de outros nobres e procuradores tinha sido ignorada, enquanto outros tinham sido intimidados à aprovação do casamento por meio de ameaças. Seu direito de decidir seu próprio futuro, com "a devida e justa liberdade", acordada em Guisando, também tinha sido ignorado.[4]

Ela, enquanto isso, alegava ter conduzido suas próprias consultas aos nobres. "Eles elogiaram e aprovaram um casamento com o príncipe de Aragão, rei de Sicília, dando razões muito óbvias para tal", ela disse a Henrique. As evidentes virtudes de Fernando, inclusive sua idade e sangue dos Trastâmara, estavam sendo deliberadamente manchadas por aqueles de "intenções sinistras" que cercavam o rei. Ainda mais surpreendente fora a tentativa de lhe impor o duque de Berry. O francês, ela disse, trataria Castela como uma mera província, e a usaria em suas guerras com Aragão.[5]

A ira desafiadora de Isabel destaca-se em sua carta a Henrique. Entretanto, ela tem plena consciência do problema que está prestes a causar, e dos perigos a si mesma e ao jovem que estava vindo a uma terra estrangeira para casar-se com ela contra a vontade do monarca. Fernando, afirmou, viria em paz, e como um servo fiel a Henrique. Ela lembrou a Henrique que eles todos partilhavam bisavós, e que o próprio avô deles, o rei Henrique III de Castela, pedira expressamente em seu testamento que as linhagens castelhanas e aragonesas deveriam casar-se entre si para manter a família unida. Aqueles que alegavam que Fernando causaria problemas estavam induzindo-o a erro. "Podeis ter certeza de que, de agora em diante, eu cumprirei minhas promessas", ela acrescentou. "E podeis estar seguro da obediência que o príncipe de Aragão deve, e compreende que deve, a Vossa Alteza, se estiver preparado para recebê-lo como um filho obediente."[6] Ela queria, em outras palavras, tanto se rebelar quanto ser perdoada. Pacheco e Henrique podiam não ter planejado cumprir o acordo de Guisando, mas não o haviam rasgado flagrantemente desse modo.

Isabel escreveu novamente para Henrique em 12 de outubro, comunicando-lhe que Fernando já se encontrava em Castela e assegurando-lhe que seu futuro marido vinha em paz. Desta vez, ela implorava sua bênção. "Suplico-vos que possa aprovar a vinda dele e aprovar as [boas] intenções em que meus planos se baseiam", ela disse. Henrique não se deu ao trabalho de responder. Era, de qualquer modo, tarde demais para ele se opor. Dois dias mais tarde, Isabel encontrou-se com seu futuro marido pela primeira vez. A única imagem que ela já vira de Fernando era um medalhão toscamente lavrado, exibindo um rosto jovem, de barba, e pouco mais. Gutierre de Cárdenas teve que indicar quem do grupo de cavaleiros que entrava em Valladolid era o futuro marido de Isabel. Uma história apócrifa descreve Isabel gritando empolgadamente: "Aquele é ele! Aquele é ele!",[7] e ela deve ter ficado muito feliz por Fernando ter conseguido ir ao seu encontro, especialmente o fato de que ele estivesse pronto a correr tais riscos para chegar até ela. O único retrato de Fernando que restou mais ou menos dessa época, ou copiado de um original, mostra um jovem rapaz exibindo uma barba rala, de finos pelos negros que cobriam apenas esparsamente suas faces e queixo, enquanto cabelos espessos, negros e lisos, caíam sobre suas orelhas – como em outros retratos – até a base do pescoço. Olhos castanhos e uma franja lisa de cabelos negros reforçavam a tez morena.

A tensão provocada pelo aparecimento de um filho dos famigerados infantes de Aragão ficou imediatamente evidenciada, mesmo entre os seguidores de Isabel. Alguns dos nobres de Castela insistiram que Fernando beijasse a mão de sua mulher para provar sua obediência e mostrar que, neste casamento, ele é quem tivera sorte. A própria Isabel inclinava-se a concordar, mas o arcebispo de Toledo ficou escandalizado. Fernando já detinha o título de rei (da Sicília), e assim a elevaria à condição de rainha. Mais importante ainda, ele era um homem. "Ele colocou um ponto final nesta vergonhosa e insultuosa adulação denunciando a insolência que algumas pessoas estavam tentando instilar em sua mulher, que devia obedecer seu marido e entregar ao homem os símbolos do poder", escreveu Palencia, que concordava com seu amigo, o arcebispo, sobre isso. Mas o extraordinário acordo assinado em Cervera foi lido, deixando poucas dúvidas sobre o papel subordinado de Fernando. Palencia alegou que o jovem casal, de dezoito e dezessete anos, estava tão atraído um pelo outro que somente a presença do arcebispo durante seu encontro de duas horas os impediu de se comportarem de forma inconveniente. Mais importante ainda, eles assinaram um documento conjunto com o arcebispo reconhecendo sua dependência do apoio dele e, assim, declarando que ele agora passava a ser seu principal conselheiro. "Sem Vossa Excelência não faremos nem ordenaremos nada, mas em vez disso governaremos e agiremos de comum acordo, os três, como se fôssemos um só corpo e uma só mente", disseram.[8] O arcebispo os levou ao pé da letra. Ele era, ao menos em sua própria mente, o favorito do casal – o verdadeiro poder por trás do trono.

A parte religiosa do casamento foi celebrada três dias depois na presença do arcebispo de Toledo, que conseguia representar os interesses de Deus, Castela, Aragão e de si próprios ao mesmo tempo. Foi um acontecimento modesto, ainda mais pela pressa com que foi conduzido. O acordo de Cervera foi lido em voz alta mais uma vez, enfatizando a condição superior de Isabel, e de Castela, no casamento. A noiva e o noivo eram primos de segundo grau. Como tal, precisavam de uma autorização papal para se casarem. Mas o papa Paulo II estava do lado de Henrique. Há apenas quatro meses, ele dera uma dispensa por escrito para Isabel se casar com outro primo distante, Afonso V de Portugal. O problema foi resolvido com a leitura pública de uma bula papal inteiramente falsa, supostamente concedida por um papa anterior, Pio II. O núncio papal Venier deixou que tudo acontecesse, os bolsos pesados com o ouro aragonês e a boca firmemente fechada. Ele era o único homem com autoridade para suplantar Toledo, ou para denunciar a enorme mentira que acabara de ser proferida. Talvez ele, como João, o Grande, acreditasse que o papa desse uma dispensa depois do casamento já ter sido celebrado. O mais provável, entretanto, é que ele estivesse pensando nos vinte e oito quilos de ouro que receberia anualmente do reino de Fernando, na Sicília, e na promessa adicional de um bispado ainda mais rico do que o que possuía atualmente em Leão.[9]

Isabel foi cúmplice na fraude. "Quanto ao que Vossa Alteza diz em sua carta sobre eu me casar sem uma dispensa papal, não há necessidade de uma longa resposta, já que Vossa Alteza não é o juiz nesta questão", ela escreveu em uma carta circular dirigida a Henrique dezoito meses mais tarde. "Minha consciência está absolutamente limpa, como pode ser demonstrado por documentos autênticos e bulas papais, sempre e onde forem necessários."[10] Isabel estava blefando. Ela nunca vira nenhum documento "autêntico". Não existiam. Sua reputação posterior, tanto por compaixão quanto por escrupulosa legalidade, ativamente promovida por seus propagandistas, não se aplica a essa fase de sua vida. Nem da vida de Fernando. A política e o poder obviamente vinham em primeiro lugar. Nisso, ela estava exibindo um formidável talento.

8

Princesa rebelde

*Palácio de Juan de Vivero, Valladolid,
19 de outubro de 1469*

Os lençóis do leito de núpcias foram exibidos, em toda a sua glória de sangue, para o grupo de pessoas que esperava do lado de fora do quarto de Isabel no palácio de Juan de Vivero, perto do portão de São Pedro, em Valladolid. Os lençóis manchados foram entregues ao seleto grupo de servidores, que havia inspecionado o quarto antes do casal entrar e em seguida havia permanecido à sua porta. "Trombetas, tambores e menestréis tocavam enquanto eles os mostravam [os lençóis] a todas aquelas pessoas que esperavam no quarto [ao lado], que estava lotado", relatou o cronista real Diego de Valera. Isabel estava determinada a não repetir os erros de Henrique, que havia mudado a tradição real castelhana banindo as pessoas do seu quarto na noite de núpcias. Ela queria que as pessoas soubessem tanto que o casamento havia sido consumado quanto que ela se casara virgem. O sangue nos lençóis provava ambos. Houve uma evidente satisfação de que a tradição tivesse sido restabelecida. "A prova de sua virgindade e nobreza foi adequadamente apresentada diante dos juízes, conselheiros municipais e cavalheiros, como é apropriado a monarcas", o dr. Toledo, seu médico, registrou em seu diário. O marido de Isabel também fez questão de deixar claro que o casamento não iria sofrer do tipo de problemas de alcova que haviam manchado o reino e a reputação de Henrique. "Ontem à noite, a serviço de Deus, nós consumamos o casamento", ele escreveu à câmara municipal de Valência no dia seguinte. Quando Henrique mais tarde espalhou falsos rumores de que a consumação nunca acontecera, Isabel manteve-se de cabeça erguida.

"Este assunto é constrangedor e abominável para mulheres nobres", reclamou.¹ "Tudo que posso dizer é que nossos atos são a prova que devemos apresentar a Deus e ao mundo."

As comemorações do casamento duraram sete dias, com danças, fogueiras e brincadeiras nas ruas de Valladolid, enquanto os espiões de Henrique observavam atentamente. Houve procissões de rua e *fiestas* públicas por toda Aragão e até mesmo na distante Sicília. No resto de Castela, entretanto, as comemorações foram na surdina ou inexistentes.² Um país que havia atravessado três anos de guerra civil encontrava-se, depois de um único ano de paz, de volta ao precipício. Uma única pessoa era, no final das contas, responsável por isso. A herdeira da coroa, de dezoito anos, Isabel, que havia rasgado o acordo de paz. Essa pode ter sido uma sábia jogada preventiva do ponto de vista dela, mas deixou o resto do país em um estado de expectativa nervosa e apreensiva.

Ao acordar no palácio de Juan de Vivero em 20 de outubro de 1469, na manhã seguinte à consumação de seu casamento, Isabel deve ter refletido com satisfação sobre como havia conseguido impor completamente sua vontade. A princesa rebelde não era dada a se arrepender de seus atos. Ela, e mais ninguém, escolhera seu marido. Um acordo fora quebrado, mas homens como o arcebispo de Toledo diziam-lhe que isso não importava. O rei o havia quebrado primeiro, ela disse a si mesma, ao tentar casá-la com príncipes de quem não gostava e que eram ruins para o futuro de Castela. Isso era esticar a verdade ao ponto de ruptura, mas era a história que ela agora iria promover.

No entanto, ela devia também ter consciência de alguns importantes pontos fracos na posição deles. Cidades com suas grossas muralhas de pedra, fortalezas, torres e impostos eram cruciais para qualquer um que quisesse exercer controle sobre Castela e sua zona rural. Ela e o marido tinham o apoio de apenas um punhado de cidades importantes, e conservá-las seria difícil. Valladolid, onde haviam se casado, já estava sujeita a um confronto cada vez mais tenso e potencialmente violento entre os nobres locais que queriam controlá-la – com o bem-relacionado Vivero apenas um dos que brigavam pelo poder. Cidades importantes, como Tordesilhas e Olmedo, permaneciam em sua órbita, mas estavam sendo pressionadas a mudar de fidelidade, e as terras que Isabel e seu marido controlavam diretamente compreendiam apenas uma pequena parte de Castela.³ As outras fontes de poder eram os nobres e a Igreja, mas o apoio por este lado era escasso. O poder real de Isabel vinha das vastas terras, fontes de renda e exército particular do arcebispo e dos bens do avô castelhano de Fernando, o almirante de Castela, Fadrique Enríquez. O poder latente de Aragão, com sua longa fronteira, estava disponível para ela em caso de emergência, mas somente se o já sobrecarregado João, o Grande, tivesse recursos e a vontade de apoiá-la. O jovem casal estava, em outras palavras, completamente dependente de outras pessoas.

    Três homens mais velhos observavam com satisfação. João, o Grande, Fadrique Enríquez e o arcebispo de Toledo eram homens de peso, experiência e tradição. Sua extraordinária longevidade era igualada pelo vigor igualmente notável. O arcebispo estava prestes a fazer sessenta anos. Os outros eram aproximadamente uma década mais velhos. Haviam nascido no final do século anterior, antes de o pai de Isabel subir ao trono. Eram também ricos e podiam criar seus próprios exércitos. Nesse sentido, eram clássicos magnatas medievais, inteiramente confiantes e à vontade com seu poder. O contraste entre eles e os jovens príncipes, quando se tratava de experiência, poder e força militar, era flagrantemente a favor dos mais velhos. Sem eles, o casamento simplesmente não teria acontecido. Para fazer valer seu ponto de vista, Fernando escreveu a seu pai explicando que estavam preocupados com um possível ataque do rei Henrique. O arcebispo Carrillo os aconselhara a reunir uma cavalaria de mil homens como proteção, mas eles não tinham nenhum dinheiro e precisavam de 40 mil florins com urgência. "Pediram essa quantia ao rei... porque seu filho fora para Castela sem nenhum dinheiro e a princesa também não tinha nenhum", relatou o grande cronista e historiador aragonês Jerónimo

Zurita. "Mas eles precisavam manter sua corte e, assim, precisavam dos 100 mil florins que haviam sido prometidos."[4]

O belicoso arcebispo, acima de tudo, achava que estava no comando da situação. Carrillo era teimoso, obstinado, fantasioso e ambicioso. Não gostava de ser contrariado e acumulou grande riqueza e poder, mas gastava acima de suas posses em uma perseguição constante de fama e glória. Em resumo, ele gostava de estar no controle – distribuindo ordens e benesses, sendo obedecido, admirado e, se necessário, temido. As fantasias a respeito de sua própria grandiosidade eram acompanhadas de outras – inclusive uma crença em alquimia, de que riquezas infinitas poderiam ser encontradas descobrindo-se o segredo de transformar metais básicos em ouro e prata. Isso o tornava presa fácil para os vigaristas e charlatães que apareciam às portas de seu majestoso palácio episcopal em Alcalá de Henares pedindo-lhe para financiar suas tentativas de descobrir tais segredos. "Era um homem de grande coração, cujo principal desejo era protagonizar grandes feitos e ter uma posição grandiosa, ser aclamado e ter uma grande reputação", disse o futuro cronista real Fernando del Pulgar, que era próximo da família Mendoza rival. "Seus presentes eram distribuídos por desejo de fama, não pelo uso da razão... e ele sempre precisava de mais [dinheiro]." Como primaz da Espanha, governando a arquidiocese mais rica do país,[5] ele há muito tempo era um dos homens mais poderosos no território – mas isso não era suficiente. Ele via o documento que assinara com Isabel e Fernando pouco antes do casamento, em que juravam agir como uma única pessoa, como prova de que os jovens príncipes estavam em suas mãos. "Ao distribuir cargos, concessões e privilégios, seguiremos vosso conselho e esperaremos vossa aprovação",[6] haviam prometido. Nada podia ser decidido sem ele. Ou assim ele imaginava.

Isabel e Fernando eram de uma escola diferente. Eles ainda podiam ser muito jovens, mas eram destemidos, autoconfiantes, inteligentes e maduros para a idade. Mais importante ainda, rapidamente compreenderam que juntos eram muito mais fortes do que separados. Ambos tinham plena consciência de seu próprio status real e dos perigos de permitir que outros exercessem o poder, por menor que fosse, em seus nomes. Eles já haviam desafiado o rei de Castela. Agora, pareciam encorajar um ao outro em uma atitude cada vez mais rebelde em relação ao dominador e arrogante arcebispo. O pai de Fernando dissera-lhe para ser estritamente obediente, mas logo estava dizendo colericamente ao arcebispo que "ele não ia ficar recebendo ordens de ninguém".[7] Zurita explicou que o jovem príncipe já estava convencido de que ele e sua mulher não deviam ser dominados pela nobreza. "E [ele disse] nem o arcebispo nem ninguém mais deveria pensar que seriam, já que muitos reis castelhanos se perderam por isso." Isabel trilhou o mesmo caminho, e o arcebispo Carrillo culpou seus servidores pela atitude do jovem casal. Não se tratava ainda de absolutismo real, já que não tinham nenhum reino para governar e o conceito ainda não estava tão desenvolvido quanto ficaria em séculos posteriores, mas sem dúvida era uma declaração de intenções. O jovem casal, na verdade, encorajava um ao outro em sua obstinação. João, o Grande, mal conseguia acreditar que eles agissem de forma tão imprudente, mas os conselheiros que ele enviara com Fernando escreviam de volta, dizendo que também eles estavam perdendo influência. "Ele está tão determinado em suas atitudes que parece que nada além daquilo em que acredita está correto, só o que ele deseja é certo ou útil", queixaram-se.[8]

O jovem casal tornou-se cada vez mais desesperado por dinheiro. Isabel já havia empenhado o colar de rubis para pagar a própria criadagem, e ela e o marido agora estavam praticamente falidos. Fernando escreveu a seu pai avisando-o de que alguns seguidores de Isabel "estão prontos a partir e se unir ao outro lado".[9] Se a situação deles piorasse, advertiu, logo tudo poderia estar perdido.

Isabel escreveu cartas suplicando a outros nobres pelo seu apoio, instando-os a ajudar a acalmar a ira de Henrique e relembrando-os do sangue castelhano do próprio Fernando. "Como sabeis, Fernando é filho destes reinos e descendente direto dos reis de Castela. E como é sabido nestes reinos e fora deles, uma pessoa serve melhor ao rei escolhendo as [opções] mais úteis e lucrativas para estes reinos", ela escreveu.[10]

Os primeiros sinais de tensão entre as facções castelhana e aragonesa de sua pequena corte também apareceram. Isabel brigava com o marido por causa de seus servidores. *Mayordomos*, castelães e confessores lutavam por poder e status em seu novo empreendimento conjunto, no qual alguns postos mais graduados tinham agora dois titulares. A atitude prática de Isabel estendia-se até mesmo a seu sogro, que logo descobriu que ela não gostava de ser manipulada. Sem dinheiro próprio, ela não podia ter nenhuma independência. Assim, imediatamente insistiu que João, o Grande, pagasse o resto de seu dote, dando-lhe tanto uma parte da renda gerada pela Sicília quanto os impostos pagos pelas cidades de Bórgia e Magallón em Aragão, e de Elche e Crevillent em Valência. Ela, por fim, enviou seus próprios servidores para inspecionar seus negócios em terras aragonesas, e quando seu sobrecarregado sogro tentou se esquivar de seu compromisso, ela insistiu que não havia nada a negociar. "Não mudai uma única letra" do acordo, ela retorquiu, advertindo-o para não atuar em seus negócios sem a sua permissão. "Deixai-me fazer o que eu acho melhor nas terras que me deu... só farei o que é certo."[11]

Logo a situação deles se deteriorou ainda mais. Valladolid estava cada vez mais instável, e eles partiram para a vizinha Dueñas em 8 de março de 1470. Foi uma sábia decisão. No final do verão, tumultos eclodiram conforme a multidão se voltou contra os conversos da cidade. Seu anfitrião, Juan de Vivero, encorajava os desordeiros, esperando resolver suas próprias pendências com outros nobres que queriam controlar a cidade – inclusive o protetor de Isabel e Fernando, Fadrique Enríquez. Este último "estava pronto a perder um dos olhos se isso significasse que Juan de Vivero perderia os dois", escreveu um observador, no que poderia ser um resumo das muitas rivalidades que ferviam em fogo brando entre os Grandes de Castela. Alguns dos partidários do rei ameaçaram invadir a casa de Vivero, vendo a princesa rebelde como a centelha potencial para um caos ainda maior por todo o reino. "Eles tinham boas razões", alegou del Castillo. "Já que todas as cidades tinham sofrido muito em guerras anteriores e temessem por mais sofrimento." Henrique e Pacheco também encorajavam a desordem, vendo-a como uma oportunidade para recuperar o controle da maior cidade que apoiava Isabel. Até meados de setembro, eles haviam feito exatamente isso.[12]

O arcebispo, enquanto isso, estava cada vez mais furioso com Isabel e seu marido. Eles estavam sob sua proteção na fortificada Dueñas e, achava, deviam a ele tanto gratidão quanto obediência. Ele sabia que o jovem e agressivo casal não era nada sem ele, mas também que os direitos pelos quais ele estava lutando eram de Isabel, não dele. Ele se limitou a ameaças, fazendo-os lembrar que um dia ele fora leal a Henrique e poderia facilmente retornar para o lado do rei. Depois, ele culpou Isabel diretamente, mostrando-se mais furioso com ela do que com Fernando. Em encontros com emissários de João, o Grande, o arcebispo dava rédeas soltas à sua ira. "Se eles [ousassem] prejudicá-lo, ele iria dar as costas à rainha exatamente como dera as costas a seu irmão, o rei Henrique", foi relatado depois de um encontro particularmente áspero. Isabel, por sua vez, começava a ver Dueñas como uma prisão.[13]

Eles tinham poucos outros lugares para onde ir. O avô de Fernando, o almirante, ofereceu-lhes refúgio em Medina de Rioseco, que pertencia a um de seus filhos, mas isso irritou o arcebispo ainda mais. A maioria dos outros nobres apoiava Henrique ou ficava em cima do muro, esperando para ver o que aconteceria em seguida. Isabel continuou a escrever para seu meio-irmão, rogando-lhe que aceitasse o casamento. Quando rumores se espalharam de que ele estava preparando-se para agir contra eles, ela e Fernando escreveram outra vez. Admitiram ter casado sem o consentimento dele, mas lembraram-no de que eles haviam enviado emissários previamente, prometendo obediência e suplicando-lhe "para nos aceitar como verdadeiros filhos". Eles propuseram um grande encontro em um local neutro, para resolver de uma vez por todas suas diferenças. Qualquer uma que permanecesse sem solução poderia ser colocada diante de um conselho de sábios, composto pelos quatro mestres das maiores ordens religiosas da Espanha – os jeronimitas, os franciscanos, os dominicanos e os cartuxos. Caso contrário, eles sabiam, poderia haver uma guerra. "E antes que tais problemas ocorram, considerando que seriam difíceis de parar uma vez começados, que poderiam trazer uma grave ofensa a Deus e danos irreparáveis aos seus reinos, e que acreditamos que iriam se estender por uma grande parte da cristandade, rogamos que nos dê ouvidos", acrescentaram.[14] Henrique respondeu aos seus múltiplos apelos com silêncio ou com vagas promessas de discutir a questão com seu conselho.

O jovem casal, enquanto isso, desfrutava a companhia um do outro na privacidade de seu quarto de dormir. Na época de sua mudança para Dueñas, fizeram um anúncio dramático que forçou todos a repensar suas estratégias. Isabel estava grávida. Se desse à luz um menino, a linhagem Trastâmara em Castela finalmente teria um descendente masculino. Seu filho não só o primeiro na linha de sucessão do trono, como também seria um valioso futuro marido.[15] Uma tensão inquieta desenvolveu-se enquanto todos os lados esperavam o nascimento da criança. "Era aguardado com extraordinária impaciência... já que se dava grande importância ao nascimento de um menino", Palencia relatou. "Até mesmo o mestre de Santiago [Pacheco] e a maioria de seus aliados mantiveram sua hostilidade mais sob controle do que o normal."

A calmaria terminou assim que Isabel deu à luz, em 2 de outubro de 1470. A criança era uma menina, também chamada Isabel. Quase todos ficaram decepcionados, exceto Henrique. Pouco se sabe da reação de Isabel, embora ela deva ter sentido prazer em acrescentar o título grandioso de sua filha – "infanta de Castela *e* Aragão" – às cartas anunciando seu nascimento. O fato de sua filha ser uma princesa nos dois principais reinos da Espanha era um sinal do quanto sua família poderia se tornar poderosa se a própria Isabel um dia ascendesse ao trono. Se uma mulher devia ser avaliada pelo modo como dava à luz, Isabel já exibia uma capacidade de superar até mesmo os mais dolorosos testes físicos. "Ela não demonstrou nem expressou a dor que, nessa hora, as mulheres sentem e demonstram", disse o cronista Pulgar. Essa coragem se tornou lendária. "Fui informado pelas senhoras que a atenderam em seu quarto que nem nas dores de uma doença, nem durante as dores do parto... elas jamais a viram se queixar, e que, em vez disso, ela as suportava com uma bravura maravilhosa", relatou mais tarde um visitante da corte. Isabel mostrou-se muito menos dramática sobre toda a questão. "Graças à imensa generosidade de Deus, minha saúde ficou restabelecida depois do parto", ela escreveu em uma carta. Ela entregou a criança a uma ama-seca e a uma ama de leite. Esta última devia ser "bem-apessoada e de boa estirpe, com muito leite", segundo um observador da corte.[16]

Em termos políticos, o nascimento de uma menina era um desastre. "Os seguidores de Henrique... que, enquanto aguardavam para ver se dona Isabel daria à luz uma menina ou um menino, haviam cessado seus violentos ataques aos príncipes, agora se lançavam abertamente contra eles", disse Palencia. Também havia dúvidas sobre a legitimidade de uma filha nascida de um casamento entre parentes próximos que, aos olhos da Igreja, permanecia não sancionado. Isabel e Fernando sabiam que estavam em posição delicada com relação à bula papal de dispensa que haviam alegado possuir. Os embaixadores de João, o Grande, em Roma, esforçavam-se para obter o documento. Fernando estava horrorizado. Isso estragava a narrativa que haviam promovido em Castela – de que a bula papal já tinha sido dada. "Compreendo que eles têm buscado uma audiência com o papa e, entre outras coisas, planejam pedir uma dispensa para o casamento", ele disse. "É importante que os responsáveis pelas nossas questões na corte de Roma... não busquem ou pleiteiem nada pelo qual eu não tenha pessoalmente escrito para eles."[17]

Se o nascimento foi uma decepção, uma queda de cavalo sofrida por Fernando deve ter sido profundamente perturbadora. O jovem príncipe era um qualificado e hábil cavaleiro, que amava praticar, às vezes, um perigoso passatempo de combates com lança, montado a cavalo. O jogo de canas, com os times de cavaleiros em cavalos ágeis de peso leve, era outro favorito. Seu médico relatou em novembro que Fernando caíra várias vezes, e que isso havia de alguma forma "corrompido seu sangue". Eles temeram por sua vida, mas ele se recuperou alguns dias mais tarde. A sorte de Isabel, enquanto isso, continuou em espiral descendente. Em pouco tempo ela perdeu a importante cidade comercial de Medina del Campo – uma parte valiosa de sua riqueza pessoal – e seus servidores foram mandados para casa pelos seguidores de Henrique.[18] Tudo isso perdeu importância, no entanto, em comparação com o próximo passo do rei.

Henrique elevara Isabel à condição de herdeira. Agora estava determinado a reduzi-la ao seu status anterior. No vasto e fértil Vale de Lozoya, a oitenta quilômetros ao norte de Madri, uma cerimônia similar àquela realizada diante dos touros de Guisando teve lugar em outubro de 1470.[19] Desta vez, os que chegavam para prestar homenagem ao rei eram os poderosos Mendoza, juntamente com a rainha Joana e sua filha, a jovem Joana, agora com oito anos. Como fator crucial, estrangeiros também estavam presentes. Elevar Joana ao status de herdeira outra vez não era só punir Isabel por sua insolência e desobediência. Era também garantir uma aliança com a França, que ajudaria Henrique a se opor à volta dos historicamente problemáticos Trastâmara aragoneses ao seu reino. A Joana seria dado o marido que Isabel recusara – o mesmo duque de Berry, agora conhecido como duque de Guyenne, herdeiro da coroa francesa. Cerca de cem franceses acompanhavam a corte de Henrique, e o mesmo francês, bispo de Arras, o emissário que tanto irritara Isabel anteriormente, agora ostentando o título de cardeal Albi, supervisionava a cerimônia em que Henrique e Joana declararam que a menina era sua filha e herdeira legítima. Os nobres e bispos enfileiraram-se para beijar a mão da menina. O conde de Bolonha, então, deu um passo à frente, como substituto do duque de Guyenne, e segurou a mão da menina, enquanto Albi oficialmente os declarava noivos. O pêndulo tinha oscilado de volta. Isabel não era mais a princesa das Astúrias,[20] e um francês estava bem posicionado para governar, um dia, tanto a França quanto, através de sua esposa, grande parte da Espanha.

O teor do documento assinado por Henrique e pela rainha Joana (que, aparentemente, deixara seu filho ilegítimo para trás) não deixa dúvida sobre o futuro status de Isabel. O rei começa relembrando como ele havia nomeado a pequena Joana como herdeira logo depois de seu nascimento. A razão para isso fora óbvia. "De acordo com o direito humano e o divino, e com as leis deste reino, a herança e sucessão é devida e pertence à nossa mui querida e amada filha legítima e *natural* (significando biológica), princesa Joana", ele declara. O documento enfatiza inúmeras vezes que Joana é sua herdeira não apenas porque é filha da rainha, mas também porque ela é sua descendente biológica. A rainha Joana, estendendo a mão direita para tocar a cruz apresentada pelo cardeal Albi, fez igual juramento. "Tenho certeza de que a referida princesa dona Joana é filha legítima e *natural* do senhor meu rei e minha, e como tal eu a trato e sempre a considerei."[21]

A princesa Joana perdera seu título, Henrique admitiu, nos touros de Guisando. Mas sua decisão de declarar Isabel herdeira fora feita exclusivamente para evitar a guerra civil e viera com condições rígidas. "A fim de parar certas disputas e divisões que existiam nestes reinos à época e que mais eram esperadas, e porque a referida infanta [Isabel] prometeu e publicamente jurou me obedecer e servir como seu rei... e se casar com quem eu escolhesse... ordenei que minha irmã, a infanta, deveria ser intitulada e jurada como princesa e herdeira", ele explicou. "Ela fez o oposto, prestando-me um grande e prejudicial desserviço, desrespeitando-me, quebrando seu próprio juramento e as leis destes reinos enquanto criava um grande escândalo e uma grande revolta." Agora, ela deve pagar o preço. "Em consequência, e considerando que sua nomeação [como princesa] prejudicou minha filha, princesa Joana, e seus direitos, esse segundo juramento à minha irmã é declarado inválido." Os presentes receberam ordens de transferir sua fidelidade, com o cardeal Albi lendo em voz alta uma bula do papa Paulo II libertando-os de seu juramento anterior a Isabel. "De agora em diante, vós não deveis, em hipótese alguma, chamar, intitular, considerar ou sustentar que a infanta dona Isabel seja minha herdeira e sucessora",[22] ordenou Henrique.

Uma ordem real podia ser desfeita por outra, e aqueles que se reuniram no Vale de Lozoya viam claramente o que acontecera. "Ela

[Isabel] casara-se com o rei de Sicília, príncipe de Aragão, apesar de ter sido advertida para não o fazer", escreveu um Mendoza. "Em consequência, considerando a falta de lealdade e a desobediência que ela demonstrou casando-se segundo sua própria autoridade e sem qualquer permissão ou concordância, e por muitas outras razões, [o rei] deserdou-a." Um observador perspicaz, entretanto, teria notado que o único elo que unia os Grandes que se alinhavam atrás do manipulador e traiçoeiro Pacheco no vale verde ao lado do rio Lozoya era o fato de não gostarem de monarcas fortes.[23]

Isabel recebera o que, por qualquer medida considerada, era uma justa resposta à sua rebeldia. Henrique estivera se preparando para minar o acordo de Guisando, mas ela o rasgara publicamente. Isabel agora tinha um marido, mas perdera seu futuro reino, e o caminho que escolhera estava levando-a ao desastre. Ela continuou suas rixas com o arcebispo Carrillo, o único homem com poder para manter sua ambição à tona. O relacionamento ficou tão tenso que ela e Fernando finalmente se mudaram de Dueñas para a fortificada Medina de Rioseco[24] e a proteção dos parentes castelhanos de Fernando. O arcebispo viu isso como um insulto e retirou-se furiosamente para cuidar de suas próprias terras feudais.

Tudo isso era uma reviravolta para o ardiloso rei Luís XI, cuja reputação para intrigas e maquinações lhe valeu o epíteto de "aranha universal". O novo arranjo com a França, na verdade, obrigava Henrique a declarar guerra à Inglaterra – uma medida fadada a enfurecer os comerciantes e navegantes de Castela que operavam de seus portos ao norte. O próprio Henrique aguardava ansiosamente a chegada das tropas francesas conduzidas pelo novo noivo de Joana.[25]

Isabel, então, escreveu com raiva para seu irmão. "Vossa Alteza se queixa da quebra de promessas, mas se esquece das promessas feitas a mim que foram descumpridas", argumentou. "E por essa razão, eu não era mais obrigada a cumprir nada do que tinha sido prometido." Sua lista de queixas era longa e, em alguns pontos, imaginária. Embora ela e Fernando tivessem mostrado uma intenção pacífica, Isabel alegou que ela fora deserdada sem que seu caso fosse ouvido, e com a ajuda de ninguém menos do que o "odioso e suspeito" cardeal Albi da França. Ela lembrou a Henrique que determinados nobres (sem mencionar Pacheco) haviam protestado secretamente contra seu primeiro juramento a Joana. A ideia de que a menina fosse realmente sua filha era uma mentira ridícula. "Ela não é, como o povo destes reinos sabe", disse Isabel. "Por muitas outras provas, testemunhas confiáveis e documentos autênticos, é de supor que seja exatamente o contrário, e fico surpresa que em tão pouco tempo Vossa Alteza tenha exibido tantas contradições", acrescentou. "Vossa Alteza está tentando vender cobre por ouro, ferro por prata e uma herdeira ilegítima como legítima."[26] Entretanto, essas testemunhas supostamente confiáveis e documentos autênticos nunca foram tornados públicos.

Isabel alegava ter herdado os direitos de seu irmão Afonso. As promessas quebradas de Henrique incluíam o fato de que ele deixara de ordenar às cortes que fizessem um juramento a ela, que as terras que lhe eram devidas não lhe foram repassadas e que ele havia prometido se divorciar da rainha Joana e exilá-la. Ela fingiu ser refinada demais para entrar em detalhes na questão do vergonhoso comportamento de Joana, enquanto também alegava, falsamente, que ela própria podia mostrar uma bula papal para o seu casamento com Fernando. Mais importante ainda, Henrique tentara ignorar a promessa de não forçá-la a um casamento não desejado. Entre outras razões para recusar o idoso monarca português, ela disse, uma era a de que ela se tornaria madrasta de seus filhos adultos. "Porque se todas as madrastas são detestáveis para seus enteados e noras, muito mais eu seria com uma herança tão vasta à minha espera", ela escreveu. O casamento francês fora particularmente ruim. "A nação francesa é, e sempre foi, odiosa para nossa própria nação castelhana", ela disse, ignorando uma longa história de alianças.[27]

Com tantas promessas quebradas, ela se sentiu livre para escolher seu próprio marido, seguindo o conselho daqueles nobres que recomendaram Fernando. Foi uma atitude generosa de sua parte, Isabel alegou, e seu único interesse tinha sido o bem-estar de Castela. Ela também sugeriu que Fernando era, graças a seu sangue Trastâmara, o seguinte na linha de sucessão ao trono depois dela mesma. Sua escolha fora feita "porque ele era filho destes reinos [de Castela], porque, se Deus me levasse, o direito de sucessão nestes mesmos reinos pertenceria a ele [de qualquer forma], porque ele era aproximadamente da minha idade e por causa dos reinos que ele herdaria, que eram tão vizinhos e combinavam com estes reinos".[28]

Ela terminou a carta com o que poderia ser lido tanto como um aviso quanto uma ameaça. "Se Vossa Alteza continuar assim, e roubos, incêndios e mortes forem o resultado, Deus Nosso Senhor irá julgar os responsáveis e todos aqueles de vós que consentis em tal vileza", escreveu. "E o príncipe, meu senhor [Fernando], eu e nossos seguidores estaremos sem culpa, já que agimos segundo a razão e a justiça, como todos podem ver claramente." A carta circulou livremente por todo o reino. Uma cópia foi pregada nas portas da bela catedral gótica de Burgos, com suas duas espirais octogonais decoradas com arejado rendilhado de pedra elevando-se nas alturas. Burgos era o grande centro de lã da Espanha (e uma das cidades que enviou representantes à cerimônia do Vale de Lozoya), cujas imponentes espirais da catedral ultrapassavam até mesmo as de Paris e Reims. A carta pregada nas portas da catedral foi uma demonstração de bravura, misturando fatos, conjecturas, fantasia e mentiras.[29] Mas também serviu para expor os argumentos nos quais Isabel baseou sua futura insistência de que ela, e não Joana, era a herdeira legítima. Ela nunca abriria mão deles. Deus poderia ser seu juiz.

9

Os Bórgia

Roma, 8 de agosto de 1471

Isabel e seu marido Fernando não eram os únicos espanhóis tentando manobras para ocupar os centros de poder na Europa. Em Roma, um cardeal espanhol plácido e adaptável chamado Rodrigo Bórgia emergiu, mais uma vez, como vencedor no verão de 1471. Um novo papa, Sisto IV, foi eleito em agosto com o apoio crucial do jovem cardeal de Valência no conclave que o elegeu. O papa Paulo II, notoriamente sigiloso e imensamente rico, morrera duas semanas antes. Alguns disseram que ele se entupiu de melão e morreu de indigestão. Outros alegavam que teve um enfarte fulminante enquanto era sodomizado por um de seus pajens. De qualquer forma, sua morte foi uma das poucas notícias boas recebidas por Isabel quando estava em Medina de Rioseco[1] com seu marido e a filha infante, enquanto Henrique IV se empenhava em deserdá-la. O papa anterior fora um aliado fiel de Henrique, emitindo uma bula papal que permitiria que Isabel casasse com Afonso V de Portugal, se necessário, mas deixando de conceder uma que tornasse legítimo seu casamento com Fernando.

Bórgia fora alçado a cardeal aos vinte e cinco anos por seu tio, o papa espanhol Calisto III, e o jovem valenciano, vivendo com um alto padrão de vida, se mostrara um manipulador perspicaz. Ele aproveitara os dias animados e dissolutos do papa Paulo II, mas pôde ver que os ventos estavam soprando em direção a uma figura mais obviamente religiosa e mais austera, o aparentemente devoto frade franciscano Francesco della Rovere. Bórgia prometera secretamente apoiar seu pleito ao papado, fingindo apoiar um candidato diferente até seu voto se tornar crucial – quando ele mudou de lado drasticamente. Quanto ao temperamento, o novo papa e o poderoso cardeal espanhol podiam parecer muito diferentes, mas tinham mais em comum do que se podia ver externamente. O que mais importava, sabiam, era estar do lado vencedor. Roma era um local de poder, ambição e oportunidade. O papa era "Senhor Supremo de Roma e dos Estados Papais", tornando-o, na prática, o monarca de um grande bloco maciço de terra de costa a costa, que compreendia um quarto da terra firme da Itália. Ele também tinha a chave da enorme riqueza da Igreja por toda a Europa Ocidental. As cinquenta e quatro taças de prata cheias de pérolas, juntamente com o ouro, os diamantes e a prata que foram mostrados a Bórgia e seus amigos cardeais na sala do tesouro do castelo do papa, o castelo de Sant'Angelo, alguns dias mais tarde, eram prova disso.[2] O poder espiritual do papa vinha com poderes legais extraordinários. Era ele quem presidia a Rota, a última corte de apelação nas leis da Igreja que se estendia por toda a cristandade, tocando diretamente a vida de grandes e pequenos. Isso era extremamente óbvio a Isabel, que se casara ilegalmente e precisava urgentemente de uma bula papal que consertasse as mentiras que tanto enfraqueciam sua posição em Castela.

Bórgia era tão carismático quanto ambicioso. "Belas mulheres se sentem atraídas por ele de uma forma extraordinária, com mais força do que o ferro é atraído para um ímã", registrou um observador. Seus servidores alegavam que ele era também um homem de "infinita virilidade". Um papa anterior, Pio II, sentira-se obrigado a repreendê-lo por causa de rumores de que ele e outro cardeal haviam participado de uma festa ao ar livre particularmente libertina em Siena. "Disseram-nos que as danças eram indecentes, que a sedução do amor ultrapassava todos os limites e que Vossa Eminência mesmo se comportou como um dos mais vulgares homens da época... Vossa Eminência proibiu a entrada de maridos, pais, irmãos e outros parentes masculinos que acompanhavam essas jovens."

Quando Sisto IV foi formalmente coroado, foi Bórgia quem colocou a deslumbrante tiara – redonda, alta e elaborada como um bolo de noiva – de Gregório Magno na cabeça do papa, lembrando-o de que ele era o "pai de príncipes e reis, o soberano do mundo, o vigário de

Nosso Salvador Jesus Cristo na Terra" (embora na tumultuada Roma a solenidade tenha sido estragada pelo comportamento desordeiro da multidão reunida na Piazza di San Giovanni, em Laterano). Os cardeais que estivessem nas graças do papa podiam esperar um acúmulo de grande poder e fortuna. Para alguns, na verdade, esse era o único propósito de estarem em Roma. Bórgia, cuja lealdade foi recompensada com o lucrativo cardeal-bispado de Albano e a abadia de Subiaco, era o epítome dos mercadores de poder venais e mundanos produzidos por esse sistema. Como vice-chanceler da Santa Sé desde 1457, ele já era um dos homens mais poderosos e mais ricos de Roma. "A baixela, as pérolas, as roupas bordadas com seda e ouro e os livros sobre todas as áreas do conhecimento são muito numerosos, e todos magníficos", comentou o observador romano Jacopo Gherardi da Volterra.[3] A palavra nepotismo (da palavra latina *nepos*, ou neto) foi cunhada para descrever a maneira com que ele e outros membros das famílias dos papas eram criados como cardeais. Ele era o que se chamava de "cardeal-sobrinho", uma categoria que apareceu pela primeira vez no século XI. Nos dois séculos anteriores, quase todos os papas tinham nomeado cardeal ao menos um sobrinho ou outro parente próximo (e acreditava-se que alguns dos chamados "sobrinhos" eram na verdade filhos ilegítimos). Vários papas, na realidade, haviam sido eles próprios cardeais-sobrinhos. Bórgia, agora com quarenta anos, sabia que o papado em si poderia por fim ser dele, mas não havia pressa. Cardeais-sobrinhos não precisavam ser sacerdotes, e o próprio Bórgia só fora ordenado como tal aos doze anos, depois de ter sido nomeado tanto cardeal quanto diácono da igreja de San Nicola in Carcere, em Roma. Ele era, entretanto, um diplomata e advogado brilhante. Também era, crucialmente para Isabel e seu marido, espanhol.

Os boatos sobre as causas da morte de Paulo II quase certamente não condiziam com a verdade, mas condiziam com o ambiente da época. Alfonso de Palencia viajara a Roma nos primeiros dias do papado de Paulo II e voltou enojado, pintando um quadro de corrupção e depravação no estilo desinibido e exagerado que lhe era peculiar. Ele deve ter relatado suas histórias mais tarde para Isabel, que sempre ficava indignada com o que acontecia em Roma. Paulo II, alegou Palencia, passava os dias admirando o imenso tesouro de moedas de ouro e estátuas que ele havia colecionado, e se importava pouco com a pureza moral de uma Igreja corrupta. "Ele dava mais atenção à celebração de entretenimentos públicos do que à correção dos costumes", disse Palencia. "Ele organizava jogos depravados em que prostitutas, judeus e burros recebiam prêmios." Rapazes disparavam seminus pela pista de corrida, escorregando na pista molhada e chegando ao final da linha emplastados de lama, enquanto os cardeais bem-alimentados, cujo grupo havia consumido trinta bois, riam às gargalhadas.[4]

Os cardeais haviam aumentado sua exibição diária de luxo durante Paulo II, que ordenou que se vestissem em novas batinas de seda, com solidéus adornados a ouro. "E quando essa mudança foi feita?", perguntou Palencia. "Precisamente na época em que não deveriam de modo algum ostentar qualquer tipo de ornamentação vaidosa e inútil." Sob os papas mais recentes, a cristandade vira suas fronteiras orientais recuarem conforme os turcos otomanos estendiam seu poder. Constantinopla caíra há somente dezoito anos antes, e os turcos agora ameaçavam ir para o norte e para o oeste, entrando no reino da Hungria. Para uma castelhana como Isabel, criada com uma mentalidade guerreira de um estado da linha de frente, a decadência de Roma ajudava a explicar as fronteiras cada vez mais retraídas da cristandade. Palencia também pintava um quadro dos cardeais comportando-se como o imperador Nero e divertindo-se enquanto Roma pegava fogo:

> Nos dias em que quase o mundo inteiro seguia a religião católica, os prelados da Igreja vestiam-se com decoro; mas agora, quando toda a Ásia, África e um terço da Europa seguem a lua crescente [do islã], quando a Grande Turquia ataca os católicos e diariamente nos coloca em dificuldades cada vez maiores, de modo que o medo agora se estende até mesmo para dentro dos próprios muros de Roma, nossos modelos, homens que deveriam dar o exemplo, entregam-se ao luxo e, como se não tivessem nada com que se preocupar no mundo, preocupam-se com seus

trajes escandalosos e se rendem a uma dissolução digna de total condenação.⁵

Era um alerta sobre o estado corrupto e perigoso da cristandade e, para alguns, da necessidade de alguns líderes fortes que pudessem reverter o duradouro período de declínio.

Com o apoio de Bórgia, o novo papa dedicou-se a unir a Europa cristã, para que ela pudesse se defender, enviando núncios apostólicos para lidar com os mais poderosos príncipes da época.⁶ Crucialmente, ele escolheu Bórgia como seu embaixador na Espanha. A simpatia natural de Bórgia deve ter se inclinado para Aragão, sua terra natal, apesar de Castela ser mais poderosa. Bórgia sabia que Aragão tinha importantes interesses na Itália – tanto via Sardenha e Sicília quanto através do grande reino de Nápoles. Isso cobria a metade da Itália diretamente ao sul dos domínios papais, e era governada por um ramo bastardo da família real aragonesa. Com isso em mente, Sisto decidiu apoiar Isabel, e não Henrique. Em dezembro de 1471, ele já havia assinado a bula papal da dispensa para o casamento de Isabel. Esse foi um momento muito importante para a jovem princesa, que significava que seu meio-irmão já não podia acusá-la de jogar fora sua virgindade e sua honra inutilmente.⁷ Era o primeiro raio de luz no fim do que se tornara um túnel longo e escuro.

Com a ajuda de seu sogro, Isabel lutou para se manter apegada a seus partidários. João, o Grande, trabalhou com afinco para manter o apoio do arcebispo Carrillo. Os dois homens tinham uma visão parecida do mundo, e pode-se imaginá-los, através de seus emissários, reclamando do comportamento impetuoso, insolente de uma geração com um terço da sua idade. Isabel havia desdenhado Toledo publicamente entrando em terras pertencentes à família materna de Fernando, mas negociações árduas por fim os fizeram concordar em retornar a Dueñas no final de 1471.⁸ A nova *entente* quase se desfez instantaneamente depois que o supersticioso arcebispo deixou-se enfeitiçar por um fraudador e alquimista chamado Alarcón, que alegava conhecer o segredo da pedra filosofal. Este era o maior prêmio da alquimia, permitindo que a pessoa que viesse a descobri-lo transformasse metais básicos em ouro e prata, e até mesmo curasse todas as doenças e prolongasse a vida.

O bilioso Palencia, normalmente um dos maiores aliados do arcebispo, alegou que Alarcón havia seduzido freiras, cedera ao incesto e deixara mulheres para trás na Sicília, em Chipre e Rodes, enquanto também prometia a todos que lhe emprestavam dinheiro que eles poderiam compartilhar do ouro que ele logo produziria. Na verdade, disse Palencia, Alarcón plantara uma armadilha sutil, sabendo da fraqueza do arcebispo pela alquimia. O charlatão espalhou que estava com medo de que algum príncipe ganancioso o sequestrasse, a fim de colocar as mãos no ouro, e assim achou que o único lugar em que poderia estar a salvo seria nos luxuosos palácios do arcebispo. O esbanjador arcebispo deixou-se enfeitiçar completamente pelo alquimista. "Ele tornou-se a pessoa mais amada, de maior confiança e mais amiga do prelado", disse Palencia, furioso com a estupidez do arcebispo. "Não há nenhuma prova capaz de convencer as mentes dos que sofrem dessa doença da verdade, considerando que por toda parte há infelizes que, em meio à própria pobreza, imaginam-se poderosos sonhando com futuros tesouros", escreveu. "Ele desperdiçava a maior parte de sua abundante fortuna nessa futilidade, na esperança [de uma descoberta] que lhe permitisse tornar sua natureza naturalmente esbanjadora ainda mais prodigiosa." Palencia estava certo em identificar os gastos de Toledo como um problema. O dinheiro fluía das terras de sua arquidiocese para dentro de seu erário, mas jorrava para fora a uma velocidade ainda maior. É o que acontecia, explicou Juan de Lucena, um castelhano da época, se se gasta como um rei com a renda de um arcebispo. "Por maior que seja a renda, os gastos serão sempre maiores", ele disse. O arcebispo simplesmente tomava mais dinheiro emprestado, confiando nas promessas de Alarcón de riqueza ilimitada e no conhecimento de que suas enormes dívidas eram um problema tanto para seus credores quanto para ele. "Tal é nossa ambição que, insatisfeitos com nossa renda, tentamos transformar ferro em ouro e acabamos transformando ouro em ferro", disse Lucena.⁹

"Seu [do arcebispo] erário vazio, entretanto, não lhe permitia dar [a Alarcón] o dinheiro necessário, e assim ele voltou-se para dona Isabel, suplicando que desse ao alquimista 500 florins aragoneses da renda recebida da Sicília", Palencia relatou. Isabel cedeu e, para manter Toledo feliz, até permitiu a Alarcón uma audiência diária. Isso provocou encontros encarniçados com o frei Alonso de Burgos, o confessor insolente e irritadiço de Isabel. Nenhum dos dois homens sabia como recuar e suas brigas tornaram-se lendárias, chegando até a violência.¹⁰

Não era de surpreender que Isabel, que nutria uma profunda aversão por feitiçaria, tenha ficado irritada com o ambiente doméstico desvirtuado do arcebispo, embora tenha sido a habilidade de frei Alonso de fazer inimigos que levou a situação ao extremo, com uma reunião para tentar resolver suas diferenças quase terminando em desastre. "Em Dueñas, a princesa Isabel não via com bons olhos os seguidores do arcebispo e aqueles que se opunham ao frei Alonso", disse Palencia. "O arcebispo não gostou disso, o que só aborreceu ainda mais a princesa e significou que em vez de produzir uma solução, o encontro quase piorou o problema."¹¹

Enquanto Henrique tentava, sem sucesso, atrair o bispo para o seu lado, João, o Grande, enviava mensageiros para atrair outros nobres para a causa de Fernando e Isabel. O principal alvo era o poderoso clã dos Mendoza. Se pudessem ser conquistados, o equilíbrio de poder mudaria drasticamente. Pouco progresso foi feito, mas uma pequena vitória longe dali mostrou como a situação poderia mudar. Quando Henrique cedeu os direitos reais sobre a cidade de Sepúlveda a Pacheco, aumentando ainda mais a riqueza deste último, sua decisão provocou uma rebelião entre os habitantes da cidade. Fernando e Isabel enviaram um destacamento de lanceiros, que foram alegremente recebidos, e viu Sepúlveda transferir sua fidelidade a Isabel. Os moradores haviam, na realidade, se revoltado contra os gananciosos nobres, vendo neles uma ameaça às suas tradições. Era um reflexo de uma rivalidade maior entre os habitantes das cidades (ou, muitas vezes, os oligarcas locais que os controlavam) e os nobres. Um sentimento similar de indignação desenvolvia-se entre os bascos, onde o conde de Haro atropelava os direitos locais. Os bascos também viam com raiva o novo acordo de Henrique com a França.[12] Eram um povo de fronteira, que guardava antigos rancores e lembranças de inúmeras rixas e disputas fronteiriças.

Pode-se imaginar que Isabel tenha rezado pela intervenção divina para resolver suas preocupações. Se assim tiver sido, ela logo teve novas razões para agradecer a Deus. Quando Bórgia partiu de barco para a Espanha, a morte mais uma vez veio em seu socorro. Certa vez, ela a libertara de um futuro marido indesejado na forma do irmão de Pacheco, Pedro Girón, e recentemente lhe dera um papa amistoso. Agora novamente o soprara a seu favor na França. O duque de Guyenne morreu em maio de 1472, apenas dezoito meses depois do acordo no Vale de Lozoya, e antes que ele conseguisse reunir um exército para levar à Espanha. Joana, a Beltraneja, perdera seu futuro marido. Isso não mudava o status da jovem como herdeira legítima, mas roubava Henrique de um valioso aliado conforme o interesse da França em enviar um exército para expulsar Isabel desaparecia.[13]

Algumas semanas depois, Bórgia chegou a Valência. A cidade portuária enriquecera com o comércio mediterrâneo, suas muralhas encerrando majestosos palácios góticos e uma imponente catedral com cúpula. Mas ela talvez nunca tivesse visto o tipo de opulência trazida pelo cardeal para impressionar seus compatriotas, com o cronista da cidade mais tarde abstendo-se de registrar quanto tinha sido gasto em festas, "a fim de não constranger São Pedro".[14]

Bórgia trouxe com ele enormes poderes. Após um mês de comemorações, ele partiu para o norte, em direção à Catalunha, onde Fernando estava com seu exultante pai – que estava prestes a aniquilar uma rebelião de longa duração. Isso permitiu que João aumentasse a quota de Fernando proveniente da Sicília, ajudando a aliviar a penúria do jovem casal. O otimismo de seu pai estendeu-se a Castela, onde ele acreditava que a posição de Isabel estava se fortalecendo e dizia esperar "boas notícias dentro de pouco tempo". Fernando encontrou-se com Bórgia no meio do caminho, em Tarragona, onde o cardeal espanhol colocou em suas mãos o mais precioso dos documentos — a bula papal que não só permitia o casamento, como também, em um adendo que provava a ilegalidade do que Isabel e Fernando haviam feito, libertava-os da ameaça de excomunhão por quebrar as leis da Igreja. Em reuniões com Fernando e seu pai, Bórgia parece ter prometido apoiar a reivindicação de Isabel à coroa e, crucialmente, ajudar a conquistar os Mendoza.[15]

Bórgia começou seu trabalho com o homem que era, ao mesmo tempo, a figura mais importante e influente da família e o elo fraco em seu apoio a Henrique, o bispo de Sigüenza, Pedro González de Mendoza. Escorregadio, arrogante e ambicioso, o bispo tinha os olhos sempre voltados para sua grandeza pessoal. Ele queria o que Bórgia já tinha – um galero –, um chapéu vermelho de abas largas enfeitado com uma borla, usado pelos cardeais. Ele frequentara assiduamente a corte de Henrique, à espera de que Pacheco cumprisse uma promessa de interceder por ele junto ao papa anterior.[16] Mas o novo papa preferia João, o Grande, de modo que agora ele estava pronto a mudar de lado.

Fernando e Bórgia por fim encontraram-se em Valência, uma cidade que estivera em um estado quase permanente de *fiestas* – primeiro por Bórgia, depois por Fernando, apesar do desmoronamento de um palanque para os espectadores durante uma tourada ter estragado a última. A cidade, ao que parece, recebera ambos com ruidosas exibições de fogos de artifício, pelas quais já era famosa.[17] Mendoza tentou ultrapassar ambos em sua chegada com uma espetacular procissão precedida por dois africanos negros tocando enormes tambores e uma estridente banda de trompetistas e outros tocadores de tambor. Em troca pelo seu chapéu cardinalício e uma promessa de Fernando de que sua família poderia conservar suas terras castelhanas que um dia haviam pertencido ao clã aragonês dos Trastâmara, parece que o bispo secretamente conseguiu a promessa dos Mendoza de fidelidade a Isabel – ao menos depois que Henrique morresse. Bórgia, que recebera poderes para nomear dois cardeais espanhóis, parece ter prometido também não dar o outro título ao tradicional rival dos Mendoza, o arcebispo de Toledo. Mendoza começou a publicamente expressar dúvidas "sobre se a princesa Joana era realmente filha do rei, considerando o estilo de vida dissoluto de sua mãe, a rainha". Os Mendoza, que cuidaram da rainha durante sua primeira gravidez ilegítima, provavelmente sabiam que ela estava grávida mais uma vez de um filho de Pedro de Castela.[18]

Foram dias vertiginosos em Valência. Logo a cidade se viu em meio a novas celebrações, os sinos da catedral tocando por causa de notícias que haviam chegado de Barcelona. Após uma década de rebelião, os barceloneses aceitaram João, o Grande, como seu rei outra vez. Isabel ficou radiante, apesar de sua esfuziante carta de congratulações para seu sogro demonstrar uma ideia pessoal de vitória como uma forma de vingança e humilhação. "Isto lhe proporciona vingança sobre todos aqueles que não desejam a sua prosperidade", ela disse.[19]

A magnífica cavalgada de Bórgia, agora intensificada pelo esplendor dos Mendoza, viajou para Madri no final de 1472. O orgulhoso e gastador arcebispo de Toledo não estava disposto a ser um perdedor, e o impacto da permanência de Bórgia em seu palácio em Alcalá de Henares foi sentido a quilômetros de distância. Rebanhos de ovelhas e de gado foram conduzidos à cidade para serem abatidos e consumidos. Perus, gansos e outras aves chegavam em tais quantidades que Palencia ironizou dizendo que "nas vilas e cidades ao redor não havia um único galo que na manhã seguinte não estivesse olhando desoladamente para os poleiros vazios do galinheiro". Ele temia que os catalães e os valencianos que acompanhavam Bórgia pudessem levar uma má impressão. "Eles são os mais sóbrios dos espanhóis, e isso dará aos castelhanos uma reputação de glutões", escreveu.[20]

Bórgia encorajou seus anfitriões a gastar desenfreadamente. "Não vou entrar em todos os detalhes do que o cardeal fez ou deixou de fazer, apesar da dignidade exigida de tão alto posto", escreveu Palencia, antes de listá-las de qualquer forma. No topo da lista estavam: "Seu amor pelo luxo e outras paixões incontroláveis... [e] pela pomposa ostentação." Foi extraordinariamente fácil para Bórgia levantar vastas somas. Ele simplesmente vendeu títulos, honras e remissão de pecados. "Eles sabiam que os espanhóis são mais ligados a títulos do que à sua real substância, e assim, de bom grado, passaram a obter ambiciosas honras... o clero [que viera] de Roma era prodigioso em conceder benefícios em troca de dinheiro, desse modo degradando a integridade antiga da Igreja", reclamou Palencia. O dinheiro, não a reforma, era o mais importante na agenda de Bórgia enquanto ele perseguia seu principal objetivo de financiar uma guerra contra os turcos. "Nada era recusado em troca de dinheiro; ao sacrificar uma grande soma, uma pessoa podia obter o que quisesse, e a remissão de pecados ou a dádiva de honrarias injustificáveis era proporcional à quantia doada. Aqueles que nunca foram letrados recebiam doutorados, descartando todo o rigor de exames." Uma típica bula emitida por Bórgia prometia restaurar o beneficiado "ao estado de pureza e inocência em que estava ao ser batizado". Isabel estava entre os compradores.[21]

Mais importante ainda, Bórgia chegou com instruções para resolver a crise de herança castelhana, que ameaçava manter uma importante parte da cristandade em guerra civil em vez de estar lutando contra a invasão muçulmana. Ele conseguiu persuadir Henrique a nomeá-lo mediador. Mas Bórgia bateu contra duas rochas irremovíveis. Uma era o arcebispo, que odiava os Mendoza e olhava com inveja para o novo cardeal em suas fileiras. A outra era a combinação de Isabel e Fernando, que não confiavam em Pacheco ou naqueles que continuamente tramavam para tirar o poder da monarquia. Assim, Bórgia lentamente começou a voltar para casa. Ele fracassara em solucionar o problema, mas havia ajudado a empurrar os Mendoza para o lado de Isabel.[22]

Sem conseguir avanços em Castela, Isabel tinha poucas razões para reclamar quando Fernando partiu em ajuda a seu pai, que em seguida à sua vitória na Catalunha empreendera uma tentativa de recuperar as terras de fronteira de Roussillon e Cerdanha da França. Ela instou Fernando a continuar, até mesmo escrevendo para a câmara municipal de Barcelona que ela própria iria a Roussillon para ajudar seu sogro de setenta e quatro anos, "considerando sua idade". O *élan* da rainha ajudou a conquistar partidários na cidade portuária catalã, que respondeu agradecendo a ela por incentivar Fernando a correr em resgate de seu pai. Quando Fernando chegou para ajudar a resgatar seu pai da cidade sitiada de Perpignan, o exército francês se desfez. "Este é o começo de seu império sobre [toda a] Espanha", escreveu um admirador,[23] reproduzindo a crença de seu pai de que ele logo governaria tanto Castela quanto Aragão.

O caos em Castela cresceu com "mortes, assaltos, incêndios criminosos, insultos, levantes, desafios armados, estupros, arruaças e danos perpetrados diariamente em abundância", segundo Pulgar. Na sulista Andaluzia, uma verdadeira guerra civil eclodira quando os nobres começaram a lutar uns contra os outros por poder, e batalhas semelhantes eram travadas por todo o país. "Não há mais nenhuma Castela [pela qual lutar]. Se houvesse, então haveria ainda mais guerras." Pulgar tinha poucas esperanças no futuro e, como outros castelhanos, rezava para que alguém salvasse seu país. "Se Deus não decidir milagrosamente reconstruir este templo arruinado [de Castela], não esperem nenhuma outra solução, mas [temam] que a situação fique muito pior." Boatos de terríveis maus presságios continuavam a se espalhar. Dois lobos dispararam pelas ruas de Sevilha, disseram, e um deles entrou na igreja de Santa Catalina e despejou sua baba por toda a batina do padre antes de ser caçado e morto com lanças. Não podia significar nada de bom.[24]

Palencia culpava a fraqueza do rei e as intromissões de Pacheco pelo caos reinante. Ele disse isso a Isabel quando viajou a Salamanca para informar a ela e ao arcebispo sobre a situação caótica em Sevilha, onde ninguém parecia ter o controle completo da maior cidade de Castela. "Ela entendeu a gravidade da situação", ele relatou. Mas ficou chocado quando anunciou que estava pronta a ir a Sevilha sem Fernando e resolver ela mesma os problemas da cidade. "Não escondi dela as muitas dificuldades e obstáculos que seu plano enfrentaria, principalmente que uma mulher não era adequada para a ação viril exigida em tais circunstâncias", ele disse.[25] Ele não estava pronto para aceitar uma verdade emergente, que Isabel não sentia nenhuma necessidade de se apoiar em seu marido e estava totalmente preparada para agir por conta própria.

Nesse ínterim, a situação se agravara entre o insidioso Alarcón e o irascível frei Alonso de Burgos. A arrogância de Alarcón encontrara força igual e antagônica no temperamento incontrolável de Burgos. Os encontros envolvendo os dois homens logo se transformaram em discussões acaloradas. "O palácio estava em chamas com rivalidades e resmungos de um lado ou de outro", relatou Palencia. Foram levados à presença de Isabel, diante da qual entraram em uma discussão tão violenta que começaram a bater um no outro com suas bengalas. "Golpeavam um ao outro tão furiosamente que era impossível separá-los", relatou Palencia. Isabel e suas damas de companhia tiveram que gritar pedindo ajuda, e logo seus criados entraram correndo para separar o bruxo e o frade. Isabel ficou furiosa. "Ela deu vazão à sua raiva banindo frei Alonso de seu quarto por vários dias e ordenando que Alarcón fosse expulso do palácio", disse Palencia. O arcebispo ficou aborrecido, mas foi obrigado a aceitar.[26]

As descrições que Palencia fazia de Isabel revelavam a maneira como ele, o arcebispo e muitos outros agora viam o relacionamento entre a princesa e seu marido. Ele chamava Isabel de "esposa do príncipe Fernando e legítima herdeira destes reinos". Ela era, em outras palavras, esposa em primeiro lugar e herdeira em segundo. Na ausência de Fernando, esperavam que ela aceitasse os conselhos de outros homens. Fernando não parecia estar tão preocupado. A família real de Aragão tinha uma longa tradição de mulheres, especialmente esposas, preenchendo o lugar de reis ausentes ou servindo como seus representantes, ou "lugar-tenentes", em um de seus diversos reinos. Enquanto jovem, tinha visto sua autoconfiante e temível mãe, Joana Enríquez, exercer poder com grande sucesso como a "rainha-tenente" de seu marido na problemática Catalunha. Já devia ter percebido que Isabel era igualmente capaz de administrar seus negócios sem ele. Como para confirmar sua confiança no acordo que tinham, uma mensagem cifrada chegara de sua mulher no verão. "A questão de Castela está agora nas mãos dos príncipes", dizia. Fernando, entretanto, não tinha nenhuma pressa em voltar. Planejava esperar até o Natal, mas no final de novembro recebeu notícias de mudanças radicais.[27]

Enquanto Fernando estava ausente, a situação de Isabel em Castela começou lentamente a melhorar. A cidade de Aranda de Duero declarou sua fidelidade a Isabel, e ela passou algum tempo lá enquanto as negociações progrediam com um novo protagonista, Andrés de Cabrera, um dos servidores mais graduados de Henrique e o homem que fora encarregado dos alcáceres – ou fortalezas – de Madri e Segóvia. Isso lhe dava o controle das joias e do tesouro real, primeiro guardado em Madri e depois removido para Segóvia no começo de 1471, em uma longa tropa de mulas. A mulher de Cabrera, Beatriz de Bobadilla, fora uma das damas de companhia que abandonaram Isabel assim que ela deixou claro que estava prestes a se casar com Fernando. Mas a amizade entre elas vinha de longa data, e ela se tornou o canal através do qual Isabel agora conseguira um triunfo extraordinário, atacando Pacheco e mostrando que ela sabia aproveitar uma oportunidade quando se deparava com uma. Cabrera e Pacheco se desentenderam depois que Henrique primeiro transferiu o alcácer de Madri para o poder desse último e depois ordenou que o mesmo acontecesse em Segóvia. Pacheco então encorajou os cristãos-velhos de Segóvia a atacar os conversos locais, aparentemente como modo de enfraquecer o poder de Cabrera sobre a cidade. Isso semeou o caos e forçou Cabrera, ele próprio um converso, a tomar partido. Mas a tentativa de Pacheco de usar o fervilhante rancor dos cristãos-velhos como um instrumento para assumir o controle do tesouro real saiu pela culatra, dando a vitória a Cabrera e obrigando Pacheco a fugir da cidade em maio de 1473.[28]

Esse confronto entre dois altos conselheiros de Henrique era propício a Isabel, que passara a maior parte do ano tentando aliciar Cabrera com seu negociador Alfonso de Quintanilla, atravessando as montanhas que separavam Segóvia e sua base em Alcalá de Henares trinta e seis vezes. Em meados de junho, ele assinou um acordo prometendo manter a cidade (e o tesouro real) sob seu controle pessoal se Isabel e Henrique concordassem em se reunir lá e conversar sobre reconciliação. Ele também fez uma promessa explícita de apoiar a própria Isabel. Se Henrique não comparecesse, ele "a serviria e seguiria com esta cidade, seu alcácer e tudo o mais que eu puder". Isabel havia, na verdade, acabado de ganhar o controle do valioso tesouro real de Castela.[29] Henrique não tinha muita escolha. Ele podia perder o tesouro e enfrentar uma nova rebelião de um importante setor da nobreza ou colaborar.

Três dias depois do Natal de 1473, Isabel atravessou a cavalo a gélida *meseta* de Aranda de Duero em direção a Segóvia com Beatriz de Bobadilla. Foi uma viagem longa, fria e cansativa. Exigira meses de negociações e mais algumas adesões à causa de Isabel, mas no dia seguinte ela finalmente se encontrou com seu meio-irmão pela primeira vez em quase cinco anos. Isabel encontrou Henrique radiante em vê-la, enquanto mais uma vez ele provava sua aversão a conflitos. "Depois do almoço ele foi vê-la em um aposento, onde ordenou que lhe fossem servidas as mais finas iguarias que ele possui aqui, e houve muita alegria nesse encontro com a senhora. Conversaram longamente", relatou o arcebispo de Toledo em uma carta a João, o Grande. "Em outro dia, ele veio vê-la e jantaram com grande pompa e prazer, e a senhora princesa dançou, ele cantou diante dela e eles se divertiram até tarde da noite, e houve impaciência pela chegada do príncipe; no dia seguinte, ele a levou a um passeio pela cidade para que todos pudessem vê-la assumindo seu reinado. Esta notícia está espalhando alegria por todo o reino." Era véspera de Ano-Novo, 1473, e pela primeira vez em sete anos as pessoas comuns compreenderam que a família real de Castela estava em paz consigo mesma.[30]

No dia seguinte, Fernando, que estava nas proximidades, foi convidado a entrar na cidade e ficou surpreendido com a recepção. Foi seu primeiro encontro com o rei. Houve "camaradagem e compreensão", ele vangloriou-se para as câmaras de Valência e Barcelona. "Todos estavam incrivelmente satisfeitos", escreveu o arcebispo. "O senhor príncipe dançou em sua presença [do rei], o que causou tal alegria que levaria muito tempo para descrever."[31] Os primeiros dias de 1474 convidaram os castelhanos a imaginar, mais uma vez, que o futuro era a paz, e não a guerra civil.

Isabel e o marido tinham sido aconselhados sobre como lidar com Henrique, a começar por suas papilas gustativas. "Quando ele estiver com seus conselheiros mais próximos e ouvindo música, deixai-o em paz, sem tentar falar com ele", diziam as instruções de um dos aliados de seu sogro, Vázquez de Acuña. "E quando ele sair, sua comida deve estar pronta, *almojábanas* recheadas com queijo pastoso, manteiga e queijos de Buitrago, *buñuelos* (cheios de creme ou *cabello de ángel*), doces de pastelaria e produtos semelhantes, e com isso o tereis como quiserem." No começo do ano novo, os três percorreram juntos, a cavalo, as ruas de Segóvia, antes de comparecerem a uma festa da epifania na residência de Cabrera, onde um mercador milanês ficou impressionado ao ver uma mulher, Beatriz de Bobadilla, no comando. Os lugares foram cuidadosamente arranjados por posição social, com Henrique colocado em uma plataforma ligeiramente mais alta do que Isabel e Fernando. Depois que a festa terminou, eles saíram para outro aposento para ouvir música.[32]

Em um confuso período de negociações, durante o qual Isabel parecia estar prestes a recuperar sua posição de herdeira, viu o arcebispo de Toledo finalmente romper com a princesa e seu marido. "O arcebispo não estava nem um pouco feliz com os [dois] príncipes, já que o cardeal [Mendoza] viera servi-los e eles lhe davam tudo que ele quisesse, de tal forma que se achava que ele os governava", relatou um missivista. Então, em outubro, Pacheco morreu, deixando um vácuo que mostrou ser impossível de preencher. Henrique IV perdera seu braço direito e amigo. "Ele ficou mais abatido com isso do que jamais ficara por qualquer outro motivo", relatou um observador. Outros ficaram satisfeitos com sua morte. "Que gula e voracidade tinha neste mundo para acumular terras!", escreveu del Castillo. Isabel viu uma modificação histórica na configuração de poder e escreveu a Fernando, que partira novamente para Aragão. "A rainha e outros que me escrevem estão insistindo comigo para ir lá o mais rápido possível", ele disse a seu pai em uma carta de Saragoça, em novembro.[33]

Palencia culpou o ostentoso e poderoso alquimista Alarcón pelo comportamento cada vez mais excêntrico do arcebispo, especialmente depois que ele se uniu com outro charlatão chamado Beato, que ele alegava ter visto flutuando acima do solo. Os dois homens drogavam jovens garotas e as convenciam a tomar parte em misteriosas cerimônias de iniciação, alegava Palencia. "A fé do prelado no alquimista significava que ele acrescentava mentiras em cima de mentiras, aumentando a demência do arcebispo", ele relatou.[34]

Logo até mesmo a morte de Pacheco pareceria um acontecimento relativamente menor. A saúde debilitada de Henrique só piorava com sua tristeza. O rei refugiou-se nas florestas próximas a Madri para caçar, novamente mais à vontade com a natureza e os animais selvagens. Mas ele estava visivelmente esgotado. Vinha sofrendo de intensas dores abdominais, provocando rumores de envenenamento.[35] Em 11 de dezembro de 1474, ele já estava de cama na fortaleza medieval Real Alcácer de Madri, e tornou-se cada vez mais claro que o rei estava morrendo. Seus confessores, diziam, inclinavam-se junto dele, esperando que pronunciasse o nome de sua herdeira – mas ou ele não disse ou, por temor de suas vidas, recusaram-se posteriormente a divulgar suas palavras. Segundo uma das versões de sua morte, ele suplicou aos médicos que lhe dessem mais tempo. "Vosso conhecimento não me permitirá viver mais duas horas?", perguntou. "Não", responderam. Meia hora depois, ele faleceu.

No papel, ao menos, a coroa agora pertencia à pequena Joana, ainda tratada pelos céticos como "a filha da rainha", em vez de "princesa". A cerimônia diante do cardeal Albi, no Vale de Lozoya, deixara isso perfeitamente claro. O cadáver enorme e desalinhado de Henrique foi carregado sobre tábuas de madeira rústica, sem que nenhuma tentativa de embalsamá-lo tivesse sido feita. Mesmo na morte, ele de alguma forma evitou a pompa real que tanto o desgostava em vida. O sempre maldoso Palencia zombou de seu modesto funeral como "miserável e abjeto". O corpo, exumado no século XX, foi enterrado com suas roupas diárias e perneiras de couro. Os ossos extraordinariamente largos dos quadris e o crânio grande e redondo confirmaram a esquisitice física de um rei gentil, cuja aversão ao conflito e excessiva bondade o haviam, cruelmente, transformado em um péssimo governante. Em meio a todo o tumulto e reclamações, entretanto, a economia de Castela florescera e a guerra civil fora evitada pelos oito anos anteriores. Isabel observara e aprendera. Ela não compartilhava o espírito apaziguador ou a fraqueza por meias medidas de Henrique. Nem pretendia cometer os mesmos erros.[36]

10

Rainha

Plaza Mayor, Segóvia, 13 de dezembro de 1474

Isabel era a imagem do luto. No dia seguinte à morte de seu meio-irmão, ela era a que mais pranteava seu falecimento na catedral de Segóvia, então bem em frente ao Alcácer, conforme a cidade assinalava a morte de um rei que governara por vinte anos. Ela se vestira inteiramente de luto. Mais tarde, alguns disseram que ela chorara. Isabel pode, de fato, ter derramado algumas lágrimas de genuíno pesar. Ela e seu meio-irmão sempre tinham desfrutado da companhia um do outro, ainda que tivessem sido poucas as oportunidades de fazê-lo. Suas lembranças posteriores de ter sido cruelmente tratada na casa dele centralizavam-se na rainha Joana, não no próprio Henrique. "Ela ficou abalada e triste, e com boas razões, porque não só o estimava como irmão, como também o considerava um pai",[1] relatou um observador.

A tristeza não durou muito. Nem os trajes de luto. Um palco de madeira aberto dos lados fora apressadamente erigido na Plaza Mayor da cidade. No dia seguinte, após uma nova visita à catedral, Isabel apareceu sobre ele em toda a glória de sua magnificência. Palencia disse que ela mudou de roupa depois que saiu da catedral, trocando o preto "por um traje luxuoso, adornado de reluzentes joias de ouro e pedras preciosas que exaltavam sua esplêndida beleza". Ela obviamente se vestira para causar o maior impacto possível, para criar a admiração e a reverência que agora precisava inspirar. Lá, diante de uma multidão de segovianos enfrentando o frio de dezembro, ela foi proclamada rainha regente de Castela. Jurou proteger seu povo, respeitar a Igreja e fazer seus reinos prosperarem. Também jurou "respeitar os privilégios e liberdades que os *hidalgos*, cidades e outros lugares desfrutam", enquanto mantém seus reinos unidos e seu povo livre da opressão de outros. Os ousados planos de Isabel para Castela já estavam sendo exaltados em sua linguagem favorita de tradição.

Trombetas, clarins e outros instrumentos soavam enquanto os tambores retumbavam.[2] Estandartes e bandeiras eram hasteados aos gritos de "Castela! Castela! Castela! Por nossa rainha e senhora, rainha Isabel, e pelo rei Fernando como seu legítimo marido!". Foi então que Isabel realmente chocou alguns espectadores. Desfilou pela cidade em seus trajes luxuosos, precedida por algo que poucos poderiam ter imaginado. "À sua frente, seguia um único cavalheiro, Gutierre de Cárdenas, que segurava na mão direita uma espada desembainhada erguida pela ponta, com a empunhadura para cima, à maneira espanhola, de modo que todos, inclusive os que se encontravam mais distantes, pudessem ver que aquela que se aproximava podia punir o culpado com sua autoridade real", relatou Palencia. "Alguns na multidão murmuravam que nunca tinham visto nada igual."[3]

A ansiosa multidão de espectadores também deve ter comentado a escassez de Grandes e bispos presentes àquele momento tão importante. Com exceção de Andrés de Cabrera – o homem que controlava o Alcácer e o tesouro real – e do próprio pessoal de Isabel, poucos deles estavam presentes. A surpresa logo se transformou em resmungos entre os tradicionalistas. Nenhuma mulher jamais assumira, muito menos ousara exibir, uma autoridade tão absoluta ou os símbolos de intenção de violência. Que Isabel o fizesse enquanto casada, portanto ignorando a autoridade masculina de seu marido, era ainda pior. "Parecia-lhes algo terrível para uma mulher exibir os atributos que pertencem ao seu marido",[4] disse Palencia, que compartilhava de tais preocupações. Outros murmuravam sobre "certas leis que declaravam que as mulheres não tinham o direito de aplicar a justiça", Valera confirmou.

Havia outro problema ainda maior. Isabel não era a verdadeira herdeira dos reinos de Henrique. Essa honra pertencia a Joana, a Beltraneja – a menina de doze anos que ele declarara, há apenas quatro anos, ser sua filha legítima. Provas sobre seus desejos no leito de morte, por mais parciais e suspeitas que fossem as fontes, apontam apenas para Joana como a escolhida. "Em seu leito de morte, o pai [Henrique] convocou um número considerável de Grandes e homens de todas as classes e, em sua presença, ordenou que seu último desejo fosse ser sucedido em todos os seus reinos por sua filha", alegou o rei de Portugal. Afonso V, em carta a Luís XI da França seis semanas mais tarde. "Tendo primeiro confessado... ele me disse que considerava sua única filha como sua herdeira legítima, natural e universal, e sucessora nestes reinos e territórios de Castela e Leão",[5] escreveria o secretário real de Henrique, Juan de Oviedo, quatro meses depois.

Isabel recebeu a notícia do falecimento de Henrique de um cavaleiro chamado Rodrigo de Ulloa, que cavalgou pela gélida noite de dezembro de Madri a Segóvia. Ele solicitara, em nome da junta de nobres de Henrique, que ela nada fizesse. Ela não deveria se declarar rainha, mas primeiro deixar que uma decisão fosse tomada sobre quem era a monarca por direito. Mas Henrique ficara doente por um longo tempo, e Isabel já devia ter seu plano preparado. Ela agiria rápido e antes que qualquer outro o fizesse, forçando os nobres de Henrique e qualquer um que achasse que Joana, a Beltraneja, era a herdeira legítima, a ficar com o pé atrás. (De fato, ela parece ter começado a agir com uma pressa tão indecorosa que os próprios cronistas de sua folha de pagamento se sentiram obrigados a inventar a cena em que ela pranteava seu meio-irmão na catedral – um acontecimento que só irá ocorrer vários dias depois, segundo os registros municipais de Segóvia.) Após a cerimônia em Segóvia, Isabel escreveu às cidades de Castela como se nada houvesse de errado ou inconveniente nos juramentos e promessas que ela acabara de receber. "Reconhecendo a fidelidade e a lealdade que esses reinos a mim pertencentes e esta cidade [de Segóvia] me devem como sua rainha e senhora natural, e como irmã e herdeira legítima e universal de meu irmão, o rei, eles juraram obediência a mim e prometeram fidelidade nas cerimônias solenes de praxe exigidas pelas leis do meu reino",[6] ela escreveu. Tudo parecia simples e claro.

Ela começou, então, a exigir que outras cidades fizessem o mesmo. "Eu vos ordeno que hasteiem bandeiras para mim, reconhecendo-me como vossa rainha e senhora natural, bem como para o nobre e poderoso príncipe, rei Fernando... como meu legítimo esposo", ela disse. O recado estava claro em sua referência a Fernando. Ele era o rei consorte. Ela era a soberana legítima e de direito. É o que o povo de Segóvia havia proclamado. A notícia que ela divulgou vinha com uma ameaça. Em suas cartas, ela ordenava a ambas as cidades e aos comandantes de fortalezas nelas situadas que enviassem representantes para jurar lealdade a ela. "Caso contrário, ficareis sujeitos às penalidades previstas em nossas leis",[7] ela acrescentou.

Isabel era uma usurpadora. Sua proclamação era um golpe preventivo contra a herdeira legítima, o que tornou a guerra civil inevitável. Apesar da tensão e do caos durante seu reinado, Henrique dedicara muita de sua energia a evitar a guerra, mas Isabel deve ter visto que isso agora era inevitável e compreendeu que tinha que agir rápido para estabelecer sua autoridade sobre a maior parte possível do país. Uma Castela instável se tornaria, mais uma vez, um prêmio no jogo mais amplo da política europeia, conforme seus vizinhos – França, Portugal e Aragão – procurassem controlar o coração demográfico e a usina econômica da Ibéria. A ausência de Grandes e de membros do alto escalão da Igreja na proclamação de Isabel era um sinal de fraqueza, e Joana, a Beltraneja, agora estava nas mãos do filho de Pacheco, Diego López Pacheco, que havia assumido o comando da família. Ele herdara o gosto de seu pai pelas artimanhas e já reforçava seus castelos e fortalezas.[8] A rival de Isabel ainda era jovem demais para exercer sua própria autoridade.

Nenhuma ausência em Segóvia foi tão notória quanto a do marido de Isabel. Fernando estava em Saragoça, tentando ajudar a corrigir uma desastrosa campanha aragonesa contra os franceses em Roussillon. Palencia, que tomaria conhecimento dos detalhes da proclamação de Isabel em segunda mão, estava com ele, fazendo pressão em favor de um de seus clientes – o duque de Medina Sidônia –, que queria ser o novo mestre da Ordem de Santiago. A autoproclamação de Isabel como soberana e de seu marido como consorte colocou-a em rota de colisão com aqueles que presumiam que ele, e não ela, governaria Castela. Entre eles estava o poderoso e problemático arcebispo de Toledo, que continuava a se queixar de que Isabel o desrespeitara.[9] Cinco anos antes, ela usara sua autoproclamada independência para escolher um marido. Agora a rainha usurpadora tinha que garantir que seu marido se mantivesse leal, que os Grandes, bispos e cidades a apoiassem e que sua independência não desaparecesse repentinamente.

11

E rei!

Saragoça, 14 de dezembro de 1474

Gonzalo Albornoz atirou-se aos pés de Fernando em seu palácio em Saragoça, tomou sua mão direita e deu a dramática notícia. "Hoje eu beijo esta mão cento e uma vezes, porque é agora a mão do meu rei e senhor", ele disse.[1] Fernando ficou surpreso com a aparição abrupta e teatral do cavalheiro castelhano, que ainda mostrava sinais de sua cavalgada desde Madri. "Então isso significa que o rei está morto?", perguntou. "As cartas vos informarão a esse respeito", disse Albornoz, entregando a mensagem que lhe fora confiada por seu mestre, o arcebispo de Toledo. Alfonso de Palencia estava presente para testemunhar a cena, e disse que Fernando reagiu com uma mistura de tristeza e alívio à morte de um homem que ele via como rival, seu e de seu pai.

Fernando ficou aborrecido, entretanto, de que o mensageiro portador de notícias tão históricas tivesse vindo do arcebispo, e não de sua mulher. "Ele expressou sua surpresa para mim pelo fato de não ter recebido uma carta da rainha em uma questão tão importante", comentou Palencia. Fernando teve que esperar mais dois dias até receber uma carta de Isabel. Palencia relatou seu conteúdo insípido: "A presença do príncipe não seria inútil, mas ele deve fazer o que achar melhor, dadas as circunstâncias, porque ela não conhece bem a situação em Aragão." Era um convite vago para ele ir unir-se a ela, ou assim pareceu aos que estavam em Saragoça, embora também levasse em conta a possibilidade de que Fernando tivesse que salvar seu próprio reino primeiro, antes de acorrer ao seu. Isabel sabia que os franceses estavam pressionando duramente, e que a situação em Roussillon estava indo de mal a pior. Após a chegada da carta de Isabel, ele deu suas instruções finais sobre o que deveria ser feito para salvar Roussillon e partiu devagar para Segóvia pela chuva torrencial de inverno.[2]

No ninho de cobras que era a sucessão castelhana, Fernando era um grande rival de sua mulher. De um lado, ele podia alegar ser o soberano de fato, se acreditasse que o sexo de sua mulher tornava impossível que ela governasse. A história de Castela, seus conselheiros insistiam, mostrava que esse era o trabalho de um marido. A própria Isabel já havia reconhecido que ele podia também fazer uma reivindicação direta por conta própria, tendo por base que agora era um dos homens mais velhos sobreviventes na família Trastâmara, embora ela o colocasse imediatamente atrás de si própria na linha de sucessão. Outros viam o rei João, o Grande, de Aragão, como o homem Trastâmara sênior e o herdeiro apropriado, com seu filho capaz de governar em seu nome. De um modo ou de outro, uma longa lista de pessoas agora esperava que Fernando governasse Castela. Tal lista incluía seu próprio pai, o arcebispo de Toledo e Palencia. Este último já via os acontecimentos em Segóvia com profunda desconfiança. Isabel estava "sendo mal orientada por seus conselheiros, que, desde os primeiros dias de seu casamento, estiveram maquinando para que a rainha ocupasse o primeiro lugar no governo do reino", disse, torcendo o nariz. Tinha absoluta clareza do que ele próprio achava que devia estar acontecendo. "Com sua morte, dom Henrique... foi sucedido nos reinos de Castela e Leão pelo príncipe de Aragão, dom Fernando, segundo seus direitos hereditários como marido da rainha, dona Isabel", afirmou.[3]

Fernando parecia concordar, ainda que os acordos do casamento que ele havia assinado dissessem algo muito diferente. A demora de Isabel em escrever-lhe já havia aborrecido o jovem príncipe. Alguns dos que rodeavam Fernando mostraram-se ainda mais incomodados, especialmente quando ouviram dizer que a espada real fora erguida à frente de Isabel em seu desfile pela cidade de Segóvia. "Lamentamos saber disso e tivemos certeza de que o fato iria causar futuras rivalidades", disse Palencia. O próprio conselheiro de Fernando, Alfonso de la Cavallería, avisou João, o Grande, que o problema ameaçava tornar-se uma bola de neve. "A primeira providência que Vossa Alteza deve tomar é intervir junto a Sua Alteza [Fernando] e a rainha, sua mulher, de modo que eles devam buscar [a ideia de] concordância e união entre eles e os benefícios que isso trará. Vossa Alteza deve condenar e denunciar a discórdia e as diferenças entre eles e os malefícios que daí podem resultar."[4] Essa discórdia havia sido semeada há muito tempo, mas fora abafada pela luta do jovem casal pela sobrevivência em seus primeiros anos juntos. Agora que o prêmio estava ao alcance de suas mãos, ela veio à tona.

Três dias mais tarde, em Calatayud, na estrada para Castela, os emissários de Isabel trouxeram-lhe uma longa carta com todos os detalhes das cerimônias de Segóvia. Palencia afirma que Fernando demonstrou espanto ao ler a confirmação de que sua mulher desfilara pelas ruas da cidade com a espada real virada de ponta-cabeça à sua frente, atribuindo a si mesma o direito de dispensar justiça violenta. "Quero que Alfonso de la Cavallería, como especialista em leis, e tu, Palencia, que és profundo conhecedor de história, digam-me se no passado houve um precedente de uma rainha que tenha ordenado que fosse precedida pelo símbolo da punição de seus vassalos. Todos nós sabemos que [este direito] pertence aos reis, mas eu não sei de nenhuma mulher que algum dia tenha usurpado este atributo masculino. Talvez eu seja ignorante, porque pouco vi e li menos ainda." Palencia disse a Fernando que Isabel agiu em desacordo com a tradição castelhana. "O jovem rei expressou sua surpresa, diversas vezes, diante de tais eventos nunca vistos",[5] Palencia insistiu, preocupado de que isso pudesse dar munição aos Grandes para criar problemas.

Nem todos pensavam como Palencia. Martín de Córdoba, um ilustre frade agostiniano, discordou veementemente. Em um livro que ele escreveu para guiar Isabel no exercício da autoridade, *Jardín de nobles doncellas*, ele alegava que era ignorância e atraso "acreditar que seja errado um reino ou outro Estado ficar sob o domínio de uma mulher... eu declaro que tenho opinião contrária". Houve muitas mulheres cultas, inclusive princesas e santas no passado, "especialmente nas letras. Então, por que agora, neste nosso século, as mulheres não se dedicam ao estudo das artes liberais e outras ciências, e na verdade isso parece ser proibido?".⁶

Fernando não passou o Natal com sua mulher. Ele progrediu devagar pelo frio implacável em direção a Segóvia, construindo um grande séquito à medida que avançava. Até o dia de Natal, ele só havia conseguido chegar até Almazán, uma cidade em poder dos Mendoza. Ele parecia tão determinado a impressionar quanto necessitado de tempo para refletir sobre a nova situação. Palencia envenenava seus ouvidos. "A maior parte deste dia [de Natal] ele passou conversando secretamente comigo, uma vez que a maneira como os acontecimentos haviam se desenrolado o fazia prestar ainda mais atenção aos meus repetidos avisos sobre... os pérfidos conselhos dados pelos bajuladores da rainha", ele disse.⁷

O arcebispo Carrillo também meteu a colher na panela da discórdia do casal. Ele já havia chegado a Segóvia exigindo os melhores aposentos no palácio e jurando lealdade a Isabel. Mas ele também não fez segredo do fato de que seu plano era seguir o rei, não a rainha. Palencia culpou o cardeal Mendoza, o grande rival do arcebispo e que agora vinha se tornando um dos principais conselheiros de Isabel, enquanto "vários dos principais cavalheiros continuamente encorajavam a petulância que haviam começado a introduzir no espírito feminino da rainha". Enquanto Fernando se dirigia a Segóvia, o cardeal e seus parceiros já haviam aderido a uma confederação de nobres que prometia proteger o suposto direito de Isabel ao trono. Eles apoiariam "a rainha, nossa senhora dona Isabel, como rainha e senhora natural destes reinos, e o rei dom Fernando, seu legítimo marido, nosso senhor". Mais uma vez, ele era colocado em segundo lugar como consorte. O clã dos Mendoza colocou-se sob o comando de Isabel, dizendo-lhe que "Vossa Alteza deve ordenar que façamos o que melhor vos servir". Palencia explicou que o medo da ligação aragonesa se espalhara rapidamente pela corte castelhana. "Essas ideias comoveram a rainha, que, afinal de contas, é apenas uma mulher, e rapidamente fizeram com que outros que anteriormente haviam sido contra a arrogância e a astúcia da rainha mudassem de opinião", ele disse.⁸

Os aragoneses, enquanto isso, regozijavam-se abertamente com o que alguns viam como uma conquista sem sangue de Castela, referindo-se a ela como "nossa feliz sucessão naqueles nossos [novos] reinos". A cidade de Barcelona, por exemplo, escreveu para parabenizar Isabel, mas colocou-a em segundo lugar, atrás de seu marido, com os herdeiros de Henrique citados como "o rei [Fernando] e a senhora". Em outra correspondência, altas autoridades aragonesas sequer mencionaram Isabel, enquanto se referiam a Fernando como "sucessor do reino de Castela". Seu pai anunciou que Castela "foi passada ao ilustre príncipe".[9]

Fernando levou mais uma semana para chegar a Turégano — a apenas duas léguas, ou horas de viagem, de Segóvia. Era véspera de Ano-Novo, e Segóvia estava movimentada, comemorando a mudança de ano. Foi pedido a Fernando que esperasse antes de entrar na cidade. Enquanto isso, um fluxo dos principais nobres saiu de Segóvia para visitá-lo. Em 2 de janeiro de 1475, Fernando fez sua entrada formal. Aqueles que observavam teriam razão em acreditar que o relacionamento entre Isabel e Fernando era perfeitamente harmonioso. Ela e a cidade ofereceram a Fernando uma recepção extraordinária. Os nobres que se reuniram em Segóvia o esperaram fora das muralhas da cidade. Ele usava uma longa capa preta, de luto por Henrique, que foi cerimoniosamente removida para revelar um traje brilhante, bordado a ouro e forrado de pele de marta. Com um dossel erguido acima de sua cabeça, Fernando dirigiu-se ao portão de San Martín de Segóvia e lá jurou respeitar os privilégios e direitos da cidade. Em seguida, uma procissão iluminada por tochas conduziu-o pela penumbra do anoitecer até a catedral para rezar e fazer seus juramentos. Somente então ele foi ver Isabel, que o esperava no pátio externo do Alcácer.[10] Muito havia mudado desde que haviam se visto pela última vez, oito meses antes. Agora, em vez de confrontar as adversidades juntos, eles tinham que se confrontar. Castela e os nobres reunidos em Segóvia queriam saber como planejavam governar um reino que Isabel reclamava para si.

Enquanto os cortesãos de ambos os lados discutiam e maquinavam, Isabel e Fernando se mantiveram tranquilos. Fernando achava que uma dose generosa de amor conjugal amoleceria sua mulher. Disse aos que achavam que ele estava sendo brando demais com ela para esperar. "Ele respondeu que estava confiante de que iria superar a situação com paciência, e que tinha certeza do triunfo satisfazendo assiduamente as exigências do amor conjugal, que indubitavelmente iriam suavizar a dura intransigência que maus conselheiros haviam implantado no coração da rainha", registrou Palencia. Após a festa que se seguiu à proclamação de Fernando como rei, o jovem casal se retirou discretamente.[11]

Palencia ficou tão indignado que saiu intempestivamente, amaldiçoando o orgulho de Isabel. Até mesmo o arcebispo de Toledo, agora inteiramente sob a influência de Alarcón, parecia ter enlouquecido. Na realidade, a situação foi facilmente resolvida. Fernando aceitou que o arcebispo, um tradicionalista a favor do poder masculino, e Mendoza, um partidário de Isabel, fossem os árbitros. Os dois rivais realizaram seu trabalho com eficiência. Dentro de duas semanas, um documento foi redigido e assinado. Não diferia muito do acordo matrimonial original assinado em Cervera, em 1469, embora fizesse algumas concessões a Fernando. Como "legítima sucessora e proprietária desses reinos", Isabel receberia as promessas de lealdade, nomearia servidores (embora ambos pudessem nomear corregedores – os representantes do poder real nas cidades), outorgaria concessões e assinaria as contas de Castela com o dinheiro usado primeiramente para cobrir os custos administrativos. O nome de Fernando viria em primeiro lugar nas moedas e documentos conjuntos, mas o escudo dela teria precedência. Ambos podiam administrar justiça, juntos ou separadamente. Pulgar alegou que Isabel convenceu seu marido ressaltando que, se ele insistisse que somente homens podiam herdar a coroa, estaria colocando a própria filha deles, Isabel – ainda a única descendente –, em uma situação em que ela também seria impedida de governar. Também alegou que os dois monarcas perceberam que grande parte dos conselhos que estavam recebendo era por interesses escusos, e que eles já haviam decidido não deixar os Grandes dividi-los. Uma compreensão fundamental, a qual se apegaram ao longo dos anos, sustentava sua decisão de dividir o poder: eles jamais, mesmo quando estivessem longe um do outro, passariam por cima das decisões de cada um.[12] Uma aliança singular estava sendo formada entre duas pessoas que não eram apenas marido e mulher, mas também parceiros políticos representando seus próprios e diferentes interesses. Tudo iria depender de como este pacto iria funcionar na prática, e de como ambos iriam se comportar.

O acordo foi uma vitória para os castelhanos sobre aqueles que queriam que Isabel se mantivesse nos bastidores enquanto Fernando governava. Mas isso não significa que Fernando estava descontente. Ele não buscara a união completa dos reinos das duas dinastias, mas esperava, entre outras expectativas, obter vantagem para a coroa de Aragão, de sua família, e, crucialmente, para seus próprios herdeiros. Um dos seus objetivos mais imediatos fora erguer um exército castelhano que pudesse ir ao resgate de seu pai – e de seu próprio futuro reino – em Roussillon. Em três dias, os castelhanos prometeram mandar dois mil lanceiros. Ele também, segundo Pulgar, tinha plena confiança na capacidade de Isabel de governar sem ele.[13]

Os jovens monarcas puderam se sentir satisfeitos com suas conquistas no primeiro mês. Os antigos partidários de Isabel mantiveram-se, em sua maioria, leais a ela. Os Mendoza se uniram a eles, juntamente com outros nobres que declararam sua lealdade nas semanas seguintes à rápida proclamação de Isabel.[14] Mas a família Pacheco e muitos outros membros da alta nobreza não ofereceram seu apoio. Mais importante ainda, Joana, a Beltraneja, tinha uma reivindicação legítima ao trono. Ela era jovem demais para agir por conta própria, mas era apenas uma questão de tempo até alguém assumir a sua causa.

12

Nuvens de guerra

Segóvia, março de 1475

O arcebispo de Toledo estava furioso. Ele pode ter ocupado os melhores aposentos em Segóvia e desempenhado um importante papel na elaboração do acordo entre Isabel e Fernando sobre como iriam governar, mas a nova situação abalava seus nervos. Isabel não estava sendo nem um pouco amável com ele. Na realidade, ele pensou, ela estava sendo absolutamente rude. Ele passara anos trabalhando em prol da causa de Aragão e desempenhara um papel crucial em trazer Fernando para o lado de Isabel. A princesa e seu marido haviam jurado obedecê-lo e não indicar ninguém para nenhum cargo sem consultá-lo antes. Apesar de sua lealdade ter fraquejado mais para o final do reinado de Henrique IV, ele achava que tinha todo o direito de esperar ser o novo favorito real — herdeiro de gente como Juan Pacheco e Álvaro de Luna, que dominaram Castela durante a maior parte da primeira metade do século. Mas Isabel não queria um favorito. Nem Fernando. Em vez disso, a aversão de Isabel ao arcebispo e sua corte doidivana de fraudes e feitiçarias aumentava a cada dia. "Tudo que se ouvia eram suas frequentes queixas sobre a ingratidão que a rainha demonstrava ao dar preferência a inimigos declarados em detrimento de amigos confiáveis", escreveu Palencia.[1]

Isabel estava satisfeita consigo mesma. Seu marido havia assinado um contrato que mantinha os castelhanos felizes. Sua estratégia, já evidente em seu casamento com Fernando, de agir ousadamente e forçar os outros a lidar com um *fait accompli* parecia estar surtindo efeito. O número suficiente de nobres que havia aderido à sua causa fora o bastante para tornar seu golpe de usurpadora um fato estabelecido – ao menos por enquanto. Destronar Isabel agora iria requerer dinheiro e força consideráveis. Uma nova era estava surgindo, ela sentia, onde a dúbia autoridade real de seu irmão daria lugar a algo muito mais potente – uma monarquia autoritária, semiabsolutista, na qual a nova rainha e seu marido podiam governar com uma interferência mínima dos nobres, da Igreja ou de qualquer outra pessoa. Os Grandes e outros oligarcas eram necessários para ajudar a governar seus reinos e manter a ordem social existente e suas hierarquias, mas deviam saber qual era seu lugar. Fernando era seu maior aliado nesta estratégia, embora isso estivesse longe de ser a tradição de Aragão, com seu complexo compartilhamento de poder entre a coroa e seus diversos reinos e cidades. Ele já havia demonstrado sua frustração com esse arranjo, enfurecendo os cidadãos tanto de Saragoça quanto de Valência com execuções sumárias praticadas sem consulta às autoridades locais. Em Castela, ele também concordara que uma monarquia mais absolutista, mais autoritária era melhor. Entre os entusiastas da mão firme de Isabel e do novo estilo de governo estava frei Torquemada, o influente prior do monastério de Santa Cruz, que ficava logo abaixo das muralhas de Segóvia. Em um memorando a ela delineando os males de Castela, ele a convocava a corrigir os numerosos erros de governo em um reino que estava sendo comandado por autoridades "ineficientes" e "avaras", onde a Igreja era sempre colocada à venda e onde judeus e mouros não eram mantidos em seu lugar. Porém, muitos dos grandes magnatas feudais divergiam completamente de sua opinião, vendo a si mesmos como legítimos coparticipantes no governo do reino. Se Isabel achava que eles iriam aceitar a mudança sem lutar, ela estava enganada. O grandioso, orgulhoso e guerreiro arcebispo de Toledo alimentava fantasias extravagantes de vida eterna e riqueza ilimitada. Não se poderia esperar que ele aceitasse ter seu status reduzido a um participante secundário na política de Castela.[2]

O arcebispo Carrillo fervilhava de raiva, não muito discretamente. Exigiu sete dos mais importantes cargos na corte para si próprio e sua família. Desenvolveu um crescente ódio a Isabel, e não cessava de dizer a Fernando o quanto seu bruxo, Alarcón, era maravilhoso e inteligente. "Ele deveria ser dedicado ao rei e apoiar sua causa com firmeza", disse Palencia. "Mas ele deu lugar em seu coração ao ódio virulento, inspirado pelo pérfido Alarcón." O apoio do arcebispo a Isabel estendia-se aos primeiros dias após a morte de seu irmão Afonso, e fora ele quem conduzira a mula de Isabel ao histórico encontro com Henrique nos touros de Guisando. Talvez ela o conhecesse bem demais e tivesse se cansado de seu temperamento, excentricidades e misoginia. Talvez ela não confiasse mais nele depois de suas recentes desavenças. De qualquer modo, aquele não era o momento para afastar um dos homens mais poderosos do reino. O triunfo inicial de Isabel fora construído em bases frágeis. Precisava urgentemente de consolidação.[3]

Isabel e Fernando, alimentados por uma audácia impetuosa, passaram as primeiras semanas do reinado comemorando seu sucesso inicial com exuberância juvenil. Fernando escreveu cartas otimistas para Aragão, fazendo crer que todo o reino os apoiava e que era apenas uma questão de tempo até o exército castelhano surgir no horizonte e colocar os franceses para correr. Isabel parecia notavelmente alheia ao tamanho da enorme ameaça que eles representavam para inúmeras pessoas importantes. Entre eles, incluíam-se os reis de Portugal e da França, agora diante de uma aliança entre as metades da Espanha que aumentava extraordinariamente seu poder nas fronteiras dos dois países. Os que mais haviam se aproveitado do fraco governo de Henrique também se sentiam ameaçados – especialmente a família Pacheco. Por último, porém não menos importante, havia uma jovem de doze anos de idade que havia recebido o juramento da nobreza do país como herdeira ao trono, e que já estava em poder da família Pacheco.[4]

O recente triunfo de Fernando em Perpignan sugeria que o poder combinado de Castela e Aragão havia criado um novo e poderoso concorrente na Europa. Cartas ameaçadoras foram escritas ao rei de Portugal, advertindo-o de que ele sentiria a ira das duas coroas se declarasse seu apoio à causa de sua sobrinha, Joana, a Beltraneja. Mas a realidade logo desfechou um golpe rápido e devastador na fantasia do jovem casal de uma recente aliança castelhano-aragonesa que faria outros monarcas europeus tremerem. Em fevereiro, os catalães os informaram que, a menos que "o poder de Castela fosse enfraquecido", Perpignan logo teria que ser devolvida aos franceses. No começo de março, Fernando foi forçado a lhes dizer que o erário real estava vazio e a própria Castela empobrecida demais para ajudar. Em 10 de março de 1475, Perpignan foi tomada.[5] A Catalunha estava convencida de que era apenas uma questão de tempo até que ela também acabasse sob o domínio francês. Foi um enorme golpe para a rainha e seu marido, apenas três meses depois de Isabel ter reivindicado a coroa.

Somente uma combinação de ingenuidade e excesso de confiança pode explicar por que Isabel e seus conselheiros deixaram de identificar a velocidade com que uma aliança potencialmente devastadora estava sendo forjada por seus inimigos e por alguns que ela considerava seus amigos. Apenas duas semanas depois de Isabel ter se autoproclamado rainha e antes de Fernando sequer ter chegado a Segóvia, o rei de Portugal começou a exortar outros governantes e autoridades a reconhecer o "claro direito" da mulher que Henrique declarara ser sua herdeira legal, Joana, a Beltraneja. "Consideramos que sua filha, nossa sobrinha dona Joana, é rainha, e que sua honra e condição estão agora, mais do que nunca, em nossas mãos, e que somos obrigados a ajudá-la o máximo possível, sabendo como foi empossada e aprovada como a verdadeira e legítima sucessora daqueles reinos", ele escreveu a Rodrigo Ponce de León, marquês de Cádis. O marquês era um dos dois nobres (o outro era o duque de Medina Sidonia) que lutaram pelo controle pessoal da rica Sevilha e adjacências, uma região onde a autoridade real havia, na verdade, esmorecido há muito tempo. "Temos certeza da lealdade que todos os súditos estão agora obrigados a demonstrar-lhe e de que devem reconhecê-la e obedecê-la, *e a mais ninguém*, como rainha, especialmente e acima de tudo porque à hora de sua morte, na presença de vários Grandes de seu reino então presentes, o rei, seu pai, a pronunciou sua verdadeira herdeira e sucessora em seu reino e como sua filha legítima, dizendo-lhes para obedecer-lhe",[6] o rei português agora alegava.

Uma dinâmica muito diferente daquela imaginada por Isabel e seu marido começava a remodelar a Europa. O ambicioso Luís XI, também conhecido como "aranha universal" por causa da maneira como tecia sua teia pela Europa, se vira confrontado por uma série de alianças entre seus vizinhos em Aragão, Inglaterra, Borgonha e Bretanha. Era de esperar que a nova aliança de Castela com Aragão o encurralasse ainda mais, mas sua reconquista de Perpignan provou que a suposta Grande Aliança Ocidental era um castelo de areia, e logo todos os demais membros assinaram acordos de paz com ele. Isabel parecia cada vez mais isolada e Afonso V, então, decidiu que, na devida oportunidade, Castela estava à disposição para ser tomada por Portugal. A desculpa estava lá, já que a reivindicação de Isabel ao trono era, na melhor das hipóteses, tênue. A insistência de Afonso de que Henrique havia declarado Joana, a Beltraneja, herdeira em seu leito de morte era muito provavelmente falsa e não podia ser reforçada por provas documentais, mas essa não era a parte mais substancial de uma reivindicação muito clara.[7] Tudo que ele precisava era de apoio suficiente tanto no exterior como dentro da própria Castela.

Esse apoio já estava tomando forma. Afonso V, a essa época apelidado de "o Africano", depois de expandir as terras de Portugal no que atualmente é o Marrocos para Tânger e Arzila, começara a sondar tanto nobres castelhanos quanto o rei francês logo assim que Isabel se declarou rainha. O mais poderoso nobre no território, López Pacheco, não viajara a Segóvia para beijar as mãos dos novos monarcas. Ele também tinha em seu poder a herdeira legítima. Logo ele começou a conspirar com Afonso, mas, astutamente, também pressionou Isabel e Fernando pelo controle da Ordem Militar de Santiago, fazendo parecer que ele talvez ainda pudesse ser conquistado. Enquanto o segundo nobre mais poderoso, o arcebispo de Toledo, permanecesse ao lado da nova rainha, o complô de López Pacheco com o rei Afonso se mostraria insuficiente. O arcebispo Carrillo sabia disso e, com seu orgulho ferido, resolveu prová-lo partindo furiosamente. João, o Grande, enviou um embaixador com instruções de atraí-lo de volta. "Esse cavalheiro falou-lhe das inúmeras vezes em que o rei exortara seu filho a se lembrar de como somente o arcebispo de Toledo, com sua autoridade, coragem, grande prudência e poder, tem o mantido com a rainha sua esposa em Castela", Zurita relatou. Mas o arcebispo agora alegava ter interceptado uma carta mostrando que membros da corte de Isabel tramavam assassiná-lo. Os jovens monarcas, especialmente Isabel, não o tratavam, nem a ele nem a seu pessoal, com o devido respeito, insistia. João, o Grande, alarmado, tentou arranjar um encontro pessoal com Toledo,[8] sem saber que o arcebispo andara em negociações secretas com Afonso durante algum tempo. López Pacheco fora o intermediário.

A adesão de um terceiro dos mais poderosos Grandes, Álvaro de Stúñiga, acrescentou mais peso à aliança contra Isabel. A jovem rainha poderia tê-lo conquistado, mas ele queria apegar-se ao ducado de Arévalo,[9] que lhe fora dado por Henrique depois que a mãe de Isabel fora expulsa da cidade onde ela havia passado os melhores dias de sua infância. Essa era uma ferida aberta para Isabel. Stúñiga era, simplesmente, seu inimigo. Ela estava satisfeita que assim permanecesse. Um dia, esperava, ela se vingaria.

Os castelhanos leais pressionavam o rei português, advertindo-o contra seus volúveis aliados. Os Pacheco, Toledo e Stúñiga "eram as [mesmas] pessoas que haviam alardeado por toda a Espanha e no exterior que ela [a Beltraneja] não tinha nenhum direito de herdar os reinos de Henrique, nem podia ser realmente sua filha por causa da impotência de que o rei sofria", Fernando del Pulgar ressaltou em uma carta. Ele também lembrou a Afonso que, antes da morte de Henrique, o rei português aspirara a um casamento com Isabel enquanto rejeitava várias oportunidades de se casar com a Beltraneja, precisamente porque duvidava de sua legitimidade. Mas Joana, a Beltraneja, já havia sido transferida para Trujillo, na fronteiriça província de Cáceres. Em 1º de maio, em uma cerimônia para a qual Afonso enviou o barão Biltri para representá-lo, eles se tornaram formalmente noivos – permitindo ao rei de Portugal, segundo um indignado Palencia, começar a chamá-la de "minha esposa", e a ele próprio "rei de Castela e Leão".[10] Logo os soldados portugueses começaram a se reunir na fronteira. Seria a guerra.

13

Sob ataque

Valladolid, 3 de abril de 1475

Isabel surgiu em um grande e majestoso pônei magnificamente ornamentado, as ancas cobertas com uma saia colorida, e a crina, peitoral, rédeas e gamarra decorados com pequenas placas de prata e flores moldadas em ouro. Ela usava uma coroa e um deslumbrante vestido de brocado e estava acompanhada de quatorze damas de companhia, todas usando tabardos que eram metade de veludo marrom-acinzentado e metade de brocado verde. As mulheres de Valladolid debruçavam-se nas janelas, empenhadas em vislumbrar aquela que magnificamente se transformara na nova monarca e seu séquito, enquanto se preparavam para uma semana de celebrações com torneios e festas na cidade. "A rainha e todas as suas damas vieram, ela tão ricamente vestida e adornada, e suas damas com trajes tão diversificados, elegantes e luxuosos, como as mulheres deste reino nunca haviam visto nem em festas, e todas elas debruçaram-se em suas janelas", disse um cronista.[1] Isabel reivindicara o trono há apenas quatorze semanas e viera a Valladolid, entre outras razões, para arregimentar apoio contra sua rival, Joana, a Beltraneja, e o rei de Portugal. Uma das melhores maneiras de afirmar seu esplendor e autoridade era exibindo seu guarda-roupa e suas joias. Quanto mais deslumbrantes, suntuosos e régios parecessem, melhor para sua reputação, conforme as notícias se espalhassem de boca em boca pelo país. Esta era uma lição como tantas outras que Isabel aprendera com as falhas de seu meio-irmão Henrique IV. Onde ele fora menosprezado por seu desleixo e humildade indignos de um rei, ela seria exuberante, admirada e temida. "Ela, às vezes, era acusada do vício de demonstrar demasiada pompa", um de seus próprios cronistas admite. "Mas devemos compreender que não há outras cerimônias neste mundo tão extremas quanto as exigidas pela condição real... a qual, por ser singularmente superior, tem que se esforçar para se mostrar acima de todas as outras, uma vez que goza de autoridade divina na Terra."

A mulher que atravessou as ruas lamacentas de Valladolid tinha vinte e três anos, e estava no começo de uma gravidez advinda daquelas primeiras noites que passara com Fernando em Segóvia. "Esta rainha era de altura mediana, de porte garboso e boa aparência, loura e de pele muito clara", descreveu Fernando del Pulgar, o novo cronista que chegara à corte com os Mendoza. "Os olhos estão entre o verde e o azul, sua expressão é franca e graciosa, suas feições bem-dispostas e seu rosto belo e radiante. Ela era muito contida em seus movimentos; não bebia vinho; era uma mulher muito gentil, que gostava de se ver cercada por mulheres bondosas e mais velhas, de fina linhagem." Um retrato que se acredita seja de Isabel quando uma jovem rainha, pintado por um artista anônimo de estilo flamengo na primeira década de seu reinado, destaca aqueles olhos verde-azulados e cabelos louro-avermelhados. Também mostra Isabel usando as vistosas joias que gostava de exibir em suas aparições públicas. Vê-se um grosso cordão de ouro, decorado com esmeraldas e grandes pérolas, tendo o joalheiro reproduzido várias vezes seu motivo de feixe de flechas em diferentes tamanhos, usando linguetas de ouro ricamente trabalhadas com pérolas nas pontas.[2] Mais esmeraldas, pérolas e grandes rubis cor de ameixa decoram os enormes broches usados para prender tiras de seda branca ao seu vestido tecido de ouro. Vê-se ainda uma grossa axorca de ouro no estilo mouro incrustada de mais pedras preciosas. Isabel tem um rosto juvenil, sem rugas, e as sobrancelhas finas da época, embora um ligeiro endurecimento do contorno do maxilar – que se tornaria pronunciado mais tarde na vida – já possa ser detectado.

Isabel já era uma mulher independente, confiante em suas crenças e decisões. "Ela gostava de conversar com pessoas religiosas que viviam honestamente, a quem frequentemente recorria em busca de conselhos. Ela as ouvia, bem como os outros conselheiros à sua volta, mas na maioria das vezes tomava decisões segundo suas próprias ideias", disse Pulgar. "Ela exigia que suas instruções e ordens fossem seguidas à risca... Era firme em suas intenções, mudando de ideia apenas com grande dificuldade."[3] Não era, em outras palavras, uma mulher que gostasse de ser contrariada. Nem estava acostumada a obedecer, embora provavelmente tenha sido em Valladolid que ela se tornou próxima do frei Hernando de Talavera.

Como rainha, Isabel fazia questão de que os outros conhecessem seu lugar abaixo dela – não apenas no sentido figurado, mas também no literal, sentando-se ou permanecendo de pé em tablados que se erguiam acima das pessoas, em público. Isso explica sua surpresa quando repentinamente viu-se forçada a ajoelhar-se, aceitando uma posição de inferioridade. Foi o frei Talavera, seu novo confessor, quem insistiu para que ela se ajoelhasse. Confessores anteriores, que ela teve o poder de indicar e substituir, jamais ousaram lhe ordenar tal gesto. "Nós dois devemos nos ajoelhar", a rainha protestou. "Não, minha senhora, devo permanecer sentado enquanto Vossa Alteza se ajoelha, porque este é o tribunal de Deus e eu sou Seu representante", Talavera retrucou. Isabel ficou impressionada. "Este é o confessor que tenho procurado", ela diria mais tarde. Esse caso foi relatado pela primeira vez em um registro da história da Ordem de São Jerônimo, a ordem monástica favorita de Isabel juntamente com a dos obsequiosos franciscanos, e provavelmente não passou de uma anedota, mas reflete a verdade de seu relacionamento com os sacerdotes honestos, devotos, que ela escolheu como confessores e, mais tarde, como bispos, arcebispos e administradores. Eram homens que podiam lhe dar lições sobre Deus e moralidade, inclusive a sua própria, mas que não ansiavam por poder político ou riqueza pessoal. Eles respeitavam seu poder real de uma forma que, digamos, o ardiloso e irritadiço arcebispo Carrillo de Toledo jamais o fizera, simultaneamente exigindo respeito absoluto por seu papel como homem de Deus. Era o tipo de divisão clara e limpa de que Isabel gostava. Era também um mundo em que cada homem, e cada mulher, sabia seu lugar. E Talavera possuía ideias tradicionais, claras e inflexíveis, sobre exatamente qual era o lugar de cada pessoa.

Talavera era um converso culto, de uma família de cristãos-novos, que já fora professor na Universidade de Salamanca. O frade austero e magro como uma vara era conhecido por comer o menos possível e adicionar apenas umas gotas de vinho ao seu copo de água. Ele também usava um cilício sob o hábito de frade e "praticava o que pregava e sempre pregava o que ele próprio praticava", de acordo com um contemporâneo na corte real. Como prior do mosteiro de Santa María del Prado, perto de Valladolid, ele era uma eminência dentro de sua ordem e um ilustre membro da Igreja em Castela. Talavera tornou-se não só o confessor de Isabel, como também um de seus mais valiosos servidores, encarregado de projetos grandes e complexos, como a reforma da Igreja, negociações de paz, angariação de fundos da Igreja para a Cruzada contra os mouros e a recuperação de terras reais e de arrendamentos concedidos pelo rei Henrique. Famoso como orador e conquistador de adeptos, pertencia a uma escola que olhava com desagrado para conversões forçadas, um ponto de controvérsia para um converso, já que muitos judeus haviam se convertido sob ameaça de violência no final do século anterior.[4] Ele pregava não só a obediência, como o amor e a caridade. Quando a consciência de Isabel estava aflita, era para Talavera que ela se voltava. Na verdade, Talavera parecia ter mais influência sobre Isabel – o que quer que isso significasse para uma mulher que não era famosa por mudar de opinião – do que qualquer outra pessoa além de Fernando. Ele a tinha em alta consideração, exigindo que ela fosse exemplar em todas as questões.

Quando ela ou Fernando resvalavam em sua moralidade pessoal, Talavera fazia questão de repreendê-los. Poucas pessoas, caso existissem, ousavam confrontar Isabel de uma forma tão direta. Ela gostava disso, ainda que Fernando não gostasse. Mas Talavera também enfrentava a competição de outros priores. Em Segóvia, Tomás de Torquemada tinha apenas que subir a íngreme colina do seu mosteiro de Santa Cruz, ao lado do rio Eresma, para se encontrar com a família real. Isabel esbanjava dinheiro em seu mosteiro, que logo foi adornado com seus símbolos de feixe de flechas e, em consequência, tornou-se conhecido como Santa Cruz la Real. Os dominicanos –

instalados na Espanha no século XIII, tendo Santa Cruz como seu primeiro mosteiro – eram famosos pela perseguição aos hereges e, como os franciscanos, há muito estavam envolvidos em provocar o ódio contra judeus e conversos. O principal deles era Alonso de Hojeda, prior de um mosteiro dominicano em Sevilha. Quando os conselhos ou os métodos de Talavera pareciam brandos demais, Isabel sempre podia recorrer a esses homens, com seus dogmas inflexíveis, natureza desconfiada e gosto por medidas duras, usando o medo, a punição e, quando necessário, a tortura. Torquemada era totalmente explícito sobre o grande perigo que judeus e muçulmanos representavam para a Espanha. No memorando "das questões que os monarcas têm que resolver", que achou por bem enviar a Isabel e seu marido, ele os exortava a perseguir os hereges entre os conversos e separar judeus e muçulmanos de cristãos.[5]

Talavera logo condenou publicamente as mulheres coquetes da nobreza de Valladolid depois que entusiasticamente adotaram a moda e o espírito festivo de sua jovem rainha e ignoraram o bispo local quando ele ameaçou excomungá-las por usar golas de babados ou primitivas anquinhas para aumentar os quadris. "Elas até se maquiam e se vestem durante a Quaresma como em qualquer outra época, e assim comparecem a funerais como se fossem casamentos ou batizados", ele protestou. Suas queixas encaixavam-se perfeitamente em sua visão geral das mulheres como volúveis e moralmente debilitadas, "sendo, como são, naturalmente frágeis e fracas no raciocínio e no corpo".[6]

O piedoso prior podia ser igualmente crítico dos homens – como indivíduos, e não coletivamente –, e até se sentia livre para castigar o marido de Isabel, Fernando, quando achava que ele não estava dando atenção suficiente à mulher. "Muito mais substância é devida em seu amor e na estima de sua excelente e valiosa esposa", ele disse, ao mesmo tempo que o aconselhava a gastar menos tempo nos jogos.[7] O marido de Isabel o ignorou e continuou um entusiasta de jogos de todos os tipos.

A reputação de Fernando era ambígua. Por um lado, era considerado mais sábio e experiente do que a sua idade, consequência de uma infância tardia passada correndo de uma zona de batalha a outra. Mas ele era também um entusiasmado festeiro e conquistador de mulheres, com vários filhos ilegítimos. "Este rei era de estatura mediana, bem proporcionado, com feições bem compostas, olhos sorridentes e cabelos lisos e pretos", escreveu Pulgar.

> Ele era muito comedido tanto na bebida quanto na comida, bem como nos modos, porque nem raiva nem prazer pareciam alterá-lo... Era naturalmente inclinado a fazer justiça, mas também à clemência, e tinha piedade daqueles miseráveis que via que estavam sofrendo. Seu dom especial era que qualquer um que falasse com ele queria amá-lo e servi-lo porque ele se comunicava de maneira extremamente gentil. Aceitava bons conselhos, especialmente de sua esposa, a rainha, porque sabia que ela era muito capaz... Ele gostava de todo tipo de jogo, com bolas e tabuleiros ou no xadrez, e passava mais tempo do que devia jogando-os; e embora amasse muito sua esposa, a rainha, ele também se entregava a outras mulheres.

Era, em outras palavras, um casal que se compreendia perfeitamente no que se referia a governo, embora Isabel se esforçasse para lidar com as andanças sexuais de Fernando. Toda essa autoconfiança no governo era sustentada por uma camada de insegurança que, por sua vez, revelava uma paixão por seu marido que ia além do que se poderia esperar de um casamento motivado politicamente. "Ela era de tal modo apaixonada, tão zelosa e vigilante em seu ciúme, que se sentia que ele olhava para alguma dama da corte com ar de traição e desejo, ela muito discretamente buscava modos e maneiras de dispensar aquela pessoa de seu ambiente doméstico", escreveu Lucio Marineo, um dos vários humanistas italianos atraídos à sua corte. Isso era algo que ela procurava controlar em público, mas outras pessoas concordavam que "o vigiava com ciúmes desmedidos". Anos mais tarde, de fato, suas filhas jurariam não se deixar levar pelos mesmos acessos de ciúme doentio que Isabel era obviamente incapaz de controlar. "Minha senhora, a rainha... era extremamente ciumenta", uma delas observaria mais tarde. "Mas o tempo curou Sua Alteza, como eu espero em Deus que o faça por mim também."[8]

Valladolid era um local de recordações especiais. Isabel e Fernando se instalaram mais uma vez no palácio de Juan de Vivero – a mesma casa em que haviam passado sua noite de núpcias. Eles tinham vindo de Medina del Campo – outra das principais cidades da Velha Castela (a parte que ficava ao norte das serras de Guadarrama e de Gredos) que eles agora controlavam – e começaram um estilo de vida nômade que iria continuar por décadas. Na verdade, uma das visões mais impressionantes para os castelhanos comuns durante o reinado de Isabel era a da corte real em movimento. Seus livros de contabilidade logo mostrariam grandes gastos com *acémilas*, mulas de carga carregadas com fardos e arcas que se arrastaram atrás deles em longas caravanas durante os anos seguintes, conforme cruzavam Castela em um deslocamento quase incessante. A corte de Isabel se movia com tanta frequência, na verdade, que um quarto de suas despesas dizia respeito a transporte. Viajar era desconfortável, e o alojamento às vezes consistia apenas no essencial, com famílias obrigadas a ceder metade de seu espaço (e mobiliário) à corte. A família real deslocava-se em cavalos e mulas, ou era transportada em liteiras carregadas por homens ou animais. Selas de mula acolchoadas, unidas por presilhas de ouro e forradas de almofadas de seda e cobertores, foram encomendadas para a pequena Isabel e as outras crianças, já que elas também vagavam pelas terras de seus pais. Atravessar as montanhas de Castela e rios longos e largos trazia momentos de perigo, conforme subiam desfiladeiros escorregadios nas montanhas ou vadeavam por águas de fluxo rápido. Com tantas pessoas viajando com a corte, as provisões às vezes eram difíceis de serem encontradas, pois vilas e aldeias que atravessavam eram obrigadas a fornecer alimentos. O *gallinero* de Isabel, o homem encarregado de obter galinhas para a mesa real (Isabel fora recomendada a comer frutas de manhã e legumes à tarde, mas aves domésticas eram o prato mais comum), era considerado "um verdadeiro vigarista para os habitantes dos vilarejos e para os camponeses da área que ele visitava".⁹ Até mesmo a logística mais básica podia dar errado em um país onde a terra nem sempre era produtiva e a água podia ser escassa. Um escravo negro e dois soldados até morreram de sede em uma viagem para visitar a mãe de Isabel em Arévalo.¹⁰

Isabel acreditava que um monarca devia ser visto por seu povo e, mesmo quando a corte permanecia em uma cidade ou castelo por um tempo mais longo, raramente se furtava a montar um cavalo e viajar com uma comitiva menor durante dias para apagar algumas fogueiras políticas à medida que irrompiam em diferentes cantos de seu reino. Nem mesmo a gravidez a fez parar. Com sua monarquia conjunta, na verdade, ela e o marido logo descobriram que podiam apagar duas chamas ao mesmo tempo pelo simples estratagema de se dividirem. Se isso funcionava era porque seu relacionamento político se assentava em um único elemento essencial – confiança.

Os torneios de justa em Valladolid eram realizados em uma atmosfera de empolgação febril. "Sendo o rei e a rainha tão jovens e no início de seu reinado, muitos queriam mostrar sua grandeza ou exibir sua magnificência gastando o máximo que podiam", um cronista explicou. O duque de Alba só pôde competir duas vezes depois de cair, com sua armadura completa, de seu cavalo, e desmaiar enquanto praticava. Ele compensou a falha realizando uma festa magnífica, que só terminou quando o sol se levantou sobre a cidade. Alba também comprou e presenteou tanta seda e brocado às senhoras que uma escassez de curto prazo em Castela fez os preços dispararem. Ele esvaziou seu erário pessoal promovendo peças teatrais e mais festas durante toda a semana, enquanto Valladolid entrava em um vertiginoso frenesi de torneios e folias. Alba já captara o espírito dos novos tempos, devolvendo o imponente castelo de La Mota, em Medina del Campo, às mãos reais.¹¹ Fora um dos muitos bens que Henrique entregara a nobres quando tentou comprar seu apoio.

Todos sabiam que os portugueses estavam preparando um exército, mas a jovem corte já adotara uma atitude despreocupada e imprudente. "O rei de Portugal e seus partidários não eram tidos em alta estima, com o rei e a rainha ridicularizando o que ele poderia fazer a eles", relatou um cronista local. "Seus dias transcorriam cheios de alegria e despreocupação." Outros espanhóis estavam mais preocupados, vendo presságios de que uma guerra feroz estava prestes a ser deflagrada. Alguns touros portugueses escaparam de seu pastor, atravessaram a vau o rio Guadiana e atacaram alguns touros espanhóis, segundo uma história. Estes, em resposta, haviam abaixado os chifres e avançado contra os touros portugueses. As pesadas bestas chocaram-se no lado espanhol do rio, até que os touros portugueses trotaram de volta e começaram a pastar calmamente outra vez. Uma história também se espalhou sobre um combate aéreo entre bandos de pegas e de tordos em Andaluzia, considerado outro prenúncio de violência. Um austero Palencia acusou Isabel e seu marido de passar o tempo em festas, quando deviam estar se preparando para a guerra. "Fernando e Isabel desperdiçaram muito tempo em Valladolid, o que teria lhes causado um grande dano se o inimigo não tivesse hesitado por um bom tempo", ele disse.[12]

O povo de Valladolid coçava a cabeça e tentava se lembrar de já ter enfrentado uma situação parecida. Esta era uma cidade rica, lugar de um próspero comércio de prata e cercada por terras férteis, mas eles não viam tanta pompa e magnificência há mais de meio século. "E como havia muitos estrangeiros em Valladolid, os nomes dos monarcas ressoavam por todo o mundo. Parecia que eles não se assemelhavam a nenhum outro monarca de Castela, mas, em vez disso, que César houvesse retornado à Terra em toda a sua glória e esplendor", escreveu o cronista local. A obrigação de impressionar foi aumentada pela presença de embaixadores da França, Inglaterra, Bretanha e Borgonha – todos ansiosos para avaliar a nova rainha e seu marido.[13]

Os participantes dos torneios de justa competiam pela glória tanto no pátio da competição quanto no esplendor de suas roupas, cavalos e uniformes dos criados. Cavalos eram cobertos de mantas tecidas com fios de ouro e adornadas com pelo de marta.[14] A emoção do cavaleiro no pátio – para onde era preciso levar tochas quando os disputantes insistiam em continuar depois de escurecer – era como a emoção de um guerreiro, e vinha acompanhada da necessária contrapartida em forma de amor cortês, com os competidores dedicando seus esforços às suas damas favoritas. Também competiam para produzir os mais espirituosos ou inteligentes lemas para impressioná-las. Fernando sabia desempenhar o papel de cavalheiro e, em uma ocasião posterior, publicamente dedicou sua luta a Isabel nos seguintes termos: "Qualquer prisão ou dor/que eu sofra é apenas/porque sofro pelo amor/da maior e melhor/do mundo e a mais bela." Mas desta vez, com as perdas em Aragão e a esperada invasão portuguesa preocupando-o, ele estava deliberadamente melancólico. Fernando era um excelente cavaleiro e um grande justador nos torneios, mas o lema que escolheu mostrava que ele e Isabel tinham consciência de que este era apenas um interlúdio antes de provações maiores. "Como uma forja, eu sofro em silêncio por causa dos tempos em que me encontro",[15] dizia o lema. Portugal estava a apenas cento e trinta quilômetros de distância.

O rei português, sabidamente repleto de ouro de suas aventuras na África depois de conquistar Tânger e enviar exploradores e navegadores para abrir rotas de comércio mais ao sul, estava reunindo um exército que fazia os dois mil homens que Castela planejava, mas não conseguira, enviar a Aragão parecerem quase nada. Ao menos dez mil soldados de infantaria e cinco mil de cavalaria estavam a caminho. Seu embaixador, Ruy de Sousa, viajou a Valladolid e entregou uma exigência de que Isabel e Fernando deixassem o país. Ele recebeu um lacônico "não" como resposta, juntamente com um lembrete de que aqueles nobres que agora apoiavam a Beltraneja eram os mesmos que foram os primeiros a alegar que ela era ilegítima. O arcebispo de Toledo continuava a ser de crucial importância. Se ele pudesse ser trazido de volta para o seu lado, o equilíbrio de poder mudaria drasticamente. Isabel e Fernando começaram a agir separadamente. Isabel partiu para Segóvia, cavalgando para o sul pelos acidentados desfiladeiros montanhosos que separavam a Velha e a Nova Castela para visitar o arcebispo em seu principal palácio, em Alcalá de Henares.[16] A essa altura, entretanto, era claro que a raiva dele era dirigida principalmente a ela. "Concordou-se que a rainha, que é aquela com quem ele está mais insatisfeito, deveria ir ao encontro dele", Fernando disse a seu pai.¹⁷ Mas Toledo ameaçou deixar Alcalá se Isabel aparecesse. "Ele enviou um emissário para fazê-la desistir da ideia e para dizer que não iria recebê-la", Zurita registrou. "E o que ele queria é que o deixassem em paz em seu retiro."¹⁸ Em vez disso, Isabel, que estava grávida, esporeou seu cavalo e seguiu em frente para a cidade de Toledo, a maior cidade da Nova Castela, cujo apoio ela queria garantir em uma região dominada por dois nobres hostis – López Pacheco e o arcebispo. "Ela foi bem recebida", escreveu Pulgar.¹⁹ Ela permaneceu lá vários dias, organizando todo o necessário para a defesa dessa cidade, das cidades de Andaluzia, Estremadura e de toda a região.

Com Toledo firmemente nas mãos dos seguidores de Isabel, ela partiu para Valladolid em 28 de maio e cavalgou com tanto esforço que, três dias depois, perdeu o filho que esperava e teve que parar em Ávila para se recuperar. Já havia assinado um novo documento que dava a seu marido amplos poderes. O acordo tão cuidadosamente elaborado em Cervera e em seguida reiterado em Segóvia foi negligenciado pelas circunstâncias. "Deveis saber", ela escreveu em uma carta aberta,

> "que para um bom governo, custódia e defesa desses meus reinos e territórios pode ser melhor para o rei, meu senhor, e para mim mesma nos separarmos, cada qual seguindo em uma direção própria para diferentes partes desses reinos. Assim, concedo poder ao referido rei, meu senhor, de modo que aonde quer que ele vá nesses reinos e territórios, possa, por conta própria e sem que eu esteja presente, ordenar, fazer, instruir e providenciar o que quer que considere mais útil para si mesmo e para mim, bem como para a custódia e defesa desses reinos e territórios."

Ele agora tinha permissão para administrar vilas, cidades e fortes, distribuir concessões e mercês – em sua maior parte doações de renda de impostos reais – e nomear servidores. "Com a presente [carta] eu vos concedo todos os poderes, por maiores ou menores que sejam, que eu tenho e que me pertencem como herdeira e sucessora legítima – que eu sou – destes reinos e territórios."²⁰ Com o exército português se reunindo na fronteira,²¹ poucos estavam dispostos a protestar. Uma monarquia dupla singular estava sendo instalada, baseada não só em confiança e intimidade, como também em respeito mútuo pela capacidade de cada um.

O marido de Isabel podia sofrer ocasionalmente – ou, ao menos, parecer que estava sofrendo – daquele mal tanto de amor cortês quanto real, as dores do amor não correspondido. Depois que Isabel partiu, ele a repreendeu por não lhe escrever com bastante frequência: "Tantos mensageiros vieram sem cartas, e não pode ser por falta de papel ou por não saberdes escrever, mas por falta de amor e por arrogância. Estais em Toledo e nós estamos aqui viajando através de vilarejos, embora um dia voltaremos ao nosso antigo amor. Mas se Vossa Senhoria não quiser ser responsável por homicídio, deveis me escrever e me dizer como estais passando."²²

O rei Afonso de Portugal atravessou e tornou a atravessar a fronteira com seu exército, vagarosamente, sem pressa, alcançando Plasencia a 29 de maio, quando estava pessoalmente presente a uma segunda cerimônia matrimonial com Joana, a Beltraneja. Palencia afirmou que sua chegada à cidade enfureceu muitos cidadãos, que culpavam Leonor Pimentel – a arrojada e confiante mulher do mestre da cidade, Álvaro de Stúñiga – por serem colocados do lado da Beltraneja na guerra civil. Também afirmou que o ódio à mãe da Beltraneja – a viúva rainha Joana, que também era irmã do rei Afonso – grassava incontrolavelmente pela cidade. Se as mulheres eram "a perdição da Espanha", ele suspirou, agora "sua filha era a fagulha que acendera uma grande labareda".²³

Não houve nenhuma tentativa de completar ou consumar o casamento entre tio e sobrinha, mas ambos agora usavam os títulos que foram proclamados ao mundo em um palco erguido em Plasencia. Eles eram o rei e a rainha de Castela, Leão e Portugal. As vilas, cidades e fortalezas do país logo receberam um segundo conjunto de cartas, desta vez assinadas por Joana. Elas lembravam aos destinatários que Henrique declarara ser ela sua filha legítima. "Durante sua vida, ele sempre escreveu e jurou, tanto em público quanto em particular, a todos aqueles prelados e Grandes que perguntaram e a muitas outras pessoas de confiança que sabia que eu era sua filha legítima", ela escreveu. Tanto no direito canônico quanto civil, ela dizia, não podia haver dúvidas. A afirmação era verdadeira. Mais duvidosamente, ela também alegava que Henrique repetira isso a seu confessor, o prior jeronimita Juan de Mazuelo, em seu leito de morte, nomeando-a sua herdeira. Suas acusações de que Isabel e Fernando haviam envenenado Henrique podem ser igualmente ignoradas.[24] Cidades, vilas e fortalezas mais uma vez receberam ordens de prestar homenagem a uma nova rainha – só que desta vez ela se chamava Joana. A usurpadora Isabel deveria ser tratada com severidade, ela insistia. "Todos vós devem se rebelar e se unir, servindo, ajudando e garantindo que essa abominável e detestável ação seja punida."

O rei português, entretanto, cometeu um erro estratégico ao se dirigir direto ao coração de Castela quando um ataque ao sul, onde a instável Sevilha era um prêmio importante, teria proporcionado uma vitória relativamente simples. Ao norte, a cidade de Burgos – onde seus adeptos detinham o castelo – poderia ter sido outro bom objetivo. Era um dos principais portões da Velha Castela e ficava no caminho que o rei da França, que prometera acrescentar suas tropas às de Portugal (no que ele esperava seria uma divisão a dois do espólio a ser obtido tanto em Castela quanto em Aragão), provavelmente tomaria. Mas Afonso dirigiu-se para Arévalo, levando a Beltraneja com ele e esperando que sua presença gerasse o entusiasmo de castelhanos leais – ou legalistas – aonde quer que fossem. López Pacheco uniu-se a ele com quinhentos homens, mas logo teve que viajar para leste, de volta às suas próprias terras na *meseta* sul de Nova Castela, para sufocar ataques e rebeliões pró-Isabel da vizinha Aragão. Fernando vangloriou-se de poder lidar facilmente com a ameaça. "Dentro de poucos dias eu terei reunido tamanha força que não haverá nenhuma razão para temer o rei de Portugal", ele escreveu a seu pai de Valladolid em meados de maio.[25]

Em termos geográficos, o grupo de Isabel agora controlava a maior parte da Velha Castela, ao norte, com exceções importantes, como Toro, Arévalo e, especialmente, a fortaleza de Burgos. Em uma guerra civil onde o principal objetivo estratégico era conquistar as cidades, estas às vezes se viam confrontadas por suas próprias fortalezas ou mesmo por comandantes individuais no controle de torres de tiro, portões, pontes ou qualquer outro lugar suficientemente fortificado para mantê-los trancados lá dentro, usando muralhas altas e largas em sua proteção. E assim, enquanto a cidade de Toro e a fortaleza de Burgos tomaram o partido da Beltraneja, a fortaleza de Toro e a cidade de Burgos se colocaram ao lado de Isabel. O apoio a Isabel também se estendeu para o norte a partir dali, por meio dos bascos, até a fronteira francesa e o mar, enquanto a região noroeste da Galícia em grande parte se absteve, já que os nobres locais estavam empenhados em suas próprias batalhas insignificantes. A maior parte das terras que faziam fronteira com a metade setentrional de Portugal passou a apoiar a Beltraneja. Nova Castela, dominada por López Pacheco e o arcebispo de Toledo, era um problema distinto para Isabel, sendo a cidade de Toledo seu bem mais importante. Mas o rei Afonso preferiu ficar na Velha Castela, deslocando seu exército para o norte, para o refúgio relativamente seguro de Toro, enquanto Isabel e Fernando reuniam exércitos em ambos os lados do rei português.[26]

Três dias antes de Fernando partir para Toro para enfrentar o rei Afonso em batalha, ele escreveu um testamento. O documento demonstrava absoluta confiança em Isabel, pedindo-lhe para cuidar de seus filhos bastardos, Afonso (seu favorito e futuro arcebispo de Saragoça) e Joana, e de suas mães. "Confio que Vossa Alteza real cuidará deles tão bem quanto ou ainda melhor do que eu mesmo o faria", ele disse. O testamento também continha uma sincera declaração de amor do marido de vinte e três anos de Isabel, que pediu para ser enterrado ao lado dela. "Para que, assim como tivemos um amor e um casamento singulares neste mundo, não sejamos separados na morte", ele disse.[27]

Uma seção extraordinária do testamento revela até onde ele e Isabel já tinham chegado em sua ambição por uma Espanha unida. Fernando escreveu que sua filha, Isabel, de quatro anos de idade, devia ser sua herdeira, apesar das leis aragonesas impedirem as mulheres de governar.

> Nomeio minha querida e amada filha, princesa Isabel, como minha herdeira universal de todos os meus bens e territórios.

> Em particular, eu a torno minha herdeira e legítima sucessora nos reinos de Aragão e Sicília, independente de quaisquer leis, cartas de direitos, instruções ou costumes desses reinos que afirmem que uma filha não pode ser sucessora. Rogo ao rei, meu senhor [e pai], que cancele e anule essas leis neste caso. E assim que puder, eu mesmo cancelarei e anularei essas leis neste caso. Não o faço por ambição... mas por causa dos grandes benefícios que nossos reinos obteriam com isso e para que, nesta união de Castela e Leão, uma única pessoa real seja senhor e monarca de todos eles.[28]

O testamento era extraordinário não só por seu pedido explícito de que João, o Grande, quebrasse antigas tradições de Aragão (ao contrário de Castela, e apesar de debates ocasionais, há muito fora estabelecida a prática de que o herdeiro da coroa aragonesa fosse homem) e aceitasse uma mulher como herdeira caso seu filho morresse, como também pela escala da ambição de Fernando e Isabel. Eles agora buscavam conscientemente, através de seus descendentes, reunir Castela e Aragão sob uma única coroa, a fim de criar, efetivamente, a Espanha. Com isso, Fernando partiu para Toro com seu exército de bascos, habitantes das montanhas e nobres entusiasmados. Para levantar o moral das tropas, Isabel fez para elas um longo discurso final.[29] Era hora de guerrear.

14

Embora eu seja apenas uma mulher

Tordesilhas, junho-agosto de 1475

Isabel estava achando a guerra, e os desafios que ela apresentava, estimulante. Era também trabalho físico pesado, especialmente em um país de cadeias de montanhas escarpadas e estradas ruins, como em Castela, onde coordenar suas forças significava continuamente montar e desmontar de mulas ou cavalos e cavalgar por dias seguidos de uma vez. Ela sofrera um aborto quando viajava de volta de Toledo ao encontro de Fernando, e agora descansava por um mês em Ávila. Mesmo de seu leito de enferma, Isabel não conseguia deixar de tomar parte ativa nos acontecimentos. Escrevera novamente a nobres leais de todo o país, ordenando-lhes que combatessem os partidários da Beltraneja. "Vossas Senhorias podem livremente feri-los ou matá-los sem sofrer nenhuma espécie de punição, capturar e prender pessoas com sua própria autoridade", ela disse.[1] A guerra deveria incluir, se necessário, a demolição de prédios, a queima de plantações, destruição de armazéns de alimentos e de vinho, e a derrubada de oliveiras e árvores frutíferas. Tudo isso, ela lhes disse, era permitido porque se tratava de uma "guerra justa".

Sua reação surpreendeu alguns, que achavam que ela deixaria a guerra para seu marido. Foi durante esses turbulentos dias iniciais de seu reinado que os comentaristas começaram a atribuir-lhe determinadas qualidades masculinas. Essa era a única forma que encontravam para explicar um espírito tão assertivo, guerreiro e dinâmico em uma mulher. "Quando a rainha viu como, em tão curto espaço de tempo de seu reinado, eles já não lhe permitiam aplicar a justiça da maneira como lhe aprouvesse, e quando percebeu que a fraqueza estava se espalhando mais rapidamente do que nunca, ela tomou para si própria, mais como um homem vigoroso do que uma mulher, o peso de corrigir o rumo dos acontecimentos", escreveu um cronista anônimo que parece ter estado presente enquanto ela reunia seus exércitos.[2] Era um sinal de que Isabel dera um passo para fora dos limites do comportamento feminino tradicional, provocando tanto perplexidade quanto admiração. Os castelhanos estavam acordando para sua personalidade forte e mão firme – obrigando-os a repensar exatamente do que uma mulher, ou ao menos uma rainha, poderia ser capaz. Por enquanto, era mais fácil pensar, simplesmente, que ela estava se comportando como um homem.

De Ávila, Isabel partiu para o norte, em direção a Tordesilhas, com o grande exército que havia arregimentado lá e na vizinha Segóvia. A própria *batalla*, ou regimento, de Isabel, de 1.500 homens, liderado por altos membros de sua corte, carregava sua bandeira com seu símbolo pessoal, que muitos teriam visto pela primeira vez – o feixe de flechas. Era julho de 1475 e apenas um mês depois de Isabel ter sofrido um aborto, mas ela estava entusiástica e vigorosamente envolvida nos preparativos de guerra. Ao longo do caminho, encontrou-se com o duque de Alba e seu exército particular. Ficou encantada de ver que ele tinha um primitivo canhão lombardo para atacar fortalezas muradas, bem como cerca de oito mil soldados de infantaria e 1.200 de cavalaria. Ela levou tudo isso para Tordesilhas, juntamente com tropas levantadas por outros nobres. O reencontro dos dois cônjuges foi espetacular, por causa do grande número de tropas que cada um trouxe consigo. Cerca de 28 mil homens se reuniram em Tordesilhas em 12 de julho, constituindo uma clássica hoste feudal que era formada por uma miscelânea de forças. Esses homens compreendiam de *peones*, inexperientes soldados de infantaria que recebiam diárias e formavam o grosso das tropas, a bem armados *lanças,* ou soldados da cavalaria, além de nobres em ornamentadas armaduras e montarias, e *hombres de armas*, ou militares treinados. Os mais importantes Grandes e clérigos levaram com eles exércitos pessoais de mais de mil cavaleiros cada um, acompanhados por soldados de infantaria. O principal conselheiro de Isabel, cardeal Mendoza, liderava uma unidade própria de quinhentos lanceiros. Exibindo suas mais requintadas mantas e joias, os Grandes competiam entre si para ultrapassar um ao outro tanto em poder de fogo quanto em moda. Afonso de Fonseca, *señor* de Coca, foi considerado o mais bem-vestido de todos, com uma capa italiana com pingentes de pérolas e pedras preciosas, sendo seu cavalo adornado da mesma forma. As milícias das cidades chegaram, assim como os destemidos bascos e os camponeses rudes das altas cadeias de montanhas que assomavam acima da costa da Cantábria, em geral em grupos familiares. Alguns desses presentes haviam, muito recentemente, estado em guerra uns contra os outros, e havia uma persistente desconfiança em relação aos nobres entre as milícias. Estas últimas os viam, não sem razão, como um grupo de conspiradores pouco confiáveis. O exército teve que esperar mais dez dias, enquanto as negociações de última hora eram realizadas para garantir a presença de vários Grandes, inclusive de Beltrán de la Cueva – ninguém menos que o suposto pai da rival de Isabel, a Beltraneja. Havia agora cerca de trinta e cinco *batallas* diferentes e "tantas barracas e provisões que parecia que o mundo inteiro estava ali". A própria Isabel queria levar o exército para Toro, mas por fim foi decidido que Fernando conduziria a massa de tropas para oeste, em direção ao exército do rei português, enquanto ela permaneceria com as reservas a trinta e quatro quilômetros de distância, em Tordesilhas. Foi uma dessas ocasiões em que Isabel se curvou à opinião de que aquele não era realmente um trabalho de mulher.[3]

Em 16 de julho, chegou a eles a notícia de que Zamora, a apenas trinta e dois quilômetros de distância a oeste, ao longo do largo rio Duero a partir de Toro, também se declarara a favor da Beltraneja e de seu noivo português. A enormidade da decisão de Zamora de apoiar seu inimigo representou um duro golpe para Isabel e Fernando, já que isso agora dava ao exército do rei Afonso um caminho livre para ir e voltar da fronteira portuguesa, tornando-o extremamente difícil de expulsar. O enorme exército movia-se letargicamente e deparou-se com resistência no mesmo dia em que deixou Tordesilhas, com um pequeno forte em uma ilha no rio Duero, recusando-se a se render. Os homens de Fernando atacaram, com o próprio rei à frente e os audazes bascos travando a luta no front. Uma chuva de projéteis e flechas caiu sobre o forte, enviada pelas armas de cerco do duque de Alba, e por duas vezes os defensores ergueram uma bandeira pedindo trégua para conversar, mas Fernando recusou-se e eles foram, por fim, arrastados de suas muralhas. Os que não morreram lancetados imediatamente por um furioso grupo de bascos em busca de vingança por parentes mortos em combate foram enforcados nas muralhas. "Ninguém que lá estava jamais vira tantas pessoas enforcadas juntas", disse o cronista anônimo. "Naquela noite, foram saqueados pelos homens mais pobres e deixados [pendurados] ali por muitos dias, o que, por causa do calor, era apavorante de se ver e, estando eles nus, parecia o próprio inferno."[4]

Foi uma vitória pequena e particularmente cruel, mas Isabel ficou radiante. Triunfos militares, logo se tornou óbvio, a empolgavam enormemente. Eles não eram apenas uma fonte de gloriosa vingança, mas também prova de que Deus estava do seu lado. A chegada do conde de Benavente com uma cavalaria de oitocentos homens bem armados animou Isabel ainda mais, e ela imediatamente os mandou seguir em frente, ao encontro de Fernando. O próprio cavalo de Benavente, sua armadura coberta com longos pinos pretos e brancos, era um espetáculo que um observador comparou a um porco-espinho gigante.[5] "Ninguém ousava se aproximar daquele cavalo em batalha, já que por si só ele poderia causar muitos danos", disse o anônimo cronista.

Fernando partira cheio de confiança, pronto para invadir Toro ou atrair os portugueses para uma batalha aberta. A queda de Zamora, entretanto, o fez mudar de ideia. Era perto demais de Toro, e significava que os portugueses e os outros partidários da Beltraneja poderiam facilmente destruir seus homens. Em vez disso, Fernando emitiu uma exigência pessoal para um combate homem a homem com o rei Afonso. Nenhum dos dois homens parece ter levado a ideia a sério, mas códigos de honra os obrigavam a fingir, por meio da negociação de condições. Afonso exigiu que Isabel lhe fosse entregue em troca de Joana, a Beltraneja, enquanto o duelo estivesse sendo travado. Fernando recusou, e todo o caso terminou em uma farsa quando um arauto real português foi atacado pelo incontrolável frei Alonso de Burgos, que enfurecido ao vê-lo carregando os símbolos reais de Castela e esquecendo as normas de cavalheirismo e imunidade diplomática, derrubou-o de sua mula. Foi uma afronta tão grande que Fernando teve que cobrir o pobre mensageiro de presentes pessoais para recompensá-lo. Para a fúria dos bascos e dos homens das montanhas do Norte, Fernando, por fim, decidiu recuar. Os irados nortistas, estimulados por vinho forte, invadiram seu acampamento, alegando que o rei devia estar sendo mantido prisioneiro por nobres covardes ou traiçoeiros. Fernando teve que acalmar o motim pessoalmente antes de dar a ordem para que seu vasto exército — que exigira que Isabel arrasasse o tesouro mantido no Alcácer de Segóvia e entregasse sua filha Isabel a Cabrera e sua mulher, Beatriz de Bobadilla, por segurança[6] — voltasse a Tordesilhas.

As tropas retornaram irritadas e mal-humoradas, mas ninguém estava mais furioso do que Isabel. Ela deixou Tordesilhas à frente de uma pequena unidade de cavalaria própria assim que viu os primeiros soldados voltando. A rainha enfurecida cavalgava freneticamente para frente e para trás, para impedir o que achava que devia ser um exército derrotado batendo em retirada. "Ela ordenou que os primeiros cavalos que surgissem fossem obrigados a retornar sob a ponta de uma lança, proferindo palavras que mais pareciam vir de um homem enérgico do que de uma mulher amedrontada", relatou o cronista anônimo. Quando Fernando e os nobres apareceram, ela passou-lhes uma descompostura pública e furiosa. "Durante toda aquela noite, a rainha dirigiu-se aos Grandes em termos carregados de raiva e irritação, queixando-se deles, de sua assistência inadequada e do mau aconselhamento, como alguém faz quando enfurecido e, da mesma forma, com grande ousadia, ela falou francamente ao rei a respeito de tudo aquilo", disse o cronista. Isabel estava tão furiosa que a reunião de conselho em que haviam planejado debater a questão naquela noite teve que ser adiada. Ela ainda estava em ebulição quando se encontraram no dia seguinte. O cronista que transmitiu — ou, provavelmente, inventou — seu discurso como relembrado pelos que estiveram presentes registrou o sarcasmo com que se dirigiu aos homens reunidos. "Ainda que as mulheres sejam desprovidas da sabedoria para o conhecimento, da energia para ousar e às vezes da linguagem para falar, descobri que na verdade temos olhos para ver", ela disse. "E o que é certo é que eu vi uma força tão grande deixar Tordesilhas que eu mesma, como mulher, teria ousado assumir qualquer desafio do mundo com ela."[7]

"Que tipo de perigo poderiam encontrar que lhes tirasse o senso de ousadia e compromisso que, em geral, cresce no coração dos homens?", ela perguntou.

> Porque se havia perigo, seria melhor tomá-lo como um remédio, e para que tudo estivesse acabado em uma hora, em vez de ficar sofrendo uma doença prolongada... e se me disserem que as mulheres, como não se colocam em risco, não deveriam falar sobre isso porque as pessoas que falam com mais bravura são aquelas que não vão para a guerra, responderei que não vejo quem poderia estar arriscando mais, considerando que ofereço o rei, meu senhor, que amo mais do que a mim mesma ou a qualquer outra coisa no mundo, e ofereço tantos cavalheiros e pessoas gentis e tanta riqueza que, se perdidos, também este reino estaria perdido.[8]

"Embora eu seja apenas uma frágil mulher, descobriria se a sorte estava do meu lado ou não antes de fugir do inimigo sem colocá-la à prova", ela acrescentou. "De agora em diante, devemos nos entregar à fúria, em vez de permitir que a moderação triunfe, porque a guerra precisa do conselho dos corajosos, e não dos letrados [advogados formados em universidades]; as conquistas só são obtidas pela ação." E com isso ela se desculpou, como mulher, por ousar ser franca, mas declarou que se sentia muito melhor por ter falado.[9]

Os nobres ficaram sem fala, sem ousar responder à sua soberana. Somente o próprio rei respondeu, alegando que tinham tido razão em recuar, mas provavelmente não haviam explicado suas razões muito bem. Afonso tinha muitos homens bem armados, ele disse, e os portugueses eram bons guerreiros. Ele também tinha as muralhas, as torres de tiro e os portões de Toro. Fernando insistiu que ele o teria derrotado em um confronto aberto, mas que tentar expulsá-lo de uma cidade tão bem defendida que podia ser reforçada a partir de Zamora era inútil. A sabedoria, neste caso, era melhor do que a coragem. "Não devemos cair em armadilhas, mas sermos senhores do campo aberto", ele disse.

> Em guerras onde não há [bom] aconselhamento, a fúria que toma conta da cabeça de uma pessoa mais tarde cai a seus pés; são o tempo e o esforço que conquistam a vitória. Loucura, no meu mundo, deve ser extirpada... Se as situações são encaradas com leviandade, então as quedas são graves – como todos nós vimos e lemos –, e se não colocamos nossa sorte à prova [desta vez], bem, esperamos que ela esteja do nosso lado em lutas mais igualitárias, porque é óbvio que neste caso, ainda que tivéssemos tido confiança na vitória, sabemos que ela era impossível e não teria acontecido.[10]

Às pessoas presentes restaram poucas dúvidas de que por trás da fachada calma e régia de Isabel havia uma personalidade forte, intransigente, e quando provocada, fervorosamente exigente. Alguns nobres ficaram claramente preocupados de terem jurado fidelidade a uma rainha enlouquecida pela guerra. O cronista, refletindo esta opinião, declarou que Fernando repreendeu publicamente sua mulher com palavras ásperas. "Ainda está para nascer a pessoa que vos deixará satisfeita", ele disse.[11]

15

Momento decisivo

Burgos, dezembro de 1475 – fevereiro de 1476

Apesar do tempo gélido de janeiro, houve danças e crianças que cantavam enquanto Isabel entrava na cidade de Burgos. A jovem rainha cavalgara por seis dias através de tempestades de neve e ventos cortantes, mas a jornada valeu a pena. Ela estava ali para supervisionar uma das primeiras grandes vitórias em sua guerra contra Joana, a Beltraneja, e seus partidários. A fortaleza da cidade desistira da luta desigual depois de nove meses sob cerco. Muitos de seus defensores estavam feridos, outros haviam morrido há muito tempo. A comida estava escasseando e as armas de cerco aos poucos destruíam as grossas muralhas da fortaleza. A própria Isabel, agora acompanhada quase a toda parte pelo cardeal Mendoza, conduziu as negociações finais que culminaram com a rendição dos que estavam dentro da fortaleza. A glória da vitória era apenas sua para saborear, já que Fernando estava ocupado em outra parte. A 2 de fevereiro de 1476, pôde percorrer o semidestruído interior da fortaleza, o povo leal de Burgos seguindo atrás dela.[1]

Com a posse da fortaleza, Isabel garantiu para o seu lado uma das principais cidades de Castela e deu um grande passo no sentido de bloquear a passagem do rei da França se ele mantivesse sua promessa de se unir à luta contra ela. Era uma cidade rica e movimentada, que tinha orgulho de experimentar "dez meses de inverno e dois de inferno" com indiferença.[2] As ruas estreitas e escuras de Burgos fervilhavam de atividade, e seus viajados comerciantes de lã estavam entre as pessoas mais cosmopolitas de Castela. Nenhum monarca poderia esperar controlar o reino sem a ajuda da cidade.

A guerra tornara-se difusa, lenta, com os dois principais exércitos fazendo manobras ocasionais, mas na maioria das vezes sem travar nenhum combate. Cidades, vilas e fortalezas resistiam para um ou outro lado – e tanto o sucesso quanto o fracasso eram mensurados pela captura, ou perda, desses postos avançados estratégicos. Os jovens monarcas haviam estabelecido novos objetivos depois que as tropas que retornaram de Toro partiram furiosa e caoticamente para casa. A fortaleza de Burgos era uma prioridade, e o meio-irmão ilegítimo de Fernando, Afonso de Aragão – já famoso pela captura do castelo catalão de Ampurdán –, apareceu com hábeis engenheiros de cerco no final de novembro de 1475. Seus conhecimentos especializados, tática e armas de cerco trouxeram uma rápida vitória. Cavar um túnel sob o castelo para cortar seu suprimento de água foi a medida mais eficaz. Os defensores desistiram dez dias mais tarde, solicitando o habitual período de graça de dois meses para serem resgatados ou se renderem. A presença de seu cunhado foi parte da recompensa de Isabel por sua aliança com Aragão, cujos experientes soldados também estavam devassando as propriedades de López Pacheco na Nova Castela.[3] Se houve um momento para refletir no acerto de sua escolha de marido e aliado, foi esse.

Isabel desempenhou um importante papel nas manobras militares que lhe proporcionou a conquista da fortaleza de Burgos, impedindo o exército português de ir em socorro da fortaleza. "Como Isabel sabia que o rei de Portugal estava esperando reforços em Peñafiel, a fim de realizar o resgate [da fortaleza de Burgos], ordenou que os soldados de infantaria e de cavalaria que a acompanhavam fossem distribuídos por vários pontos próximos a Peñafiel, e que eles deveriam cercar o rei de Portugal por todos os lados, cortando seus suprimentos", Pulgar relatou. As tropas de Isabel mantiveram o rei ocupado, e ele por fim voltou para Zamora, deixando aqueles que se encontravam na fortaleza de Burgos sem nenhuma esperança de socorro.[4]

Isabel continuou a perseguir o rei de Portugal, mudando-se ela própria para Valladolid, a fim de ficar mais perto da base do rei em Zamora. "Nesta guerra, sempre tomavam cuidado para que o rei, a rainha ou, por ordem deles, seus capitães ficassem o mais próximos possível do rei de Portugal", disse Pulgar. Os métodos usados para conquistar fortalezas e cidades nem sempre eram ortodoxos. A disputa de Valência de Don Juan, por exemplo, foi vencida quando Juan de Robles, partidário de Isabel, arremessou seu cunhado, o duque de Valência, partidário de Joana, da muralha de seu próprio castelo.[5] Este brutal assassinato não foi assinalado por nenhuma punição, levando os observadores a presumir que o transgressor deve ter buscado a permissão dos jovens monarcas primeiro. Tanto Isabel quanto o rei Afonso faziam uso de golpes baixos, secretamente tentando conquistar ou comprar vira-casacas. Quando Isabel soube que o alcaide, ou capitão, da fortaleza na cidade de Leão estivera em negociações com partidários da Beltraneja, ela própria partiu imediatamente para a cidade. Em um confronto frente a frente fora das muralhas da fortaleza, proibiu o alcaide de voltar para dentro da fortificação enquanto o controle não fosse entregue a um substituto que ela trouxera consigo. "Não deves te ausentar do meu lado enquanto eu não tiver o controle da fortaleza", ela o instruiu.[6]

Isabel também supervisionava negociações potencialmente cruciais com seus próprios partidários secretos nas cidades pró-Joana de Zamora e Toro. Tal atitude finalmente deu frutos em Zamora em dezembro. Os defensores de Isabel estavam preparados para abrir os portões da cidade secretamente, de modo que ela pudesse ser invadida. Ela imediatamente mandou buscar Fernando e começou a arregimentar dois mil lanceiros extras para reforçar o exército de mais de quatro mil soldados de cavalaria que já estava preparado. Disse a Fernando para se fingir de doente e sair às escondidas de Burgos sem que ninguém soubesse. Ele pôde deixar seu irmão no comando e partir secretamente, encontrando-se com Isabel em Valladolid. Dois partidários clandestinos de Isabel que eram altos servidores em Zamora, Francisco de Valdés e Pedro de Mazariegos, estavam preparados para deixá-lo atravessar uma ponte fortificada que estava sob o comando deles e conduzi-lo direto para a cidade. Era uma oportunidade de ouro para capturar a Beltraneja, mas alguém denunciou o plano ao rei de Portugal e ele enviou seus homens para atacar a ponte. Quando isso fracassou, o arcebispo Carrillo – um dos principais aliados castelhanos de Portugal – avisou-os de que eles corriam perigo iminente. "Eu conheço o rei e a rainha de Sicília", ele disse, recusando-se a se referir a Isabel como rainha de Castela. "Qualquer um dos dois chegará aqui em breve ou enviará tamanho exército que empurrará para trás os homens que tendes prontos para lutar... E não é aconselhável lutar nas ruas de Zamora, onde todos os vizinhos são nossos inimigos."[7] O rei português compreendeu que não havia tempo a perder e ordenou que suas tropas abandonassem a cidade e se dirigissem a Toro antes que o exército de Isabel chegasse. Quando Fernando chegou à cidade, Zamora já era deles, embora a guarnição pró-Joana da fortaleza tenha trancado seus portões e jurado resistir até que Zamora fosse reconquistada mais uma vez. O fato da população de Zamora apoiar Isabel era mais uma indicação da natural confluência de interesses entre a rainha e os habitantes da cidade. Estes queriam se livrar do jugo ameaçador dos nobres, enquanto Isabel queria aumentar o controle real de todas as maneiras possíveis. Em Burgos, esta confluência de interesses fora ainda mais evidente. Antes de concordar com a rendição, Isabel assinou um documento prometendo à cidade que a fortaleza permaneceria sob comando real e não seria devolvida à família Stúñiga, que a dominava há quatro gerações e que há muito tempo vinha sempre à frente de rebeliões contra a autoridade real estabelecida.[8]

Essas foram duas vitórias importantes, mas não suficientes para alterar definitivamente o equilíbrio da guerra. Na verdade, a balança começou a se inclinar na direção oposta quando dois novos e grandes exércitos se prepararam para invadir Castela a partir do estrangeiro, na primavera de 1476. Na França, Luís estivera ocupado com os ingleses durante o verão anterior, mas ele vencera aquela guerra e agora estava pronto para tomar Castela.[9] Em Portugal, enquanto isso, o filho do rei, João, preparava um novo exército para dar apoio a seu pai. Juntos, eles representavam uma ameaça considerável ao domínio ainda fraco de Isabel sobre a coroa de Castela.

Isabel dedicou-se mais uma vez a arregimentar tropas, enquanto Fernando preparava-se para lutar contra os reforços portugueses. "É de pleno conhecimento que o príncipe de Portugal está reunindo tropas para invadir estes reinos, e é por isso que o rei, meu senhor, quer ficar à espera dele em vez de deixar Zamora",[10] ela escreveu a seu sogro de Valladolid em 30 de dezembro de 1475. "A partir desta cidade, eu mesma estou reunindo o maior número de pessoas possível para que eu possa enviá-las ao rei se necessário, e a fim de que eu possa fornecer o que mais for preciso." Isabel e Fernando estavam estabelecendo um relacionamento militar que, mais uma vez, baseava-se na divisão inteligente de trabalho, e iria perdurar com eles por mais de uma guerra. Fernando conduzia o exército enquanto Isabel reunia tropas, administrava as reservas e agia como o quartel-mestre general do exército, mantendo-o armado e alimentado. Uma estratégia mais ampla sobre como dar prosseguimento à guerra foi estabelecida em comum acordo e, quando necessário, Isabel também manobrava com um pequeno exército próprio.

Uma segunda oportunidade para capturar a Beltraneja e seu noivo português quase surgiu em Toro, graças a um acordo semelhante àquele feito com os partidários secretos de Isabel em Zamora. Entretanto, espiões no exército de Fernando informaram aos portugueses sobre o complô, e quando chegou a hora, os portões da cidade não foram abertos. Em vez disso, os conspiradores de Isabel foram capturados, torturados e enforcados. Fernando, assim, não pôde impedir que o príncipe João atravessasse a fronteira e chegasse a Toro em 8 de fevereiro de 1476. O exército português agora era grande o suficiente para arriscar um confronto aberto, e Isabel, que se instalara ali perto, em Tordesilhas, continuou a arregimentar tropas à medida que um embate frontal se avizinhava. Seu sogro, João, o Grande, aconselhou prudência, alertando-os para evitar um confronto direto e, em vez disso, concentrarem-se em conquistar os Grandes pró-Joana. Talvez ele estivesse pensando em Pedro de Stúñiga, que tentou convencer

Isabel de que seu pai, o conde de Plasencia, era velho demais para tomar decisões e decidira apoiar a Beltraneja sob o aconselhamento de sua madrasta, Leonor Pimentel. Pedro permaneceu leal a Isabel no que parecia ser uma estratégia familiar de jogar de ambos os lados. Se Isabel pudesse perdoar seu pai, Pedro lhe dizia agora, ele mudaria de lado com o resto da família. Isabel achava notoriamente difícil perdoar as pessoas, Pulgar observou, e neste caso ela estava lidando com o homem cuja família se apoderara das terras de sua mãe em Arévalo. O bom senso, entretanto, prevaleceu. Isabel concordou e os Stúñiga desistiram do título de condes de Arévalo.[11] Foi a primeira grande transferência de apoio para ela entre os nobres inimigos, e toda a família, inclusive Leonor Pimentel, tornaram-se importantes aliados.[12]

Nesta fase, o rei Afonso já comunicara a Isabel que ele poderia ser comprado, apesar de que o preço seria alto. Ele queria Toro, Zamora e o antigo reino da Galícia, as terras castelhanas que se estendiam da fronteira norte de Portugal até o mar Cantábrico. Outros teriam visto a proposta como tentadora. Se um exército francês invadisse enquanto eles ainda estivessem lutando contra os portugueses, as forças de Isabel e Fernando poderiam ser derrotadas. Mas nenhum dos dois chegara até ali apenas para começar a distribuir terras que pertenciam a Castela há séculos. "A rainha, ao saber das exigências do rei português, respondeu que... ela preferia colocar tudo nas mãos de Deus, de modo que Ele decidisse o que deveria ser feito, do que, enquanto fosse viva, permitir que uma única ameia fosse tomada", escreveu Pulgar.[13]

O rei português e seu filho, então, partiram com seu exército de Toro em direção à vizinha Zamora. Seu objetivo era sitiar a cidade e libertar a fortaleza, que ainda estava em mãos de seus aliados. No entanto, quando Isabel enviou parte de seu exército para ameaçar suas linhas de suprimentos, o rei português decidiu que ele estava muito exposto e partiu de volta a Toro. Com um atraso significativo, Fernando começou a persegui-los. Ele por fim alcançou o inimigo a uma hora de Toro, em um lugar conhecido como Peleagonzalo. As tropas castelhanas aniquilaram a retaguarda, forçando o exército português a virar-se e tomar posição. As tropas exaustas de Fernando haviam cavalgado sem descanso, deixando para trás muitos dos soldados de infantaria. Havia dúvidas se eles estariam realmente preparados para travar uma batalha com hora e local marcados, mas por fim foi dada a ordem de ataque. Entre as razões que Fernando posteriormente deu para o ataque foi: "A fé na justiça que eu e minha querida e amada esposa, a rainha, temos nestes reinos." Já era tarde no dia e, embora as forças de Fernando tivessem capturado o estandarte real do rei português e dirigido o centro e uma das alas de seu exército de volta a Toro, a outra ala – comandada pelo príncipe João – manteve-se firme e afugentou os inimigos. Os homens de Fernando perseguiram os que fugiram, inclusive os homens do arcebispo de Toledo, fazendo-os voltar para a ponte e entrar em Toro, onde houve um combate frente a frente. "A figura do arcebispo, tão imponente nas batalhas anteriores em que tomou parte, agora estava reduzida a quase nada", comentou seu ex-amigo Palencia.[14] Este último alegou, sem fundamentos discerníveis, que os portugueses haviam perdido quinhentos homens para apenas cinco do lado de Fernando. Mas as longas sombras, a tempestade iminente, a falta de soldados de infantaria e a vontade indisciplinada de suas tropas de parar e saquear qualquer coisa que os portugueses tivessem deixado para trás significavam que essa jamais poderia ser considerada uma derrota completa. Manter o controle de suas tropas tornou-se cada vez mais difícil, e Fernando, em determinado momento, viu-se cavalgando com apenas três homens. Ao cair da noite, os dois lados bateram em retirada, e ambos iriam mais tarde alegar vitória, embora esta pertencesse, por uma margem muito estreita, aos castelhanos. Disseram que o rei português se escondeu na fortaleza em Castronuño, não muito longe de Toro, com seus homens em pânico, sem saber de seu paradeiro até de manhã. "Permanecemos no campo de batalha, e com controle quase total, por três ou quatro horas, e depois eu retornei a Zamora vitorioso, chegando à uma hora da manhã", Fernando alegou quando escreveu a seu pai.[15]

Isabel esperava ansiosamente em Tordesilhas, no lado oposto de Toro. Foi uma noite chuvosa e – para a rainha – muito longa. Na manhã seguinte, um mensageiro de Fernando chegou anunciando a vitória. "Devo informá-los que recebi a notícia agora de que ontem, sexta-feira, no primeiro dia deste mês [de março de 1476]... o rei venceu e o adversário e seus homens foram dispersos", ela escreveu de imediato em uma carta a ser urgentemente distribuída por seus reinos. Nesta noite ela caminhou, descalça, até o mosteiro de San Pablo, na companhia do sacerdote da cidade, para dar graças pela vitória. "É impossível descrever a satisfação da rainha", disse Palencia. Alguns dias mais tarde, ela se uniu ao marido em Zamora, onde os defensores da fortaleza da cidade logo também se renderam. Não foi uma vitória grandiosa nem absoluta, mas mostrou-se decisiva. Em um mundo onde as vitórias militares eram vistas como prova da aprovação de Deus, podiam também ser vistas como um sinal de que a reivindicação da coroa por Isabel não só era válida, como sancionada pelo poder divino. A reivindicação de uma usurpadora, em outras palavras, podia ser validada pelo sangue de seus adversários. Isabel fez questão de assegurar que sua versão tendenciosa do que acontecera – de que a batalha havia sido uma vitória definitiva – fosse rapidamente espalhada. Ela precisava não apenas de vitória em campo de batalha, mas também vencer a guerra da propaganda e convencer os castelhanos de que isso era prova de que Deus a havia escolhido para governá-los. Comemorações foram organizadas por todos os seus reinos, enquanto uma nova igreja e um novo mosteiro em Toledo se tornariam monumentos à vitória.[16]

Esse triunfo foi acompanhado, quase imediatamente, por notícias ainda mais alvissareiras. Os bascos haviam conseguido impedir uma invasão francesa, transformando-a em um cerco da fortaleza de Fuenterrabía, do outro lado da foz do rio Bidasoa, a partir da França. Luís XI havia, crucialmente, esperado para ver se Carlos, o Temerário, duque de Borgonha, respeitaria um tratado de paz ou o atacaria. Isso permitiu que Isabel e Fernando assegurassem mais três importantes vitórias – em Burgos, Zamora e Peleagonzalo –, o que os liberou para ajudar os bascos a organizarem sua defesa da fronteira relativamente estreita de Castela com a França. O cerco de Fuenterrabía foi levantado após dois meses e, embora o rei Afonso mais tarde tenha viajado à França para tentar persuadir Luís XI a invadi-los outra vez, o rei francês não estava mais interessado. Isabel e seus aliados haviam, de fato, liquidado a ameaça externa a Castela. Isso, sem dúvida, era um alívio. No entanto, era também uma guerra civil, e não estaria terminada enquanto inimigos como López Pacheco e o arcebispo de Toledo não reconhecessem Isabel como rainha. E após décadas de um governo fraco, a caótica Castela ainda tinha que ser domada.[17]

16

Aviltando os Grandes da nobreza

Madrigal de Las Altas Torres, 6 de maio de 1476

As origens da discussão entre marido e mulher eram bastante simples. Com o exército português desbaratado e a vitória à vista, Fernando precisava dar um intervalo a fim de ajudar a luta contra os franceses nas fronteiras de seu pai. Isabel era visivelmente contrária a isso, mas se ela iria ficar no comando do exército, então ao menos daria as ordens. Fernando organizara um cessar-fogo na sitiada cidade pró-Beltraneja de Cantalapiedra para durar enquanto ele estivesse fora, mas a impaciente Isabel decidiu o contrário. Um dos agentes de João, o Grande, na corte real estava lá quando os planos foram subitamente, e com grande controvérsia, mudados de um dia para o outro. Enquanto aguardava para ver Fernando, o agente ficou surpreso ao ouvir o estridente e belicoso frei Alonso de Burgos, um dos conselheiros mais próximos de Isabel, informando aos brados a um grupo de pessoas que a rainha decidira que o cerco deveria continuar. "A rainha sabe que, tomando Cantalapiedra, o rei de Portugal será destruído", Burgos afirmava. "E assim, os monarcas não querem saber de nada disso [o acordo] levado a cabo, mas que o cerco continue e a luta prossiga até que a cidade seja conquistada." Isabel era capaz de correr mais risco do que Fernando e havia encontrado um aliado no mestre de cerco, o meio-irmão de Fernando, Afonso de Aragão. Este último entrou intempestivamente nos aposentos de Fernando, insistindo que ele não iria abandonar Cantalapiedra enquanto ela não fosse tomada. Fernando, enfurecido, sentiu uma necessidade premente de ir praticar falcoaria. Isabel, enquanto isso, trancou-se em seus aposentos, recusando-se a receber quem quer que fosse. Ela havia imposto sua vontade, mas a um preço na relação geralmente harmoniosa com seu marido.[1] Era, talvez, também um vislumbre de quem normalmente vencia as discussões entre eles — mesmo quando estavam fora do alcance da vista.

Isabel ainda tinha que assinar um acordo de paz, mas já parecia que ela havia vencido a guerra. Burgos e Zamora já pertenciam a ela. A invasão francesa mal havia conseguido dar um passo em seus domínios quando foi barrada pelos bascos, e os portugueses haviam sido obrigados a uma retirada ultrajante para os arredores de Toro. Noventa anos antes, Castela fora humilhada no campo de batalha pelos portugueses em Aljubarrota. Agora a vingança, uma dádiva de Deus, viera às suas mãos. O rei Afonso V de Portugal deixara Castela em 13 de junho de 1476, levando Joana, a Beltraneja consigo, mas deixando suas tropas posicionadas em Toro e fortes vizinhos.[2] Isabel estava em uma posição privilegiada para iniciar negociações de um acordo de paz, mas era ambiciosa demais para isso. Ela já via seu reinado em termos históricos e messiânicos como o da mulher que devolveria a Castela a grandeza que merecia, tornando-a temida e respeitada. Ela queria uma vitória cabal e definitiva, em vez de uma paz ambígua que poderia deixar cidades como Toro e Zamora disputadas por décadas vindouras. Isso significava expulsar os portugueses definitivamente e aniquilar os Grandes pró-Joana.

Assim que Afonso partiu, Isabel ordenou um ataque à própria Toro. Seus capitães haviam lhe informado que agora havia apenas trezentos soldados portugueses na cidade. Esta era uma oportunidade para ela conseguir o que Fernando não fora capaz quando fizera sua enorme hoste feudal retornar de Toro, para imensa fúria de Isabel, um ano antes. Um ataque foi lançado, mas as muralhas da cidade eram bastante altas e grossas para os portugueses rechaçarem os castelhanos, que se retiraram com seus mortos e feridos após quatro horas de luta.[3] Isabel havia sentido o gosto da derrota, mas continuou determinada a tomar tanto Toro quanto Cantalapiedra na primeira oportunidade.

Isabel também precisava impor sua autoridade em dois, em geral rivais, focos de poder não real — as cidades e os nobres. Entre os últimos, os Grandes continuavam a ser um poder político com imensa fortuna e ainda maior autoestima. Um visitante italiano ficou espantado ao ver que eles "vivem esplendidamente, com grande luxo... possuem mesas abundantes e fazem questão de serem servidos com tamanha cerimônia e reverência como se fossem, cada um deles, um rei... Em uma palavra, fazem questão de serem adorados".[4] Entretanto, os Grandes e outros nobres eram egoístas e volúveis, tornando-se mais suscetíveis de serem aliciados e mais facilmente manipulados. Os Stúñiga estavam entre os primeiros dos partidários da Beltraneja a mudarem de lado. Mas os dois principais defensores de sua rival eram López Pacheco e o arcebispo de Toledo. Se Isabel pudesse vencê-los ou conquistá-los, Castela seria dela. O clã Pacheco era uma das famílias mais poderosas do território, e Isabel resolveu dividir e governar, oferecendo perdão a alguns a fim de enfraquecer o próprio López Pacheco. O primeiro a mudar de lado foi o primo dele, Juan Téllez Girón, conde de Urueña, que jurara lealdade a Isabel em maio de 1476. O irmão de Girón, Rodrigo, mestre da Ordem Militar de Calatrava (uma das três grandes ordens militares, juntamente com as de Santiago e Alcântara), seguiu seu exemplo naquele mesmo mês.[5]

Ela não foi tão generosa com o próprio López Pacheco nem com o arcebispo, a quem via claramente como precisado de uma séria repreensão pública. No começo, eles acharam que poderiam negociar, assegurando-se de que manteriam grande parte de seu poder ao mesmo tempo que transferiam para ela sua fidelidade. Era assim que era feito no reinado de Henrique IV, quando suas famílias trocavam de lado continuamente – em geral recebendo recompensas na forma de mais terras por isso. Mas Isabel não queria saber disso. Quando eles se recusaram a uma rendição pura e simples, ela ordenou um ataque em massa sobre eles e suas propriedades. Enquanto seu marido se concentrara em persuadir os homens de López Pacheco a se voltarem contra seu líder, provavelmente usando a habitual mistura de suborno e ameaças, Isabel preferiu o instrumento de guerra mais brusco. "Podeis deflagrar guerra e causar tantos transtornos e danos ao referido marquês de Villena [López Pacheco] e aos outros... a quem podereis livremente matar ou ferir, sem punição, e prender pessoas com sua própria autoridade e jogá-las na cadeia", ela informou a seus seguidores em Múrcia. "Eu não vou recebê-los [em meu serviço] enquanto eles não desistirem de tudo que tomaram e ocuparam da coroa neste meu reino." Seu marido podia utilizar-se de sutileza; Isabel queria vê-los esmagados.[6]

López Pacheco logo percebeu que ele estava do lado perdedor e formalmente reconheceu Isabel como rainha. "Ele prometeu servi--los em público e em particular dali em diante com total fidelidade e dedicação, fosse contra o rei de Portugal, sua sobrinha [a Beltraneja], os franceses, seus aliados ou qualquer outra pessoa", registrou Zurita. Ele também prometeu içar os estandartes de Isabel e Fernando em todas as suas cidades e castelos, e prestou juramento à filha deles, a infanta Isabel, como legítima herdeira. Isabel o perdoou, mas também o puniu. Ele deveria perder o controle ou a posse de muitas de suas propriedades (especialmente aquelas que já haviam sido tomadas dele à força). O clã dos Pacheco ainda era uma das mais grandiosas famílias de Castela, mas o dano ao seu poder e prestígio foi irreparável.[7] Os Pacheco já não representavam uma ameaça à monarquia. Com essa punição exemplar, Isabel dera um golpe mortal no sistema de favoritos, que funcionara tão bem para Álvaro de Luna e o pai de López Pacheco, Juan. O poder futuro seria tanto mais difuso, exercido por um corpo maior de servidores menos graduados, como mais concentrado nas mãos dos monarcas a quem serviam.

O homem que esperara ser o favorito de Isabel, o mal-humorado arcebispo Carrillo, por fim também desistiu. Ele o fez de modo menos magnânimo e, fiel ao personagem, reclamando de sua sorte e do respeito que lhe era devido. João, o Grande, tentou interceder em favor de seu velho amigo, mas Fernando avisou-o para não o fazer, dizendo que Isabel não toleraria interferência. Ela ficara furiosa com a constante duplicidade e obstinação do arcebispo. O clérigo de sessenta e seis anos permaneceu ríspido e grosseiro como sempre, mas em setembro de 1476 ele finalmente reconheceu Isabel. Ele foi perdoado, mas também concordou em permitir que os monarcas revissem quais propriedades e outros bens doados à sua família por Henrique IV deveriam ser devolvidas à coroa. O arcebispo ainda assinou um documento crucial em que reconhecia que Henrique IV morrera "sem deixar filhas ou filhos legítimos", assim confirmando que a Beltraneja havia perdido seu último grande aliado em Castela. Isabel afastou o arcebispo completamente, ferindo ainda mais seu orgulho e provocando queixas de que ela não estaria cumprindo sua parte do acordo.[8]

Em meados de setembro, um pastor que vivia em Toro informou a um dos capitães de Isabel que ele regularmente levava seu rebanho para dentro e para fora da cidade através do terreno montanhoso e acidentado que protegia um dos lados da cidade e jamais encontrara uma sentinela portuguesa no trajeto. Os portugueses obviamente achavam que o terreno ali era difícil demais para um ataque, permitindo que o pastor conduzisse setenta homens de Isabel secretamente para dentro da cidade. Eles abriram os portões e os soldados portugueses fugiram para Cantalapiedra, depois de primeiro se certificarem de que María Sarmiento, a viúva do homem que originalmente declarara o apoio da cidade a Joana, a Beltraneja, tivesse se trancado dentro de sua fortaleza com seus homens. Isabel, satisfeita, pôde assim entrar na cidade que seu marido não conseguira capturar, enquanto imediatamente ordenava o cerco da fortaleza. O competente Afonso de Aragão estava à mão para se encarregar disso, e a própria Isabel, segundo Palencia, gostava de esgueirar-se pelas trincheiras e túneis até as muralhas da fortaleza para ver o progresso do cerco conforme a fortaleza era bombardeada com grandes balas de canhão e salpicada com fogo das catapultas. "Dona Isabel... muitas vezes entrava no fosso [sem água] para observar a luta", ele disse.[9] Logo uma mensagem de Sarmiento lhe foi entregue, pedindo perdão pelos pecados de seu falecido marido e oferecendo a rendição desta e de três outras fortalezas em poder de sua família. Um mês após o ataque, Toro estava totalmente nas mãos de Isabel.

Quando Isabel corria de um lado para outro de seus reinos, uma jornada em particular tornou-se repentinamente tão urgente que, no começo de dezembro de 1476, ela estava pronta para cavalgar pelos desfiladeiros das montanhas, escorregadios e cobertos de neve, até Nova Castela. Algumas semanas antes, o mestre da Ordem Militar de

Santiago Rodrigo Manrique falecera. Ele havia sido um aliado extremamente capaz, derrotando López Pacheco e o arcebispo de Toledo em uma batalha pela fortaleza na cidade de Uclés pertencente à ordem. Sua morte deixou em aberto uma posição altamente importante – um cargo tradicionalmente preenchido, com permissão do papa e do monarca, pelo voto dos treze cavaleiros que formavam o conselho da ordem. Quem quer que controlasse a ordem – nas mãos de Pacheco durante o reinado de Henrique IV – controlava seus vastos territórios e a renda que advinha deles. Isabel apossou-se diretamente do centro de operações da ordem no mosteiro da cidade e forçou o conselho, onde os dois candidatos principais pareciam dispostos a se atracar, a aceitar seu marido Fernando como administrador temporário. Ele poderia resolver os problemas internos da ordem primeiro, e depois, se necessário, ajudar a indicar um novo mestre. Como era de esperar, López Pacheco foi um dos que aquiesceram. As principais terras de Nova Castela de domínio senhorial – de posse das ordens militares, da família de Pacheco e do arcebispo – estavam agora sob o comando de Isabel.[10]

A autoridade de Isabel estava se tornando inquestionável, e a fim de provar que a situação havia mudado, ela e Fernando, que se unira a ela novamente, transferiram-se para a maior cidade da região, Toledo. Como a antiga capital da Espanha visigótica, cristã, Toledo detinha uma grande importância simbólica. Assentada em uma colina escarpada, de granito, cercada por três lados pelo sinuoso rio Tejo, a cidade era famosa pelo ouro, prata e joias escondidos em grandes e pesadas arcas em sua catedral – e pelos inúmeros sacerdotes que subiam e desciam suas ruas íngremes. A cidade continuava a ser uma das mais importantes de Castela, com uma população de 30 mil pessoas espremidas dentro de suas muralhas. "Na Espanha, Toledo é rica, Sevilha é grande, Santiago [de Compostela] é forte e Leão é bela", dizia uma cantiga registrada pelo viajante alemão Hieronymus Münzer alguns anos mais tarde. Toledo conservou as muralhas e alguns dos portões construídos pelos mouros antes de ser tomada pelos cristãos em um dos mais significativos momentos da Reconquista, em 1085. Os soberanos organizaram uma magnífica entrada formal destinada a provocar admiração e provar que mesmo ali, em uma das mais divididas e problemáticas cidades dos reinos de Isabel, eram eles quem, por fim, governavam tudo. Isabel ordenou às autoridades da cidade que usassem seus melhores adornos e as mais coloridas sedas. Alguns tiveram que tirar a poeira de seus trajes mais elegantes, mas estavam lá, aguardando a chegada de Isabel e Fernando com um amplo dossel de seda conforme o casal se aproximava do portão Visagra da cidade. "O barulho das trombetas, dos tambores e das pessoas em sua alegria era tal que parecia que o céu e a terra resplandeciam com sincera alegria", relatou uma testemunha, Bachiller Palma.[11] Enquanto as trombetas e os tambores soavam, uma jovem os aguardava à porta da catedral de Santa María, a principal igreja da Espanha e lugar de descanso de muitos de seus maiores reis. Ela usava uma coroa de ouro na cabeça para mostrar que representava a mãe de Cristo.[12] Era a última sexta-feira de janeiro de 1477, mas as nuvens se afastaram e o sol brilhou. As joias de Isabel, que tanto serviam de adorno quanto de afirmação de poder, convenientemente deslumbravam os espectadores.

Dois dias mais tarde, Isabel retornou à imponente catedral gótica, considerada a mais bela da Espanha, usando uma coroa de ouro cravejada de pedras preciosas e um colar de rubis escuros que, segundo a lenda, um dia pertencera ao rei Salomão. À frente dos soberanos, ao longo de uma nave que Münzer mediu em duzentos passos, eram levados os troféus de batalha de Fernando provenientes de Toro – os estandartes do rei Afonso de Portugal e a armadura de seu porta-estandarte. Os troféus foram pendurados acima do túmulo do rei João I de Castela como um sinal de que a honra de Castela fora restabelecida após sua histórica derrota em Aljubarrota, em 1385. "E assim a queda e a desonra do rei João foram vingadas", observou Palma.[13] A mensagem era clara e simples. Isabel estava restabelecendo a justa glória de Castela, por mais imaginária que fosse essa glória do passado. Ela corrigiria as injustiças praticadas contra seus antepassados, não importa quantos séculos tivessem se passado.

O espetáculo em Toledo era típico da maneira como Isabel adotava todo e qualquer tipo de propaganda como uma forma de dar o seu recado à população. Isso transformava vitórias modestas em grandes feitos, atos de usurpação em declarações de legitimidade e governo trivial em atos magistrais de sabedoria real. Uma usurpadora do trono, afinal, precisava persuadir a todos de que era uma legítima herdeira da coroa. Isabel se distinguia especialmente pelo uso da palavra escrita, embora isso não significasse que ela própria tivesse que pegar a pena e colocá-la no papel, já que os cronistas reais que atuavam como agentes publicitários pagos há muito tempo estavam à mão para esse fim. Mas ela foi a primeira monarca espanhola a ter acesso à máquina de impressão, que chegou a Castela no mesmo ano em que ela reivindicou a coroa. O salto tecnológico oferecia oportunidades até então desconhecidas de controle social e intelectual. Permitia-lhe refazer o passado, acelerar o presente e produzir uma narrativa de sua vida e reinado que iria durar por muito tempo no futuro.

A prensa tipográfica foi rapidamente colocada em uso para transmitir os resultados de seus primeiros e grandiosos eventos legislativos, quando ela reuniu as cortes em Madrigal em 1476 e, quatro anos mais tarde, em Toledo. Esses foram eventos importantes nos quais ela e Fernando estamparam sua autoridade no reino e deram início ao seu governo quase absolutista. Os procuradores das dezessete cidades representadas nas cortes foram fracos demais para resistir a Isabel e seu marido, embora os jovens monarcas ainda estivessem empenhados em conquistar suas boas graças como uma força de equilíbrio contra a nobreza. Tanto em Madrigal quanto em Toledo, eles impuseram sua vontade, levantando dinheiro, restaurando seu erário e estendendo os tentáculos do poder real mais profundamente nas cidades, vilas e zonas rurais de Castela através do uso mais amplo da força policial, muitas vezes brutal, das *Hermandades*. A rainha nomeou cronistas para redigirem versões desses encontros que impressionassem seus novos súditos. Estes ignoraram o fato de que em Madrigal, por exemplo, procuradores indicados pelos monarcas foram fraudulentamente recrutados para representarem as cidades pró-Beltraneja de Madri, Córdoba e Toro. Nem divulgaram a notícia de que, na reunião de Toledo, a decisão de Isabel de recompensar seu fiel defensor Cabrera com terras pertencentes a Segóvia tivesse provocado protestos públicos naquela cidade. Em vez disso, os cronistas apresentavam esses encontros como momentos de grande consenso nacional, sintetizados em Madrigal pelo cerimonioso juramento da filha dos monarcas, Isabel, como herdeira do trono. As reuniões, eles inventaram, eram prova de que o reino inteiro estava agora apoiando Isabel e seu novo estilo de governo.[14]

Isabel buscava não apenas legitimidade, mas fama também. Na mentalidade da época, somente santos, reis bem-sucedidos, cavaleiros famosos e as grandes figuras do romance de ficção – inclusive Merlin e o rei Arthur – viviam na imaginação popular por mais tempo do que o período de duração de sua vida. Isabel, como muitos monarcas, estava determinada a ser um deles.

Era através de seus cronistas que Isabel fazia a maior parte da projeção de sua propaganda no registro futuro da história. Não havia nenhuma novidade sobre tais cronistas "reais", que abrangiam do respeitavelmente erudito aos canalhas sensacionalistas que "preferem escrever sobre o que é bizarro e extraordinário do que relatar o que é verdadeiro... na crença de que sua história será considerada irrelevante se eles não falarem do que é exagerado, quase sobre-humano". Isabel aumentou seus salários em quase 60 por cento, e encorajava a competição criativa para ver quem iria produzir o trabalho mais útil.[15]

Aqueles que desapontavam, como o presunçoso e mal-humorado Palencia, eram, por fim, marginalizados. Os que andavam na linha tinham emprego para o resto da vida, casa e comida, acesso a documentos, o ouvido do monarca e garantias de publicação. Só havia um preço a pagar. A versão deles dos acontecimentos tinha que ser aprovada por Isabel e seus servidores. "Procurarei Vossa Alteza de acordo com a ordem que me enviou, e vos trarei o que tiver escrito até esse ponto para que possa ser examinado", assegurou-lhe o homem que assumiu o lugar de Palencia, Hernando de Pulgar. Outros liam seu trabalho em voz alta à mesa de jantar real, enquanto servidores reais comentavam e corrigiam. Não eram apenas os fatos de seu próprio reinado que

Isabel era propensa a manipular. A própria história da Espanha tinha que ser moldada, ou transformada, para se encaixar em uma narrativa de glória perdida, seguida da renovação de Castela sob sua messiânica liderança e a do seu marido. Foi assim que a *Crónica abreviada de España*, de Diego de Valera, que incluía um implacável linchamento moral de Henrique IV, tornou-se uma das primeiras histórias espanholas populares – com oito reedições entre 1482 e 1500. Valera, que servira tanto ao pai de Isabel quanto a Henrique, sabia muito bem que sua tarefa era torná-la "imortal". Dos cronistas e historiadores que ela e Fernando contrataram, entretanto, nenhum se igualou realmente a Giovanni Nanni, que em seus "Comentários" inventou toda uma genealogia de antigos reis espanhóis com base em textos inteiramente fictícios.[16] A família real, entretanto, rapidamente adotou-os como prova da extensa linhagem dos monarcas (e da Espanha).

Alguns historiadores acreditam que um departamento real inteiro, ou oficina, foi criado para refinar a arte maquiavélica de torcer uma história e a da propaganda, aprovando seus produtos cuidadosamente antes de irem para a gráfica.[17] É mais provável, entretanto, que o desejo de Isabel por controle real das informações tornou-se um reflexo natural por sua administração autoritária. Algumas crônicas ficaram guardadas no arquivo real por décadas antes de serem editadas e publicadas.

A primeira visita de Isabel a Toledo não só alcançou seu objetivo de divulgar a nova narrativa para Castela, como também trouxe a pacificação da cidade. Os servidores receberam ordens de dissolver as guildas armadas e as ligas rivais que há muito eram fonte de rivalidades sangrentas que eclodiam periodicamente em guerras de gangues, tumultos e pilhagem. "Todos os cidadãos eram cúmplices de malfeitos e crimes, e o coração do povo estava corrompido", disse Palencia. Diferentes facções se revezavam no governo da cidade ou eram forçadas ao exílio e à luta para voltar. "Em punição por não sei quais crimes, esta grande cidade recebe julgamentos tão importantes e pode esperar receber outros ainda piores", Pulgar escrevera após uma rodada de derramamento de sangue. Isabel deixou para trás uma mensagem àqueles que achavam que as disputas e as desavenças poderiam continuar: Juan de Córdoba, um servidor local encarregado de uma ponte fortificada que atravessava o rio Tejo, foi enforcado por desobediência.[18]

A autoridade real tinha sido fraca na região central de Castela durante o reinado de Henrique IV, e quase inexistente em alguns extremos do reino, como a distante Galícia, no verde e chuvoso noroeste, e nas fronteiras com Portugal na Estremadura. Os nobres locais passavam a maior parte do tempo disputando terras, oferecendo apenas um reconhecimento superficial da autoridade real ou aliando-se diretamente com Portugal. Isso era um anátema para Isabel. Ela não queria saber de nenhuma fraqueza, meias-medidas ou que se fechassem os olhos para os problemas, demonstrando sua insatisfação com o confisco de todas as propriedades pertencentes a Fernando de Pareja, um nobre galego que apoiara o rei português. Na Estremadura, Isabel decidiu que precisava lidar com os últimos rebeldes pessoalmente. Como na Galícia, a ambição pessoal e as alianças com Portugal haviam se sobreposto, criando um denso emaranhado de problemas espinhosos e interligados. Seu conselho avisou-a para não ir, alegando que ela teria poucos lugares para se esconder se os planos dessem errado. "Eles disseram que nem o rei nem a rainha deveriam ir àquelas partes da Estremadura enquanto as terras não fossem pacificadas", relatou Pulgar. A resposta de Isabel foi categórica e beligerante. "Ouvir continuamente que os portugueses, como nossos adversários, e [alguns] castelhanos, como tiranos [locais], travam a guerra naquelas regiões e sofrer com isso em silêncio não seria o comportamento de um bom monarca, porque os monarcas que anseiam governar também têm que trabalhar... Parece-me que o rei, meu senhor, deveria ir a essas comarcas do outro lado dos passos da montanha [i.e., a Cantalapiedra e às últimas e poucas fortalezas pequenas que continuam a resistir perto de Toro], e eu devo ir à Estremadura, para que possamos lidar com esses dois problemas." Assim, Isabel partiu de qualquer modo, tomando decisões draconianas onde fosse necessário. Onde decidia que os nobres locais não eram confiáveis, ela simplesmente ordenava que seus fortes ou torres nas colinas fossem demolidos. Nas cidades, descobriu que a melhor estratégia era se aliar às famílias mais importantes. Em Cáceres, ficou famosa a maneira como resolveu uma disputa entre duas famílias que reclamavam o controle da cidade, dando aos vencedores de um sorteio o título de posse vitalício.[19]

O desafio mais importante que restava agora era Andaluzia, uma das regiões mais jovens do reino, reconquistada dos mouros em um processo que se iniciou no começo do século XIII, e lar de quase um quinto da população de Castela. Era uma região limítrofe, com sua fronteira sudeste estendendo-se ao longo da divisa do reino mouro de Granada. Era também fértil e rica. Sevilha era a maior cidade da Espanha cristã, e tanto Córdoba quanto Jaén estavam entre as maiores do território. Dois nobres, o duque de Medina Sidonia e o marquês de Cádis, continuaram a disputar o poder dentro e fora de Sevilha. O primeiro havia nominalmente apoiado Isabel em sua reivindicação da coroa, mas eles estavam mais interessados em sua própria rivalidade e não participaram muito da guerra civil. Novamente, alguns conselheiros acharam que Andaluzia era grande demais para Isabel enfrentar sozinha. "Alguns criticaram a rainha por ir lá antes de dom Fernando, e vaticinaram que uma mulher não teria determinação suficiente para lidar com questões tão graves, apesar de suas qualidades", escreveu Palencia. Mas haviam dito praticamente o mesmo sobre a Estremadura, e os sucessos de Isabel haviam atiçado sua audácia natural. Ela partiu, mais uma vez, sem o marido.[20]

17

Justiça implacável

Sevilha, julho de 1477 – outubro de 1478

A população de Sevilha estava realmente arrependida. Agora, muitas das autoridades da cidade, as que ainda não haviam fugido, postavam-se diante de Isabel e pediam clemência. A rainha permanecia sentada impassivelmente acima deles em um trono elevado em uma plataforma, coberto com tecido dourado, em um dos grandiosos aposentos do Real Alcácer, a majestosa fortaleza construída pelos mouros antes da conquista da cidade há mais de dois séculos. O alto clero e os servidores reais mais graduados sentavam-se em fileiras abaixo de Isabel, enquanto ela se preparava para ouvir os amedrontados sevilhanos darem suas desculpas. O bispo de Cádis, Alfonso de Solís, falou em nome deles, admitindo que haviam se entregado a assassinatos, violência e roubo durante o reinado de Henrique IV e, depois, enquanto a guerra civil se arrastava durante os primeiros anos de seu reinado. Estavam agora satisfeitos que Isabel tivesse chegado, em julho de 1477, a fim de impor a ordem. As execuções públicas dos piores infratores e o número de pessoas que havia fugido antes de serem capturadas eram provas disso. Queriam apenas, disseram-lhe, que ela fosse menos severa.[1]

"Estes cavalheiros e estas pessoas de sua cidade aqui vêm diante de Vossa Alteza real para informar-vos de que houve tanta alegria com vossa chegada a estas terras quanto agora há terror e horror causados pelo grande rigor com que vossos ministros estão executando a justiça, o que converteu todo o prazer dessas pessoas em tristeza, toda a alegria em medo e todo o deleite em angústia", ele disse. Solís admitiu que a lei havia às vezes sido menosprezada nas décadas anteriores, mas colocou a culpa nas constantes lutas na cidade entre o duque de Medina

Sidonia e o marquês de Cádis e seus seguidores. "Não podemos negar que, nesses tempos dissolutos, alguns assassinatos, roubos, ataques violentos e outros excessos foram cometidos por muitas pessoas desta cidade e de suas terras, causados pela malícia dos tempos e não tratados pela justiça do rei: e há tantos desses que achamos que devem haver poucos lares em Sevilha que são livres de pecado, tanto em cometê--los quanto em encobri-los", o bispo admitiu. "Mas se àquela época [a cidade] estava a ponto de se perder pela ausência de justiça, agora está perdida e desgraçada por causa do grande rigor de vossos juízes e ministros, sobre o que essas pessoas agora apelam a Vossa Alteza por clemência e compaixão, e com as lágrimas e soluços que agora podem ser ouvidos, elas se humilham diante de Vossa Alteza... e vos suplicam que tenha piedade de suas dores, seu exílio, sua pobreza, sua angústia e as provações que sofrem continuamente, mantendo-se longe de suas casas por medo de sua justiça." O bispo acrescentou uma pequena aula sobre a natureza não cristã da punição excessiva. "Rigor demais na justiça gera medo, o medo cria revolta e a revolta causa o desespero e o pecado", ele disse. "Excelsa rainha, aceitando a doutrina amena de nosso Salvador e de reis bons e virtuosos, modere vossa justiça e derrame vossa compaixão e ternura em nossa terra."[2]

Isabel não pareceu ter ficado muito impressionada, nem achou que era hora para "doutrina amena". Ela sabia que Sevilha seria uma cidade difícil de domar (um visitante alemão chamou seus habitantes de "rudes, trapaceiros e avaros... mas astutos"), e passara um tempo considerável amaciando-a antes de sua chegada. O instrumento que usou para isso foi um que acabara de cair em suas mãos – as milícias locais conhecidas como *Hermandades*, ou irmandades. Elas policiavam as estradas e áreas rurais, mas também levantavam dinheiro e homens em tempos de guerra. Irmandades individuais de cada cidade (e suas terras do interior) que apoiaram Isabel também tinham mandado unidades de milícia para ajudar a lutar contra os partidários de Joana. Mas agora Isabel as moldou em algo bem diferente – uma rede nacional de polícia e magistrados que poderia se tornar um instrumento para a imposição da autoridade real. Anteriormente, as irmandades só podiam agir na zona rural ou nos vilarejos de menos de cinquenta habitantes. A Santa Irmandade, como sua rede nacional era chamada, podia decidir por si mesma que tipos de crimes ela poderia combater, onde quer que fossem cometidos. Também estava disponível para levantar um exército nacional, para defender a rainha ou para atacar seus inimigos. Isabel estava adaptando uma antiga instituição castelhana, mas o uso que queria fazer dela significava uma enorme expansão de seu poder sobre a vida de seus súditos. Era dessa forma que ela iria fazer mudanças, usando instituições já existentes e – em geral, em nome da história ou da tradição – transformando-as em algo mais inclemente e incisivo, atropelando tradições e direitos adquiridos se necessário, mas sempre apelando a Deus e à grandeza ou pureza de Castela.[3] Nas irmandades, Isabel agora tinha uma arma crucial que podia ser usada para impor justiça ou, se ela preferisse, tirania.

A afiliação era obrigatória para todas as cidades, e a coroa tinha seus próprios magistrados em cada irmandade provincial, o que reuniu as cidades, vilas e aldeias em cada província. Algumas cidades mostraram-se claramente relutantes em se afiliarem, vendo uma ameaça tanto à sua independência quanto, via os impostos necessários para financiar as irmandades, aos seus bolsos. Sevilha foi uma delas. Nos meses que antecederam a chegada de Isabel, vários servidores reais, inclusive Palencia, que foi nomeado procurador-geral da Santa Irmandade nacional, haviam sido mandados para assegurar que uma irmandade fosse criada na cidade. O homem forte da cidade, o duque de Medina Sidonia, reagiu tão furiosamente à ideia que ameaçou matar os emissários de Isabel, dois dos quais se esconderam. "Ele ameaçou enforcar Juan Rejón e cortar a garganta de Pedro del Algaba", relatou Palencia.[4] Quando as autoridades da cidade finalmente concordaram em estabelecer sua Hermandad, foram caracteristicamente relaxados a respeito. Isabel escreveu, furiosa, ordenando-lhes que parassem de remanchear. "Nós ordenamos que estabelecessem a Hermandad em vossa cidade, vossas terras e nas vilas e aldeias dessa arquidiocese... para pôr fim aos roubos, invasões, mortes e outras transgressões e danos perpetrados em meus reinos... e para que as estradas ficassem seguras", ela escreveu. "Agora, fui informada de que, embora tenham organizado a referida Hermandad, isso não foi feito da maneira como deveria ter sido... O fracasso em levar essa incumbência adiante com diligência no serviço de Deus, de mim mesma e no interesse geral e aplicação da justiça nessa cidade me surpreende... assim, ordeno a todos que organizem a Hermandad da forma como foram instruídos, sem delongas ou quaisquer outras desculpas."[5]

A Santa Irmandade nacional foi criada para durar dois anos. No final das contas, durou vinte e dois. A justiça que aplicava geralmente era brutal. Um viajante da Borgonha ficou perplexo ao descobrir que a Irmandade preferia executar as pessoas com lanças ou flechas, em vez da corda. "Na Espanha, não é comum enforcar pessoas; eles amarram a um poste os criminosos que merecem a morte e colocam um alvo de papel branco em seu coração. Em seguida, os juízes ordenam que os melhores arqueiros disponíveis lancem suas flechas até os condenados morrerem. Se um infrator sabe que um amigo seu é um arqueiro especialmente hábil, ele pede aos juízes que seja ele a lançar as flechas, a fim de morrer o mais rápido possível... E se não os matam dessa forma, eles os estendem no chão com a cabeça em um bloco e a decepam com um machado."[6] Outros viajantes ficaram surpresos de ver que uma alta coluna de pedra com quatro braços no topo erguia-se na periferia de muitas cidades – permanentemente prontas a enforcar pessoas ou colocar em exibição os executados de alguma outra forma. Em seus cinco meses de viagem, Münzer deparou-se duas vezes com a visão macabra de cadáveres pendurados de tais colunas. "Ao deixarmos Almeria, vimos uma coluna feita de pedras, com seis cristãos italianos pendurados pelos pés, por sodomia", ele escreveu. Uma punição similar fora aplicada, pelo mesmo crime, em Madri. "Havia dois homens dependurados, com os testículos amarrados ao pescoço", ele disse.[7]

Isabel apareceu pela primeira vez fora de Sevilha em 25 de julho, em um barco que a levou rio abaixo em direção à Torre del Oro, de doze lados, cuja fachada de argamassa de cal misturada com palha brilhava à luz do sol de verão. Fora construída há 250 anos como uma torre de vigia moura, e ficava anexa ao Alcácer da cidade por sua própria parede. Uma catedral gótica estava sendo erigida onde antes ficava a principal mesquita da cidade. Algumas partes da mesquita haviam sobrevivido, inclusive o fino minarete, que agora era conhecido como La Giralda, e o Pátio das Laranjas, com seus ciprestes, palmeiras, limoeiros, laranjeiras e cidreiras. Conforme a rainha entrava na cidade, os cidadãos de Sevilha observavam e, segundo Palencia, se perguntavam que peças poderiam pregar para impedir um governo eficaz e prolongar a anarquia na qual vicejavam. Deve ter sido nesse momento, observando as roupas espalhafatosas e joias vistosas com que a duquesa de Medina Sidonia se vestira em uma tentativa insensata de ofuscar a rainha, que Isabel se queixou de que as pessoas de Sevilha não pareciam gostar muito dela. "Não parecem muito entusiasmadas em ver a rainha em Sevilha e Andaluzia, já que têm tantas [rainhas] próprias", ela disse a Medina Sidonia, aparentemente referindo-se à mulher dele. "Não, há apenas uma em Castela e Andaluzia, que é Vossa Alteza. Abaixo de Deus vem Vossa Alteza", o duque respondeu nervosamente.[8]

Como outros visitantes, Isabel deve ter ficado impressionada com a cidade, com suas ruas largas, seus jardins e um ou outro palácio pertencente à nobreza local. "A impressão causada pelas ruas cheias de pessoas e a magnificência do Real Alcácer... a fez admitir que ela nunca imaginara que a cidade fosse tão grandiosa", relatou Palencia, que estava lá.[9] O Alcácer era esplêndido, finamente decorado com rendilhados de estuque e cerâmica colorida, herança dos cinco séculos de governo mouro da cidade. Um dos antecessores de Isabel, Pedro, o Cruel, ficara tão encantado com o palácio que esbanjou dinheiro prodigamente na construção original, ampliando-a com a ajuda de artesãos da arte mudéjar. A água era canalizada através dos aposentos e banheiros, e pátios eram decorados com mármore e ouro, enquanto um denso pomar de laranjeiras fornecia o aroma das suas flores na primavera e um refúgio de sombra fresca nos meses de verão. Frisos em escrita gótica e cúfica eram mais um lembrete da coexistência muitas vezes frágil de cristãos e muçulmanos durante sete séculos. Uma lenda popular em torno do Patio de las Doncellas alegava que os governantes mouros haviam, um dia, exigido um tributo anual de cem virgens cristãs.

Sevilha localizava-se em uma planície fértil ao longo do rio Guadalquivir, largo e navegável, cujas águas subiam e desciam com a maré. "Era a maior planície que eu já vira na Espanha, abundante em azeite de oliva, com vinhos insuperáveis e todo tipo de frutas", relatou Münzer, impressionado com a maneira como a água potável abastecia toda a cidade e, tendo visto a cidade de cima da Giralda, ele declarara ter o dobro do tamanho de Nuremberg. "Possui um aqueduto com 390 arcos... E essa água é de grande utilidade para regar seus jardins, limpar suas praças e casas e para outros fins." As azeitonas eram do tamanho de ameixas, ele acrescentou, e – com os vinhedos de Jerez a uma curta distância – o vinho era ainda melhor do que o doce e branco de malvasia da Itália.[10]

Segundo Palencia, que fizera de Sevilha seu lar adotivo, quase todos os Grandes de Andaluzia agora se opunham a Isabel, vendo nela uma ameaça ao seu tradicional domínio sobre as cidades. Medina Sidonia era um dos que "agora preferiam, como os outros nobres, uma vitória do rei português antes de ver a autoridade [real] suprema – cada vez mais arrogante desde a batalha de Zamora – determinada a se vingar daqueles nobres que haviam mantido títulos públicos".[11] Os nobres minimizaram a campanha de Isabel contra eles como um exemplo de "determinação feminina" mal aconselhada, enquanto o próprio Palencia a acusava de loucura por achar que podia remover os homens fortes locais de suas cidades. Os que duvidavam da força de Isabel logo iriam sofrer um grande choque. Sevilha sempre fora uma cidade de leis flexíveis e, às vezes, de completa ausência de leis. As oportunidades de ficar impune de qualquer crime, de roubo a assassinato – às vezes em nome dos próprios Grandes – haviam sido muitas. "Havia tantas quadrilhas que não era seguro sair à noite", disseram a Münzer. Dizia-se que os coveiros da cidade também eram assaltantes violentos, e "costumavam entrar nas casas à noite usando máscaras e levar todo o ouro, louças e tudo o mais que encontrassem. Não havia um único lugar seguro na cidade".¹² A lista dos que buscavam justiça em Sevilha era longa. Para acabar com a lista de espera, Isabel ordenou que todas as reclamações fossem resolvidas em três sessões, e a punição, onde fosse relevante, aplicada imediatamente. Os peticionários a procuravam pessoalmente nas audições semanais às sextas-feiras, quando ela se sentava em seu trono e despachava os casos com a maior rapidez possível. Sentenças de morte eram distribuídas e executadas. Propriedades eram tomadas e devolvidas a seus proprietários legítimos. Nos dois primeiros meses de sua estada, ela impôs medidas draconianas, e cerca de quatro mil pessoas fugiram para Portugal ou para o reino mouro de Granada. "A severidade excessiva acarretou a fuga em massa não só de assassinos, mercenários e ladrões, como também de seus amigos e cúmplices", disse Palencia.¹³ Entretanto, não só Sevilha sentiu o peso da rígida justiça de Isabel ou da severa disciplina imposta pela Santa Irmandade. "Ela estava absolutamente determinada de que a justiça fosse executada, tanto que foi acusada de aplicar mais rigor do que clemência, e isso era algo que fazia para corrigir a grande corrupção e criminalidade que encontrou no reino quando subiu ao trono", explicou seu maior admirador, Fernando del Pulgar.¹⁴

Longe de amar sua rainha, o povo de Sevilha mostrava descontentamento. Bandos de rapazes da cidade lutavam contra os jovens da corte, a quem chamavam de *ganseros* por causa dos gansos de que cuidavam. Estes revidavam rotulando os jovens locais de *jaboneros*, por causa do seu uso excessivo e supostamente efeminado de sabonete. Esta era uma tradição herdada dos mouros e que foi mantida pela população de Triana, onde uma fábrica com enormes tonéis de azeite de oliva fervente, lixívia, limão e cinzas produzia o sabonete Castell, duro e branco, que era exportado para a Inglaterra, Flandres e outras partes.¹⁵ Medina Sidonia tornou-se um ponto de convergência para os descontentes, mas a 10 de setembro – com Fernando e suas tropas a caminho – ele concordou em entregar o controle do Alcácer e outros pontos estrategicamente importantes da cidade para Isabel.¹⁶

Isabel, por fim, concedeu um indulto geral para todos, exceto para os crimes mais graves, inclusive traição, assassinato, lesa-majestade e estupro, pouco tempo antes de Fernando chegar, em 13 de setembro de 1477. Um número menor de pessoas do que o esperado compareceu à sua chegada – o que o insolente Palencia atribuiu ao fato de ter ela coincidido com a *siesta* da cidade. O próprio Palencia insistira exaltadamente com Fernando para que viajasse a Sevilha e corrigisse o que ele via como erros de Isabel. "Todos os andaluzes haviam colocado suas esperanças em sua chegada, desde que... descobriram o quanto o governo de uma mulher lhes era inútil", ele escreveu.[17] Mas quando Fernando finalmente chegou, logo foi persuadido de que sua mulher tinha razão. Aqueles sevilhanos que achavam que haveria um abrandamento da justiça real ficaram furiosos, agora queixando-se de que ele era dominado pela mulher. Até Palencia começou a se lamentar de que o pouco bem que estava sendo feito devia-se a Isabel, não a Fernando. Em um incidente entre os garotos do sabonete e os garotos dos gansos, pedras foram atiradas e insultos gritados contra Fernando. Ouviram-se boatos de que o duque de Medina Sidonia estava envolvido e fora preso. Quando sevilhanos furiosos começaram a se preparar para uma rebelião, várias centenas de soldados da cavalaria real foram levadas para guardar o portão do palácio. Mas o brutal governo de Isabel em Sevilha logo produziu uma segunda vitória importante, que levou a rebelde Andaluzia ainda mais para debaixo do domínio real. O rival do duque de Medina Sidonia – o marquês de Cádis – entrou secretamente em Sevilha em agosto, pediu perdão por ter feito oposição aos monarcas e lhes deu o controle de Jerez e de outros postos avançados, fortificados e estrategicamente importantes.

Isabel comemorou subindo a bordo de um barco no largo e turvo Guadalquivir, e descendo para sua foz a quase noventa quilômetros de distância, com o objetivo de satisfazer um sonho não realizado. Eles alcançaram os brejos planos, cobertos de vegetação raquítica, e as praias de areia do Atlântico na foz do rio, "para deleite da rainha, que, antes de chegar, queria ver o oceano, e até mesmo pretendia velejar até o mar aberto, mas foi impedida por temores de mal-estar e a suspeita de que pudesse estar grávida", relatou Palencia.[18] Medina Sidonia e Cádis agora competiam um com o outro pela aprovação dos jovens monarcas, com o primeiro devolvendo mais cinco locais fortificados à coroa. Um acordo semelhante foi firmado em Córdoba, uma cidade considerada a segunda ou terceira maior (depois de Sevilha e, talvez, Toledo) nos reinos de Isabel, onde as facções comandadas por Álvaro de Aguilar e o conde de Cabra há muito lutavam pelo controle. Violentas manifestações públicas haviam eclodido na cidade alguns anos antes, durante o reinado de Henrique, depois que uma mulher conversa acidentalmente jogou água de uma janela sobre uma procissão que passava portando uma imagem da Virgem Maria. Um ferreiro local alegou que era urina, provocando dois dias de violência, conforme o populacho enfurecido matava, estuprava e queimava conversos, expulsando-os de suas casas.[19]

Fernando, enquanto isso, viajou para Madri para garantir uma prorrogação de três anos da Santa Irmandade. Isabel, entediada, estava "determinada a fazer algo útil", segundo Palencia, e ocupou-se em debelar alguns últimos focos de resistência em Andaluzia. Entre eles incluía-se a fortaleza rebelde de Utrera, no topo de uma colina a vinte e nove quilômetros de Sevilha. A própria guarda pessoal de Isabel liderou o ataque. Houve vários mortos e feridos e, quando a guarnição finalmente se rendeu, Isabel demonstrou pouca misericórdia. Os que haviam sido recrutados foram libertados, mas os outros foram decapitados ou enforcados por ordem da rainha, e seus corpos expostos ao longo de uma estrada fora de Sevilha "para servir de lição ao povaréu". A essa altura, até Palencia tinha pouca escolha senão admitir que Isabel estava adquirindo a reputação de esmagar os adversários por conta própria. "O talento da rainha para lidar com a insolência dos rebeldes durante a ausência de seu marido foi adequadamente provado", ele disse.[20]

A essa altura, os poetas da corte, quando não sobrecarregavam Isabel de atributos masculinos para explicar sua ascendência sobre eles, voltavam-se para a esquecida língua do amor cortês – um raro escape para os homens expressarem inferioridade ou temor a uma mulher. "Ajudai-me, estou morrendo/e todos sabem/que Vossa Alteza é a cura/para meu cruel tormento", escreveu um deles, que se viu mudo ou balbuciando incoerentemente diante dela. "Se quero falar/não ouso,/se tento permanecer calado, não consigo./Como uma criança amedrontada/diante de um pai severo,/estou acabrunhado de medo de Vossa Excelência./Assim como a clemência é suplicada/por aqueles condenados por crime,/com a mesma reverência/diante de vossa presença/todo o meu ser estremece", afirmou. Temor, admiração e lealdade eram difíceis de serem exprimidos, especialmente se vinham juntos. "Vale a pena observar", escreveu outro poeta da corte, aparentemente surpreso, "que o temor e o amor podem coexistir."[21] Isabel não parecia se incomodar. Essas eram, afinal, exatamente as mesmas emoções que um soberano bem-sucedido deveria provocar. Diante da famosa pergunta mais tarde feita por Maquiavel, se era melhor ser amado do que temido, ou temido do que amado, Isabel havia obviamente chegado à conclusão de que, embora fosse evidentemente melhor desfrutar de ambos, ser temido era mais útil do que ser amado.

A longa permanência de Isabel em Sevilha não se tratou apenas dos rigores de aplicar a justiça ou forçar nobres rebeldes a aceitarem sua autoridade. Fernando chegara em 13 de setembro de 1477. A obsessão popular pela gravidez da rainha era tanta que um escritor de cartas de Isabel alegou, apenas dois dias depois da chegada de Fernando, que ela já devia estar grávida. Ele não estava inteiramente errado. Já haviam se passado anos desde sua última gravidez, e ela buscara o auxílio de um médico judeu, Lorenzo Badoç. Fernando atribuiria esta nova gravidez, em parte, à sua ajuda. Agora todos esperavam para ver o que iria acontecer, oito anos depois de ter dado à luz Isabel. "Uma única esperança para o futuro brilhava no coração dos castelhanos: o parto tão longamente desejado de um filho da rainha Isabel", escreveu Palencia, que disse que Isabel ansiava por um menino. Fernando, consciente de que ele logo seria o rei de Aragão, também rezava por um filho, mas se preocupava mais com sua mulher. "Quando a gravidez pareceu correr o risco de sofrer um aborto, o rei ficou particularmente angustiado, motivado por seu indescritível amor por sua esposa, preferindo acima de todos os resultados que ela emergisse em segurança da experiência." Outros teriam colocado o nascimento de um herdeiro masculino em primeiro lugar. Talvez Fernando estivesse assustado com o tamanho do ventre expandido de Isabel, e dos perigos que a gravidez e o parto lhe traziam. Um boato espalhou-se de que ele havia ordenado a decapitação de um homem que dissera, em tom de pilhéria, que a rainha iria "dar à luz ou explodir".[22]

18

Adiós Beltraneja

Sevilha, 30 de junho de 1478

Uma parteira de Sevilha, conhecida como "La Herradera", fez o parto da criança nos aposentos da rainha no Alcácer, diante de um punhado de autoridades da cidade. Ela devia ter as "mãos finas e os dedos longos" considerados necessários à profissão. Era 30 de junho de 1478, exatamente nove meses e dezessete dias desde a chegada de Fernando. Desta vez foi um menino, nomeado João. Nove dias depois, uma grandiosa procissão percorreu as ruas da cidade até a igreja de Santa María la Mayor. O menino era carregado por sua ama, enquanto bispos e Grandes seguiam a cavalo ou a pé, ao som de trombetas, gaitas e sacabuxas – um instrumento similar ao trombone de vara. Cruzes das igrejas da cidade eram levadas à frente da procissão.[1] Um cardeal e um núncio apostólico permaneciam por perto, para supervisionar o batismo de um menino aparentemente destinado a se tornar um dos mais poderosos reis da Europa. Alegria – e alívio – espalhou-se rapidamente por Castela e Aragão.

A criança recebeu o nome dos avós por parte de mãe e por parte de pai, embora algumas pessoas tenham advertido que os dois reis João anteriores tinham sido portadores de má sorte. Ele foi recebido com previsões de glória messiânica, como se fosse um cruzamento de João Batista e do lendário e longamente esperado Rei Leão. "A rainha pagou a dívida de prover seu reino com um herdeiro masculino", observou Pulgar, que agora decidiu que o nascimento era a prova final de que Deus havia escolhido Isabel, em detrimento de seus dois irmãos, para erguer a Espanha de volta à glória. "Ele não escolheu nem Afonso nem Henrique, que rejeitara o tabernáculo de Deus. Em vez disso, escolheu Elizabeth [referindo-se a Isabel], a quem ele amava."² A reação foi, em parte, explicada pelo fato de que a Espanha agora tinha um príncipe cujo destino previsto, como futuro rei tanto de Castela quanto de Aragão, era governar a maior parte da Ibéria – dos portos do Atlântico da Castela ocidental à costa do Mediterrâneo de Catalunha e Valência. "Esta é a união de reinos", escreveram os entusiásticos conselheiros de Barcelona.³ Um escritor de Toledo ficou tão encantado que achou saber exatamente o efeito que o nascimento deve ter tido em Isabel. "A rainha, nossa senhora, ficou muito satisfeita por agora estar livre do perigo inerente ao parto e pelo nascimento do *señor* príncipe, porque, como dizem as palavras do Novo Testamento: 'As mulheres, quando dão à luz, ficam tristes, mas quando dão à luz um menino, se esquecem da angústia por causa do prazer que isso lhes dá, já que o recém-nascido é tanto homem quanto príncipe.'"⁴ Isabel pode, ou não, ter experimentado a angústia, mas deve ter sentido que este auspicioso nascimento coroava a glória de seus primeiros e bem-sucedidos anos como rainha. Castela estava, à exceção de alguns poucos focos de dissensão, sob seu controle. Isabel era uma tradicionalista, e não tinha nenhum interesse em mudar as regras de sucessão para favorecer as mulheres ou igualar seus direitos aos dos homens. Ela governava Castela como rainha, com a ajuda do marido, mas esse governo foi claramente fortalecido pela existência de um herdeiro masculino, que poderia evitar uma implicância futura sobre mulheres no trono. Agora, ela precisava garantir que o herdeiro tivesse algo estável, puro, sólido e grandioso para herdar.

Isabel não reapareceu em público por um mês, quando então vestiu um traje de seda cravejado de pérolas e cavalgou um cavalo branco, a sela decorada em ouro, até a igreja, enquanto João era carregado por sua ama, novamente em uma mula. O único acontecimento a estragar as comemorações foi um eclipse, que ocultou o sol tão completamente que as estrelas surgiram no céu. "Foi o pior de que podiam se lembrar", relatou o cronista Andrés Bernáldez. Os súditos de Isabel eram cristãos, mas também profundamente supersticiosos, e alguns devem ter murmurado sobre mensageiros de má sorte. Em Aragão, João, o Grande, temia deixar seu precioso neto em Castela. Duas gerações de reis castelhanos haviam sido capturados e colocados sob os cuidados de favoritos em sua infância, transformando-os em fracos peões de xadrez. O rei de Aragão não queria que os servidores de Isabel fizessem o mesmo com o pequeno João. As poderosas famílias que agora se aglomeravam em torno de sua mãe, disputando cargos e postos e participando da cerimônia de batismo, eram prova de que o perigo ainda existia. "O quanto antes e com toda a cautela possível, trazei-o para os meus reinos e acreditai que a saúde de vossa propriedade e de vossas ações depende disso", ele disse a Fernando. O cada vez mais velho rei aragonês também parecia apegar-se à sua crença de que Fernando, e não Isabel, era o verdadeiro monarca de Castela — e presumia que um herdeiro receberia a coroa do reino somente quando ambos os pais estivessem mortos.[5] Ele estava errado em ambos os casos.

Isabel não estava disposta a entregar seu precioso filho a ninguém. João, em vez disso, foi instalado com sua ama de leite, María de Guzmán, na corte de Isabel. Com seu filho seguramente instalado a seu lado, ela podia mais uma vez se voltar para os assuntos de Estado. Castela ainda estava, ao menos nominalmente, em guerra com Portugal. Restavam alguns postos avançados de rebelião pró-Beltraneja — especialmente na Estremadura. Uma das figuras mais importantes ali era uma filha bastarda de Juan Pacheco, o conde de Medellín, que herdara a sede de poder de seu pai e, graças a uma lenda sobre ter trancado seu filho pequeno em uma torre de castelo por cinco anos, sua reputação por crueldade.[6]

Em outubro de 1478, Isabel deixou Sevilha em direção à fronteira, inicialmente com seu marido, já que planejavam seus próprios ataques a Portugal. No Natal, já estavam em um dos lugares favoritos de Isabel, o santuário de Guadalupe. Hieronymus Münzer chegaria ali enquanto cavalgava para o sul a partir de Salamanca, em direção a Sevilha, através de uma região que ele descreveu como "montanhosa, repleta de animais selvagens, com vales abruptos, escarpados, no meio dos quais, como se no centro de um círculo, o mosteiro situa-se ao lado do pequeno rio Guadalupejo". Aninhada entre montanhas bem irrigadas e com vista para uma planície, Guadalupe era cercada de vinhedos e oliveiras que, por mais estranho que parecesse a um alemão no mês de janeiro, eram povoados de pássaros canoros. Os visitantes costumavam deixar presentes exóticos em agradecimento às preces atendidas. Um rei português trouxera uma pele de crocodilo, enquanto um enorme casco de tartaruga e um dente de elefante também tinham vindo da África. Com seus duzentos padres e monges, jardins, cozinhas, hospital, ferreiro, oficinas de costura e sapateiros, o mosteiro era uma pequena cidade em si mesmo. "A rainha adora este mosteiro, e quando está aqui diz que está no paraíso", observou Münzer.[7] "Ela comparece a todas as orações em seu esplêndido oratório particular acima do coro."

Isabel ainda estava ali quando ela e Fernando finalmente estabeleceram a paz com a França em 10 de janeiro de 1479, obtendo uma promessa explícita de não ficar do lado de Portugal, enquanto deixavam no ar o futuro das terras disputadas com Aragão (Roussillon e Cerdanha). Esse era um exemplo de Fernando colocando Castela em primeiro lugar, provavelmente para desgosto de seu velho pai. Foi ali também que o arcebispo de Toledo finalmente aceitou um humilhante acordo de paz. O maquinador inveterado encorajou Afonso V de Portugal a deslanchar uma nova invasão. Vários Grandes também haviam prometido apoiar o rei português se ele levasse adiante seu relacionamento com a Beltraneja, concretizando o casamento que, caso contrário, poderia ser facilmente desfeito. "Eles fariam isso se eu fosse casado e completamente ligado a ela", Afonso admitiu. Mas Isabel e Fernando agiram primeiro, ocupando as fortalezas do arcebispo e retirando quase todos os seus poderes temporais.[8] O maior criador de casos de Castela, o último de uma geração de arrogantes Grandes, estava agora fora do caminho. Uma nova invasão portuguesa, lançada com o apoio da condessa de Medellín – dona de um impressionante castelo com vista para o rio Guadiana – e um punhado de outros nobres na Estremadura durou pouco. Uma única batalha, nas margens do rio

Albuera em 24 de fevereiro, foi suficiente para acabar com os sonhos portugueses de conquista e anexação.[9]

O ano novo mal havia começado quando a notícia ao mesmo tempo trágica e histórica chegou de Barcelona. João, o Grande, havia falecido em 20 de janeiro de 1479, à idade avançada de oitenta anos. Fernando, agora, era o rei de Aragão. O casal aventou a hipótese de se intitularem "reis de Espanha", mas em vez disso optaram por adicionar todos os seus novos reinos à já longa lista, inclusive aqueles – como o ducado de Atenas – que espelhavam o outrora poderoso império mediterrâneo de Aragão. Isso também significava que eles estavam respeitando a composição tradicional de Aragão como um mosaico de reinos sob uma única coroa, em vez de um Estado mais unificado do tipo castelhano. A poderosa aliança entre os dois grandes reinos espanhóis tornara-se uma realidade doméstica no lar nômade de Isabel – e seu filho recém-nascido era herdeiro de tudo. Nascia uma nova e poderosa, ainda que pouco coesa, entidade política conhecida simplesmente como "Espanha".

Com sua aliança francesa esfarrapada e seu exército derrotado, o rei português finalmente reconheceu que sua campanha castelhana fora um desastre. A paz, logo se tornou evidente, deveria ser negociada por duas mulheres. A tia portuguesa de Isabel, a infanta Beatriz de Bragança – que também era cunhada do rei português –, fez a primeira abordagem. Ela e o filho e herdeiro do rei, João, haviam se empenhado pela paz, e ela agora solicitava a Isabel que a encontrasse na cidade fronteiriça de Alcântara, de modo que pudessem iniciar as conversações.[10] Isabel foi sem Fernando e esperou, enquanto sua tia doente era lentamente carregada até a fronteira. Ciente de que era ela quem dava as cartas, a encorajada rainha exigiu propostas por escrito antes de se encontrarem. Isabel agora tinha que considerar que preço estaria disposta a pagar a fim de livrar-se – e a seus descendentes – do estigma de sua dúbia reivindicação do trono, do qual a Beltraneja era um lembrete tão doloroso. Isabel via suas vitórias na guerra como prova de que "a providência divina achou por bem demonstrar a justiça da minha causa",[11] mas isso não era nenhuma garantia de que a Beltraneja não fosse reaparecer com um marido e um exército em algum momento no futuro. Além da paz, Isabel era obcecada por um só objetivo. Ela queria ver a Beltraneja eliminada para sempre como rival.

Isabel e sua tia conversaram por três dias, suas conversas estendendo-se pela noite adentro.[12] Beatriz começou por exigir o perdão para os defensores castelhanos da Beltraneja e um acordo de que Castela pagaria as despesas de guerra. Ela também propôs o noivado do pequeno príncipe João e da Beltraneja, enquanto exigia que Isabel reconhecesse publicamente o direito de sua rival de ser chamada de princesa.[13] Um compromisso paralelo veria a filha da rainha, Isabel, prometida ao príncipe Afonso, o filho de quatro anos de João, o príncipe herdeiro de Portugal. As duas jovens viveriam como semiprisioneiras em um castelo de fronteira, guardadas por Beatriz, até que as condições de paz fossem satisfeitas.[14] Mas Isabel queria a Beltraneja sob um controle muito mais rígido. Na realidade, queria que ela lhe fosse entregue – para esperar o casamento ou para ser enviada diretamente para um convento como uma freira enclausurada, que era outra forma de prisão. "A rainha insistiu veementemente que ela entrasse para um convento castelhano", segundo um relatório oficial sobre procedimentos, que cuidadosamente ignorava a questão da paternidade da Beltraneja referindo-se a ela como "a filha da rainha [Joana]". Ela podia considerar um acordo de casamento, mas preferia voltar à guerra a reconhecer o direito da Beltraneja a qualquer espécie de título castelhano próprio – fosse como infanta ou princesa. "Conceder-lhe esse título é admitir que ela seja filha de um rei e uma rainha. E a rainha [Isabel] acha que... isso por si só é razão suficiente para parar as negociações de paz", seus servidores observaram.

Seu principal objetivo era impedir que Joana conservasse o mais leve indício de legitimidade em sua reivindicação da coroa, o que ela própria havia agora, com tanto sucesso, conquistado pela força das armas. Essa era sua maior preocupação durante as negociações. Ela certamente não queria pagar os custos da guerra, mas estava disposta a compartilhá-los. E podia perdoar os nobres que haviam apoiado Portugal, mas, de uma forma um pouco dissimulada, pediu que lhe dessem uma lista primeiro. O rei português, então, manteve Beatriz à espera de novas instruções, até que a paciência de Isabel se esgotou. "Considero os próximos dias como prazo final para saber vossa decisão e vossa vontade se deseja a guerra ou a paz", ela disse.[15] "Coloco diante de Vossa Alteza todas as mortes, roubos, incêndios, maldades e danos causados pela guerra; e se forem ainda piores do que têm sido até agora, será por culpa vossa, por ter desistido de um acordo de paz."

As negociações foram difíceis, durante seis meses.[16] Isabel ficou agradecida à sua tia, que genuinamente desejava a paz,[17] e culpou o rei Afonso por toda a demora. Ela ficou à espera das respostas de sua tia, primeiro em Alcântara e depois em Trujillo, e ignorou os avisos de que postos avançados nas mãos de rebeldes em Mérida, Medellín e em outras partes a colocavam em risco pessoal. "Decidi permanecer aqui até vencermos esta guerra ou alcançarmos a paz", ela disse, segundo Pulgar.[18] Enquanto isso, ela se ocupava emitindo instruções diárias sobre como sitiar esses mesmos lugares. Isabel finalmente nomeou representantes para negociar um acordo com duas partes separadas, mas intimamente conectadas – um tratado de paz e um acordo sobre a questão do que fazer com a Beltraneja. Ela continuou a supervisionar obsessivamente as negociações sobre o futuro desta última, rabiscando furiosamente nas margens de documentos oficiais sempre que via a Beltraneja sendo tratada com demasiada benevolência. O acordo final foi generoso com Portugal, mas implacavelmente severo com a Beltraneja. Ambas as monarquias concordaram em abrir mão de suas reivindicações sobre a outra, enquanto Castela também reconhecia as possessões de Portugal nos Açores, Cabo Verde, Madeira e sua crescente lista de propriedades na África Ocidental, inclusive a Guiné Portuguesa e o valioso porto de comércio de minérios de Mina de Ouro (hoje Elmina, em Gana), e aceitou não continuar suas explorações mais ao sul, além do Cabo Bojador, um ponto na costa da África logo ao sul do arquipélago das Canárias. Essas ilhas foram as únicas terras importantes ao longo do Atlântico onde as duas nações agora competiam na exploração e conquista, que os portugueses reconheceram como pertencentes a Castela. Portugal também recebeu compensação financeira, através do enorme dote que acompanhou o noivado da pequena Isabel com o príncipe Afonso, o que selou o acordo de paz unindo as famílias reais em gerações futuras.[19]

Isabel também foi generosa com aqueles rebeldes – como o conde de Medellín – que se mantiveram ao lado de Portugal até o amargo fim. Foram perdoados. "Como sua rainha e senhora natural, que não reconhece nenhum superior no mundo temporal, eu perdoo... tudo, qualquer que seja a sua natureza ou gravidade, que cometeram contra o rei, meu senhor, e contra mim mesma após a morte de meu irmão, o rei dom Henrique",[20] ela prometeu. Isabel era naturalmente inclinada a exibir seu poder e a se vingar de seus inimigos. Mas tinha outras prioridades. Se esta for a parte do preço da paz duradoura e o fim da Beltraneja como uma ameaça, que assim seja.

O acordo final, à primeira vista, dava a impressão de que Portugal havia forçado Castela a aceitar condições humilhantes. Isabel tanto pagou o lado perdedor quanto concordou em não enfatizar suas vantagens, respeitando, em vez disso, as fronteiras de Portugal, e presenteando-o com terras ainda não descobertas na África. Em troca, ela fez questão de que a Beltraneja aceitasse o compromisso com seu filho infante (que ele poderia renegar aos quatorze anos, se quisesse) e passasse mais de uma década em semiconfinamento enquanto esperava por ele, ou fizesse os votos de freira e entrasse para a clausura em um convento português. A jovem de dezoito anos preferiu o mal menor de uma vida em um convento, apesar de que iria se mostrar uma freira rebelde, que de vez em quando escapava – com a desculpa de fugir de uma epidemia – para o palácio da condessa de Abrantes. Isabel também se assegurou de que sua rival não pudesse fugir para um terceiro país. "Se Joana fosse livre para deixar Portugal, acabaríamos em guerra com qualquer lugar para onde ela fosse", argumentou.[21] Isabel estava disposta a fazer um sacrifício próprio para assegurar que a Beltraneja fosse marginalizada para sempre. Sua própria filha de dez anos, Isabel, viveria em *tercería* – basicamente como uma prisioneira privilegiada, bem cuidada, e assim garantia que os termos de paz fossem respeitados – na cidade portuguesa de Moura por mais de dois anos. Em

4 de setembro de 1479, com Fernando ainda ausente, Isabel (agora no sétimo mês de gravidez de uma filha, a se chamar Joana) sancionou um acordo que resolvia a disputa com Portugal, mas lhe dava pouco mais além da aniquilação política final da Beltraneja.

Isabel mudou-se para Toledo e teve sua filha, Joana, em novembro de 1479, assegurando-se, como era de esperar, de que o parto não atrapalhasse os negócios. Fernando passara os quatro meses anteriores em seus novos reinos em Aragão, e apareceu em Toledo com um elefante que lhe fora presenteado por visitantes de Chipre.[22] Tanto ele quanto sua mulher estavam agora solidamente a cargo de seus reinos e em condições de celebrar, onze anos após seu casamento, a façanha de governar conjuntamente a maior parte da Espanha. Fernando entregou-se a festas e recebeu uma rara reprimenda de sua mulher. Isabel estava nas últimas semanas de gravidez, e obviamente achava que ele devia dedicar mais tempo ao governo.[23] Em um mundo onde servidores públicos podiam esperar trabalhar apenas seis horas por dia,[24] a própria Isabel estava provando ser uma monarca trabalhadora, e convocara uma reunião das cortes em Toledo para um mês depois do nascimento de Joana. Quando não estava cavalgando para visitar os cantos mais longínquos de suas terras, ela realizava audiências públicas às terças e sextas-feiras — quando os suplicantes podiam dirigir-se diretamente a ela e a Fernando. O interesse nas minúcias do governo, especialmente em seu erário, era sinal de uma natureza um tanto obsessiva. Os gastos eram mantidos em rédeas curtas, com suas despesas domésticas nunca responsáveis por mais de 15 por cento da renda, e a própria Isabel[25] punia os servidores reais quando a conta da alimentação se tornava grande demais. As dívidas a incomodavam e, mesmo em seu leito de morte, ela se preocuparia com o que devia.

Foi nas cortes de Toledo que ela primeiro começou a unificar as leis de Castela em uma única coleção de volumes, e sua preocupação com a eficiente administração da justiça também faria com que houvessem dois tribunais permanentes estabelecidos em Valladolid e, muito mais tarde, em Granada. Acima de tudo, entretanto, foi a sua inteligente escolha de servidores que lhe permitiu construir uma nova e eficiente administração central. Uma dúzia desses servidores, a maioria da nova classe de letrados com formação, tornaram-se seus mais importantes conselheiros e faziam parte do conselho real – com um ou outro Grande ou bispo também presente. Muitos eram conversos. Os servidores mais leais geralmente vinham da sua época de princesa e foram mantidos a seu lado pelas primeiras décadas de seu reinado. Entre eles estava um homem de barba espessa, rosto corado e redondo, Gutierre de Cárdenas – o homem que segurara sua espada quando ela pela primeira vez reivindicou o trono –, e o pequeno, mas alegre Chacón, que havia enchido sua cabeça quando criança com histórias de Joana d'Arc. Este último seria sucedido pelo igualmente leal Cabrera. Os dois homens administravam uma corte de quatrocentas a mil pessoas (que era maior do que a de seu marido). A unidade central de servidores e sacerdotes do serviço pessoal de Isabel dobrou para 430, e ela mantinha um livro com os nomes de homens que achava que poderiam ser úteis, recorrendo a eles quando ela e Fernando tinham que escolher candidatos para cargos oficiais.[26] Com a única desafiante ao seu trono fora do caminho, esses homens podiam agora voltar suas energias para endurecer o controle de Isabel sobre Castela.

Foi somente um ano mais tarde, entretanto, que sua rival finalmente vestiu seu hábito de freira e, em 11 de janeiro de 1481, a jovem Isabel foi transportada pela fronteira. Sua mãe preocupara-se com direitos de visita durante as negociações do tratado de paz e solicitou uma cláusula que permitisse à jovem ser temporariamente substituída por outro de seus filhos, mas na verdade ela havia entregue sua filha pelos vinte e oito meses seguintes, a fim de garantir sua própria segurança como rainha e a de seu filho como herdeiro.[27] Depois que a Beltraneja escolheu o convento da Ordem de Santa Clara, em Coimbra (um dos cinco únicos conventos que Isabel considerou suficientemente seguros, porque "dizia-se que eram os mais enclausurados"), a rainha enviava embaixadores para verificar que ela estivesse realmente ali. Em sua versão cor-de-rosa dos acontecimentos, o fiel Pulgar faz parecer que eles iam lá para assegurar à Beltraneja que ela podia mudar de ideia e esperar para se casar com João, se preferisse. Mas a verdade de sua situação estava contida em uma frase arrepiante, proferida pelos embaixadores. "Agora estás amarrada", disseram. Isabel ainda continuaria a se preocupar com o status de sua rival por muitos anos, atormentando papas para garantir que ela permanecesse em seu convento e relembrando a cada novo rei português os termos do acordo firmado – ao qual, por fim, seria acrescentada outra estipulação: que a Beltraneja fosse impedida de se casar. Assim como um dia ela instigou seus defensores a "guerrear com fogo e sangue, saqueando, devastando e destruindo" as cidades que apoiavam sua rival, ela continuaria a se assegurar de que a aniquilação da Beltraneja fosse absoluta.[28]

Com a Beltraneja enclausurada, Isabel pôde seguir seu marido até Aragão. Sete anos haviam se passado desde que ela fizera sua ousada reivindicação da coroa. Agora ela lhe pertencia. A guerra civil lhe deixara pouco tempo para o reino de seu marido. Mas agora eles se deslocaram para leste, cruzando a fronteira e levando com eles o pequeno João. O jovem príncipe foi jurado como herdeiro pela corte aragonesa naquele abril, substituindo sua irmã mais velha. Isabel agora, finalmente, também teve seu primeiro encontro com uma das maiores cidades da coroa aragonesa, Barcelona – da qual ela própria se enamorara, à distância, desde que se casara com Fernando. A peste realmente atingira com toda força tanto a cidade quanto a Catalunha, ceifando metade da população e permitindo que a cidade de Valência a sobrepujasse como o principal porto comercial no Mediterrâneo. As recentes rixas de Barcelona com João, o Grande, drenaram ainda mais seus recursos. A outrora grandiosa cidade cercada por magníficos mosteiros estava "quase morta em comparação ao que fora um dia", disse Münzer, enquanto o diplomata e escritor italiano Andrea Navagero achou suas ruas surpreendentemente vazias e sem uma única embarcação em seu famoso estaleiro.[29] As relações com Fernando também nem sempre haviam sido fáceis, e os conselheiros da cidade viam Isabel como uma aliada crucial em suas relações com seu novo rei. A rainha fez o melhor que pôde para mitigar o que via como o ponto fraco da coroa aragonesa – sua constante obrigação de fazer acordos com as cortes de seus reinos individuais. Era um sistema do qual ela naturalmente desconfiava porque era resistente demais ao poder real e, ela achava, encorajava a rebelião. "Aragão não é nossa. Precisa ser reconquistada", ela teria dito em um ataque de orgulho ferido, com suas recalcitrantes cortes.[30] Os reinos de Fernando também tinham suas próprias leis em separado, com o viajante alemão Nicholas von Popplau surpreso de ouvir que na Catalunha os lordes preservavam o direito de dormir com as mulheres de seus vassalos em suas noites de núpcias – "o que é extremamente não cristão".[31]

Isabel, no entanto, havia trocado cartas frequentes com as autoridades de Barcelona e prometido ser sua "advogada e protetora". O sentimento de júbilo era mútuo quando, rompendo a tradição, autoridades da cidade encontraram-se com ela do lado de fora do portão de Sant Antoni antes de seguir em procissão pelas ruas e praças quase desertas sob um *palio* ou baldaquino escarlate. De um palco cuidadosamente montado, uma criança representando a santa padroeira da cidade, Eulalia, suplicava-lhe que ajudasse a cidade a se recuperar dos efeitos da devastadora guerra que travara com o pai de Fernando. "A rainha foi recebida naquela cidade com a maior glória e celebrações jamais vistas para um monarca no passado, com os catalães querendo se destacar dos demais", disse Zurita.[32] Uma fonte jorrando jatos de vinho mantinha feliz muita gente da cidade. Trezentas tochas iluminavam o caminho de Isabel quando foi acompanhada a um mosteiro próximo ao final das opulentas cerimônias. Isso não significava, entretanto, que ela desfrutasse dos mesmos poderes em Aragão como seu marido em Castela. Fernando chegou a nomeá-la seu "outro eu" e "corregente, governadora [e] administradora" de suas terras, mas esses eram poderes que ela raramente exercia.[33]

Quando viajaram de volta a Castela em novembro de 1481, o representante do conselho de Barcelona, Juan Bernardo Marimón, acompanhou-os. Isabel estava agora grávida de gêmeos, e Marimón considerou-a "um pouco cansada pela viagem e pela gravidez",[34] mas ela ficou mais animada quando eles visitaram o pequeno príncipe. "Fiquei encantado de vê-lo e a rainha parecia ainda mais alegre em apresentá-lo a mim", ele disse. Passaram a Quaresma e a Páscoa em Medina del Campo, a cidade comercial de que Isabel tanto gostava, vendo as procissões religiosas e contando as tropas que começaram a se reunir ali para uma campanha contra os mouros de Granada. Em maio, sua imensa praça central e ruas vizinhas encheram-se de comerciantes e compradores de toda a Ibéria e de outras partes da Europa negociando tudo, de lã, tecidos, seda e material de costura a especiarias, sapatos, armas e livros. Isabel também se viu cada vez mais empenhada em lidar com um problema que chamara sua atenção durante a estada em Sevilha. Castela podia estar segura, mas ainda não estava purificada.

19

A Inquisição – populismo e pureza

Sevilha, inverno de 1480

Isabel já havia prevenido as autoridades municipais de Sevilha para que preparassem um bom suprimento de algemas e correntes, bem como garantissem suficiente espaço nas masmorras, prisões e outros locais para a esperada onda de novos prisioneiros na cidade. Agora também havia guardas nos portões de Sevilha para prender aqueles que tentavam escapar de um tipo de terror até então desconhecido, trazido por uma nova espécie de tribunal religioso que ela e o marido haviam inventado – a Inquisição estatal ou conduzida pelo poder real. "Se encontrardes pessoas que deixam ou querem abandonar os lugares onde vivem, a fim de deixar nossos reinos, não as protegei nem defendei, mas prendei", ela ordenou. Sevilha já havia sofrido a devastação causada tanto pelo sistema de justiça notoriamente impiedoso de Isabel quanto pela Peste Negra. Mas este era o maior êxodo de todos. Muitas das casas dos comerciantes ao longo da rua Gênova, bem como algumas perto do portão Minjohar e na paróquia de San Bernardo, ou outras áreas onde aqueles conhecidos como cristãos-novos, ou conversos, viviam, estavam vazias. Cerca de três mil casas foram abandonadas, com um observador afirmando arrebatadamente que a cidade estava "quase deserta".[1]

Durante sua estada em Sevilha, Isabel ouvira vívidas histórias sobre como as pessoas de famílias conversas, que haviam se convertido do judaísmo durante o século anterior, estavam secreta e obstinadamente apegando-se à sua antiga fé. O prior dominicano Alonso de Hojeda mostrara-se especialmente colérico, repetindo muitas das injúrias que haviam sido despejadas nos ouvidos dos monarcas castelhanos anteriores. Grupos secretos de judeus estavam realizando suas reuniões clandestinas bem ali na cidade, sob seu nariz real, ele insistia. Eles continuavam a acender velas e vestir roupas limpas no Shabat, recusavam-se a comer porco e se preparavam para a morte virando em seu leito de frente para a parede. Eles também secretamente enterravam seus mortos em solo cristão, mas segundo os ritos judaicos. "Disseram-me", escreveu Isabel, "que há certos cemitérios ao lado dos mosteiros de São Bernardo, da Santíssima Trindade e de Santo Agostinho nos quais os conversos da cidade costumavam enterrar seus mortos, e que estes eram sepultados com ritos e cerimônias judaicos, buscando terra virgem, em roupas típicas, com os braços estendidos e não em cruz, insultando e lançando opróbrio em nossa antiga fé católica." Se isso era verdade, como Isabel obviamente acreditava, então medidas deviam ser tomadas, e os mortos, desenterrados. "Procedei de acordo com a lei... Se decidirdes que esses cemitérios e sepulturas devem ser confiscados e entregues ao meu tesouro, é meu desejo que o prior e os frades de São Domingos de Porta-Coeli, da Ordem dos Pregadores, recebam o cemitério de São Bernardo com todas as pedras e tijolos dos túmulos lá existentes", ela disse.[2] Os ossos e corpos em putrefação dos hereges mortos poderiam ser incinerados publicamente.

Não resta dúvida de que um pequeno número de judeus secretos continuava a praticar sua fé clandestinamente. Muitos outros ainda não haviam abandonado todas as suas tradições familiares ou as regras e códigos da nova religião não lhes haviam sido adequadamente ensinados. Em décadas anteriores, entretanto, uma investigação sensata sempre concluíra que casos de "judaizantes" (o termo genérico para aqueles que observavam alguma forma de ritual ou costumes judaicos) eram poucos e dispersos.[3] Um número significativo de conversos ainda continuava sutilmente, mas de maneira perceptível, diferente em seus cacoetes linguísticos, práticas culinárias e outros costumes culturais. Muitos ainda viviam em antigos bairros judeus ou próximos a eles, especialmente em cidades grandes com populações de conversos numerosas. Às vezes, as pessoas de um modo geral e até os próprios conversos referiam-se a eles como uma "nação", "raça" ou "estirpe" dentro da Espanha. Alguns tinham parentes próximos que ainda eram judeus. Mas isso não os tornava hereges. Alguns membros de famílias de conversos – especialmente da elite – haviam se casado com cristãos-velhos. Outros haviam seguido profissões de alto nível, como notários, juízes, sacerdotes ou servidores públicos. Na verdade, ao final do século XV a maioria das famílias nobres de Castela e Aragão possuía sangue judeu correndo em suas veias. Alguns tinham orgulho disso. "Existe um povo mais nobre do que o judeu?", ponderou Diego de Valera, um converso que também era um dos mais leais cronistas de Isabel.[4] Dizia-se que até mesmo o marido de Isabel, Fernando, tinha sangue judeu,[5] supostamente através de uma misteriosa tataravó judia de Guadalcanal, perto de Sevilha, chamada dona Paloma. E muitos dos seus servidores mais graduados, como Andrés de Cabrera, ou o confessor de Isabel, Alonso de Burgos, um homem que falava sem rodeios, também pertenciam a famílias de cristãos-novos. A grande maioria de conversos – cujo número é difícil de avaliar, mas contabilizados como um em cada quinze espanhóis – estava adequadamente integrada na Igreja católica, especialmente porque era desprezada pelos judeus. Nem todos podem ter seguido as normas da Igreja ao pé da letra, mas em uma época de vasta ignorância sobre o comportamento cristão adequado poucos o faziam. No entanto, frades radicais e rivais empedernidos continuavam a atiçar o ódio popular, e explosões de violência tornavam-se cada vez mais frequentes. O conflito entre cristãos-novos e cristãos-velhos se transformara em um grande problema social, ao menos nas cidades. Entretanto, onde monarcas anteriores identificavam a inveja econômica ou o preconceito racial como o fator que movia os inimigos dos conversos, Isabel via sérios motivos de preocupação. "Não podíamos ter feito por menos, considerando o que nos contaram em Andaluzia", Fernando explicaria posteriormente.[6]

Há muito tempo, a Igreja tinha um mecanismo para lidar com a heresia. Inquisições papais ou "medievais" podiam ser e tinham sido ativadas pelo papa sempre que necessário em uma determinada arquidiocese ou em um país inteiro. Uma delas existia há muito tempo em Aragão, com o mestre geral dos dominicanos nomeando os inquisidores, embora fosse discreta e não estivesse muito interessada em conversos. O núncio do papa em Castela, Nicolò Franco, chegara em 1475 com instruções para usar a Inquisição tradicional para descobrir se os conversos eram realmente um problema, mas Isabel buscava algo mais forte e severo. Ela queria uma Inquisição apoiada pelo Estado, com encarregados nomeados pela realeza, de modo que ela pudesse lançar tanto o poder moral da Igreja quanto a violência do Estado contra essa ameaça à pureza cristã da Espanha. O papa Sisto IV assinou uma bula, datada de 1478, permitindo que Isabel e seu marido nomeassem inquisidores. Ela permaneceu sem ser utilizada até setembro de 1480, quando Isabel e Fernando indicaram os dois primeiros inquisidores e ordenaram-lhes que procurassem hereges em Sevilha.[7]

A escolha da cidade não foi de forma alguma aleatória. Ao final do século anterior, Sevilha se vangloriava de ter a que muito certamente seria a maior população de judeus do mundo, com vinte e três sinagogas e até 35 mil pessoas em seu bairro judeu. Os *pogroms* que se espalharam pela Espanha em 1391 foram o pior massacre de todos em Sevilha, com até quatro mil pessoas assassinadas.[8] "Mataram uma multidão", relatou uma fonte judaica bem-informada.[9] "Muitos dos judeus na Espanha renunciaram à fé de Moisés, especialmente em Sevilha, onde a maioria deles abandonou o amor-próprio", confirmou outro escritor judeu, que via a conversão como covardia.[10] Em consequência, Sevilha era agora o lar do maior grupo de conversos de Castela, que contabilizava mais de um terço da população da cidade.[11] A Inquisição espanhola, como seria conhecida, fez deles seu principal alvo.

O antigo confessor de Isabel de Segóvia, o prior dominicano Tomás de Torquemada, "cujo coração e alma estavam iluminados de inspiração... para perseguir a heresia depravada", há muito tentava persuadi-la da necessidade dessa nova modalidade de Inquisição. Já no começo de seu reinado, ele a havia avisado contra os hereges e fora explícito sobre a necessidade de manter os cristãos longe da influência corruptora de judeus e mouros, querendo forçá-los a viver em guetos – uma medida que Isabel também adotou em 1480.[12] "Vossa Alteza Real deve ameaçar com punições se os judeus e os mouros não forem colocados à parte, para que não vivam entre cristãos, e ordenar que usem símbolos de identificação", ele insistiu com ela em um memorando que se supõe que tenha escrito em 1478.[13] Essas eram ideias que ele andara sussurrando em seu ouvido desde que se conheceram, quando ela era uma adolescente em Segóvia. "Ela jurou para ele, em nome de Nosso Senhor, que se Deus lhe entregasse o Estado real ela ordenaria medidas legais contra o crime de heresia, e que essa seria a tarefa principal", disse Zurita.[14] Mas a oposição veio do confessor de confiança de Isabel, Talavera, que achava que quaisquer falhas entre os conversos deviam-se a um ensino deficiente, e de clérigos de alto escalão, como o cardeal Mendoza, que simplesmente não gostavam da ideia de controle do Estado sobre uma questão religiosa.[15]

Isabel manteve-se à parte enquanto Talavera tentava corrigir o problema através da pregação, mas sua paciência se esgotou quando lhe mostraram um manuscrito escrito por um converso judaizante que defendia uma religião sincrética, misturando o melhor do cristianismo com o melhor do judaísmo. Isso, ele dizia, evitaria a idolatria e a corrupção da Igreja estabelecida. Isabel, furiosa, levou o manuscrito a Talavera em Valladolid. "Foi a vossa mão real que me trouxe isto neste nosso mosteiro", ele disse em sua própria resposta escrita ao manuscrito.[16] A alegação do autor de que falava em nome de todos os conversos era uma óbvia mentira, mas ele colocara por escrito o que um pequeno número deles devia pensar. Era a prova mais óbvia de que a heresia realmente existia – por mais limitada que fosse –, e Talavera rabiscou uma resposta rápida e colérica, condenando o autor, ao mesmo tempo que fazia críticas antecipadas à nova Inquisição estatal que agora parecia inevitável. "Esse detestável e mais horrível de todos os crimes é reservado à jurisdição eclesiástica", alegava. Isabel não lhe deu nenhuma atenção.

O cronista radicalmente antissemita[17] Andrés Bernáldez, que era um pároco na cidade vizinha de Palacios, bem como capelão do arcebispo de Sevilha, listou os crimes dos conversos desde a celebração da Páscoa judaica à sedução de freiras. "Os conversos observavam muito mal os preceitos da fé", ele disse.[18]

> Os hábitos dessas pessoas comuns eram exatamente os mesmos dos repulsivos judeus, em consequência do permanente contato entre eles. Eram igualmente gananciosos e avarentos, sem nunca perder o costume judeu de comer alimentos repugnantes, ensopados ou terríveis pratos de cebola e alho, de alimentos fritos em óleo, e cozinhavam a carne com óleo ou vertiam óleo sobre ela, em vez de toucinho ou banha de porco, a fim de evitar a gordura de porco; e essa mistura de óleo e carne produz um mau cheiro horrível; em consequência, suas casas e as entradas delas fediam com essa comida detestável; e eles próprios cheiravam a judeus. Eles observavam a Páscoa judaica e os sábados da melhor maneira possível; enviavam óleo para as lamparinas da sinagoga; tinham judeus que secretamente rezavam por eles em suas casas, especialmente e muito clandestinamente para as mulheres.

Bernáldez observou a introdução da Inquisição com aprovação. "O rei e a rainha tomaram ciência de tudo isso", ele relatou. Eles haviam pedido ao bispo de Cádis para examinar o problema com a ajuda do radical Hojeda, que pertencia à mesma ordem dominicana de Torquemada. O relatório que veio em resposta era, como se podia esperar, repleto de avisos sombrios de terrível heresia. "Considerando que isso não poderia, de forma alguma, ser tolerado, nem resolvido sem uma inquisição sobre isso, eles denunciaram a situação minuciosamente a Suas Altezas, informando-as de como, quem e onde as cerimônias judaicas eram realizadas, e que pessoas poderosas estavam envolvidas juntamente com uma grande parte da [população da] cidade de Sevilha."[19]

Esperava-se, portanto, que os inquisidores de Isabel descobrissem prova de heresia. Enquanto fazia questão de que eles fossem instalados em dependências adequadas, ela também escreveu avisando o "assistente" da cidade (como era chamada a versão sevilhana do corregedor – o inspetor real nas cidades, cujo poder Isabel empenhava-se em aumentar como parte de sua tentativa de estender seu controle sobre a vida dos castelhanos comuns) para tomar cuidado com agitações e distúrbios que, ela imaginava, a chegada deles iria provocar. "Se alguém criar problemas, prendei-o e confiscai seus bens e propriedades", Isabel instruiu. Os inquisidores levaram apenas alguns dias para provocar tumulto, fazendo uma grande demonstração de autoridade com a perseguição dos conversos mais proeminentes, em primeiro lugar. "Por diversas maneiras distintas, eles souberam em poucos dias a verdade sobre essa heresia perversamente depravada e começaram a prender homens e mulheres dentre os mais culpados, colocando-os em San Pablo [mosteiro]; em seguida, prenderam alguns dos mais respeitáveis e ricos deles", disse Bernáldez. Com um número tão grande de conversos considerados suspeitos, as prisões rapidamente se encheram e, com o excesso de prisioneiros, os inquisidores tiveram que tomar emprestado o castelo do outro lado do rio Guadalquivir, em Triana, transportando-os pela sofisticada ponte de pontões chamada Puente de Barcas.[20]

Os sevilhanos logo se acostumaram com a fumaça e o cheiro das fogueiras da Inquisição, que queimou suas primeiras vítimas em 6 de fevereiro de 1481 em uma fogueira supervisionada por quatro estátuas de gesso dos profetas. "Na primeira queima, eles levaram seis homens e mulheres à [Plaza de] Tablada e lhes atearam fogo. Frei Alonso [de Hojeda], um ferrenho defensor da fé de Jesus Cristo e aquele que mais se empenhou para levar a Inquisição a Sevilha, orou ali", relatou Bernáldez. "Logo nos primeiros dias, eles queimaram três dos mais importantes e ricos homens da cidade." As vítimas incluíam Pedro Fernández Benadeba, o *mayordomo* da catedral da cidade, e um ilustre e respeitado juiz chamado Juan Fernández Abolasia. "Nem sua riqueza nem favores puderam ajudá-los", disse Bernáldez, que notou que três padres conversos e quatro monges estavam também entre aqueles que foram queimados nos oito anos seguintes.[21]

Os dois primeiros inquisidores, os frades dominicanos Juan de San Martín e Miguel de Morillo, não eram de posição tão alta quanto o papa teria esperado para um papel tão importante, mas eram acompanhados, ao menos no começo, por Juan Ruíz de Medina, o prior da grande igreja colegiada na amada Medina del Campo de Isabel, que subiria rapidamente pelos níveis hierárquicos da burocracia tanto real quanto eclesiástica. Seus poderes eram extraordinários. Em janeiro de 1481, apenas três meses antes de começar, eles sentiram-se livres para ameaçar um dos homens mais fortes da cidade, o marquês de Cádis, por proteger conversos que haviam fugido para suas terras. O marquês deve tê-los considerado inicialmente como dois modestos frades, mas a advertência que lhe fizeram foi outro golpe ao status dos Grandes, já que – intencionalmente ou por uma coincidência útil – esta nova Inquisição, apoiada pelo poder real, também servia ao objetivo mais amplo e autoritário de Isabel e Fernando de diminuir seu poder. "Nós avisamos que agiremos contra vós e outros de todos os modos possíveis... como defensor, protetor, receptor e encobridor de heresia", disseram.[22]

Aqueles que "confessavam" e se arrependiam, os chamados "reconciliados", podiam se safar com multas, mas somente após humilhação pública nas superlotadas cerimônias ao ar livre dos autos de fé. Até 500 reconciliados de cada vez eram desfilados pelas ruas da cidade, com seus sambenitos em farrapos e chapéus altos e cônicos. "Os inquisidores tiravam as pessoas da prisão, vestiam-nas com sambenitos – com uma cruz vermelha na frente e outra atrás – e as obrigava a andar pela cidade naqueles sambenitos por um longo tempo", disse Bernáldez.[23] Os que conseguiam fugir de Sevilha geralmente acabavam sendo condenados em sua ausência, e seus bens repassados ao tesouro real – que recebeu um modesto auxílio da inundação de multas e propriedades confiscadas. A Igreja por si mesma não podia derramar sangue humano, de modo que os culpados eram entregues ao chamado "braço secular", as autoridades civis que realizavam as execuções pela fogueira ou pelo garrote. Este último era o destino "de sorte" daqueles que confessavam a caminho da execução. Foi a Igreja, entretanto, que promoveu a morte na fogueira – um conceito alheio à lei comum castelhana. A lógica era de que isso fazia um favor às vítimas, já que o castigo na Terra poderia salvá-las da danação eterna após a morte.[24]

Com o tempo, as fogueiras vieram a incinerar não só os vivos, mas também os já mortos, como aqueles nos cemitérios de Sevilha sobre os quais Isabel escrevera aos seus inquisidores. Eles foram exumados e seus ossos atirados em fogueiras. Seus descendentes eram notificados e convidados a defendê-los, mas a maioria declinava. Iriam apenas se arriscar a serem eles próprios processados. Ainda assim, seus filhos muitas vezes se viam forçados a pagar multas pelos supostos crimes de seus antepassados falecidos, desenterrados e carbonizados – inclusive aqueles que haviam morrido até setenta anos antes. Novas instruções aos inquisidores na cidade eram bastante claras. "Enquanto se concentram nos que estão vivos, não devem negligenciar aqueles que se considera que morreram como hereges judeus, os quais deverão ser exumados, a fim de que sejam queimados, e de modo que os coletores de impostos possam lidar com seus bens segundo as leis relevantes", proclamavam as instruções assinadas por Torquemada, que foi nomeado inquisidor geral em 1483 e se tornou seu espírito impulsor. Entre os que deveriam receber propriedades tomadas dos conversos de Sevilha estava o próprio criado de Torquemada, Martín de Escalada, que recebeu as casas tomadas de Juan Pinto, o Surdo. A cremação dos já mortos era acompanhada de grande cerimônia. Efígies eram feitas, vestidas com roupas de enterro e individualmente denunciadas em um dos grandiosos eventos de auto de fé antes de serem declaradas culpadas e atiradas às chamas com os ossos. Quatrocentos mortos foram condenados e ritualmente queimados em uma única ocasião em Toledo.[25]

Palencia, que também vinha de uma família de conversos, calculou em 16 mil o número dos que foram julgados pela Inquisição de Sevilha em seus primeiros anos – ou seja, metade da população de conversos da cidade e um sexto de seus habitantes. Como muitos, ele parecia ansioso para se distanciar do problema mostrando seu apoio à Inquisição, culpando alguns de seus companheiros conversos por ousarem se erguer acima de sua posição. "Extraordinariamente enriquecidos por estranhas artes, orgulhosos e aspirando com insolente arrogância ao cargo público, homens de origem humilde compraram para si próprios, com dinheiro, o status de cavalheiros, contra as normas e usando trapaças",[26] ele escreveu. O outro crime deles, em outras palavras, foi serem recém-chegados bem-sucedidos na comunidade cristã, usando a astúcia e adaptabilidade do forasteiro a seu próprio favor assim que se converteram, e tiveram acesso aos privilégios e truques da maioria dominante cristã.

Com os inquisidores de Sevilha tão rápida e eficientemente "provando" que a adoção do judaísmo estava disseminada, era inevitável que a Inquisição logo estendesse seu alcance a outras cidades em Andaluzia e por toda Castela e Aragão – fazendo deste um dos primeiros projetos compartilhados da nova Espanha, criado por Isabel e Fernando. As confissões forçadas dos supostos judeus secretos de Sevilha logo forneceram a prova de que a heresia se tornara epidêmica. "A partir de suas confissões... os judeus [secretos] de Córdoba, Toledo, Burgos, Valência, Segóvia e de toda a Espanha foram descobertos", afirmou Bernáldez. A Inquisição, assim, tornou-se uma máquina que se autoperpetuava e se autorrealizava. Ao extrair falsas confissões dos que torturava ou tiranizava, ela criava um número tão grande de hereges que rapidamente se presumiu que muitos dos conversos realmente deviam ser judeus secretos. E quanto mais os conversos viam que não havia outra fuga senão a confissão, mais os inquisidores eram abastecidos de provas. Afirmar a própria inocência, como os conversos mais devotos e mais orgulhosos fizeram, era uma estratégia arriscada que poderia terminar na câmara de tortura. Se os ricos, os privilegiados e até mesmo membros ordenados da Igreja eram incapazes de se defender, o artesão e o comerciante humildes, dos quais a maior parte da população de conversos era constituída, devem ter se saído muito pior. O anonimato era garantido àqueles que denunciavam os supostos judaizantes, significando que, em geral, os acusados pouco podiam fazer para se defender. Um documento da Inquisição de 150 anos mais tarde expõe sua abordagem abrangente ao comportamento suspeito que os bons cristãos deviam imediatamente denunciar:

> Se alguém sabe ou ouviu falar de alguém que guarda o Shabat, observando a Lei de Moisés, usando camisas brancas limpas e suas melhores roupas, e estendendo toalhas limpas e roupas de cama limpas em dias de festa, em honra ao referido Shabat, sem acender luzes da noite de sexta-feira em diante... Ou que comeram carne durante a Quaresma e em outros dias proibidos pela Santa Madre Igreja. Ou que fizeram o grande jejum, que chamam de jejum do perdão, permanecendo descalços. Ou se rezam preces judaicas e à noite suplicam perdão uns dos outros, com os pais colocando a mão sobre a cabeça de seus filhos sem fazer o sinal da cruz ou sem dizer nada além de: "Seja abençoado por Deus e por mim"... Ou se alguma mulher passar os quarenta dias após o parto sem ir à igreja. Ou se eles circuncisam seus filhos ao nascer ou lhes dão nomes judeus. Ou se após o batismo eles lavam o local onde o óleo e o crisma foram colocados. Ou se quando alguém está em seu leito de morte vira-se para a parede para morrer ou se lavam o corpo do morto com água morna, raspando sua barba, axilas e outras partes do corpo.[27]

Com o anonimato garantido, a Inquisição tornou-se um canal para a vingança pessoal e o ódio popular. Cristãos-velhos já não precisavam se rebelar ou atacar os bairros dos conversos, que eram pejorativamente chamados de marranos, ou porcos. Eles podiam simplesmente inventar histórias. A Inquisição era, a esse respeito, um modo eficiente de manter a ordem pública (algo em que Isabel estava interessada, como os sevilhanos sabiam muito bem), ainda que apenas por transferir a culpa – e a punição – para as vítimas. Até mesmo alguns judeus que menosprezavam os conversos como traidores uniram-se ao jogo, oferecendo-se voluntariamente como testemunhas – falsas ou não – contra aqueles cujas famílias haviam rejeitado sua própria fé ou que, simplesmente, eram inimigos pessoais. Um médico judeu estava entre as testemunhas em um caso em Soria, dizendo aos inquisidores que um dos acusados havia chamado ninguém menos do que o chefe dos inquisidores, Tomás de Torquemada, de "um cachorro... e herege cruel".[28] Os judeus ficaram sob intensa pressão. "Proclamações eram emitidas em todas as sinagogas de que todo homem ou mulher que soubesse alguma coisa sobre a conduta dos marranos devia denunciá-los, independente da ofensa ser grave ou não", escreveu um historiador judeu que falou para os que estavam no exílio.[29] A própria Isabel tomou medidas para reprimir alguns dos falsos testemunhos dados contra os conversos em Toledo, ordenando prisões e torturas.[30]

Um escritor judeu viu ganância por trás de muitas das denúncias, fossem de cristãos-velhos, companheiros conversos ou judeus. "Se uma mulher desejasse os vasos de ouro e prata de sua vizinha ou de uma mulher que vivesse no mesmo prédio que ela, e a mulher se recusasse a entregá-los, ela [a outra mulher] era denunciada", ele escreveu.[31] Um segundo escritor judeu concordou. "Havia na época alguns conversos que entregavam os próprios irmãos ao poder do monstro cruel. A pobreza era o estímulo e a razão para a maioria dos atos malignos. Muitos conversos pobres dirigiam-se às casas de seus irmãos mais ricos para pedir um empréstimo de 50 ou 100 cruzados para suas necessidades. Se algum deles se recusasse, eles o acusavam de judaizante."[32] Em um caso famoso, dois conversos de Huesca, Simon de Santángel e sua mulher, foram queimados em Lleida depois de terem sido denunciados pelo próprio filho.

Nos casos em que os inquisidores não tinham certeza da culpa ou queriam forçar um réu a testemunhar, a tortura era encorajada. Um documento instruindo os torturadores é extremamente eloquente. Fornece um guia passo a passo de como usar a cremalheira para esticar os membros do torturado ao ponto de ruptura, aconselhando o torturador a não se apressar e oferecer à vítima a oportunidade de falar entre cada passo.[33] As vítimas deveriam ser amarradas à cremalheira com cordas separadas ao redor de cada membro que pudessem também ser apertadas, estancando o fluxo de sangue. "É preciso que se entenda que esses passos da tortura são projetados para infligir a maior dor possível ao prisioneiro, a fim de obter uma confissão aplicando-os às áreas mais sensíveis e indo de um membro ao outro", o autor anônimo explicava. "Deve-se aplicar o que for mais eficaz. Só estou registrando o que eu fiz." Era mais fácil confessar do que resistir.

    Como o comportamento suspeito em geral girava em torno de hábitos domésticos na cozinha e em outras partes, muito mais mulheres do que homens eram presas.[34] Quando a mulher de trinta e dois anos de um comerciante de especiarias chamada Marina González foi visitada em seu leito de enferma por um notário da Inquisição em sua cidade natal de Almagro, ela admitiu seguir alguns costumes e ritos judaicos, culpou seus dois cunhados e suplicou perdão. "De agora em diante, [eu prometo] viver e morrer e terminar meus dias na Santa Fé católica pelo resto da minha vida", ela disse. Mas quando foi presa novamente e levada diante do tribunal de Toledo pelo carcereiro especial da Inquisição da cidade, Pedro González, o Nariz Arrebitado, a corte decidiu que ela devia ser torturada para descobrir se havia se mantido fiel à sua promessa.[35] Seus advogados ressaltaram que ela nunca descansava no Shabat, possuía uma imagem de Santa Catarina, comia carne de porco, matava aves estrangulando-as e comia "todos os tipos de alimentos cristãos, sem distinção". Marina González vivia, vestia-se e falava como uma boa cristã, "assistindo à missa e tomando a santa comunhão e seguindo os jejuns da Igreja", declararam, e queixaram-se de que as alegações eram todas vagas, sem datas ou lugares. "E embora ela use pequenas saias feitas de tecido vermelho... Vossas Reverências não proibiram tal coisa, a não ser que fossem escarlates."[36]

    Marina González teve uma chance de confessar, mas insistiu em sua inocência e foi mandada para a câmara de tortura.

> Tiraram suas velhas e pequenas saias e a colocaram na cremalheira, com as cordas apertadas ao redor de seus braços e pernas e uma corda mantendo sua cabeça no lugar... e com uma jarra que continha cerca de um litro e meio de água, eles começaram

a dar-lhe água, e depois de terem entornado meio litro [em sua boca e nariz], o Licenciado [Fernando de Mazuecos, o inquisidor] perguntou se ela havia feito algo errado e ela respondeu "não". Eles continuaram a despejar a água, e então ela disse que iria lhes contar a verdade, mas não disse nada. [Assim] deram-lhe mais água, e ela disse que, se parassem, ela lhes diria a verdade. Mas ela não disse absolutamente nada. Sua Reverência ordenou que lhe dessem mais água, até que a jarra de um litro e meio ficasse vazia, e ela nunca disse nada.

De vez em quando eles desamarravam sua cabeça, permitindo que ela se sentasse e convidando-a a falar. No começo ela se recusou, mas por fim acusou uma vizinha de observar os jejuns judaicos. Levada de volta à prisão, Marina González recusou-se a comer, e este foi seu derradeiro erro. Ela foi considerada culpada de tentar "se matar na prisão, a fim de evitar confessar seus erros". Ela foi colocada em um tablado de madeira na Plaza Zocodover da cidade enquanto o julgamento era lido em voz alta. "Nós a declaramos uma herege e apóstata reincidente", o tribunal decidiu. "E tendo incorrido na grande sentença de excomunhão, confisco e perda de seus bens, devemos remetê-la para a justiça do braço secular [as autoridades civis, que respondiam à coroa e que executavam as punições]." Isso significava a morte.[37]

Os conversos de Sevilha reagiram com grande fúria à brutalidade da Inquisição, clamando por uma justiça adequada e exigindo que Isabel e Fernando interviessem. Os conversos, em sua maior parte, se consideravam – e eram – cristãos corretos, ao menos tão bons quanto os que não tinham sangue judeu.

Todos os cristãos estavam, em tese, em pé de igualdade diante de Deus, e não podiam compreender por que as vítimas da Inquisição eram "somente aqueles convertidos à fé que vinham de uma linhagem judia, e não outros". A heresia de outros tipos não era predominante na

Espanha, mas os espanhóis comuns não eram nem um pouco cristãos bons e respeitosos. "De trezentas pessoas, mal encontraremos trinta que sabem o que devem saber", escreveu mais tarde um frade dominicano de sessenta anos, ressaltando que era provável que os ricos fossem tão ignorantes quanto os pobres. O sigilo e a tortura distorciam o processo judicial e os conversos reclamavam, enquanto aqueles que erravam em sua fé deviam ser esclarecidos, não queimados. "Diziam que era desumano e cruel atirar no fogo qualquer um que pronunciasse o nome de Cristo, que confessasse que era cristão e quisesse viver como cristão", disse Pulgar.[38]

Homens como Pulgar, que claramente via a mão da "rainha católica" em ação, podiam compreender que era errado punir a maioria pelos pecados de alguns poucos. "Vossa Alteza deveria tratar as poucas pessoas que recaíram em sua antiga fé de uma forma, mas tratar a maioria de forma diferente", ele disse.[39] Pulgar também podia ver que as falhas dos conversos, onde existiam, em geral eram as mesmas dos cristãos-velhos. Com poucos exemplos bons para seguir, não era de admirar que alguns conversos não estivessem observando a doutrina católica adequadamente. "Considerando que os cristãos-velhos são tão ruins, os novos [também] o são", ele escreveu. "Jogar todos eles na fogueira por causa disso seria a mais cruel de todas as medidas."

Como Roma foi inundada com as reclamações dos conversos de Sevilha, o papa reviu sua decisão sobre a natureza real da Inquisição, alegando que ele fora enganado e levado a assinar um documento que não compreendia inteiramente. "Fui informado de que muitas pessoas foram injusta e deliberadamente presas, sem a adequada observância da lei; foram submetidas a terríveis torturas, injustamente declaradas hereges e tiveram seus bens confiscados", ele escreveu,[40] depois que Fernando reformou a antiga Inquisição aragonesa com base no modelo castelhano, para que ele também pudesse nomear seus próprios inquisidores lá. "A Inquisição tem sido, há algum tempo, motivada não pelo zelo da fé e da salvação de almas, mas pelo desejo de riqueza, e muitos cristãos verdadeiros e fiéis, com base no testemunho de inimigos, rivais, escravos e outras pessoas inferiores e até mesmo vis, têm sido, sem nenhuma prova legítima, atirados em prisões comuns, torturados e condenados como hereges reincidentes, despojados de seus bens e propriedades e entregues ao braço secular para serem executados, colocando almas em perigo", continuou o papa. A Inquisição havia se tornado, em outras palavras, uma forma de terror. Sisto acreditava que a Inquisição ficara descontrolada porque ele cedera a nomeação de inquisidores a Isabel e Fernando. Em consequência, a Inquisição real lançada em Sevilha foi temporariamente suprimida em janeiro de 1482, quando Sisto retirou o direito dos soberanos de nomear inquisidores, acabou com o anonimato dos acusadores e permitiu apelos a Roma. Mas Isabel e seu marido não estavam preparados para abrir mão de um instrumento tão poderoso. Fernando respondeu ao papa com uma carta colérica, insistindo que "estamos decididos a nunca deixar ninguém ocupar esse cargo [de inquisidor] contra nossa vontade".[41] Logo Sisto recuou. Primeiro, os inquisidores originais tiveram permissão para continuar agindo em Sevilha, em seguida ele permitiu as extensões da Inquisição por toda Castela, com as normas originais impostas por Isabel e Fernando.[42]

Uma bula papal enviada a Isabel em fevereiro de 1483 deixa poucas dúvidas sobre seu apoio pessoal ao tribunal. Na carta, o papa Sisto IV tenta acalmar seus temores de que a Inquisição seja vista por estranhos como uma mera operação de fazer dinheiro, destinada a despir os conversos de sua riqueza e enriquecer a coroa. "As dúvidas que Vossa Alteza parece ter sobre se pensamos que, tomando medidas para proceder tão severamente contra aquelas pessoas pérfidas que, sob um disfarce cristão, blasfemam e, com um caráter judeu insidioso, crucificam Cristo... que Vossa Alteza seja movida mais pela ambição e pelo desejo de bens materiais do que pela defesa da fé e da verdade católica ou pelo temor a Deus deve saber que nunca aventamos a menor suspeita de que esse possa ser o caso."[43] Ela havia escrito ao papa, na época, porque estava preocupada com sua imagem, não com respeito à instituição. Ao instaurá-la, Isabel insistia, ela estava meramente fazendo o que era certo para Deus. Não era a primeira vez, e certamente não seria a última, que ela depositava a responsabilidade pelos seus atos em Deus.

O entusiasmo de Isabel pela Inquisição se torna ainda mais claro em duas cartas que ela escreveu a outro papa, dez anos depois de sua instauração – quando o número de suas vítimas mortais era contado bem acima de mil pessoas. Nesta fase, autoridades clericais de alto escalão, como Juan Arias Dávila,[44] o bispo converso de Segóvia, viram suas famílias sob ataque e travaram uma ação de resistência em Roma – onde um papa diferente, Inocêncio VIII, preocupava-se com o poder dos monarcas espanhóis sobre a Inquisição. "Podeis imaginar o quanto fiquei perturbada ao ver o efeito no espírito de Vossa Santidade das informações fornecidas por um bispo cuja viagem a essa corte [de Roma] obviamente não teve apenas o propósito de ocultar a verdade nos casos que afetaram seus pais e sua família, mas principalmente impedir e criar problemas para o Santo Ofício da Inquisição, difamando seus ministros", Isabel escreveu em uma carta.[45] Sob os termos da criação da Inquisição, tais casos não deveriam ser ouvidos em Roma, ela declarou. Quando a primeira carta não conseguiu provocar a reação esperada, ela escreveu uma furiosa continuação de próprio punho, insistindo que os poderes da Inquisição não diminuíam a autoridade do papa. "Seria mais prejudicial à primazia, honra e fama – considerando que é amplamente sabido que esse crime herege existe nestes reinos – se a investigação judicial fosse de algum modo impedida ou desviada", ela escreveu. "A verdade sobre esta questão não pode ser descoberta tão longe [em Roma]... Vossa Santidade deveria ouvir aqueles que dizem que estão motivados apenas pelo zelo na elevação de nossa fé católica... em vez de ouvir aqueles que falam levianamente e criam heresia, que tentam desfazer a Inquisição e se opõem a ela, como o bispo de Segóvia e outros." Isabel estava obviamente aborrecida, e sua carta manuscrita estava repleta de rasuras coléricas. Ela acabou por pedir desculpas caso tivesse ido longe demais em suas palavras, mas disse que considerava seu dever objetar, por mais "mal fundamentados e mal-escritos" que fossem seus argumentos. A Inquisição era algo sobre o qual ela nutria sentimentos fortes, e o poder pessoal que ela e o marido exerciam sobre essa instituição era importante porque, desse modo, ela poderia ser mantida em seu caminho sem se desvirtuar. Uma parte significativa de seus súditos cristãos era, agora, o alvo de uma perseguição arbitrária e cruel, mas Isabel permanecia convencida de que o que estava fazendo era obra de Deus.

A prova mais convincente de que os conversos não eram judeus secretos vem dos verdadeiros judeus da Espanha. Os que haviam se apegado à sua fé enojavam-se daqueles que a abandonaram, e agora eram "inadvertidamente nossos inimigos".[46] "Eles seguem as leis dos gentios por vontade própria", observou um judeu desalentado, não muito tempo depois das conversões originais.[47] Na época de Isabel, rotineiramente se referiam a eles como *meshumadim*, ou convertidos por vontade própria, em vez de *anusim*, ou convertidos à força, com Isaac Abravanel, um dos judeus mais proeminentes da época de Isabel, chamando a grande maioria deles de "pecadores" e "criminosos".[48] Na realidade, a ávida adoção tanto do cristianismo como do antissemitismo por alguns sugere que muitos tinham o fervor de novos convertidos.[49] "Eles e seus descendentes depois deles buscavam ser completos gentios... imbuídos da nova fé", ele escreveu. Mas Abravanel também sabia que isso não iria ajudá-los aos olhos de alguns cristãos que "os chamam de judeus e pelo nome de Israel serão conhecidos contra sua vontade e serão considerados judeus e acusados de adotarem o judaísmo em segredo, e na fogueira eles serão queimados por esse motivo".[50] Outro escritor judeu via a Inquisição como a maneira de Deus punir os conversos por abandonarem uma fé sem realmente abraçar outra, e o fato de que a maioria das vítimas adotava a opção mais fácil de se arrependerem e serem mortas pelo garrote, enquanto se apegavam à cruz, em vez de queimadas no poste como prova de que bem poucos eram judeus verdadeiros.[51]

As duas comunidades – onde ainda existiam como tal – viviam perto uma da outra, com inevitáveis sobreposições nos negócios e através de laços de sangue. O bispo de Segóvia tinha uma irmã que morava com ele que era judia, e uma proeminente família judia em

Aragão, os De la Cavallería, se dividiram depois que vários irmãos se converteram, enquanto dois não o fizeram.

Ironicamente, a própria Inquisição parece ter incitado um novo, ainda que muito pequeno, movimento criptojudaico entre aqueles que agora se sentiam órfãos em seu cristianismo, embora nem todos os judeus fossem acolhedores, com alguns alegando que eles haviam perdido o direito de retornar. Aqueles criptojudeus que retornavam com o tempo contabilizaram talvez um em cada duzentos conversos.[52]

Era a raça, tanto quanto a religião, que tornava os conversos suspeitos. Talvez a mais reveladora descrição deles, ao menos por seus inimigos, era como o "quarto tipo [étnico]" de Castela (provavelmente depois dos castelhanos, galegos e bascos), mas enquanto os três últimos eram todos castelhanos "naturais", a "nação" de conversos não era, e assim continuavam a ser pessoas de fora infiltradas nas fileiras cristãs.[53]

Novas provas da intolerância racial que servia de base à Inquisição e outras medidas religiosas aprovadas por Isabel vieram com as normas lentamente disseminadas de "pureza de sangue". Isso bania os conversos das instituições de elite, ordens monásticas e outros lugares, puramente com base em seu sangue judeu. Misturar sangue (ou cultura) converso com o de cristãos-velhos, segundo a lógica, tornaria as gerações posteriores mais inclinadas à heresia. Uma faculdade na Universidade de Salamanca foi a primeira a bani-los quando a Inquisição começou seu trabalho por volta de 1482, seguida por outra em Valladolid. Torquemada baniu todos os conversos de um mosteiro dominicano que ele havia fundado em Ávila – embora essas regras, em geral, fossem frouxamente policiadas –, e a Ordem de São Jerônimo, que detinha o mosteiro favorito de Isabel em Guadalupe, também os baniu em 1493. Diz-se que Isabel "ouviu [essas notícias] com prazer", e ficou feliz em ver a Inquisição também aplicar uma versão adaptada dessas regras de sangue punindo a prole de suas vítimas. Entre as ordens reais por ela aprovadas, havia uma banindo os filhos e netos dos reconciliados de Sevilha de ocupar cargos públicos ou reais em 1501.[54]

Embora estivessem se deixando levar pelo preconceito popular e pelas fantasias de frades radicais, Isabel e Fernando eram os verdadeiros fundadores da Inquisição. Foram eles que se queixaram ao papa sobre os falsos conversos em seus reinos e pediram permissão para nomear inquisidores "para extirpar uma seita tão perniciosa pela raiz". Em Castela, Fernando era em geral, visto como um instigador, enquanto em Aragão a culpa era muitas vezes atribuída a Isabel. Talvez, considerando o dissabor de um exercício que combinava elementos tanto de limpeza étnica quanto religiosa, era mais fácil cada reino transferir a culpa para o parceiro do soberano. Na verdade, eles concordavam plenamente sobre a questão, com Isabel vigiando de perto, protetoramente, o bem-estar de seus inquisidores, e assegurando que recebessem generosos rendimentos.[55]

A busca da rainha pela pureza religiosa não terminava ali, e a Inquisição de Sevilha logo teve uma consequência dramática na cidade. Alguns milhares de judeus haviam se apegado à sua religião, apesar da violência ocasionalmente desencadeada contra eles e diante de uma crescente hostilidade social. Os judeus há séculos tinham sido uma parte importante da sociedade de Sevilha. Agora Isabel decidira que eles deveriam ser expulsos de quase toda a Andaluzia, alegando que constituíam um perigo moral para os conversos e os encorajavam a se judaizar. Em uma extraordinária extensão de seus poderes para cobrir um grupo religioso fora da Igreja católica, a Inquisição deveria supervisionar o processo. Em 1º de janeiro de 1483, ela emitiu instruções para que os judeus deixassem as arquidioceses de Sevilha, Córdoba e Cádis.[56] Cerca de cinco mil pessoas se mudariam nos meses seguintes. "Elas foram em sua maior parte para Toledo e a Velha Castela",[57] relatou Isaac ibn Farradj, cujos pais partiram para Medina del Campo. Foi a primeira expulsão ordenada em Castela. Não seria a última.

20

Cruzada

Zahara de la Sierra, 27 de dezembro de 1481

Isabel, a essa altura, estava acostumada à vitória; portanto, a notícia de uma derrota na fronteira de Granada deve ter sido um choque para ela. Dois dias depois do Natal de 1481, um grupo de mouros saiu do reino de Granada e, em um ataque furtivo à noite, escalou as muralhas da fortaleza de Zahara, uma cidade pequena situada em uma formação rochosa escarpada na extremidade norte da serra de Grazalema. Eles assassinaram a maior parte da guarnição, prenderam os habitantes da cidade e instalaram sua própria força de arqueiros e cavaleiros bem armados e bem equipados, efetivamente empurrando as fronteiras do reino de volta para dentro do território cristão.[1]

Isabel poderia ter visto isso apenas como mais um pequeno revés em uma fronteira de mil quilômetros, onde conflitos, contrabando, invasões e comércio há muito eram a norma. O reino de Granada ainda ocupava uma área não muito menor do que a moderna Bélgica. Muito tempo se passara sem nenhuma mudança drástica na fronteira, e a própria Isabel tomara cuidado para manter a paz com os mouros enquanto lidava com Portugal e Joana, a Beltraneja. Um segundo front de guerra seria debilitante demais. Mas a perda de Zahara era um lembrete de que, antes mesmo de seu reinado começar, ela jurara expulsar os mouros da Espanha. Essa ambição fora registrada com toda clareza no primeiro contrato de casamento com Fernando, assinado em Cervera, em 1469.[2] Ela e o marido reagiram à perda de Zahara com equanimidade. "Ficamos com raiva e aborrecidos...[mas] também poder-se-ia dizer que ficamos satisfeitos com o que aconteceu, porque isso nos dá a oportunidade de nos lançarmos com mais rapidez ao que já estávamos programando... declarar guerra contra os mouros em todas as frentes, de tal forma que, se Deus quiser, esperamos recuperar não só a cidade perdida, mas também outras, a fim de [melhor] servir a Nosso Senhor e espalhar Sua santa fé", escreveram em uma carta à cidade andaluz de Sevilha.³ Esses planos ainda eram vagos e a reação inicial dos soberanos foi caótica, mas Isabel e seu marido precisavam manter ocupados e longe de confusão os seguidores militarizados que a haviam ajudado a conquistar a coroa. Uma guerra contra os mouros iria ajudá-los nesse propósito.

Durante a guerra civil, Isabel e Fernando haviam acordado dois tratados de paz separados com o reino de Granada, a fim de manter tranquila sua fronteira sul e, enquanto estavam em Sevilha, haviam começado a negociar o próximo tratado. O homem com quem seus emissários negociavam não temia nem se sentia intimidado pelo poder de seus vizinhos cristãos. Abū al-Hasand ʿAlī ben Saad, conhecido pelos cristãos como Mulay Hasan, era um rei vigoroso e bem-sucedido. Seu reino era rico, densamente povoado, fértil, guerreiro, apoiado por seus companheiros muçulmanos da costa norte da África e, crucialmente, orgulhoso de sua religião. Com gerações de antepassados muçulmanos enterrados no solo em geral fértil de uma faixa larga e ocasionalmente montanhosa do Sul da Espanha, os mouros não gostavam de alimentar sentimentos de inferioridade em relação a seus vizinhos ao norte, por mais poderosos que fossem. A dinastia násrida de Mulay Hasan havia, apesar de sanguinários conflitos internos, governado das magníficas vizinhanças do complexo palaciano de Alhambra, que haviam construído no alto de uma colina em Granada há muito mais tempo do que os Trastâmara governavam Castela. Era verdade que o reino násrida era nominalmente um estado subordinado a Castela, mas essa era uma relação flutuante, com as exigências de tributos monetários muitas vezes ignoradas.⁴

Mulay Hasan era um representante temível, compatível com sete séculos de líderes muçulmanos que haviam demonstrado ser grandes guerreiros e, em séculos anteriores, experimentado um desabrochar intelectual que fazia seus vizinhos cristãos parecerem não só infiéis religiosos, como bárbaros em termos culturais. Um cronista árabe anônimo resumiu assim as virtudes do monarca: "Ele impôs o domínio dos preceitos religiosos, trabalhou para melhorar o estado dos castelos e aperfeiçoou muito o exército, o que significava que os cristãos o temiam e assinavam acordos de paz, cobrindo tanto a terra quanto o mar. As riquezas se multiplicavam, o suprimento de alimentos aumentava e os preços caíam, com a segurança pública garantida em todas as terras da Andaluzia e um estado geral de bem-estar".[5] Assim, ao menos, foi como Mulay Hasan iniciou seu reinado uma década antes de Isabel subir ao trono. Ele tinha a reputação de brutal e impiedoso, tendo destronado seu pai (que, por sua vez, usurpara o poder assassinando seu próprio tio), e de ser implacável com os inimigos.[6]

Os problemas começaram, segundo o cronista árabe anônimo, quando ele começou a desfrutar sua riqueza e seu sucesso excessivamente. "O rei dedicava-se ao prazer, entregando-se a paixões e divertindo-se com cantoras e dançarinas. Imerso no ócio e no lazer, ele destruiu o exército, livrando-se de um grande número de valentes cavaleiros. Ao mesmo tempo, sobrecarregou a zona rural com a cobrança de impostos e os ʐocos [mercados das vilas e cidades] com tributos."[7] Mas seu pior pecado foi ter se apaixonado por Isabel de Solís, uma escrava cristã que varria os aposentos de uma das filhas que Mulay Hasan tinha com sua aristocrática mulher, Fátima. Isabel fora capturada durante um assalto através da fronteira quando tinha apenas doze anos e, convertida ao islã, tornou-se conhecida como Zoraya.[8] "Este [rei] tinha o hábito de levar para a cama todas as mulheres de seu ambiente doméstico", escreveu Hernando de Baeza, um homem de fronteira que falava árabe e se tornaria um amigo íntimo e intérprete do filho do rei Muhammed ben Abū al-Hasan 'Alī, conhecido pelos cristãos como Boabdil.[9] Um pajem agia como um intermediário secreto, mas certa noite, depois que Zoraya deixou o quarto do rei, as damas de companhia da rainha prepararam uma armadilha e "esperaram que ela retornasse, então a surraram até quase à morte com seus chinelos". A reação furiosa de Mulay Hasan foi fazer dela sua nova rainha e dar as costas a Fátima. "Dali em diante ele viveu com ela, e ela era considerada rainha e ele nunca mais falou ou viu sua mulher", explicou Baeza. O extenso complexo de palácios de Alhambra era suficientemente grande para as duas famílias reais coexistirem sem se encontrarem. Fátima e seus filhos foram removidos para aposentos próximos ao Pátio dos Leões, enquanto Mulay Hasan levou Zoraya, que logo lhe deu dois filhos, para seus aposentos no imponente palácio de Comares, com sua impressionante torre e quartos com vista para o lençol-d'água espelhado e os pisos de mármore do Pátio das Murtas. Os convertidos ao islã provocavam o mesmo tipo de suspeita que os conversos na Espanha cristã – especialmente aqueles como a família do poderoso *alguacil mayor* de Granada, Abulcacim Venegas, que ocupavam cargos importantes. Zoraya seria para sempre chamada de *romía*, um nome que originalmente se referia a pessoas que haviam vivido sob a lei romana.[10]

Se Isabel não tinha esquecido as promessas feitas em Cervera, alguns de seus nobres se mostraram ainda mais empenhados em revidar depois da perda de Zahara. Rivalidades dos dois lados não eram apenas entre reinos, mas entre os senhores feudais que controlavam cada lado da fronteira. A modesta vitória moura logo foi revidada com uma ousada invasão ao coração do reino de Granada por um exército reunido pelo marquês de Cádis, que secretamente se aproximou a cinquenta e seis quilômetros da grandiosa capital do reino e surpreendeu a sonolenta guarnição na estrategicamente importante cidade de Alhama no final de fevereiro de 1483. Como a cidade era tanto bem fortificada quanto empoleirada no alto de um penhasco acima de uma curva do rio Alhama, seus habitantes presumiram que ela fosse inacessível e relaxaram a guarda. Um grupo das tropas do marquês escalou as muralhas no começo de uma manhã e abriu um buraco nelas para deixar que outras tropas entrassem, com um feroz embate corpo a corpo quando os habitantes apressadamente levantaram barreiras nas ruas. Um furioso Mulay Hasan apareceu com seu próprio exército, mas viu-se tendo que sitiar uma cidade solidamente fortificada, do tipo que ele próprio tanto gostava de construir ou manter. Os ocupantes cristãos lançaram os corpos fétidos e decompostos dos muçulmanos mortos durante o ataque por cima das muralhas da cidade, onde cães famintos os destroçaram.¹¹ Hasan ficou indignado, e seus melhores arqueiros afugentaram os animais de longe.

Isabel e Fernando, que estavam em Medina del Campo, receberam as notícias doze dias mais tarde, e imediatamente ordenaram que fossem enviados reforços. "Sabendo o quanto é útil e vantajoso para nós dominar e manter essa cidade para a conquista do reino de Granada, que temos a intenção de perseguir com todas as nossas forças, estamos enviando o maior número de cavaleiros possível para a fronteira", disseram à câmara municipal de Sevilha, enquanto a instruíam para reunir tropas e artilharia.¹² O próprio Fernando logo estaria a caminho, acrescentaram. As tropas cristãs e mouras começaram a se deslocar em direção a Alhama em dezenas de milhares de combatentes. Algumas semanas depois, Hasan foi confrontado por um novo exército cristão de cerca de 40 mil homens, liderados pelo rival de longa data de Cádis, o duque de Medina Sidonia, que viera reforçar a guarnição. Hasan viu-se forçado a recuar, e o próprio Fernando chegou logo em seguida, reabastecendo a cidade e deixando uma nova guarnição.¹³ Isabel, satisfeita, pôde saborear um novo fenômeno que podia ajudá-la a unir seus ingovernáveis reinos, e isso já era evidente na colaboração entre Cádis e Medina Sidonia. Uma cruzada contra as terras muçulmanas na Espanha fez seus aborrecidos Grandes esquecerem suas brigas e unirem seu reino ainda ferido e fraturado em torno de uma única causa comum. Ela imediatamente ordenou que as três principais mesquitas de Alhambra fossem transformadas em igrejas, enviando cruzes, pratarias, ornamentos e livros necessários à adoração cristã a ser realizada onde, há apenas algumas semanas, os muçulmanos haviam rezado. Foi sua contribuição para uma peça de ousadia autônoma que restabeleceu a vontade, antiga de sete séculos, de expulsar os muçulmanos de seu reduto na Europa ocidental. Não só os conquistadores deixaram os corpos fétidos de seus inimigos apodrecendo do lado de fora das muralhas da cidade, mas agora ela havia plantado a cruz de Jesus Cristo no coração do reino muçulmano.

Alhama era uma grande proeza de guerra, mas também um problema. Os conselheiros de Isabel avisaram-na que a cidade poderia se tornar um peso, já que supri-la e mantê-la requeria um enorme esforço, com uma longa caravana de mulas de cerca de cinco mil animais obrigados a serpentear pelo território inimigo a cada dois ou três meses. Era como se estivessem tentando conquistar o reino de Granada a partir de seu centro, e não de suas fronteiras apoiadas por uma extensão infinita de terras cristãs. "É difícil começar a tarefa no meio do reino, pois isso torna laborioso e caro sustentar o que foi conquistado", escreveu Diego de Valera, instando os monarcas a começar por capturar portos mediterrâneos, que poderiam receber reforços de mercenários e "guerreiros santos" do Norte da África. O melhor que ela poderia fazer seria ordenar que Alhama fosse arrasada e deixada como uma pilha de escombros inúteis. Isabel não gostou da ideia. "Ela sabia muito bem como em todas as guerras os gastos de dinheiro e o trabalho aumentavam, mas disse que ela e o rei haviam decidido ir em frente com a conquista de Granada com o orçamento que possuíam", relatou Pulgar. "Considerando que esta cidade [Alhama] foi a primeira a ser conquistada, ela achava que abandoná-la faria com que fossem acusados de fraqueza."[14] Assim, ela e Fernando começaram não só suprindo Alhama novamente, mas também atacando os mouros em outros lugares.

Fernando propôs ter Loja como alvo – uma cidade extremamente fortificada no Vale do Genil, que era um posto-chave no caminho para Alhama, e, finalmente, para a cidade de Granada. Isabel estava pesada em sua gravidez de gêmeos, mas deve ter tomado parte nos conselhos de guerra em Córdoba que concordaram com o plano de Loja. Logo ela estava escrevendo para os cantos mais distantes de seus reinos, tão longínquos quanto o País Basco, para reunir tropas que tomassem parte na expedição. Pouco mais ela podia fazer. Na véspera do dia em que seu marido deveria partir, deu à luz seu quarto filho, uma menina, chamada Maria. Naquela que deve ter sido a mais dolorosa experiência de parto de Isabel, o gêmeo da menina faleceu um dia e meio depois. Então, seu marido partiu, a caminho de um novo e diferente tipo de guerra, enquanto, segundo Pulgar, Isabel continuava a supervisionar tudo de uma distância segura.[15]

Isabel e Fernando já haviam descoberto em Alhama que a defesa era muito mais fácil do que o ataque. Se haviam capturado a cidade, fora devido à natureza de seu ataque surpresa. Mas agora os mouros estavam à sua espera. A construção e defesa de cidades com muralhas grossas e altas, castelos, fortes e outras edificações haviam sido uma das principais e mais eficazes estratégias militares durante séculos. Na ausência do elemento surpresa, o esforço requerido pelos atacantes em homens, armas, suprimentos e rações era muitas vezes maior do que o dos defensores, que estocavam seus suprimentos e conduziam seu gado para dentro. Os homens de fronteira que guarneceram Loja eram guerreiros experientes, e Mulay Hasan já havia espalhado a notícia no Norte da África, buscando voluntários para defender o islã contra o cristão infiel. Fernando não tinha grande experiência como comandante de campo nesse tipo de guerra, e nem Isabel tinha o conhecimento estratégico ou logístico para montar um grande cerco em território inimigo. Fernando julgou mal suas posições, seus suprimentos e a destreza de seus adversários em batalha. Comprimiu suas tropas em um acampamento que era tanto pequeno quanto exposto demais, assentando-se em um declive entre olivais e campo aberto, ao alcance dos canhões de Loja. Ele também não conseguiu impedir que reforços entrassem na cidade, duplicando sua guarnição. Em um erro diretamente atribuído a Isabel como a pessoa a cargo dos suprimentos, o pão se esgotou no campo dos sitiadores depois de dois dias, e não havia fornos para assar outros. O hábil comandante mouro em Loja atacava repetidamente as tropas de Fernando, assaltando-as diariamente para atormentá-las e depois recuando para trás das sólidas muralhas da cidade. Uma das vítimas mais proeminentes foi o jovem mestre da Ordem de Calatrava Rodrigo Téllez Girón, que morreu depois que dois dardos perfuraram sua armadura. O caos se espalhou e o moral despencou. Após apenas cinco dias, Fernando ordenou a seus homens que abandonassem o acampamento (alguns, vendo o caos, já haviam feito isso), e uma retirada desordenada deixou grande parte dos suprimentos para trás.[16]

Loja foi uma lição em derrota, e Isabel, cuja principal tarefa era supervisionar os suprimentos, dividiu a culpa. "Ela ficou profundamente transtornada, tanto pelo trabalho enorme e diligente que havia consagrado a abastecer aquele acampamento quanto pelo impulso ao moral para os mouros, ao se verem tão rapidamente liberados de uma tarefa que não lhes agradava", relatou Pulgar.[17] Mas Isabel aprendera muito desde o dia em que admoestara Fernando e suas tropas publicamente por terem retornando de Toro de mãos vazias sete anos antes, e agora "ninguém saberia dizer, por suas palavras ou suas ações, a grande tristeza que ela sentia". Em vez disso, ela imediatamente jurou continuar trabalhando, a fim de enviar seu marido de volta a Loja com um exército ainda mais forte e bem organizado.

Isabel não poderia saber que, enquanto digeria com raiva a derrota em Loja, as sementes do futuro sucesso estavam sendo semeadas no palácio-fortaleza de Alhambra. A crescente tensão entre Mulay Hasan e os filhos de Fátima, liderados por Boabdil, eclodira. "No mesmo dia da vitória, chegaram aos ouvidos daqueles em Loja a notícia de que dois dos filhos do emir Mulay Hasan, Muhammed [Boabdil] e Yusuf, haviam fugido por medo do pai", disse o cronista árabe anônimo. Fátima fora conquistada pelos inimigos de Mulay Hasan, liderados pelos Abencerraje, um clã outrora poderoso que caíra em desgraça. Diz a lenda que eles buscavam vingança porque trinta e seis dos principais membros do clã tiveram a garganta cortada depois que Hasan enganou-os, fazendo-os se encontrarem com ele em um aposento ao lado do Pátio dos Leões, que mais tarde tornou-se conhecido como a Sala dos Abencerraje.[18]

Houve presságios de que a sorte de Mulay Hasan poderia mudar. O povo de Granada recordava-se com horror de como um desfile militar que ele ordenara em 1478 fora dizimado por uma tormenta acompanhada de raios e trovões. As enxurradas carregaram troncos de árvores para o rio Darro e eles amontoaram-se contra uma ponte, formando uma represa que, por sua vez, provocou uma terrível inundação. Artesãos de couro, mercadores de seda, alfaiates e outros comerciantes viram suas mercadorias e meios de vida flutuarem e desaparecerem. A visão de um cometa perturbou ainda mais aqueles dados à superstição. Não foram, entretanto, Isabel e seu marido que causaram a queda de Mulay. Boabdil e seu irmão Yusuf haviam descido as muralhas de Alhambra à noite, atirando uma corda fina para um grupo de cavalheiros Abencerraje que aguardava. Os Abencerraje prenderam uma corda grossa à fina, que foi içada e amarrada em volta de uma coluna. Eles fugiram para as cidades de Guadix e Almeria, respectivamente, onde as pessoas se rebelaram a seu favor. Seis meses mais tarde, os habitantes de Granada e do bairro murado de Albaicín – que ficava logo do outro lado do íngreme vale do rio Darro – também se rebelaram em favor de Boabdil, e após uma tentativa fracassada de reconquistar a cidade Hasan teve que se retirar para Málaga com seu próprio irmão, Zagal.[19] A luta interna foi um alívio para Isabel e Fernando, cuja campanha tivera um mau começo. Eles se concentraram em manter sua única possessão nova, Alhama. Como Isabel dissera, sua perda teria feito o exército cristão parecer fraco, ainda mais depois de ter sido tão completamente humilhado em Loja.

    Enquanto Isabel, seu marido e seus nobres pensavam em maneiras de prosseguir em frente no ano seguinte, o exemplo de Alhama, com seus elementos de ousadia e surpresa, permaneceu em suas mentes. Foi rapidamente transformado em uma lendária proeza militar, não menos que isso, porque muitos dos que tomaram parte na façanha retornaram ricos, com os bens pilhados. Talvez tenha sido por isso que a campanha contra Granada em 1483 começou com uma tentativa de se esgueirarem pelas colinas acidentadas e traiçoeiras da Axarquía de Málaga, uma região de terreno árido, acidentado, encostas íngremes, afloramentos irregulares de rocha e ravinas profundas. Era uma rota improvável e alguns experientes guias locais foram enfaticamente contrários a ela, mas isso pode ter feito o plano parecer ainda mais com a ousada marcha sobre Alhama. Quaisquer que tenham sido as razões, um grupo de nobres liderados pelo marquês de Cádis e pelo mestre da Ordem de Santiago, Afonso de Cárdenas, partiu com cerca de três mil homens, a maioria a cavalo, pelos íngremes vales produtores de seda ao norte de Málaga. Com Fernando longe dali, lidando com os últimos e poucos rebeldes na Galícia, e Isabel a vários dias de viagem em Madri, a rainha não pôde, ou não quis, impedi-los.[20]

Eles cavalgaram por um dia e uma noite pelo terreno traiçoeiro, somente para encontrar as aldeias e vilas que queriam atacar, prontos e aguardando-os, com os habitantes abrigados em torres fortificadas ou escondidos nas serras escarpadas e inóspitas. Pequenos grupos deslancharam ataques surpresa, ao estilo de uma guerrilha, seu conhecimento do terreno permitindo-lhes escolher os melhores pontos de emboscada. Os exaustos cavaleiros foram vencidos e rapidamente forçados a recuar. Iniciaram uma retirada caótica por uma rota alternativa próxima a Málaga – a mais importante das cidades portuárias de Granada, na qual a maioria jamais havia colocado os olhos. Mas isso permitiu ao irmão de Mulay Hasan, Zagal, unir-se à expulsão com seus homens e, quando a noite caiu, as tropas cristãs perderam-se nos vales escarpados e leitos secos de rios. O cronista muçulmano anônimo comemorou o que foi, no início, a vitória de alguns fazendeiros mal armados sobre o que deveria ser uma força bem organizada, liderada por alguns dos mais importantes nobres de Castela.[21] "Eles mal haviam chegado àquela parte do campo quando os habitantes locais começaram a chamar [uns aos outros] e um grupo de homens se reuniu e, a pé e sem a ajuda da cavalaria, fechou o caminho dali para a frente e combateu os cristãos ao longo das valas, gargantas e através do terreno acidentado, infligindo um terrível massacre", ele escreveu.[22] Os cristãos "entraram tolamente em perigosos desfiladeiros, como moscas e mariposas voam para dentro do fogo". Lanças e pedras se abateram sobre eles enquanto estavam presos na armadilha de ravinas ou em vales estreitos em fila única, incapazes sequer de virar seus cavalos na direção contrária. Os mouros a pé, ágeis e ligeiros, saltavam ao longo do terreno acima deles, atirando para baixo suas armas rústicas, gritando e acendendo fogueiras. Tornavam-se ainda mais assustadores pelo fato de serem quase invisíveis e parecerem muito mais numerosos do que realmente eram.

Cádis, por fim, abandonou seus homens, e foi conduzido para fora da região perigosa pelos seus guias pessoais. Cerca de dois mil homens ou mais se perderam, mais da metade capturados. Entre os que foram deixados para trás estavam dois de seus irmãos e três sobrinhos.[23]

Fernando posteriormente concluiu que foram necessários apenas sessenta soldados mouros a cavalo, com a ajuda dos camponeses locais, para destruir a expedição. Bernáldez culpou a ganância. "Parece que Nosso Senhor permitiu que isso acontecesse porque a maioria foi com a intenção de saquear e pilhar, em vez de servir a Deus", escreveu.[24] Em vez disso, viram-se trancafiados no alcácer de Málaga, uma fortaleza conhecida como Alcazaba, onde os que não tinham parentes ricos para pagar resgates podiam esperar permanecer durante anos. Isabel ficou aborrecida, mas isso não a deteve de também impedir que famílias mais ricas comprassem a liberdade de seus parentes. Isso era contrário à tradição e deve ter chocado algumas pessoas, mas ela argumentou que isso iria simplesmente dar mais recursos a Granada para usar contra ela. Pulgar escreveu para o conde de Cifuentes, um dos capturados, dizendo-lhe para ter paciência. "Notícias sobre o que a rainha está fazendo, ou quer fazer, o senhor ficará sabendo tão fielmente dos próprios mouros aí quanto dos cristãos aqui, razão pela qual não as registrarei nesta carta", ele disse.[25]

A própria Isabel permaneceu extraordinariamente impassível. A expedição havia sido preparada pelos nobres, não pelos monarcas, e os que morreram o fizeram a serviço de Deus. "Contaram-me exaustivamente o que aconteceu com os mouros, sobre o que estou muito descontente", ela disse. "No entanto, como isso não é nenhuma novidade em se tratando de guerra, e como tais acontecimentos estão nas mãos de Deus, não podemos fazer mais do que dar graças a Ele por isso." Mas muitos oficiais graduados se perderam, e ela ordenou às autoridades de Sevilha que permitissem que filhos e outros parentes automaticamente assumissem as posições daqueles que haviam sido capturados ou mortos. A tarefa de preencher os cargos mais importantes teria que esperar a volta de Fernando da Galícia, "porque a presença de Sua Alteza é necessária para que possamos, juntos, decidir com a autoridade e a consulta adequadas exigidas por lei".[26]

A família real násrida mais uma vez provou rapidamente seu talento para transformar um sucesso dramático em desastre. A vitória perto de Málaga pertencera à facção de seu pai, de modo que agora

Boabdil sentiu-se obrigado a procurar seu próprio triunfo, partindo de Alhambra à frente de uma unidade de ataque em abril de 1483. Um de seus estandartes rasgou quando bateu no arco acima do portão de Elvira, fazendo um calafrio percorrer a espinha dos mais supersticiosos. Quando uma flecha atirada das muralhas da cidade matou uma raposa ao atravessar suas tropas, o fato foi visto como um segundo mau presságio. Boabdil cometeu o mesmo erro dos cristãos, atravessando a fronteira mal preparado em uma tentativa de tomar a cidade de Lucena, que era comandada por um inexperiente, mas inteligente nobre de dezenove anos, Diego Fernández de Córdoba. Ele foi capaz de manter o exército de Boabdil, de cerca de dez mil homens, ocupado o tempo suficiente para a chegada de reforços. Estes surpreenderam os homens de Boabdil quando eles se sentaram para comer.[27] Os mouros foram rapidamente dispersados, com quase a metade deles capturada ou morta. "Foi, na verdade, uma derrota vergonhosa", o cronista árabe anônimo escreveu. "O mais vergonhoso, porém, foi que o próprio emir [Boabdil] foi capturado."[28] Ele usava uma casaca de seda vermelha estampada e um elmo ao estilo da Europa Central, gravada com motivos intrincados. A sorte viera em auxílio de Isabel.

Com Boabdil nas mãos dos cristãos, os mouros voltaram-se mais uma vez para seu pai como rei, enquanto sua mãe fugia para a distante Almeria, que se manteve fiel a seu filho. Mas Isabel e Fernando sabiam que haviam recebido uma dádiva. Eles lidaram com Boabdil com extremo cuidado, assegurando-se de que seus captores o tratassem da forma mais adequada possível a um nobre, apesar de Isabel não ter podido deixar de se gabar com a vitória depois de ter recebido três dos estandartes de Boabdil como presente.[29] "Nossa senhora, a rainha, ficou muito satisfeita com os três estandartes e as trombetas mouras que a senhora enviou e, mais ainda, com a descrição da batalha", o cardeal Mendoza escreveu à mulher de um dos comandantes vitoriosos em Lucena.[30] Histórias de vitórias militares, como sempre, a agradavam muito. Quando uma pequena incursão moura fracassou em Lopera mais tarde, em 1483, Isabel demonstrou seu contentamento com um presente anual para a mulher do vencedor: as roupas que ela mesma usou na data da batalha. As negociações com a mãe de Boabdil produziram um acordo de paz, no qual ele trocava sua liberdade pelo status de vassalo e aliado. Um tratado de paz de dois anos foi assinado, mas ele teve que prometer guerrear contra seu próprio pai. Ele também concordou em deixar seu filho pequeno, Ahmed, nas mãos de Isabel como garantia. Ahmed, que se acreditava que tivesse mais ou menos dois anos, e que era conhecido pelo diminutivo *infantico* – ou pequeno príncipe –, pode ter sido um prisioneiro, mas era ele quem aprisionava o coração de Isabel sempre que ela o visitava em seus alojamentos no castelo.[31]

Boabdil agora era seu aliado, mas ele controlava apenas uma pequena parte do reino. Isabel e Fernando compreenderam que o espírito temerário de Alhama já não funcionaria. A divisão interna no reino de Granada enfraqueceu seu inimigo, e Alhama era um valioso posto avançado de onde atrapalhar os movimentos mouros, mas não havia nenhum substituto para o processo metódico de guerra medieval – o cerco paciente de castelos, fortes e cidades muradas. A guerra em campo de batalha aberto era – assim como fora na guerra civil – um evento improvável, mas o reino de Granada poderia talvez ser lentamente encolhido destruindo-se cada castelo e cidade ao longo de suas bordas, enquanto queimavam plantações e destruíam pomares. A tecnologia, na forma de artilharia mais sofisticada, estava tornando a tarefa mais fácil, e – em Burgos e em outras partes durante a guerra civil – os monarcas espanhóis tinham alguma experiência em sitiar na guerra. Mas a guerra civil havia também demonstrado que o processo podia ser dolorosamente lento. Cercos em território inimigo exigiam um imenso esforço logístico, e Isabel começou a se tornar especialista exatamente nisso. Com o desastre de Axarquía agora compensado pela captura de Boabdil, Fernando empreendeu uma invasão clássica do território de Granada. Seu objetivo era levar suprimentos para Alhama, destruir o máximo de plantações possível queimando colheitas e cortando pomares para reduzir os próprios suprimentos de alimentos dos mouros e, ao longo do caminho, tomar a modesta cidade e fortaleza de Tájara. O sucesso do exército de Fernando iria depender tanto da destreza logística e da construção de instrumentos de cerco quanto do combate corpo a corpo ou das flechas dos arqueiros. Carpinteiros construíam enormes escudos e telas, que eram colocadas perto das muralhas da fortaleza. Os defensores reagiam atirando para baixo grandes quantidades fumegantes de linho e cânhamo embebidos em óleo e alcatrão. O peso da força atacante relativamente grande, que agora incluía mercenários suíços, foi tal que a fortaleza de Tájara foi tomada com relativa facilidade – e Fernado ordenou que ela fosse completamente destruída.[32]

Embora Zahara também tivesse sido retomada, Isabel e Fernando ficaram com um espólio insignificante das custosas lutas da estação em 1483. Eles mantiveram o poder sobre Alhama e tomaram Tájara, mas pouco mais tiveram para mostrar em termos de território conquistado. Isso reduziu a capacidade dos monarcas de recompensar aqueles que haviam lutado com doações de novas terras e, em troca, manter ligados a eles os aristocratas potencialmente rebeldes com promessas de riqueza futura a ser adquirida em Granada. A captura de Boabdil deveu-se à sorte e à sua própria precipitação. Em determinado momento, os governantes de Granada pensaram que poderiam agora assinar o tipo de acordo de paz habitual, oferecendo-se para pagar "grandes quantidades de ouro" em tributos anuais. Fernando escreveu a Isabel, que havia viajado para o norte, para Vitória, para pedir sua opinião. Ela manteve-se firme. Não só recusava-se a tolerar um cessar-fogo, como também queria evitar que Granada recebesse dinheiro ou provisões daqueles que tentavam comprar a liberdade de parentes presos no imprudente ataque a Axarquía. "Ela escreveu dizendo que, dependendo dela, os mouros não teriam seu cessar-fogo", disse Pulgar.[33] Ela também ordenou que as fronteiras fossem fortemente vigiadas para deter o fluxo de gado, tecidos ou óleo enviados como pagamentos de resgates. "A rainha não permitia que provisões, grandes ou pequenas, fossem levadas aos mouros para pagar o resgate de qualquer cristão", Pulgar acrescentou. No lado cristão da fronteira frouxamente demarcada, os alfaqueques, cuja profissão era negociar o pagamento de resgates dos dois lados, acharam sua tarefa muito mais difícil.[34] A cruzada de Isabel havia começado e ela não iria parar, ainda que isso significasse que os prisioneiros cristãos tivessem que sofrer nas masmorras da Alcazaba fortemente murada de Málaga.

Na primavera seguinte, já havia se tornado claro que Isabel era o motor por trás dessa cruzada. A família real passara o Natal de 1483 no Norte, fazendo planos para o ano seguinte. Mas Aragão tinha seus problemas, particularmente sua tradicional rivalidade com os franceses por causa de Roussillon. Fernando decidiu que essa era sua prioridade. Isabel, entretanto, viajou para o Sul, para Córdoba, para preparar-se para a campanha daquele ano em Granada. Se seu marido não podia organizá-la, então ela mesma o faria. Ela era uma admiradora de Joana d'Arc, cuja crônica ficava em sua estante com uma dedicatória anônima instando-a a combater a "maldita facção" de muçulmanos,[35] e lembrando-a de que a francesa também restaurara a Coroa à sua antiga grandeza, embora Isabel não tivesse nenhuma intenção de pessoalmente liderar tropas em batalha. Ela possuía inúmeros comandantes de campo para isso. Mas os generais precisavam de um comandante em liderança para estabelecer seus objetivos e arregimentar suas tropas. Isabel estava exultante em preencher esse papel, se seu marido achava que tinha missões mais importantes a cumprir.

21

Assolaram-nos, cidade por cidade

Córdoba, maio de 1484

Isabel despediu-se do marido em Tarazona, uma cidade no canto noroeste de Aragão, no final de março de 1484. Fora implacável na retomada da guerra contra Granada, e Fernando concordou em unir-se novamente a ela assim que resolvesse seus negócios em Aragão.[1] Sua viagem para o Sul levou-a a passar por Las Navas de Tolosa, o local onde uma grande vitória sobre os mouros fora conquistada em 1212, quando exércitos unificados de Castela, Aragão e Navarra levaram os mouros a uma batalha em campo aberto que contou com mais de 30 mil homens. Entre os que a acompanhavam estava o cardeal Mendoza, um clérigo e guerreiro aristocrata ao estilo antigo, pronto para liderar as tropas de Isabel se Fernando não aparecesse a tempo. O longo comboio de cavalos e mulas havia primeiro percorrido o sinuoso caminho pelo desfiladeiro do rio Despeñaperros com suas áridas paredes de sílex, onde se dera a famosa história de um pastor que conduzira os exércitos cristãos para o ataque surpresa a Las Navas de Tolosa. Dali, atravessaram o topo da Serra Morena e, em seguida, desceram cuidadosamente pelas encostas ao sul. Isabel continuou a viagem para Córdoba, que era dominada por uma mesquita grande e antiga, com 365 arcos em forma de ferradura sobre centenas de colunas de jaspe, mármore e granito. A mesquita fora consagrada como um local cristão de adoração havia 250 anos, mas a catedral ainda ocupava apenas uma fração do espaço interno.

    Córdoba, como Sevilha, era um lugar onde Isabel podia apreciar a sofisticação daqueles que ela viera conquistar. Sua casa ali era no alcácer, junto à antiga mesquita, e com vista para o largo rio Guadalquivir e uma ponte comprida de dezesseis vãos, com seus grossos suportes – um lembrete de que, antes de os muçulmanos e visigodos dominarem a cidade, a Espanha fizera parte do Império Romano. Moinhos ruidosos revolviam a água do rio. A agitação da água e os rangidos das rodas dos moinhos atrapalhavam o sono da rainha e, supostamente, ela logo ordenou que fossem parados à noite. Esta fora uma das cidades mais problemáticas durante os dias de poder real fraco, com conversos e cristãos-velhos confrontando-se regularmente e um punhado de nobres locais brigando por controle. Muitos dos conversos estavam sendo vítimas da Inquisição, com seus volumosos arquivos armazenados em uma das torres do alcácer. No entanto, com a questão da cruzada à mão, a atenção da cidade agora se voltava para a guerra legítima.

Isabel havia escrito a Sevilha exigindo que reunissem tropas para a iminente campanha. Ela não queria apenas cavaleiros, arqueiros e soldados de infantaria, calculando que técnicos, engenheiros e operários eram tão importantes quanto homens de combate para a tarefa à frente. Era tão provável que seus soldados tivessem que construir estradas e pontes para sua artilharia passar – ou cortar árvores frutíferas e arrasar plantações – quanto teriam que atirar uma flecha, arremessar uma lança ou manejar uma espada. E foi assim que mais da metade dos 8.400 homens que ela queria de Sevilha deveriam vir equipadas não só com armas, mas com ferramentas também. Isabel deu ordens detalhadas: "2.500 devem trazer, além de suas armas, uma foice cada um. E quinhentos devem trazer um machado para cortar lenha, e dois mil uma serra grande." Outros cem deveriam ser pedreiros, também com suas ferramentas.[2] Tudo isso tinha que ser pago, e uma nova fonte de financiamento veio das Bulas da Cruzada, que agora deveriam ser assinadas a cada três anos, aproximadamente, pelo papa. As bulas permitiam a venda disseminada de indulgências pela Igreja – um meio de comprar fuga de punição por alguns pecados – para ajudar a financiar a guerra.

Isabel estudou as últimas inovações em artilharia, contratando especialistas franceses e alemães, que lhe deram instruções sobre quais armas e munições comprar. Enquanto o exército da guerra civil que lutara contra Portugal tinha apenas quatro *lombarderos*, ou canhoneiros-mestres, a nova força da cruzada, por fim, iria ostentar noventa e um.³ Ela também ordenara que uma frota patrulhasse o Mediterrâneo para impedir que reforços e suprimentos chegassem à costa de Granada, provenientes da África. Somente no final de maio é que Fernando, tendo resolvido seus problemas em Aragão, apareceu. Ele liderou as tropas contra a cidade de Álora, instalada em um penhasco rochoso. A cidade era bem fortificada e os defensores não acharam necessário retirar suas mulheres e crianças. Pulgar acusou-os de terem se tornado fracos. "Os mouros vivem sob o domínio de suas mulheres", ele disse. "O terno amor pelos filhos os transforma em covardes e, como buscam tão orgulhosamente ter uma prole, suas casas vivem cheias de seres indefesos." O exército fora precedido pelos operários e construtores cuidadosamente recrutados por Isabel, que criaram passagens para a artilharia que lentamente destruiu torres e ameias do castelo de Álora. Os mouros revidaram com espingardas de cano longo e lançaram dardos envenenados sobre os atacantes, mas ficaram vendo, impotentes, suas defesas desmoronarem sob o bombardeio. Isabel também havia percebido que a medicina de linha de frente podia salvar vidas e levantar o moral. Assim, enviou com o exército o que veio a ser conhecido como o "hospital da rainha" – grandes tendas e uma equipe de primitivos cirurgiões. Iria se tornar um costume. "A rainha sempre enviava seis grandes tendas juntamente com os leitos necessários para doentes e feridos; e enviava médicos, cirurgiões, remédios e pessoal para atendê-los, dizendo que os custos não importavam, porque ela pagaria", explicou Pulgar.⁴

Levou apenas uma semana até os maltratados defensores saírem para negociar, concordando em abandonar a cidade fortificada em troca de suas vidas e o preço dos cereais ali estocados. Como sempre, uma das primeiras ações dos conquistadores foi consagrar a mesquita da cidade como igreja. Fernando, satisfeito, mandou consertar as muralhas e instalou uma guarnição na cidade, depois se preparou para retornar a Isabel com suas tropas. Mas ela não quis saber de nada disso. Ela havia se preparado para uma campanha mais longa. Comboios de mulas haviam sido preparados e grandes quantidades de cevada e farinha haviam sido compradas. Cerca de oitocentas mulas estavam entregando suprimentos semanalmente, e esperava-se que o fizessem por sete semanas completas.[5] Como Palencia relatou: "A rainha, que trabalhava diariamente enviando dinheiro e pessoal, animais de carga e suprimentos, assim como equipamentos para esta guerra, ao ouvir que o rei estava pensando em deixar a guerra e retornar com suas tropas das terras mouras mandou dizer ao rei que, se quisesse, ele poderia continuar assolando o território até Vega ou poderia sitiar alguma outra cidade, já que ainda restava uma boa parte do verão suficiente para tal." Fernando fez exatamente isso, suas tropas devastando o fértil Vega de Granada, destruindo pomares, armazéns e campos irrigados que durante séculos haviam ajudado a alimentar os muçulmanos. Quando o exército de Fernando voltou, Isabel escreveu cartas diariamente para se assegurar de que os suprimentos alcançassem uma expedição similar conduzida pelo duque de Medina Sidonia.[6]

Os monarcas passaram o inverno em Sevilha, uma cidade agora no coração do esforço de guerra, mas devastada pela expulsão de seus judeus, a perseguição dos conversos e ocasionais surtos da Peste Negra. Estavam de volta a um dos locais favoritos de Isabel – o Real Alcácer –, que trazia lembranças felizes da concepção e nascimento do pequeno João. Mas pessoas de seu ambiente doméstico logo começaram a morrer da praga, e Isabel fugiu com sua família para regiões mais saudáveis. A epidemia foi tão grave que, quando ela mandou Fernando para a guerra outra vez, no começo do ano seguinte, baniu os sevilhanos de se unirem a ele.[7] "Ordeno que ninguém da cidade de Sevilha ou de lugares próximos e em sua arquidiocese onde haja praga tenha a audácia de ir para o acampamento do rei", ela escreveu.[8] Eles agora estavam se estabelecendo em um padrão de guerra. Os invernos eram para descanso, planejamento e até mesmo para parir – com sua quarta filha e último descendente, Catarina de Aragão, nascida no intervalo após a campanha de 1485. Os combates podiam ser reiniciados na primavera, com tropas e suprimentos renovados. A cada expedição, o peso da artilharia e a importância de construtores de estradas, construtores de pontes e operários crescia, conforme os pesados canhões eram arrastados pelas paisagens da Andaluzia alternadamente áridas ou encharcadas pelas chuvas, de modo que violentos ataques pudessem ser desfechados sobre cidades e castelos mouros. Nessa primavera, quando partiu para a esplêndida Ronda – uma cidade estratégica assentada sobre um profundo desfiladeiro ao norte de Málaga –, Fernando foi seguido por uma força de artilharia puxada por 1.500 carretas.[9]

O jogo duplo, o uso de aliados mouros e pura sorte – tudo veio em sua ajuda. Mas as chaves do sucesso eram as cada vez mais refinadas técnicas de cerco e os comboios de suprimentos que Isabel se assegurava de que chegassem regularmente aos acampamentos, onde mais de dez mil soldados famintos se reuniam. A própria Isabel observava de uma distância prudente, preocupando-se constantemente que seu programa de reabastecimento funcionasse adequadamente. Uma vitória importante veio quando, após um curto cerco e bombardeamento de duas semanas, um acordo secreto foi firmado com algumas das famílias mais importantes de Ronda. Todos os que haviam lutado pelo controle da costa mediterrânea sul da Espanha, dos ibéricos nativos aos fenícios, gregos, cartagineses, romanos e muçulmanos, haviam se estabelecido ali. Toda uma série de cidades acatou o acordo, conforme os mouros decidiram que era melhor aceitar o status de mudéjares – muçulmanos na Espanha cristã – do que lutar até a morte ou ser capturado e escravizado.[10]

Isabel e Fernando estavam mudando os parâmetros de guerra. Conforme as armas de artilharia que usavam se tornavam mais pesadas e numerosas – juntamente com o crescente número de construtores de estradas disponível para aplanar vales, entalhar estradas nas encostas ou construir pontes sobre os leitos dos rios –, assim os grandiosos bastiões de defesa da estratégia militar medieval, as muralhas dos castelos e das cidades, lentamente desmoronavam diante deles. Já não era necessário se concentrar em bloquear rotas de entrada e saída de cidades enquanto ficavam à esperava de que os sitiados morressem de fome. Este novo tipo de exército, em que a artilharia e a infantaria substituíam cavaleiros e seus seguidores montados como os elementos mais importantes, viu o medo às tropas de Isabel e Fernando se espalhar conforme – segundo um poeta muçulmano – "assolaram-nos, cidade por cidade,/Trazendo enormes e numerosos canhões, demoliram as inexpugnáveis muralhas das cidades".[11] O arsenal real logo teria cerca de 180 canhões de médio e grande porte e várias fundições para supri-los. "Cidades e fortalezas... que antes poderiam ter resistido ao menos por um ano e serem derrotadas apenas pela fome agora caíam em um mês", observou Bernáldez.[12] Milhares de balas de canhão feitas de ferro ou pedra eram arremessadas a muralhas que sempre foram consideradas impenetráveis. As maiores eram produzidas de pedras de setenta quilos. Alguns dos maiores danos, entretanto, eram causados por bolas de fogo feitas de cânhamo, alcatrão, enxofre e pólvora, que expeliam chamas ao cair, fazendo chover fogo por uma ampla área.[13] Os defensores que tentavam consertar os danos viam-se então sujeitos a intenso bombardeio de canhões menores, às flechas dos arqueiros e aos tiros de espingardas de cano longo, que gradativamente se tornaram mais numerosos nas fileiras do exército.

Um ataque típico, descrito por Pulgar, viu a cidade de Setenil ser tomada em apenas três dias. "Instalando suas grandes lombardas, o rei ordenou que fossem disparadas nas duas enormes torres dos portões de entrada. Estes canhões foram disparados como ordenado, até que, em três dias, eles haviam reduzido as muralhas a grandes pilhas de escombros. *Cerbatanas, pasabolantes* e *ribadoquines* [todas pequenas peças de artilharia] atingiram as casas da cidade, matando homens, mulheres e crianças e destruindo moradias. Tal era o terror que as armas de fogo inspiravam e o massacre e a ruína infligidos aos mouros, que eles não puderam suportá-los."[14] As brechas nas muralhas permitiam que a artilharia começasse a mirar e derrubar as casas do lado de dentro ou lançar bolas de fogo sobre elas. Não era de admirar, portanto, que muitas cidades nem sequer esperavam o bombardeio começar – em vez disso, suplicavam a paz enquanto as armas eram instaladas diante deles. A tradicional "hoste" de recrutas castelhanos de toda espécie, milícias regionais da *Hermandad*, exércitos de senhores feudais, mercenários, técnicos e grupos bem organizados das ordens militares foram gradualmente organizados em unidades disciplinadas de cerca de oitocentos homens. No coração disso, estava o que era considerado o maior exército permanente da Europa.¹⁵

A própria guerra civil de Granada continuava, enfraquecendo ainda mais o inimigo. Mulay Hasan foi banido por seu irmão Zagal antes de morrer em 1485, e Boabdil continuou rebelde e pouco confiável. Isabel e Fernando ajudaram-no em sua guerra civil, e em determinado momento ele aparece em Múrcia sendo festejado por seus aliados cristãos. Em 1486, o Albaicín, um bairro situado em uma montanha em frente ao complexo palaciano de Alhambra, se rebelou em seu favor, e estava sendo bombardeado com canhões e catapultas a partir do outro lado do vale do rio Darro. Ele, porém, se aliou com seu tio Zagal e assumiu a defesa de Loja, a cena da constrangedora primeira tentativa de Fernando de sitiar uma cidade murada. "Agora sofrerão uma derrota semelhante à que já sofreram aqui!", seu intérprete mudéjar, Abraham de Robledo, gritou para aqueles que o reconheceram. Mas o desafortunado Boabdil perdeu a cidade quase imediatamente, conforme as muralhas desmoronavam sob intenso bombardeio de canhões e bolas de fogo incendiavam as casas. Ele foi capturado novamente, tornando-se mais uma vez vassalo de Isabel e Fernando – e inimigo de seu tio.¹⁶

A essa altura, a notícia da cruzada de Isabel já se espalhara por toda a Europa. Voluntários apareciam de longe, inclusive o aristocrata inglês conhecido como lorde Scales, que se acreditava que fosse o cunhado de Eduardo IV, Edward Woodville, com mais de cem combatentes ingleses entre arqueiros e soldados de infantaria armados com machados e lanças. Eles foram considerados responsáveis por terem virado o resultado da batalha final sobre Loja, apesar de o próprio Scales ter perdido dois dentes depois de atingido por uma pedra e ter ficado preocupado com o estrago em sua aparência. Fernando disse-lhe para sentir orgulho do ferimento de um guerreiro da cruzada, que o tornava "mais belo do que deformado", e Isabel cobriu-o com presentes no valor de 2 mil doblas, inclusive "uma cama muito valiosa, duas tendas, seis grandes e belas mulas e quatro cavalos". Scales divertiu Isabel quando ela chegou à cidade recém-conquistada de Íllora, recebendo-a em trajes brancos e um chapéu adornado com uma pluma; seu cavalo castanho usando uma longa capa de seda azul e acompanhado por um séquito vestido do mesmo modo. Scales fez seu cavalo dar vigorosos saltos de hipismo para os espectadores, que obviamente aprovaram essa excêntrica exibição de pompa aristocrática.[17]

A animadora visita de Isabel a Íllora foi destinada, em parte, a agradecer aos voluntários que haviam chegado de toda a Europa. Os mouros que se renderam haviam acabado de deixar a cidade, e Isabel – acompanhada por suas damas de companhia e por sua filha mais velha, Isabel, agora com quinze anos – foi recebida por uma ruidosa banda de trombetas, charamelas, sacabuxas e tambores. O exército de Castela a esperava, inclinando suas bandeiras conforme ela passava em uma mula vestida em rico tecido escarlate e ouro. Ela mesma usava um vestido em estilo mouro, com um chapéu de brocado preto – uma clara homenagem à terra que seus exércitos e seu marido estavam conquistando. Fernando, que também portava uma espada moura curva, estilo cimitarra, cumprimentou-as beijando sua mulher na face e sua filha na boca.[18]

Isabel seguia a apenas alguns passos atrás do exército conquistador. Em Moclín, tomada em 1486, dezoito lombardas pesadas mantinham uma barragem de artilharia permanente "tão rápida, dia e noite, que nunca havia um momento em que a reverberação de uma arma ou outra não fosse ouvida".[19] Por fim, uma bola de fogo caiu no armazém de pólvora da cidade, produzindo uma rápida vitória que salvou o exército de Isabel de ser perfurado a tiros das muralhas da cidade. Enquanto Fernando partiu para assolar o fértil vale do Vega de Granada no verão de 1486, Isabel dirigiu-se à cidade conquistada e logo se viu negociando também a capitulação da vizinha Montefrío. Como em outros lugares, a população se rendeu sem nenhuma luta, partindo com seus bens para a própria cidade de Granada.[20]

22

Deus salve o rei Boabdil!

Málaga, 1487

A guerra de Granada já havia dominado os negócios de Castela e consumido o tempo e a energia de Isabel durante vários anos, mas os maiores testes ainda estavam por vir. Em 1487, ela e Fernando decidiram sitiar a segunda maior cidade de Granada, Málaga. Tinha um porto enorme, bem fortificado, que requeria uma quantidade maior de força militar do que Isabel jamais reunira antes. Um grande exército de 53 mil homens, inclusive 13 mil a cavalo, foi reunido e marchou primeiro sobre a cidade de Vélez-Málaga no começo de abril. Zagal também levantou um exército e partiu para Vélez-Málaga, com Isabel de repente entrando em pânico, achando que não havia recrutado homens suficientes. Foi nesse momento, entretanto, que sua estratégia de dividir a família real násrida, transformando Boabdil em um vassalo, valeu a pena.[1] Ela e Fernando tinham até enviado tropas cristãs para dar reforço a Boabdil depois que ele reapareceu ao lado de Alhambra, assumindo o controle do Albaicín no outono anterior. "O inimigo ajudou o mestre do Albaicín [Boabdil] com todo tipo de suprimentos: homens, armas, pólvora, animais e ração para eles, cereais, ouro e prata", escreveu o cronista muçulmano anônimo depois que a luta irrompeu por todo o estreito vale do rio Darro.[2] "Com isso, o inimigo conseguiu o que queria, que as lutas internas eclodissem."[3]

Um nervoso Zagal fizera o povo de Granada jurar não se rebelar contra ele enquanto levava suas tropas para Vélez-Málaga, mas assim que partiu, um velho mouro trancou-se em uma das torres da cidade e subiu as escadas até o topo. Tirou seu elmo, amarrou-o a uma lança e começou a gritar: "Deus salve o rei Boabdil!"[4] Este logo assumiu o controle da cidade. A notícia chegou a Zagal às duas horas da madrugada, quando acampava perto de Vélez-Málaga, e, com seu caminho de volta a Granada agora bloqueado, ele partiu para o leste, em direção às suas fortalezas de Baza e Guadix. Os habitantes de Vélez-Málaga, diante da visão de seu rei afastando-se deles enquanto Fernando alinhava seus poderosos canhões, levaram apenas dez dias para se render. Boabdil, enquanto isso, agradeceu a Isabel por sua ajuda enviando-lhe um prisioneiro cristão de Úbeda juntamente com um cálice de ouro e vários perfumes exóticos. Ele também escreveu para explicar que havia cortado a garganta de alguns dos mais importantes aliados de seu pai na cidade, e pedia a Isabel que lembrasse Fernando de lhe enviar mais reforços.[5] "Quero que saiba que matamos quatro dos capitães inimigos", ele lhe disse. "Talvez Deus faça com que isso aconteça a todos os inimigos que ainda restam."[6] Fernando enviou-lhe três mil soldados cristãos, e ordens foram emitidas para que os comandantes de fronteira cristãos ajudassem Boabdil a lutar contra seu tio sempre que possível. Boabdil mais tarde devolveu o favor atacando uma força muçulmana enviada por seu tio para dar reforços a Málaga.[7]

Isabel e Fernando podem ter esperado uma rendição mais fácil de Málaga, onde uma classe mercantil rica e mimada vivia do comércio marítimo entre Granada e o Norte da África. Mas era também o ponto mais importante de conexão com os defensores do reino no lado sul do Mediterrâneo. "A cidade era um magnífico empório para os lucros de todas as embarcações que atracavam ali, e o principal ponto de apoio para a população de Granada", disse Palencia.[8] Navios árabes, egípcios, tunisianos, numidianos (berberes) e sitifensianos (cabilas) lançavam âncora ali, suprindo o reino de Granada de homens, cavalos e dinheiro recolhidos por todo o Norte da África. Málaga também possuía um grande exército de gomaras – uma tribo de berberes guerreiros que, motivados por religião, dinheiro ou ambos, fornecia combatentes determinados a salvar o reino de Granada do massacre cristão. Com o apoio de Zagal, eles ajudaram um comandante experiente chamado Hamete Zegri a assumir o controle. Entre os mais empenhados a resistir estava a pequena população de convertidos do cristianismo – com medo de seu destino futuro como apóstatas – e os *monfíes,* salteadores bárbaros da zona rural que haviam jurado lutar até a morte. Isso fez com que o cerco iniciado em maio de 1487 se tornasse muito mais complexo do que qualquer outro que Isabel e Fernando tivessem empreendido antes.⁹

A tarefa de Isabel de fornecer suprimentos foi facilitada pelo fato de que as mercadorias, especialmente de artilharia, agora podiam ser entregues por barco, mas as violentas tempestades de primavera tornavam as trilhas lamacentas e o mar agitado. Desta vez os monarcas haviam atraído suas forças ainda de mais longe, conforme voluntários estrangeiros buscavam a mística de cruzados bem-sucedidos e nobres aragoneses uniam-se às suas fileiras, trazendo seus próprios homens. O imperador romano Maximiliano enviou dois navios de artilharia, embora ele certamente tenha cobrado pela ajuda.¹⁰

Os homens de Isabel e Fernando, a maioria dos quais jamais tinha visto Málaga, ficaram admirados com seu tamanho e suas defesas. Pulgar foi um dos que perceberam que aquela não se assemelhava a nenhuma outra cidade com que tivessem se deparado antes. "Está situada em um terreno plano ao pé de um longo declive, e é cercada por uma muralha redonda, fortificada com muitas torres sólidas, próximas umas das outras, e possui uma maciça barreira externa, onde também há muitas torres pequenas. Em um dos lados da cidade, onde a encosta começa a se elevar, está o alcácer – conhecido como Alcazaba –, cercado por duas muralhas, no qual pudemos contar 32 torres maciças de espantosa altura e habilmente construídas. E ao longo das paredes há outras oitenta torres pequenas e de tamanho médio, próximas umas das outras", ele escreveu. Dali, mais duas muralhas protegiam uma estrada que levava diretamente encosta acima, até o alto do morro, onde ficava o castelo Gibralfaro, com vista para as áreas de onde qualquer ataque poderia vir. Alguns dos conselheiros de Isabel e Fernando achavam que um cerco seria arriscado demais, que Málaga poderia ser lentamente estrangulada de longe agora que todas as cidades e castelos vizinhos estavam ocupados. Outros, mais impacientes, queriam um ataque direto. Mas até mesmo assumir posições estratégicas em torno da cidade era difícil, já que as montanhas eram disputadas de perto e os mouros provaram ser combatentes altamente motivados. A própria tenda de Fernando, mal colocada no alto de um morro, teve que ser removida depois que os mouros a localizaram e começaram a mirar nela com seus canhões.[11]

No final, foi Isabel quem, segundo Pulgar, tomou a decisão final de levar adiante um cerco clássico de desgaste e evitar um ataque frontal. Uma enorme vala foi escavada ao redor da cidade, com paliçadas erguidas como mais um obstáculo a qualquer um que tentasse sair e lutar. A ideia era matar de fome os defensores da cidade, enquanto os bombardeavam com a crescente concentração de artilharia. Muros e cercas foram construídos para dar proteção aos atacantes. Túneis foram cavados para chegarem mais perto das muralhas da cidade. O maquinário de cerco, em grande parte construído no local, começou a povoar a planície em torno de Málaga. Foram construídas torres imensas, destinadas a serem roladas na direção das muralhas para que as tropas pudessem escalar suas paredes, bem como sofisticados abrigos de proteção e móveis à prova de fogo. Ataques lançados contra brechas nas muralhas causadas por bombardeios eram sempre derrotados. Os homens de Zagri frequentemente saíam a cavalo, contornando as paliçadas ansiosos para lutar com seus sitiadores. Grupos de mouros cavavam do lado de fora das muralhas para criar suas próprias barreiras defensivas ou encontrar túneis sendo cavados pelos cristãos. Qualquer um que pisasse dentro do campo de tiro podia esperar ser perseguido por arqueiros ou atiradores. O cerco se arrastava e, ao contrário de outros, trouxe um alto custo em vidas humanas. Os sitiadores estavam perdendo trinta homens por dia, enquanto os defensores mouros sofriam ainda mais, com cerca de cinquenta mortos por dia. Os que moravam dentro da cidade viviam em igual terror do exército cristão e dos implacáveis gomaras, e qualquer um que ousasse sugerir negociar arriscava-se a ser executado por covardia e traição. À medida que o número de feridos crescia, também crescia o hospital de Isabel. Ao final do cerco, ele já havia se expandido das seis tendas originais para duas grandes tendas de pavilhão e mais quinze tendas pequenas. Isabel viu que seu exército estava ficando sem pólvora e enviou navios a Valência e à Sicília para buscar suprimentos, enquanto uma carta com um pedido também era enviada ao rei de Portugal. Mas o mar era seu melhor apoio. Significava que Isabel podia mandar vir alimentos e munição com relativa facilidade, aportando em uma doca instalada à vista das muralhas da cidade – provavelmente exasperando os defensores conforme eles próprios começavam a sentir a escassez de suprimentos.[12]

Nos dias em que, por causa do mau tempo no mar e dos caminhos encharcados e escorregadios, os suprimentos não chegavam ao acampamento, os rumores corriam soltos, e ouvia-se falar em retirada. Com o sofrimento de seus soldados, Isabel resolveu unir-se a eles na linha de frente. Suas visitas a cidades recém-conquistadas haviam, no passado, levantado rapidamente o moral das tropas e, apesar dos evidentes perigos de um lugar onde dezenas de seus homens morriam nas refregas diárias, ela deslocou-se para Málaga em maio. Ela assentou seu acampamento a uma distância segura, em uma colina com vista para a cidade. Fora acompanhada de sua própria corte, inclusive do cardeal Mendoza e de sua filha mais velha, Isabel, juntamente com cantores, músicos e seus próprios artistas, cuja tarefa era imortalizar o cerco em pintura. "A rainha foi recebida com grande entusiasmo, já que sua presença trazia alegria à tarefa árdua dos combatentes e eles empenhavam-se ainda mais em seu trabalho", disse Pulgar.[13]

Isabel queria ver pessoalmente como o cerco estava indo, se suas provisões eram suficientes, e queria eliminar rumores de que o medo da Peste pudesse provocar uma ordem para levantar o cerco. Fernando, evidentemente, precisava de Isabel para incutir ânimo em seus homens, e esperava que sua presença enfraquecesse os defensores, de modo que "os mouros pudessem ver por si mesmos de que eram tanto a sua vontade quanto a dela que o cerco continuasse, e que ele não seria levantado enquanto a cidade não fosse tomada". Houve alguns resmungos de que guerra era um trabalho de homem, e que, embora ela tivesse estado presente em Loja no ano anterior, a rainha não deveria estar ali, mas o impacto geral de Isabel nas forças sitiantes foi eletrizante. "A maioria ficou feliz, porque a rainha era amada e temida por todos", relatou o cronista do marquês de Cádis. O orgulho dos soldados significava que muitos estavam ansiosos para mostrar-lhe do que eram capazes. "Todos no acampamento achavam que, com a chegada da rainha, deveriam atacar os mouros", disse Bernáldez. Mas embora sua presença pudesse ter encorajado seus próprios homens, não teve nenhum poder de enfraquecer a determinação dos defensores. "Como povo da Espanha... eles se lançaram à luta com valentia", ele disse com admiração, reconhecendo a espanholidade comum aos mouros e cristãos.[14] "E eles em nenhum momento mencionaram negociações, mas lutaram para defender a cidade causando tantos danos quando podiam, enquanto eles próprios sofriam muitas perdas e mortes."

Dentro das muralhas da cidade, homens santos e zelosos pregavam o credo da resistência até a morte, enquanto os gomaras davam ênfase à disciplina e enviavam grupos de assalto. Um dos mais ardorosos gomaras era Abrahen Algerbí, um pregador fervoroso que viera da ilha de Djerba, na atual Tunísia. Ele logo encontrou um bando de seguidores seduzidos por seu tom belicoso, invocações do Profeta e convicção de que a vitória podia ser alcançada. Algerbí liderou uma ousada missão para reforçar Málaga com quatrocentos de seus seguidores, surpreendendo os sitiadores à noite, saltando as paliçadas de madeira que haviam erigido e vadeando pelo mar em direção à cidade. Cerca de duzentos de seus homens conseguiram entrar na cidade, mas o próprio Algerbí permaneceu do lado de fora, caindo de joelhos de maneira ostentosa e rezando. Os perplexos sitiadores o prenderam e o levaram à presença do marquês de Cádis. Algerbí alegou ser um homem santo com uma mensagem secreta para Isabel e Fernando, explicando-lhes como tomar a cidade. Ele foi enviado à área cercada da realeza, mas Isabel ordenou que fosse mantido à espera fora de suas tendas até que Fernando acordasse. Quando Algerbí viu duas pessoas se aproximando, que lhe pareceram o rei e a rainha, ele sacou uma pequena espada que escondia por dentro de seu manto e atacou-as. Mas ele atacara as pessoas erradas. A dama de companhia de Isabel, Beatriz de Bobadilla e Álvaro de Portugal, que ele havia tomado como os soberanos, foram salvos, segundo relatos, pelo fato de Algerbí ter tropeçado na corda de uma tenda.[15] O fim do homem foi, segundo Palencia, horripilante. Foi esfaqueado até a morte pelos guardas, e em seguida seu corpo foi levado para uma catapulta e lançado por cima das muralhas da cidade, para dentro de Málaga, provavelmente espatifando-se em um telhado ou uma rua da cidade.

As condições no interior da cidade pioraram; os comandantes militares de Málaga requisitavam a maior parte dos alimentos, deixando a maioria dos judeus aprisionada dentro da cidade para morrer de fome. Logo mulas, cavalos e ratos estavam sendo comidos. No entanto, mesmo quando a fome se instalou, os combatentes mantiveram-se fiéis à causa de sua guerra santa. Em uma última grande demonstração de bravura temerária, eles saíram da cidade e lançaram um ataque suicida que terminou com vários de seus melhores comandantes mortos ou feridos. O comandante dos gomaras sobreviventes, então, levou suas tropas para dentro da Alcazaba e sugeriu aos habitantes da cidade que era hora de negociarem. Enquanto os habitantes de Málaga morriam de fome, Isabel e Fernando reuniram-se com representantes dos quatorze grupos principais da cidade. Os representantes exigiram que – como nas cidades que haviam se rendido sem tanta luta – tivessem permissão para ir embora, livremente, ainda que fossem obrigados a abandonar seus bens. A exigência veio com uma ameaça, caso fosse recusada. "Eles iriam enforcar e pendurar das ameias da cidade os quinhentos cristãos, homens e mulheres, que mantinham presos e, depois de colocar os idosos, as mulheres e as crianças na [segurança da] Alcazaba, incendiariam a cidade e sairiam prontos a morrer e matar cristãos, de modo que a vitória do rei e da rainha fosse sangrenta", relatou Pulgar.[16] "Dessa forma os acontecimentos de Málaga seriam conhecidos de todas as pessoas e perdurariam para sempre, por todas as épocas da humanidade." Mas Isabel e seu marido não estavam mais interessados em negociar. Essa opção era disponível apenas àqueles que se negavam a lutar. E se eles matassem os prisioneiros cristãos, podiam ter certeza de que cada um dos habitantes da cidade teria a garganta cortada. "Podem ir para o diabo", retrucou Fernando.[17]

Quando veio a rendição final, os milhares de mouros sobreviventes foram empurrados para dentro do mesmo curral onde os quinhentos cristãos presos haviam sido mantidos enquanto seu futuro era decidido. Eles, ou seus parentes podiam comprar a liberdade a 30 dobras de ouro, ou cerca de 13 mil maravedis,* por cabeça – embora tivessem, então, que partir imediatamente para o Norte da África. Os que não podiam pagar resgates tornaram-se escravos. Alguns dos mais fanáticos defensores da cidade, inclusive alguns convertidos ao cristianismo, foram excluídos do acordo. E aqueles conversos que haviam se instalado na cidade depois de fugir da Inquisição em Sevilha e em outras partes agora se viam de volta às suas garras. Muitos foram queimados em fogueiras. Uma dúzia de traidores cristãos encontrados na cidade receberam a morte mais dolorosa, amarrados a estacas e perfurados com varas afiadas, sangrando até a morte.[18]

Málaga era uma cidade em ruínas, suas ruas impregnadas do fedor de corpos em decomposição. Por trás de suas muralhas parcialmente destruídas surgiu um comboio de quinhentas pessoas de aparência miserável, as pernas ainda presas por correntes. Uma cruz foi exibida diante delas. Isabel ordenou que uma grande tenda fosse erguida com um altar em seu interior, para que esses cristãos prisioneiros – muitos dos quais estavam ali desde o desastroso ataque de Axarquía – pudessem ser cerimoniosamente soltos de suas correntes, vestidos e abençoados. Isabel e Fernando recusaram-se a entrar na cidade enquanto ela não fosse limpa de cadáveres e o mau cheiro tivesse diminuído. Então, dirigiram-se à mesquita principal, já consagrada como igreja, para agradecer e completar o ritual de expulsão do islamismo de uma cidade que fora muçulmana por mais de sete séculos.[19]

O transporte de 11 mil prisioneiros de Málaga foi tão grande que Isabel teve que emitir cartas ordenando aos habitantes de Sevilha que os aceitassem em suas casas. O pagamento por sua manutenção vinha da venda de escravos e de dinheiro de resgates. "Ordeno-lhes que usem o dinheiro recebido pelos mouros vendidos nessa cidade para pagar aquelas pessoas que abrigaram esses mesmos mouros [em suas casas] pelos dias que os mantiveram", ela disse às autoridades da cidade. Os

---

* Para uma tabela de valores monetários relativos, cunhagem e preços de itens do dia a dia e excepcionais, ver Apêndice.

prisioneiros foram divididos em três grupos.²⁰ Um foi dado aos *caballeros*, capitães e *hidalgos* que tomaram parte na campanha, enquanto outro foi usado para trocas com cristãos presos no Norte da África. O último e maior grupo foi para Isabel e seu marido, e foram vendidos para melhorar um erário exaurido pelos custos da guerra.

Os mouros também eram um bom presente. Cem guerreiros gomaras foram enviados ao papa. A rainha de Nápoles recebeu cinquenta jovens mouras de Isabel e a rainha de Portugal mais trinta. "E a rainha também deu como presente uma grande quantidade de mulheres mouras para algumas das [grandes] damas de seu reino, enquanto outras permaneceram em seu próprio palácio", comentou Pulgar. O destino de 450 judeus habitantes de Málaga foi resolvido pela comunidade judaica em Castela, que pagou 22 mil dobras, ou cerca de 10 milhões de maravedis, pela liberdade deles.²¹

Isabel e Fernando mantiveram um rígido controle sobre o espólio de Málaga. "Nada que valesse dinheiro foi perdido, tendo tudo ido para o rei e a rainha", observou o autor de uma crônica sobre o marquês de Cádis. Isabel distribuiu três mil prisioneiros entre os nobres e comandantes de tropas, permitindo que ela saldasse as dívidas que assumira com muitos deles.²² "Isso pareceu conveniente a todos, especialmente ao marquês, porque permitiu que eles evitassem a vergonha de não serem capazes de pagar o que deviam", explicou o cronista do marquês, muito provavelmente encobrindo as disputas inevitáveis sobre o espólio de guerra. "E foi por isso que os mouros entraram no erário da monarca."

Foi uma vitória histórica. O antigo reino de Granada perdera seu principal porto e segunda cidade. Alguns dos seus mais determinados e mais corajosos guerreiros tinham sido derrotados e levados à submissão pela fome. O território remanescente nas mãos dos muçulmanos estava dividido em metades antagônicas, com Boabdil e Zagal inimigos jurados. Quem mantinha a supremacia nessa batalha agora era Boabdil, que também era vassalo de Isabel e Fernando. Eles agora podiam concentrar todo o seu poder de fogo em Zagal e suas terras para leste. Um fragmento de um novo tratado com Boabdil, que sobrevive entre os registros do secretário de Isabel, Hernando de Zafra, mostra que ele prometera ajudá-los. "O referido rei Boabdil, vassalo deles, sincera e lealmente ajudará Suas Altezas Reais e seu povo contra os referidos mouros com todo o seu poder. E o rei de Granada é obrigado a entregar a cidade de Granada e seus exércitos como e quando puder."[23] Ele, em troca, receberia muitas das terras que agora planejavam tirar de Zagal, bem como teria o retorno de seu filho Ahmed – no momento, na fortaleza de Moclín, sob a guarda do patrão de Hernando de Baeza, Martín de Alarcón. De acordo com os termos desse tratado, os habitantes do Albaicín – que há muito haviam provado ser os mais dispostos a um ajuste com os cristãos – receberiam um acordo de paz de dez anos que lhes permitia manter suas mesquitas e modo de vida ou mudar-se livremente para o Norte da África. Os mais importantes granadinos também receberam privilégios, inclusive o direito de vender seus bens a cristãos. "Se eu quebrar este acordo... o rei e a rainha, senhores, não serão obrigados a manter nenhum dos acordos aqui contidos", acrescentou Boabdil.[24] A guerra de Granada, ao que parecia, não estava de modo algum terminada.

Boabdil estava cada vez mais dependente de Isabel e Fernando, mas, considerando que as terras que ele deveria receber em troca por Granada eram tão obviamente inferiores em tamanho e importância, ele também não estava com nenhuma pressa para ver o tratado chegar à sua conclusão lógica. "A rainha enviava dinheiro mensalmente a esse rei muçulmano para sua própria manutenção e daqueles que o acompanhavam", Pulgar explicou.[25] Em determinado momento, Boabdil escreveu uma humilhante carta de agradecimentos em resposta a outra carta de Isabel, esgotando sua lista de adjetivos para elogiar a "gloriosa, magnífica, excelente, generosa, famosa, ilustre, nobre, virtuosa, caridosa e honrosa" rainha de Castela. "Também recebemos vossa ajuda e presentes por intermédio de vosso sargento, o cavalheiro Guzmán, e de meus criados e cavalheiros. Nós os aceitamos com muitos agradecimentos... estamos ao vosso dispor. Sacrificaremos nosso povo e nossas vidas em vossa honra... não dispomos de nenhuma outra ajuda, a não ser a de Deus, que não venha de vossa corte e de Vossa Alteza Real. Para nos mantermos nesta capital, queridos príncipes de sultões, precisamos de muitas coisas, e não existe nenhuma outra fonte de dinheiro ou de nada de valor que não venha da casa de Vossa Alteza Real. Que Deus impeça Vossa Alteza Real de parar de nos ajudar ou de nos esquecer."[26]

Pelos dois anos seguintes, Isabel e Fernando mudaram o foco da guerra para as fronteiras orientais de Granada, onde a cidade de Almeria – outrora o maior porto e capital de uma importante região de produção de seda do reino muçulmano – e bastiões, como Baza e Guadix, eram a chave para destravar uma região com rotas de navegação fáceis e concorridas de ida e volta do Norte da África. Zagal provou ser um inimigo astuto e os homens dessa região eram famosos guerreiros, com Palencia alegando que as crianças de Baza eram "ensinadas desde a infância nas artes da guerra e obrigatoriamente dedicadas a elas em sua constante luta com os cristãos da fronteira".[27] No primeiro ano, eles capturaram grandes extensões de território, mas não conseguiram expulsar Zagal e seus comandantes das principais cidades e vilas, que lutaram contra os atacantes com, entre outros recursos, caldeirões de óleo fervente.[28]

À medida que o verão de 1489 chegava ao fim, Isabel tornava-se mais preocupada. A estação de luta logo deveria chegar ao fim, e no entanto o cerco de Baza arrastava-se pelo sexto mês e o moral das tropas arrefecia. Os mensageiros cavalgavam a toda brida levando o correio, trocando de cavalos quando estes se cansavam no calor, e levando apenas dez horas para transportar as mensagens até ela. Com os próprios sitiadores falando em desistir, Isabel, mais uma vez, exortou-os a continuar a luta. Seu recado a eles foi direto. "Se concordarem em continuar o cerco dessa cidade, como no começo todos concordaram, então ela, com a ajuda de Deus, ordenaria que recebessem suprimentos de pessoal, dinheiro, provisões e tudo que fosse necessário até a cidade capitular", relatou Pulgar.[29] Mas Isabel tinha que recorrer a ameaças para recrutar mais homens de Sevilha e, quando algumas das tropas de Fernando começaram a abandoná-lo, ela rapidamente emitiu instruções para que os desertores fossem presos. Colheitas pobres e más condições do tempo, enquanto isso, atrapalhavam suas cadeias de suprimentos. "Tem havido uma grande escassez de mercadorias no acampamento", ela escreveu, enquanto ordenava que suprimentos extras fossem enviados a Baza pelas estradas lamacentas e demoradas. Esses suprimentos tinham que ser entregues "antes que as águas acabem com as estradas e tornem ainda mais difícil o transporte de mercadorias".[30]

Entretanto, os homens de Zagal continuaram a resistir, e Isabel então decidiu que era hora de ela mesma visitar o front, chegando com suas damas de companhia e conduzida por uma escolta de cavalheiros – inclusive um navegante genovês chamado Cristóvão Colombo – e músicos. Sua filha favorita, Isabel, agora já uma moça e inseparável de sua mãe, acompanhava-os.[31]

Na atmosfera de cruzada religiosa e crescente autoridade real, a dissidência ou a crítica de uma guerra que estava exaurindo o erário de Castela era perigosa, se não impossível. A crítica direta a Isabel ou à guerra raramente era feita, e sempre em segredo, ou, ao menos, quase nunca registrada em papel. Embora os sábios da corte e os poetas populares tenham debochado de seu antecessor, agora todos mantinham a boca cuidadosamente fechada. A Santa Irmandade e a Inquisição ajudavam a estabelecer o novo tom de conformidade controlada. Um dos poucos que publicamente ousaram criticá-la em suas coplas satíricas rimadas foi o poeta Fernando de Vera, que logo se viu sentenciado à morte.[32] No escritório de um amistoso *escribano*, ou notário, em Jerez, Vera leu sua poesia farpada para um pequeno grupo, que presumivelmente riu entusiasticamente à sua contundente crítica à rainha. Ele descrevia os castelhanos como carneiros que eram regularmente tosquiados por Isabel. "Vós fornecestes tanta lã que, se quisessem, podiam fazer um cobertor para cobrir a Espanha inteira", declamou. "Ou estão tentando nos fazer de tolos ou simplesmente acham que somos idiotas." Vera estava expressando a raiva disseminada contra o fardo de impostos de guerra, especialmente nas cidades.

Quando a notícia de seu humor traiçoeiro chegou às autoridades locais na cidade, entretanto, o *escribano* e outros foram presos. Vera fugiu em um galeão para as Ilhas Canárias e foi condenado à morte em sua ausência, enquanto o homem que o havia alertado foi preso e executado. Somente seis anos mais tarde é que Isabel e Fernando, graças às conexões familiares de Vera, transformaram a pena de morte em trabalhos forçados em navios.

Pulgar alegou que os conselheiros do rei, que queriam que ele desistisse do cerco, estavam temerosos demais para dizer isso em público, porque a rainha não aprovaria. Eles esperavam que, levando Isabel a Baza, poderiam fazê-la ver o quanto a situação era difícil. "Considerando os esforços permanentes da rainha para prover o acampamento com homens, dinheiro e suprimentos, mas não tendo obtido os resultados esperados depois de todo aquele tempo, eles não ousavam aconselhar o rei publicamente como o faziam em particular. Suplicaram à rainha que fosse ao acampamento para que pudesse ver a luta constante e o preço diário de mortos e feridos... e ao ver por si mesma o que ouvia dizer pelos relatórios, ela iria concordar em levantar acampamento, deixando guarnições em determinados pontos próximos à cidade", ele relatou.[33] Outros preocupavam-se que a presença de tantas mulheres "enfraqueceria a guarnição inteira".[34]

A chegada de Isabel, entretanto, teve o efeito oposto. Tropas cansadas e entediadas de repente despojaram-se de seis meses de tédio e crescente apatia. O impacto sobre os mouros foi ainda maior. Eles observaram das torres e muralhas da cidade a chegada do barulhento grupo de Isabel, o acompanhamento musical de trombetas de vara, clarins, trombetas italianas, charamelas, sacabuxas, dulzainas – da família do oboé – e tambores. Durante anos de guerra, a assustadora reputação de Isabel como um inimigo brutal e implacável crescera a tal ponto que sua mera presença foi suficiente para destruir a resistência dos mouros de Baza. Enquanto dois anos e meio antes os defensores de Málaga haviam despreocupadamente ignorado sua presença, Pulgar agora jurava que a chegada da rainha silenciara as armas dos mouros para sempre. "Não sabemos se foi porque acharam que a rainha tinha vindo para instalar seu próprio acampamento até a cidade ser tomada ou por alguma outra ideia que tenham imaginado, mas foi surpreendente ver a súbita mudança em sua atitude... Como estávamos lá e presenciamos tudo, podemos testemunhar diante de Deus e dos homens que [também] viram que depois do dia em que a rainha entrou no acampamento pareceu que todos os rigores da guerra, dos espíritos cruéis, das más intenções dos inimigos cessaram", disse Pulgar, que estava lá. "As flechas e os tiros de espingarda e de todo tipo de artilharia, que há apenas uma hora nunca cessavam de voar de um lado para o outro, não foram mais vistas nem ouvidos, nem refregas armadas voltaram a ocorrer, nem as batalhas diárias que haviam se tornado habituais."[35]

Logo foram iniciadas negociações, e o comandante da cidade recebeu permissão para se reunir com Zagal em Guadix. Os termos foram acordados rapidamente, com Zagal abrindo mão de todo o seu território – inclusive Baza, Guadix e Almeria – em troca de consideráveis direitos pessoais e status mudéjar (semelhante às antigas comunidades muçulmanas da Velha Castela) para seu povo.[36] Restava pouco para Isabel e Fernando conquistarem agora, exceto a cidade de Granada e as terras à sua volta, que deveriam – ao menos em tese – ser entregues sob os termos de seus tratados com Boabdil.

Isabel e Fernando proclamaram o fim da guerra. Eles haviam capturado os principais portos de Málaga e Almeria e derrotado Zagal. Boabdil, agora o governante de (quase) tudo que restava de Granada, era vassalo deles. Em 8 de janeiro de 1490, eles escreveram para Sevilha: "Após muito esforço, trabalho e despesas, quis Nosso Senhor, em Sua bondade, fazer a guerra com o reino de Granada chegar ao fim", disseram. "O rei Boabdil, que atualmente detém a cidade de Granada, concordou em entregar a nós e ao nosso povo a referida cidade. Nós enviamos nossos emissários, e uma resposta e um acordo sobre isso não levará mais do que vinte dias."[37] Mais de sete séculos de governo muçulmano na Espanha estavam encerrados. Ou assim, erroneamente, eles acreditavam.

23

Os Tudor

Medina del Campo, 14 de março de 1489

Isabel esperou os emissários ingleses no salão mais imponente de seu palácio em Medina del Campo. Um dossel de tecido bordado a ouro fora erguido acima de onde ela agora sentava-se ao lado de Fernando, enquanto os perplexos embaixadores eram trazidos em uma procissão à luz de tochas pelo frio cortante do anoitecer nas ruas da grandiosa cidade mercantil de lã e têxteis da *meseta*. A guerra de Isabel contra os mouros caminhava para um clímax de triunfo, como voluntários ingleses, como lorde Scales, devem ter informado ao rei Henrique VII. Ao contrário da nascente dinastia Tudor do rei inglês, não havia mais rivais da coroa que Isabel definitivamente assegurara para si com o retiro forçado de Joana, a Beltraneja, em um convento. Isabel estava decidida a evitar uma repetição do tipo de constrangimento que sofrera durante a prévia visita de um embaixador inglês à sua corte no começo de 1477. Naquela ocasião, no começo da guerra civil, um palanque que havia sido armado para o emissário, Thomas Langton, desabou no meio de seu discurso – apesar de o fleumático embaixador ter se levantando e continuado como se nada houvesse acontecido.[1]

Uma corte que, na maior parte do tempo, estava se locomovendo ou em guerra não era um lugar para demonstrações diárias de grandeza e luxo – nem para as despesas que as acompanhavam. Mas, quando necessário, Isabel fazia questão de que sua corte castelhana ganhasse a reputação de uma hospitalidade exuberante. Era uma maneira segura de transmitir a mensagem de que aquela era uma monarquia poderosa e rica, capaz de competir com outras cortes europeias em suas demonstrações de grandeza. Sua grande cruzada contra os mouros de

Granada já havia aumentado o status de Castela em toda a cristandade, mas agora que estava quase no fim, ela e Fernando começavam a olhar para além das fronteiras de seus reinos unificados, em direção a outros países que poderiam se tornar aliados. Henrique VII enviara seus embaixadores para negociar exatamente uma aliança como essa, que seria cimentada com um noivado entre a quarta filha de Isabel, Catarina de Aragão, de três anos de idade, e o próprio filho e herdeiro do rei inglês, de dois anos, príncipe Arthur. Ela queria que eles voltassem para casa impressionados. Os embaixadores, dr. Thomas Savage, futuro arcebispo de York, e sir Richard Nanfan, ficaram perplexos com a hospitalidade que receberam.[2] "As pessoas falam das honras feitas aos embaixadores na Inglaterra. Sem dúvida, não são nada se comparadas às honras feitas aos embaixadores no reino de Castela, especialmente na época destes nobres rei e rainha", escreveu seu arauto, Roger Machado.[3]

Assim como Isabel soubera quando tirar os mantos negros de luto e deslumbrar as pessoas de Segóvia com seus trajes régios e brilhantes, agora também investiu em trajes flagrantemente pomposos e exuberantes. O fascinado Machado relatou que a rainha usava um vestido bordado com fios de ouro coberto por "uma capa com capuz de veludo preto, com grandes aberturas, de modo a mostrar por baixo do dito veludo o tecido de ouro com que estava vestida". A capa era decorada com blocos de fios de ouro ovais, do tamanho de um dedo, incrustrados de joias, "tão rica que ninguém nunca viu igual". Um cinturão de couro branco com uma pequena bolsa – que Machado viu como um toque masculino e estranho – era decorado com um "rubi rosado [da Pérsia] do tamanho de uma bola de tênis, cinco magníficos diamantes e outras pedras preciosas do tamanho de um feijão".[4]

As joias da rainha falavam ainda com mais eloquência de riqueza e poder:

> Ela usava no pescoço um valioso cordão de ouro composto inteiramente de rosas brancas e vermelhas, cada rosa sendo adornada com uma grande pedra preciosa. Além disso, trazia duas fitas

em cada lado do peito, adornadas com grandes diamantes, rubis rosados e de outros tipos, pérolas e várias pedras preciosas de grande valor, totalizando cem ou mais. Por cima de toda a vestimenta, usava um curto manto de fino cetim carmesim forrado com arminho, muito bonito em sua aparência e muito brilhante. Estava jogado [displicentemente] de forma transversal sobre o ombro esquerdo. A cabeça estava descoberta, exceto por um pequeno *coiffe de plaisance* na nuca, mais nada.[5]

Isabel teria ficado satisfeita em saber que Machado estava anotando detalhadamente tudo que via – e tudo que ela usava nas festas, justas, touradas e danças realizadas nas duas semanas seguintes –, a fim de relatar a Henrique VII. Ele até produziu uma estimativa pelo valor das joias que ela estava usando, cerca de 200 mil coroas de ouro. A família de Isabel e as damas de companhia também se apresentavam magnificamente vestidas, mas ninguém podia ofuscar a rainha. Rígidas leis suntuárias regulavam tudo, do uso de seda e brocados ao chapeamento em ouro e prata de espadas e esporas por qualquer pessoa fora da família real. O relatório incluía descrições das elaboradas cerimônias nas festas e, crucialmente, os arranjos dos lugares para sentar em eventos formais, que mostravam (por quem estivesse mais perto dos soberanos, com o cardeal Mendoza, sempre ao lado de Isabel) a distribuição de poder na corte.

A França há muito era uma aliada de Castela, mas Isabel estava pronta para mudar isso, especialmente quando o reino de Aragão, de seu marido, estava permanentemente lutando com os franceses em suas fronteiras. A Inglaterra, cujos monarcas durante muito tempo se denominaram reis da França (e que ainda mantinham a soberania sobre uma área ao redor de Calais), era uma aliada perfeita. Os embaixadores ficavam, como a maior parte da Europa, intrigados com o relacionamento entre Isabel e Fernando. Foi então que o arauto Machado produziu sua intricada explicação de como Castela podia ser governada em conjunto pelo casal real. "Talvez alguns possam me censurar por falar em "monarcas" [no plural], e alguns podem ficar perplexos e dizer 'Como! Há dois monarcas em Castela?'", observou o arauto Machado. "Não [eu digo], mas eu escrevo 'monarcas' porque o rei é rei por causa da rainha, por direito de casamento, e porque eles se denominam 'monarcas' e subscrevem suas cartas 'Do Rei e da Rainha', pois ela era a herdeira [do trono]."[6]

A viagem a Medina del Campo, uma cidade murada, espalhada, dominada por um imponente castelo, fora longa e árdua. O perigoso e tempestuoso golfo de Biscaia por duas vezes levara os emissários ingleses de volta a Southampton com uma rajada de vento forte virando seu navio de lado, de modo que entrou "tanta água que ele quase submergiu e ficou virado de lado por algum tempo, com a vela maior quase inteiramente mergulhada no mar". Eles se abrigaram na cidade portuária de Laredo enquanto intensas nevascas pintavam de branco a cordilheira Cantábrica acima deles e bloqueavam as estradas. Quando finalmente partiram para atravessar as montanhas e buscaram um lugar para passar a noite, viram-se confrontados por uma geniosa espanhola, dona da hospedaria, que ordenou que voltassem para o frio por serem "tão ousados de entrarem em sua casa sem sua licença". Depois de serem expulsos aos gritos de "grandes diabos" e "vilões dissolutos", ela permitiu que eles voltassem para dentro. Passaram uma noite desconfortável antes de se levantarem cedo e fugirem para Medina del Campo, onde Isabel havia providenciado acomodações confortáveis decoradas com finas tapeçarias.[7]

O primeiro encontro de Isabel com os ingleses foi cuidadosamente encenado, assim como todas as reuniões que se seguiriam por dezessete dias. Um grupo ruidoso de Grandes, bispos e "pessoas importantes" acompanhou os fascinados embaixadores de suas instalações enquanto se dirigiam ao palácio. Isabel e Fernando sentavam-se em bancos separados. "A rainha estava acompanhada por trinta e sete damas de companhia e jovens de sangue nobre, todas ricamente vestidas à moda do país e em tecido de ouro, com vários outros [materiais] valiosos que seria muito entediante relacionar", observou Machado. Houve cerimônias de beija-mão e discursos formais, embora os visitantes ingleses não conseguissem entender o latim estropiado do velho Diego de Muros, bispo de Cidade Rodrigo, que falou em nome dos soberanos espanhóis. "O bom bispo era bem velho e já tinha perdido quase todos os dentes, de modo que o que ele dizia só podia ser ouvido com grande dificuldade", relatou Machado.[8] Somente às duas da madrugada eles foram finalmente conduzidos de volta aos seus aposentos, com a promessa de novo encontro no dia seguinte.

A reunião do dia seguinte foi mais voltada para os negócios. O objetivo de Isabel de ter filhos e, especialmente, um herdeiro, causara ansiedade e tensão – e fora interrompido pelos rigores de seu estilo nômade de vida e o compromisso de planejar e suprir seus exércitos. Mas ela agora tinha um herdeiro, João, e quatro filhas. Embora tivesse desejado intensamente um menino e demonstrado devoção particular ao pequeno João, não se pode dizer que lhe faltou cuidado e atenção com suas filhas. Ela as mantinha junto a si, educando-as de acordo com um conjunto de critérios que eram, ao mesmo tempo, rígidos e conservadores em relação à moral pessoal e à imagem pública, enquanto inovadores e progressistas em termos de educação. Sua preparação em latim, incluindo a vida dos santos, música e comportamento religioso adequado, e realizada por tutores estrangeiros que haviam bebido profundamente do humanismo italiano, não era completamente altruísta. Suas filhas eram também bens políticos, como Isabel demonstraria no ano seguinte, casando sua filha mais velha – Isabel – na família real portuguesa. Suas outras filhas mantinham a promessa de mais três alianças seladas pelo casamento. "Se Vossa Alteza nos der mais duas ou três filhas nos próximos vinte anos, terá o prazer de ver seus filhos e netos em todos os tronos da Europa", um presciente Pulgar lhe dissera.[9]

Henrique VII estava profundamente entusiasmado com a ideia de seu herdeiro casar-se com a filha de uma mulher tão formidável, chegando a alegar que estaria disposto a abrir mão de metade de seu reino se Catarina fosse como a mãe.[10] O fundador da dinastia Tudor precisava da união mais do que Isabel e Fernando. Sua coroa ainda era precária, com ameaças tanto internas quando do estrangeiro. A pequena Catarina oferecia não só um aliado no flanco sul da França, mas um aliado com influência em Roma, e cuja aprovação da compatibilidade de seu filho como marido significava uma valiosa demonstração de confiança. O compromisso, de qualquer forma, jamais seria considerado uma garantia absoluta. Tais noivados podiam ser, e frequentemente o eram, rompidos quando um lance melhor era oferecido.

    Isabel não tinha a menor pressa para que o acordo de casamento fosse fechado. Ela planejou, em vez disto, cortejar os embaixadores devagar, continuando a exibir a magnificência que começara à noite anterior. Nessa ocasião, relatou Machado, Isabel vestia "um rico tecido de ouro e, por cima, como antes, uma capa de veludo preto, e por cima da capa um cordão de ouro batido com rosas vermelhas e brancas também de ouro batido, cada rosa adornada com valiosas pedras. Ela usava no pescoço um suntuoso colar decorado com grandes rubis e uma pedra semelhante ao rubi, chamada carbúnculo, todas de grande valor". Agora era a hora de começar a exibir sua família. João, de dez anos, e Isabel, de dezoito – acompanhados por quatro criadas –, foram conduzidos ao salão, com Catarina mantida de forma tentadora fora de vista por enquanto. "O príncipe vestia uma túnica de veludo carmesim, forrada de arminho, e na cabeça um chapéu preto à moda francesa com um *cornette* púrpura muito estreito, parecendo um galho de árvore", escreveu Machado. "E a infanta vestia uma espécie de bata de tecido de ouro e por cima uma túnica à moda do país, com uma longa cauda de suntuoso veludo verde. Usava um acessório na cabeça feito de fio de ouro e seda preta na forma de um ninho, tudo adornado com pérolas e diversas pedras preciosas." Mãos foram beijadas, novos discursos proferidos e uma visão da pequena Catarina prometida para mais tarde.[11]

    No domingo, quatro dias mais tarde, eles foram convidados à capela real para as Completas, antes de se retirarem para um grande salão, onde havia música e jovens membros da corte que já dançavam. A jovem Isabel apresentou-se com uma de suas professoras de dança portuguesas. Machado escreveu:

> A princesa dona Isabel... aproximou-se, encantadora e ricamente vestida, e sentou-se ao lado do rei, seu pai, ao seu lado direito, a uma pequena distância dele. Sem dúvida, era uma bela visão

proporcionada pela rainha e sua filha [assim] vestidas, e vinte e seis damas de companhia e jovens filhas de altos membros da nobreza, muitas delas magnificamente vestidas em tecidos de ouro, veludo e seda. A rainha estava completamente vestida em tecido de ouro, usava um adorno de cabeça de fio de ouro e um lindo colar decorado com enormes pérolas e grandes e belos diamantes no centro. Os soberanos, então, disseram à sua filha que dançasse. Ela levantou-se imediatamente e dirigiu-se a uma jovem portuguesa... Essa jovem vestia-se magnificamente e dançou com ela.[12]

Nos torneios de justa, alguns dias depois, Machado encontrou a rainha Isabel usando uma mantilha espanhola "decorada com losangos de veludo preto e carmesim, e em cada losango havia uma grande pérola... [e] um valioso rubi rosado do tamanho de uma amêndoa de faia... nenhum ser humano jamais viu nada igual".[13] Dois rubis "do tamanho de um ovo de pomba" e uma grande pérola no valor de 12 mil coroas penduravam-se como pingentes de seu adorno de cabeça. Machado ficou deslumbrado. "Tão rico era o vestido que ela usava nesse dia que nenhum homem pôde imaginar qual seria o seu valor", ele disse.

Um encontro informal, mas obviamente encenado, com Catarina e a terceira filha de Isabel, Maria, de seis anos, ocorreu logo em seguida. Isabel e Fernando, com os três filhos mais velhos, levaram os embaixadores a uma galeria de cujas paredes dependuravam-se as mais finas tapeçarias (muitas das quais deviam ter viajado com eles nos comboios de mulas), onde eles se reuniram com a "corte infantil" separada, construída em torno dos filhos mais novos. "A rainha estava ricamente vestida. E todas as suas filhas vestidas da mesma forma. As duas filhas referidas, a infanta dona Maria e a infanta dona Catarina, princesa da Inglaterra, tinham quatorze acompanhantes... todas vestidas em tecido de ouro e todas filhas de nobres", relatou Machado. "A mais velha não teria mais do que quatorze anos." Catarina era jovem demais para dançar, mas a pequena Maria assumiu a pista de dança com "uma jovem de sua idade e tamanho, e levou-a a dançar".

Não havia menção à mulher contratada para divertir suas filhas.

No dia seguinte, os embaixadores testemunharam o que já era uma parte essencial das festas reais espanholas, a tourada. Era um evento a cavalo, com os cavaleiros atacando os touros com lanças. Um espetáculo sangrento do qual Isabel não gostava, não por preocupação com os touros, mas porque às vezes homens morriam. Uma das poucas coisas sobre as quais ela era sensível era o desnecessário derramamento de sangue cristão.[14] Os embaixadores também viram lutas simuladas e corridas com cachorros "na forma como lutavam contra os sarracenos [ou seja, os mouros]". Machado passava grande parte de seu tempo observando Isabel, que tinha a pequena Catarina ao seu lado, admirando-se do quanto era afetuosa e atenciosa com a filha. "Era lindo ver como a rainha tratava sua filha mais nova", ele observou.[15]

Dois dias mais tarde, em 27 de março, o Tratado de Medina del Campo foi assinado. A Inglaterra e a Espanha eram aliadas, com a França agora descartada.[16] Os embaixadores permaneceram mais alguns dias em Medina, carregados de presentes para si mesmos – inclusive um cavalo de guerra espanhol, um pequeno ginete mouro, um par de mulas, metros de seda e sessenta marcos de prata cada um. Primeiro, entretanto, eles cavalgaram para fora de Medina pela distância "do alcance de duas flechas", acompanhando Isabel e sua família quando a corte itinerante partiu novamente, acompanhada por mais de cem nobres, cavaleiros, bispos e escudeiros. Fernando e João cavalgavam à frente, enquanto Isabel liderava seu próprio grupo de filhas, damas e aias. Talvez, ao atravessar a *meseta*, Isabel tenha sentido uma confortável sensação de vingança, lembrando-se do quanto os embaixadores franceses haviam sido ofensivos quando vieram buscar sua própria mão em casamento. Desde então, ela mantivera a opinião de que a França era "abominável para nossa nação castelhana". Seu marido deve ter ficado ainda mais satisfeito em ter Castela definitivamente do seu lado na prolongada luta de Aragão contra os franceses.

24

A queda de Granada

Moclín, maio de 1490

As doze reluzentes dobras de ouro que Isabel entregou a João eram um sinal de que seu filho e herdeiro, prestes a completar doze anos, estava crescendo e pronto para ir à guerra. As pesadas moedas de ouro eram para João doar na missa, para assinalar sua nova condição de *caballero*, ou cavaleiro. Isso fora confirmado em uma cerimônia solene junto ao Acequia Gorda – um dos principais canais de uma complexa rede de irrigação construída e mantida pelos mouros de Granada – quando João viajava com seu pai, enquanto ele se preparava para arrasar as terras agrícolas ao redor da cidade em maio de 1490. Ali o jovem príncipe fora formalmente nomeado cavaleiro e recebera sua cota de malha, adaga, elmo e botas de campanha. João agora podia cavalgar com seu pai e aprender sobre a guerra com ele, embora não se esperasse dele que lutasse na linha de frente. Até então Isabel havia supervisionado a criação e a educação de seu filho, e iria continuar como sua "tutora, guardiã e administradora legítima" por mais dois anos, mas seu trabalho com ele estava praticamente terminado.[1]

Ela deve ter se sentido orgulhosa, não só de seu filho, mas do legado que estava preparando para ele como futuro soberano de uma Espanha unificada. Isabel se apoderara da coroa com uma firmeza até então desconhecida. Sua extraordinária aliança com Fernando criara uma monarquia dupla que não só abarcava a maior parte da Península Ibérica, como ampliara seu território em Granada, ao mesmo tempo que provava ser a mais eficaz defensora da cristandade em sua permanente batalha contra o expansionismo do islã. Uma batalha paralela para purificar Castela impondo ordem e justiça, perseguindo supostos hereges entre os conversos e reformando a Igreja, já estava em curso – embora ainda houvesse muito mais a ser feito. João seria o herdeiro de tudo isso. Não era de admirar, portanto, como as previsões messiânicas continuavam a varrer a Ibéria,² que muitos o vissem como o prometido Rei Leão – o homem que terminaria a tarefa iniciada por seus pais e eliminaria a heresia muçulmana do Norte da África e, por fim, da própria Terra Santa.³ Em três anos também João teria idade suficiente para se casar, dar netos a Isabel e assegurar a continuidade de seu trabalho pelas gerações vindouras.

Esse não foi o único acontecimento familiar importante do ano. Algumas semanas antes, sua filha mais velha, Isabel, finalmente se casara com o herdeiro da coroa de Portugal – o príncipe Afonso, então com quinze anos, cujo pai, João II, herdara o trono pouco depois do fim da guerra com Isabel em 1481. O casamento cumpria os termos do Tratado de Alcáçovas, que pusera um fim à guerra civil, cimentando uma paz duradoura com Portugal e mantendo Joana, a Beltraneja – que ainda, obstinadamente, assinava cartas como "Eu, a Rainha"⁴ – firmemente em seu lugar. Os festejos em Sevilha pelo casamento por procuração, "casamento por poderes" (quando representantes portugueses vieram para confirmar os termos finais do casamento), naquela primavera, seguidos por fim da cerimônia completa do casamento em Portugal, duraram quinze dias. Isabel havia comprado um impressionante enxoval e gasto livremente nas celebrações. Houve torneios de justa, pantomimas e jogos, com o pequeno João atuando tanto no palco como nas competições. O marido de sua filha era cinco anos mais novo do que ela, mas Isabel havia, dos dez aos doze anos, passado dois anos com ele quando foram confinados em Portugal, de acordo com os termos do tratado de paz que acabou com a guerra. Os festejos em Sevilha foram, em parte, a celebração de um reino em ascensão que provocava admiração, respeito e temor em outras partes da Europa. A reputação pessoal de Isabel também se elevava. Dois anos haviam se passado desde a queda de Málaga e, embora a guerra ainda não tivesse terminado, era apenas uma questão de tempo até sua cruzada para expulsar os mouros estar terminada.⁵

Isabel viajou de Moclín, onde estivera desfrutando a companhia do pequeno Ahmed, *el infantico*, filho de Boabdil, de volta a Córdoba em junho de 1490. A própria Granada, a cidade mais popular da península, ainda não lhe pertencia. Boabdil demonstrara ser um aliado tão pouco confiável para os monarcas espanhóis quanto o fora para seu próprio pai e tio. Os monarcas esperavam que ele aceitasse a doação da região baseada em Baza e Guadix em troca das chaves de Alhambra e da cidade. Entretanto, a magnífica Granada, o símbolo de séculos de história muçulmana, era um prêmio difícil de abandonar. Não só Boabdil relutava em entregar o complexo palaciano que sua dinastia násrida havia construído com tanta beleza, como também tinha consciência de que os habitantes da cidade e milhares de refugiados que acorreram em bando para lá durante os seis anos anteriores não estavam prontos para aceitar o que, para eles, era o fim da história – a capitulação de um lugar cujo solo guardava os restos mortais de trinta gerações de antepassados. Em vez de entregar Granada, Boabdil agora guerreava outra vez.[6]

Os monarcas não tinham pressa. As hostilidades eclodiram novamente em maio de 1490, o próprio Zagal foi pressionado a entrar em combate, voltando-se de bom grado contra seu sobrinho rebelde. Um dos ardis mais inteligentes da campanha daquele verão foi a tomada pelos homens de Isabel e Fernando de uma torre fortificada, fingindo estar conduzindo gado e cristãos prisioneiros em direção a Granada. Eles pediram abrigo na torre e, quando as portas foram destrancadas, invadiram o local e capturaram os que a administravam – que então foram expulsos para a cidade de Granada. Somente em abril do ano seguinte, entretanto, é que a campanha para tomar a própria cidade recebeu o dinheiro, os homens e os suprimentos de que necessitava. Isabel, nem sempre tão paciente quanto seu marido, tomou medidas extremas, emitindo uma convocação de amplo alcance para formar um exército esmagador. Ela também sabia que este cerco poderia durar e uma de suas decisões mais importantes foi construir algo muito mais sólido do que o acampamento de cerco comum formado de tendas e cabanas toscas. O acampamento de Santa Fé, erigido na periferia de Granada, era como uma pequena cidade fortificada ligada a um acampamento muito maior de tendas cercadas por valas e barreiras, com construções projetadas para permanecerem de pé depois da guerra. No espaço de apenas alguns meses, uma cidade quadrada, de paredes brancas, surgiu à vista de Granada, com torres e outras defesas que iriam capacitá-la a funcionar durante o inverno. Era um símbolo de sua determinação e enviava uma mensagem aos habitantes da cidade: que Isabel, Fernando e suas tropas estavam ali para ficar. Isabel estava tão orgulhosa de sua pequena cidade improvisada que mandou fazer uma tapeçaria do cenário e enviou para a corte de Portugal. Assim como em Málaga, ela já não podia suportar ficar longe da ação. Ela mudou-se para Santa Fé no começo de julho, dois meses depois de seu marido ter começado a montar o cerco.[7] Mais uma vez, seu hospital de linha de frente acompanhou-a, e uma de suas damas de companhia, Juana de Mendoza, foi encarregada de abastecê-lo.

Como em qualquer acampamento militar, a vida diária em Santa Fé misturava momentos ocasionais de perigo e heroísmo com longos períodos de tédio e frustração, pontuados por rixas internas, acidentes autoinfligidos e até deserções. Na noite de 14 de julho de 1491, Isabel e sua segunda filha, Joana, ainda não haviam se mudado para uma casa apropriada, e ainda dormiam na espaçosa tenda que o marquês de Cádis havia lhes cedido. Era uma grande barraca de campanha *alfaneque*, de estilo mouro, outro elemento da cultura árabe que sem nenhum esforço fora absorvido pelos espanhóis cristãos, e era a mais luxuosa em todo o acampamento. "A rainha ordenou a uma das criadas que mudasse de lugar uma vela que a estava impedindo de dormir de uma ponta da tenda para outra", escreveu Bernáldez. "Ou alguma coisa caiu sobre a vela ou a chama [de algum modo] alcançou a própria tenda, que pegou fogo e começou a arder em chamas." O fogaréu imediatamente se espalhou pelas tendas e cabanas de telhados de palha das imediações. "Quando a rainha notou, correu para a tenda do rei, que estava dormindo, para avisá-lo, e eles partiram juntos, a cavalo", disse Bernáldez.[8]

Quando seus filhos também correram do fogo e os homens começaram a combater as chamas, o marquês de Cádis saiu com seus homens a cavalo para formar uma linha de defesa caso o acampamento estivesse sob ataque. Isabel não tinha dúvidas sobre o que acontecera. "A rainha disse que mantinha apenas uma opinião, a de que o incêndio fora iniciado por um erro, por uma de suas damas de companhia", disse Bernáldez.[9] Cortinas de seda, tapeçarias de valor inestimável e colchões e roupas de cama, tudo tinha sido consumido pelo fogo. Uma versão da história conta que a própria Isabel agarrou seus documentos secretos antes de sair correndo com eles nos braços, a infanta Joana – sua segunda filha – atrás dela.[10] Os monarcas, então, aceleraram a construção de edificações em Santa Fé, embora Isabel e Joana tenham tido que esperar algum tempo antes de sua casa ficar pronta em um acampamento em que, no espaço de apenas alguns meses, decisões históricas que afetariam o futuro de Castela, Espanha e partes ainda não descobertas do mundo seriam tomadas.

Os cercos são maçantes, e somente a ideia de que um momento épico na história da cristandade estava sendo escrito mantinha o ânimo elevado. Dentro do acampamento, poetas e padres transformavam as escaramuças quase diárias com o inimigo em feitos heroicos de bravura ampliados em sua importância pelo glorioso prêmio que esperavam. Os defensores, enquanto isso, saíam em incursões para ataques repentinos aos acampamentos cristãos e comboios de suprimento, e foram tão bem-sucedidos que a cidade acabou com uma abundância de carne barata. Mas cada invasão e ataque custavam a vida daqueles que, com pouco a perder, estavam preparados para lutar quase até a morte. E sem reforços acessíveis, os números minguantes de soldados disponíveis para defender a cidade tornou-se ao menos um problema tão grande quanto a falta de alimentos que deixara Málaga de joelhos. Após oito meses, restava apenas um décimo dos combatentes montados originais.[11] Muitos fugiram pela Serra Nevada, para os vales impenetráveis e escarpados próximos da Alpujarra, uma rota que também permitia que provisões de óleo, cereais, ração animal e frutas secas chegassem à cidade sitiada.

A própria Isabel parece ter desencadeado a maior batalha entre defensores e sitiadores depois de pedir para ser levada para mais perto de Granada, de modo que ela pudesse estudar melhor a cidade. Acompanhada por Fernando, João e Joana, ela entrou na aldeia de La Zubia, que não passava de um conjunto de cabanas. Lá, ela desmontou e subiu ao segundo andar de uma casa para olhar para Granada e, empoleirada acima dela, as paredes vermelho-ferrugem do complexo de Alhambra. Uma saída tão arriscada da família real quase inteira exigia a companhia de uma grande força de cavalaria e infantaria, que se espalhou em uma formação defensiva em frente a La Zubia. Os mouros devem ter percebido que os monarcas estavam próximos ou simplesmente decidiram que uma força daquele tamanho era uma ameaça à cidade. Fosse como fosse, uma força de tamanho similar logo partiu de Granada, puxando canhões a reboque. Isabel e sua filha, segundo a tradição, passaram a maior parte da batalha que se seguiu de joelhos, rezando, embora a voracidade de Isabel por contos de cavalaria sugira que ela deve ter preferido ficar observando seus cavaleiros em ação. Qualquer que tenha sido seu ponto de observação, ela teria visto até seiscentos dos defensores de Granada morrerem nesse dia, quando "nem um único cavaleiro cristão deixou de enterrar sua lança em um mouro". Os cristãos alegaram vitória, e Isabel prometeu construir um convento no seu local de observação. Um grupo de sitiadores foi então capturado quando tentava emboscar aqueles que foram recolher os mortos e feridos. Desta vez, os mouros usaram a sofisticada rede de canais de irrigação nos campos fora da cidade para inundar a terra e, assim, prendê-los em uma cilada.[12]

Com a proximidade do inverno, a decisão de Isabel de construir uma cidade de onde pudessem sitiar Granada parecia cada vez mais sensata. O cerco começara em abril de 1491. Ainda continuava em novembro, quando as noites se encurtavam, as temperaturas quase chegavam ao ponto de congelamento e o manto branco que cobria a serra Nevada se espalhava e descia pelas encostas. "O inverno chegou, com a neve que havia caído nas montanhas cortando a comunicação com a Alpujarra", explicou o anônimo cronista muçulmano. "Isso produziu tal escassez de víveres nos mercados de Granada que muitos começaram a passar fome, e o número de mendigos aumentou drasticamente." Com os sitiadores agora controlando as terras férteis fora das muralhas da cidade, os muçulmanos não podiam semear seus campos, e tornou-se claro que suas provisões seriam ainda mais escassas no ano seguinte.[13]

Hernando de Baeza descreve uma cena em que Boabdil, avisado de que os cristãos preparavam um ataque maciço à cidade, se prepara para uma batalha definitiva, levando seu exército para o campo em frente a Granada. O rei vestiu sua armadura e pediu a bênção de sua mãe, Fátima. Em seguida, passou ao seu ritual normal anterior a uma batalha, que era beijar todas as mulheres e crianças de seu ambiente doméstico, inclusive sua irmã, sua mulher e um de seus filhos menores, e pediu a eles que perdoassem quaisquer ressentimentos que tivessem contra ele. Quando sua assustada mãe exigiu saber o que estava acontecendo, Boabdil explicou que aquela podia ser a batalha final, com todos os envolvidos lutando até a morte. Sua resposta foi censurá-lo: "Então, meu filho, quem olhará por sua triste mãe, mulher, irmã e filhos, parentes e criados, bem como esta cidade e todos os outros lugares que governas? Como vai explicar a Deus que os deixaste tão desprotegidos, dando a ordem de que todos nós devemos morrer pela espada ou acabar como prisioneiros? Pensa bem no que estás fazendo."[14]

"Minha senhora, é muito melhor morrer uma vez do que morrer muitas vezes enquanto ainda se está vivo", Boabdil retrucou.

"Isso seria verdade, meu filho, se apenas tu morresses e o resto de nós fosse salvo e a cidade libertada", retorquiu a chorosa mãe.[15] "Mas uma perda tão grande não seria uma tarefa bem-feita." Baeza deve ter ouvido esta versão da história do próprio rei mouro, embora nada se saiba sobre a batalha que se seguiu, se é que aconteceu. De qualquer modo, a história ilustra o problema enfrentado por Boabdil. Ele tinha que decidir se Granada deveria morrer lutando ou buscar termos favoráveis de rendição.

Conforme os suprimentos escasseavam na gélida cidade, um grupo de granadinos mais velhos foi à presença de Boabdil. "Nenhum dos nossos irmãos muçulmanos que vivem na costa [norte] da África veio nos ajudar, apesar dos pedidos que enviamos", lembraram a Boabdil.[16] "Enquanto isso, nossos inimigos ergueram prédios nos quais moram e de onde podem nos atacar. Conforme a força deles cresce, a nossa diminui. Eles recebem ajuda de suas terras e nós não temos absolutamente nenhuma ajuda. O inverno já começou, e isto significa que as forças inimigas foram dispersadas, estão muito mais fracas e suspenderam seus ataques contra nós. Se negociarmos com o inimigo agora, eles aceitarão nossas propostas e concordarão com nossas exigências. Mas se esperarmos até a primavera, o exército deles se fortalecerá outra vez e, por causa de nossa fraqueza e falta de provisões, já não estarão dispostos a aceitar nossas demandas." Boabdil ouviu atentamente e aquiesceu. Na realidade, ele vinha negociando desde setembro, mantendo as conversas em segredo com receio de que o povo de Granada se voltasse contra ele. A constante entrega de mensagens e presentes ao prisioneiro príncipe Ahmed, em Moclín, fornecia uma desculpa para os negociadores irem e voltarem da cidade. As negociações continham, como sempre, dois elementos: os termos para a população em geral e aqueles para os próprios negociadores e demais famílias de elite da cidade. "Eu peço muito pouco", escreveu um deles, Abulcacim el-Muleh.[17] "Por favor, pergunte a Suas Altezas se posso ficar com o mercado de peixes, com todos os direitos implícitos a ele, ou com a praça do sapateiro e direitos sobre o abate de gado." Ele também queria 10 mil castelhanos (a moeda de ouro avaliada em 465 maravedis) para si mesmo e mais 10 mil para outro negociador, Aben Comixa, bem como 30 mil para Boabdil. Enquanto isso, Isabel e Fernando respondiam seus pedidos dos caros tecidos com que estavam acostumados a se vestir. Havia tecido roxo, vermelho e verde de Florença, sedas grossas pretas, verdes e azuis, tecido carmesim de Londres, veludos verdes e pretos, brocados e outros materiais encomendados para os casacos, vestidos, túnicas, mantos, chapéus, capas e meias-calças da orgulhosa aristocracia de Granada. Esses pedidos provavelmente foram entregues pelo intérprete Baeza ou pelo principal negociador, Fernando de Zafra, que fazia visitas frequentes a Alhambra antes de um acordo ser finalmente assinado em Santa Fé, em 25 de novembro de 1491.[18] Boabdil prometeu entregar a cidade no começo de janeiro, com a condição de que os mouros de Granada desfrutassem praticamente dos mesmos direitos das antigas comunidades mudéjares de Castela – e que tanto ele quanto as elites da cidade recebessem tratamento preferencial.

Um poeta de Granada recordou-se do momento – e de toda a guerra – com vergonha, lembrando que suas esperanças de resgate por irmãos muçulmanos do Norte da África tinham sido frustradas.[19]

Os cristãos nos atacaram de todos os lados em uma vasta torrente, / companhia após companhia/ assolando-nos com fervor e determinação como gafanhotos na profusão de/ suas armas e cavalaria./ Ainda assim, por um longo tempo resistimos a seus exércitos e matamos/ um grupo após o outro de nossos inimigos,/ Apesar de seus cavaleiros se multiplicarem a cada instante,/ ao passo que os nossos diminuíam na penúria./ Assim, quando enfraquecemos, eles acamparam em nosso território e/ assolaram-nos, cidade por cidade,/ Trazendo enormes e numerosos canhões, demoliram as inexpugnáveis/ muralhas das cidades,/ Atacando-as energicamente durante o cerco, por muitos meses/ e dias, com zelo e determinação./ Então, quando nossa cavalaria e infantaria pereceram e /constatamos que nenhum resgate viria de nossos irmãos,/ E quando nossos mantimentos diminuíram e nosso fardo tornou-se/ pesado demais, acedemos, contra a nossa vontade, às suas exigências,/ por medo de maiores desgraças...

Os muçulmanos resolveram entregar a cidade por "falta de mantimentos; eles comiam cavalos, cachorros e gatos", um cronista inglês observou com aprovação, antes de acrescentar uma pitoresca, ainda que inexata, descrição do exótico espólio propiciado a Isabel e seu marido:[20] "Em uma das alas onde o rei e a rainha de Granada viviam, as paredes do salão e do quarto eram de mármore, cristal e jaspe, incrustradas de pedras preciosas, e outras grandiosas e inumeráveis riquezas foram encontradas ali." A França enviou um embaixador para observar a rendição, e vários italianos também viajaram para testemunhar o importante acontecimento.[21] A cruzada de Isabel estava terminada – ao menos em solo castelhano, pois suas ambições também se estendiam ao Norte da África –, e as promessas de casamento feitas em Cervera, quando ela era apenas uma futura noiva de dezessete anos e futura soberana de Castela em potencial, haviam sido cumpridas. As fronteiras da cristandade, encolhendo-se em outras partes, haviam sido estendidas para o sul. Era, por qualquer medida, um acontecimento épico.

25

Transferência de poder

Granada, 2 de janeiro de 1492

Isabel sempre gostara do estilo árabe de se vestir, mas as túnicas, capas e pantufas que usava pelo calor e pelo conforto eram, em sua maior parte, reservadas para a intimidade de seus próprios aposentos. Neste dia histórico, 2 de janeiro de 1492, entretanto, ela deliberadamente escolheu se vestir para exibição pública *a la morisca* – ao estilo mouro.[1] Escolhera uma aljuba de seda e brocado, com sua parte superior apertada e abotoada até em cima, mangas compridas e saia à altura dos joelhos. Seu marido, filhos e muitos dos nobres que os acompanhavam enquanto se preparavam para entrar em Granada também vestiam aljubas e capotes soltos, em estilo avental, chamados marlotas, que eram amarrados às costas. Aquele era um dia de comemoração triunfante, e uma desculpa para esquecer as escuras roupas de luto que vestiam desde que chegara a notícia de que sua filha Isabel ficara viúva quando seu jovem marido, príncipe Afonso de Portugal, caiu de seu cavalo depois de apenas oito meses juntos.

Boabdil saiu de Alhambra em uma mula, acompanhado de cinquenta de seus dependentes, a cabeça erguida, mas o rosto refletindo a tragédia da derrota. Quando encontrou Isabel, os dois monarcas realizaram um ritual simples e preestabelecido em que Boabdil representaria o rei humilde e derrotado, e Isabel, a magnânima vitoriosa. Boabdil tirou o chapéu, tirou um dos pés do estribo e agarrou o cabeçote de sua sela como se estivesse prestes a desmontar e beijar sua mão. Isabel, que estava montada com seu filho João, fez sinal de que isso não era necessário e que ele deveria se manter em sua sela. "Ela falou com ele... e o consolou e ofereceu sua amizade e ajuda, ele lhe agradeceu fervorosamente e retrucou que não havia nada no mundo que ele quisesse para si mesmo, mas aqueles para quem ele queria eram sua mãe, a rainha, e os príncipes, que eram seus irmãos", escreveu um observador. Isabel seguiu os termos acordados nas negociações que Boabdil e sua mãe haviam insistido, e ela pessoalmente havia concordado que ele evitasse a humilhação de ter que beijar suas mãos.[2]

Enquanto isso, Isabel aguardava o aparecimento dos quatrocentos prisioneiros cristãos que haviam sido mantidos dentro de Alhambra. Assim como em Málaga, eles apareceram em suas correntes, seguindo três cruzes e a imagem da Virgem Maria, enquanto entoavam o salmo *Benedictus Dominus Deus Israel*. "A rainha os recebeu com grande reverência e ordenou que fossem levados à fortaleza de Santa Fé", disse Bernardo del Roi, um veneziano que fora até lá presenciar o grande momento. Houve lágrimas quando, arrastando-se diante do exército ali reunido, alguns prisioneiros foram reconhecidos por seus próprios parentes. Ao mesmo tempo, os cristãos entregaram seu prisioneiro mais importante, o *infántico* príncipe Ahmed – agora com cerca de nove anos –, de volta à sua mãe, que ele não vira durante a maior parte de sua infância.[3] Tudo isso fazia parte do acordo de rendição. Com Granada em suas mãos, Isabel e Fernando já não precisavam mais dele – embora Isabel fosse tentar não perder contato com a criança cuja educação ela havia supervisionado de longe e por quem sentia laços tão fortes, quase maternais.

A essa altura, todo o exército cristão estava enfileirado diante da cidade, em terras do outro lado do rio Genil. De lá, Isabel ergueu os olhos pelas muralhas do palácio de Alhambra e viu uma cruz sendo erguida em uma de suas torres mais impressionantes, a Torre de Comares. Ao seu lado, surgiu a bandeira de São Tiago – também chamado de "Mata-Mouros", devido à lenda de que ele havia milagrosamente liderado um exército cristão no século IX à vitória sobre os muçulmanos em Clavijo, Norte da Espanha – e as bandeiras reais de Isabel e Fernando. "Granada! Granada! Para o rei Fernando e a rainha Isabel!", os soldados gritaram. "Quando a rainha viu a cruz, os membros de sua capela começaram a cantar o *Te Deum Laudamus*. A alegria era tamanha que todos choravam", escreveu um cronista. Trombetas soaram e canhões foram disparados conforme os habitantes da cidade começavam sua nova vida como mudéjares, súditos muçulmanos da rainha cristã de Castela.[4] Nenhum antepassado de Isabel fora tão poderoso, embora esse fosse apenas o começo do que iria se tornar um ano grandioso para a Espanha e a cristandade.

Seguiu-se uma entrega formal da chave da cidade, sendo passada pela mão do príncipe João como o futuro rei, destinado a governar a cidade.[5] Com isso, Boabdil seguiu seu caminho, dirigindo-se às terras da Alpujarra – os íngremes contrafortes da serra Nevada, voltados para o sul –, que lhe foram doadas como recompensa por entregar seu reino. Diz a lenda que ele parou para chorar e olhar pela última vez a cidade que seus antepassados governaram por dois séculos e meio em um passo de montanha que se tornou conhecido como O Suspiro do Mouro. Quando Washington Irving, o escritor americano do século XIX que romanceou a queda de Granada, ali chegou, a colina que levava a esse passo era conhecida como "La Cuesta de las Lágrimas", O Outeiro das Lágrimas. Irving registrou um conto em que a mãe de Boabdil, Fátima, o censurou. "Lamentas como uma mulher aquilo que não soubeste defender como homem", ela disse.

Isabel não ousou entrar na cidade. Na realidade, para começar, o acordo de rendição explicitamente bania o exército cristão de entrar em Granada, embora muralhas, portões e torres tivessem que ser ocupados, desta forma garantindo o controle militar da cidade. Os negociadores de Boabdil haviam suplicado que a transferência de administração fosse feita gradualmente, começando pela Alcazaba e o resto de Alhambra – que poderia ser acessada por seu portões a leste, sem passar pela cidade propriamente dita. "Não deveis de modo algum entrar ou sair da cidade por nenhum outro caminho", disse-lhes um negociador de Boabdil.[6]

O acordo original com Boabdil havia previsto a entrada de tropas cristãs em Granada em 6 de janeiro. Mas cinco dias antes ele enviara o recado de que estava prestes a perder o controle da cidade. Cerca de quinhentos reféns muçulmanos de suas melhores famílias, que haviam concordado em serem mantidos em Santa Fé até a transferência de poder estar terminada, haviam partido em 1º de janeiro, mas a visão de sua partida despertou a ira dos que se opunham à rendição. "Assim, o rei mouro enviou uma mensagem ao nosso rei e rainha, e concordaram que naquela mesma noite eles enviariam secretamente alguém para tomá-la [Alhambra], porque assim que os mouros vissem que os cristãos a haviam tomado, eles abaixariam a cabeça, mas se fossem vistos vindo à cidade para tomá-la durante o dia, isso provocaria problemas e seria perigoso", escreveu uma testemunha chamada Cifuentes.[7]

Em uma hora, Gutierre de Cárdenas – o mesmo fiel oficial que havia carregado a espada da justiça real à frente de Isabel no dia em que ela se autoproclamou rainha – recebeu a ordem de preparar seus homens para saírem à noite em direção a Alhambra. "Ele partiu à meia-noite, com um bom número de oficiais, sentinelas e soldados, espingardeiros, lanceiros e arqueiros", explicou Cifuentes, que se uniu à expedição.[8] Em seguida, foram levados secretamente por um caminho que evitava as estradas e passagens mais conhecidas até o campo aberto perto dos Alixares de Alhambra, fora de vista no ângulo oriental da colina. Um portão foi aberto e eles puderam entrar em Alhambra sem que o povo da cidade percebesse. "Entramos exatamente quando o dia estava rompendo",[9] disse Cifuentes. Muitos ficaram perplexos com o que viram. "Granada é a mais esplêndida e admirável cidade do mundo em sua grandeza, solidez e beleza, com o palácio (Real Alcácer) em Sevilha parecendo pouco mais do que uma cabana de palha ao lado de Alhambra", disse Cifuentes, o missivista.[10] "Este palácio é tão imenso que a sua maior seção é maior do que todo o palácio de Sevilha", concordou o veneziano Del Roi, que acompanhara a expedição.

Boabdil os aguardara em seus aposentos na Torre de Comares. Os mais altos membros da nobreza castelhana, tendo beijado suas mãos, receberam as chaves dos portões de Alhambra e pediram para assinar um documento atestando que isto fora feito. Boabdil e seus homens, então, deixaram o local por um dos portões que davam na cidade, enquanto os soldados cristãos assumiam suas posições ao longo das muralhas e nas torres. Um altar foi erigido e, entre lágrimas, os soldados e alguns dos prisioneiros cristãos que tinham sido mantidos em Alhambra celebraram a missa nos sofisticados arredores do palácio tão maravilhosamente construído por gerações de reis násridas. Ao final do dia, o conde de Tendilla entrou em Alhambra com um exército de seis mil homens, enquanto Boabdil saía da cidade para encontrar-se com Isabel e Fernando e ir embora para sempre.[11]

Isabel e Fernando, então, voltaram para Santa Fé, mantendo-se fiéis à promessa de não marchar orgulhosamente pela cidade e assegurando-se de que as tropas entrassem em Alhambra pelos portões dos fundos.[12] É difícil acreditar, no entanto, que nos dias seguintes também eles não tivessem discretamente visitado Alhambra para ver seu prêmio tão ansiosamente esperado. O complexo palaciano que descobriram nesse momento ou em visitas posteriores era tanto maior e muito mais alegremente decorado do que por fim se tornaria após séculos de negligência e vandalismo cristãos, acrescidos das inclemências do tempo e da natureza. "Não creio que haja nada que se iguale a isso em toda a Europa", escreveu Münzer. "Tudo é tão requintado, magnífico e perfeitamente construído que podemos nos achar no paraíso." Governantes muçulmanos anteriores não haviam conseguido manter alguns dos numerosos palácios e jardins do enorme complexo no topo da colina, mas a impressão ainda era de um esplendor deslumbrante. O mármore, mosaicos e lanternas de prata da Grande Mesquita Real, por exemplo, foram louvados por poetas muçulmanos, e os palácios que desde então desapareceram incluíam o de Abencerraje e aquele decorado com acabamentos de seda, que logo foi ocupado pelo homem que iria permanecer ali para governar a cidade, o conde de Tendilla.[13]

Isabel estava acostumada ao Real Alcácer de Sevilha, mas ainda assim deve ter ficado impressionada com o jogo sutil entre os intricados ornamentos e a simplicidade arquitetônica dos palácios násridas. Era um local destinado à contemplação. "Entre com recato, fale ponderadamente, seja breve nas palavras e vá embora em paz", dizia uma inscrição árabe. Havia mármore reluzente tanto por dentro quanto por fora, em colunas e em assoalhos, em belas e enormes placas de quatro metros e meio. Córregos de água cristalina fluíam delicadamente por jardins perfeitamente cuidados de limoeiros e murtas, e por dentro dos aposentos dos palácios através de um sistema de canos e canais que Münzer afirmou nunca ter visto nada semelhante. "E uma casa de banhos – oh, que maravilha! – com um teto abobadado." Os banheiros tinham espaços para água quente, morna e fria.[14]

Os tetos eram pintados em cores vívidas. "Todos os palácios e anexos possuem magníficos tetos em caixotões feitos de ouro, lápis-lazúli, marfim e cipreste, em tal variedade de estilos que não se pode pensar em explicar ou descrevê-los", disse Münzer. Os tetos *muqarna* de estuque ou cedro entrelaçado possuíam desenhos alveolados que pareciam flutuar acima da cabeça dos que caminhassem sob eles.[15] Até mesmo as criaturas de pedra que guardavam uma fonte no Pátio dos Leões eram pintadas em cores vivas. O céu noturno de estrelas espelhava-se nas superfícies plácidas dos lagos dos pátios, enquanto as placas de mármore branco no Pátio das Murtas brilhavam suavemente sob o luar, irradiando uma luz delicada e onírica.[16]

Os jardins de Generalife tornaram-se um dos lugares favoritos de Isabel. Münzer descreveu "um jardim famoso e verdadeiramente real, com fontes, lagos e pequenos e encantadores canais de água", enquanto outro visitante o viu como um lugar "para apreciar a vida, em repouso e tranquilidade". Uma queda-d'água jorrava de dez *braças*, ou dez vezes o tamanho de um braço, em um tanque, respingando naqueles que se aproximavam com refrescantes gotículas de água. Coelhos saltitavam entre as murtas e havia água por toda parte, trazida por um aqueduto e inteligentemente distribuída por canos e canais. Esses fluíam em direção à Alhambra e eram também recortados nos degraus e corrimãos de pedra, que desciam por uma escadaria externa chamada de Escalera del Agua. A brincadeira ali era esperar que um grupo de pessoas descesse os degraus, depois ligar o fluxo de água para que ela cobrisse seus pés e mãos. Um truque semelhante podia ser feito no pomar de um pátio que podia ser silenciosamente inundado, de modo que, segundo um visitante italiano, "quem quer que esteja ali, sem saber como, vê a água brotar sob seus pés e ficam encharcados. Depois a água desaparece sem que haja ninguém à vista".[17]

Isabel e Fernando haviam não só apreendido a maior obra da arquitetura islâmica na Europa, como seu status por todo o continente agora era inexpugnável. A cristandade havia, finalmente, revidado a intrusão muçulmana e podia começar a esperar que sua sorte estivesse finalmente mudando. Testemunhas europeias dos últimos dias do cerco escreveram empolgantes relatos para seus países de origem.[18] Cristóvão Colombo, que vinha buscando apoio de Castela para seus próprios projetos, estava entre eles. "Nesse janeiro, pela força das armas, eu vi as bandeiras de Vossas Altezas Reais no alto das torres de Alhambra", ele os lembraria alguns meses mais tarde. "E vi o rei mouro sair pelos portões da cidade." Henrique VII, da Inglaterra, mandou cantar um *Te Deum* especial na catedral de St. Paul em Londres, e Rodrigo Bórgia conduziu as comemorações em Roma, onde houve touradas e procissões.

Isabel e Fernando tinham sido generosos na vitória. Se as negociações da rendição não foram árduas, foi, em grande parte, porque deram a Boabdil praticamente tudo que ele pediu. Ele pessoalmente recebeu o controle da maior parte da Alpujarra, com o direito de vendê-la de volta a Isabel e Fernando quando quisesse. Também recebeu 30 mil castelhanos de ouro e teve permissão para manter as terras e moinhos que havia herdado de seu pai, enquanto sua mulher, mãe e irmã também puderam conservar suas terras. Tinham o direito de ir embora quando quisessem, levando seus bens com eles em duas grandes carracas genovesas, pelas quais Isabel pagaria de seu próprio tesouro, e que os levaria para Alexandria, Tunísia ou qualquer outro lugar para onde desejassem ir. Tiveram permissão para levar suas armas com eles para a Alpujarra, mas não as que usavam pólvora. Antes de partir, Boabdil ordenara que os restos mortais de seus antepassados fossem exumados do cemitério de Alhambra, enviando-os para um novo local de enterro em terras muçulmanas na Alpujarra. Mas ele não sobreviveu ali por muito tempo. Em um ano, ele e sua família estavam vendendo seus bens e preparando-se para aceitar a viagem gratuita para a África. Por fim, enviou emissários a Isabel e Fernando, oferecendo suas terras à venda. A mulher de Boabdil, Moraima, morreu em agosto de 1493, depois de uma doença que atrasou os planos de partida. Boabdil, sua mãe, familiares e muitos de seus oficiais embarcaram para o Norte da África em outubro. "Todos eles, o rei e seus companheiros, subiram a bordo das embarcações que lhes foram emprestadas e tratados com honra e respeito pelos cristãos", observou o cronista muçulmano anônimo. "Ao fim de sua viagem marítima, aportaram em Melilla, na costa do Norte da África, de onde continuaram para Fez." Boabdil instalou-se em Fez, construindo para sua família morar alcáceres no estilo andaluz. Um século depois, alguns membros de sua outrora magnífica família estariam reduzidos à mendicância.[19]

Isabel ficou descontente com a partida do *infantico* Ahmed. "A partida do rei nos deu grande prazer, mas a de seu filho, o *infantico*, nos entristeceu profundamente", ela escreveu, arrependendo-se de não ter se esforçado mais para impedir que o menino – que ela queria converter ao cristianismo – partisse com seu pai.[20] "Onde quer que vá, devemos sempre manter contato com ele, visitando-o com a desculpa de ver seu pai e enviando-lhe alguma coisa." Baeza, o intérprete, seria uma boa pessoa para levar-lhe suas mensagens, ela acreditava.

Isabel oferecera termos cada vez mais generosos às cidades capturadas conforme a campanha de Granada progredia. No começo, aqueles que lutassem contra seus exércitos não só seriam obrigados a viver fora das muralhas de sua cidade ou fortaleza, como também perderiam sua terra e suas propriedades. Onde não havia nenhuma resistência, eles podiam conservá-las. Os que lutavam com mais afinco, especialmente em Málaga, recebiam os piores castigos possíveis – prisão ou, se não pudessem pagar para serem libertados, escravidão. De 1488 em diante, entretanto, mesmo os que haviam lutado tiveram permissão para manter suas terras – uma fórmula que tornou mais fácil persuadi-los a se render. Eles até receberam proposta de dinheiro em troca de seus prisioneiros cristãos e puderam manter seus cavalos e armas de lâmina (mas não armas de fogo). Se mais tarde se rebelassem, como alguns o fizeram, o confisco era automático. O confisco era, por fim, seguido de repovoamento com cristãos trazidos de outras partes do reino.[21]

Granada e a Alpujarra receberam o melhor acordo de todos. Isabel negociara várias das rendições anteriores, mas ela e Fernando obviamente perceberam que estavam diante de circunstâncias excepcionais. Granada estava superlotada, com escassez de suprimentos e sem apoio. Mas este não era o momento para humilhar um povo derrotado que ela teria que governar. Cerca de 100 mil pessoas, inclusive muitos refugiados de áreas anteriormente conquistadas, estavam comprimidas dentro da cidade ou morando nos vales da Alpujarra. Teria sido impossível manter todos eles presos e prejudicial tê-los expulsado. Uma guerra mais prolongada teria custado mais vidas, muitas delas cristãs. Apenas policiar Granada, uma cidade densa, grande, de ruas estreitas e íngremes, era uma tarefa hercúlea. Não era simples se livrar de mais de sete séculos de história, orgulho muçulmano e a sensação de humilhação que vinha com o fato de serem governados por uma fé supostamente inferior. O melhor que Isabel podia esperar, para começar, era ocupar Alhambra e outros pontos-chave na cidade que ela agora via como a joia de sua coroa, confiando que os habitantes se policiariam usando suas próprias e antigas instituições locais. Algo muito semelhante fora feito em Almeria e com a cidade de Purchena em 1489.[22]

E assim ela e Fernando aceitaram os termos dos negociadores de Granada quase ao pé da letra.[23] Estes últimos queriam manter suas propriedades, suas leis e sua religião. Queriam poder chamar os fiéis para rezar dos minaretes da cidade e serem julgados pelos mesmos oficiais e pelas mesmas leis a que estavam acostumados.[24] E seriam isentos das regras de Castela sobre usar marcas distintivas nas roupas para mostrar que eram mudéjares. Vingança e compensação por danos de guerra ou escravos cristãos vendidos na África estavam fora de questão. Os cristãos não poderiam entrar em suas casas sem permissão e, se um deles o fizesse, podia ser morto sem punição. Mesmo os ex-cristãos que haviam se convertido ao islã, os chamados *elches*, tinham que ser deixados em paz. Os judeus do reino deveriam receber as mesmas condições, e os cristãos convertidos ao judaísmo, provavelmente incluindo antigos conversos que haviam fugido para Granada, poderiam deixar o país pacificamente sem serem perseguidos pela Inquisição. Os próprios mouros poderiam vender seus bens e propriedades em mercados e mudar-se para terras muçulmanas do Norte da África enquanto conservavam o direito de retornar por alguns anos. E deveriam ter a permissão de comercializar livremente tanto com a África quanto com o resto de Castela.

Os negociadores de Isabel encurtaram o tempo de transferência de poder, antecipando-o de março para janeiro. E o período em que os mouros poderiam livremente partir para o Norte da África foi reduzido de cinco anos para três. Somente um punhado de exigências foi considerado inaceitável. O direito de matar cristãos que entrassem em suas casas sem permissão foi transformado em uma promessa real de perseguir qualquer cristão que o fizesse. E questões legais entre cristãos e mouros não deveriam ser julgadas somente por juízes muçulmanos, como desejavam, mas por tribunais que também incluíssem juízes cristãos. Eles poderiam manter suas espadas, facas e arcos, mas, como acontecera em todos os outros lugares, as armas de fogo eram banidas. Algumas cláusulas foram deixadas deliberadamente vagas, como a que permitia o chamado para as orações, que eliminou qualquer referência a isso ser feito "com vozes". Mas as negociações também tiveram algumas exigências cumpridas em termos que eram até mais generosos do que se podia esperar. Isabel e Fernando, por exemplo, prometeram deixar em paz os impostos religiosos que sustentavam suas mesquitas "agora e para sempre".[25] E as regras contra os cristãos que buscassem vingança foram estendidas a espólio de guerra e o mau tratamento de escravos e prisioneiros.

Algumas das cláusulas acrescentadas ao acordo refletem a consciência de Isabel e Fernando de que, ao menos numericamente, seus soldados seriam amplamente superados na cidade, enquanto outras buscavam evitar que os cristãos inadvertidamente desencadeassem uma rebelião. Os quinhentos reféns provenientes das melhores famílias da cidade permaneciam em seu poder como garantia, enquanto os cristãos se instalavam em Alhambra e na fortaleza de Alcazaba, consertando os danos às muralhas e defesas. Outras cláusulas proibiam muçulmanos de conversão forçada ou impostos extras. "Nenhum muçulmano ou muçulmana será forçado a se tornar cristão", prometia o documento final.²⁶ Essa promessa era estendida aos *elches*, convertidos do cristianismo ao islamismo, e aos filhos das *romías*, mulheres como a madrasta de Boabdil, Zoraya, que nascera cristã. Alterações menores também previam os problemas potenciais de mouros e cristãos vivendo juntos na cidade. O sofisticado sistema de distribuição de águas de Granada, que levava água potável ao coração da cidade, devia ser preservado. Nem cristãos nem mouros poderiam interrompê-lo, nem lavar suas roupas ali.

Isabel estava se mantendo fiel à história de Castela e às tradições das três culturas. Um reino cujo maior grupo não cristão há muito tinha sido o dos judeus agora tinha uma grande população de muçulmanos mudéjares — de cerca de 25 mil antes da guerra até talvez umas 200 mil pessoas, embora umas 100 mil tivessem ido embora ou estivessem prestes a fazê-lo. Acrescentando-se as numerosas comunidades mudéjares das terras aragonesas de Fernando, a população muçulmana que governavam juntos era agora de quase 300 mil pessoas — ou uma a cada vinte espanhóis.²⁷

Alguns viam isso, entretanto, meramente como uma maneira de manter os mouros de Granada calmos e pacíficos enquanto outras medidas eram sutilmente aplicadas para persuadi-los a abandonar o país. "O acordo é muito propício aos mouros, mas quando as relações alcançarem um fim tão honroso e benéfico, é certo acabar com ele por quaisquer meios", disse o missivista Cifuentes. "Agora que os monarcas têm Granada, que é o que eles queriam, eles podem aplicar astúcia à tarefa remanescente e, os mouros sendo como são, fazê-los deixar a cidade sem quebrar os acordos."²⁸

Esses novos muçulmanos castelhanos podem, entretanto, ter achado que tinham pouco a temer depois de assinar um acordo tão generoso. Não havia nenhuma razão para acreditar que Isabel fosse mudar as antigas normas da Espanha relativas aos direitos de minorias religiosas. Mas, por outro lado, eles não sabiam o que estava prestes a acontecer aos judeus de Castela.

26

Expulsão dos judeus

Santa Fé, 1492

A rainha ouviu os endinheirados suplicantes, homens que ela conhecia bem de seus anos na corte como servidores leais e colaboradores reais. O primeiro entre eles era dom Isaac Abravanel, a garganta dolorida de tanto suplicar e ponderar com todos que o quisessem ouvir. Suas palavras exatas a Isabel não foram registradas, mas talvez fossem as mesmas que usou com Fernando. "Por que agis assim com vossos súditos? Impondo impostos pesados sobre nós – um homem da casa de Israel faz presentes de ouro e prata e de tudo que ele possui para a terra de seu nascimento."[1] Mas Isabel não se curvaria ao dinheiro. Os judeus da Espanha, cujas origens remontavam a muito antes da chegada do cristianismo, deveriam se converter ou deixar a terra que habitavam há pelo menos dez séculos.

Isabel manteve-se firme, alegando que aquilo era obra de Deus. "Achais que isso parte de mim? Foi Deus quem colocou essa ideia no coração do rei", ela disse ao grupo de eminentes judeus à sua frente, inclusive alguns que estiveram entre seus mais importantes defensores durante sua disputa pela coroa.[2] "O coração do rei está nas mãos de Deus, como as águas de um rio. Ele as conduz por onde quer." Isabel, segundo essa versão dos acontecimentos, colocava a culpa nos ombros de outros. Um desses era seu marido, que, como mortal, podia ser contestado. Mas o outro era Deus, cuja palavra era absoluta. O que ela não disse foi como a mensagem de Deus chegara à sua corte e mudara séculos de política real em Castela. Era, no entanto, um meio eficaz de dizer a Abravanel e aos mais ilustres judeus do país para desistirem de qualquer tentativa de impedir a expulsão. Não sabemos se a ideia foi mais de Isabel ou de Fernando. Uma das vantagens da monarquia dupla era a de que, sempre que politicamente útil, a responsabilidade ou a culpa podia ser transferida ao parceiro. Mas Isabel estava lá novamente quando líderes judeus tentaram, mais uma vez, dissuadir Fernando de levar adiante essa medida. "Tentamos com todas as forças, mas sem sucesso", disse Abravanel. "Foi a rainha quem ficou por trás dele e endureceu sua determinação de executar o édito [de expulsão]."[3]

Um historiador espanhol do século XVI acrescentou um dado a essa história, trazendo para o cenário um dos homens mais temidos da Espanha, o inquisidor-geral Tomás de Torquemada. O inquisidor de setenta e dois anos reagiu colericamente à visão de Isabel, que ele conhecia desde adolescente, e de seu marido hesitante diante desse grupo de judeus veteranos, alguns dos quais o casal conhecia bem. Ele apareceu trazendo um crucifixo e disse: "Judas vendeu o filho de Deus por trinta moedas de prata: Vossas Altezas estão pensando em vendê-lo uma segunda vez por 30 mil; bem, *señores*, aqui está Ele, vendei-No!"[4] Eles não ousaram. A história é provavelmente falsa, mas reflete com propriedade a ligação íntima entre duas invenções infames supervisionadas por Isabel – a Inquisição espanhola e a expulsão dos judeus. As vítimas desta purificação tinham plena consciência da presença ameaçadora de Torquemada e de sua influência sobre Isabel. "Na Espanha, havia um sacerdote que tinha um imenso ódio aos judeus, e a regra é a de que quem quer que inflija sofrimento a eles se torne um líder ao fazê-lo", observou Solomon ibn Verga, que buscou exílio em Portugal.[5] "Ele era o confessor da rainha e a instigava para forçar os judeus a se converter. Caso recusassem, deveriam morrer no fio da espada."

Os judeus da Espanha às vezes alegavam descender da tribo original de Judá, que foi expulsa de Jerusalém e suas terras por Nabucodonosor, rei da Babilônia, seis séculos antes de Cristo. Na realidade, eles provavelmente chegaram pela primeira vez em números consideráveis no primeiro século depois de Cristo, após o saque de Jerusalém, e quando a Hispânia ainda fazia parte do Império Romano. Vários séculos de casamentos mistos os tornaram etnicamente indistinguíveis de outros hispano-romanos e eles passaram a viver através de séculos de mudança religiosa. Os reis visigodos que assumiram quando o Império Romano ruiu converteram-se ao cristianismo católico nos séculos VI e VII e pareceram empenhados em persegui-los. Então, os muçulmanos varreram a Península Ibérica no começo do século VIII, inicialmente tolerando a presença de minorias religiosas e às vezes usando os judeus para formar a guarnição militar de fortes e castelos. Ao longo dos séculos, os judeus, assim como a minoria cristã, tornaram-se completamente arabizados, tanto na língua quanto em grande parte de seus hábitos. Muitos provavelmente se converteram ao islã – como fizeram cerca de 80 por cento da população cristã. Alguns se elevaram a posições importantes, e fortes comunidades surgiram em inúmeras cidades. Uma dessas cidades, Lucena, era essencialmente judaica. Grandes filósofos e cientistas, como Maimônides, cujo *Guia dos perplexos* tentava resolver os conflitos entre fé e razão, emergiram de suas fileiras. Quando o fanatismo religioso assolou os reinos muçulmanos com a chegada dos almóadas berberes e seu califado fundamentalista no século XII, muitos foram forçados a se converter ou fugiram para o norte cristão. O próprio Maimônides, que escreveu sua primeira versão do *Guia dos perplexos* em árabe, fingiu conversão antes de partir para o ambiente menos tenso do Cairo e tornar-se médico do sultão. Os reinos muçulmanos da Espanha eram muito mais culturalmente avançados do que o norte cristão, e os judeus trouxeram essa riqueza cultural com eles através da fronteira. Eles foram cruciais para a chamada Escola de Tradutores – um amplo movimento surgido na próspera Toledo que começou a traduzir para o latim e o espanhol muitos dos textos árabes encontrados nas bibliotecas da cidade recentemente conquistada. Esses incluíam traduções e adaptações de obras gregas perdidas, bem como tratados científicos de fontes persas e indianas que ajudaram a Europa a recuperar o conhecimento perdido durante os dias intelectualmente insípidos, do que alguns mais tarde denominariam de Idade das Trevas. Uma era de ouro judaica fez a cidade de Toledo – uma usina econômica e cultural – tornar-se sua principal cidade. Um punhado colocou sua riqueza a serviço da Reconquista, conforme a lenta marcha cristã para o sul foi chamada, com a grande vitória em Las Navas de Tolosa em parte financiada por um empréstimo de Joseph ibn Solomon ibn Shoshan.[6] É difícil acessar números com precisão, mas, conforme o fim do século XIV se aproximava e a população atingia um pico, a Espanha ostentava a maior comunidade judaica do mundo.[7] Em Castela, devia somar 250 mil pessoas, ou um a cada quinze castelhanos.

A coexistência do cristianismo, judaísmo e islamismo tornou a Espanha quase um caso único. Um dos antecessores de Isabel, Fernando III, o Santo, se autodenominara "rei das três religiões" na primeira metade do século XIII, e as inscrições em seu túmulo em Sevilha – que Isabel deve ter visitado – estavam nas quatro línguas: espanhol, latim, árabe e hebraico.[8] Esta última inscrição o declara conquistador de Sefarad, o nome que os judeus deram à Península Ibérica. Mas a tolerância tinha seus altos e baixos. Na realidade, esta coexistência incluía explosões esporádicas de violência social e inter-religiosa ao lado de grande enriquecimento cultural.

A Espanha, no entanto, era um anacronismo. Embora os judeus contribuíssem para um renascimento cultural que ajudaria a Europa a acordar de um período de relativa letargia intelectual, no resto do continente eles estavam sendo perseguidos. A Inglaterra os expulsou em 1290, enquanto a França, até 1394, já tinha realizado cinco expulsões distintas. Em partes do mundo de língua alemã houve terríveis massacres no começo do século XV. E apenas nos seis anos até 1492 os judeus foram forçados a sair da cidade de Genebra, na Suíça, de territórios italianos, como Perugia, Parma e Milão, e de regiões alemãs, como Würzburg e Heilbronn (com a Pomerânia e Mecklenburg seguindo o exemplo em 1492).[9] Apenas oito anos antes, o viajante alemão Nicholas von Popplau ficara espantado e chocado com a presença de muçulmanos e judeus tanto em Castela quanto em Aragão. "Alguns condenam o rei da Polônia porque ele permite que diversas religiões convivam em suas terras, enquanto as terras da Espanha são habitadas por judeus conversos e batizados, e também por mouros infiéis", ele disse.¹⁰ Ele só via uma explicação para a presença de judeus. "A rainha é a protetora dos judeus, e ela própria é filha de uma judia", ele declarou. Ele estava certo quanto à primeira alegação, pois os judeus estavam sob proteção real, mas não quanto à última.

Vital para a sobrevivência dos judeus na Espanha cristã era a proteção oferecida pelos monarcas tanto em Castela quanto em Aragão. Eles permitiam que os judeus vivessem segundo suas próprias leis, com seus próprios tribunais de justiça que podiam até ordenar penas de morte aos chamados *malsins* – judeus que desabonavam ou caluniavam sua própria comunidade. Um monarca castelhano, Afonso X, dissera que eles deveriam "viver em cativeiro para sempre como um lembrete a todos os homens daqueles de sua linhagem que crucificaram Nosso Senhor Jesus Cristo".¹¹ Eles pagavam impostos especiais diretamente a seus patronos reais. Eram tanto tributos quanto dinheiro para proteção. Este último era necessário para mantê-los a salvo da violência do populacho, que preferia acreditar nas lendas e mentiras de praxe sobre os judeus – que matavam crianças cristãs em rituais e haviam tramado com os muçulmanos para tornar possível a conquista de Toledo no século VIII. Suas profissões eram tão variadas e misturadas quanto as dos cristãos,¹² mas suas elites às vezes trabalhavam diretamente para os monarcas, inclusive como coletores de impostos e médicos. "Os judeus eram amados na Espanha pelos monarcas, intelectuais e outras classes sociais, com exceção das pessoas comuns e dos monges", observou Solomon ibn Verga.¹³ Isso os tornava vulneráveis e muito necessitados da proteção de um monarca.

Aos poucos, entretanto, a intolerância – tanto oficial quanto não oficial – se espalhara. No século XIII, os judeus perderam o direito de possuir terras agrícolas, o que os empurrou para as cidades. Entre outras profissões urbanas que encontraram foi a de emprestadores de dinheiro, com a monarquia estabelecendo as taxas de juros em 33 por cento em Castela e em 20 por cento em Aragão. A grande maioria, entretanto, trabalhava em outras atividades, como artesãos, por exemplo, ou comerciantes.¹⁴ Coletores de impostos e agentes financeiros são fáceis de serem odiados. Assim também as minorias religiosas. Em épocas de crise econômica e política, os judeus se viram vítimas do ódio popular, embora qualquer um que os atacasse corresse o risco da ira do monarca – ou, de vez em quando, dos Grandes e de outros nobres – sob cuja proteção viviam. A própria Isabel tinha absoluta clareza sobre esse status. "Todos os judeus em meus reinos são meus e estão sob minha guarda e proteção, e cabe a mim defendê-los, protegê-los e dar-lhes justiça",[15] ela proclamou em 1477. Ela repetiu as instruções em Sevilha nesse mesmo ano. "Tomo sob minha guarda, proteção e defesa real os referidos judeus nas ditas aljamas [seus guetos ou suas comunidades locais nas cidades], e cada um deles, suas pessoas e bens estão assegurados por mim contra toda e qualquer pessoa, qualquer que seja sua posição... e ordeno que não sejam feridos ou acorrentados, nem que [ninguém] permita que sejam machucados, mortos ou feridos."[16]

Os judeus ficavam em situação mais vulnerável durante as crises econômicas ou de outra natureza e quando a proteção real enfraquecia. Um vácuo político causado pela morte do rei João I em 1390 permitira que as massas, sua raiva e preconceito atiçados pelos pregadores populistas, desencadeassem o massacre que levou às conversões forçadas em massa do ano seguinte. João fora sucedido por Henrique III, de onze anos de idade. "Não havia temor ao rei, por causa de sua tenra idade", observou o então chanceler López de Ayala. "Tudo se resumia a roubo e ganância, ao que parecia, mais do que devoção [religiosa]."[17] Quando uma segunda rodada de negociações, sob menos pressão, ocorreu em 1414, eles estavam extremamente reduzidos em número – com apenas cerca de 50 mil restantes. Nessa ocasião, um frade supostamente santo, Vicente Ferrer, havia viajado pela Espanha. Ferrer pode ter pregado a não violência, mas ele era quase sempre acompanhado por uma multidão intimidadora e se sentiu livre para se impor sobre os judeus, pregando em suas sinagogas. Foi ele quem transformou a sinagoga Ibn Shoshan de Toledo em uma igreja, que existe até hoje, chamada Santa María la Blanca.[18] A sinagoga de paredes brancas já era em si mesma um monumento à complexa mistura cultural da Espanha, com seus arcos em forma de ferradura, paredes brancas, colunas de tijolos e capitéis ornamentados.[19]

EXPULSÃO DOS JUDEUS

Apesar de as elites judaicas na Espanha se vangloriarem de sua superioridade em "linhagem, riqueza, virtudes e sabedoria" em relação a outros judeus, um crescente senso de pessimismo começou a se espalhar. Alguns rabinos haviam fugido, enquanto outros tornaram-se proeminentes convertidos. Um colapso nas tradições intelectuais dos judeus gerou o crescimento de um misticismo selvagem, mas ao mesmo tempo trouxe desespero, motivado pela não vinda do messias. As grandes comunidades judaicas logo tornaram-se uma sombra do que haviam sido. Em 1424, Barcelona achara desnecessário designar um bairro judeu. Calcula-se que o outrora magnífico bairro judeu de Toledo tivesse apenas quarenta famílias em 1492. Em Burgos, onde o originalmente Solomon Halevi chegou a tornar-se o bispo de Burgos, como Pablo de Santa María, os que se recusavam a se converter viam os convertidos se voltarem contra eles. "Os judeus que recentemente se tornaram cristãos oprimem e causam muito sofrimento",[20] queixavam-se. Mas em alguns lugares menores os judeus ainda eram mais numerosos do que os cristãos. Na cidade de Maqueda, perto de Toledo, havia cinco judeus para cada cristão. Crucialmente, eles já não eram mais economicamente importantes – em conjunto contribuindo com apenas 1 maravedi para cada 300 que entravam nos cofres reais.[21]

Quando Isabel subiu ao trono, os judeus restantes – a maioria mais firme em suas crenças e endurecida por quase um século de agressão cristã – haviam se adaptado ao seu peso reduzido dentro de Castela e da Espanha. Eles ainda tinham seus próprios tribunais, pagavam seus impostos especiais e possuíam uma espécie de parlamento próprio em Castela, onde o monarca nomeava um rabino-mor ou chefe de justiça para liderá-los.[22] As comunidades sobreviveram em mais de duzentas cidades, vilas e vilarejos – onde sua população caracteristicamente variava de 1 a 10 por cento de cada lugar.[23] Havia cerca de 80 mil judeus em Castela, ou um para quase cinquenta cristãos, e mais 10 mil em Aragão, ou cerca de um para cada cem dos súditos de Fernando na Espanha continental.[24] Com seus números tão extraordinariamente reduzidos, os judeus também tornaram-se uma presença muito mais discreta e menos incomodativa para os que buscavam figuras de ódio ou bodes expiatórios para males econômicos ou sociais. O ódio racial popular, de fato, agora se concentrava em seus parentes de sangue, os conversos. Isabel foi, no começo, uma ativa protetora. De Sevilha, em 1477, ela emitira instruções para proteger os "bons judeus" do castelo de fronteira de Huete em uma disputa financeira com seus vizinhos cristãos. Ela também enviou um ríspido aviso à população de Trujillo quando eles se voltaram contra a aljama local nesse mesmo ano. "Ordeno que cada um de vós, de agora em diante, não permita... que ninguém dessa cidade ou de fora incomode ou oprima esses judeus... [nem] que lhes ordene que limpem seus estábulos ou lavem suas banheiras... nem devem alojar bandidos ou prostitutas ou qualquer outra pessoa em suas casas contra a sua vontade."[25]

Mesmo em 1490, a apenas dois anos da expulsão, Isabel tentava cumprir seu papel real de protetora-chefe dos judeus. "Por lei canônica e segundo as leis destes nossos reinos, os judeus são aturados e tolerados, e ordenamos que atureis e tolereis a vida deles em nossos reinos como nossos súditos", ela avisou os cidadãos de Bilbao depois que se recusaram a permitir que judeus passassem a noite na cidade, forçando seus negociantes a ficar em acomodações inseguras no campo.[26]

Também havia um grupo de judeus importantes próximos a Isabel na corte. Yucé Abranel era o encarregado dos impostos sobre o gado em Plasencia. Samuel Abulafia havia sido um dos principais administradores de Isabel para suprir as tropas durante a guerra de Granada. Abraham Seneor, o rabino-mor, havia se tornado tesoureiro-chefe da Santa Irmandade.[27] Ele também era um dos apenas sete homens no conselho de Isabel. Isaac Abravanel, que servira anteriormente na corte portuguesa, lamentou que sua própria e bem-sucedida carreira na corte tivesse significado que "todos os dias que eu passei nas cortes e palácios de reis, ocupado em seu serviço, não tive oportunidade de estudar e não conheci nem um livro e passei vaidosamente meu tempo e meus anos em confusão para adquirir riqueza e honra".[28] Judeus proeminentes ainda estavam sendo protegidos ou financiados pelos Grandes, aristocratas ou bispos, com o bispo de Salamanca tomando sob sua asa o talentoso astrônomo Abraham Zacuto, que inventou um astrolábio de cobre que permitia aos navegadores criar melhores cartas náuticas – como os grandes navegadores portugueses e espanhóis iriam descobrir com o tempo.²⁹ Mais na intimidade, Isabel havia se voltado para o médico judeu Lorenzo Badoç quando se viu lutando para ter um herdeiro. Os monarcas expressaram livremente sua imensa gratidão a Badoç após o nascimento do príncipe João. E entre os boatos sobre os próprios pais de Fernando havia o de que eles o haviam gerado segurando, ambos, folhas de palmeira nas mãos – a conselho de uma mulher judia.³⁰

Se os judeus pertenciam à rainha, assim também as regras que os governavam, e ela podia modificá-las à vontade. Medidas forçando-os a viver separados em suas próprias aljamas ou a usar marcas distintivas foram promulgadas mais no começo do século, mas não aplicadas. Agora, quando Isabel começava a pensar em soltar a Inquisição sobre os conversos, ela também decidiu ser mais severa com os "seus" judeus.³¹ Entre os que a incentivavam estava o severo e austero Tomás de Torquemada – que baniu a carne e continuou a usar um hábito simples de frade, apesar da riqueza pessoal que adquiriu na qualidade de uma das mais altas autoridades eclesiásticas de Isabel.

Foi Torquemada quem instou a rainha a colocar judeus e mouros em bairros separados.³² A reunião de 1480 das cortes em Toledo ordenou exatamente isso, empurrando os judeus para guetos nas cidades, em geral por trás de muros.³³ Em alguns lugares, isso era uma tarefa imensa, envolvendo importantes mudanças na configuração da cidade. Em uma operação que levou mais tempo do que os dois anos projetados, os judeus tiveram que ser removidos para esses guetos, os cristãos retirados, muros construídos e passagens abertas. O objetivo era evitar "confusão e danos à nossa santa fé", segundo Isabel e seu marido. Mas era também uma maneira de apertar o laço.³⁴ Aqueles que queriam uma liberdade maior sempre podiam optar pela apostasia. Os judeus já eram obrigados a usar insígnias coloridas no ombro direito e, segundo uma ordem decretada dois anos antes, eram proibidos de usar seda ou joias de ouro ou prata, porque, caso contrário, alguns podiam ser tomados "por clérigos ou advogados de grandes posses".³⁵

A Inquisição trouxe consigo uma demonização ainda maior. Se sua tarefa era erradicar o judaísmo do coração dos cristãos-novos, agora parecia lógico ver os judeus como um câncer no corpo da Espanha. Essa, sem dúvida, foi a conclusão a que os primeiros inquisidores e Isabel chegaram quando expulsaram os judeus da maior parte da Andaluzia, nove anos antes, em 1483.[36] Isabel desejara que a medida servisse de aviso aos judeus de toda parte para impedi-los de tentar atrair as famílias de conversos para o seio de sua congregação outra vez. "Os judeus dessas aljamas receberam ordens de irem embora por causa de sua perversa heresia", ela e o marido explicaram.[37] "Achamos que isso seria suficiente para impedir que os de outras cidades e vilarejos de nossos reinos e terras senhoriais fizessem o mesmo."

A expulsão, portanto, estava intimamente ligada à Inquisição, e, especialmente, aos zelosos frades e padres que a serviam. Foi Torquemada, como inquisidor-geral, quem assinou a primeira ordem de expulsão em 1492 – antecipando-se a Isabel e Fernando em onze dias –, embora esta medida tenha sido restrita aos judeus da arquidiocese de Girona.[38] "Foi acordado com os soberanos que eu enviaria esta carta, na qual ordeno que todo judeu e judia, qualquer que seja sua idade... deixe a cidade, sua diocese e todas as suas cidades e vilas, com seus filhos e filhas, familiares e criados, e não voltem", ele escreveu.[39] A Inquisição descobrira que a presença de judeus era uma das principais causas de heresia, ele argumentou, e "se a causa principal não for removida", a situação iria piorar.

Essa era uma afirmação clara, ainda que falsa em sua maior parte. Mas era a lógica da época, e com a qual Isabel concordava plenamente. Na imaginação do século XV, as nações eram em geral vistas como corpos, sendo os monarcas sua cabeça. Mas corpos podiam também adoecer, e purgá-los era uma maneira de curá-los. Torquemada foi cuidadoso em afirmar que Isabel e Fernando concordavam com ele. E apenas onze dias mais tarde, em 31 de março de 1492, ambos assinaram a ordem de expulsão mais ampla, cuja linguagem coincidia tão de perto com a de Torquemada que era impossível não ver sua mão ali.[40] Nesse caso, entretanto, a ordem era muito mais dramática, ampla e devastadora.

EXPULSÃO DOS JUDEUS

Isabel e Fernando afirmaram que a ordem de 1480 de isolar os judeus dentro de seus próprios guetos não alcançara seu principal objetivo – o de restringir a comunicação entre judeus e cristãos, e assim evitar a judaização. "Tem sido demonstrado que um grande dano é feito aos cristãos pelo contato, conversas e atividades que compartilham com os judeus, que sempre tentam, por quaisquer meios que possam encontrar, subverter e arrebatar cristãos fiéis de nossa sagrada fé católica", disseram.[41] Os inocentes eram manchados com a mesma culpa. "Quando algum crime grave e horrível é cometido por alguns membros de um grupo, é razão suficiente para dissolver e aniquilar esse grupo", acrescentaram. Isabel e seu marido então afirmaram que haviam pensado que expulsar os piores infratores da Andaluzia seria suficiente. Mas estavam enganados. "Assim... após muita deliberação, concordamos em ordenar a todos os judeus e judias que deixem nossas terras e nunca mais retornem", disseram.[42]

A ordem era definitiva, embora a intenção também fosse provocar uma nova rodada de conversões. Ela abrangia judeus de todas as idades, em qualquer lugar de seus reinos. "Nós ordenamos que... se não obedecerem e não fizerem o que ordenamos, ou se forem encontrados em nossos reinos ou territórios – ou se vierem aqui de qualquer maneira possível –, seus bens sejam confiscados e entregues ao nosso erário, e que a pena de morte seja aplicada."[43]

Embora a justificativa de tudo isso fosse religiosa, a Inquisição também serviu para colocar mais lenha na intolerância racial, entre outras razões pela repetição de antigas calúnias. As alegações que circulavam pela Europa afirmando que os judeus realizavam um ritual no qual matavam crianças cristãs eram um absurdo, mas em 1491 a Inquisição alegou ter descoberto um caso real. Por alguma razão não explicada, o cárcere da Inquisição em Segóvia mantinha preso um sapateiro judeu chamado Yucé Franco. Isso já era por si só um abuso de poder, já que sua área de atuação não incluía os judeus, mas os torturadores obtiveram uma estranha confissão. Franco disse-lhes que havia tomado parte na crucificação de uma criança cristã na cidade de La Guardia, perto de Toledo, em uma Sexta-feira da Paixão há cerca de quinze anos.⁴⁴ O sangue da criança e parte de seu coração foram então misturados com uma hóstia consagrada e depois foi feita magia negra em uma tentativa de provocar a Peste. Dez anos mais tarde, um viajante da Borgonha ouviria uma versão revisada da história apócrifa. "Oito ou dez pessoas, fingindo-se de cristãs, secretamente raptaram uma criança de sete anos, levaram-na para uma montanha e a crucificaram em uma caverna como Jesus Cristo... Então, enfiaram uma lança entre suas costelas... Mas a criança, antes de morrer, falou tão sabiamente que eles viram que se tratava claramente do Espírito Santo falando em seu nome. Eles a tiraram da cruz e, depois de retirarem seu coração, enterraram seu cadáver e queimaram seu coração, transformando-o em cinzas."⁴⁵

A criança nunca foi identificada com um nome, nenhum pai ou mãe a reclamou, nunca se encontrou um corpo e o caso foi ouvido em Ávila, e não em Toledo – muito provavelmente para que Torquemada pudesse supervisionar tudo. Entretanto, o sapateiro Franco, outro judeu e três conversos foram declarados culpados de assassinar uma criança em um ritual e foram queimados na fogueira após um auto de fé em 16 de novembro de 1491. Era um sinal de como o poder da Inquisição, a paranoia e a capacidade de invocar crimes inventados haviam se desenvolvido.⁴⁶ Para os que buscavam a expulsão dos judeus, a ocasião era perfeita. Ali estavam os judeus se consorciando com conversos para realizar o mais vil dos atos. A indignação que o caso provocou, tanto na corte de Isabel quanto nas ruas das cidades da Espanha, deve ter sido considerável. Sem dúvida, ajudou a rainha a se decidir.

27

O vale de lágrimas

O mosteiro de Santa María em Guadalupe, 15 de junho de 1492

Isabel deve ter visto com satisfação a cena que se desenrolou na capela de seu mosteiro preferido em Guadalupe. O homem à sua frente era tanto um aliado próximo quanto um judeu, mas isso estava prestes a mudar. Abraham Seneor era um dos doze homens que compunham seu grupo de conselheiros de maior confiança – as pessoas que ela consultava com frequência e para quem se voltava em busca de apoio. Eles incluíam seu amado frei Hernando de Talavera, dois cardeais e os leais administradores Cabrera, Chacón e Gutierre de Cárdenas. Agora, Seneor e sua família estavam prestes a se tornarem cristãos. Isabel estava lá, com seu marido, no ambiente gótico e mudéjar de Guadalupe para atuar como madrinha. A água benta foi vertida sobre eles. Seneor, de oitenta anos, mudou seu nome para Fernando Pérez Coronel, enquanto seu cunhado, o rabi Meir Melamed, chefe dos coletores de impostos de Castela, e seus dois filhos adotaram o mesmo sobrenome.[1] A população de judeus da Ibéria – ainda a maior do mundo quando somada à da Espanha e do vizinho Portugal – foi adequadamente reduzida.[2]

O historiador judeu do século XVI, Elijah Capsali, um judeu de Creta cujo tio tinha sido rabino-chefe no Império Otomano, alegou que Seneor e Melamed não tiveram escolha, com Isabel insistindo que precisava dos serviços de ambos. "Ouvi rumores de que a rainha Isabel havia jurado que, se dom Abraham Seneor não se convertesse, ela varreria do mapa todas as comunidades, e que dom Abraham fez o que fez a fim de salvar os judeus, mas não de coração", ele escreveu após se reunir com exilados que, por fim, encontraram segurança em terras otomanas.³

Isso estava errado. Na verdade, Seneor era um aliado de Isabel desde que ele e Cabrera retiveram a cidade de Segóvia para ela contra o favorito de Henrique IV, Juan Pacheco. A ação deles, que incluiu promover uma reconciliação temporária com seu meio-irmão, fora crucial para o futuro sucesso de Isabel. E ambos se mantiveram fiéis. Seneor, um homem rico, financiou Isabel e a posterior campanha contra Granada com a quantia de quase 2 milhões de maravedis. Ele veio a ser rabino-mor – o chefe, nomeado pelos reis, dos judeus de Castela – e tesoureiro da Santa Irmandade. Ele era um dos homens mais ricos da Espanha, e sua família era suficientemente importante para ser dispensada das regras que proibiam os judeus de usar seda e carmesim. Alguns membros da comunidade judaica, entretanto, detestavam a família de Seneor. Ele certamente não estava acima de usar truques sujos, acusando o converso Juan de Talavera de bruxaria – uma questão para a Inquisição – depois que este último o acusou de cobrar a mais e se apoderar de parte dos impostos pagos pelos judeus da Espanha.⁴ Outros judeus eram menos generosos sobre a conversão, como um idoso rabino de Málaga, Abraham Bokrat HaLevy, que denunciou colericamente a conversão de Melamed. "Ele recebeu o nome de Meir ["aquele que traz a luz"], mas não há luz alguma nele... Seu nome, na realidade, é a mais densa das trevas."⁵

Outro escritor de uma proeminente família aragonesa de judeus via Seneor, Melamed e um grupo de rabinos convertidos como traidores que, pior ainda, arrastavam alguns dos menos instruídos com eles. "As pessoas que não entendiam o que deveriam fazer seguiam esses líderes, que haviam usado sua sabedoria para o mal, e também elas deixavam a congregação", lamentou.⁶ Entretanto, enquanto Seneor e outros eminentes membros da elite judaica se convertiam e continuavam suas vidas quase como antes, parece que a maioria dos judeus não o fazia.⁷ Tinham razões para isso. Suas famílias haviam sobrevivido aos massacres de cem anos antes. Tinham sido corajosos e convencido muitos a se apegarem à sua fé. Também haviam testemunhado a atitude violenta e suspeita da Igreja católica com seus próprios convertidos. Os corpos carbonizados nas fogueiras da Inquisição eram prova disso. "Os judeus se desesperaram e todos sentiam grande temor", relatou Abravanel.[8] "Um dizia para o outro: 'Vamos nos fortalecer uns aos outros em nossa fé e na Torá de nosso Deus contra o inimigo que blasfema e deseja nos destruir. Se ele nos deixar viver, viveremos, e se nos matar, morreremos, mas não profanaremos nosso pacto e não recuaremos.'"[9]

As últimas celebrações da Páscoa judaica na Espanha começaram dois dias depois da assinatura do édito de expulsão. Os que receberam a notícia antes do começo da Páscoa ficaram em choque, vestindo-se com panos de aniagem no primeiro dia, como era tradição dos judeus quando demonstravam pesar, e recusando-se a comer ou beber. "Até mesmo os que comeram o fizeram com o amargor de ervas amargas na boca", relatou Capsali.[10] Outros observaram com espanto quando seus próprios parentes distantes, agora conversos, uniram-se ao movimento para expulsá-los. Em Aragão, os De la Cavallería viram horrorizados um primo de seu sobrenome liderar o ataque contra eles. "Alfonso [de la Cavallería] detestava a nação de Deus, ele e um grupo de amigos... conspiraram para varrer o nome de Israel do território", escreveu um cronista.[11]

Assim foi que os judeus começaram a embalar os poucos pertences que tinham permissão para levar com eles. Os rabinos que permaneceram fiéis à sua religião tentaram se manter de cabeça erguida, pregando para eles enquanto partiam. "Seus rabinos... os encorajavam e lhes davam falsas esperanças, dizendo-lhes que deviam ver que essa era a vontade de Deus, que Ele queria libertá-los da escravidão e levá-los à Terra Prometida; e que conforme os conduzia para fora dali, veriam Deus realizar muitos milagres para eles, e que Ele garantiria que deixassem a Espanha ricos e com grande honra."[12] Eles também recordavam um grande êxodo anterior na história dos judeus, quando foram forçados a sair do Egito. "Uma imensa torrente de pessoas partiu: velhos e jovens, homens e mulheres... viajaram em busca de um porto seguro",[13] disse Capsali. Mas esses refúgios eram poucos e distantes. O Império Otomano, normalmente acessível somente após viajar por terras menos hospitaleiras, os recebeu bem, como no início o fizeram os reinos de Nápoles e Portugal (embora uma nova expulsão os aguardasse desses dois lugares). Alguns, ainda, acabaram nas terras dos sultões mamelucos egípcios ou no reino de Fez.[14]

No édito que expulsava os judeus, Isabel e Fernando garantiram tanto sua segurança física quanto lhes impuseram rigorosas restrições. "Para que os referidos judeus e judias, durante o período até o fim de julho possam organizar seus bens e riquezas da melhor maneira possível, por meio deste os tomamos sob nossa proteção real", disseram.[15] "Eles podem vender, trocar ou transferir todos os seus bens móveis e imóveis e dispor deles livremente até o final de julho; e durante esse período nenhum dano, lesão ou maldade pode ser causada a eles e seus bens... Eles podem levar seus bens e riquezas por mar ou por terra, desde que não levem ouro, prata, moedas ou outros bens banidos pelas leis dos nossos reinos." Embora as garantias fossem apenas parcialmente respeitadas, as restrições parecem ter sido rigorosamente aplicadas.

Os judeus agora passaram a ser alvos fáceis de tudo, de negócios fraudulentos a roubos e assassinatos. Isabel agiu para protegê-los nos casos pontuais que chegavam até ela, mas a ordem de expulsão trouxe abuso em massa. O ódio era livremente manifestado. "Os judeus eram maus e incrédulos", disse Bernáldez. Haviam maltratado Jesus Cristo e agora estavam recebendo sua justa recompensa. "Com perfídia, eles o perseguiram e mataram; e, tendo cometido esse erro, nunca se arrependeram", acrescentou.[16]

As promessas de proteção de Isabel deviam parecer, na melhor das hipóteses, hesitantes para aqueles que, por ódio ou ganância, caíram sobre os fracos e desesperados judeus da Espanha. Propriedades foram vendidas, onde era possível, a preços ínfimos. Até Bernáldez, que aprovava a expulsão, admirou a coragem com que os judeus partiram e relatou como os súditos cristãos de Isabel os maltrataram. "Jovens e velhos demonstravam grande força e esperança em um final próspero", ele disse. "Mas todos sofreram terrivelmente. Os cristãos aqui adquiriram grande parte de seus bens, boas casas e propriedades por pouquíssimo dinheiro, e embora eles suplicassem, não conseguiam encontrar pessoas preparadas para comprá-las, trocando uma casa por um jumento ou algumas vinhas por um pouco de tecido, já que não podiam levar ouro ou prata."[17] Um vinhedo em Santa Olalla no valor de 10 mil maravedis foi trocado por um asno no valor de apenas 300, enquanto uma casa na mesma cidade era vendida por um décimo de seu valor real.[18]

As estradas para Portugal, via Zamora, Badajoz, Benavente, Alcântara ou Ciudad Rodrigo, logo ficaram movimentadas com refugiados. Foram criados postos de inspeção para garantir que não estivessem levando ouro ou prata. Engolir os metais preciosos era a única forma de contrabandeá-los. "Nos locais onde eram inspecionados, assim como nos portos e fronteiras, particularmente as mulheres engoliam mais, tendo pessoas que engoliam até 30 ducados de uma vez", disse Bernáldez. Casamentos foram rapidamente celebrados para garantir que as meninas não viajassem como mulheres solteiras.[19]

Procissões de judeus atravessaram as fronteiras de Portugal e Navarra, ou viajaram para o norte, para o porto atlântico de Laredo ou para o sul, para embarcar em Málaga ou Cádis. Os judeus aragoneses – pois, como a Inquisição, essa foi uma das primeiras medidas para realmente abranger os reinos unidos de Isabel e de Fernando – em sua maioria se dirigiram aos portos do Mediterrâneo.[20] Roubo e morte, em terra ou no mar, não eram incomuns "nas mãos tanto de cristãos quanto de mouros", observou Bernáldez.[21] Alguns perderam sua força de vontade no último instante. "Dezenas de milhares de judeus se converteram, e isso incluía até mesmo alguns que estavam indo embora ou que haviam deixado o país, quando viram o terrível destino que os aguardava em suas viagens", relatou Capsali.[22]

A expulsão inicial não foi o fim de suas provações. Os que tiveram sorte viajaram diretamente para o Império Otomano, ou para os poucos refúgios judeus na Provença e nas terras papais em Avignon.[23] Alguns não sobreviveram à jornada. "Os que partiram por mar descobriram que não havia alimento suficiente, e muitos os atacavam diariamente. Em alguns casos, os marinheiros dos navios os enganavam e os vendiam como escravos", relatou um exilado.²⁴ "Um grande número foi atirado ao mar com a desculpa de que estavam doentes [com a Peste]." A carga inteira de um navio foi despejada na praia, a quilômetros do assentamento mais próximo, depois que uma epidemia eclodiu na embarcação. Em terra, também eram tratados como portadores da praga ou mantidos a distância, porque haviam aparecido em tão grande número que os habitantes locais temiam por suas próprias provisões.²⁵

Os que chegavam ao Norte da África e ao reino de Fez (que cobria a maior parte do norte do atual Marrocos) se viam em uma cidade precária que logo foi destruída pelo fogo ou atacada por criminosos.²⁶ O fundador da dinastia oatácida em Fez, rei Abu Abdullah Allah al-Sheikh Muhammed ibn Yahya, entretanto, mostrou-se generoso ao menos em espírito. Ele "aceitou os judeus-espanhóis em todo o seu reino e os recebeu com grande generosidade" e, após alguns anos difíceis, uma próspera comunidade cresceu na cidade de Fez, em Tlemcen (atual Argélia) e em Alcácer-Quibir, "e construímos casas espaçosas e artisticamente decoradas, com sótãos e... sinagogas lindamente construídas", segundo um erudito rabino de Zamora, Abraham Saba.²⁷

Navarra também ficou sob pressão e expulsou seus judeus em 1498 – de modo que, em seis anos de expulsão, muitos ou se viram novamente em trânsito ou voltando para casa em desespero, prontos para se converterem. As piores histórias vieram de Fez, talvez refletindo os preconceitos de escritores cristãos. "Os mouros apareciam e os desnudavam completamente", disse Bernáldez, que lidava com muitos dos que haviam voltado às pressas para a Espanha.²⁸ "Eles se atiravam sobre as mulheres à força e matavam os homens e os abriam ao meio em busca de ouro no abdômen, porque sabiam que eles o engoliam." Bocas eram abertas à força e mãos enfiadas pelas calças ou por orifícios, entre histórias de abuso de mulheres e homens jovens.

Em Portugal, o rei João II a princípio pensou em fechar as fronteiras aos judeus-castelhanos, mas parece ter decidido que se daria melhor extorquindo dinheiro deles. Seus conselheiros o advertiram contra a permanência dos judeus da Espanha no país, indicando a França e a Inglaterra, de onde os judeus haviam sido expulsos há muitos anos e "onde a fé [cristã] agora é perfeita e próspera".²⁹ No final, ele declarou que seiscentas famílias ricas teriam permissão de se instalar, mas o resto teria que ir embora após oito meses ou ser escravizado. Os refugiados tinham que pagar um imposto de entrada de cerca de 2.900 maravedis por cabeça – aproximadamente o equivalente ao salário anual de, por exemplo, o médico municipal em uma cidade importante como Medina del Campo. As taxas sobre artigos levados através da fronteira chegavam a 30 por cento. Com mais de 25 mil refugiados (e possivelmente muito mais) entrando, esse era um bom negócio. Oficiais vigiavam de perto nos dois lados da fronteira, ou impedindo que dinheiro saísse de Castela ou tomando-o daqueles que chegavam a Portugal. Campos de refugiados de cabanas apressadamente construídas ergueram-se do lado português, já que muitas cidades recusavam-se a deixar os judeus entrarem.³⁰ O rei João teve que escrever para Évora, na estrada para Lisboa, lembrando-a de que ele não havia proibido judeus castelhanos de entrar na cidade. "Nós não lhes ordenamos que agissem desse modo, apenas ordenamos que aqueles lugares nas fronteiras não recebessem judeus de certas partes de Castela onde estão morrendo [da Peste]. Nós lhes ordenamos para que deixem entrar na cidade aqueles judeus que não são provenientes dessas regiões", ele escreveu.³¹ Enquanto isso, muitas epidemias se espalhavam pelos acampamentos superlotados e anti-higiênicos, e muitos morreram.

As seiscentas famílias ricas foram espalhadas pelo país e continuaram a pagar impostos separadamente. Saba mudou-se para a modesta Guimarães – a quarenta quilômetros da fronteira – com sua mulher e dois filhos casados, levando consigo ao menos parte de sua biblioteca de centenas de livros. A população de Portugal, de quase um milhão, foi repentinamente ampliada em cerca de 3 por cento, e sua população de judeus duplicou. Em cidades como Santarém, ao sul de Lisboa, os castelhanos de repente constituíam quase um quarto de toda a população.³²

Depois de oito meses, a grande maioria desses judeus, à exceção das seiscentas famílias ricas, foram colocados em barcos destinados aos portos de Tânger e Arzilla, comandados pelos portugueses, a caminho do reino de Fez. Até mesmo o historiador real de Portugal, Damião de Góis, admitiu que houve abuso generalizado nos navios. "Além de tratá-los mal, eles deliberadamente se mantiveram fora da rota, a fim de atormentá-los e lhes vender carne, água e vinho ao preço que lhes aprouvesse. Eles humilhavam os judeus e desonravam suas mulheres e filhas", ele relatou.[33] Em uma das manobras mais cruéis, João ordenou o sequestro de cerca de duas mil crianças, cujos pais haviam permanecido em Portugal aparentemente sem pagar os impostos cobrados. Elas foram enviadas para povoar a ilha de São Tomé – ao largo da costa oeste da África –, onde muitas morreriam, e que Saba chamava de "Ilhas das Cobras". Entre elas, estava um dos netos de Abravanel, que fora levado secretamente para o país com uma ama de leite depois que seu pai ouviu boatos de que havia planos para sequestrá-lo em Castela, a fim de pressionar sua rica família a se converter.[34] Solomon ibn Verga, ele próprio um refugiado, contou a história de uma mulher que teve seis filhos sequestrados e suplicou ao rei quando ele saía da missa um dia, jogando-se na frente de seu cavalo. "Deixa, porque ela é como uma cadela cujos filhotes foram levados!", ele respondeu.[35]

Judah ben Jacob Hayyat, um professor de direito, na época com quarenta e poucos anos, embarcou em um navio de Lisboa depois de ser expulso de lá no ano seguinte, somente para ser capturado por uma embarcação basca e levado de volta a Málaga, onde padres subiam a bordo para pregar a eles diariamente. "Quando perceberam a devoção e a tenacidade com que nos apegávamos ao nosso Deus, o bispo emitiu uma proibição pela qual eles não poderiam nos dar pão, água, nem qualquer provisão de nenhuma espécie... Desse modo, cerca de cem almas tornaram-se apóstatas em um único dia... Então, minha querida e inocente esposa, que a paz esteja com ela, morreu de fome e de sede; também moças e rapazes, jovens e velhos, no total de cinquenta almas."[36]

Outros retornaram para casa na Espanha, preferindo o batismo ao sofrimento que encontraram em outras partes. Fome, doença, desespero e o extermínio de suas famílias os levaram de volta, dispostos a aceitar quaisquer condições. Sacerdotes como Bernáldez, na fronteira e em cidades portuárias pelas quais eles retornaram, viam-se permanentemente batizando os repatriados. "Aqui em Los Palacios foram cem novas almas [para Cristo] que eu batizei, inclusive alguns rabinos", ele escreveu. "Era um fluxo contínuo de pessoas atravessando a fronteira para Castela para se tornarem cristãs."[37] Os que retornavam de Fez vinham descalços, famintos, infestados de piolhos e cheios de histórias sobre as calamidades que haviam sofrido. "Era doloroso vê-los", admitiu. Bernáldez pessoalmente batizou dez rabinos em sua volta.[38] Em novembro de 1492, Isabel e Fernando assinaram um documento permitindo que os retornados comprassem suas propriedades de volta pelo mesmo preço que haviam vendido.[39] "Muitos... se converteram mais por necessidade do que por fé, e retornaram a Castela pobres e desonrados", relatou um escritor português.[40] Ao menos uma cidade castelhana, Torrelaguna, viu metade de seus judeus retornar como convertidos. Entre os que voltaram estava o antigo coletor de impostos sobre gado de Isabel, Samuel Abulafia, que se convertera em Portugal, e grande parte de sua família. Ele retornou em 1499 e – apesar de um período de quatorze meses nas masmorras da Inquisição dez anos mais tarde e uma segunda prisão em 1534 – teve uma segunda carreira bem-sucedida sob o nome de Diego Gómez. Isabel e Fernando tentaram proteger os retornados. Mas eles estavam voltando para um mundo de intolerância, e alguns sofreram as mesmas provações de assaltos, assassinatos e roubos que haviam sofrido no exterior, desta vez nas mãos de antigos vizinhos em suas cidades de origem, e para as quais retornaram.[41]

A questão de quantos judeus exatamente deixaram o país, quantos retornaram e quantos se converteram permanece não resolvida. "Dos rabinos da Espanha e de seus líderes, bem poucos estavam dispostos a santificar o nome de Deus morrendo por Ele ou dispostos a suportar qualquer outra punição", escreveu Abraham ben Solomon.[42] Ele culpava especialmente Seneor e sua família, porque "as massas espelhavam-se neles e, por causa deles, eles pecaram".[43]

O ódio dos judeus a Isabel, a mulher que há não muito tempo declarara que "todos os judeus em meus reinos são meus",[44] era inequívoco. Ela "merecia ser conhecida por Jezebel pelo mal que causou aos olhos de Deus", declarou Capsali. "Isabel sempre odiara os judeus", ele acrescentou. "Nisso, ela foi incentivada pelos padres, que a persuadiram a odiar intensamente os judeus."[45] Nesta versão, uma implicante Isabel era culpada pela expulsão, seu marido sendo pouco mais do que alguém que ela dominava. "A rainha Isabel era portanto superior a ele, e o que quer que desejasse era feito", escreveu Capsali.

Mas também existia fatalismo entre os exilados. Se haviam sido expulsos era, em última análise, porque Deus queria puni-los. "Deus decidiu que a hora havia chegado para os judeus deixarem a Espanha", escreveu Capsali. "E quando tal decisão foi tomada, nada poderia impedi-la, pois tudo está escrito no livro."[46] Solomon ibn Verga anotou uma longa lista de pecados pelos quais estavam sendo punidos – inclusive comer e beber com cristãos, desejar suas mulheres e dinheiro e a arrogância que os fizera se sentirem superiores e quererem "ser senhores de não judeus".[47]

Se o objetivo de Isabel havia sido forçar os últimos judeus a uma conversão pacífica, ela fracassou. Na verdade, a expulsão parece ter acabado sendo quase tão terrível quanto os *pogroms* desencadeados por multidões descontroladas um século antes. Era mais uma prova de que a monarquia moderna, ávida de poder, que ela estava empenhada em construir, podia ser ao menos tão cruel quanto a opressiva ordem medieval que estava sendo gradualmente derrubada. Na mente de Isabel, expulsar os judeus era apenas mais um passo no processo de construção de uma sociedade ordenada, homogênea e religiosamente pura – e que seria um brilhante exemplo, e não uma exceção, para a Europa e a cristandade. O preço, em termos de sofrimento humano e vidas perdidas, não a preocupava muito.[48]

28

A corrida para a Ásia

Santa Fé, 17 de abril de 1492

Isabel sorriu à vista do navegante italiano excêntrico e divertido que viera, mais uma vez, vender-lhe seus sonhos. Cristóvão Colombo era difícil de não ser notado. Alto, vestido de forma exibicionista e cheio da autoconfiança esfuziante, volúvel, que esconde inseguranças mais profundas, ele andara entrando e saindo de sua corte por mais de sete anos, apregoando seus planos extravagantes de uma viagem ao desconhecido – atravessar o oceano Atlântico, ainda conhecido apenas como "Mar Oceano", na direção oeste. Nas ocasiões em que se encontraram, ele dirigiu-se à rainha com um sotaque que se dizia ter muito a ver com o modo de falar do sul da Andaluzia, mas provavelmente com o fraseado estranho de um homem para quem o espanhol castelhano era apenas sua terceira ou quarta língua. As conversas com ele eram difíceis de serem esquecidas. Ele havia primeiro se sentado diante dela enquanto a chuva caía torrencialmente durante aqueles dias úmidos e lamacentos de janeiro de 1486 em Alcalá de Henares, nas semanas seguintes ao nascimento de sua filha mais nova, Catarina de Aragão. Naquela ocasião, no palácio do arcebispo de Toledo, ele iniciara sua penosamente longa e persistente campanha de persuasão e sedução. Isso envolvia mostrar-lhes mapas do mundo conhecido, contando histórias de rotas secretas para oeste, para as terras produtoras de especiarias, ouro, prata e pérolas da Ásia, e explicar como sua aventura ajudaria Isabel e seu marido a enviar uma derradeira cruzada para recuperar Jerusalém e as terras santas. Como muitas pessoas, ele acreditava nas fantasias milenares, como a do Último Imperador do Mundo, que deveria retomar essas terras e converter o mundo ao cristianismo antes de se engajar na batalha final contra o Anticristo. Isabel e Fernando, Colombo estava sugerindo, poderiam realizar ao menos parte dessa tarefa. Ele era divertido, mas era difícil levá-lo a sério.[1]

"Ele explicava suas ideias, às quais eles não davam muito crédito, e argumentava com eles dizendo que o que ele lhes afirmava era verdade, e lhes mostrava um mapa-múndi", recontou Bernáldez.[2] A ideia era, se não louca, ao menos impossível. Foi o que uma comissão de especialistas da corte de Castela, liderado pelo leal frei de Isabel, Hernando de Talavera, finalmente concluiu depois de Colombo ter incomodado a corte itinerante pela maior parte dos dois anos seguintes.[3] Os sábios, navegadores experientes e advogados de carreira a quem se pediu que analisassem os planos de Colombo neste momento ou em anos posteriores, quase todos sacudiam a cabeça estupefatos e desconfiados diante dessa ambição extravagante de navegar para dentro do desconhecido. O que Colombo dizia "não podia ser verdade", afirmavam. E tinham boas razões para pensar assim.

O navegador nascido em Gênova posteriormente insinuou-se no grupo pequeno e alegre de Isabel enquanto ela entrava grandiosamente no acampamento de cerco em Baza, em 1489, antes de aparentemente aterrorizar os sitiados mouros, obrigando-os à submissão. Em algum momento em seus encontros ao longo desses anos, ele falou sobre o Grande Khan – o rei dos reis do misterioso Oriente, tornado famoso por Marco Polo – e a lenda de como ele havia suplicado que pregadores cristãos lhe fossem enviados para iluminar seu povo. Era um pedido que fora ignorado, ele destacou, mas que Isabel e Fernando podiam remediar enviando-o em sua própria rota ousada em direção à Ásia, via oeste. Isabel não lera Marco Polo – ou certamente não possuía uma cópia de sua obra no fim de sua vida –, mas estava familiarizada com os escritos daquele fraudulento pseudoviajante sir John Mandeville. Ela possuía dois exemplares do chamado *Viagens* desse escritor, e poderia ter conhecimento de um tratado popular sobre história oriental que serviu como uma das fontes de Mandeville, *A flor das histórias do Oriente,* do monge e nobre armênio Hayton de Corycus.[4]

Mas Colombo – um homem com amigos influentes em Sevilha – era incansável, até mesmo rude e monotemático. Ele havia plantado uma semente na mente de Isabel e recusava-se a aceitar que ela por fim não fosse germinar e crescer. Agora, Colombo estava de volta à sua corte no acampamento de Santa Fé, enquanto Isabel refletia sobre a enormidade da vitória de Castela sobre o reino de Granada e a assombrosa tarefa de administrar suas terras recém-conquistadas e sua população muçulmana. O aventureiro genovês, com uma forte tendência mística e um misterioso passado de navegador marítimo em Portugal e em outras partes argumentava que seu ousado projeto adequava-se à grandeza de monarcas, que lutavam por uma causa e que haviam "expulsado os judeus de todas as suas terras e reinos",[5] eram comprovados "inimigos da seita de Maomé" e, graças à Inquisição, eram implacáveis perseguidores de heresia. Se o enviassem para encontrar uma nova rota para as terras da Índia, ele poderia descobrir como seu povo "poderia ser convertido à nossa santa fé", ao mesmo tempo reclamando-as, bem como a riqueza que contivessem, para Castela. Esses eram, na verdade, tempos extraordinários. Menos de quatro meses haviam se passado desde a queda de Granada e a ordem de expulsão tinha apenas duas semanas de existência. Se algum dia Isabel e o marido fossem se encantar com seu ambicioso e corajoso projeto, ele deve ter pensado, este era o momento.

Não fica precisamente claro onde Colombo, já um navegador experiente cujas viagens anteriores haviam coberto quase toda a costa ocidental do mundo conhecido, da Islândia à Costa do Ouro na África, cruzou pela primeira vez com a noção de que a Ásia podia ser encontrada navegando-se para oeste. De modo geral era aceito que a Terra era uma esfera, de modo que a ideia não era ridícula, mas havia divergências quanto ao tamanho da sua circunferência (algumas especulações mais recentes de pessoas em quem Colombo confiava a faziam pequena demais). Além disso, as informações sobre o que haveria do outro lado do Atlântico baseavam-se em lendas, fantasias, boatos, conjeturas e nas poucas evidências que viajantes por vias terrestres e as correntes oceânicas – conforme transportavam destroços de naufrágios e cargas lançadas ao mar – podiam fornecer.

Os que imaginavam um mar desimpedido da Europa à Ásia não podiam dar nenhuma boa razão de que fosse este o caso, embora igualmente difícil argumentar que não fosse. O desconhecido era exatamente isso, desconhecido. Onde alguns viam um oceano aberto, outros viam um continente distante, ainda não descoberto – o lendário Antípoda –, que bloquearia o caminho. Outros ainda imaginavam que ilhas conhecidas de modo variado por Antília, Brasil, St. Brendan ou das Sete Cidades espalhavam-se ao longo do caminho. À frente dos que acreditavam em uma rota desimpedida estava um cosmógrafo florentino chamado Paolo del Pozzo Toscanelli, que Colombo procurou enquanto remoía a ideia de velejar para oeste. O florentino respondeu entusiasticamente, acreditando que Colombo tivesse o apoio de Portugal, onde Colombo vivera e se casara com Felipa Perestrello – a filha de um explorador que descobrira a ilha de Porto Santo, da qual se tornou proprietário, no arquipélago da Madeira. Toscanelli enviou-lhe um mapa que havia desenhado mostrando "a curta distância daqui às Índias, onde começam as terras das especiarias, que é um caminho mais curto do que aquele via Guiné [África]". Toscanelli entusiasmou-se não só com a viagem, mas também com as riquezas que poderiam ser encontradas lá. Ele colocou Catai, a China de Marco Polo, a somente 5.200 milhas náuticas de distância.[6] "Vale a pena procurar esse país", ele escreveu, alegando ter se encontrado com visitantes chineses em Roma muitos anos antes. "Não só porque grandes riquezas podem ser obtidas, ouro e prata, toda sorte de pedras preciosas e especiarias que nunca chegam até nós, como também por seus homens eruditos, filósofos e astrólogos especialistas, e por toda habilidade e arte com que tal província é tão poderosa e magnificamente governada, além da maneira como suas guerras são conduzidas." Acreditava-se que Cipango, atual Japão, fosse muito mais perto, a 3 mil milhas náuticas. "Devias saber que os templos e palácios reais são cobertos de puro ouro", ele disse. "E podem ser alcançados com segurança." Mas Colombo conseguiu encurtar até mesmo essa distância usando suas próprias observações no mar e os cálculos do cosmógrafo árabe do século X al-Farghani, ou "Alfraganus", para encolher o tamanho do globo ainda mais. A distância ao Japão, segundo ele, era de apenas 2.400 milhas náuticas, ou um quarto da distância real.[7]

Ele havia, previamente, em 1484, buscado o apoio de Portugal, um país que já tinha um registro impressionante de navegação e descobertas na costa oeste da África e no Atlântico, tendo reclamado a posse dos Açores e da Madeira. Os navegantes portugueses estavam a caminho de descobrir a rota para o Oriente, em direção à Ásia, dando a volta pelo Sul da África com Diogo Cão já velejando para o sul depois da foz do rio Congo, para a costa da atual Angola. Em 1488, o rei João convidou Colombo de volta a Lisboa. Em sua carta, o rei português usava alguns dos grandes títulos novos – tal como "Senhor da Guiné" (como eram chamadas as regiões do Oeste da África recém-descobertas) e "Rei d'Aquém e d'Além-Mar em África" –, o que servia como lembrete da ambição e dos recentes sucessos de seu próprio país. Colombo estava lá em dezembro de 1488, quando Bartolomeu Dias retornou da viagem em que dobrou o extremo sul da África, o cabo da Boa Esperança, pela primeira vez – embora não tivesse conseguido chegar à Índia e seus lucrativos mercados de especiarias.[8] O irmão mais novo de Colombo, Bartolomé, inteligente e culto – ele mesmo um hábil cartógrafo –, parece ter acompanhado Dias na viagem.

Uma comissão de sábios portugueses, inclusive o eminente cosmógrafo judeu José Vizinho, decidiu que a obsessão de Colombo com Cipango e sua alegada proximidade era, na melhor das hipóteses, infundada. Colombo, então, despachou seu irmão para a Inglaterra para buscar o apoio do rei Henrique VII – que supostamente mostrou algum interesse depois que Bartolomé pintou um mapa moldado no de Toscanelli para ele – e para tentar sua sorte na França.[9] Enquanto isso, após anos fazendo pressão entre os mais próximos a Isabel e Fernando, ele recebeu a notícia no final de 1491 de que lhe seria concedida uma última oportunidade de persuadi-los. Isabel e seu marido preparavam-se para a inevitável queda de Granada. Era uma boa hora para atacar novamente. A euforia do momento e a prova de que grandes tarefas históricas podiam ser levadas a bom termo poderiam torná-los mais abertos ao ambicioso, ainda que aparentemente fantástico, projeto de Colombo.

A chave que abriu as portas para Isabel desta vez foi um antigo confessor, o frade franciscano Juan Pérez, que agora estava no mosteiro de La Rábida, no canto sudoeste de Castela. Construído em um afloramento rochoso com vista para o lugar onde os rios Odiel e Tinto se encontravam, logo antes de despejarem suas águas no Atlântico na costa sul da Espanha, esta era uma comunidade religiosa famosa entre os marinheiros. O mosteiro tinha vista para o oceano aparentemente sem fim que Colombo queria singrar, e seus claustros alinhavam-se com arcos mudéjares em forma de ferradura. Os frades eram hábeis cartógrafos e colecionadores tanto de mapas quanto de histórias de navegantes. No interior de suas grossas paredes, os frades conheciam todas as histórias sobre o que deveria haver além do horizonte. O mosteiro dos Franciscanos Observantes há muito era um refúgio de Colombo, e foi Pérez quem recomendou o navegador e aventureiro genovês a Isabel mais uma vez. Ele e outro frade veterano, o astrólogo Antonio de Marchena, estavam entre os poucos defensores permanentes de Colombo, e o italiano havia até morado com eles quando seu dinheiro acabou.[10] Desta vez, a rainha escreveu sua resposta imediatamente, encorajando o frei Pérez a alugar uma mula e viajar a Santa Fé para vê-la. Ela pediu a ele para dizer a Colombo que devia "esperar uma resposta positiva".[11] Pouco depois, um convite similar foi estendido ao próprio Colombo, inclusive uma generosa soma de dinheiro, para que ele pudesse se vestir apropriadamente para a corte.

Colombo era um sedutor, tão obstinado em sua busca por pessoas quanto por novos lugares. Ao longo dos anos, ele estudou Isabel e sua corte, inventando diferentes modos de impressioná-la.[12] O navegador italiano adotou um misto de galanteria, ousadia e convicção religiosa, sabendo que ela era aberta a jogos de amor cortês cavalheirescos, ainda que cuidadosamente circunscritos. Uma carta posterior a Isabel é repleta de elogios sensuais à mulher que detém "as chaves" do seu desejo, e com quem ele se vangloria "do aroma" e do "sabor" de sua própria boa vontade, enquanto ao mesmo tempo a lisonjeia como a receptora de um "espírito de compreensão" (dele) concedido por Deus.[13] As propostas de Colombo também eram recheadas de lendas que Isabel achava empolgantes – como as de homens corajosos partindo em extraordinárias aventuras, destemidos e convictos de que Deus os estava protegendo. Não havia nada falso a esse respeito, já que as ambições pessoais de Colombo eram forjadas nos mesmos códigos cavalheirescos e sociais. Esse filho de um tecelão genovês que passou a ser um estalajadeiro buscava, acima de tudo, glória e status. No contexto socialmente restrito da sociedade castelhana não era fácil escalar as posições mais altas, reservadas à nobreza ou – no reinado de Isabel – aos sacerdotes mais fervorosos e aos homens cultos provenientes de suas universidades. Mas havia vários exemplos de exploradores que tinham se arremessado nos mais altos escalões da sociedade pela virtude de suas descobertas. O próprio sogro de Colombo, Bartolomeu Perestrello, realizara essa exata façanha "descobrindo" Porto Santo para Portugal e se tornando seu governador.[14] O explorador normando Jean de Béthencourt se autoproclamara rei das Ilhas Canárias. A descoberta e conquista de novas terras, especialmente ilhas, também era uma parte pitoresca dos romances de cavalaria, como a popular novela catalã *Tirant lo Blanc*, que fazia parte da biblioteca de Isabel. Esse romance incluía um personagem que era o rei das Ilhas Canárias e, no posterior *Dom Quixote*, de Cervantes, o herói, um cavaleiro errante, promete a seu parceiro Sancho Panza que também ele se tornará senhor de uma ilha.

Colombo era um ávido leitor, mas não era um homem de universidade. O cronista Bernáldez o considerava "um homem de grande engenhosidade, mas pouco lustro".[15] Seus conhecimentos eram extensos, mas confusos, compilados da experiência e de sua leitura extensa, mas sem sentido crítico, da ciência, mitos, boatos e lendas contidas nos trabalhos de filósofos, historiadores, astrólogos, viajantes e geógrafos da Grécia antiga, da Europa medieval e do mundo árabe. Depois que tirava suas conclusões, ele se apropriava seletivamente desses livros como prova de que estava certo. Ele e Isabel eram, quanto a isso, uma combinação perfeita. Eram igualmente enamorados da ação ousada, da justificação divina e, em momentos de fraqueza, da loucura romântica. É difícil, na verdade, não ver algo de Dom Quixote nele – um cavaleiro errante propenso a buscar a glória ou a morte, com Isabel como sua Dulcineia.

E como se isso não bastasse, ele acrescentava um toque de glória espanhola messiânica à aventura. "Todos os lucros do meu empreendimento deverão ser gastos na conquista de Jerusalém",[16] acrescentou. Isso seria, ele quis dizer, apenas uma extensão dos sucessos das cruzadas de Isabel e Fernando.

Quando ele se encontrou com Isabel novamente em Santa Fé, a campanha de Colombo para conseguir o apoio de Castela já completara sete anos. Ele trabalhara nas prósperas comunidades genovesas e florentinas de comércio e bancos da Andaluzia, aproximara-se dos frades de La Rábida e se tornara amigo de Grandes, como Medina Sidonia e o duque de Medinaceli. Nenhuma dessas pessoas era capaz de lhe dar um patrocínio oficial, mas formavam um valioso coro de defensores que ajudavam a mudar a disposição da corte. Colombo seduzia não só os homens que cercavam Isabel e Fernando, mas também as mulheres. Ele parece ter enaltecido as propriedades do *miel rosada*, um xarope medicinal de mel e água de rosas produzido pela ama do príncipe João, Juana de la Torre[17] – que o preparava para ele levá-lo em suas viagens –, e que pode ter tido como alvo a influente Beatriz de Bobadilla, uma das damas de companhia mais próximas de Isabel e mulher de seu antigo aliado, Andrés Cabrera. Mais tarde, um poeta alegaria que "Bobadilla fora a principal razão" para Colombo ter obtido o apoio de Isabel (embora ele pudesse estar se referindo a um dos parentes dela).[18]

Colombo, assim como Isabel, sabia se promover e usar a propaganda em seu benefício. A história exata de como ele obtivera a permissão – e o financiamento – para empreender sua viagem foi escrita pelo próprio navegador, como quase tudo a seu respeito. É fantasiado pela grandiloquência e autojustificação pelas quais ele tantas vezes se deixava levar, mas a essência é verdadeira. Colombo relatou sua triunfante visita à corte real de uma forma tipicamente vívida e dramática. Ele fora colocado, mais uma vez, diante de uma comissão de especialistas. Talvez esse tenha sido o momento que escolheu para explicar, como anotou nas margens de um de seus livros, como ele próprio já havia se deparado com pessoas estranhas do oceano ocidental, trazidas por fortes correntes para as praias da Europa. "Homens de Catai vieram para leste. Temos visto muitas coisas interessantes e, acima de tudo, em Galway, na Irlanda, um homem e uma mulher que haviam sido empurrados por ventanias, em suas pirogas, de uma maneira absolutamente surpreendente." É quase certo que ele tenha apresentado os argumentos de escritores e cientistas como Toscanelli, Pierre d'Aylli, papa Pio II – que alegavam que todos os oceanos eram navegáveis e, assim, a maioria das terras era acessível – e al-Farghani.[19] Novamente, entretanto, os especialistas preferiram não acreditar em suas alegações de que o Mar Oceano era relativamente pequeno ou que a Ásia estava do outro lado, a uma distância navegável. Nem mesmo a alternativa de encontrar as míticas Antilhas ou o Antípoda conseguia persuadi-los.[20] "Houve, mais uma vez, inúmeros debates com informações de filósofos, astrólogos e cosmógrafos... e todos concordavam que aquilo era loucura e vaidade, e a cada passo eles riam e debochavam da ideia," seu editor Bartolomé de Las Casas, que muitas vezes parafraseava as próprias palavras de Colombo, relatou em seu *História das Índias*.[21] "O grau de descrença e desdém sobre o que Colombo oferecia era tal que tudo ruiu, com os soberanos ordenando-lhe que fosse embora imediatamente." Las Casas culpava Talavera – que, mais uma vez, era o homem encarregado de aconselhar Isabel a não financiar a viagem – e outros que, supostamente, eram incapazes de entender o projeto. Mas a comissão também se sentiu contrariada pela arrogância do aventureiro genovês. Afinal, aquele estrangeiro estava exigindo um extraordinário conjunto de títulos castelhanos. Ele queria o título de almirante, como o almirante de Castela – uma poderosa e lucrativa posição hereditária que pertencia à família materna de Fernando, os Enríquez –, assim como o de *virrey*, ou vice-rei, e de governador em caráter perpétuo, com seus filhos para sucedê-lo.[22] Como acontecera anteriormente em Portugal, sua busca pela grandeza ultrapassava sua sede de aventura e, no começo, frustrou suas chances de obter qualquer uma das duas. Isabel escutara seus conselheiros e concordara que a ideia era excêntrica demais, os riscos, imensos, e as exigências, demasiado altas.

Colombo fez as malas mais uma vez. Ele já andara vendendo seus sonhos pela Europa por quase uma década e, conforme se afastava, o incansável navegador imediatamente começou a pensar onde encontrar o financiador certo. Seu irmão Bartolomé já estava tentando fazer exatamente isso na Inglaterra e na França.[23] Mas quando Colombo começou a reconsiderar seus planos, Isabel também teve uma drástica mudança de opinião. Em Santa Fé, ela ordenou que um mensageiro fosse enviado para alcançar Colombo. O italiano havia partido há mais ou menos uma hora, mas não estava com pressa. Estava na estrada há apenas duas horas quando ouviu o som dos cascos de um cavalo atrás dele e o mensageiro lhe disse para parar.[24] A rainha, ele foi informado, mudara de ideia.

Uma grave decisão havia sido tomada, embora ninguém adivinhasse na época o quanto era importante. Não há nenhum registro da razão para Isabel ter mudado de ideia. A responsabilidade havia, de modo variado, sido atribuída às suas damas de companhia, aos numerosos amigos de Colombo no séquito da rainha e a Fernando e seus conselheiros. O projeto sem dúvida se encaixava no espírito da época. Também vinha no contexto da crescente rivalidade entre Espanha e Portugal pela expansão territorial, comércio e colônias. A Espanha, ou melhor, Castela, estava perdendo essa batalha. O globo terrestre mais antigo do mundo, feito no ano seguinte, em Nuremberg, por Martin Behaim, mostra a bandeira quadriculada de Portugal brotando de numerosos pontos ao longo do Atlântico oriental, enquanto somente uma bandeira, fincada em cima das Ilhas Canárias, exibe os castelos e leões de Castela. O papado dera às reivindicações de Portugal seu selo de aprovação, erigindo mais uma barreira a Castela, que Isabel reconheceu formalmente no tratado de paz assinado em Alcáçovas em 1479, que colocava um ponto final nas pretensões de Joana, a Beltraneja, ao trono.[25]

Acima de tudo, entretanto, o plano de Colombo era barato. O navegador genovês precisava apenas de três navios e noventa marinheiros.[26] Um pequeno investimento dos cofres reais oferecia uma quantia de ouro potencialmente ilimitada, comércio de especiarias e outros bens ou – seguindo o modelo das Ilhas Canárias – escravos, plantações de cana-de-açúcar e outras culturas agrícolas. Isso era especialmente tentador depois que a guerra em Granada tanto esvaziou o erário real como deixou-o sem uma fonte importante de tributos pagos pelo reino mouro. No final, deve ter sido Luis Santángel – um converso de Valência que era um dos mais graduados oficiais de finanças de Fernando – quem finalmente persuadiu Isabel a chamar Colombo de volta. As chances de sucesso eram poucas, mas qualquer perda era manejável. O orçamento geral não passava de 2 milhões de maravedis – descrito por um historiador como "talvez a renda anual de um aristocrata provinciano de segunda classe"[27] –, dos quais a coroa levantaria diretamente apenas um pouco mais da metade. O resto seria pago em espécie pelo porto de Palos, o qual devia dinheiro de multa que poderia pagar com o fornecimento de navios para a viagem, pelo próprio Colombo e outros por intermédio de um consórcio bancário que contava, em parte, com um comerciante e financista florentino em Sevilha, Giannotto Berardi.[28] Isabel e Fernando receberam 1,14 milhão de maravedis adiantados por Santángel contra fundos a serem levantados através da venda de indulgências permitida por uma Bula da Cruzada na Estremadura.[29] Era uma utilização abusiva de dinheiro destinado à cruzada contra os infiéis, mas também combinava com a crença de Colombo de que aquela era uma aventura de inspiração divina destinada a aumentar tanto a glória quanto o alcance da cristandade. Isabel também se sentia obrigada a continuar sua cruzada para ampliar a cristandade depois da queda de Granada, e essa era uma maneira barata de tentar fazer isso. "Não havia nenhuma certeza no que Colombo dizia", recordou um oficial real. "No final, foi feito a um custo muito baixo."[30]

 A tarefa de finalizar os detalhes foi então entregue a Talavera, ao tutor do príncipe João, frei Diego de Deza (outro futuro inquisidor-geral), e ao chefe de gabinete de Fernando, Juan Cabrero. Colombo demonstrou a mesma tenacidade ao negociar os termos e condições de sua viagem, como fizera quando buscava financiamento real. Outros podem ter ridicularizado sua exigência de ser almirante, vice-rei e governador-geral – mas era isso que "Capitulaciones de Santa Fe", o documento assinado por Isabel e seu marido em 17 de abril de 1492, lhe concedia. O documento indica que os monarcas sabiam que aquela era uma expedição extraordinária. Mas os termos também eram vagos, concedendo títulos grandiosos a Colombo sem detalhar exatamente o que significavam. No final, foi Talavera que agora recomendava assinar o documento final. "Deveis ordenar que isso seja feito, ainda que implique alguns gastos, por causa dos imensos lucros e honra que adviriam da descoberta das referidas Índias", ele disse.[31]

Eram privilégios extraordinários para Isabel, que canalizava todo poder possível para a monarquia conceder. Os historiadores não conseguem concordar se ela e Fernando simplesmente acharam que se tratava de uma mercê – um privilégio ou presente da coroa que podia ser dado, mas também retirado – ou um contrato legal. Talvez não tivessem prestado muita atenção. Estavam, afinal, dando direitos a terras que a maioria das pessoas achava que não existiam e que, caso Colombo descobrisse a costa leste da Ásia, poderiam já estar sob o domínio de algum monarca poderoso, como o Grande Khan. Era igualmente provável que Colombo desaparecesse no horizonte e nunca mais retornasse, ou voltasse de mãos vazias. Isabel podia ser perdoada por não discutir muito com um homem a quem estava dando relativamente pouco dinheiro e que estava preparado para correr riscos tão obviamente extremos em seu nome (pois aquele era um empreendimento de Castela, não de Aragão). Na verdade, o texto de "Capitulaciones" parece suspeitosamente ter sido escrito pelo próprio Colombo e apenas ligeiramente editado pelos servidores reais. Fernando, posteriormente, explicou de forma muito explícita por que Colombo obteve termos tão generosos e por que pareceram tão impensáveis mais tarde. "Atualmente é muito fácil descobrir [novas terras]", ele escreveu, vinte anos depois. "[As pessoas] não têm ideia de como, naquela época, não havia nenhuma esperança real de que qualquer terra pudesse ser descoberta."[32]

Os modelos disponíveis de expansão territorial e exploração naval para Isabel eram aqueles que ela própria já conhecera nas Ilhas Canárias, juntamente com a extensa experiência de Portugal ao longo da costa da África e mais para dentro do Atlântico. As Ilhas Canárias, arrancadas da população nativa, que às vezes lutava apenas com paus e pedras, eram um exemplo de verdadeiras colônias – terras distantes incorporadas à coroa de Castela e ocupadas por seu próprio povo. As ilhas eram usadas para o cultivo de cana-de-açúcar e seus portos eram locais seguros para fazer comércio ou explorar o resto do oceano Atlântico. Madeira e Açores desempenhavam um papel similar para Portugal, enquanto seus postos comerciais ao longo da costa da África, de Ceuta a Cabo Verde e à Costa do Ouro eram importantes fontes de escravos e ouro. Aragão tinha uma tradição diferente e mais antiga de império no Mediterrâneo – onde suas terras dos séculos XII e XIII haviam se estendido à Sicília, Nápoles e até Atenas –, o que forneceu a Colombo exemplos de títulos de vice-rei e governador que ele almejava.[33]

Isabel havia sido enérgica em sua busca às Ilhas Canárias, situadas a mil quilômetros ao sul da Espanha e a apenas pouco mais de cem quilômetros ao largo da costa oeste da África. Por motivos históricos, os membros da família Herrera-Pereza eram os senhores feudais de quatro delas – Lanzarote, Fuerteventura, La Gomera e Hierro – e haviam recebido o direito de conquista sobre as ilhas mais densamente povoadas de Tenerife, Gran Canaria e La Palma. Mas seu conselho, quando consultado, rapidamente criou uma fórmula que iria lhe permitir retirar os direitos de conquista sobre as ilhas que os Herrera-Pereza ainda não haviam conseguido invadir. A família recebeu um pagamento em compensação e o direito de conquista retornou à coroa.[34]

A conquista da ilha de Gran Canaria foi longa e sangrenta. Começando em 1478, levou cinco anos, com os nativos derrotados por fim se aliando a Castela ou, mais dramática e talvez apocrifamente, se atirando para a morte em uma vala profunda.[35] "Suas principais armas eram pedras, e o que quer que saísse de suas mãos aterrissava exatamente onde eles queriam", disse Bernáldez. "Sua bravura compensava tudo", escreveu outro cronista.[36] Isabel havia recebido um dos líderes canarienses, Tenesor Semidán, que foi batizado e se tornou um aliado.[37] Ele a visitou mais de uma vez, enquanto Isabel tentava levar adiante um processo de evangelização entre os ilhéus. Os métodos usados eram cruéis, acarretando virtualmente a destruição de sua sociedade, com os que restavam rapidamente adaptando-se a modelos castelhanos e seus chefes, como alguns convertidos mouros e judeus recebendo atenção especial e privilégios. "Temos muitas vantagens [sobre aqueles nas outras ilhas], já que [aprendemos e] falamos [espanhol] e somos aceitos como castelhanos", disse um deles.[38] Estimativas mais elevadas alegam que até 85 por cento dos mais de 60 mil ilhéus foram mortos ou exilados, em geral depois de serem atraídos com ardis a bordo de barcos.[39] A conquista de outras Ilhas Canárias também foi um trabalho lento e difícil, não estando Tenerife nem La Palma inteiramente nas mãos de Isabel antes de Colombo partir em sua aventura quixotesca.

A Gran Canaria era, então, o único modelo real que Isabel tinha da conquista de ilhas atlânticas povoadas antes de Colombo zarpar, com as conversões como um de seus principais objetivos. O princípio de que somente aqueles que lutavam contra os exércitos de Isabel ou se levantavam contra a autoridade da coroa podiam ser escravizados pouco fez para impedir o difundido tráfico de guanchos, o povo nativo das Ilhas Canárias. Eram forçados a trabalhar em qualquer coisa, desde cortar cana-de-açúcar e limpar assoalhos a se prostituir. Escravos das Canárias estavam valendo entre 8 mil e 10 mil maravedis por cabeça em Sevilha, Valência, Barcelona, Lisboa e tão longe quanto Veneza.[40] Münzer deparou-se com um grupo de setenta e três ilhéus das Canárias, quatorze dos quais haviam morrido na travessia, em uma casa de comércio de escravos. Eles eram "muito escuros, mas não negros... bem-proporcionados, com braços e pernas longos e fortes".[41] Isabel fez o melhor possível para proteger aqueles que pacificamente se converteram ao cristianismo. "Disseram-nos que algumas pessoas trouxeram... ilhéus das Canárias, que são cristãos, e outros que estão no caminho da conversão para a nossa Fé Sagrada, e eles querem dividi-los e vendê-los como escravos", ela e seu marido escreveram para autoridades em Palos em 1477, depois que habitantes da ilha de La Gomera começaram a aparecer em mercados de escravos locais.[42] "Tal atitude seria um mau exemplo e causa para nenhum deles se converter para a nossa Sagrada Fé Católica, que é algo que buscamos consertar." No ano seguinte, Isabel, furiosa, escreveu aos líderes da conquista da Gran Canaria, exigindo que os mesmos escravos de La Gomera, que haviam viajado de volta para as ilhas com a força expedicionária, fossem colocados em barcos e enviados de volta para suas casas, e não mantidos na Gran Canaria. "Ordenei que fossem levados de volta e libertados", ela disse.[43] "[Mas] não os levaram nem os enviaram para suas casas na ilha de Gomera, conforme minhas instruções." Sua insistência não pareceu ter muito efeito. Vinte anos mais tarde, ela ainda estava recebendo queixas dos escravos das Ilhas Canárias ou do chamado *procurador de los pobres* — uma espécie de *ombudsman* público para os pobres — reclamando dos colonos opressores. Uma nativa de La Palma, chamada Beatriz, estava entre os queixosos, alegando que sua condição de cristã fora ignorada quando foi vendida a um homem chamado Bachiller de Herrera, em Sevilha. "Ela diz que ele a surrava quase até a morte", o tribunal afirmou.

As Ilhas Canárias haviam, na imaginação dos castelhanos, pertencido aos seus reis visigodos, e o objetivo declarado de Isabel era "submetê-los à coroa e expulsar, com a graça de Deus, toda superstição e heresia praticadas ali e em outras ilhas infiéis pelos canarienses e outros pagãos".[44] Isso, portanto, ela via não apenas como reconquista, mas como uma cruzada religiosa, exatamente como a guerra contra os mouros de Granada. Proveitosamente, isso também significava que podia ser financiado da mesma forma — com a ajuda do papa e da venda de indulgências oferecidas nas Bulas da Cruzada que ele havia emitido.[45] Mas essas pessoas não eram como os mouros, considerados inocentes religiosos. Eram também, em termos de financiamento, um precedente que podia ser seguido para Colombo.

O projeto ousado e aventureiro de Colombo não foi bem aceito entre os navegadores de Palos, que receberam ordens de fornecer navios e tripulações. "Era publicamente dito e sabido que não havia terra alguma naquelas partes, porque Portugal saíra muitas vezes à procura delas", um deles, Bartolomé Colín, lembrou mais tarde. "Muitos conhecedores dos mares diziam que indo para oeste... ainda que velejassem por dois anos, nunca encontrariam terra", acrescentou outro, Martín González. Na verdade, a insatisfação local por ter sido escolhido como o porto que deveria fornecer as embarcações e a tripulação era tal que até mesmo o homem que havia alugado sua mula ao frei Pérez, para que ele pudesse ir ver Isabel, viu-se considerado culpado. "Muitas pessoas zombavam do almirante e de seu projeto de ir descobrir as referidas ilhas, e riam disso, e até mesmo culpavam esta testemunha porque eu havia fornecido a mula", disse o proprietário do animal, Juan Rodríguez Cabezudo. Frei Pérez teve que persuadir e convencer muitos marinheiros calejados antes que uma pequena frota pudesse ser reunida.[46]

Em uma expedição arriscada em aberto, como aquela proposta por Colombo, Isabel provavelmente não tinha um objetivo particular além de aumentar sua riqueza, seu poder e, se possível, o alcance do cristianismo. Não havia nenhum colonizador ou padre enviado com Colombo em sua primeira viagem, portanto pode-se dizer com segurança que ela via a expedição como pura exploração, em busca de "ilhas e terra firme". As instruções reais incluíam ordens para evitar a estação de comércio de ouro de Portugal em La Mina, atualmente Gana, e respeitar tratados existentes que davam a Portugal o direito de conquista sobre Fez, posse de suas ilhas atlânticas e prioridades comerciais com as terras do Oeste da África conhecidas como Guiné. Um documento assinado pelos monarcas como um passaporte para Colombo se ele caísse em mãos estrangeiras deixava claro o que ele esperava encontrar. "Enviamos o nobre Cristóvão Colombo com três caravelas [na verdade eram duas caravelas, *Pinta* e *Niña*, e uma nau de grande porte, mais resistente, chamada *Santa Maria*] pelo mar oceano em direção à região da Índia", dizia. Colombo até contratou um intérprete oriental para acompanhá-lo.[47]

A própria Isabel não deve ter dado muita atenção a Colombo depois que ele partiu de Santa Fé naquele dia de maio. Ela poderia ser desculpada por estar mais interessada na conquista das Canárias. Nos cinco meses anteriores, ela levara ao fim a cruzada da Espanha contra os mouros e tomara a dramática decisão de expulsar os judeus.

Era pouco provável que a sorte das três embarcações que partiram de Palos – à vista do mosteiro de La Rábida – em 3 de agosto de 1492 a preocupassem muito.[48]

Colombo partiu primeiro para as Ilhas Canárias, onde reabasteceu seus navios e, segundo os boatos, passou alguns dias ardentes com a cruel, tirânica e viúva amante da ilha de La Gomera, outra Beatriz de Bobadilla (uma sobrinha da dama de companhia de Isabel, que supostamente acabara na ilha distante depois que uma enciumada Isabel casou-a com seu senhor feudal, Hernán Peraza, para mantê-la longe de Fernando). Ele velejou para oeste, para dentro do oceano vazio, a partir do porto de San Sebastián, em La Gomera, em 6 de setembro de 1492. A maioria dos exploradores que partiam para o desconhecido escolhia velejar contra o vento, assegurando assim que pudessem simplesmente dar meia-volta, a fim de serem impelidos de volta para casa. Em vez disso, Colombo buscou seguir a mesma direção do vento, que ele sabia que soprava nessas latitudes. Os que observaram suas velas desaparecerem no horizonte, e a rainha que o estava enviando, devem ter se perguntado se ele algum dia encontraria um caminho de volta.[49]

29

Mulheres e o espírito festivo

Barcelona, 1492

Era mais um toque cômico ao nobre esporte da justa, e os que se sentavam de frente para o mar com Isabel, depois dos prolongados festejos com seus convidados franceses na grande *lonja*, ou mercado, em Barcelona, riam às gargalhadas. "Funcionava assim: um homem ficava de pé na proa de um barco a remo, com uma lança preparada e um escudo oval que usava para se proteger do seu oponente", explicou um dos pajens do príncipe João, Gonzalo Fernández de Oviedo. "Cada barco tinha vinte remadores... e os dois barcos com os justadores ganhavam a maior velocidade possível e, quando se chocavam, os justadores às vezes acabavam na água com seus escudos, o que provocava grandes risadas." A festa no grandioso salão de teto abobadado, onde os negociantes da cidade se encontravam diariamente para assinar seus acordos e conversar com seus banqueiros, fora apenas um de vários interlúdios festivos enquanto os embaixadores franceses costuravam um acordo de paz que faria Cerdanha e Roussillon retornarem às mãos espanholas. Várias festas envolvendo toda a família real, a corte, seus visitantes e as pessoas mais importantes da cidade acabavam em danças, touradas e jogos.

Hernando de Talavera, o austero frade jeronomita que "pregava o que praticava", não estava satisfeito. Isabel quase nunca discordava de Talavera, nem estava acostumada a ser repreendida, em público ou em particular. Mas foi isso que seu confessor, agora arcebispo de Granada, fizera, e ela estava decidida a convencê-lo de que sua crítica mordaz ao seu comportamento durante as festas que acompanharam a chegada de uma missão francesa era errada. "Não fizemos nada de novo, nem achamos que tivéssemos feito nada inconveniente", ela escreveu em resposta.¹

Não foi isso que Talavera ouvira dizer. Na corte de Isabel, homens e mulheres geralmente comiam separadamente; no entanto, dessa vez, tiveram permissão para se sentarem juntos. Sua raiva estendeu-se ao fato de Isabel ter dançado, à forma como suas damas de companhia foram conduzidas pelos visitantes franceses e às sangrentas touradas realizadas para eles como entretenimento. "Não vou criticar os presentes e prêmios, embora devessem ser moderados aos considerados bons. Nem os gastos com roupas e vestidos novos, embora, quando em excesso, a culpa deva ser anexada", ele desdenhara.² "O que eu acho que mais ofendeu a Deus de tantas e diversas formas foram as danças, especialmente aquelas envolvendo alguém que não deveria dançar, que somente um milagre pode impedir que seja pecadora... e, mais ainda, a licenciosidade de misturar cavalheiros franceses e damas castelhanas durante o jantar, e o fato de terem permissão de conduzi-las de um lado para o outro como lhes aprouvesse."

"E o que devo dizer sobre as touradas?", Talavera perguntou. "Elas são, sem dúvida, um espetáculo proibido... Sem nenhum tipo de vantagem para a alma, corpo, para a honra ou a renda", ele declarou. Talavera obviamente também havia desaprovado as festas e touradas em Sevilha dois anos antes, com as quais a rainha havia comemorado o casamento de sua filha Isabel com seu marido português. Ele agora resolveu lembrar Isabel de que todos aqueles festejos de nada adiantaram, uma vez que o príncipe Afonso morreu apenas oito meses após o casamento. Foi um golpe baixo, e Isabel respondeu com uma raiva incomum, ainda que controlada.

Ela se importava profundamente com sua reputação moral, e as críticas de Talavera eram um sinal de que ela estava sendo questionada. "Devem ter lhe dito que eu dancei lá, mas não é verdade. Isso nem sequer passou pela minha cabeça", ela insistiu. Os gastos com roupas haviam sido mínimos, embora ela não tenha sido capaz de resistir a encomendar um novo vestido para si mesma. "Nem eu nem minhas damas usamos roupas novas", ela disse. "Eu só mandei fazer um vestido, e era de seda... e o mais simples possível."³ Ela admitiu que os homens haviam usado trajes caros, mas isso fora feito contrariando suas instruções.

Isabel não se preocupava apenas com a sua própria reputação, mas também com a de suas damas – que deveriam refletir sua própria imagem de feminilidade virtuosa. Através de seus propagandistas, ela dava sua supostamente travessa cunhada rainha Joana, cujas damas de companhia portuguesas haviam criado tal baderna, como exemplo de tudo que uma rainha não deveria ser. "Quanto a conduzir as jovens para todo lugar, como li em vossa carta, até agora não ouvi nada a respeito", ela disse a Talavera. Essa não fora a primeira vez que a regra sobre comer em separado havia sido relaxada, a fim de entreter os convidados. "Comer à mesa com os franceses é um antigo costume, e que eles próprios geralmente seguem", ela explicou. "Sempre que estão aqui e seus principais representantes comem com os monarcas, os demais se sentam às mesas do salão com damas e cavalheiros. É assim que sempre acontece, pois eles nunca colocam as mulheres separadas. Isso também foi feito [por nós] com os borgonheses, os ingleses e os portugueses."⁴

A única reclamação justificável era, segundo ela, sobre as touradas. "Com as touradas, senti o mesmo que o senhor, embora não tenha sido tão ruim. Mas depois decidi com toda a minha determinação nunca mais assisti-las outra vez em minha vida", ela disse, embora Isabel reconhecesse que não podia banir uma tradição apreciada por, entre outros, seu próprio marido.⁵ Sua preocupação não era com os animais, mas com os homens que eram feridos. Isabel não cumpriu sua promessa e mais tarde arrependeu-se do fato. No ano seguinte, ela viu dois homens e três cavalos feridos e mortos em uma corrida de touros em Arévalo, e reagiu introduzindo uma nova regra para tornar os touros menos perigosos: cobrindo as pontas de seus chifres.⁶ "Ela ordenou que os chifres dos touros fossem recobertos com outros de animais mortos e presos... de tal forma que as pontas dos chifres [acrescentados] apontassem para trás", recordou Oviedo. O resultado foi que os chifres dos touros repentinamente ficaram mais longos, mas curvados para dentro, como os de um bode, podendo ser usados para golpear os corredores, mas não espetá-los.

Isabel era uma senhora do lar rígida, esperando que as mulheres se comportassem ou, no mínimo, fossem discretas em relação a um comportamento impróprio. Os escândalos, acima de tudo, deviam ser evitados. "Ela detestava mulheres malcomportadas", Pulgar explicou.[7] Normalmente, os dois sexos eram mantidos rigorosamente separados. "Em seu palácio, ela supervisionava a educação das jovens nobres, filhas dos Grandes... investindo grande diligência em sua supervisão e na das outras mulheres do palácio", disse Pulgar.[8] Elas normalmente comiam separadas dos homens e Isabel agia como a madre superiora, certificando-se de que as jovens sob seus cuidados fossem sempre acompanhadas de perto. Servidores e médicos tinham que esperar do lado de fora das dependências de Isabel até que todas as suas filhas, e as damas de companhia que dormiam ali, estivessem vestidas e prontas.[9] As damas de companhia estavam ali, em parte, para fornecer um escudo. "Na ausência do rei, ela sempre dormia no dormitório comum de certas jovens e donzelas de seu ambiente familiar. Agora ela dorme na companhia de suas filhas e de outras mulheres honradas, a fim de não dar margem a bisbilhotices que pudessem manchar sua reputação de fidelidade conjugal."[10] Um emissário inglês cujo anfitrião desaparecera para ir comer com sua esposa notou que regras semelhantes em geral também se aplicavam fora do palácio real. "Não é costume neste país que as mulheres venham e comam na companhia de estranhos", ele explicou.[11]

As damas de Isabel seguiam a rotina diária de sua senhora, na qual longas e intensas sessões de administração eram pontuadas com refeições e visitas regulares à capela. Na capela, a riqueza cultural e material de instrumentos musicais, corais, incenso, paramentos dos padres, tecidos do altar e reluzentes objetos de decoração em prata e ouro proporcionavam uma bem-vinda mudança de atmosfera. Os aromas, visões e sons rituais dos serviços diários proporcionavam uma festa revigorante aos sentidos, que contrastava com o mundo exterior relativamente monótono. A capela de Isabel era um lugar para meditar não só sobre assuntos espirituais, mas também sobre a ideologia cristã que guiava muitas de suas decisões políticas. "Embora ela passasse dia e noite trabalhando nas grandes e árduas tarefas do governo, parecia que sua vida era mais de contemplação do que de ação", disse um italiano em sua corte, que notou que ela raramente deixava de comparecer aos serviços religiosos diários.[12] No entanto, seria um erro ver sua corte como um lugar enclausurado, semelhante a um convento, reservado apenas aos puritanos e piedosos. Havia diversão também. Anões, dançarinas e músicos divertiam sua corte à noite e durante as refeições. Havia jogos de tabuleiro, de cartas, canto e dança. Os acrobatas também eram populares, com um deles impressionando os convidados de um casamento ficando de pé em uma corda bamba, fazendo malabarismos com bolas, espadas e sinos antes de se pendurar "pelos dentes, de uma maneira magnífica". E na intimidade dos aposentos da rainha, suas damas brincavam com coelhos e gatos de estimação, enquanto enfeitavam seus cachorrinhos com sinos e colares. Em literatura, tinham romances sentimentais palpitantes e as novelas de cavaleiros e donzelas, cantados pelos trovadores.[13] O ambiente doméstico da rainha era supervisionado por sua "irmã de leite" Clara Alvarnáez, cuja mãe tinha sido uma das amas de leite de Isabel em Madrigal. Isabel misturava jovens da nobreza com mulheres mais velhas e educadas em seu grupo de doze damas de companhia, e arranjar casamentos das primeiras com parceiros adequados tornou-se um de seus passatempos preferidos.[14] Suas damas conseguiam administrar o hospital para os pobres, que viajava com a rainha – um exemplo de caridade da realeza que também servia para aumentar a popularidade de Isabel enquanto atravessava seus domínios. As damas deveriam ser um reflexo da própria Isabel – bem-comportadas, mas capazes de proporcionar um deslumbrante conjunto de vestimentas e adereços quando ela precisava dar uma demonstração de pompa. Como a própria Isabel, esperava-se que permanecessem arrumadas, limpas e agradavelmente perfumadas. Além dos sabonetes e perfumes disponíveis para elas, um limpador de dentes residente estava sempre à mão, e havia escravas para lavar seus cabelos.

O contato restrito entre os sexos significava que, nas ocasiões em que a separação era relaxada, a corte entrava em um frenesi de amor cortês. O dom dos cortesãos espanhóis de exagerar seu interesse amoroso envolvia tudo, de límpida adoração a um êxtase quase histérico, e o idoso espanhol duque de Alba, que mais tarde acompanhou Catarina de Aragão à Inglaterra, teve que ser carregado de uma festa após desmaiar à vista de uma determinada dama inglesa.[15] Um borgonhês que passou pela corte castelhana ficou admirado de ver uma jovem em um banquete flertando simultaneamente com três apatetados pretendentes. "Ela conversou com um que permaneceu junto a seus joelhos, com a cabeça descoberta, por uma hora e meia; ficou um quarto de hora com o segundo e uma hora inteira com o terceiro. Ela conversava com um enquanto lançava olhares para outro, e mantinha a mão no ombro do terceiro. Dessa forma, mantinha os três felizes, porque, já que eles não as veem com frequência, demonstram grande prazer em estar com as mulheres por quem estão apaixonados", explicou. Os borgonheses ficaram chocados e quiseram saber por que a mulher brincava com eles assim. "Fazemos o que bem entendemos quando estamos esperando para nos casarmos, tratando-os assim", ela respondeu. "Porque depois que nos casamos eles nos trancam em um quarto em um castelo. É assim que se vingam de nós por termos nos divertido tanto quando éramos solteiras."[16] Talavera teria aprovado. O dia do casamento de uma mulher, ele dizia, era "o dia em que ela perdia sua liberdade". Mulheres casadas deviam ficar em casa, "já que são destinadas a ficar trancadas e atarefadas em seus lares, enquanto o homem é feito para se mover e lidar com as questões fora de casa". Como Eva, ele pensava, as mulheres eram inerentemente tolas e facilmente desencaminhadas. "É natural para elas acreditar facilmente no que é ruim." Isabel era tão determinada em protegê-las da tentação que, quando um infeliz rapaz chamado Diego Osorio foi encontrado do lado de fora da janela delas armado com uma corda e, provavelmente, um desejo de escalar a parede até seus aposentos, ele foi imediatamente condenado à morte.[17]

As filhas de Isabel eram os outros grandes exemplos de sua reputação. Esperava-se que as infantas soubessem fiar, costurar, tecer e bordar, uma vez que até as rainhas deviam se orgulhar de saber costurar uma camisa do marido.[18] Os propagandistas de hagiógrafos de Isabel, compreensivelmente, louvavam as virtudes de suas filhas, consideradas puras, honradas, adoráveis e adequadamente submissas a seus maridos. A falta de graça e de sensualidade eram suas "inimigas", segundo um contemporâneo.[19] Mais importante ainda – eram também muito instruídas. A própria Isabel tinha pouca educação formal, mas logo percebeu o valor de uma boa educação, aprendendo latim por conta própria – a língua da alta cultura e da missa – quando adulta. Ela chamou à corte uma latinista talentosa, Beatriz Galindo, apelidada de "La Latina", para lhe dar aulas, e a manteve ali para ensinar suas filhas, enquanto simultaneamente contratava humanistas italianos como seus tutores.[20] Joana "respondia instantaneamente em latim qualquer pergunta que lhe fosse feita, exatamente como os príncipes que viajam de uma terra para outra. Os ingleses dizem o mesmo de Catarina, irmã de Joana. E o mundo inteiro faz o mesmo elogio para as [outras] duas irmãs", disse o humanista contemporâneo Juan Luis Vives. Até o humanista holandês Erasmo ficou impressionado, embora bajular a realeza fosse uma de suas especialidades. Catarina era "bem-instruída, e não apenas em comparação com seu próprio sexo", comentou depois de conhecê-la.[21] "E não menos respeitável por sua religiosidade do que por sua erudição."

Isabel possuía uma biblioteca repleta de obras religiosas, a vida dos santos e manuais devotos instruindo-a sobre a melhor maneira de educar suas filhas.[22] Esses últimos eram escritos por frades ou outros religiosos sem nenhuma experiência em criar crianças de qualquer tipo. Em geral, viam as mulheres como naturalmente afligidas por uma série de vícios. Eram bisbilhoteiros invejosos e maledicentes, correndo o permanente risco da mais terrível fraqueza feminina de todas – "a loucura do amor".[23] E quando as mulheres se perdiam, o mundo estremecia. "O amor desordenado é um pecado que ocorre especialmente entre as mulheres, o que, por sua vez, causa discórdia, mortes, escândalos, guerras, a perda de bens... e, o que é pior, a perdição das almas mais trágicas para a abominação do pecado carnal",

Alfonso Martínez de Toledo, arcipreste de Talavera, escreveu em seu *Reprobación del amor mundano*. "O amor é tolice, loucura, demência e uma perda de tempo", acrescentou. "Luxúria associada à falta de vergonha, esse é o amor desonesto... conselheiro do pervertido Satanás, inimigo mortal da salvação humana." Uma das mais influentes dessas obras foi o *Carro de las Damas*, do monge franciscano Francesc Eiximenis. Ele foi menos radical em sua abordagem dos defeitos "naturais" das mulheres, mas ainda assim acreditava que elas precisavam de uma mão firme quando se comportassem mal. "Castigue-as e fira-as nas costas com algum açoite", aconselhava.[24] Autocontrole e recato eram as qualidades mais enaltecidas de moças bem-educadas, as quais deveriam carregar rosários e passar parte de cada dia rezando. Também deveriam aprender a evitar não cristãos, recusando a comida deles e permanecendo distante de mouros e judeus.

 Isabel conscientemente cultivava uma imagem de virtude e modéstia feminina, criando uma persona pública que era tanto majestosa quando impassível. Como acontece com muitos abstêmios, o autocontrole era supremo. "Ela era comedida e contida em seus movimentos corporais; e não bebia vinho", relatou Pulgar. Isso a deixava difícil de interpretar e assustadora, ao mesmo tempo que fazia seus momentos de calor humano ou alegria em público parecerem muito mais afetuosos. Mas a vida, no que suas congêneres inglesas teriam chamado de "o lado da corte da rainha", não se resumia a missas, orações e bordado. Suas filhas aprenderam falcoaria, a andar a cavalo e a caçar. Havia aulas de dança com professoras portuguesas e instrumentos musicais de todo tipo a serem aprendidos. Durante o jantar, cantavam-se canções, e histórias cavalheirescas – as preferidas de Isabel – eram contadas em voz alta.[25] Lendas do mundo misterioso e mágico de Merlin e Lancelot também figuravam em suas prateleiras,[26] embora fossem condenados por um contemporâneo como "baseadas na luxúria, no amor e na ostentação... fazendo mulheres covardes caírem em erros libidinosos e cometerem pecados que de outra forma não cometeriam".[27] O obsceno *Libro de Buen Amor*, do arcipreste de Hita, com suas mulheres fogosas e sexualidade grosseira, também estava em sua estante. Talvez, a portas fechadas e no mundo inteiramente feminino de sua corte particular, as escatológicas referências a órgãos sexuais, pelos púbicos e funções corporais em algumas das canções mais licenciosas do *Cancionero de Palacio* fossem permitidas. Não havia falta de músicos bem-pagos para cantá-las.[28]

Tal obscenidade certamente não era para exibição pública. E a ideia de cavaleiros franceses saindo com suas damas de companhia cuidadosamente controladas durante as festas em Barcelona não pode ter agradado a Isabel. As queixas de Talavera não foram ignoradas. Enquanto ela esperava a chegada de sua futura nora, Margarida da Áustria, com sua corte de borgonheses, Isabel emitiu instruções para evitar "a familiaridade, tratamento comum e comunicação informal usados pelas rainhas e princesas na Áustria, Borgonha e França". Ela ordenou, em vez disso, que os visitantes fossem recebidos com "seriedade... como era o uso [comum] na Espanha".[29]

30

Uma noite infernal

O antigo Palácio Real, Barcelona, 7 de dezembro de 1492

Ao meio-dia de uma manhã cinzenta e nublada de dezembro de 1492, após horas ouvindo os pedidos de seus súditos catalães, Fernando começou a descer a íngreme escadaria de pedras que se abria do canto daquele que já era considerado o antigo Palácio Real de Barcelona. Ele deve ter vislumbrado de relance um camponês chamado Juan de Canyamars quando o homem surgiu de uma capela ao lado da entrada principal e em seguida afastou-se para o lado para deixar o rei, que usava um cordão de ouro pesado, seu favorito, passar rapidamente por ele. Quando Fernando desceu os dois primeiros degraus, Canyamars abriu caminho pelo meio da comitiva do rei, surgiu por trás dele, retirou uma faca grande, do tipo facão de mato, de dentro da casaca, e investiu contra seu pescoço. A faca entrou na base do lado esquerdo do pescoço do rei, embora sua clavícula e os elos grossos de seu cordão tenham em parte desviado o golpe. Os que acompanhavam Fernando sacaram suas próprias facas e espadas, e logo os dois homens estavam no chão e sangrando de seus ferimentos. Fernando foi levado às pressas para dentro, o sangue fluindo de um corte de cinco centímetros.[1]

Isabel estava em outro palácio, que dava para a praia e o mar Mediterrâneo. Quando recebeu a notícia do ataque, ela automaticamente presumiu que havia algum tipo de golpe de Estado em andamento. Quis correr para Fernando, mas sua mente instantaneamente voltou-se para as consequências do ataque. Ela ordenou que trouxessem barcos para que seu filho João, de quatorze anos, pudesse ser levado para o mar. Se seu marido morresse, João se tornaria rei de Aragão. Isso fazia dele o alvo seguinte para quaisquer conspiradores. Seus cortesãos castelhanos se armaram e ficaram de prontidão, prontos para repelir qualquer tentativa de sequestrar seu filho.[2] Os boatos circulavam a toda velocidade pela cidade – sobre mouros ou navarros ou outros que pudessem querer a morte de Fernando –, e a população ficou agitada.

Isabel nunca sentira um temor igual. "Minha alma não poderia ter sentido mais se tivesse deixado meu corpo. É impossível exagerar, ou mesmo exprimir, o que senti; e se a morte o quiser de novo, rezo a Deus para que não seja do mesmo modo", ela escreveu ao frei Talavera. Fernando inicialmente não permitiu que ela fosse ficar com ele, já que ele se preparava para morrer com seus padres. "Ele escreveu para mim porque não queria que eu fosse enquanto ele estava se confessando", Isabel disse. Pere Carbonell, um cronista que trabalhava no vizinho Arquivo de Aragão, correu ao palácio para ver o que estava acontecendo, mas encontrou as portas para o grande saguão trancadas, com o rei no interior do palácio. "Alguns diziam que o rei estava ferido; outros, que sua garganta fora cortada com uma espada", recordou. "Pensei que iria desmaiar quando ouvi isso, mas recuperei minhas forças... havia tanto empurra-empurra que eu não pude vê-lo."

O grosso cordão de ouro de Fernando havia "impedido [Canyamars] de decepar sua cabeça com uma única talhada", mas ele ainda parecia ter sofrido um golpe mortal, segundo Peter Martyr d'Anghiera, um humanista italiano que Isabel havia contratado para dirigir a escola da corte para jovens nobres.[3] Anghiera relatou que um "batalhão" de médicos e cirurgiões havia aparecido para salvar a vida do rei. Eles limparam o ferimento, retirando cabelos e fragmentos de osso, antes de costurá-lo com sete pontos.[4] "Os médicos não têm certeza se o rei sobreviverá ou não", ele disse mais tarde. Isabel temia que fosse perder agora o homem que amava com uma paixão ciumenta e com quem ela alcançara o pináculo da glória. Sua parceria singular e os frutos futuros que ela poderia trazer estavam por um fio muito tênue. "Nós contamos os dias e vivemos entre o medo e a esperança", escreveu Anghiera no dia seguinte, conforme a corte se preparava para prantear seu rei.[5] Em Barcelona e por todos os seus reinos, as pessoas rezavam pela recuperação de Fernando, prometendo realizar atos extravagantes de gratidão se ele sobrevivesse. Na noite seguinte, as esperanças aumentaram quando Fernando começou a mostrar os primeiros sinais de recuperação, mas uma semana depois ele voltou a uma situação de risco, perdendo a consciência quando uma infecção se instalou. Sua língua inchou, o coração batia aceleradamente e o rosto ficou vermelho.[6] "Foi uma noite infernal", Isabel relembrou. "O ferimento era tão grande que, segundo o dr. Guadalupe, era possível colocar os dedos dentro", embora seu lado melindroso a impedisse de verificar isso por si mesma. "Eu não tive coragem de olhar." Um cortesão afirmou que o sofrimento da rainha "parecia maior do que o do rei."

Barcelona estava tomada, mais uma vez, pelo medo. As igrejas superlotavam. "Houve mais demanda por confissões do que jamais foi visto na Semana da Páscoa, e tudo sem que ninguém emitisse instruções", Isabel escreveu a Talavera. No Natal – embora ainda fraco –, Fernando estava fora de perigo. Ainda não podia sair do palácio, mas apareceu em uma janela para assegurar aos que observavam lá de baixo que ele estava se recuperando.[7] "Deus agiu com tanta misericórdia que parece que ele mediu o local [do golpe da faca] precisamente para evitar perigo, de tal modo que ela não atingiu seus tendões, o osso da nuca e todas as partes perigosas", Isabel disse a Talavera. Logo Isabel começou a preparar-se para viajar com seu marido para outra residência, onde ele pudesse descansar melhor. "Ele está de pé e andando lá fora pelos arredores, e amanhã, se Deus quiser, irá cavalgar até a outra casa para a qual estamos nos mudando. O prazer de vê-lo de pé é tão grande quanto a tristeza original, de modo que todos nós agora nos sentimos renascidos", ela declarou.

Isabel não foi a única pessoa a ver a intervenção divina na sobrevivência de Fernando. Pouco ou nada poderia ser mais providencial do que ser salvo pelo cordão de ouro da autoridade real decretada por Deus. Sua sobrevivência ao ataque, na realidade, somente aumentou a reputação do casal como servos escolhidos por Deus, destinados a restaurar a autoridade do cristianismo até mesmo além de suas próprias fronteiras. Aqueles que haviam prometido agradecer e fazer peregrinações se ele se recuperasse agora cumpriam sua promessa. A montanha sagrada da Catalunha, o afloramento rochoso serrilhado conhecido como Montserrat, viu os fiéis escalando suas encostas íngremes e perigosas – alguns descalços ou de joelhos. Isabel e seus filhos também fizeram a viagem pelas trilhas sinuosas e íngremes da montanha, caminhando ao menos parte do percurso para dar graças. "Todo tipo de pessoa está fazendo peregrinações ao alto das montanhas, através de vales ou ao longo da costa, a qualquer lugar onde haja um santuário", relatou Anghiera.[8]

Os temores quanto a um complô logo foram reduzidos. Canyamars agira sozinho. O fazendeiro de uma vila perto de Barcelona era louco e delirante. Ele estava convencido de que, se matasse Fernando, a coroa seria dele. Ele foi torturado para extrair a confissão de uma conspiração mais ampla, mas manteve a sua história.[9] "Nenhuma prova pôde ser encontrada, ou suspeitas levantadas, de que alguma outra pessoa soubesse desse ataque além da pessoa que o perpetrou", Isabel relatou. Ele havia sido visitado pelo Espírito Santo ou pelo diabo há quase vinte anos, segundo ele, e disseram-lhe que ele seria rei. A maior preocupação de Isabel foi de que o atacante se recusasse a confessar seus pecados para um padre antes de sua morte, assim colocando sua alma em risco, e ela enviou seus próprios frades para persuadi-lo. Canyamars finalmente aquiesceu. "E ao decidir se confessar, de antemão, ele compreendeu que havia cometido um erro e disse que era como se estivesse acordando de um sono, que ele antes estava fora de si. E disse o mesmo depois de confessar, pedindo perdão ao rei e a mim", Isabel disse a Talavera. O Conselho Real o havia condenado à morte, e somente a intervenção de Isabel impediu que ele fosse entregue à multidão e linchado. Ela insistiu, como um ato de clemência, que ele fosse afogado primeiro.[10] Ele foi levado em desfile pela cidade em uma carroça, depois afogado (embora alguns relatórios aleguem que ele morreu garroteado) e sacrificado. "Eles deceparam a mão direita com a qual ele cometera o crime, os pés, que usara para chegar lá, e arrancaram os olhos, que usara para ver, e o coração, com o qual tinha arquitetado o plano", diria um historiador local um século depois.[11]

Isabel se perguntou se o ataque a Fernando significava que ela estava sendo punida por seus próprios pecados, embora ela não os enumerasse – pedindo ao seu confessor, em uma rara demonstração de remorso, que elaborasse uma lista daqueles que ela poderia ter cometido enquanto buscava o poder. "Foi o que mais me feriu, ver o rei sofrer o que deveria ter acontecido a mim, sem que ele merecesse pagar por mim", ela escreveu. "Isso quase me matou."

31

Um novo mundo

O oceano Atlântico, 14 de fevereiro de 1493

Cinco meses depois de içar velas, Cristóvão Colombo duvidou se algum dia iria ver outra vez a Europa ou a rainha que o enviara em sua expedição. Enquanto enfrentava violentas tempestades no Atlântico e temia que seu navio afundasse a centenas de milhas da terra, ele fez um plano especial para assegurar que as notícias de sua viagem chegassem a Isabel e seu marido. Ele sabia muito bem que uma descoberta não existe se o descobridor morrer sem ter contado para ninguém. É por isso, segundo seus próprios relatos, que ele escreveu um longo documento explicando tudo que tinha acontecido desde que deixara La Gomera. O documento foi, então, muito bem enrolado em um tecido encerado e selado dentro de um bloco de cera antes de ser colocado dentro do equivalente a uma garrafa de vidro – um barril de madeira que foi lançado ao mar. Um barril bem-feito era o objeto com maior probabilidade de sobreviver se o navio e sua tripulação fossem para o fundo do mar. Um bilhete dentro do barril oferecia uma recompensa de mil ducados a quem o entregasse, com o selo intacto, a Isabel e Fernando.[1] "Coloquei uma mensagem igualmente embalada no ponto mais alto do castelo de popa, para que, se o navio naufragasse, o barril flutuasse nas ondas e ficasse à mercê da sorte", explicou mais tarde. Se encontrado, a história registraria o fato de que ele havia realmente descoberto terras novas. O barril nunca foi encontrado, nem o dinheiro reclamado, mas a carta teria sido muito semelhante àquela que, por um caminho mais ortodoxo, chegou às mãos de Isabel no mês seguinte, durante a longa permanência da família em Barcelona.[2] Ela continha uma dramática declaração: "Venho das Índias com a armada que Vossas Altezas me concederam, que alcancei 33 dias depois de deixar vossos reinos."³ Aquele era, Colombo disse à rainha, o maior momento do reinado de Isabel até ali. "O Deus eterno que deu a Vossas Altezas tantas vitórias agora lhes deu a maior vitória já proporcionada a qualquer monarca até hoje."

A carta de Colombo prometia "tanto ouro quanto necessitarem" e "escravos quantos mandarem carregar", enquanto "toda a cristandade deve se alegrar e celebrar... pela descoberta de tantos povos que, com bem pouco esforço, podem ser convertidos à nossa Santa Fé". Isabel deve ter achado perfeitamente razoável sua alegação de que o grande prêmio de Castela veio de Deus, que havia "decidido que eu deveria encontrar ouro, minas, muitas especiarias e incontáveis pessoas desejosas de se tornarem cristãs". Colombo não havia, é claro, encontrado as Índias – em vez disso, deparou-se com as ilhas do Caribe (as Caraíbas). Nem ele havia encontrado nenhuma mina de ouro ou, como disse a Isabel e seu marido, ilhas povoadas inteiramente por mulheres. Mas ele havia atravessado o que agora conhecemos como o oceano Atlântico, e a notícia de que havia outras terras – e outros povos – ao longe, para oeste, era surpreendente. Uma das mais audaciosas, ou mais temerárias, iniciativas de navegação da história terminara em triunfo para Castela. Era uma carta extraordinária e, para Isabel, duplamente excepcional. Ela não era apenas uma das primeiras pessoas na cristandade a ouvir falar dessas terras distantes e exóticas que Colombo descreveu tão efusivamente em sua carta. Ela também sabia que agora essas terras lhe pertenciam.

Pelas descrições dramáticas e exuberantes de Colombo, pode-se compreender que Isabel agora achasse que ela era a rainha de algo parecido com o Jardim do Éden. "As ilhas são tão férteis que, ainda que eu fosse capaz de descrevê-las, seria difícil de acreditar; o clima é muito temperado, as árvores, as árvores frutíferas e as plantas são belas, embora muito diferentes das nossas, e os rios e portos são muitos e extremamente bons", ela leu. "As ilhas são bem povoadas com a melhor gente do mundo, sem malícia ou pretensões. Todos eles, homens ou mulheres, andam tão completamente desnudos quanto no dia em que suas mães os pariram." Uma das ilhas que ele encontrara, chamada Hispaniola, ele achou que devia ser maior do que a própria Espanha, enquanto uma outra, que batizou de Joana (e depois Cuba), ele considerava maior do que a Grã-Bretanha. "Este mar [do Caribe] é o mais suave do mundo para se navegar, com pouco perigo para *naos* e outras embarcações", Isabel leu.[4]

Ao que parece, Colombo usou um livro de registro de bordo para escrever uma narrativa muito mais longa e mais completa da viagem, que chegou às mãos de Isabel mais tarde. No entanto, continuou sendo um relato subjetivo e distorcido, destinado a convencer Isabel e seu marido de que seu dinheiro havia sido bem gasto, e que mais investimentos proporcionariam ganhos ainda maiores. O original da carta se perdeu, mas algumas das próprias palavras de Colombo sobrevivem em uma versão fornecida por Las Casas, um contemporâneo que se tornou o primeiro historiador do que logo foi chamado "as Índias". Ele usou a narrativa de Colombo para compor um relato conhecido como *Diário da primeira viagem*[5] e para escrever sua própria *História das Índias*. Outros trechos originais dos escritos de Colombo podem ser encontrados no muito posterior *Histórias do almirante*, atribuído a seu filho Hernando.[6] "Além de registrar a cada noite os acontecimentos daquele dia e, durante o dia, anotar no diário de bordo a navegação da noite, eu pretendo desenhar uma nova carta de navegação, na qual incluirei todos os mares e extensões de terra do Mar Oceano em seus respectivos lugares", Colombo escreveu em uma introdução dirigida a Isabel e o marido. "Acima de tudo, é importante que eu renuncie ao sono e me concentre, em vez disso, na navegação, que vai exigir muito trabalho."

Isabel soube que Colombo, que comandava sua minúscula frota da nau *Santa Maria*, de apenas dezoito metros, começara a mentir para sua própria tripulação quase imediatamente, já que estava preocupado de que a amotinasse se soubesse o quanto estava se distanciando da Europa. Ele fingia que a cada dia estavam cobrindo uma distância menor do que realmente estavam "para que se a viagem se estendesse, eles não fossem dominados pelo medo ou desalento". Após dez dias em mar aberto, viram um raio de fogo cair no oceano, transtornando alguns membros supersticiosos da tripulação, "que começaram a imaginar que eram sinais de que tínhamos tomado o caminho errado".[7] Sem nenhum sinal de terra firme, tornaram-se inquietos, resmungando que os ventos jamais os levariam de volta à Espanha.

Eles cobriam boas distâncias por dia. Em 10 de outubro, mais de um mês depois da partida, Colombo calculou que haviam velejado 62,5 léguas, mas disse à tripulação que tinham sido apenas 46. No mar Mediterrâneo ou ao longo das rotas pela orla marítima do Atlântico, era raro para os marinheiros navegarem por longos períodos sem verem terra e, a essa altura, havia um ar agitado, quase amotinado, em seus navios, mas ele deixou claro que não iria voltar. "Seu objetivo, e o dos monarcas, era descobrir as Índias pelo ocidente e eles haviam decidido acompanhá-lo", disse Las Casas.[8] "Ele iria continuar até que, com a graça de Deus, as encontrasse." No dia seguinte, o milagre aconteceu. Começaram a ver, flutuando em volta, troncos de árvores e galhos, bem como restos de artefatos que obviamente haviam sido moldados por mãos humanas.[9] Às dez horas naquela noite, Colombo achou ter visto uma chama ao longe. "Era como uma vela de cera subindo e descendo", ele disse.[10] Ele secretamente chamou o supervisor de Isabel, Rodrigo Sánchez de Segóvia, um dos homens que ela enviara para manter um olho independente na expedição. Mas enquanto outro oficial real chamado Pedro Gutiérrez achou que ele também podia ver a luz, Sánchez de Segóvia não conseguia ver, e eles decidiram não contar à tripulação. Não seria a primeira vez que uma visão de terra firme se mostrava falsa. Colombo, mais tarde, reivindicou para si mesmo o prêmio de 10 mil maravedis que Isabel havia prometido dar à primeira pessoa que avistasse terra firme, embora essa honra provavelmente tenha ido para Juan Rodríguez de Bermejo, também conhecido como Rodrigo de Triana, o sentinela no barco mais rápido, o *Pinta*, que fez o primeiro avistamento confirmado depois que sua caravela avançou à frente durante a noite.[11]

Eles se aproximaram da ilha avistada do *Pinta* devagar, identificando pessoas nuas na praia. Colombo remara o próprio bote até a praia, acompanhado por um grupo de homens armados e dos estandartes reais que usaria para reivindicar a ilha para a Castela de Isabel e a cristandade. Conforme os pavilhões exibindo os castelos de Castela e a cruz de Cristo eram plantados nessa terra nova e exótica, Colombo parecia acreditar que a vegetação luxuriante, a abundância de rios e as frutas estranhas que podiam ver eram um sinal de que ele estava perto da Ásia. Na realidade, ele provavelmente havia chegado a São Salvador ou à ilha de Watling, no lado oriental das Bahamas.[12]

Os novos súditos de Isabel eram, ela leu, em sua maior parte de bom temperamento, inocentes e simples. Eles se reuniram avidamente ao redor dos recém-chegados estranhamente hirsutos e excessivamente vestidos, com suas peles claras e suas barbas. "Como eram tão amistosos, e vendo que eram pessoas que seriam melhor convertidas à nossa Santa Fé através do amor, e não da força, dei a elas alguns gorros vermelhos e contas de vidro, que penduraram ao redor do pescoço, e muitos outros objetos de pouco valor, todos os quais agradaram imensamente a eles, e foi maravilhoso ver como foram tão facilmente conquistados", escreveu Colombo. "Eles nos trouxeram papagaios e novelos de fio de algodão, dardos e muitos outros objetos, que trocavam pelas coisas que nós lhes dávamos, como contas de vidro e pequenos sinos."

Colombo ficou impressionado com as pessoas a quem ele chamou de "índios", acreditando ter chegado às Índias. Em função disso, até hoje são chamados de índios, embora não fossem "indianos". Eram na verdade povos nativos, em sua maioria taínos, um povo indígena descendente dos aruaques que se espalhava pelas ilhas do Caribe e da atual Flórida.[13] Tinham boa constituição física, "com corpos bem proporcionados e belas feições" – embora o fato de ter visto poucos velhos sugerisse que não viviam muito. Rostos largos com "belos olhos" eram pintados com diferentes cores – preto de carvão, branco, vermelho ou qualquer outra cor que pudessem encontrar. Alguns pintavam o corpo inteiro. A cor natural de sua pele era um tom amarelado de castanho, e disseram a Isabel que eles faziam lembrar seus marinheiros dos guanchos nativos das Ilhas Canárias que a haviam visitado na corte, embora os taínos tivessem a pele ligeiramente mais clara. Alguns, na verdade, eram "tão claros que se usassem roupas e ficassem longe do sol e do vento seriam quase tão brancos quanto as pessoas na Espanha".

Isabel leu que os cabelos dos taínos eram tão fartos, lisos e negros que lembravam a Colombo a cauda de um cavalo, e ele logo descobriu que eram usados em diversos estilos nas diferentes ilhas. Alguns homens os cortavam curtos, com algumas mechas compridas descendo pelas costas. Outros os usavam longos nas costas e na frente cortados em uma franja reta que chegava às sobrancelhas, ou os deixavam crescer "tão compridos quanto os das mulheres de Castela" e os juntavam no alto da cabeça, em um coque preso com coloridas penas de papagaio. Todos circulavam em diferentes graus de nudez, sem nenhuma sensação de vergonha, embora alguns usassem pequenas tangas ou largas tiras de algodão amarradas ao redor da cintura. Colombo ficou impressionado não só pelo seu físico e aparente inocência, mas por suas habilidades de navegação – especialmente a forma como lidavam com canoas de remo que comportavam até quarenta homens. Arcos, flechas e clavas primitivas eram as únicas armas que portavam, embora alguns tivessem marcas de cortes e golpes recebidos durante uma luta.

Isabel deve ter ficado encantada com a crença de Colombo de que seria fácil conquistá-los, convertê-los e persuadi-los a os guiarem até minas de ouro. Suas armas eram simples e eles nunca haviam visto espadas como as que Colombo lhes mostrou, que "eles seguravam pelo lado afiado, cortando-se", leu Isabel. A inocência desses nativos estendia-se à religião, e lhe foi dito que "eles facilmente se tornariam cristãos, já que parecia que não seguiam absolutamente nenhuma seita". Colombo prometeu levar meia dúzia deles de volta com ele para mostrá-los a Isabel e seu marido, embora inicialmente não dissesse se pretendia fazer isso persuadindo-os ou aprisionando-os.

Seus novos súditos tinham pequenos adornos de ouro pendurados no nariz, e "pelos seus gestos, compreendi que no lado sul da ilha havia um rei com grandes potes cheios de ouro". Colombo acreditava genuinamente que havia se deparado com ilhas da costa da Ásia e sonhava em chegar ao Japão. Quando continuaram a velejar para outras ilhas, nativos continuavam a surgir nas praias ou a nadar até suas três embarcações, enquanto a exótica vegetação tropical, os peixes deslumbrantes e os portos aparentemente perfeitos continuassem a surpreender os visitantes. Isabel deve ter imaginado tudo aquilo como um paraíso terrestre, pois era assim que Colombo continuou a descrever as novas terras para ela em seu diário. "Estas ilhas são muito verdes e férteis, com um ar suave, e deve haver muito mais sobre elas que eu não sei, mas não quero parar aqui porque desejo explorar muitas outras ilhas, a fim de encontrar ouro", ele disse. Até os peixes, que no mundo de Isabel vinham principalmente em tons de prata, cinza, marrom ou cor-de-rosa, eram fascinantes, "com as cores mais maravilhosas do mundo, azuis, amarelos, vermelhos e todo tipo de cores dispostas de mil maneiras... tão requintados que nenhum ser humano pode deixar de se maravilhar com eles".

A rainha também ficou sabendo que, na sexta-feira, 19 de outubro, ele avistara uma ilha que batizou com seu nome, Isabel (já tendo denominado outra de Fernandina, em homenagem a Fernando, e duas outras de San Salvador e Santa María de la Concepción).[14] "Já denominei um cabo a oeste daqui de Cabo Hermoso. E bonito ele realmente é", disse, antes de se lamentar que iria precisar de cinquenta anos para explorar aquelas novas terras. Mais uma vez, ele estava extasiado pelo que compreendia serem histórias de monarcas extraordinariamente ricos. "As pessoas que estou levando comigo dizem que há um rei aqui, que é o senhor de todas as ilhas desta área e usa no próprio corpo grandes quantidades de ouro... Não posso me deter para ver tudo, já que não poderia fazê-lo em menos de cinquenta anos, e quero explorar e descobrir o máximo que eu puder antes de retornar a Vossa Alteza, se Deus quiser, em abril."

No entanto, Isabel deve ter percebido que, a despeito de toda a beleza e encantadora ingenuidade do povo, Colombo sofria de uma crescente frustração. Ele erigira cruzes nas ilhas que descobrira, reclamando-as para Castela e Cristo. Mas ainda não encontrara prova de que ali era a Ásia que prometera descobrir, nem havia encontrado quaisquer quantidades consideráveis de ouro, especiarias ou outras mercadorias que pudessem tornar a si próprio, e Castela, ricos. "Ainda estou decidido a encontrar o continente e a cidade de Quisay [na China] e entregar suas cartas ao Grande Khan, pedindo-lhe uma resposta e levando-a de volta a Vossa Alteza", ele escreveu em seu diário em 21 de outubro.

Quando chegou a Cuba – que esperava que fosse o Japão –, sua ansiedade e incapacidade de compreender os nativos permitiram que sua imaginação fértil interpretasse as palavras e gestos deles da maneira mais otimista e irreal possível – imaginando até mesmo que tivessem lhe dito que os navios do Grande Khan iam ali, levando apenas dez dias de navio da Ásia. "Disseram que grandes embarcações e mercadores vinham do sudeste", ele acrescentou. "E também compreendi que, ao longe, havia pessoas de um olho só e outras com focinho de cachorro que comiam homens e que, quando capturaram um, eles cortaram sua garganta, beberam o sangue e extirparam seu pênis."

O encanto de Colombo com a ingenuidade das pessoas não o impediu de sequestrar cinco dos homens mais confiáveis que subiram a bordo de sua nau, a *Santa Maria*, ou ordenar a seus homens que se apoderassem de sete mulheres de uma casa que haviam assaltado. Se Isabel e Fernando queriam convertidos ao cristianismo, ele disse, então essa era a melhor maneira de começar. Os prisioneiros poderiam aprender espanhol e os costumes de Castela, serem instruídos na fé e retornar como intérpretes. "Essas pessoas não têm nenhuma religião própria e não são adoradores", escreveu. "São muito mansos, sem nenhum conhecimento do mal, de assassínio ou de fazer outras pessoas prisioneiras", insistiu. Eles também acreditavam que Colombo e seus homens eram mensageiros de Deus, e assim estavam "prontos a recitar qualquer prece que dissermos para eles e a fazer o sinal da cruz". Isabel e seu marido deveriam "torná-los cristãos, o que eu creio que não levaria muito tempo, com inúmeras pessoas se convertendo para a nossa Santa Fé, enquanto terras magníficas, riquezas e todos esses povos são conquistados para a Espanha".

Colombo continuou a plantar cruzes onde quer que aportasse, alternadamente considerando o comércio ou a conversão como a razão principal para sua viagem, mas ele também brigava com sua tripulação e com Martín Alonso Pinzón, capitão da caravela *Pinta*, que velejou separadamente por mais de um mês. Colombo continuou explorando e cantando os louvores dos lugares e pessoas que encontrava. Isabel aprendeu, por exemplo, que até mesmo para um navegante experiente como Colombo as ilhas do Caribe ofereciam portos incomparáveis. "Eu singro os mares há 23 anos, mal deixando-o por um tempo significativo, e vi tanto o Levante quanto o ocidente... e percorri a rota norte para a Inglaterra e para o sul, para a Guiné, mas em nenhum desses lugares os portos são tão perfeitamente formados [como aqui]", ele escreveu depois de encontrar mais uma baía cercada por uma densa vegetação verde e alimentada por águas de rios cristalinos.

Colombo disse a Isabel que essas novas terras eram "tanto suas quanto a própria Castela", e que seus habitantes seriam fáceis de serem controlados e até mais fáceis de serem escravizados. "Com as pessoas que tenho comigo, que não são muitas, eu poderia percorrer todas essas ilhas sem nenhum problema", ela leu. "Vi três de nossos marinheiros pisarem em terra firme e observei um grande número desses índios saírem correndo, embora ninguém quisesse lhes fazer nenhum mal. Eles não carregam nenhuma arma, andam nus e não têm nenhuma habilidade com armas... e serão facilmente persuadidos a obedecer ordens, semear ou o que for necessário, construindo cidades ou sendo ensinados a usar roupas e a aprender nossos costumes."

Um desastre se abateu sobre eles na noite de Natal de 1492. Em uma noite calma, Colombo foi para seu beliche enquanto um marinheiro novato assumia o leme. Uma corrente suave sugou a nau, a *Santa Maria*,[15] silenciosamente, levando-a para a areia ou rochas ao largo da ilha que os índios que lá viviam chamavam de "Heiti"[16] (Hispaniola, agora República Dominicana e Haiti). Colombo acordou com o barulho da vibração do leme e da tripulação em pânico. Eles abandonaram o navio e Colombo se atirou à mercê de um chefe local chamado Guacanagarí, que "demonstrou grande tristeza diante de nossa adversidade e derramou lágrimas, imediatamente enviando todos da vila em canoas muito grandes, de modo que nós e eles pudéssemos descarregar os deques". Os novos súditos de Isabel comportaram-se com uma generosidade natural que, se soubessem de seu novo status aos olhos de seus visitantes de Castela, talvez não tivessem sido tão prestativos. "Em nenhum lugar em Castela nossos bens teriam sido tão bem cuidados... Juro a Vossas Altezas que não existe gente melhor no mundo. Eles amam o próximo como amam a si mesmos, falam nos tons mais suaves do mundo, são afáveis e estão sempre sorrindo." Eles podiam andar completamente nus, mas ele apressou-se a assegurar à sua pudica rainha que isso não significava que houvesse qualquer coisa inconveniente sobre o comportamento dos homens em relação às mulheres, ou vice-versa, o qual se mantinha "respeitoso".

Bugigangas eram trocadas por mercadorias locais, porém o que mais impressionou os nativos era o poder de fogo de Colombo. Quando ele ordenou que uma lombarda e uma espingarda de cano longo fossem disparadas, os índios que observavam caíram no chão de surpresa e choque. "Tantas coisas boas aconteceram que esse desastre acabou sendo extremamente benéfico", dizia o documento que Colombo preparara para Isabel. "Porque é verdade que, se eu não tivesse encalhado, teria seguido em frente sem ancorar aqui." A intervenção divina era um tema que harmonizava perfeitamente com as crenças de Isabel. Ele não havia, a princípio, imaginado deixar uma colônia para trás, mas agora decidiu construir um forte, usando madeira e pregos, e colocando uma pequena guarnição de trinta e nove homens dentro dela.[17] "Tenho fé em Deus que, na minha planejada viagem de volta para Castela, uma tonelada de ouro terá sido achada por aqueles que tiveram que ser deixados para trás, e que eles terão descoberto a mina de ouro e as especiarias", ele disse, acrescentando que haveria tal abundância de riquezas que Isabel e Fernando poderiam em três anos recuperar para a cristandade a Igreja do Santo Sepulcro em Jerusalém e a tumba vazia de Jesus. Esse era um lembrete de seu extravagante pedido, sem dúvida destinado a lisonjear o espírito de cruzada dos monarcas, que todo dinheiro gerado por essa expedição deveria ser destinado a ajudá-los a conquistar Jerusalém. "Sua Alteza riu e disse que gostou da ideia, e que esse já era um de seus desejos", ele escreveu.

Em 4 de janeiro de 1493, ele levantou âncora e, em uma brisa suave, içou velas para a Europa, deixando para trás sua pequena guarnição no assentamento improvisado que batizara de La Navidad – inclusive um inglês conhecido como Tallarte de Lajes e um irlandês como Guillermo Ires (William Irish).[18] Ele os deixou com um suprimento de biscoitos e vinho para um ano, uma parte de sua artilharia e mercadorias que foram instruídos a usar para trocar por ouro. Suas ordens para essa primeira colônia europeia no Caribe incluíam a estipulação de que deveriam ser bondosos e solícitos com os nativos, prestando um respeito especial ao seu chefe, Guacanagarí. Uma lista de proibições incluía evitar qualquer tipo de violência, roubo ou confronto com seus anfitriões e, acima de tudo, que deveriam tomar cuidado para não "insultar ou prejudicar as mulheres de uma forma que pudesse provocar ofensa ou dar um mau exemplo para os índios e manchar a reputação dos cristãos".[19] Dois dias mais tarde, ele se juntou novamente a Pinzón, que reagiu furiosamente à notícia de que trinta e nove dos homens que ele ajudara a recrutar em Palos haviam sido deixados para trás.

A colonização das Américas pelos espanhóis havia começado, inaugurando um novo período de expansão europeia para o Ocidente. A cristandade estava em ascensão outra vez, e o que mais tarde se desenvolveria em "civilização ocidental" estava embarcando em uma repentina explosão de crescimento. O impacto dessa descoberta reverbera até os dias de hoje. Foi um começo acidental, causado pelo encalhe da *Santa Maria*, já que Isabel não ordenara que nenhum colonizador em potencial acompanhasse a expedição. Mas agora que Colombo havia fincado sua bandeira em várias ilhas no Caribe, Isabel era a rainha de lugares e povos que ela nunca vira. A rainha de Castela acabara de expulsar um grupo de súditos. Agora estava incorporando outros e tinha que decidir exatamente como seus novos povos deveriam ser tratados.

O progresso tecnológico não explica o sucesso dramático e transformador da história da aventura de Isabel no Atlântico. Quadrantes, astrolábios, tabelas de latitude e cartas portulanas eram vistos com desconfiança, usados erroneamente ou imprecisos. Navegadores como Colombo ainda confiavam nas estrelas, no sol, nos compassos, em tabelas defeituosas e em sua própria experiência ou intuição. Nem seus navios haviam passado por uma grande melhoria em relação aos modelos anteriores, embora a adição de velas triangulares significasse que as caravelas podiam navegar muito mais perto do vento.[20] Entretanto, sorte e a Reconquista haviam colocado a Castela de Isabel na porta de entrada de um sistema de ventos fixos e correntes oceânicas que tornava possível a viagem de volta às Américas. Esses fatores há muito levavam seus navios para o sul, para as ilhas Canárias. Foi de lá que Colombo pegou os ventos alísios do nordeste, quando se precipitavam em direção ao equador, e depois davam uma guinada para oeste, em direção às Américas e ao Caribe. Esses ventos, por sua vez, ajudavam a estabelecer uma imensa corrente circular – o giro do Atlântico Norte –, que circulava no sentido horário pelo oceano. Ele se voltava para o norte quando se aproximava das Américas e novamente para leste, pelo continente norte-americano, onde ventos predominantes do oeste também ajudaram a impelir as embarcações de Colombo de volta para casa.

Em termos simples, o novo almirante de Isabel havia descoberto que uma grande roda de ventos e correntes podia levar um navio de Castela ao Caribe e de volta à Europa. Quando a Reconquista cedeu seu país, Palos e uma faixa da costa Atlântica voltada para o sul em meados do século XIII, os navegadores castelhanos obtiveram acesso a esse sistema circular. Ninguém sabia até onde ele levava ou como realmente funcionava, mas os navegadores portugueses já estavam retornando para casa da África viajando primeiro para dentro do Atlântico, para pegar as correntes e ventos certos em uma manobra que chamavam de *volta do mar largo*.[21] Era preciso uma grande dose de coragem, entretanto, para imaginar que esses mesmos ventos e correntes levariam um veleiro ao outro lado do Atlântico e, especialmente, de volta outra vez. Somente alguém com as consideráveis habilidades de navegação de Cristóvão Colombo, uma grande dose de autoconfiança e uma imaginação fértil teria sequer pensado de embarcar em tal aventura.

A Castela de Isabel também deu seu enorme salto por cima do Atlântico porque era uma cultura encurralada sem nenhum lugar para onde ir. A cristandade estava bloqueada a leste e, por diversas razões, planos de conquistar o Norte da África nunca deram certo. Mesmo com isso em mente, entretanto, a aventura parece próxima a uma loucura. Talvez a melhor explicação para a razão de ter acontecido tenha sido a natureza ambiciosa das personalidades envolvidas – especialmente Isabel e Colombo. A rainha acreditava fortemente em um ideal cavalheiresco que elevava a aventura a uma virtude moral, assim encorajando grandes riscos.[22] Colombo também. Um século mais tarde, o escritor castelhano Miguel de Cervantes criaria o famoso Don Quixote de la Mancha, um homem obcecado pela honra, cujos interesses – refletindo os valores da época de Isabel – eram a glória e a fama. Foi o fato de Isabel adotar a aventura competitiva e a desenfreada busca de glória que permitiu que esse salto revolucionário acontecesse sob sua bandeira. O impacto dessa audaz expedição castelhana rumo ao desconhecido nos próximos cinco séculos de história mundial seria espetacular – inclinando a balança de um Oriente mais sofisticado para um Ocidente que por fim iria usar isso como um trampolim para a dominação global.

32

Índios, papagaios e redes

Palos de la Frontera, 15 de março de 1493

A *Niña*, ao meio-dia de 15 de março de 1493, com a maré subindo, cruzou a barra de Saltés e entrou nas águas calmas do estuário dos rios Odiel e Tinto. Ficara atracada ao largo da costa durante a noite, e os frades em La Rábida devem ter visto sua chegada com grande empolgação de seu privilegiado ponto de observação a pouca distância da orla. A notícia da volta de Colombo à Europa com os homens dos portos locais de Palos e Moguer já devia ter chegado a eles, uma vez que tempestades violentas o levaram primeiro para um porto seguro nos Açores e depois para Lisboa no dia 4 de março, onde sua carga exótica de nativos, pássaros, outros animais e alimentos tropicais atraíra a invejosa atenção do rei João II, conhecido como o "Príncipe Perfeito". Dali,[1] ele escrevera aquela primeira carta histórica a Isabel e seu marido, anunciando sua "maior vitória".

Na verdade, Colombo não foi a primeira pessoa a enviar notícias das Américas a Isabel ou a fazer a viagem de volta à Europa. Essa honra pertencia a Pinzón, cuja caravela *Pinta* se separara da *Niña* quando foram atingidos por uma tormenta em 14 de fevereiro. Ele aportou em Baiona, na Galícia, e cerca de quatro dias depois escreveu a Isabel e Fernando sobre sua chegada, descansou por duas semanas e em seguida navegou para Palos, entrando no porto mais tarde, no mesmo dia que Colombo, mas correndo para uma casa na vizinha Moguer, a fim de evitar encontrar o homem com quem tanto se desentendera durante a viagem. A carta de Pinzón chegou à corte de Isabel cerca de duas semanas antes das notícias de Colombo, apesar de não ter sobrevivido. Nem o próprio Pinzón, que estava muito doente. Em poucos dias ele foi recolhido pelos frades em La Rábida, mas eles não conseguiram curá-lo.² Quando Isabel escreveu para ele pedindo-lhe que fosse à corte, ele já havia falecido.

Colombo manteve-se fiel a si mesmo. Era arrogante e exuberante, ciente de que era importante divulgar e exagerar seu triunfo aos quatro ventos. Mas ele também era desconfiado, ressentido e inseguro – sabendo que não conseguira encontrar nenhuma mina de ouro e que muitas pessoas ainda não acreditavam que houvesse chegado às Índias. Em uma posterior versão escrita de suas façanhas, ele lembrou a Isabel e Fernando da descrença que seus planos haviam provocado originalmente. "Fiquei em vossa corte tanto tempo... contrariando o conselho de tantas pessoas importantes de vosso círculo, todas contra mim, rindo dessa [minha] ideia que, espero, provará ser a maior honra ao cristianismo que já foi vista."³ Em sua chegada a Palos, ele e sua tripulação foram direto ao convento de Santa Clara para pagar uma promessa de que a tripulação do navio iria dar graças ali pela sua volta em segurança. Ele, então, desfilou pela próxima Sevilha, com seus índios taínos, papagaios multicoloridos e bugigangas caribenhas em plena exibição. O mesmo espetáculo seria apresentado em numerosos lugares enquanto ele viajava para Barcelona para ver Isabel e Fernando. A princípio planejara ir por mar, mas por fim preferiu uma marcha triunfante através de Castela, a qual poderia aumentar ainda mais sua reputação, partindo em 9 de abril em uma viagem que levou treze dias.⁴

Bartolomé de Las Casas, então um garoto de oito anos, foi levado por seu pai para ver os índios na casa onde eles ficaram em Sevilha, perto da igreja de San Nicolás. Uma carta de Isabel e Fernando chegou uma semana mais tarde, pedindo a Colombo que se dirigisse a Barcelona. "Ele deixou Sevilha levando os índios consigo, sendo apenas sete, porque os outros haviam morrido", Las Casas relatou. "Ele levou papagaios verdes, belos e brilhantes, e *guayças* [*guaízas*], que eram máscaras feitas com ossos de peixes, usadas como pérolas, e fieiras delas, que exibiam um artesanato admirável... com belos ornamentos de ouro e outros adereços que nunca haviam sido vistos ou dos quais se tivesse ouvido falar na Espanha."⁵ As minúsculas máscaras *guaízas*, também esculpidas em conchas, eram um sinal pequeno, mas significativo, de que os novos povos de Isabel eram um pouco mais sofisticados do que o seu "almirante" havia imaginado.⁶

Colombo teve o cuidado de anunciar sua chegada o mais amplamente possível. Em uma semana desde o seu desembarque, por exemplo, os membros da câmara municipal de Córdoba debatiam entusiasticamente a notícia e aguardavam ansiosamente sua passagem pela cidade. Em uma carta assinada em conjunto com seu marido em 30 de março, Isabel parecera ansiosa, empolgada e exasperada. Vendo à frente deles uma corrida em potencial contra Portugal para colonizar as novas terras, piorada pelo fato de que ele havia parado primeiro em Lisboa, ela e Fernando ordenaram-lhe que se apresentasse diante deles o mais depressa possível. "Como desejamos que aquilo que começou deva, com a ajuda de Deus, ser continuado e levado adiante, é da nossa vontade... que apresses o máximo possível a tua vinda para cá, de modo que haja tempo para que todo o necessário seja providenciado; e como o verão já está sobre nós e com o fito de não perder tempo antes de retornar, podes começar a organizar em Sevilha e outros lugares o teu retorno à terra que descobriste", escreveram. Ele deveria lhes dar instruções, dizendo-lhes o que devia ser feito, de forma que ele pudesse zarpar para as Américas assim que retornasse de sua viagem a Barcelona. Nesse mesmo dia, os monarcas assinaram uma ordem real proibindo qualquer outra pessoa de navegar para as Índias sem sua permissão. "Todos devem saber que recentemente fizemos a descoberta de algumas ilhas e terra firme na parte do Mar Oceano que faz parte das Índias", disseram, aparentemente acreditando na alegação de Colombo de que chegara à Ásia. "Algumas pessoas poderiam se sentir tentadas a ir às referidas Índias, fazer comércio e trazer mercadorias e outros valores, mas isso é algo que não queremos que seja feito sem nossa permissão e ordens especiais."⁷ A carta era para ser lida em voz alta nas praças das cidades por todo o território.

Colombo foi atrasado pelas multidões que o saudavam aonde quer que fosse. "Não se tratava apenas de que todos saíam para vê-lo nos locais por onde passava, mas que outros lugares distantes dessa rota esvaziavam-se enquanto a estrada ficava apinhada de pessoas que queriam vê-lo ou com outras pessoas que corriam à frente para as cidades para recebê-lo", disse Las Casas.[8] Elas se encantavam com os papagaios, com os pequenos hutias, semelhantes a coelhos, e com os perus selvagens. Mas vinham principalmente para observar de boca aberta o que todos presumiam que fossem indianos.

Era, em parte, um espetáculo de horrores, mas também uma surpreendente exibição de cores e novidades, animando a vida cinzenta do interior em geral insípido e inóspito da Espanha. O mundo estético, sensual e cultural da maioria dos europeus era, na melhor das hipóteses, limitado e previsível. Poucos conheciam algo além das certezas embotadas de sua vila ou cidade e a palheta de cores oferecida pela mudança das estações e da região rural local. Os espanhóis não se vestiam de modo extravagante – ou assim os visitantes italianos achavam –, embora os trajes variassem de região para região, com as origens geográficas das pessoas reconhecíveis por suas roupas e Isabel ordenando a seus costureiros que confeccionassem vestimentas no estilo das regiões que ela visitava. "Um dia, ela aparecia na Galícia como uma galega, e no seguinte em Biscaia como uma dama de Biscaia", um historiador espanhol escreveria um século mais tarde.[9] Mas, em sua maior parte, esse era um mundo de experiências repetitivas e *inputs* sociais e sensuais restritos. Os cheiros, sons e imagens de igrejas ou procissões religiosas e encontros com mouros ou judeus eram as experiências mais exóticas que a grande maioria dos espanhóis que viviam fora das principais cidades comerciais podia esperar.

Isabel finalmente colocou os olhos em seus novos súditos – tão esfuziantemente descritos nas cartas de Colombo – no final de abril. Não fica de todo claro se seu encontro com eles teve lugar na própria Barcelona ou no mosteiro de San Jerónimo de la Murtra, na vizinha Badalona. Mais uma vez, as multidões acorreram às ruas para ver Colombo e sua coleção de animais e seres humanos. "As pessoas mal cabiam nas ruas, querendo admirar a pessoa que diziam ter descoberto um outro mundo", disse Las Casas.[10]

Isabel e Fernando ficaram igualmente empolgados, segundo Francisco López de Gómara, que escreveria sessenta anos mais tarde:

> Ele mostrou aos monarcas o ouro e outros artigos que trouxera do outro mundo; e eles, e os que estavam com eles, ficaram admirados ao ver que tudo aquilo, exceto o ouro, era tão novo para eles quanto a terra de onde vinha. Eles elogiaram os papagaios por suas belas cores: alguns muito verdes, outros muito coloridos, outros amarelos, com trinta diferentes variedades de cor; e poucos se pareciam com quaisquer outros pássaros trazidos de outras partes. Os hutias e coelhos eram muito pequenos, com orelhas e rabo de ratos. Eles experimentaram o condimento *ají*, que queimava suas línguas, e as *batatas* [batatas-doces], que são raízes doces, e os perus selvagens, que são melhores do que patos ou galinhas. Ficaram surpresos por não haver trigo lá e que faziam pão de seu milho.

Canoas, tabaco, abacaxis e redes estavam entre os itens exóticos que Colombo pôde descrever ou colocar diante de Isabel e seu marido, que ficaram perplexos ao ouvir seus relatórios de canibalismo.[11] Mas foi o taíno nativo que realmente os surpreendeu. "Quem eles mais fitavam eram os homens, que usavam argolas de ouro nas orelhas e nariz, e não eram nem brancos, nem negros, nem pardos, mas tinham um aspecto amarelado ou da cor de marmelo cozido. Seis dos índios foram batizados, já que os outros não chegaram à corte", ele disse. Isabel, Fernando e seu filho João foram os padrinhos.[12]

Na mente de Isabel, o destino desejado para judeus, mouros e índios era o mesmo – que fossem convertidos à verdadeira fé, o cristianismo. Mas enquanto judeus e mouros tinham que ser convencidos, seduzidos, ameaçados ou – se resistissem – expulsos, os povos indígenas do Caribe levantavam um outro tipo de problema. Eles nem residiam na terra firme de Castela, como nunca haviam ouvido falar de cristianismo. Não eram, nesse sentido, hereges ou infiéis, embora se Colombo tivesse passado mais tempo com eles ou aprendido suas línguas ele pudesse ter percebido que eles possuíam suas próprias religiões.[13] E isso levantava a questão da maneira correta de tratá-los.

Um problema mais premente para Isabel, entretanto, era Portugal. O embaixador especial de João II chegou antes mesmo de Colombo, queixando-se de uma possível quebra do acordo de Alcáçovas, de 1479, que selara o fim da guerra pela coroa de Castela. Os espiões de Isabel e Fernando em Lisboa logo descobriram que o rei português já tramava enviar barcos para o sul e para o oeste a partir das Ilhas Canárias, para terras que ele pudesse reclamar mais facilmente sob os termos daquele tratado. Eles, por seu turno, enviaram um embaixador a Lisboa poucos dias depois da chegada de Colombo a Barcelona, para exigir que Portugal se mantivesse fora dos novos territórios e se restringisse às áreas do acordo na África e ao seu redor. Também ordenaram ao duque de Medina Sidonia que tivesse embarcações prontas para atacar qualquer navio português que iniciasse a viagem. Mais importante ainda, um acesso frenético de atividade de seus embaixadores em Roma resultou na emissão pelo papa de duas instruções e uma bula no espaço de apenas dois dias no começo de maio, em que ele confirmava que as ilhas encontradas por Colombo pertenciam a Castela, como as que fossem encontradas em futuras expedições. Assim como Portugal havia conseguido persuadir o papa a lhe conceder os direitos sobre a maior parte da África Ocidental, Castela agora garantia para si o que quer que encontrasse do outro lado do oceano que ainda não era conhecido como Atlântico.[14] As concessões do papa também deixavam claro que uma das tarefas esperadas dos exploradores de Isabel era converter os nativos das novas terras ao cristianismo.

Relatórios das novas terras acrescentadas à coroa de Isabel logo se espalharam pelo resto da Europa. Após alguns dias da chegada de Colombo, a descoberta já estava sendo registrada em Siena, Itália, juntamente com boatos de ouro em abundância.[15] Uma famosa carta que Colombo supostamente escreveu a Santángel foi publicada em Barcelona na ocasião de sua chegada, esgotando-se a venda de três edições. Foi traduzida para o latim e publicada em Roma alguns meses depois, com outras edições impressas no mesmo ano em Paris,

Antuérpia e Basileia. Foi um dos primeiros best-sellers internacionais desde a invenção da imprensa, aumentando ainda mais o prestígio explosivo da Castela de Isabel, após a conquista de Granada no ano anterior.[16] A carta foi reescrita anteriormente por alguma outra pessoa, e há provas de que isto foi feito segundo instruções de Isabel e seu marido, que tinham plena consciência de seu potencial para fomentar sua imagem.[17] Entre outros fatores, a carta transmitia aos leitores excitantes boatos sobre a presença de canibais, mulheres amazonas que viviam sem homens e pessoas semelhantes a macacos, "nascidas com rabo", enquanto admitia que o próprio Colombo não havia "até agora encontrado nenhuma monstruosidade humana, como muitos esperavam, mas, ao contrário, toda a população é muito bem-formada, não são negros como na Guiné, e seus cabelos são lisos".

A carta avisava, entretanto, que nem tudo era pacífico. "A ilha, que é a segunda encontrada ao se entrar nas Índias, é povoada por pessoas consideradas ferozes por todos aqueles nas outras ilhas, e comem carne humana", Colombo, ou quem quer que tenha reeditado sua carta, escreveu. "São eles que têm relações com as mulheres de Matinino, que é a primeira ilha de todas, onde não há nenhum homem. Estas últimas não seguem os costumes das mulheres, mas usam arcos e flechas... feitos de cana e se protegem com placas de metal."

A carta também informava aos leitores das preciosas barganhas que esperavam Castela, já que um dos marinheiros conseguira trocar um cadarço por "ouro, pesando dois castelhanos e meio" (ou 1.200 maravedis) com os índios ingênuos, "enquanto outros trocavam objetos de valor ainda menor". Também explicava que os diferentes grupos de taínos que Colombo encontrara compartilhavam línguas e costumes semelhantes – suficiente para se compreenderem conforme navegavam habilmente de uma ilha para outra. "Eles possuem uma inteligência sutil, e é maravilhoso como os homens aqui que sabem velejar esses mares explicam tudo." Os nativos que Colombo sequestrara ainda estavam, segundo a carta, convencidos de que ele era divino, e as pessoas que ele encontrava em geral "começavam a correr de casa em casa e a vilas próximas, gritando aos berros: 'Venham! Venham ver o povo vindo do céu!'"

A fama de Isabel e Fernando só podia ter aumentado conforme o documento circulava pela Europa, com a carta insistindo que a descoberta iria colher muitas riquezas para eles. "Com um pouco de ajuda de Suas Altezas, eu lhes darei tanto ouro quanto necessitarem, bem como todas as especiarias e algodão que Suas Altezas ordenarem que eu envie... e tantos escravos quanto mandarem carregar", dizia. As ilhas produziriam incontáveis e valiosas iguarias, inclusive mastique, ruibarbo e canela, para aumentar ainda mais sua riqueza e prestígio, ele insistia. "Nosso Redentor deu esta grande vitória aos nossos ilustríssimos rei e rainha e a seus famosos reinos por esta grande façanha, e toda a cristandade devia celebrar... que tantos povos abraçarão a nossa Santa Fé, e depois pela grande riqueza que não somente a Espanha, mas todos os cristãos, obterão aqui."

A notícia da descoberta, portanto, corria pelo continente. Marinheiros, comerciantes, monarcas e aventureiros – todos estavam intrigados. A Península Ibérica era agora o foco da exploração marítima e da expansão europeia, conforme a Espanha avançava para o oeste e Portugal dirigia-se para o sul e para o leste, dobrando o Cabo da Boa Esperança, na África. Mas os italianos também desempenharam um papel vital, especialmente através de suas comunidades de comércio na Espanha. Outro navegador italiano chamado Américo Vespúcio, por exemplo, estava entre aqueles que ouviram a notícia em Sevilha. Logo ele se tornaria amigo e colaborador de Colombo. Um navegador veneziano e engenheiro marítimo chamado Giovanni Caboto também ouviu a notícia na Espanha. Caboto estava trabalhando no projeto de um porto perto de Valência, no Leste da Espanha, e logo se mudaria para Sevilha para começar a trabalhar em uma ponte para substituir a Puente de Barcas – o pontão que proporcionava uma ligação a Triana, atravessando o rio Guadalquivir.[18] Como Vespúcio, cujo nome cristão por fim veio a denominar o novo continente, ele também se tornou determinado a começar a explorar o Atlântico ocidental por conta própria. Ele acabaria por receber o apoio de Henrique VII da Inglaterra, com o embaixador espanhol enviando de volta relatórios preocupados sobre "um homem como Colombo... [buscando] outro empreendimento como aquele das Índias". No entanto, somente vários anos após a volta de Colombo é que Caboto finalmente velejou para o norte e para o oeste a partir de Bristol, com apenas um navio e nenhum dinheiro real, e descobriu uma Terra Nova de aparência inóspita, envolta em neblina, com cardumes de bacalhau tão densos que podiam ser pescados com cestos.

Isabel e seu marido tinham pressa. Enquanto a primeira viagem de Colombo foi financiada com pouco dinheiro e representou uma aposta às cegas no desconhecido, agora tinham um propósito concreto – reivindicar para si próprios terras que, mesmo com a limitada exploração de Colombo, já sabiam que eram extensas (as descrições de Colombo dizendo que a Hispaniola era maior do que a Espanha e Cuba maior do que a Grã-Bretanha estavam erradas, mas só esta última já era maior do que as terras espanholas de Aragão). Uma corrida se iniciara e, tendo começado na liderança, eles estavam determinados a vencê-la. As Ilhas Canárias, tão recentemente conquistadas, forneciam um modelo legal e administrativo. Os dias de expansão ao estilo feudal, com as terras conquistadas se tornando feudos pessoais dos conquistadores, estavam terminados. Qualquer terra nova descoberta por Colombo e seus povos pertenceriam, sem margem de dúvidas, à coroa castelhana ou, em outras palavras, a Isabel. Colombo podia ficar com seu extraordinário conjunto de títulos – de almirante, vice-rei e governador –, mas continuava a ser um servidor dos reis de Castela.[19] Já a 7 de maio de 1493, eles ordenaram a um contador real chamado Gómez Tello que se preparasse para se juntar a Colombo em uma segunda expedição, "para receber em nosso nome tudo aquilo que, seja como for, nos pertence".[20] Outro burocrata real, Juan Rodríguez de Fonseca, recebeu a responsabilidade conjunta com Colombo de organizar a expedição – enquanto a sede deste último por nobreza tenha sido parcialmente saciada com o reconhecimento formal de um escudo repartido em quatro brasões, do qual ele agora podia se gabar como sendo seu, e ao qual iria incluir "ilhas douradas em ondas do mar". Em 23 de maio, Colombo e Fonseca receberam ordens para esquadrinhar os portos em Sevilha e Cádis e nas proximidades, em busca de embarcações adequadas que pudessem ser compradas ou fretadas – e armadas – para a viagem.[21]

Desta vez a expedição deveria incluir soldados, colonos, juízes, padres e toda a parafernália da colonização. Técnicos especializados em irrigação, pecuária e mineração foram contratados. Isabel e Fernando ordenaram que impostos e taxas alfandegárias não fossem cobrados de mercadorias compradas para a nova expedição. Penalidades foram decretadas para os que recusassem mercadorias a Colombo e seus homens. Provisões tiveram que ser compradas na grande feira de Medina del Campo, e tão ao norte como os portos de Biscaia. Os monarcas queriam um controle rígido sobre a frota de dezessete embarcações e de 1.200 a 1.500 homens e mulheres, com contadores reais para rastrear cargas e tripulações tanto na ida quanto na volta. Tudo deveria ser cuidadosamente controlado e registrado pela crescente burocracia real, com cópias enviadas a Isabel e seu marido. A viagem deveria ter dois objetivos. O primeiro era colonizar e extrair ouro ou qualquer outra riqueza que fosse encontrada, extraída ou colhida, e o segundo era conquistar almas. "Tratai os índios bem e amorosamente, sem perturbá-los de modo algum" eram as instruções claras. Um idoso frade catalão, Bernat Boïl, deveria liderar a tentativa de conquistar convertidos. Galpões alfandegários especiais em Cádis deveriam armazenar os esperados tesouros.[22]

Somente 15 mil ducados de ouro (ou 5.625 milhões de maravedis) puderam ser encontrados diretamente, lançando mão de fundos da Santa Irmandade. Esse era quase o triplo de todo o orçamento da primeira viagem, mas ainda era insuficiente.[23] Servidores reais buscaram ansiosamente por liquidez, e seu olhar logo foi pousar em uma nova fonte de renda que podia chegar aos cofres reais – os bens confiscados dos judeus, cuja expulsão fora terminada no último agosto, apenas uma semana depois de Colombo zarpar em sua primeira viagem.[24] Emissários foram enviados a pontos ao longo e perto da fronteira com

Portugal, onde dezenas de milhares de judeus que atravessavam a fronteira foram revistados por zelosos servidores locais, que confiscaram seu ouro, prata e outras coisas proibidas de levar com eles – algumas das quais haviam sido deixadas aos cuidados de amigos. Quase dois milhões de maravedis – suficientes para terem financiado a primeira viagem – foram confiscados, em meio a alegações de agiotagem feitas por financistas, como o rabi Efraim e Bienveniste de Calahorra, antes de se juntarem ao êxodo forçado, além de uma soma no valor de pelo menos o dobro dessa que lhes era devida por vários devedores. Entre os objetos tirados dos judeus que foram usados para levantar fundos estavam os de ouro e prata – inclusive moedas, anéis, joias, palitos de dente, fios, fechos, fivelas, canecas e colheres. Não fica claro se uma carga adicional de tecidos de seda, xales, cobertores e ao menos vinte Torás e três capas também foi finalmente vendida a fim de levantar fundos. Isabel e o marido também queriam que as 580 peças de ouro encontradas em uma misteriosa bolsa de couro, aparentemente abandonada por um grupo de judeus expulsos em Zamora, fosse rastreada e seu conteúdo entregue.[25]

Grande parte de tudo isso foi para o fundo de financiamento da segunda viagem de Colombo. Os judeus proscritos da Espanha, cujo destino o próprio Colombo havia ligado à sua primeira expedição, forneceram, assim, mais de cinco milhões de maravedis – ou financiamento para cinco das dezessete naus. Era tanto quanto Isabel e seu marido haviam sido capazes de levantar de seus próprios fundos, por intermédio da Santa Irmandade. O resto eles obtiveram como empréstimos. Mas o dinheiro estava curto e desta vez os gastos eram grandes, com os custos incluindo o armamento de 230 soldados com armaduras, armas de fogo, balestras e lanças curtas. Vacas, tijolos, argamassa, plantas e grandes quantidades de aveia, cevada, centeio e trigo foram embarcados antes de a frota partir de Cádis ao som de tambores, trombetas e salvas de artilharia disparadas de umas embarcações venezianas visitantes, que haviam chegado recentemente da Inglaterra. Bezerros, bodes, ovelhas, porcos, galinhas, madeiras, açúcar e sementes que deveriam ser introduzidos nas ilhas foram obtidos nas Ilhas Canárias – onde eram mais baratos e os animais não iriam precisar de tantos dias de ração depois que zarpassem de El Hierro em 13 de outubro. Muitos dos que embarcaram na viagem teriam que esperar um, dois ou mais anos para receber o pagamento integral.[26]

Essa era "a frota que ordenamos que fosse preparada para enviar às ilhas e a terra firme que possuímos na região das Índias e aquelas [terras] que serão descobertas lá", escreveram Isabel e Fernando.[27] Uma frota de defesa, separada, de navios bascos, também estava à mão, caso os portugueses resolvessem partir por conta própria.

Colombo fez a segunda travessia muito mais depressa do que a primeira, levando apenas vinte dias para alcançar (e descobrir) a ilha de Dominica. A frota, então, velejou devagar em direção a Hispaniola e ao assentamento em La Navidad, descobrindo outras ilhas ao longo do caminho, inclusive Guadalupe – onde tíbias e crânios pendurados na porta de algumas casas pareciam fornecer prova de canibalismo. Eles seguiram o arco das Antilhas até Porto Rico,[28] com Colombo tateando seu caminho em direção a Hispaniola e ansioso para chegar a La Navidad, a fim de se encontrar com Rodrigo de Escobedo, o homem que ele havia deixado no comando. Colombo havia ordenado a Escobedo que tomasse conta para ele de "quatro casas grandes e cinco pequenas"[29] que Guacanagarí havia lhe dado de presente.

Chegaram a Hispaniola no dia 22 de novembro e, embora os nativos ainda fossem amistosos e dispostos a trocar mercadorias, a descoberta dos corpos decompostos de dois homens não identificáveis, um deles com os braços amarrados a uma tábua de madeira, provocou uma sensação crescente de nervosismo. Quando, no dia seguinte, encontraram um cadáver com barba – algo que nunca tinham visto em nenhum nativo –, compreenderam que ao menos alguns dos espanhóis estavam mortos. Mensageiros de Guacanagarí alegaram que todos os espanhóis haviam desaparecido, alguns morrendo de doença, enquanto outros haviam entrado para o interior com um grupo de mulheres. Quando Colombo finalmente chegou a La Navidad, tudo que encontrou foram os restos carbonizados do assentamento e algumas roupas velhas.[30] As pessoas do local passaram a culpar os outros chefes de tribo da ilha, Caonabo e Mayreni, pelo massacre, que ocorrera havia apenas um mês. A ganância e a perseguição das mulheres pelos espanhóis haviam, disseram, provocado o ataque de Caonabo. Um choroso Guacanagarí no começo alegou que fora ferido pelos atacantes e, depois de visitar Colombo em sua nau capitânia, ajudou algumas das mulheres capturadas em outras ilhas a escapar e desapareceu com elas. A visão de Colombo de povos indígenas acovardados por sua tecnologia e convencidos da origem divina de seus visitantes foi por água abaixo. Mais importante ainda, ele havia perdido os homens que deveriam ter recolhido informações que iriam permitir que ele começasse a explorar ouro – embora tudo indicasse que houvessem encontrado muito pouco do precioso metal, já que nada foi descoberto quando Colombo ordenou uma busca no poço do assentamento (onde ordenara que qualquer ouro descoberto fosse secretamente armazenado).[31]

Desta vez, entretanto, ele tinha as tropas de Isabel e Fernando.[32] Se os nativos não pudessem ser persuadidos a cooperar por bem com palavras e presentes, ou se resistissem ativamente, a força poderia ser usada.

33

Repartindo o mundo

*Barcelona e Tordesilhas, 5 de setembro
de 1493 a 7 de junho de 1494*

Isabel precisava de um mapa. Era preciso desenhar uma linha no oceano, dividindo o mundo em dois. Novas terras descobertas de um dos lados dessa linha norte-sul pertenceriam a ela e Castela.[1] As situadas na outra metade pertenceriam a seus rivais de Portugal. Ela também precisava de um registro das terras descobertas até então para compartilhar com seus representantes e, se necessário, com outros capitães que poderia escolher para despachar para o Ocidente, através do Atlântico. "A carta náutica que deves fazer para mim, quando estiver pronta, podes me mandar depois; e, a fim de me servir bem, dês grande urgência à tua partida, para que, com a graça de Deus, isso possa acontecer sem demora, já que, como deverás compreender, isso beneficiará todo o empreendimento", ela escrevera a Colombo de Barcelona em setembro de 1493, pouco antes de ele partir em sua segunda viagem. "E escrevas para nos contar tudo o que há para saber de lá."

Colombo pedira, e achava que tinha obtido, uma linha divisória que ficava a 100 léguas das ilhas de Cabo Verde, de Portugal – mas Isabel insistiu que a questão ainda estava aberta a negociações.[2] "Nada foi decidido com os emissários aqui, embora eu acredite que seu rei acabará ouvindo a razão sobre esta questão", ela disse, sem saber que o rei João II de Portugal estava resolvido a conseguir um acordo muito mais difícil. Um ano depois, ela ainda se preocupava com linhas divisórias, aparentemente porque também queria uma no Oriente – um projeto que se mostrou impossível. "Gostaríamos que, se possível, desempenhasses um papel nas negociações... Vê se teu irmão, ou outra pessoa de tua confiança, pode dominar a questão. Instrui muito bem essa pessoa, oralmente, por escrito e talvez com um mapa, e a envie de volta para nós com a próxima frota", ela escreveu.[3]

Isabel também tinha claro que essas novas terras pertenciam apenas a ela e a Castela, e não aos reinos aragoneses de seu marido. "A descoberta e conquista foi paga por estes meus reinos e seu povo", ela escreveu ao fim de sua vida. "E é por isso que o lucro advindo delas é algo a ser administrado e negociado em meus reinos de Castela e Leão, e é por isso que tudo que vem delas deve ser trazido para cá, tanto das terras que foram descobertas até agora quanto daquelas a serem descobertas no futuro."[4] Nem mesmo ela poderia saber, entretanto, o quanto finalmente provariam ser extensas essas "terras a serem descobertas".

Em Cristóvão Colombo, Isabel encontrara um magnífico explorador e um administrador desastroso. Mas Colombo tinha seus títulos – como almirante, vice-rei e governador – e, como tal, era quase um monarca em suas novas terras. Ele ainda estava decidido a provar que havia descoberto uma Arcádia carregada de ouro na borda oriental da Ásia. Depois que encontrou La Navidad destruída e depois que seu aliado Guacanagarí fugiu, ele içou velas novamente, buscando um local mais próximo à suposta fonte de ouro na região de Cibao da ilha, onde poderia construir uma vila adequada. Finalmente, escolheu um porto exposto ao vento, ao lado da foz do rio Bajibonico. Ali ele iria construir uma cidade, denominada La Isabela, em homenagem à própria rainha. Primeiro, entretanto, enviou um de seus capitães em uma viagem de quarenta e cinco dias ao redor da ilha para mapear o contorno da costa – assim obedecendo as instruções de Isabel para lhe fornecer um mapa.[5]

Colombo tinha pressa em continuar suas explorações e, mais importante, encontrar uma fonte de ouro. Ele precisava desembarcar seu pessoal e enviar alguns da frota para casa. Suas descrições do local de La Isabela eram idílicas – perto de água potável, bem protegido pela selva, com campos que poderiam ser facilmente cultivados e um enorme porto. Também eram exageradas. O porto era exposto a fortes ventos do norte, as embarcações geralmente tinham que lançar âncora a mais de oitocentos metros da praia e a água potável ficava a um quilômetro e meio de distância. La Isabela provaria ser um local inadequado, mas, em vez de pensar em geografia, Colombo baseou sua escolha na convicção de que aquele seria um bom lugar de onde partir para a busca de minas de ouro.[6]

Os colonizadores iniciaram a construção da primeira cidade europeia nas Américas com entusiasmo, usando boas pedras locais para os prédios públicos. Entre os mais importantes estava o da alfândega e arsenal, juntos, que abrigaria os servidores de Isabel – e simbolizaria seu domínio sobre aquele local verdejante e exuberante. Uma igreja que Isabel encheria de imagens e objetos de prata enviados da Espanha, bem como um pano de altar de sua própria coleção, foi construída em menos de um mês. Uma casa do governador conhecida como Palácio Real e um hospital também estavam no topo da lista de novos prédios públicos. Pareciam grandiosos, mas eram certamente modestos em tamanho. Ao mesmo tempo, a burocracia de Isabel em casa se empenhava em estabelecer o sistema e instituições que pudessem tanto governar quanto administrar os lucros que se esperava que suas novas terras propiciassem. Tal lucro deveria vir, acima de tudo, do ouro. Colombo despachou uma expedição de vinte homens para o interior, convencido de que estavam a apenas três ou quatro dias de marcha de onde ele imaginava que estavam as minas de ouro. Eles retornaram sem encontrar nenhuma mina, com amostras de ouro fornecidas pelos índios do local e relatos de que o precioso metal poderia ser encontrado peneirando-se os sedimentos dos rios.[7]

Em 4 de fevereiro de 1494, Colombo enviou a maior parte de sua frota – doze de dezessete embarcações e trezentos ou mais homens – de volta à Espanha. A frota foi capitaneada por Antonio de Torres, que recebeu instruções por escrito sobre o que contar a Isabel e Fernando quando chegasse. A verdade é que Colombo tinha pouco a se vangloriar. Para muitos de seus homens, a grandiosa aventura já azedara. Doenças, trabalho pesado e suprimentos escassos tornavam a vida infeliz em Hispaniola. "Além de todas essas dificuldades, havia a angústia e a tristeza de perceber que estavam tão distantes de sua terra natal e tão longe de encontrar uma solução rápida para seus problemas, enquanto ao mesmo tempo se achavam enganados a respeito do ouro e das riquezas que haviam prometido a si mesmos", disse Las Casas. Com La Navidad destruída e seus habitantes mortos, Colombo fora forçado a iniciar o processo de reconhecimento de Hispaniola – que era quase tão grande quanto Portugal continental – do zero. Ele tinha pouco mais a mostrar a Isabel e seu marido além de seus mapas, algumas frutas tropicais, seus relatos pitorescos e uma pequena quantidade de ouro. As embarcações fizeram a travessia de volta com dificuldades, chegando a Cádis em 7 de março. Isabel e Fernando, entusiasmados, imediatamente ordenaram a Torres que viajasse a Medina del Campo para vê-los.[8]

As instruções de Colombo sobre o que Torres deveria dizer a Isabel e seu marido fizeram-no ficar desesperado para pintar um quadro róseo do que, para todos os efeitos, era um desastre. Torres disse-lhes que muitos dos homens haviam adoecido, outros se recusavam a obedecer ordens e estavam desesperados por comida, vinho e remédios de casa. A terra supostamente fértil não estava produzindo o que desejavam; o ouro era, ele alegou, fácil de ser encontrado, embora, misteriosamente, ele tivesse sido incapaz de obter qualquer quantidade. E os pacíficos nativos estavam provando ser muito mais belicosos do que ele imaginara, especialmente aqueles liderados por um chefe chamado Caonabo. Ele precisava de mais homens, mais suprimentos e especialistas em peneirar[9] ouro dos rios, já que não conseguira encontrar nenhuma mina.[10] Ele não tinha como pagá-los, a não ser com a única mercadoria de exportação que decerto encontraria mercado facilmente – escravos.

Torres informou a Isabel e seu marido, entretanto, que o sucesso estava assegurado. La Isabela ficava bem posicionada, ele alegou, e situada em uma região rica onde os rios eram cheios de ouro e as minas não podiam estar muito longe, enquanto especiarias certamente iriam demonstrar ser outra fonte de renda lucrativa. "Dize a Suas Altezas que eu queria lhes mandar uma quantidade muito maior do ouro que devia ser encontrado aqui, e o teria feito se a maioria do nosso pessoal não tivesse adoecido repentinamente", Colombo escrevera em suas instruções, acrescentando que seus homens também se arriscavam a serem atacados se não saíssem em grande número. "Essas são as razões pelas quais a frota não esperou mais e por estar levando apenas amostras."[11]

Com seus homens doentes, Colombo queria que Isabel e o marido soubessem que ele estava tendo dificuldade em construir um assentamento bem defendido, e embora o povo indígena local parecesse completamente pacífico, ele não ousava baixar a guarda. "Os outros homens que permaneceram aqui [depois da primeira viagem], embora fossem poucos, não tomaram as devidas precauções", Torres deveria dizer aos monarcas. "No entanto, [os índios] jamais teriam ousado atacá-los se tivessem visto que estavam adequadamente preparados." Ele atribuiu as doenças que agora dizimavam os homens e mulheres que o acompanhavam à mudança de ares e da água. Eles sentiam falta de sua comida normal, de carne fresca, pão e vinho, e ele pediu que lhes fossem mandados mel, açúcar, passas e amêndoas, a fim de ajudar a restaurar suas forças. Também esperava que o ouro que estava enviando fosse suficiente para um comerciante local de Sevilha pagar, ou dar um adiantamento, por duas caravelas carregadas de vinho, trigo e outras mercadorias.[12]

Não havia praticamente mais nada a ser enviado de volta. As tentativas de cultivar e de serem autossuficientes haviam até ali fracassado. A cana-de-açúcar, que havia demonstrado ser uma safra importante nas Canárias e nos Açores, parecia promissora, mas demandaria tempo. Enquanto isso, a colônia estava custando mais do que produzia. Isso deixava apenas uma forma de comércio que era tanto fácil quanto lucrativa – seres humanos. Colombo justificou sua decisão de enviar escravos de volta alegando que as pessoas que capturara eram canibais e, assim, eram uma escolha justa. "Nesses navios estão sendo enviados alguns canibais – homens, mulheres, meninos e meninas –, que Suas Altezas podem ordenar que sejam colocados em poder de pessoas com quem melhor possam aprender nossa língua, ensinando-lhes também outras habilidades", Torres deveria dizer a Isabel e seu marido. "Eles aprenderão mais rapidamente aí do que aqui, e se tornarão melhores intérpretes." À primeira vista, portanto, seu principal interesse era dar aos seus prisioneiros um curso de imersão em espanhol ou impedir que eles comessem outras pessoas, mas suas cartas à Espanha revelavam necessidades mais profundas, financeiras. "Quanto mais mandarmos para lá, melhor. E Suas Altezas poderiam ser servidas do seguinte modo: considerando a enorme necessidade que temos aqui de gado e de animais de trabalho, a fim de sustentar as pessoas que afinal deverão ficar aqui... Suas Altezas podem conceder licenças e autorizações para que um número suficiente de caravelas venha todo ano, trazendo o gado e outras mercadorias, de modo que as regiões do interior possam ser povoadas e a terra trabalhada", ele disse. "Isso poderia ser pago com escravos capturados do meio desses canibais, que são tão selvagens, musculosos e com uma boa compreensão que acreditamos que serão melhores do que quaisquer outros escravos depois que forem libertados de sua desumanidade, que perderão assim que deixarem suas próprias terras. E pode haver muitos deles... com Suas Altezas recebendo aí mesmo os impostos devidos sobre eles."[13] Isabel, em outras palavras, podia ganhar muito dinheiro com o negócio relativamente simples de capturar pessoas e enviá-las para a Europa como escravos. Inicialmente, ele preferira não escravizar nenhum dos amistosos taínos de Hispaniola, que eram "vassalos de Vossas Altezas", dizendo que ele preferia capturar escravos entre os caraíbas, um povo rival que vivia nas ilhas e, ele relatou, era canibal.[14]

    A resposta de Isabel e Fernando à sua missiva foi, em grande parte, para assegurar-lhe de que ele parecia estar tomando as decisões corretas e concordar com seus pedidos. Isso incluía o comércio de escravos, embora a aprovação tivesse sido acompanhada de uma contestação que revelava algumas dúvidas. "Explica a ele o que aconteceu com os canibais que vieram para cá", eles escreveram em sua resposta, provavelmente se referindo ao debate sobre a questão se essa escravatura seria legítima ou não. "Que isso é muito bom e que ele deveria continuar a fazê-lo, mas que deveria tentar, sempre que possível, convertê-los à nossa santa fé católica lá mesmo, bem como fazer o mesmo com aqueles [os taínos] nas ilhas onde ele está agora."[15]

O próprio estado de confusão de Isabel sobre a escravidão fica evidente nas instruções contraditórias que ela e Fernando emitiram. Em 12 de abril de 1495, eles escreveram a Sevilha dizendo que era melhor que os escravos que deveriam chegar com Torres "fossem vendidos lá mesmo em Andaluzia", mas quatro dias depois suspenderam a mesma venda, até que Colombo explicasse o status deles (provavelmente para estabelecer se eram prisioneiros de guerra, canibais ou simplesmente reféns), a fim de que "possamos consultar advogados, teólogos e especialistas em lei canônica se eles podem ser vendidos com a consciência limpa". Uma instrução posterior para pagar o salário do capitão do navio Juan de Lezano em escravos sugere que ao menos alguns eram aceitáveis, ainda que por fim houvesse também instruções para enviar outros de volta para casa.[16]

Detalhes do debate sobre escravidão em Castela são escassos, mas podem ser facilmente imaginados. As bulas papais emitidas no começo do século para os portugueses quando começaram a conquistar partes do Norte da África haviam concedido uma ampla gama de direitos de escravidão que justificavam escravizar mouros, idólatras e canibais. Isso não era de todo estranho. Na continuada guerra entre cristãos e muçulmanos, a escravidão já era considerada, por ambos os lados, um destino aceitável para os capturados. A própria Isabel tinha escravos muçulmanos servindo em sua corte, inclusive como costureiras ou criadas de suas filhas. Os relatos de Isabel dão conta de ela encomendar roupas para doze escravos, enquanto as cartas revelam que comprou uma escrava porque "sabia fazer uma boa geleia", além de mandar que seus outros escravos fossem bem alimentados, mas que lhes dessem serviços "para não ficarem preguiçosos".[17] Duas décadas mais tarde, o ilustrador flamengo Christopher Weiditz desenhou escravos muçulmanos na Espanha presos com correntes de ferro na cintura e nas pernas. As rédeas soltas dadas aos portugueses respondia em parte aos crescentes temores cristãos de que a batalha contra o islã, com a tomada de Constantinopla e a posterior expansão turca através da Grécia, Bulgária e Sérvia estivesse sendo perdida. As bulas papais sancionando a campanha não discriminavam berberes e outros muçulmanos ao norte e africanos subsaarianos negros que possuíam suas próprias religiões "pagãs" talvez porque o islã já estivesse espalhando-se para o sul, para o império rico em ouro do Mali e outras partes. "Concedemos que vós e vossos sucessores como Reis de Portugal... tereis perpetuamente o direito de invadir, conquistar, sequestrar, dominar e reduzir à escravidão perpétua os sarracenos, pagãos e outros infiéis e inimigos de Cristo, quem quer que sejam e quaisquer que sejam seus reinos", declarava uma bula papal. Outra bula referia-se especificamente a "guinéus [africanos ocidentais] e outros negros, capturados à força ou comprados... com contratos legítimos".[18] Essa bula exortava os colonizadores a "travar uma batalha permanente contra os povos gentílicos e pagãos que lá existem e que são profundamente influenciados pelo repugnante Maomé". Não é de admirar que os portugueses, inicialmente buscando ouro e especiarias, bem como uma rota para as Índias contornando a costa da África, tenham interpretado isso como aprovação tanto para a colonização quanto para o lucrativo negócio da escravidão comercial. Até 1481, vários papas reiteraram esses mesmos direitos.

No entanto, a posição papal não era inteiramente clara. As instruções dadas ao bispo das Ilhas Canárias, por exemplo, bania a escravização de cristãos convertidos entre os guanchos e outros povos indígenas ou daqueles que, graças a acordos de paz, estavam em posição de serem convertidos – mesmo que ainda fossem pagãos. Em consequência, a própria Isabel tentou restringir a escravidão nas ilhas.[19] Em termos simples, portanto, o debate era sobre se os novos súditos de Isabel podiam ser tratados como negros africanos, e automaticamente transformados em escravos, ou se deveriam ser tratados como qualquer guancho não beligerante das Canárias deveria ser – como cristãos em potencial que não podiam ser escravizados. A própria confusão de Isabel sobre a questão sugere que ela estava sendo confrontada pelos dois lados do argumento. Talavera provavelmente defendeu o conjunto de regras mais brandas, enquanto o próprio Colombo e seus companheiros colonizadores eram os principais promotores da abordagem mais cruel já sendo aplicada na África.

O vice-rei e governador de Isabel continuou a exibir sua incapacidade de administrar homens. Ele há muito se acostumara a mentir desdenhosamente para suas tripulações. Agora via muitos dos que serviam sob suas ordens se mostrarem preguiçosos, relutantes em obedecer ou tão contrariados com seu modo de agir que queriam voltar direto para casa ou rebelavam-se abertamente. De qualquer modo, ele próprio parecia muito mais interessado em velejar para descobrir ainda mais terras – em parte porque precisava encontrar ouro ou alguma fonte de riqueza além de escravos, como também porque esse era seu talento e sua paixão genuína. Aqueles que ele deixava no comando nem sempre eram bons no que faziam, e ele se desentendia ostensivamente com quase todos que nomeava, passando de elogios de admiração a um ódio virulento em um curto espaço de tempo. Já em 1493, ele se queixava de que os soldados de cavalaria trazidos de Granada eram preguiçosos e se recusavam a emprestar seus cavalos quando eles próprios estavam doentes. Isabel e Fernando prometeram investigar suas queixas e não viram nenhuma razão para culpar seu novo almirante e vice-rei por esses problemas. Mais importante ainda, eles logo lhe enviaram uma pequena frota de três embarcações com provisões, capitaneada por seu irmão Bartolomé – que não conseguira chegar de volta da França a tempo de se juntar à segunda viagem de Colombo.[20]

As notícias que chegavam a Isabel e Fernando já estavam, inevitavelmente, desatualizadas. Os problemas de Colombo continuavam a se amontoar. Logo depois que Torres partiu, dois terços de La Isabela (feita principalmente de cabanas de madeira e palha construídas pelos homens para si mesmos) se consumiram em chamas. Em seguida, em um motim liderado por Bernal Díaz de Pisa, um grupo de homens tentou tomar o controle da frota remanescente de cinco navios, forçando Colombo a prendê-los e deslocar todas as armas navais para um único navio guardado por homens em quem ele confiava. Seu filho Hernando culpou uma combinação de ganância, preguiça e doença. "Muitos nessa viagem acharam que tudo que teriam que fazer era chegar à terra firme, se carregar de ouro e retornar ricos, embora o ouro, onde quer que seja encontrado, nunca seja obtido sem esforço, diligência e tempo. Como os acontecimentos não se desenrolaram da forma como esperavam, ficaram insatisfeitos, exaustos com a construção da nova cidade e exauridos pelas doenças desta nova terra", Hernando escreveu em seu livro *Historia del Almirante*. A verdadeira causa da rebelião, entretanto, era que muito mais homens, inclusive o próprio Díaz de Pisa, desejaram voltar para casa com Torres, mas não tiveram permissão.[21]

Colombo então partiu ele próprio à procura das minas de Cibao, com um exército de quatrocentos homens prontos para guerrear com Caonabo se necessário, e construiu um forte no interior. Os índios ou fugiam ou eram bem recebidos, e quase sempre estavam dispostos a barganhar suas peças de ouro (em geral pequenas). A febre do ouro era tamanha entre os homens que muitos escondiam o que obtinham, enquanto Colombo aplicava punições, como cortar as orelhas ou o nariz dos perpetradores. Uma quantidade de ouro no valor de cerca de 3 mil castelhanos foi obtida dessa forma, mas nenhuma mina foi descoberta. Em La Isabela, ele forçou os cavalheiros aventureiros que vieram com ele a realizar muitas das mesmas tarefas braçais dos soldados e trabalhadores comuns, argumentando que precisava de todas as mãos. Isso contrariava as normas do sistema de classes de Castela, ou assim os *hidalgos* e outros cavalheiros privilegiados pensavam. O descontentamento aumentou e Colombo pensou em mandar de volta a maioria dos homens, mantendo uma colônia de apenas trezentos. A gananciosa guarnição nesse forte no interior, São Tomás, logo começou a roubar ouro dos índios locais, e souberam que Caonabo estava preparando um novo ataque. Colombo não se preocupou, em especial porque os índios tinham a tendência de fugir em pânico à visão de cavalos, desconhecidos para eles até então e aparentemente enormes e assustadores, mas enviou uma força para o interior com instruções de capturar Caonabo. Em seguida, partiu com três navios para explorar o litoral de Cuba, que ele agora decidira que fazia parte da Ásia continental.[22]

Em Cuba os índios também foram receptivos, saindo em suas canoas para oferecer presentes aos homens que estavam no que, para eles, eram enormes barcos. Mas eles disseram que não havia nenhum ouro na ilha, sugerindo que poderia haver algum em outra ilha a cinco dias de navegação (para eles). Colombo já ouvira falar dessa ilha, que ele chamou de Jamaica, e continuou viagem. O povo nativo da Jamaica não era nem de longe tão amistoso e atacou os homens de Colombo, mas foram rapidamente afugentados com a ajuda de um pequeno canhão e de um dos cachorros do almirante. Em meados de maio de 1494, entretanto, Colombo compreendeu que não havia nem ouro nem nenhum outro metal precioso ali e decidiu voltar. Parando novamente em Cuba, conheceu um chefe de tribo local que o informou, de uma maneira um pouco confusa, que embora fosse "infinita", ele estava navegando ao longo do litoral de uma ilha. Mas ele se agarrou às suas fantasias, e quando um de seus homens se deparou com um homem em longas vestes brancas, Colombo se perguntou se ele não seria o famoso preste João – o lendário soberano de um reino cristão perdido, mas rico, que se acreditava existir em algum lugar da Ásia. Colombo continuou a velejar ao longo da costa de Cuba e, não tendo conseguido chegar a seu extremo ocidental, ele voltou, obrigando seus homens a fazer um juramento dizendo que Cuba era o continente. Seu desespero era tal que ele também ameaçou açoitar ou cortar a língua de qualquer um que mais tarde declarasse o contrário.[23]

Torres chegara de volta à Espanha com os mapas de Colombo a tempo de ajudar Isabel e Fernando a fechar um acordo com Portugal sobre a linha de demarcação que separaria suas esferas de exploração e soberania. Não era o momento certo para arranjar outra briga com Portugal. A crescente tensão com a França, a presença turca cada vez mais agressiva no Mediterrâneo e as incursões de piratas berberes já eram problemas suficientes. O rei português queria a linha que corria entre os polos o mais para oeste possível, a fim de aumentar suas chances de encontrar novas terras. Ele argumentara que ela deveria ser empurrada de 100 para 370 léguas a oeste de Cabo Verde, para que seus navios pudessem ter espaço de manobra na viagem de volta da África, já que eles velejavam para oeste para pegar os ventos e correntes que os empurrariam de volta à Península Ibérica. Essa divisão do globo significava que a Espanha não poderia navegar ou explorar em torno da África nem navegar na direção leste para atingir a Ásia, enquanto os portugueses não poderiam cruzar a linha a 370 léguas. Mas o mapa que Torres trouxera de volta parecia provar que as terras que Colombo descobrira estavam a 750 léguas de distância.[24] Isabel devia estar convencida de que todas as terras novas a serem descobertas recairiam confortavelmente do outro lado da linha e assim pertenceriam a Castela. Ela certamente não poderia saber que, muito ao sul de Colombo, o continente americano estendia-se para leste, com grande parte do atual Brasil situando-se no lado português. O Tratado de Tordesilhas foi assinado em 7 de junho de 1494, assegurando a paz com Portugal e permitindo que a aventura de Colombo continuasse sem entraves.

Isabel voltou-se, então, para assegurar que suas novas terras fossem adequadamente supridas. Essa fora a sua especialidade durante as guerras de Granada, e o homem de Colombo em Sevilha, o florentino Giannoto Berardi (que descreveu a si mesmo como um comerciante de "mercadorias, escravos e escravas"),[25] escreveu diretamente para ela propondo que a rainha oferecesse manter cada novo colono por dois anos, dando-lhes tempo para se tornarem autossuficientes. Ela deveria também permitir que navios partissem livremente de Hispaniola para explorar outras ilhas, mas eles deveriam levar um dos representantes de Isabel, ele disse, para registrar os bens obtidos com um controle rígido de toda a mercadoria, de modo que ela pudesse receber sua parte. "Desta forma, a população da ilha aumentará e outras serão descobertas, e exploradores, oficiais, mineiros e outros trabalhadores qualificados sairão em busca de sua fortuna, o que será bom para Vossa Alteza", ele disse. Também evitaria uma corrida para voltar para casa, acrescentou, das pessoas que tinham salários a receber. "Parece-me que Vossa Alteza não pode explorar melhor as ilhas, nem com menos gastos, sem ofender os índios e sem assegurar-lhes de que não há nenhum mal no comércio dessas ilhas. Espero que dentro de seis meses Vossa Alteza tenha recebido tanto do quinto que lhe é devido que seus representantes poderão cobrir os 10 ou 12 *cuentos* [10 a 12 milhões de maravedis de salário] que devem ser pagos às pessoas, e eles se sentirão felizes por isso ter sido proveitoso."[26] Era um sinal de que Isabel estava preparada para quebrar o monopólio de Colombo, mas também refletia temores de que ele já houvesse morrido e não retornaria de sua viagem exploratória a Cuba e Jamaica.[27]

Conforme a frequência de contato com suas novas colônias crescia, Isabel começou a receber notícias preocupantes. Os espanhóis não só haviam perturbado a vida dos povos indígenas em Hispaniola, como estavam destruindo rapidamente o antigo modo de vida de povos que estavam mal preparados para suas exigências estranhas e cada vez mais agressivas. Os taínos estavam abandonando suas plantações conforme fugiam ou eram capturados, e isso significava menos alimentos para todos, inclusive os colonos. A má nutrição se disseminou e muitos dos colonos se tornaram vulneráveis a doenças, que devastaram suas fileiras, matando metade deles. Colombo entregou o comando dos assentamentos em Hispaniola a seus irmãos Bartolomé e Diego, que se mostraram impopulares. Alguns dos homens mais velhos alegavam ser hierarquicamente superiores, e tanto o frei Boïl quanto o comandante do forte da ilha, Pedro Margarit, abandonaram Hispaniola em setembro de 1494, voltando para casa com muitos dos lanceiros que eram a espinha dorsal do minúsculo exército de Colombo. A guarnição do forte do interior, então, ficou à solta, roubando mulheres dos índios.[28] "Eles não paravam seus abusos, raptando mulheres da ilha à vista de seus pais, irmãos e maridos; entregues a roubos e assaltos, eles alteraram o espírito dos nativos", relatou Las Casas. "Eles aplicavam surras e chicotadas não só em pessoas comuns, como também nos chefes e nobres."[29] Quando Colombo chegou de volta, disseram-lhe que um grupo de chefes tribais locais havia formado uma aliança para lutar contra os colonos de Isabel. Colombo reuniu suas armas mais formidáveis, vinte cães de ataque que (como seus cavalos) provocavam absoluto pânico entre os índios. Logo ele fez uma chocante descoberta – os índios haviam destruído seus suprimentos de comida e parado de plantar, na crença de que isso forçaria os espanhóis a irem embora. Conforme avançava através da ilha, ele encontrou índios morrendo de inanição. Ele facilmente derrotou a aliança, capturando mais de mil pessoas e impondo um imposto – a ser pago em ouro – sobre o resto, embora também isso tivesse fracassado em produzir quantidades significativas do precioso metal. A conquista veio a um preço terrível, com contemporâneos estimando que ao menos 50 mil nativos morreram de ferimentos, fome ou doença quando um modo de vida simples e relativamente harmonioso foi desfeito de forma caótica e violenta.[30]

Somente o retorno de Torres, com quatro embarcações cheias de provisões e novos homens, permitiu que a colônia readquirisse alguma forma de estabilidade. Torres também levara cartas de Isabel e Fernando, nas quais sugeriam que, com a divisão do Novo Mundo com Portugal agora definida, um serviço regular com pelo menos um navio viajando em cada direção todo mês poderia agora ser iniciado. Também emitiram instruções, ordenando a todos nas ilhas (não fizeram nenhuma referência a nenhuma terra firme) que obedecessem as ordens de Colombo "como se nós, pessoalmente, tivéssemos ordenado, ou enfrentariam a punição que ele determinasse em nosso nome".[31] Colombo temia que Boïl e Margarit, ao chegarem à Espanha, destruíssem a imagem promissora e às vezes idílica que ele havia pintado das terras que encontrara, por isso enviou Torres de volta outra vez. Também enviou quatrocentos escravos, um quarto dos 1.600 indígenas que estava mantendo prisioneiros após seu confronto com a aliança. Eram, em sua maior parte, taínos locais, e não os supostamente canibais caraíbas que ele prometera originalmente. Os colonos tiveram permissão de escolher escravos pessoais entre os restantes, enquanto aqueles que sobraram (cerca de quatrocentos, provavelmente mais fracos e mais velhos) foram libertados. A maioria dos homens que haviam viajado para Cuba com Colombo agora concordava que o juramento que ele os obrigara a fazer – declarando a ilha como terra firme do continente – era falso, com um abade aventureiro e culto de Lucerne, que havia se juntado a eles usando seus próprios conhecimentos de cartografia para contradizer a alegação de Colombo. "Por essa razão, o almirante não o deixou vir para a Espanha conosco", escreveu Michele de Cuneo, um dos que participaram da exploração de Cuba. Colombo também impediu os peneiradores de ouro de voltarem para casa, achando que ainda poderiam ser úteis.[32]

Boïl e Margarit chegaram à Espanha em novembro de 1494, dando a Isabel e Fernando uma imagem muito diferente das Índias do que aquela proporcionada por Colombo. "Eles esfriaram a esperança dos monarcas de encontrar riqueza nas Índias dizendo que era um logro, que praticamente não havia nenhum ouro na ilha [Hispaniola], que as despesas eram altas e nunca reembolsáveis, e muito mais sobre esse negócio e as esperanças que os monarcas haviam depositado no almirante", escreveu Las Casas. "Isso foi dito, sobretudo, porque eles não haviam retornado em navios carregados de ouro." Além do mais, como Colombo não reaparecera de sua viagem exploratória a Cuba e Jamaica até o momento de Boïl e Margarit partirem em sua viagem de volta, foi convenientemente presumido que ele tivesse morrido. Foi somente quando Torres reapareceu com uma frota em abril de 1495 que eles perceberam que ele ainda estava vivo. Torres trouxe escravos (um quarto dos quais morrera na travessia) e as próprias alegações por escrito de Colombo de ter descoberto o continente em Cuba. Um relatório anônimo enviado a Isabel sugeria que a plantação de algodão podia ser lucrativa e apropriada.[33]

Era hora, Isabel e seu marido compreenderam, de mudar de rumo. Enviaram um de seus representantes mais experientes, Juan Aguado, com a frota seguinte, dando-lhe amplos poderes para investigar Colombo.[34] Também emitiram ordens permitindo que outros navegadores viajassem independentemente de Colombo e da folha de pagamento real para explorar, se estabelecer e comercializar nas novas terras.[35] "Qualquer um que queira ir viver na referida ilha de Hispaniola sem um salário pode ir livremente, sem pagar pelo direito, e deter para si mesmo e seus herdeiros as casas que construírem, terras que trabalharem e campos que cultivarem... dando-lhes manutenção pelo período de um ano... e mantendo a terça parte do ouro que encontrarem ou obtiverem", escreveram. Aguado havia originalmente feito parte da segunda expedição, voltando para casa mais cedo, de modo que deveria conhecer a lacuna que separava a realidade das descrições que Colombo enviava para casa. O retorno de Aguado a Hispaniola foi recebido com alegria por quase todos, exceto pela família de Colombo.[36] Aguado e Cristóvão Colombo se enfrentaram e ambos resolveram retornar à Espanha, mas um furacão atingiu a frota no porto mal protegido de La Isabela, afundando os quatro navios que Aguado havia levado, assim como dois outros. Isso deu a Colombo um tempo precioso, porque um de seus homens que havia fugido depois de uma briga com os criados de Bartolomé acabara atravessando a ilha até o litoral sul e trouxera de volta novidades promissoras. O homem, Miguel Díaz, tornara-se o ardentemente amado hóspede de uma mulher chefe de tribo que havia lhe mostrado fontes de ouro perto do rio Haina – apresentando amostras do que obviamente era ouro de melhor qualidade do que já tinham visto em qualquer outro lugar até então. Díaz retornou com a notícia e foi perdoado por sua briga com o criado de Bartolomé. Colombo, a essa altura, já tinha percebido que La Isabela, exposta na costa norte, era um porto ruim, e enviou Díaz de volta para fundar um assentamento, a futura capital da República Dominicana, Santo Domingo. Ele próprio, enquanto isso, preparou os dois navios restantes para uma viagem de volta à Espanha. A travessia levou três meses, mas Colombo finalmente chegou de volta a Cádis em junho de 1496.[37]

O novo almirante de Isabel retornara determinado a derrotar os opositores que alegavam que suas expedições eram uma perda de dinheiro e de tempo. Ele se vestiu com um traje masculino preferido de Isabel, o hábito de um frade franciscano. Também se revestiu de um misto inebriante de religiosidade messiânica, interpretações oportunistas das escrituras, erudição acadêmica, história e mito. Além disso, levou consigo uma peça de ouro, ou de minério de ouro, do tamanho de um punho cerrado, entregue a ele por um chefe local.[38] Caonabo, o chefe que havia aniquilado o primeiro assentamento em La Navidad, viajou com Colombo, juntamente com seu irmão e trinta outros taínos. Caonabo morreu na viagem, mas poucos meses depois Isabel conheceu seu irmão, que recebera o nome de Diogo. Ele usava um colar de ouro de 600 castelhanos, ou mais ou menos 2.760 gramas.³⁹ Isabel logo se viu bombardeada com memorandos defendendo os projetos de Colombo e insistindo sobre seus direitos pessoais como almirante, governador, vice-rei e descobridor. Muito de sua energia era despendida em reconhecimento de que tudo isso podia ser passado a seus descendentes, consolidando sua posição entre as famílias mais importantes da terra, enquanto ele também fazia vagas ameaças sobre levar sua família de volta a Gênova. Suas extravagantes reivindicações financeiras, calculadas em até um quarto da riqueza extraída das Índias, eram secundárias. Glória, autojustificação e status eram o que mais o preocupavam.⁴⁰ Nem ele deixou de fazer uma ressentida referência à descrença original dos soberanos em seu projeto. "Suas Altezas me deram o direito e os poderes de conquista e para alcançar, graças a Nosso Senhor Deus, estes bens hereditários, embora seja verdade que, depois que eu vim propor esse empreendimento em seus reinos, eles levaram um longo tempo antes de me conceder os meios para colocá-lo em prática", ele escreveu no documento em que estabeleceu os termos pelos quais seus títulos deveriam passar a seus herdeiros.⁴¹

Isabel continuou a receber reclamações de Colombo sobre como determinadas pessoas em sua corte haviam começado a "criticar e depreciar o empreendimento iniciado lá, porque eu não havia enviado navios carregados de ouro, sem levar em conta o curto período de tempo que havia se passado ou o que eu havia dito sobre outras dificuldades". É por isso que ele fora ver os monarcas, para explicar "sobre os diferentes povos que vi e quantas almas poderiam ser salvas, trazendo comigo a obediência do povo da ilha de Hispaniola, que concordou em pagar impostos e ter-vos como seus soberanos e mestres".⁴²

Ele lembrou a Isabel de todos aqueles outros grandes monarcas e imperadores – de Salomão a Nero – que haviam buscado em vão as terras orientais que ele agora estava convencido de ter encontrado. A Castela de Isabel, ele lhe dizia, realizara algo que grandes civilizações anteriores – romana, grega e egípcia – não haviam conseguido. "Não que isso tenha sido suficiente para impedir algumas pessoas que queriam criticar a iniciativa", ele escreveu. "Nem adiantou dizer que eu jamais lera antes sobre qualquer príncipe de Castela que tivesse conquistado territórios fora de seu território... ou ressaltar como os reis de Portugal tiveram a coragem de persistir na Guiné [África ocidental] e sua descoberta."[43]

Isabel e Fernando, a essa altura, já haviam percebido que o projeto em aberto que haviam iniciado quando enviaram Colombo em sua primeira viagem possuía um grande potencial, ao menos porque parecia óbvio que ainda havia novas terras a serem descobertas. Eles lhe eram agradecidos, reconheciam seus talentos excepcionais como navegador e não estavam muito preocupados com as queixas que estavam recebendo. A resposta de "Suas Altezas foi rir e dizer que eu não devia me preocupar com nada, porque elas não haviam dado nenhum crédito ou respeito àqueles que falaram mal desse empreendimento", ele relembrou.[44] Isso não significava que ele fosse a pessoa certa para continuar liderando essa extraordinária expansão dos domínios de Isabel.

34

Um novo continente

Sanlúcar de Barrameda, fim de maio de 1498

Os condenados que subiram a bordo dos barcos de Colombo em Sanlúcar de Barrameda, na foz do rio Guadalquivir, na última semana de maio de 1498, eram prova de que a febre da corrida do ouro que havia acompanhado suas viagens anteriores às novas possessões além-mar de Isabel havia se ofuscado. Isabel e Fernando haviam oferecido redução de pena a condenados que se juntassem à frota de Colombo, a fim de encontrar homens dispostos a ir para um lugar cuja reputação piorava a cada carregamento de colonos descontentes que retornava à Espanha. Desta vez, também houve menos pressa em enviar Colombo de volta, e ele passou parte de seus dois anos na Espanha elaborando planos novos e extravagantes, que enviava a Isabel e seu marido, de velejar para Calcutá ou lançar uma cruzada contra Meca.[1] Tais planos pouco fizeram para aumentar a confiança da rainha no aventureiro genovês, a quem ela, ainda assim, continuava a tratar amavelmente. Ela lhe escrevera sobre outros negócios, chamando-o de "um servidor meu mui especial e fiel" e agradecendo a ele por seus conselhos e pela "boa vontade e amor com que os ofereces a nós, como sempre temos encontrado em todos os modos que nos tem servido".[2]

Colombo dividiu sua frota em duas. Cinco navios levaram suprimentos diretamente para Hispaniola, que Bartolomé governava em sua ausência. Ele próprio liderou uma esquadra exploratória mais ao sul, navegando na mesma latitude de Serra Leoa – onde os portugueses haviam encontrado ouro –, na crença de que terras no mesmo paralelo geralmente eram similares. Também havia boatos (que ele alegava ter ouvido de João II de Portugal) de que um outro continente estendia-se ao sul das ilhas que ele havia descoberto. "Que Nosso Senhor me guie e permita que eu possa servi-Lo e ao rei e à rainha, nossos senhores, para a honra de todos os cristãos, já que eu acredito que esta rota nunca foi navegada por mais ninguém e que esse mar é completamente desconhecido", ele escreveu. Colombo tinha razão nesta última avaliação. Começou como mais uma difícil viagem. Eles passaram oito dias praticamente parados em uma região de calmaria, sob um calor escaldante. Em seguida, velejaram para oeste pelo tempo que ele ousou sem avistar terra firme, mas por fim resolveu dirigir-se mais para o norte, em direção às ilhas que conhecia. Surpreendentemente, ele estava certo pela segunda vez sobre a existência de terras desconhecidas através dessa extensão de águas não navegadas. Quando finalmente avistou três colinas no horizonte e alcançou uma ilha, que chamou de Trinidad, ao sul da curva das ilhas que seriam conhecidas com as Antilhas, ele também velejou para dentro das águas que vinham do largo rio Orinoco, no norte da costa do que é hoje a Venezuela. No começo, ele ficou perplexo com a presença daquele dilúvio de água doce, que criava fortes correntes. Então, compreendeu que tal volume de água só podia ter sido coletado por uma massa de terra de tamanho considerável, embora ela não se encaixasse em sua localização da Ásia esperada. "Acredito que esse seja um continente muito grande, do qual ninguém antes de mim teve conhecimento", ele escreveu em seu diário quando partiu, na verdade registrando a descoberta europeia da América do Sul. Mas ele não tinha certeza e, embora seus homens tenham se tornado os primeiros europeus a pisar no novo continente quando desembarcaram na península de Paria, ele logo partiu para o norte, para Hispaniola, jurando retornar em outra data. Ele não poderia saber o quanto essa massa de terra provaria ser grande, ou quantas terras ela afinal renderia à Espanha. A essa altura, Colombo já ficara quase cego de tanto fitar o mar, com olhos injetados e apertados, e confiava em seus marinheiros e pilotos para informá-lo de tudo que viam.[3]

Colombo agora estava em algo mais do que uma mera viagem de exploração e colonização. A vida de um capitão do mar podia ser solitária, e mais ainda se esse capitão estivesse acostumado a guardar segredos de sua tripulação ou constantemente brigar com auxiliares de confiança. Em momentos de grande tensão, ele se voltava para forças superiores. O grande navegador cada vez mais via a si mesmo como um agente de Deus, especialmente escolhido para ajudar a disseminar o cristianismo e recuperar Jerusalém.[4] A Espanha de Isabel e Fernando, ele declarou, fora escolhida para cumprir as previsões de renascimento da cristandade, como o profeta Isaías, do Antigo Testamento, há muito proclamara "que era da Espanha que Seu Santo Nome seria elevado".[5] Ele continuava a se preocupar com ouro e especiarias, mas, com sua posição entre a nobreza de Castela agora sedimentada, ele parecia mais interessado em seu proeminente papel nos projetos de Deus do que nos maçantes detalhes administrativos inerentes ao governo de uma colônia. "Eu não passo por essas provações a fim de encontrar riquezas ou tesouros para mim mesmo, já que sei que tudo que é feito nestes tempos é inútil, exceto o que for pela honra e serviço de Deus, o que não significa acumular riquezas, magnificência ou tudo o mais que usamos neste mundo, às quais estamos mais ligados do que àquilo que pode salvar nossas almas", ele escreveu. Colombo começou a imaginar também que estava prestes a descobrir o Jardim do Éden, supostamente situado, como tradicionalmente se acreditava, em algum lugar do Oriente.[6]

Poucos dos que viajavam com Colombo compartilhavam sua visão messiânica, ideais românticos ou natureza ocasionalmente delirante. Isso ficou claro assim que ele retornou a Hispaniola, onde encontrou os colonos em revolta. O homem que Colombo nomeara prefeito de La Isabela, Francisco Roldán, se rebelara e convencera outros colonizadores de que Colombo e seus irmãos – que eram, afinal, estrangeiros – estavam deliberadamente impedindo-os de voltar à Espanha. Ele erigiu um assentamento alternativo e independente em Jaraguá, onde "cada um tinha tantas mulheres quanto quisesse, tiradas à força de seus maridos, e eles também sequestravam meninas de seus pais para servirem de criadas, lavadeiras, e tantas outras índias quanto quisessem para servi-los", segundo Las Casas.[7]

Colombo, então, enviou uma frota de cinco embarcações de volta à Espanha com seiscentos índios escravos a bordo, embora Isabel e o marido obviamente ainda não tivessem terminado de consultar os especialistas em leis canônicas sobre o que era certo e errado na questão da escravatura. Ele também escreveu aos monarcas alegando que os rebeldes eram uma ameaça ao reinado. "Esse Roldán e seus homens e partidários tinham uma maneira especial de forçar todos a se unirem a eles, prometendo-lhes nenhum trabalho, nenhum compromisso, muita comida, mulheres e, acima de tudo, a liberdade de fazerem o que quisessem", contou-lhes.[8]

Isabel e Fernando deveriam garantir um suprimento constante de novos homens e fornecer um punhado de frades confiáveis para melhorar as condições morais dos colonos. "De nosso pessoal lá, nem os bons, nem os maus têm menos do que dois ou três índios para servi-los, cachorros para caçarem por eles e, embora isso não devesse ser dito, mulheres tão belas que não se pode acreditar", foram informados.[9] Os homens haviam esperado que ouro e especiarias simplesmente caíssem em seu colo. "Estavam tão cegos pela ganância que não pensaram que, se houvesse ouro, estaria embaixo de minas, como outros metais, ou que as especiarias estariam em árvores, e que teriam que cavar para obter o ouro, enquanto as especiarias teriam que ser colhidas e curadas... tudo que eu deixei bem claro em Sevilha."[10] Mas a realidade da vida na colônia de Colombo era muito pior do que até mesmo os colonos mais fortes poderiam ter esperado, e a taxa de mortalidade na parcialmente destruída La Isabela era terrível. A sífilis grassava, atingindo cerca de 30 por cento da colônia. A doença seria outra, ainda que indesejável, novidade introduzida na Europa pelos colonizadores em seu retorno das novas terras de Isabel.[11] Varíola, tifo, sarampo e cólera viajariam na direção oposta, com um efeito devastador.

Colombo começou a entrar em pânico com as mensagens que chegavam a Isabel e Fernando. Ele acusou a facção de Roldán de contar mentiras e apelou para os instintos mais baixos de Isabel, culpando os colonos conversos e seu sangue judeu pela rebelião.[12] "Isso jamais teria acontecido se um converso não tivesse engendrado esse plano, porque os conversos são inimigos da prosperidade de Vossa Alteza e de todos os cristãos", escreveu. "Dizem que a maioria dos seguidores desse Roldán vem de suas fileiras."[13]

Isabel estava ouvindo uma história muito diferente de outras fontes. Colonos que retornavam se revoltavam diante dela, denunciando o projeto das Índias como um monumento à vaidade iludida de Colombo. Isabel e Fernando já estavam licenciando outros exploradores, com os primeiros chegando em maio de 1499.[14] E mesmo antes de Colombo içar velas em sua terceira viagem, ele os deixara perplexos ao reagir violentamente à visita de um representante real, Jimeno de Briviesca, a quem ele atacou, "dando-lhe muitos chutes e puxando seus cabelos". Las Casas admitiu que o almirante fora longe demais. "Na minha opinião, a principal razão, acima de todas as outras queixas e boatos contra ele... foi que os soberanos, altamente indignados, resolveram destituí-lo do cargo de governador, enviando o comendador Francisco de Bobadilla para governar aquela ilha e aquelas terras", ele escreveu.[15]

Em maio de 1499, Isabel e Fernando assinaram documentos nomeando Bobadilla – cuja tarefa inicial tinha sido simplesmente investigar a rebelião de Roldán – como governador e ordenando que levasse alguns escravos de volta consigo. Mesmo assim, contudo, Isabel e Fernando hesitavam, e Bobadilla teve que esperar um ano antes de receber permissão para partir. Talvez esperassem que Colombo, que era muito mais próximo de Isabel do que de Fernando, iria ele próprio resolver os problemas ou, com suas indiscutíveis habilidades de navegação, descobrir novas terras que iriam fornecer a riqueza que lhes havia sido prometida.[16]

Bobadilla chegou a Santo Domingo em agosto de 1500, acompanhado por apenas dezenove dos escravos indígenas libertados. Os corpos flácidos de dois homens penduravam-se de andaimes em cada lado da foz do rio. Ele logo descobriu que sete homens haviam sido enforcados por rebelião naquela semana e mais cinco esperavam a sua vez, enquanto os irmãos de Colombo haviam partido em expedições para prender mais rebeldes. Bobadilla anunciou que viera com ordens de pagar todos os salários atrasados, uma jogada que certamente iria conquistar o apoio dos colonos. Colombo retornou a Santo Domingo de sua expedição em setembro, foi interrogado por Bobadilla, preso e enviado para casa. "Enquanto eu esperava, confiante e feliz, por navios que iriam me levar à vossa soberana presença com grandes notícias de ouro e vitória, fui preso e atirado com meus dois irmãos em um navio, acorrentado, despido e tratado muito mal", Colombo recordou amargamente em uma carta posterior a Isabel e Fernando.[17] Colombo supostamente recusou uma oferta de ter suas correntes retiradas, porque ele queria estar com elas em sua chegada como prova de como ele estava sendo maltratado. Nesse meio-tempo, Bobadilla interrogou formalmente vinte e duas testemunhas, perguntando-lhes se Colombo tentara organizar uma resistência armada, planejara entregar a colônia a uma potência estrangeira ou deliberadamente impedira que os índios fossem batizados, a fim de que pudessem ser escravizados.[18]

Isabel deve ter ficado chocada com o conteúdo do relatório de Bobadilla. As testemunhas alegavam que Colombo frequentemente recusava-se a dar permissão aos padres para batizarem os índios porque os queria como escravos. Ele também recusou permitir que as índias grávidas de vários colonos fossem batizadas, assim impedindo casamentos mistos – aparentemente de acordo com instruções de Isabel e Fernando. Nada disso impediu que os colonos vivessem com mulheres indígenas, buscando as filhas de líderes e caciques locais e assim conquistando aliados poderosos.[19] Os homens eram enforcados por roubo ou desobediência. Um homem escapou do laço apenas para ter suas orelhas e seu nariz decepados. Uma mulher que falou mal de Colombo teve a língua cortada, e outra foi amarrada a um burro e chicoteada porque julgavam que estava grávida.

A descoberta de Bobadilla de que Colombo havia diminuído o número de batismos mostra que a conveniência atropelara a ética na discussão da escravidão. Alguns dos ataques feitos contra os índios pareciam não ter nenhum propósito além de capturá-los, o que também contrariava versões mais restritivas do que era aceitável. Além disso, Colombo achou por bem escravizar índios que deixavam de lhe pagar o tributo que ele exigia, usando trapaças e falsas promessas de anistia para capturá-los. A maior quantidade de escravos estava na própria Hispaniola, onde ele pôde exigir um ou dois de cada colono em 1499, a fim de mandá-los para Castela. O colono Juan Vallés não pôde se lembrar bem, apenas um ano depois, se ele havia entregue três ou quatro, sugerindo que possuía muitos mais. Colombo vira os portugueses vendendo negros africanos em Cabo Verde por 8 mil maravedis por cabeça, e achava que as pessoas que estava enviando para venda valeriam ao menos 5 mil. Ele sonhava em vender quatro mil deles. Era um comércio fácil e lucrativo, desde que não morressem a caminho da Europa, o que, aliás, acontecia com muita frequência. Colombo achava melhor que lhes dessem pouca comida. Eles comiam pouco, ele disse, e "se comerem demais, adoecem".[20]

A paciência de Isabel finalmente se esgotou quando ela descobriu que Colombo estava dando escravos a seus próprios colonos. "Que poder meu almirante tem para dar qualquer um dos meus vassalos?", ela supostamente perguntou. No entanto, a deprimente carga de dezenove repatriados de Bobadilla era uma fração dos 1.500 escravos que haviam sido despachados para a Europa até 1500, e uma investigação teve que ser deslanchada para que se conhecesse seu paradeiro. Mas em 1501 Isabel e Fernando continuaram a emitir licenças para canibais se tornarem escravos.[21] Isabel repetiu-as dois anos mais tarde, dizendo que os canibais que se recusavam a se render e mudar podiam ser "capturados e trazidos para estes meus reinos... e vendidos... pagando-nos a parte que nos pertence".[22] Entretanto, foram emitidas instruções para terminar com a escravização de taínos de Hispaniola porque não havia nenhum canibal na ilha. Isso foi confirmado em 1501, quando Isabel escreveu ao seu novo governador, Nicolás de Ovando: "O senhor tentará assegurar que os índios sejam bem tratados e possam se deslocar em segurança para todos os lugares, e que ninguém usará de violência contra eles ou roubará deles, nem lhes infligirão qualquer outro dano ou perversidade." Os índios agora deveriam ser tratados "como nossos bons súditos e vassalos", ela insistiu. "Se daqui em diante alguém lhes fizer mal ou tirar algo deles à força, eles deverão lhe contar, porque o senhor os punirá [os perpetradores], de tal forma que ninguém nunca mais ousará lhes causar mal outra vez."[23]

O povo indígena de Hispaniola, entretanto, deve ter sentido que pouca coisa mudara, já que um sistema de trabalho forçado, chamado *encomienda*, no qual os índios pagavam a um *encomendero* espanhol por sua "proteção" no trabalho e nos bens, foi introduzido.[24] Uma década mais tarde, o revolucionário frei Antonio Montesinos resumiu a situação em um colérico sermão feito em Santo Domingo:

> Digam-me: com que direito e justiça mantêm esses índios em uma servidão tão cruel e terrível? Com que autoridade travaram tais guerras tão odiosas contra essas pessoas que viviam pacífica e gentilmente nesta terra, escravizando tantos deles, com incontáveis mortes e danos? Por que os mantêm tão oprimidos e exaustos, sem lhes dar alimentação [adequada] ou curá-los das doenças que contraem por causa do trabalho excessivo a que os obrigam, de modo que morrem ou, melhor dizendo, vocês os matam, a fim de obter ouro todos os dias? E que cuidados tomam para assegurar que recebam ensinamentos da doutrina [da Igreja], aprendam sobre Deus, seu criador, sejam batizados e frequentem a missa, observando os feriados e domingos?[25]

Com o tempo, o problema da escravidão desapareceu pelos piores meios possíveis. A dizimação da população local pela guerra, fome e doenças foi tal que logo não havia habitantes suficientes para trabalhar a terra. A gripe suína parece ter eliminado um quarto da população de Hispaniola nos dois anos depois que Colombo retornou em sua segunda viagem, e em cinquenta anos haveria menos de quinhentos índios em Hispaniola, de uma população de 100 mil.[26] A essa altura, a escravidão há muito entrara no Caribe, em vez de ser eliminada, com o tráfico de africanos para as ilhas. A administração de Isabel emitiu a primeira licença para transportar escravos africanos para as Índias como uma forma de substituir a população nativa em desaparecimento, em 1501, apenas nove anos depois da primeira viagem de Colombo. Foi o começo de um enorme movimento forçado de africanos para as Américas, que iria durar por séculos.

Depois de sua humilhante chegada em casa como prisioneiro, Colombo foi levado diante de Isabel e Fernando em Granada. Eles estavam aborrecidos com o tratamento que haviam lhe dado, e ordenaram sua soltura e pagamento de 2 mil ducados para que ele pudesse se preparar para o julgamento. Seu filho, Hernando, ou quem quer que tenha escrito em seu nome, mais tarde alegou que Isabel e Fernando o receberam com "semblantes alegres e palavras amistosas". Colombo iniciou uma campanha de cartas, conseguindo fazer com que algumas delas fossem entregues ao tribunal antes do relatório de Bobadilla, que viajara na mesma frota.[27]

Uma dessas cartas foi dirigida a Juana de Torres, aia do príncipe João, com quem podia contar para mostrar seu conteúdo a Isabel – seu verdadeiro alvo. A rainha, ele disse, fora a benfeitora decisiva de suas viagens de descoberta, acima de Fernando. "Todos reagiram com descrença, mas [Nosso Senhor] deu à minha senhora, a rainha, o espírito de compreensão e grande força, e tornou-a herdeira de todas [aquelas terras] como sua filha querida e amada. Eu fui tomar posse de tudo isso em seu nome real. Aqueles que demonstraram sua ignorância tentaram, então, encobrir isso, falando em problemas e despesas. No entanto, apesar disso, Sua Alteza deu sua aprovação e manteve seu propósito de todas as maneiras."[28]

O espantoso misticismo de Colombo era comparável à sua falsa modéstia, alegando que ele partira em sua terceira viagem somente a fim de agradar Isabel. "Eu adoraria dar adeus a esse assunto, se pudesse fazê-lo de uma forma que fosse honesta com a rainha. A força do Senhor e de Sua Alteza me fez continuar", ele escreveu.[29] Em uma tentativa de se apresentar como o paladino da moralidade, ele também pintou um quadro bárbaro de seus próprios colonos como traficantes de meninas. "Hoje, quando tanto ouro está sendo descoberto, há discussões sobre a melhor forma de obter lucros, roubando ou indo para as minas: pode-se obter uma mulher por cem castelhanos, tanto quanto por uma pequena propriedade: é muito comum e há muitos comerciantes à procura de meninas de nove e dez anos, que é o grupo mais caro atualmente."

Os que o prenderam tiveram motivos velados, ele insistiu com Isabel, através de Juana de Torres.[30] "É uma grande desonra que um juiz tenha sido enviado para me investigar, especialmente quando sabe que ao enviar um relatório condenatório ele próprio pode assumir o governo." Medidas duras tinham sido necessárias, ele disse, por causa da natureza brutal da colônia, e porque os índios – cuja natureza pacífica e inocência ele havia elogiado anteriormente – eram muito belicosos. "Eu deveria ser julgado como um capitão que deixou a Espanha para conquistar as Índias e numerosos povos guerreiros, com costumes e crenças contrários aos nossos... e onde, por direito divino, eu estabeleci a soberania do rei e da rainha sobre o novo mundo, para que a Espanha, que um dia teve a reputação de ser um reino pobre, agora seja o mais rico de todos." Era um quadro muito diferente do paraíso terrestre de suas primeiras cartas.

"Quando eu finalmente achei que havia conquistado um descanso e podia colher minhas recompensas, fui repentinamente feito prisioneiro e trazido aqui acorrentado, para minha grande desonra. As acusações contra mim foram levantadas por pura malícia", Colombo escreveu em uma carta à parte, que se acredita ter sido entregue ao principal órgão deliberador de Castela, o Conselho de Castela.[31] Ele abandonara sua mulher e filhos para servir à Castela de Isabel, ele disse, e "agora, no fim de minha vida, vejo-me despojado de minha honra e posição social sem absolutamente nenhum motivo".

Isabel e o marido não precisaram de muita persuasão para concordar que Colombo havia sido miseravelmente tratado por Bobadilla. "Príncipes tão agradecidos não podiam permitir que o almirante fosse tratado tão ofensivamente, e assim ordenaram que viesse à presença deles com todos os direitos que ele mantinha ali, mas que haviam sido sequestrados quando foi detido. Mas eles nunca mais permitiram que ele assumisse o governo [das ilhas]", escreveu o pajem do príncipe Juan, Oviedo, que veio a se tornar um dos primeiros historiadores das Índias. Isabel e Fernando ordenaram que a parte de Colombo dos lucros comerciais lhe fosse devolvida, juntamente com sua propriedade. Bobadilla, que foi substituído dez meses mais tarde, foi instruído a devolver amostras de minério de ouro que ele tomara de Colombo, e pagar a ele por qualquer quantidade que tivesse vendido.[32]

No final de 1501, Isabel recebeu outra carta de Colombo, desta vez dirigida apenas a ela, na qual ele veste o manto do cavalheiro galante escrevendo para sua dama. "Mais cristã das rainhas. Sou o leal criado de Vossa Alteza. As chaves da minha vontade eu vos entreguei em Barcelona. E se verificardes, descobrireis que seu perfume e gosto aumentaram e não é pouco o prazer que se pode auferir daí. Penso somente em vossa satisfação... Eu vos dei minha total devoção em Barcelona, com toda a minha alma, honra e posição. Frei Juan Pérez [do mosteiro de La Rábida] e a ama [Juana de la Torre] poderão ambos confirmar que isso é verdade. E estou cada vez mais firme em minha dedicação a Vossa Alteza."

Nessa época, Isabel já vinha sofrendo de prolongados acessos de doença, e Colombo viu seu controle mais fraco como a causa do acúmulo de problemas:

> As outras questões com as quais Vossa Alteza tem que lidar, juntamente com vossa saúde debilitada, significam que a administração deste caso não está sendo realizada com perfeição. Isso me entristece por duas razões: primeira, por causa da questão de Jerusalém, que eu suplico a Vossa Alteza que não ignore ou pense que falo disso apenas para impressionar; a outra é meu temor de que toda essa questão escape do nosso controle. Suplico a Vossa Alteza a não me considerar nada mais do que vosso mais leal criado em tudo isso, e a acreditar que eu não minto quando digo que empreguei todo o meu esforço para vos dar paz de espírito, alegria e aumentar vossos grandiosos domínios.[33]

Isabel não levou sua oferta de recapturar Jerusalém para o cristianismo muito a sério, mas estava preparada para enviá-lo de volta ao Novo Mundo — sob condições muito restritas, que incluíam não parar em Hispaniola, onde o novo governador, Nicolás de Ovando, chegara em uma poderosa frota de trinta e duas naus. Las Casas viajou com Ovando e encontrou os colonos de bom humor, já que tinham descoberto uma razoável quantidade de ouro,[34] enquanto uma "revolta" dos índios oferecia uma desculpa para fazer mais escravos.

Colombo finalmente embarcou em sua quarta e última viagem em abril de 1502 com uma esquadra relativamente discreta de quatro embarcações, com seu irmão Bartolomé e seu filho de treze anos, Hernando. Por essa época, outros exploradores, inclusive Américo Vespúcio, andaram viajando pelas Índias e ampliando a área de descobertas com crescente evidência de um continente ao sul das ilhas que Colombo descobrira nas Antilhas. A missão de Colombo nesta ocasião era encontrar um canal que o levasse em direção às Índias. Ele ignorou as instruções de Isabel para se manter longe do principal porto de Hispaniola em Santo Domingo e foi impedido de aportar.[35] "A resposta foi me dizerem que, por ordens daí, eu não podia passar ou tentar desembarcar", ele escreveu na que provavelmente foi sua última carta a Isabel. "Os corações daqueles que estavam comigo desfaleceram por medo de que eu os fosse levar para longe, onde, disseram, não haveria nenhum remédio para quaisquer perigos que se abatessem sobre eles."[36] Colombo sentiu a humilhação profundamente, especialmente depois que seus navios foram surpreendidos fora do porto por uma tempestade cuja chegada ele havia previsto. Seus quatro navios e seu filho doente sobreviveram, mas uma frota que partia de volta a Castela e ignorou seus avisos perdeu dezenove navios. Cerca de 200 mil castelhanos de ouro (a maior carga de ouro já conseguida, no valor de 100 milhões de maravedis, que incluía uma peça enorme, única, encontrada no leito de um rio e que, só ela, acreditava-se valer 3.600 *pesos de oro*, ou mais de 1,5 milhão de maravedis) naufragaram juntamente com quinhentos homens. Seu inimigo Francisco de Bobadilla e o ex-rebelde Francisco Roldán estavam entre os que se afogaram. "Nenhum homem nem menino sobreviveu, ninguém foi encontrado vivo ou morto", relatou Las Casas, acrescentando que as construções de taipa, que constituíam a maior parte de Santo Domingo, também foram destruídas.[37] "Foi como se um exército de demônios tivesse sido solto do inferno."

Colombo prosseguiu viagem para a América Central e a atual Honduras, onde recebeu notícias de que outro mar (o oceano Pacífico) ficava a apenas nove dias de marcha, mas resolveu não procurá-lo, estando mais interessado em ouro e canais que o levassem mais além, em direção à Ásia. Suas tentativas de fundar novas colônias fracassaram e, depois de ser perseguido e afugentado pelos índios do atual Panamá, ele por fim se viu encalhado em uma parte remota da Jamaica.[38] Foi dali que Colombo escreveu sua derradeira carta a Isabel, alegando ter ouvido falar de novas minas de ouro, enquanto também refletia sobre seu fracasso em atingir um de seus principais objetivos – tornar-se rico. "Hoje eu nem sequer possuo um teto em Castela. Se quiser comer ou dormir em algum lugar, tenho que ir a uma taverna ou estalagem, e muitas vezes nem por isso eu posso pagar", alegou.[39] Colombo também os repreendeu: "Até agora tenho sido tratado como um estrangeiro. Estive em vossa corte real por sete anos, e todos com quem falei a respeito deste empreendimento o tratavam como uma piada. Agora, até mesmo alfaiates estão pedindo [permissão] para fazer descobertas. E conseguem, embora se deva acreditar que eles na verdade vão roubar, dessa forma causando grandes danos à minha honra e a todo este empreendimento."[40] Ele acrescentou uma última queixa, exigindo que os monarcas agissem no sentido de restaurar sua honra:

> Comecei a servir a Vossas Altezas aos 28 anos, e agora não tenho um único fio de cabelo que não tenha ficado branco. Estou doente de corpo e passei meus últimos anos nisto, mas tudo foi tirado de mim e dos meus irmãos e vendido, inclusive as roupas que vestíamos, sem que fôssemos ouvidos ou vistos no tribunal, para minha grande desonra. Devo crer que isso não foi feito por vossa ordem real. A restauração de minha honra e dos danos a mim causados, juntamente com a punição dos culpados, fariam vosso nome real soar alto outra vez.

Não sabemos como Isabel, uma pessoa para quem a honra (significando sua reputação e o respeito devido a ela) também era muito importante, reagiu, mas o tempo estava se esgotando. Somente depois que dois de seus homens conseguiram remar em uma canoa até Hispaniola é que ele pôde deixar a Jamaica, embora a essa altura tenha ficado desamparado por um ano inteiro. Era junho de 1504. Ele retornaria a Castela mais tarde nesse mesmo ano com sua reputação em frangalhos, doente, endividado e prestes a morrer. Nem ele nem Isabel poderiam saber que imenso impacto suas viagens e seu amor mútuo às grandes aventuras teria no mundo.

35

Casamentos dos Bórgia

Palácio do Vaticano, 12 de junho de 1493

Enquanto Isabel tentava impor uma moralidade rígida em sua corte, em sua Igreja e nos crescentes territórios de Castela, um novo papa desprezava as regras mais básicas da boa conduta de uma maneira acintosa, que a enfurecia e exasperava. O novo papa era um espanhol, ninguém menos do que Rodrigo Bórgia, o cardeal poderoso, ardiloso que ajudara Isabel quando ela lutava pela posição de herdeira de seu meio-irmão em Castela. O papa, de sessenta e um anos, havia sido eleito em agosto de 1492, assumindo o nome de Alexandre VI, e notícias logo chegaram aos ouvidos de Isabel de que ele havia levado consigo sua própria e especial forma de nepotismo e uma noção notoriamente frouxa de moralidade pessoal para o Palácio do Vaticano. O acontecimento mais escandaloso de todos foi a procissão de casamento, conduzida pelos aposentos suntuosamente decorados do palácio em junho de 1493, da filha do papa, a menina de treze anos chamada Lucrécia Bórgia. Famosa por seus olhos castanho-claros, pescoço delgado e uma cabeleira loura à altura das panturrilhas, Lucrécia herdara tanto a pose quanto a boca carnuda de seu pai. Homens contemporâneos também comentaram sobre um busto "admiravelmente bem proporcionado". Uma criada negra carregava a cauda do vestido, e atrás delas seguiam mais de cem das mais importantes senhoras de Roma vestidas em suas melhores roupas e adornos.[1] A maior parte das conversas deve ter sido em catalão ou espanhol, as línguas que o enorme clã dos Bórgia e seus amigos haviam levado com eles para Roma. À frente delas estava a jovem de dezenove anos Giulia Farnese, vivaz, de cabelos escuros, também chamada de Giulia Bella, ou, de forma menos lisonjeira, "a concubina do papa".

E foi assim que a filha ilegítima de um papa estava se casando com um membro de uma das famílias mais poderosas da Itália, os Sforza de Milão, enquanto sua concubina agia como primeira-dama e uma grande ninhada de filhos igualmente bastardos assistia. O mais importante deles era o ambicioso, implacável, mimado e imaturo César. Ele era o mais velho dos quatro filhos de Vannozza dei Cattanei, alguns dos quais haviam sido legitimados. Embora com apenas dezoito anos e ainda não tivesse sido ordenado, César já estava sendo preparado por seu pai para um chapéu cardinalício.[2]

Lucrécia foi conduzida à Sala Real, onde seu pai estava sentado com toda a magnificência papal em um trono cercado de cortinas de veludo e tapeçarias. Seu irmão, João Bórgia, que detinha o título espanhol de duque de Gandía, escoltou Lucrécia para dentro do salão, onde ela e o noivo, Giovanni Sforza, de vinte e seis anos, se ajoelharam sobre almofadas diante do papa. Um terceiro irmão, Jofre, de doze anos, presumivelmente estava ali perto, acompanhando a cerimônia. O mestre de cerimônias dos Bórgia, Johannes Burchard, não aprovava o ruidoso grupo de mulheres que vinha em seguida – a maioria das quais esqueceu-se do gesto de genuflexão diante do papa. Os votos foram feitos, um anel foi colocado no dedo de Lucrécia e a festa começou. "Valetes e escudeiros serviram duzentos pratos de doces, marzipãs, frutas cristalizadas e diversos tipos de vinho", Burchard relatou. "Ao final, os convidados atiraram grandes quantidades dos doces para as pessoas do lado de fora."[3] Na Espanha, Isabel, contrariada, logo ouviu boatos de que a festa fora lasciva e turbulenta, com os convidados atirando docinhos entre os seios das mulheres mais jovens. "Cada cardeal exibia uma jovem ao seu lado. A festa continuou até muito depois da meia-noite, com tragédias e comédias dissolutas que faziam todos rir", Burchard registrou. "Muito mais tem sido dito, mas não estou relatando nada disso porque não é verdadeiro e, se fosse verdade, seria, de qualquer modo, inacreditável." Esta última frase, misteriosa, indiferente, era um lembrete de que Roma vivia de escândalos e intrigas tanto quanto de religião, e que o próprio papa Bórgia era a figura central de muitas das histórias imorais preferidas da cidade. "Alexandre VI podia ser movido por raiva e outras paixões, mas principalmente pelo seu excessivo desejo de engrandecer seus filhos, que ele amava loucamente", escreveu o historiador italiano Francesco Guicciardini, que tinha vinte anos quando o papa faleceu. "Muitos papas tiveram filhos antes, mas geralmente escondiam esse pecado referindo-se a eles como sobrinhos; ele foi o primeiro a apresentá-los abertamente para o mundo."[4]

Quatro anos antes, Giulia, então com quinze anos, se casara com um membro da poderosa família Orsini. As festividades do casamento haviam sido oferecidas por Rodrigo Bórgia, então com cinquenta e oito anos e ainda não papa, mas ainda assim – segundo um observador – "alto, de compleição mediana, nem moreno, nem louro. Ele possui olhos escuros e lábios cheios, sua saúde é excelente e tem enorme energia. É extraordinariamente eloquente e abençoado com bons modos inatos, que nunca o abandonam." Giulia ficou impressionada, foi manipulada ou era meramente calculista.[5] De qualquer modo, ela logo se tornou a poderosa amante do cardeal. Bórgia considerou isso um arranjo altamente satisfatório e lhe deu o tipo de proeminência que tornou seu papel como sua "concubina" óbvio a todos. Ele até mandou pintar o rosto da amante em um afresco representando a Virgem Maria e o Menino Jesus acima da porta de seu quarto de dormir no Vaticano. Era o tipo de atitude que deixava Isabel furiosa.

Bórgia não fazia nenhum esforço para separar sua vida privada e ambições de seu papado. Quando propôs criar, de forma inédita, treze novos cardeais em setembro de 1493, houve grande indignação entre os cardeais existentes. Um dos indicados era César e outro era Alessandro Farnese, irmão de Giulia. "Tal discórdia nunca havia sido vista antes", escreveu o embaixador de Mântua.[6] Bórgia, por sua vez, supostamente declarou que ele iria "mostrar a eles quem era o papa, e que no Natal ele nomearia mais cardeais, quer gostassem ou não".

Isabel deve ter tomado conhecimento dos detalhes da festa de casamento de Lucrécia através de seus próprios embaixadores, que haviam chegado a Roma com uma semana de antecedência – com o novo papa ameaçando cancelar a procissão de Corpus Christi por causa das chuvas torrenciais, porque ele queria muito impressionar os embaixadores espanhóis. Seus senhores, afinal, eram vitais para suas ambições pessoais e políticas. Exemplos do poder que vinha sendo exercido por Isabel e Fernando estavam por toda parte, inclusive logo do lado de fora das muralhas de Roma, no portal que levava à Via Appia, onde um acampamento de barracas de judeus-espanhóis refugiados fora erguido (e que logo seria responsabilizado por um surto da Peste).[7]

Apesar de a eleição de Bórgia ser vista como mais uma prova do crescente poder de Isabel e Fernando – com uma procissão festiva, de tochas acesas, de quatro mil nobres romanos e seus filhos gritando "Espanha! Espanha!" conforme caminhavam pelas ruas da cidade –, a rainha deplorava o comportamento escandaloso da família Bórgia e desaprovava veementemente a prole papal. Acima de tudo, entretanto, ela detestava que esse papa espanhol fosse tão descarado. Era perfeitamente normal que os papas tivessem filhos, mas geralmente eles eram discretos. Para Isabel, evitar escândalos públicos envolvendo os que estão no poder era tão importante quanto o próprio comportamento correto.

Ela tentara impedir Bórgia de entregar o título de arcebispo de Valência ao adolescente César. Os planos ambiciosos do novo papa na Espanha para seu filho João, duque de Gandía (um ducado perto de Valência), também a irritaram. Quando soube que ele também planejava tornar César cardeal, Isabel ficou lívida, convocando o núncio apostólico, Francisco Desprats, para um encontro particular.

> Ela disse que... se às vezes se referia a ações de Vossa Santidade, certamente não era por mal, e sim com grande amor, mas que ela era obrigada a falar com franqueza sobre algumas das histórias que ouvira sobre Vossa Santidade, que lhe causam, em nome de Vossa Santidade, grande aborrecimento e aversão... e ela especificou para mim as festas que foram celebradas para o casamento de dona Lucrécia e a criação de cardeais, sendo o cardeal de Valência [César]... e pediu-me que escrevesse em seu nome, suplicando a Vossa Santidade que não demonstrasse tanto ardor em relação ao duque [de Gandía] e seus irmãos.

O núncio respondera a Isabel revelando-lhe alguns dos mais escandalosos comportamentos dos papas recentemente falecidos, Inocêncio VIII e Sisto IV. "Eu disse a ela para não ficar tão desgostosa com as atitudes de Vossa Santidade, que ela não deveria pensar que era o tipo de gestos que provocavam consequências lastimáveis, e que parecia que Sua Alteza não estivera tão interessada em descobrir o estilo de vida dos outros papas que vieram antes de Vossa Santidade", ele disse. Os detalhes escabrosos que ele revelou – provavelmente incluindo o nepotismo de Inocêncio em relação a seus próprios filhos bastardos ou a meia dúzia de sobrinhos de Sisto que se tornaram cardeais, bem como a suposta paixão incontrolável que este último nutria por belos rapazes – "provavam como o comportamento de Vossa Santidade era muito mais digno do que o deles".[8]

Entretanto, a vantagem política era muito mais importante para Isabel do que o comportamento dos Bórgia. O ambicioso Rodrigo Bórgia via a si mesmo como um *pontifex imperator*,[9] um papa-imperador, e estava resolvido a fortalecer os Estados papais. Ele jogou os reinos italianos vizinhos uns contra os outros e traçou uma linha fina entre apoio para as ambições conflitantes do rei francês, Carlos VIII, e dos poderosos novos monarcas na Espanha, todos os quais tinham os olhos voltados para o grande reino sulista de Nápoles, que era governado por uma linhagem bastarda da família real aragonesa.

Bórgia interpretou bem Isabel e Fernando. Ele percebeu que os soberanos espanhóis estavam muito mais preocupados em dividir o Novo Mundo, reformar a Igreja em casa e conter a França do que com o comportamento infame de sua própria família. Ele não demorou a emitir bulas dando-lhes direitos sobre o Novo Mundo pouco depois da primeira viagem de Colombo. Também concordou com reformas da Igreja, dando-lhes um grande grau de controle sobre um processo que era de extrema importância para Isabel. Eles, em troca, aceitaram César como arcebispo e arranjaram um casamento entre uma das primas de Fernando, Maria Enríquez, com o outro filho de Bórgia, João. A *realpolitik* era evidentemente mais importante para Isabel do que o mau cheiro moral que Roma exalava.[10]

Desde que afirmou sua supremacia na Guerra dos Cem Anos contra a Inglaterra, cerca de sessenta anos antes, a França se tornara a nação dominante da Europa. A Espanha, uma nova potência, desafiava esse papel, mas Isabel e seu marido precisavam primeiro se recuperar das despesas e dos esforços da campanha de Granada. Em janeiro de 1493, assinaram um pacto de não agressão com Carlos VIII, prometendo não se opor às suas tentativas de tomar o controle de Nápoles em troca da devolução à coroa aragonesa das terras de fronteira de Roussillon e Cerdanha.[11] O acordo se desfez um ano mais tarde, depois que o rei Ferrante, de Nápoles, morreu, terminando um governo de quarenta e seis anos, e os franceses anunciaram planos de invadir a Itália. Em setembro de 1494, Carlos, de vinte e quatro anos, possuía um exército de 50 mil homens no Norte da Itália, e quatro meses mais tarde Bórgia foi forçado a abrir os portões de Roma para ele.[12]

Esse era um passo grande demais para Isabel e, especialmente, para seu marido. Fernando também reivindicou formalmente o trono de Nápoles – que precisava de sua ajuda se quisesse sobreviver ao massacre francês. Isabel e o marido enviaram um modesto exército de dois mil homens e trezentos soldados da cavalaria ligeira. Eram liderados por um famoso veterano da guerra de Granada, Gonzalo de Córdoba, que em breve se tornaria uma das principais figuras militares da Europa, apelidado de "Grande Capitão". No mês seguinte, Carlos chegou em Nápoles e esperava que o papa o proclamasse rei. Mas em março de 1495 uma aliança maior, antifrancesa e liderada pelos espanhóis, apoiada por Bórgia, fora formada.[13] Essa foi a primeira grande aventura militar de Isabel e Fernando fora da Ibéria, e um sinal de que uma nova e autoconfiante Espanha achava que podia usar sua força muito além de suas fronteiras (embora a Sicília e a Sardenha há muito fossem, e continuassem a ser, possessões aragonesas).[14] Um bilhete anônimo foi pregado nas portas do castelo de Sant'Angelo, do papa, em Roma, avisando aos espanhóis que "chegaria o dia em que todos eles morreriam pela espada".[15] Carlos VIII supostamente jurou "cortar a corrente [da aliança]. Ainda que fosse mais dura do que diamante". Uma disputa pela dominação da Itália e, por extensão, pela posição de maior potência da Europa havia começado.

36

Todos os tronos da Europa

Almazán, julho de 1496

Em Almazán, a cidade fortificada no rio Duero, perto da fronteira aragonesa, onde Isabel estava erigindo uma residência separada, independente, para seu herdeiro, o príncipe João, a rainha sentava-se com uma folha de códigos especial que transformava palavras em grupos de numerais latinos e laboriosamente escrevia uma mensagem secreta a seu embaixador na Inglaterra, o converso Rodrigo de Puebla. Ele deveria insistir que Henrique VII se juntasse à aliança contra a França, que já incluía o papa, a Espanha e as terras alemãs governadas pelo imperador Maximiliano, do Sacro Império Romano-Germânico. "O rei de França monta o maior exército que pode", ela escreveu em 10 de julho de 1496. "Considerando a fraqueza da Itália, não há dúvida de que ele a conquistará muito em breve se o rei da Inglaterra, e o rei e a rainha da Espanha, não a ajudarem efetivamente daqui em diante... o senhor deve solicitar a ele, em todos os nossos nomes, que envie socorro sem demora e não permita que a Igreja seja atropelada. O senhor deve falar não só com o rei, mas com todos os bretões", ela acrescentou. Em troca, oferecia não só finalizar o casamento entre sua filha Catarina e Arthur, príncipe de Gales, como também ajudar o rei Tudor a eliminar a ameaça representada por Perkin Warbeck – o alegado duque de York, a quem Isabel chamava de "o garoto da Escócia". "Somos suficientemente fortes para poder ajudá-lo", ela disse.[1]

Isabel recebera uma carta de Warbeck em setembro de 1493, na qual ele alegava ser um dos dois filhos desaparecidos de Eduardo IV, os chamados Príncipes na Torre. Seu irmão mais velho – que se tornaria rei Eduardo V – fora assassinado, ele alegava, mas o homem que recebera a ordem de matá-lo discretamente não tivera coragem e, em vez disso, o mantivera escondido. Após uma infância perambulante, ele recebera promessas de apoio na França, Dinamarca e Escócia, assim como do imperador Maximiliano. "Muitos dos principais personagens na Inglaterra, cuja indignação foi provocada pela conduta iníqua do usurpador, Henrique Richmond [Henrique VII], fizeram o mesmo em segredo", ele disse a Isabel. "Espero que a rainha Isabel, que não só é minha parente, mas também a mais justa e piedosa das princesas, tenha compaixão de mim e interceda a meu favor."[2]

Isabel não engoliu essa história, mas ainda se preocupava sobre até que ponto a nova dinastia Tudor, para a qual sua filha estava entrando através do casamento, seria capaz de resistir. Seu estoque de quatro filhas núbeis estava, mais uma vez, provando ser um recurso precioso que prometia, como Pulgar já havia colocado, ver seus "filhos e netos em todos os tronos da Europa". Catarina de Aragão há muito tempo estava prometida ao filho mais velho, Arthur, de Henrique VII (dando origem, alguns dizem, a uma cantiga de ninar inglesa sobre como "a filha do rei da Espanha veio me visitar e tudo por causa da minha pequena nogueira"), mas o casamento ainda tinha que ser finalizado e agora se tornara uma das peças principais na construção de uma aliança mais ampla contra a França.[3] Em julho de 1496, Isabel soube que os embaixadores de Henrique em Roma haviam concordado que ele deveria se unir à aliança contra a França.[4] "Se assim for, e ele realmente tiver se juntado [à aliança], o senhor deve exortar enfaticamente a aliança matrimonial... para nos sustentarmos e nos ajudarmos mutuamente em questões que afetam nossos reinos contra quaisquer outras pessoas", ela escreveu no final de agosto. Ela agiu depressa para trazer o rei inglês mais para perto, e o futuro de Catarina foi formalmente definido em um acordo assinado em Londres, em 1º de outubro de 1496.[5] Ela se casaria quando Arthur, que acabara de completar dez anos, fizesse quatorze.

Uma segunda filha, Joana, também serviu para reforçar o acordo. Ela já estava prometida a Felipe da Borgonha, senhor de uma extensa e importante faixa de terra no Mar do Norte e, como filho de Maximiliano, herdeiro das terras alemãs de seu pai, Habsburgo. Joana deveria partir no verão de 1496, e Isabel viu-se ocupada preparando a grande frota que acompanharia sua filha de dezesseis anos – e um enxoval que precisou de noventa e seis mulas para transportar – até o Norte de Flandres.[6]

A crença de Isabel de que a aliança precisava da Inglaterra urgentemente era, como se verificou, errônea. O Grande Capitão já estava perto de infligir uma derrota ao exército francês no reino de Nápoles. As lições aprendidas em Granada, inclusive o uso de artilharia para conquistar castelos, haviam sido refinadas e aperfeiçoadas com a ajuda dos italianos, como a descoberta de que tropas armadas levemente, mas com grande mobilidade, podiam derrotar a cavalaria francesa, lerda e pesadamente armada. O controle do mar pela Espanha e sua atividade diplomática na Itália e em outras partes ajudaram a isolar Carlos VIII. Essa foi a primeira vitória espanhola em mais de um século de guerra, conforme o domínio da Europa continental pela França diminuía e o da Espanha aumentava. Ao final do ano, Bórgia demonstraria sua apreciação concedendo a Isabel e Fernando o título de "Reis Católicos" em reconhecimento pela sua conquista de Granada, expulsão dos judeus, sua promessa de combater os turcos e, crucialmente, sua oposição às ambições da França na Itália.[7] Era um reconhecimento do poder, não da piedade.

Com Joana e Catarina já comprometidas, Isabel voltou sua atenção para as outras filhas. Elas se mostraram tão intensas e obstinadas a respeito de seus maridos quanto sua própria mãe, famosa por seu ciúme, havia sido. O breve casamento de sua filha mais velha, Isabel, com o príncipe Afonso, herdeiro do trono de Portugal, estabelecera o padrão. Embora fosse uma união política, eles se apaixonaram loucamente, fosse por amor, luxúria ou ambos. Isabel tinha vinte anos e ele apenas quinze, mas o casamento terminou dramaticamente depois de apenas oito meses, com a súbita morte de Afonso em julho de 1491. Como as trágicas heroínas dos primeiros romances sentimentais espanhóis que as novas gráficas em Burgos e em outras cidades estavam começando a produzir – inclusive o popular *Tratado de amores de Arnalte y Lucenda,* dedicado às damas da rainha, que deviam ser as mais ávidas leitoras de romances –, a jovem Isabel reagiu dramaticamente.[8] Ela cortou seus magníficos cabelos louro--avermelhados e vestiu-se com o hábito de uma freira da Ordem de Santa Clara. "Ela não quer conhecer nenhum outro homem", relatou Peter Martyr d'Anghiera.[9] Comer tornou-se um desafio e, como sua irmã Catarina, ela parece ter sofrido de algum tipo de distúrbio alimentar – sugerindo uma natureza perfeccionista e, talvez, uma mãe exigente. Jejum e vigílias a deixaram "mais magra do que uma árvore seca" e ela jurou ficar de luto pelo resto de sua vida, tornando-se obstinada e apavorada sempre que os assuntos casamento e gravidez eram levantados.[10] Mas Isabel recusou seu pedido de entrar para um convento. Suas filhas eram uma parte crucial de sua política externa, e ela e Fernando precisavam da jovem Isabel para continuar suas alianças dinásticas. "Seus pais tentam persuadi-la, eles pedem e suplicam que ela procrie e lhes dê netos", disse Anghiera.[11] "Mas ela tem sido surpreendentemente firme em recusar um segundo casamento. Tal é o seu recato e humildade que não mais comeu à mesa desde a morte do marido... Ela fica vermelha e nervosa sempre que a conversa se volta para casamento." A própria Isabel admitiu que estavam tendo problemas com sua filha mais velha. "Temos que dizer ao senhor que a princesa, nossa filha, está determinada a não mais se casar", ela escreveu ao seu embaixador em Londres, em 18 de agosto de 1496.[12]

Um visitante italiano ficou surpreso ao ver a filha da rainha "vestindo um traje de viúva", embora, ao que parece, não houvesse nada de extraordinário em uma viúva espanhola exibir sua tristeza de uma maneira tão exagerada. "Às vezes, quando um espanhol morre, no dia do funeral, sua viúva ou seu parente mais próximo... chora e se lamenta durante todo o funeral, puxando os cabelos e gritando: 'Meu Deus! Por que tirou de mim este homem, que era o melhor do mundo?'", relatou um visitante surpreso do Norte da Europa. "E ela continua com mil outras palavras, todas loucas ou ininteligíveis; e se não o fazem elas mesmas, contratam outras mulheres para fazer isso por elas, que demonstram exatamente as mesmas emoções. Tudo indica que sua dor é maior na aparência do que em seus corações."[13] A infanta Isabel, como suas irmãs, também sabia que uma parte importante de sua tarefa era gerar filhos que pudessem ser herdeiros de seus pais e netos para Isabel e Fernando, assim ajudando a cimentar alianças com a Espanha. Seu abertamente declarado medo de gravidez, uma causa de morte comum entre mulheres jovens, pode também ter norteado seu desejo de buscar a segurança de um convento.[14]

Sua obstinada devoção ao marido português falecido por fim saiu pela culatra. Os portugueses ficaram bastante impressionados que seu novo rei, Manuel, que herdara a coroa no ano anterior com a morte de seu primo João II (e fora apoiado por Isabel, que se deslocou para a fronteira com tropas, caso ele enfrentasse um desafio armado), agora a queria como sua esposa. Isabel ofereceu-lhe Maria, sua terceira filha, mas Manuel insistiu que somente a jovem Isabel serviria, e ela, por fim, achou impossível resistir à insistência de seus pais e tornou a se casar. Entre outras vantagens, disseram-lhe que um lugar ao lado de Manuel lhe permitiria exercer seu zelo religioso e promover o tipo de reformas que sua mãe já estava executando em Castela. O que nenhum dos pais esperava, entretanto, é que ela fosse fazer exigências pessoais a Manuel antes de consentir no casamento. A jovem Isabel herdara os preconceitos de sua mãe, e durante sua estada anterior em Portugal ela havia, ao que parece, sentido profunda vergonha à visão de tantos suspeitos da Inquisição estarem inundando livremente Portugal. Ela também havia herdado a obstinação de sua mãe, e insistiu, em uma carta a Manuel, que "todos aqueles condenados aqui [em Castela] que estão atualmente em seus domínios"[15] fossem expulsos antes que ela pusesse os pés em Portugal outra vez. Isabel e Fernando foram forçados a pedir desculpas e a explicar o comportamento de sua filha. "Ficamos muito aborrecidos com ela por enviá-la [a carta] sem nos dizer primeiro, mas ela disse que a enviou sem nos informar porque receava que nós a impedíssemos", explicaram a Manuel.[16]

As desculpas de Isabel pelo comportamento de sua filha permanecem pouco convincentes. Ela própria costumava acusar Manuel de deliberadamente acolher conversos, e lhe escreveria outra vez em 1504 queixando-se disso. É provável que sua filha estivesse apenas repetindo as queixas da mãe. O impacto de tudo isso nas minorias religiosas de Portugal foi devastador, já que Manuel prontamente aquiesceu aos desejos de sua noiva. Em novembro de 1496 ele expulsou os conversos de Castela, embora algumas famílias obtivessem absolvição papal e tivessem permissão para ficar. No mês seguinte, ordenou a expulsão ou conversão dos judeus e, indo ainda mais longe do que a Castela de Isabel, acrescentou a expulsão dos mouros também.[17] Era como se ele estivesse competindo com Isabel para ver quem podia ser mais duro. Esse foi um golpe duplo para aqueles que ela já havia forçado a deixar Castela. "Um vento de terror varreu os hebreus, e particularmente aqueles judeus que tinham vindo de Castela, os quais se lamentaram: 'Fugimos do leão só para cair nas garras do urso'", escreveu um cronista judeu.[18] Tendo que escolher entre se converter ou se exilar, a maioria dos judeus mais uma vez escolheu o último. Mas Manuel estava ofendido com a sugestão de que ele pudesse ser menos devoto do que sua futura sogra e tentou superá-la. Ele ordenou o confisco de todos os livros judeus, muitos dos quais foram queimados.[19] "Eles levaram um judeu que amava seus livros e o surraram com correias", escreveu Saba, o estudioso fugitivo de Zamora.[20] "Enquanto eu ouvia, fiquei tremendo, caminhando com apreensão e medo, e cavei um buraco no meio de uma grande oliveira que tinha extensas raízes pelo chão, e ali escondi os livros que eu havia escrito."[21]

O verdadeiro objetivo de Manuel era a conversão forçada, em vez da deportação, e pouco antes da Páscoa de 1497 ele aumentou a pressão decretando que as crianças judias de menos de quatorze anos fossem levadas de suas famílias e batizadas à força. Quando o rapto de crianças fracassou em dobrar a vontade de muitos,[22] ele usou de mais força. "Testemunhei com meus próprios olhos como os judeus eram arrastados pelos cabelos até as pias batismais; como um pai, com a cabeça coberta [com um xale de oração] como sinal de seu imenso pesar e com o coração partido, foi para a pia batismal acompanhado de seu filho, protestando", relatou o bispo de Lamego, um membro do conselho real que dificilmente seria uma testemunha favorável aos judeus.[23] Os que resistiam à conversão e insistiam em partir eram levados para um acampamento perto do palácio Estaus, em Lisboa,[24] e batizados à força. Alguns escolheram o martírio, destruindo imagens cristãs com pleno conhecimento de que seriam condenados à morte. Dos milhares ali, apenas Saba e cerca de quarenta homens e mulheres escaparam do batismo. "Eles me desnudaram e levaram meus filhos e filhas", ele disse. "Deixaram-me sem nada. E eu e os [quarenta] outros fomos presos e acorrentados, e depois de seis meses o rei ordenou que nos dessem um navio quebrado para nos levar a Arzilla."[25]

Não há nenhum registro da reação de Isabel a tudo isso, mas não é provável que tenha ficado descontente com o fato de o vizinho Portugal estar replicando suas próprias ações em Castela. Quanto mais não fosse, servia para justificar o que ela própria já havia feito. Ela e Fernando, talvez preocupados que seus novos súditos muçulmanos em Granada iriam culpá-los pela ordem de expulsão de Portugal, mostraram-se surpreendentemente solidários com os mouros de Portugal. Em abril de 1497, concordaram com um pedido para que se mudassem para a Espanha. "Ordenamos que vós, vossas esposas, filhos, homens, criados e bens tenham permissão de entrar em nossos reinos e ali permanecerem o tempo que desejardes", disseram. O resultado foi um repentino aumento na população mudéjar nas cidades castelhanas fronteiriças.[26]

37

Embora clérigos... ainda somos de carne e osso[1]

Sevilha, 1496

Santiago Guerra era apenas um dos muitos membros da Igreja a serem encontrados em Boadilla de Rioseco, uma cidade da *meseta* pequena e exposta ao vento, a cerca de sessenta e cinco quilômetros de Valladolid. Um rico e antigo mosteiro cisterciano, o Mosteiro Real de Benavides, dominava a região e aqueles que usavam hábitos religiosos desfrutavam dos privilégios, status e segurança que os acompanhavam. Esses privilégios obviamente não incluíam o direito de atacar e violentar mulheres locais, mas, quando Guerra fez exatamente isso a uma garota da família Cano, da cidade, foi impossível para a vítima obter justiça da arquidiocese de Leão.[2] Em vez de ser levado a julgamento, Guerra andava por Boadilla de Rioseco armado e ameaçando matar o pai da menina, Pedro Cano. Somente depois que a família apelou diretamente para a autoridade real de Isabel e Fernando é que uma investigação judicial foi por fim aberta.

Não é claro se o caso chegou aos ouvidos da própria Isabel ou foi resolvido por seus servidores, mas este foi apenas mais um exemplo de um padre comportando-se como se estivesse acima de todas as leis. Entre as muitas vantagens de que os sacerdotes desfrutavam, na verdade, estava um grau de proteção contra os tribunais civis, e alguns novatos das ordens menores aderiam a elas simplesmente para evitar um julgamento ou para não serem perseguidos por suas dívidas. Estes não só buscavam "escapar da punição por seus crimes", como a própria Isabel declarou em 1500, mas até continuavam a "perpetrar muitos e diferentes crimes". Ela, por fim, achou necessário exigir que sacerdotes de ordens inferiores fossem proibidos de carregar armas nas vilas e cidades, e que os bandidos, blasfemos e assassinos fossem impedidos de entrar para a ordem.[3] Até padres de modo geral honestos achavam que tinham o direito de desconsiderar leis básicas relativas a mulheres. Em um caso ouvido em um tribunal de Sevilha, uma mulher chamada Marina Rodríguez queixou-se de que seu amante, um padre da catedral da cidade, chamado Juan Simón, sacara uma arma quando confrontado por seu marido. O corte no rosto de seu marido foi fundo o suficiente para "rasgar a pele e a carne, perdendo muito sangue", Marina relatou ao tribunal. No entanto, Simón parece não ter sido punido, e quando o marido morreu algum tempo depois, Marina publicamente perdoou seu agressor e, presumivelmente, restabeleceu-se como sua "manceba", ou amante, oficial.[4]

A Igreja espanhola estava entre as mais ricas e poderosas da cristandade. Sua renda em Castela em 1492 era 50 por cento maior do que a da coroa e, juntamente com Portugal e Aragão, ela proporcionava um terço da renda do tesouro papal em Roma – mais do que França, Inglaterra e Escócia juntas. Essa riqueza tornava-a um ímã para os preguiçosos, os ambiciosos e os venais, assim como mulheres e homens santos. Nas ruas íngremes de Toledo, sede do mais importante arcebispado de Castela, os visitantes ficavam surpresos tanto pelo número de cabeças tonsuradas quanto pela riqueza individual de seus donos. "A catedral tem muitos capelães [Münzer contou mais de cem em 1494] que ganham 200 ducados por ano, de modo que os senhores de Toledo e de suas mulheres são os clérigos, que possuem belas casas e podem gastar e conquistar, entregando-se ao mais alto padrão de vida sem que ninguém os censure", observou o diplomata e escritor italiano Andrea Navagero mais tarde, no século XVI.[5] Cargos podiam, e frequentemente eram comprados. Importantes arquidioceses eram disputadas pelos Grandes e pela aristocracia, porque traziam a mesma riqueza e poder secular quanto os grandes títulos da nobreza. Adolescentes tornavam-se bispos, bispos tornavam-se protagonistas na política e seus filhos bastardos, em geral, eram elevados a altas posições.

Isabel detestava tudo isso. Por um lado, a Igreja, através dos bens seculares de seus grandes arcebispos e bispos, era uma fonte de poder rival e uma causa em potencial de problemas da mesma forma que os Grandes o eram. Por outro, ela ficava indignada que tão poucos monges, frades e freiras cumprissem os votos básicos de pobreza, castidade e obediência de suas ordens, e que tantos sacerdotes vivessem abertamente com suas concubinas. As freiras da Espanha, censurou Lucio Marineo Sículo, o professor italiano em Salamanca, frequentemente "viviam com grande liberdade e dissolutamente" e, pior ainda, "em contato com homens". No convento de San Pedro de las Dueñas, onde o meio-irmão de Isabel colocara sua amante, Catalina de Sandoval, como madre superiora, elas sabidamente desfrutavam de uma "vida dissoluta e frenética".[6]

A rainha queria a ordem, a disciplina e a decência restauradas, reformando os monastérios, o clero e, se possível, o próprio papado, para que todos se comportassem mais como pessoas cujos principais interesses fossem Deus, as almas e a caridade, em vez de riqueza, poder e prazer. Também havia muitos exemplos bons a serem seguidos, especialmente nos mosteiros mais disciplinados que haviam brotado durante o século anterior, em uma tentativa de renovar o espírito original disciplinado das ordens monásticas.

A Espanha não era pior do que outros lugares. Nos principados do Sacro Império Romano na Inglaterra, França e Alemanha, a corrupção e a simonia também prevaleciam. A remissão dos pecados e a evasão do purgatório podiam ser, e frequentemente o eram, compradas com dinheiro. Ninguém poderia antever as dramáticas divisões da cristandade no século XVI, mas o desalento popular com a Igreja estava lá nos poemas, cantigas e *coplas* satíricas. "Sempre que um frade morre, o resto vai cantar, porque um a menos significa mais uma porção para dividir" era uma delas. Os primeiros movimentos do que se tornaria uma revolta protestante contra esses excessos já haviam sido presenciados na Inglaterra, com os lollards, e entre os tchecos, com o surgimento dos hussitas. Martinho Lutero nascera em uma cidade da Saxônia em 1483, decorridos apenas nove anos do início do longo reinado de Isabel. Ele teria liderado o ataque a uma Igreja corrupta, onde quase tudo, inclusive a virtude, parecia à venda, enquanto a própria filha de Isabel, Catarina de Aragão, iria por fim ajudar a provocar o rompimento de Henrique VIII com Roma por recusar-se a aceitar a anulação de seu casamento.

Ao mesmo tempo que combatia os mouros, perseguia hereges e expulsava judeus, Isabel insistia que a Igreja se limpasse da corrupção e da depravação. Logo ela desistiu de contar com Roma como uma fonte de reforma. Como poderiam papas como Bórgia ou seu antecessor, Inocêncio VIII – que gostava de assistir prostitutas nuas dançarem e exibia seus filhos bastardos em público –, exigir castidade ou qualquer outra virtude de padres, monges ou freiras comuns? A própria Roma estava repleta de filhos bastardos de cardeais, e emissários como Palencia haviam retornado com suas histórias de luxúria decadente, bacanais e de homens velhos de cueca correndo diante do papa.[7] Assim como acontecia com a Inquisição, a reforma seria realizada sob a égide da coroa castelhana ou provavelmente não seria empreendida de nenhuma forma. E se isso significasse aumentar o poder real sobre a Igreja, também estava de acordo com as ambições de Isabel de uma monarquia mais centralizadora, mais absolutista.

Ironicamente, foi o dissoluto Bórgia, com seu nepotismo e ganância de poder, quem mais a ajudou. Se Isabel e Fernando queriam poderes para reformar, precisavam de sua permissão. Isso dava a ele uma moeda de troca extra para manobrar em benefício de seus próprios filhos e para manter as propriedades papais protegidas de poderes externos. Em março de 1493, ele emitiu uma bula permitindo que os reis da Espanha supervisionassem uma reforma dos mosteiros que, em termos simplistas, fez com que muitos deles se vissem forçados a trocar sua fidelidade do ramo menos severo de sua ordem para o ramo mais disciplinado, que insistia em pobreza, castidade e bom comportamento. Isabel também queria que as freiras fossem enclausuradas e maior devoção em todos os mosteiros e conventos à meditação, à penitência e à missa. Nos casos mais exagerados, isso significava uma mudança de boa comida, vinhos finos e a companhia de mulheres para camisa de cilício e trabalho pesado. Dos três bispos que deveriam supervisionar a reforma, um sempre estaria na corte, para que Isabel e Fernando pudessem acompanhar o processo. Isso tornava a reforma semelhante à Inquisição e à Santa Irmandade, cujos servidores mais graduados também se deslocavam com o tribunal de justiça – refletindo as prioridades de Isabel sobre fiscalização, repressão religiosa e reforma purificadora. No mesmo dia, Bórgia também entregou formalmente a Isabel e Fernando o controle das ricas e poderosas ordens religiosas militares de Alcântara e Santiago, acrescentando um importante tijolo ao absolutismo real de Isabel. Ela e Fernando já haviam se apoderado do controle da terceira maior ordem militar, a de Calatrava, embora alguns em Roma considerassem "ilegal e monstruoso" que dessem a uma mulher como Isabel o controle de uma ordem masculina. O apoio de Bórgia foi comprado com uma série simples de barganhas, inclusive permitir que César se tornasse arcebispo de Valência.[8] A reforma monástica, em outras palavras, foi trocada por nepotismo papal escandalosamente óbvio.

Uma reforma similar do clero não monástico também foi iniciada. Neste caso, era em grande parte uma questão de moralidade pública, embora Isabel e Fernando se esforçassem para nomear bispos letrados e honestos, que iriam, por sua vez, nomear padres qualificados e honestos. "Ninguém sem diploma universitário entra aqui", Talavera disse quando foi nomeado arcebispo de Granada. O alemão Popplau ficara indignado quando o visitou em 1484. "O clero, com apenas algumas exceções, nem sequer sabe falar latim", ele disse. A concubinagem era outro alvo, assim como o modo de vestir – com os padres recebendo ordens de que a tonsura tivesse o tamanho certo, os cabelos não fossem muito longos e seus hábitos abaixo dos joelhos. Uma calamidade particular era o grande número de clérigos vivendo abertamente com mulheres. Isso há muito era uma tradição, e a reação oficial variara de tolerância à intolerância, em grande parte não posta em vigor. A punição geralmente recaía sobre as mulheres, que podiam ser multadas ou forçadas a usar uma faixa de tecido vermelho nos cabelos como prova pública de que não eram dignas de respeito. Mas quando as regras foram publicamente desprezadas pelos clérigos de Santo Domingo de la Calzada em 1490 e os servidores do governo tentaram punir suas mulheres, os namorados reagiram excomungando-os. Isabel inicialmente confiara à Igreja a solução desse problema, mas impôs sua própria punição quando se tornou claro não só que os clérigos continuavam a viver com mulheres, mas – uma preocupação específica para Isabel, para quem a imagem podia ser tão importante quanto a realidade – também se gabavam de seu comportamento escandaloso. "Fomos informados de que muitos clérigos tiveram a audácia de viver abertamente com suas concubinas, e estas publicamente declararam ser suas mulheres e que não temiam a lei", Isabel e Fernando escreveram quando novamente resolveram tornar as regras mais rígidas. Mais uma vez, foram as mulheres que tiveram que ser punidas, com expulsão de sua vila ou cidade ou com cem chibatadas e multas para as reincidentes. Essas punições também foram estendidas às amantes de homens casados,[9] que não podiam ostentar relacionamentos que desafiassem a ordem estabelecida.

A atitude de Isabel em relação à prostituição, entretanto, foi relaxada, e ela até mesmo distribuiu licenças. Todas as cidades tinham seus bairros de bordéis. Em Córdoba, as casas de prostituição ficavam no terreno da catedral e pagavam aluguel diretamente à igreja, bem como impostos locais. Em 1486, Isabel e Fernando concederam uma licença a Alonso Yáñez Fajardo, às vezes descrito como padre "para que possa estabelecer bordéis em todas as cidades conquistadas e lugares ainda a serem conquistados" no reino de Granada. Prostitutas de classe mais alta, conhecidas como as *encubiertas*, ou escondidas, deveriam ser tratadas de forma diferente de amantes públicas, especialmente porque conduziam seus negócios de forma discreta, em particular. Os servidores do governo "não devem confiscar nada de nenhuma mulher que não seja uma prostituta pública. Aquelas a quem chamam de "escondidas" não devem ser multadas ou ter má reputação, porque isso poderia causar escândalo ou outros problemas", o regulamento de Córdoba determinou.[10] As prioridades, portanto, eram principalmente evitar problemas e escândalos sociais, como também proteger o status de mulheres legalmente casadas. Até mesmo a corte da própria Isabel, tão louvada por seus próprios propagandistas, era suspeita. "Como é difícil conservar a virtude e a honestidade e evitar desilusões infelizes na corte", lamentou Popplau.[11] Um dos poetas favoritos de Isabel, o pregador da corte, supostamente mulherengo, frei Íñigo de Mendoza, admitiu que a corte era só tentação. "Para fugir do diabo, é melhor ir para os estábulos do que para a corte real", ele disse.[12] Ele podia estar se referindo à corte de Henrique IV, mas a reputação de Isabel de expulsar jovens que interessavam seu marido sugere que sua corte "reformada" tinha sua própria vida não tão secreta de encontros clandestinos e flertes sexuais. Um de cada dezessete filhos de nobres na região da Estremadura, por exemplo, era bastardo.

Isabel pode ter sido severa e razoavelmente devota, mas isso não significava que pudesse impor sua visão da Igreja a seu marido.[13] Fernando aparentemente não via nenhum conflito entre reformar a Igreja e nomear seu próprio filho bastardo, Afonso de Aragão (nascido no mesmo ano de seu primeiro filho legítimo com Isabel), como arcebispo de Saragoça quando tinha apenas oito anos de idade, ou, muitos anos mais tarde, torná-lo arcebispo de Valência.

Isabel teria gostado de reformar a própria Roma, que muitos viam como a raiz do declínio e da licenciosidade da Igreja. Mas isso significaria reformar Bórgia. "Sua própria casa estava de tal forma desarranjada que todo o resto de Roma poderia ter alegado ser um mosteiro repleto de monges e freiras em comparação a ela", disse Zurita. Os sermões do incendiário pregador italiano puritano Girolamo Savonarola – que organizava fogueiras das vaidades em Florença para queimar obras de arte, livros e cosméticos pecaminosos, e que também atacava o papado de Bórgia do púlpito e foi excomungado – estavam na estante de Isabel. Um servidor espanhol até acusou Bórgia, na sua frente, de promover Roma como uma "casa de prazeres", e não como a casa de São Pedro.[14]

Isabel não podia pressionar muito Bórgia, porque a Igreja estava se tornando uma importante fonte de renda para ela. Quando seu amado frei Talavera escreveu uma carta condenatória a um cardeal espanhol em Roma, ela censurou suas queixas sobre hipocrisia, riscando-as. "O senhor terá que perdoar minha grande presunção por alterá-la, mas apaguei a parte onde o senhor menciona hipocrisia, porque eu não acho que Roma deva ser manchada", ela explicou a Talavera. Com a desculpa e considerável despesa da guerra de Granada, eles haviam recebido autoridade do papa para levantar dinheiro diretamente de, ou via, a rica Igreja da Espanha. Com o tempo, essa fonte de renda cresceu de um quarto do dinheiro que chegava ao erário de Isabel a responsável por até 40 por cento. A cada três anos, Isabel e Fernando tinham que voltar ao papa para pedir uma renovação das chamadas Bulas da Cruzada, pelas quais levantavam a maior parte desse dinheiro. Eles continuaram a fazer isso depois do fim da guerra de Granada, quando então o dinheiro da Igreja se tornara essencial para suas finanças. O dinheiro era usado não só para lutar contra os mouros, ajudar o papa na Itália ou enviar frotas contra os turcos.[15] Também ajudou a financiar as viagens de Colombo e as de suas filhas Joana e Catarina quando foram para Flandres e para a Inglaterra, respectivamente, para se casarem. Isabel estava obviamente angustiada com isso. Ela sabia que o dinheiro extra deveria ser destinado às cruzadas e, em seu testamento, quando contabilizou os delitos que poderiam ser apresentados contra ela quando tentasse entrar no céu, ela pediu para que quaisquer fundos indevidamente aplicados fossem devolvidos.[16]

No outro lado da balança, entretanto, ela podia destacar ter obtido uma reforma genuína nos mosteiros e uma reforma parcial do clero (embora, como Navagero testemunhou em Toledo, os problemas de concubinas e riqueza não tivessem obviamente sido erradicados). Por ter feito reformas antecipadamente, pode-se dar a Isabel o crédito de ajudar a preparar a Espanha para resistir ao impacto da Reforma Protestante no século XVI. Em consequência, a Espanha permaneceu um país quase universalmente católico romano, que espalharia a fé pelas Américas e para outros territórios espanhóis, como as Filipinas. "Ela corrigiu e puniu a grande desonestidade e devassidão entre os frades e freiras de seu reino", disse seu leal propagandista Andrés Bernáldez,[17] embora isto tenha sido apenas parcialmente verdade.

Isabel, entretanto, não realizou por completo sua ambição para a Igreja espanhola. O modelo que ela e Fernando realmente buscavam era aquele apreciado por outros monarcas na Europa que controlavam a nomeação de bispos e arcebispos. Esse direito lhes foi concedido em Granada e nas Índias, juntamente com uma fração da renda da Igreja lá, apesar de continuamente insistirem na extensão desse direito e lutarem contra qualquer tentativa de Roma de indicar bispos não espanhóis. Mas conseguiram, na verdade, trazer mudanças para o tipo de homens que se tornavam bispos. Alfonso Carrillo e Pedro González de Mendoza tinham sido arcebispos dos Grandes, à moda antiga, na principal sé de Toledo, pinçados das fileiras da alta nobreza e tão interessados em política e sua própria glória quanto na Igreja em si. Os novos bispos de Isabel eram mais modestos, mais cultos e mais devotos. Homens de classe média com diploma universitário e profundas convicções receberam poder, às vezes contra sua vontade. Entre eles estavam dois dos clérigos mais influentes de seu reinado, os arcebispos Hernando de Talavera, de Granada, e Francisco Jiménez de Cisneros, de Toledo – ambos frades que haviam originalmente planejado seguir uma vida mais humilde.[18] Depois de seu marido, esses eram os homens que mais influenciavam Isabel e seu modo de governar.

38

A frota de Joana

Laredo, 22 de agosto de 1496

A rainha Isabel não estava acostumada com o mar, muito menos em dormir em um barco. Mas sempre sentira um fascínio pelo oceano que, ao mesmo tempo, a aterrorizava. Agora estava a bordo de um navio no bem protegido porto de Laredo, ao norte, com sua filha Joana, de dezesseis anos, ouvindo o marulho das ondas batendo no casco de um pesado galeão genovês. Esta era uma tentativa de uma mãe acalmar os temores de sua filha sobre viajar através dos mares, deixando a jovem acostumar-se ao movimento das ondas e aos rangidos das madeiras. Joana estava prestes a viajar para Flandres, onde deveria casar-se com Felipe, duque da Borgonha, cujas terras incluíam grande parte da atual Holanda, Bélgica e Luxemburgo. O duque, de pele clara, rosto fino e cabelos castanho-avermelhados, era conhecido como "o Belo" e filho do imperador Maximiliano, dos Habsburgo, e usava o título de arquiduque da Áustria. Isabel sabia que, no futuro, ela provavelmente poucas vezes veria sua segunda filha. Com seus cabelos castanhos, olhos escuros e rosto estreito, Joana era mais parecida com a família de seu pai. Isabel dera à sua segunda filha o apelido de *suegra*, aparentemente porque ela se parecia muito com a adorada e lendária mãe de Fernando. Fernando entrou nesse jogo, e também de brincadeira chamava sua filha de "mãe". Joana, como suas duas irmãs mais novas, Catarina e Maria, não recebera tanta atenção maternal quanto Isabel esbanjara nos filhos mais velhos, Isabel e João.[1] Agora ela estava saindo de casa e, conforme a data de partida, 22 de agosto de 1496, se aproximava, sua mãe preocupava-se.

Uma grande frota de mais de cem navios foi reunida em Laredo. A presença altaneira e verde do Monte Buciero e seus penhascos protegia a baía mais ao norte, enquanto a Laredo propriamente dita ficava aninhada em uma área de terra baixa a oeste de um promontório íngreme criado por um vulcão extinto, erodido. No cais e ancorado na baía ao largo da ampla e extensa praia, a valiosa carga de artigos de cama e mesa, roupas, joias, pratarias e objetos de ouro do enxoval de Joana fora lentamente carregada. Isabel tanto supervisionou toda a operação quanto conduziu os negócios de Estado de uma casa de pedra grande e sólida em uma das ruas íngremes que levavam ao porto. A extensa lista de compras que Isabel aprovou incluía duzentos dedais, 10 mil agulhas de costura, 40 mil alfinetes e 62 pares de chapins, um calçado de solas altas. Mais de seis quilômetros de sedas, brocados, veludos, algodão e lã foram encomendados para roupas e artigos de cama e mesa. Iguarias incluíam gengibre verde, frutas cristalizadas e geleia de marmelo. Perfumes ostentavam nomes estranhos e às vezes de origem árabe, como benjoim, algália, âmbar e almíscar (este último segregado pelos almiscareiros cativos, tendo Münzer visto um animal "colérico e furioso" que tinha o que pareciam ser os testículos virados do avesso e uma pequena colher inserida para extrair um óleo, o qual deixou suas mãos "cheirando a óleo de almíscar por vários dias").[2] Entre as peças de joalheria mais exóticas a viajarem com ela estavam as axorcas de ouro, em estilo mouro, com quase oito centímetros de espessura, que podiam ser secretamente perfumadas e das quais Joana tanto gostava.[3]

A frota real de quarenta e uma embarcações era conduzida por dois gigantescos galeões em estilo genovês, de mil toneladas, que eram reconhecidamente seguros. Galeões menores, caravelas ágeis e pequenos barcos a vela, com remos, compunham o resto da frota pessoal de Joana.[4,5] Metade dos 4.500 tripulantes dos navios eram soldados, a maioria bascos, a cargo de seiscentas peças de artilharia e outras armas, algumas feitas especialmente para proteger a infanta espanhola.[6] Uma frota mercante acompanhante, inclusive dois navios transportando ferro para a Inglaterra, totalizava mais de sessenta embarcações. Ao menos duzentas pessoas, inclusive quatro escravos, compunham os atendentes e a criadagem de Joana, e o grupo de nobres que a acompanhava era chefiado pelo primo de Fernando, Fadrique Enríquez, o almirante de Castela. Era uma enorme despesa para a coroa.[7] As origens dos bens de Joana mostram que os muçulmanos mudéjares ainda eram importantes como artesãos, com as panelas de cobre da cozinha feitas por "Ali, um mouro de Torrelaguna", enquanto outro mouro chamado Palafox fez trinta e seis baús e Muhammed Moferrez (um grande mestre mouro de Saragoça) foi encarregado de fornecer o novo claviórgão), ou o cravo (ou ambos), que foram levados com ela.[8] Tudo isso era, é claro, destinado a se exibir – inclusive os 43 quilos de ouro e 116 quilos de prata usados na criação de joias, objetos de mesa e adornos de capelas.[9] Isabel estava acostumada a exibir riqueza e poder em casa. Agora, estava determinada a fazer o mesmo no exterior. Se a Espanha iria se tornar a maior potência europeia, tinha que impressionar.

O tempestuoso golfo de Biscaia e o canal da Mancha eram aterradores para os que não eram navegadores, mas as preocupações de Isabel não diziam respeito apenas aos perigos naturais do mar. O que aconteceria, ela se perguntava, se o navio de sua filha fosse atacado pelos franceses ao contornar a Bretanha e atravessar o canal da Mancha? A preocupação era real, pois o casamento com Felipe fazia parte de uma tentativa conjunta de criar uma aliança contra a França, que seria ainda mais fortalecida por um casamento entre sua irmã, Margarida da Áustria, com o filho de Isabel, João. A tensão com a França havia alcançado tal ponto que Isabel estava em Laredo sem seu marido, que havia corrido à Catalunha para lidar com a ameaça francesa lá.[10] Ela não o veria por quase três meses.

Quando ela escreveu ao rei Henrique VII da Inglaterra, através de seus embaixadores, três dias antes de Joana partir, agiu mais como mãe do que estadista. "Contai ao rei da Inglaterra, meu primo, sobre a partida de minha filha... porque eles têm ordens minhas para, se houver necessidade, parar em qualquer porto ou terras que pertençam ao rei da Inglaterra. Por causa da confiança que depositamos nele, acredito que meus filhos serão tratados por seus súditos da mesma forma que seus filhos seriam tratados em meus reinos", ela escreveu.[11] Se a instável condição climática do Atlântico os levasse para um porto inglês, ela queria dizer, ela esperava que ele tratasse Joana como se fosse sua própria filha.

Isabel podia estar buscando seu próprio consolo passando as duas noites antes da partida de Joana com sua filha criativa, inteligente e cheia de vida – pois sua própria mãe, Isabel de Portugal, morrera na antiga casa em Arévalo havia apenas uma semana. Há muito tempo ela era uma reclusa deprimida, mas sua filha continuara a visitá-la sempre que seus deveres permitiam. Em 22 de agosto, após duas noites no galeão, Isabel deu adeus à sua filha. "A rainha despediu-se com muitas lágrimas, achando que talvez nunca mais se vissem outra vez", o cronista Alonso de Santa Cruz relatou. "Ontem à noite, à meia-noite, a armada zarpou, o tempo, graças a Deus, estava favorável", Isabel escreveu quando a frota de Joana desapareceu no horizonte. "Que Deus queira levá-la rapidamente ao desejado porto seguro, como somente Ele tem o poder de fazer."[12]

Isabel continuou viagem para Burgos, onde passou vários dias em estado de ansiedade. "Ela estava aflita por sua filha, precisando de notícias. Como a filha entrara na boca do inferno [no mar], ela se preocupava que a frota fosse atingida por alguma tormenta ou não conseguisse ultrapassar os bancos de areia de Flandres", escreveu Santa Cruz. "Por essa razão, ela mantinha homens do mar à sua volta para que pudessem lhe dizer que ventos estavam soprando, a fim de acalmá-la." Em nova carta a seu embaixador na Inglaterra, ela agora pedia a Henrique VII que enviasse barcos em socorro de Joana se ela fosse atacada no mar "por quem quer que quisesse causar-lhe mal". O salvo-conduto que buscava de Henrique VII mostrava-se necessário depois que o canal da Mancha correspondeu à sua reputação de tempestuoso, com a frota forçada a parar por vários dias em Portland. Os bancos de areia de Flandres também causaram danos. Uma pesada nau espanhola se perdeu, e o enorme galeão genovês carregando a maior parte do enxoval de Joana encalhou e afundou, levando com ele as joias de muitos Grandes e de outros nobres que viajavam com ela.[13]

Joana chegou a Flandres em 8 de setembro de 1496. O mar acabou sendo o menor de seus problemas. Seu enorme séquito ficou surpreso ao constatar que ninguém de nível equivalente os aguardava. Nem Felipe nem seu pai, Maximiliano, estavam em Flandres, e um mês inteiro se passou antes de Joana encontrar-se com seu marido e casar-se com ele. Joana estava entrando para uma das cortes mais alegres e descontraídas da Europa, e que estabelecia a moda e os padrões de ostentação ao resto do continente. Os cortesãos de Felipe riram do pobre senso estético do embaixador de Isabel, Francisco de Rojas, quando ele representou o príncipe João na cerimônia de noivado com Margarida da Áustria. Rojas era um dos homens que Isabel havia elevado de uma posição relativamente humilde a emissário favorito da rainha. Ele teve que se despir parcialmente e deitar-se na cama de Margarida, revelando meias-calças vermelhas rasgadas presas por um cinto de couro ao redor da cintura. O senso estético austero dos espanhóis – um reflexo do tipo de humanismo moralista adotado pela corte de Isabel – chocava o estilo hedonista preferido pelas cortes tanto na Borgonha quanto na França. Os espanhóis que acompanhavam a infanta ficaram chocados com os padrões morais frouxos e os gastos descontrolados. Os borgonheses, Isabel soube, "gostam mais de beber bem do que de viver bem". Um embaixador castelhano particularmente briguento, Gutierre Gómez de Fuensalida, mais tarde observou que Joana "não devia mais tolerar essas pessoas, já que não têm boas maneiras".[14]

Maximiliano não era o mais confiável dos aliados, em parte porque estava sempre sem dinheiro. Um dos embaixadores de Isabel descreveu-o como "lento para tomar decisões, e com uma tendência a contradizer as pessoas; nunca quer o que lhe é proposto, ainda que seja para o seu bem; e com uma reputação de generosidade, mas não muita, [já que] é tão pobre que para se obter 100 florins dele as pessoas têm que insistir por 100 dias".[15] Mas Isabel e Fernando sabiam que o melhor contrapeso para a força e a ambição francesas era uma aliança entre eles mesmos, os Habsburgo e os Tudor.

Os emissários, enquanto isso, traziam de volta à Espanha descrições do estilo novo e luxuoso da corte da Borgonha. Boatos espalharam-se rapidamente de que Isabel estava preparando aposentos para sua futura nora, Margarida, na Espanha, que seriam quase idênticos àqueles drapeados em tecido dourado *à la nouvelle mode* que os espanhóis viram quando ela recebeu sua nova cunhada.[16] Enquanto Joana e os principais nobres que a acompanhavam agora impressionavam os borgonheses com suas roupas e joias, estes últimos estavam decepcionados com o resto do grupo. "Seus seguidores vestiam-se de forma muito simples e gastavam muito pouco", registrou o cronista Jean Molinet.[17] "Pois são sóbrios na comida e na bebida." Felipe, então, dispensou a maior parte da corte de Joana, deixando-a sozinha e impotente. Entre os que tiveram permissão para ficar estavam suas quatro escravas, embora tivessem provocado outro embate cultural, já que banhavam-na e lavavam seus cabelos com tanta frequência que seu marido culturalmente obtuso por fim começou a se preocupar com sua saúde. Isabel fez todo o possível para impedir que Felipe deixasse sua filha sem sua corte espanhola, enviando um bispo a Flandres com instruções "para assegurar que as pessoas que a arquiduquesa levou consigo para seu serviço não sejam retiradas de seu ambiente familiar". Ela também fez pressão para que Joana tivesse o controle de sua própria renda, seguindo a maneira espanhola, em vez de ter que extorquir dinheiro dos contadores de seu marido. Não funcionou. Felipe nem se importava, nem era fiel, estando quase sempre ausente. Fuensalida achou que ele tinha "um bom coração, mas era instável e influenciado por seus conselheiros, que o envenenavam com um estilo de vida dissoluto, levando-o de banquete em banquete e de mulher em mulher". Muitos desses conselheiros eram radicalmente pró-franceses, e desaprovavam um casamento destinado a enfraquecer os monarcas de Valois da França. Joana logo descobriu que havia herdado a propensão de sua mãe para o amor apaixonado e possessivo. "Esta paixão não se encontra somente em mim", ela admitiu mais tarde. Mas se sua mãe havia sido "igualmente ciumenta", ela disse, o tempo por fim a curara, e esperava que o mesmo acontecesse a ela.[18]

Para piorar a situação, os espanhóis acharam a mudança de clima insuportável. Haviam chegado tão no final do verão que agora seria impossível fazer a viagem de volta, levando Margarida da Áustria com eles para se casar com João, até a primavera. O tempo frio e úmido da costa de Zeeland, somado à comida diferente e a um surto da Peste, significou que muitos não sobreviveram a um terrível inverno. Seus dedos congelavam e as tempestades que vinham do Mar do Norte os deixava tremendo de frio e vulneráveis. "Quer fosse pela mudança de ar, ou da alimentação, ou por causa de suas roupas inadequadas, que eram incapazes de resistir ao frio agonizante, a Peste os atingiu e cerca de três a quatro mil deles perderam a vida", recordou Molinet.[19] Cerca de metade do grupo espanhol morreu e quase 75 mil maravedis foram gastos apenas para enterrá-los. Como não era de surpreender, muito dos espanhóis que deveriam permanecer com Joana agora imploravam para serem levados para casa. Abandonada à própria sorte, ela não pôde, ao menos inicialmente, fazer muito para aproximar os reinos de Isabel da Borgonha ou ajudar a promover os interesses da Espanha contra os da França. Felipe não estava muito envolvido em administrar suas próprias terras, deixando esse trabalho para seus conselheiros. Festas e caça o interessavam mais. "Ele não era nem ambicioso nem ganancioso, e não era muito afeito ao trabalho, preferindo que outros assumissem o controle e governassem por ele", relatou Zurita. Felipe quase sempre concordava com Joana quando estavam sozinhos, ela disse a um embaixador, "porque ela sabe que ele a ama". Mas como ele contava tudo que ela lhe dizia ao seu antigo tutor, o arcebispo de Besançon, pró-franceses, ela aprendeu também a não dizer a Felipe "aquilo que acreditava que deveria ser dito a ele e que deveria ser feito".[20]

O genro de Isabel, portanto, era uma decepção. Ele mostrava poucos sinais de vir a ser pró-espanhóis e, na verdade, criava mais problemas para Isabel do que solucionava. Ela perdera uma filha e ganhara muito pouco em troca. Ela agora esperava que a outra parte de seu acordo com os Habsburgo – o casamento de seu filho João com a irmã de Felipe, Margarida – desse melhores resultados.

39

Dois maridos tendo, morreu donzela

Burgos, março de 1497

Velas de boas-vindas queimavam nas janelas das casas e 1.500 tochas flamejantes, montadas em suportes, iluminavam as ruas de Burgos. Mais uma vez, Isabel escolhera o crepúsculo como o momento mais dramático para um encontro importante, e a noite caía quando a cavalgada trazendo sua nora Margarida da Áustria entrou na cidade. Isabel esperou por ela junto à porta interna do palácio, usando uma túnica de brocado de fio de ouro, um xale vermelho decorado a ouro e uma mantilha preta – um traje reproduzido tanto para Catarina quanto para Maria. O encontro foi minuciosamente encenado. Quando Margarida tentou se ajoelhar e beijar a mão da rainha, Isabel gentilmente a fez se levantar. "A recepção que a rainha preparou para ela foi deslumbrante", observou o embaixador veneziano. "Beijando e abraçando muitas vezes, ela a levou consigo."[1]

Um palco em diversos níveis havia sido montado no grande salão do palácio, com a família real cuidadosamente arranjada por hierarquia. Isabel e Fernando sentavam-se no topo, com suas filhas um degrau abaixo deles e a filha ilegítima de Fernando, também chamada Joana, mais um degrau abaixo. Esta última parece ter nascido antes do casamento deles, embora ao menos duas outras filhas ilegítimas, ambas freiras chamadas Maria, que passaram a maior parte de suas vidas juntas em um convento em Madrigal de Las Altas Torres, tivessem vindo mais tarde. "Em sua juventude, ela era considerada a jovem mais bela da Espanha", relatou um visitante que viu Joana casar-se com um Grande, o condestável de Castela (com quem ela já tinha uma filha), muitos anos mais tarde. A coreografada pompa em Burgos, com sessenta das damas de Isabel em fila por quase uma hora para beijar a mão da nova princesa, impressionou o embaixador veneziano – que elogiou as roupas finas da "*damisele... nubile*". Margarida trouxe com ela não apenas a sofisticação da Borgonha, como também a da corte francesa, similarmente hedonista, onde ela antes fora noiva de Carlos VIII. Ela fascinou a plateia com um deslumbrante vestido à moda francesa, de brocado de ouro e carmesim forrado de arminho, encimado por um chapéu de feltro preto e acompanhado de grandes pérolas. "Sendo tão bonita e tão pálida, o ouro e as pedras preciosas que usava pareciam ainda mais esplêndidos", relatou Santa Cruz.[2] "E suas damas eram igualmente belas, todas vestidas de acordo com seus costumes."

A ansiedade de Isabel a respeito da viagem marítima de Margarida para a Espanha foi quase tão grande quanto a que sentira na partida de Joana. Mais uma vez, seus temores demonstraram ser justificados. Margarida era cheia de vida e inteligente, com um senso de humor irônico. Era, depois do colapso de seu longo noivado com Carlos VIII da França, sua segunda tentativa de se casar. Quando a frota que a levava para a Espanha, que também teve que parar em portos ingleses, foi castigada por tormentas no golfo de Biscaia, ela anotou seu próprio epitáfio jocoso. "Aqui jaz Margarida, dama bela,/ que dois maridos tendo, morreu donzela."[3] Notícias de sua chegada a Santander alcançaram Isabel em Burgos no começo de março de 1497. Um grande grupo de nobres partiu através das montanhas da Cantábria para receber a futura princesa e levá-la à corte. O grupo de Margarida não tinha muita ideia de como seria a Espanha e sua geografia montanhosa, trazendo com eles as carruagens de quatro rodas que eram usadas no noroeste da Europa. Elas logo sucumbiram às montanhas íngremes e às trilhas lamacentas de primavera da Espanha. "Elas são para terreno plano", disse o pajem da princesa, Gonzalo Fernández de Oviedo, torcendo o nariz, muitos anos depois.[4]

O garoto com quem Margarida viera se casar era o filho mais especial de Isabel e sempre fora adorado e mimado por sua mãe. "Meu anjo", Isabel costumava chamá-lo, mesmo quando o censurava.[5] Durante toda a sua vida, ela havia se ocupado das despesas, educação e serviçais particulares do filho. Sua ama, Juana de la Torre, a mulher que preparara o *miel rosada* para Colombo, era claramente a favorita do rapaz. João tornou-se tão apegado a ela que a considerava "como uma mãe",[6] sentia sua falta quando estava longe dela e, de maneira ainda mais confusa, certa vez mergulhou a pena na tinta e, com uma caligrafia rabiscada, disse que esperava se casar com ela.[7] "Minha ama, que tristeza me causaste com tua partida; não sei como não sofreste grande angústia ao me deixar assim, porque sabes a solidão que sentirei sem ti", ele escreveu. "Eu te suplico, minha ama, que retornes, pelo amor que tens a mim, porque tu me deverias ter, e a mais ninguém, como teu marido." Somente quando ele completou onze anos (em 1489) é que os gastos de seu grupo doméstico foram separados das próprias contas de Isabel, mas, à época de seu casamento, ele tinha sua própria corte e palácio em Almazán.[8]

Como todos os filhos de Isabel, João teve uma infância itinerante. Quando pequeno, era carregado em uma liteira por criados conforme a corte se deslocava de um lugar para o outro. Mais tarde, ele aprendeu a montar em uma mula – algo que sua irmã menor, Catarina, já fazia desde os seis anos. Selas largas e acolchoadas, próprias para crianças – com paus cruzados presos a elas, para que pudessem ser erguidas e baixadas ou carregadas por portadores –, eram cobertas com almofadas de seda e cobertores. As viagens intermináveis vagando por caminhos, trilhas e antigas vias romanas, vadeando por rios ou escalando desfiladeiros nas montanhas significaram que todos os filhos de Isabel se tornaram hábeis cavaleiros com pouca idade. Certa vez, a mula de Joana tropeçara e fora levada rio abaixo quando a família vadeava o rio Tejo em Aranjuez, em 1494. Isabel, assustada, começou a gritar pedindo ajuda enquanto Joana agarrava-se corajosamente à sua sela e sua mula tentava nadar. Quando resgatada por um cavalariço, Joana estava "vermelha como uma rosa" e "cheia de energia". Todos estavam igualmente acostumados a passar a noite em palácios grandes e pequenos, bem como em casas de vilas ou grandes tendas (às vezes ao estilo árabe) armadas ao ar livre. Isto não significa que estivessem acostumados ao desconforto. Arminhos, coelhos, lebres, lontras e martas eram todos sacrificados para manter as crianças reais confortavelmente aquecidas. As contas de João mostram que ele usava ao menos 55 pares de sapatos e um número semelhante de macios borzeguins por ano.[9] Mas o gosto de João por suas roupas e seu hábito de apegar-se a elas em vez de dá-las a empregados enfurecia Isabel, que interveio para educá-lo sobre generosidade real apropriada.

"Disseram à rainha que o príncipe estava ficando avarento", relatou Oviedo. "Como uma rainha prudente e magnânima, ela se perguntou como libertar seu filho desse defeito e torná-lo mais generoso... porque é um grande defeito se um rei não sabe agradar aqueles que o amam e servem." Certo dia, ela perguntou ao camareiro do príncipe, Juan de Calatayud, o que acontecera com uma roupa que o príncipe deveria ter doado. "Minha senhora, está no quarto do príncipe. Ele não a doou, nem geralmente doa nada que Vossa Alteza tenha comprado para ele", veio a resposta.

"Teria sido melhor para ele tê-la doado, porque os príncipes não devem ter arcas cheias de roupas em seus quartos", Isabel disse. "De agora em diante ficarás encarregado de, todo ano, no último dia de junho [o aniversário do príncipe], me trazer todos os gibões, túnicas, capas, outras roupas, chapéus e arreios e todos os ornamentos de cavalos, mulas e pôneis/ em outras palavras, toda a indumentária pessoal do príncipe, exceto as meias-calças e os sapatos." No seu aniversário seguinte, todas as suas vestimentas foram expostas e um inventário foi feito. Isabel chamou João à sua presença e, com a lista nas mãos, repreendeu-o amorosamente: "Meu anjo... príncipes não devem ser como comerciantes de roupas de segunda-mão, nem devem ter arcas cheias de roupas e acessórios pessoais. De agora em diante, neste dia do ano e diante de mim, quero que distribuas tudo isso entre teus criados."¹⁰ Isabel, é claro, já fazia praticamente o mesmo com suas próprias roupas.

Touradas, falcoaria, jogos de bola, música, espetáculos teatrais, fogos de artifício e xadrez estavam entre os entretenimentos proporcionados a João. É provável que quando segurasse na mão a peça de xadrez que representava a rainha – ainda mais poderosa depois das mudanças de regras, que lhe permitiam se mover diagonalmente pelo tabuleiro – ele pensasse em sua mãe, que alguns historiadores viam como um modelo para a mudança. A principal preocupação de Isabel, como sempre, era a educação. Quando atingiu a idade escolar, ao fazer sete anos, um tutor dominicano, Diego de Deza, passou a acompanhá-lo em suas viagens, enchendo sua cabeça de latim, gramática, ética, leituras e instrução musical.¹¹ Sete anos era, segundo um manual, a idade em que a realeza jovem deveria começar a "ler, escrever, aprender latim e depois a tocar instrumentos, dançar, nadar, usar arco e flechas e bestas, praticar esgrima, jogos de tabuleiro, jogos de bola e outras habilidades que homens bem-educados e prudentes deveriam ter".¹² Conforme crescia, João foi se tornando mais próximo de seus pais, aprendendo com a proximidade os processos reais de tomada de decisão, guerra e justiça. Aos quatorze anos, ele era um homem rico por direito próprio, acumulando terras que pagavam aluguel e impostos – e as responsabilidades inerentes. Em 1496, pouco antes de se despedirem de Joana, Isabel e seu marido deram formalmente ao filho o título desfrutado por todos os herdeiros da coroa, príncipe das Astúrias.¹³ "Por antigos costumes nesses nossos reinos... quando há um filho mais velho a ser o herdeiro dos reinos, quando ele deixa a tutoria e atinge a maioridade, o soberano costuma lhe dar uma corte e principado para ele ter e governar", escreveram.

João foi o terceiro dos filhos de Isabel a se casar e, como suas irmãs e sua mãe, ele rapidamente tornou um casamento de conveniência política em um relacionamento ardente e apaixonado. João e Margarida casaram-se em 19 de março de 1497, mas ainda era a Quaresma – uma época de restrições religiosas – e eles foram obrigados a esperar duas semanas antes de terem permissão para consumar o casamento. Nesse ínterim, as comemorações foram enfraquecidas pela morte de um jovem nobre que caiu sob o próprio cavalo durante um disputado jogo de canas, tendo alguns visto o acontecimento como um mau presságio para o casal. Margarida, loura, de pele clara, impressionou os europeus do sul, que viam algo superior e desejável em sua tez pálida. "Era como se estivéssemos contemplando Vênus... intocada por maquiagem ou artifícios", escreveu Anghiera, embora seja difícil imaginar um produto das cortes francesa e borgonhesa sendo tão desprovido de adornos.[14]

João e Margarida de Habsburgo se encantaram um com o outro à primeira vista. Alguns, na verdade, preocuparam-se com a visível intensa atração sexual entre o jovem casal, ficando os médicos da corte preocupados com o tempo que passavam juntos na cama.[15] Temiam que o príncipe, cuja longa história de doenças fazia com que fosse alimentado regularmente com carne de tartaruga, para aliviar suas dores estomacais, era jovem e fraco demais para tal esforço. "Um prisioneiro de seu amor pela senhora, nosso jovem príncipe está novamente pálido demais", escreveu Anghiera, que acompanhou João quando ele cavalgou pelas ruas atapetadas de tomilho e outras ervas aromáticas em sua entrada real em Salamanca, em 28 de setembro.[16] "Os médicos do rei avisaram a rainha para afastar Margarida do lado do príncipe de vez em quando, dando-lhes descanso, argumentando que relações sexuais tão frequentes são um perigo." Isabel não deu ouvidos. "De vez em quando eles dizem à rainha para observar como o príncipe está emagrecendo, como sua postura é ruim, e avisam-na de que, na opinião deles, isso pode reduzir sua resistência e enfraquecer seu estômago. Eles nada conseguem", disse Anghiera.

A reação de Isabel pode ter refletido sua própria experiência tanto com sexo quanto com o casamento. "A rainha diz que não cabe ao homem separar o que Deus uniu", relatou Anghiera, que se preocupava que Isabel estivesse transferindo a robustez natural de seu marido para seu filho obviamente mais fraco, e culpava uma dieta insossa de "frango e outros alimentos fracos" por sua natureza pouco saudável. "O príncipe sempre foi fraco desde o nascimento... Eles advertem a rainha para não se fiar no exemplo de seu marido, a quem a natureza presenteou com uma admirável robustez assim que ele saiu do útero de sua mãe, dizendo-lhe inúmeras vezes que existe uma grande diferença entre pai e filho", ele disse.[17] Em questões de Estado, Isabel era obrigada, no mínimo, a fingir que estava dando atenção aos conselhos. Quando dizia respeito a seus filhos, no entanto, ela claramente achava que as decisões eram apenas suas. "A rainha não ouve ninguém e apega-se obstinadamente à sua decisão feminina", disse Anghiera em meados de junho, depois que a família havia se reunido em Medina del Campo enquanto a jovem Isabel se preparava para seu retorno a Portugal, desta vez como rainha consorte. "Ela tornou-se uma pessoa que jamais esperaríamos que se tornasse. Eu sempre declarei que ela era uma mulher muito confiável. Eu não gostaria de chamá-la de obstinadamente rebelde; [mas] ela é excessivamente confiante."

Isabel e Fernando tinham outras preocupações. A jovem Isabel tinha que ser enviada a Portugal em grande estilo, e uma série de festividades e cerimônias foi organizada para o início de outubro na cidade fronteiriça de Valência de Alcântara. Dali ela deveria atravessar a fronteira para Portugal. A família dividiu-se, com Isabel, Fernando e as filhas viajando para a fronteira, enquanto João permanecia em Salamanca – um de seus *señorios* pessoais, onde cerca de três mil estudantes da maior universidade da Espanha constituíam um sexto da população. Ele andara mostrando sinais de exaustão e logo ficou de cama, com febre. "Na completa efervescência do prazer, o príncipe João chegava ao fim de seu dia extenuado", escreveu Bernáldez, que figurava entre os que achavam que o príncipe estava se esforçando demais com sua fogosa esposa. Apesar da fraqueza, ele continuara com seus passatempos favoritos, que a essa altura pareciam ser principalmente falcoaria e ir para a cama com Margarida. Ele podia também estar sofrendo de varíola (já contraíra uma vez em 1488) ou tuberculose. Provavelmente não ajudou o fato de que, pouco depois do casamento, o cavalo em que ele percorria as ruas de Burgos depois de assistir à missa com Margarida tivesse se assustado, atirando-o em uma vala e "colocando-o em grave perigo". Ele teve que ser retirado por um cavaleiro, o *adelantado* de Cazorla, Hurtado de Mendoza.[18]

A doença de João evoluiu rapidamente. Ele permaneceu como hóspede de seu antigo tutor, frei Diego de Deza, que agora era bispo de Salamanca. Isabel deve ter lido com terrível preocupação uma carta de Deza que a alcançou na fronteira portuguesa. Datava de 29 de setembro e avisava que o estado de saúde do príncipe era grave:

> É o pior fardo do mundo ver o apetite dele tão fraco e Sua Alteza mal conseguindo servir-se sozinho. Se esta doença o tivesse acometido em uma época em que não tivésseis que estar ausentes, Vossas Altezas seriam o remédio, porque a presença de Vossas Altezas o ajuda muito, e ele fica mais obediente aos médicos e recebe mais apoio e alegria. Suplico a Vossas Altezas Reais que digam o que deve ser feito com o príncipe neste estado; e se ao fazer isso estou servindo mal a Vossas Altezas Reais, imploro vosso perdão. Estou exausto e não sei o que é melhor.

Fernando galopou de volta a Salamanca e parece ter chegado a tempo de dar algum consolo a seu filho moribundo. A versão de Bernáldez de suas últimas palavras ao filho, que provavelmente foram inventadas, reflete o drama e a tragédia do dia: "Amado filho, sê paciente porque estás sendo chamado por Deus, que é o maior de todos os reis, cujos reinos são infinitamente maiores e melhores do que aqueles que tens ou aguardavas ter... Prepara teu coração para receber a morte, que todos nós temos o dever de fazer uma única vez, com a esperança de que serás para sempre imortal e viverás na glória."

Isabel não viu o filho antes de sua morte, aos vinte anos, no palácio do bispo em Salamanca, em 4 de outubro de 1497. Seu casamento curto e apaixonado durara menos de seis meses.[19] "Esta morte deixou seu pai e sua mãe inconsoláveis, como Margarida, sua mulher... que estava grávida", relatou Bernáldez.[20] A morte foi uma tragédia pessoal para Isabel e um drama político com ecos que alcançavam muito além das fronteiras do país. Um compositor judeu no Norte da África, muito provavelmente um dos que foram expulsos cinco anos antes, imaginou o drama de Isabel por não ter conseguido chegar a tempo ao leito de morte de seu filho. "Onde tu estavas, minha mãe, minha desafortunada mãe? Pedindo a Deus no céu... Mas chegaste tarde demais, mãe – a sentença já foi proferida."[21] Era, acima de tudo, um momento de pesar familiar íntimo. No dia seguinte à morte do filho, Fernando partiu ao encontro de Isabel. Ele deve ter dado a notícia da morte do filho pessoalmente. "Ele entregou sua alma a Nosso Senhor com grande devoção", Fernando escreveu em uma carta pouco depois de partir.[22] "É preciso dar graças por tudo, e agora devo partir e pegar a estrada pela qual a rainha virá, porque me parece que, para tal notícia, eu devo estar com ela."

A morte do filho pôs fim rápida e dolorosamente à alegria de Isabel com o segundo casamento de sua filha favorita. "E assim passaram da alegria do casamento às lágrimas, chorando, de luto pelo príncipe – tudo em uma semana", disse Bernáldez.[23] A reação pública de Isabel de manter uma aparência exterior serena e impassível, própria de uma rainha, foi percebida por Anghiera, que não se convenceu. "Os soberanos tentam esconder sua profunda tristeza. Mas podemos ver que, por dentro, seus espíritos estão deprimidos", ele escreveu.[24] Isabel e Fernando encontraram apoio em um casamento que não havia perdido nada de sua cumplicidade. "Quando estão em público, não param de se entreolhar, que é quando os sentimentos que escondem em seu íntimo se tornam evidentes", disse Anghiera. A única referência de Isabel ao seu próprio sofrimento vem em uma carta posterior, assinada em conjunto com Fernando, em que tiram algum consolo do fato de João ter podido se confessar e receber a extrema-unção. "Um fim tão católico como o que ele conseguiu nos dá grande consolo, mas tão grande perda só pode nos causar um enorme sofrimento."

O caixão foi colocado embaixo de um dossel na catedral de Salamanca. Tantas velas foram acesas ao redor que foi preciso trazer cera das cidades vizinhas. Instruções rígidas foram emitidas pelas autoridades de Salamanca. Ninguém deveria usar ouro, prata, seda ou roupas coloridas, "somente tecidos negros de luto e tristeza". Gaitas, tamborins, tambores e flautas foram proibidos em casamentos e batismos. O corregedor também aproveitou a situação para insistir que os mudéjares locais não só usassem trajes de luto, como também a meia-lua azul no ombro, que tinha por objetivo marcá-los como muçulmanos.[25] O mais enlutado, segundo Oviedo, era o cão do príncipe João, da raça *lurcher*, marrom-escuro e branco, chamado Bruto. "Ele deitou-se no chão, junto à cabeceira do caixão, e não importava quantas vezes o tirassem de lá, ele sempre voltava ao mesmo lugar", escreveu Oviedo. "Por fim, vendo que ele insistia em acompanhar o morto, colocaram uma almofada para ele se deitar, e ele permaneceu lá, dia e noite, enquanto o corpo esteve ali, e lhe deram comida e água, e quando saía para urinar, ele sempre voltava para o mesmo lugar." As duas filhas mais novas de Fernando e Isabel, Maria e Catarina, ficaram tão impressionadas com o cachorro – que tão perfeitamente imitava os cães incluídos em tantas sepulturas reais como símbolo de lealdade – que a rainha insistiu em adotá-lo. "E foi por isso que, dali em diante, a rainha sempre tinha aquele cão perto de seus aposentos", recordou Oviedo. Bruto foi se juntar a Hector, outro cão preferido de Isabel, que vivia como a realeza, e os dois juntos devoravam meio carneiro todos os dias.[26]

O corpo foi transportado para Ávila enquanto a Espanha continuava a prantear seu príncipe. "Com que rapidez a horrenda face da Fortuna mudou", escreveu Anghiera. "Tudo que antes era alegria agora se converteu em lágrimas." Isabel, Fernando, sua família, a corte, nobres e muitas pessoas em todo o país se vestiram de preto ou usaram túnicas brancas em sinal de respeito.[27] Bandeiras negras foram hasteadas nos portões das cidades e vilas enquanto os espanhóis choravam o jovem cujo destino, agora frustrado, fora unir todos eles. Na cidade sulista de Córdoba, as autoridades locais fecharam escolas de dança, proibiram festas, impediram que os barbeiros barbeassem as pessoas, proibiram o uso de seda e brocado por um ano e ordenaram que as pessoas parassem de enfeitar seus cavalos com ornamentos coloridos, "sob pena de cinquenta chibatadas".[28]

Isabel desviou de sua dor dedicando-se a cuidar da viúva Margarida. Sua preocupação era induzida por um afeto genuíno por sua nora, mas ela também esperava que a criança no ventre de Margarida viesse a ser um herdeiro substituto. "Nossa devoção à princesa só cresce, conforme ela tenta superar a dor com todas as forças e tão sensatamente, pois esta é [a pessoa] que ela é, e nos esforçaremos para consolá-la e fazê-la feliz, como se ela nada tivesse perdido", os soberanos escreveram em 8 de dezembro, de Alcalá de Henares. "Ela tem uma gravidez saudável, graças a Deus, e esperamos que, com Sua misericórdia, o fruto que emergir dela sirva de consolo e reparação pelo nosso infortúnio. Nós cuidamos e cuidaremos da princesa como se seu marido ainda estivesse vivo, pois nós assim a consideramos e amaremos para sempre."[29]

Em meio à comoção pela morte de João, a ideia de que a cruzada da Espanha se estenderia a Jerusalém recrudesceu. "Temido ao mesmo tempo por jerusalemitas, turcos e mouros, porque ele era o inimigo dos inimigos de Cristo", dizia o epitáfio no túmulo de João. Um poeta anônimo, ou copista, da cidade aragonesa de Daroca, escreveu um poema simples de luto nacional. "Nunca haverá outro como ele, ainda que procurássemos, jamais poderíamos encontrar, mesmo que procurássemos daqui à Alemanha", disse. O mesmo poeta chorou por Margarida, mas esperava que ela "nos trouxesse consolo" com um novo herdeiro. Não era para ser. Após sete meses de gravidez, Margarida abortou uma menina. "Em vez de trazer o tão esperado descendente, ela nos ofereceu uma criança morta", relatou Anghiera sem meias-palavras. Bartolomé de Las Casas, o cronista das Índias, foi mais humano em sua descrição, dizendo que Isabel reagiu com dignidade e preocupação por sua nora. "Os soberanos demonstraram grande paciência e, como príncipes prudentes e corajosos, consolaram todos os povos [da Espanha] por escrito", ele relatou.[30] Margarida passou vários meses com eles antes de retornar para sua casa em março de 1500.[31] Outro casamento breve, sem filhos, com o duque de Savoy a aguardava – embora ela se recusasse a casar de novo depois de perder o segundo marido, por fim tornando-se uma das mulheres mais poderosas da Europa como regente dos Países Baixos.

Uma perturbada Isabel agora colocava suas esperanças de um herdeiro masculino em sua filha mais velha, Isabel, que também estava grávida. Essa era, em potencial, uma união até mais dramática. Se fosse um menino, ele herdaria não só as coroas de Castela e Aragão, como também a de Portugal, reunindo toda a Península Ibérica sob um único monarca. Isabel viajou para Saragoça para dar à luz um menino em 23 de agosto de 1498. Sua previsão de que o parto iria matá-la mostrou-se tragicamente correta, e uma hora depois ela morreu. "Ela previu sua morte, a morte que ela tantas vezes anunciara que viria com o nascimento. Foi por isso que, antes que o dia do pós-parto chegasse, ela se certificou de que a última comunhão estivesse bem preparada, e continuamente chamava padres à sua presença para que pudesse se confessar. E se, por engano, tivesse cometido algum erro, ela suplicava, chorando e de joelhos, que lhe dessem absolvição", relatou Anghiera em uma de suas cartas.[32]

Anghiera contou os golpes no estado de espírito de Isabel: o golpe contra a vida de Fernando, a morte de João e o aborto de Margarida já a deixaram lutando com a dor e o horror acumulados. "Um quarto golpe foi agora infligido em nossos soberanos com a morte de parto de sua rainha Isabel, nossa sábia herdeira e, nas qualidades de sua alma, uma cópia maravilhosa de sua mãe", escreveu Anghiera ao arcebispo português de Braga.[33] Ele contrastou seu físico com o da agora matrona Isabel: "A mãe era volumosa, enquanto a filha era tão consumida por sua magreza que não teve forças para resistir ao parto... Mal a criança emergira de seu útero e o espírito da mãe se extinguia... Apesar disso, vamos fazer uma correção para que esta trágica história termine com um refrão [mais] musical. Há compensação por tanto infortúnio, um importante fator de alívio para sofrimento tão profundo: ela deu à luz um menino." Isabel e Fernando, em outras palavras, tinham um novo herdeiro masculino. Mas as consequências psicológicas de perdas tão dramáticas começaram a aparecer, com o declínio da saúde de Isabel. Parecia que as glórias de seu reinado já não podiam compensar a dor das perdas pessoais.

A jovem Isabel havia ordenado que se desse à luz uma menina, ela deveria se chamar Ana, e se fosse um menino, deveria ser Miguel.[34] Anghiera estava entre os que imediatamente viram o potencial em um menino que deveria herdar Castela, Aragão e Portugal. "Se ele viver, terá reinos imensos", escreveu. A rainha Isabel, assolada de dor pela perda de dois filhos em menos de um ano, agarrou-se a esse fio de esperança. O pequeno Miguel agora carregava em seus ombros pequeninos todas as esperanças do futuro, inclusive a felicidade pessoal de uma mulher que se sentia muito mais segura depositando seu legado no sexo masculino do que em seu próprio gênero.

40

A terceira punhalada de dor

Granada, julho de 1499 a setembro de 1500

A cavalgada arrastava-se lentamente para o sul pelo calor de verão, atravessando a planície lisa do terreno ferroso – de La Mancha, com seus moinhos de vento e rebanhos de ovelhas, um comboio de mulas e cavalos de carga estendendo-se em fila em seu rastro. Cidades e vilas ao longo do caminho deviam estar empolgadas ou amedrontadas em hospedar a exigente corte castelhana de Isabel, que trazia cor e animação, mas exauria as provisões locais. Perto do final de junho de 1499, Isabel encontrou os ondulantes bosques de oliveiras da Andaluzia. Alguns dias mais tarde, a enorme e maciça Serra Nevada empinou-se através da névoa seca de verão. Ao se aproximarem de Granada, a cidade de duzentas mesquitas, ela finalmente avistou as torres e paredes vermelho-ferrugem de Alhambra, empoleirada no alto de seu esporão rochoso. Sua vida itinerante, que a fez passar vinte dos vinte e cinco Natais anteriores em diferentes lugares, estava chegando ao fim. Em Alhambra, aonde chegou em 2 de julho de 1499, estava prestes a se tornar muito mais do que uma querida recompensa pelo fim de séculos de cruzada. Agora era seu lar – um lugar que, exceto por algumas curtas expedições a outras partes, ela iria alternar com o Real Alcácer de Sevilha nos próximos dois anos e meio.[1]

Era um local de descanso adequado para uma rainha visivelmente cansada. Anghiera considerava Granada a cidade mais bonita da Espanha, e as terras ao seu redor entre as mais férteis do país, repleta de hortas e pomares de figos, cerejas, laranjas, limões, maçãs e peras. "O ar é puro e saudável; ostenta não só montanhas, como também uma extensa planície; possui pomares maravilhosos e seus jardins competem com o Jardim das Hespérides", ele disse. Münzer visitara Granada cinco anos antes, quando os muçulmanos ainda superavam os cristãos em quatro para um. "Acredito que não haja uma cidade mais grandiosa do que esta na Europa", ele declarou. Para um europeu do Norte, este era um mundo exótico de romãs. Açafrão, alcachofras, amêndoas, uvas-passas, palmeiras selvagens, azeitonas e abundância de trutas. Cabras, e, para os cristãos, porcos, forneciam fartura de carne, juntamente com javalis, cervos e perdizes. Münzer estimara a população da cidade em um pouco mais de 50 mil pessoas, embora suas ruas estreitas, bem organizadas, tivessem casas vazias para muitas mais. "Quase todas elas têm água [corrente] e cisternas", ele disse. "Canos e aquedutos são de dois tipos: um para água potável, outro para limpeza de terra, excrementos etc... Há canais em todas as ruas para a água suja, de modo que aquelas casas que, por causa de sua localização inconveniente, não possuem canos, possam jogar sua água suja nos canais à noite." Em torno da mesquita principal, ele encontrou – além das instalações de limpeza padrão – urinóis e vasos sanitários na forma de blocos onde se agachar, que levavam os dejetos diretamente para uma fossa subterrânea. Às sextas-feiras, "a gritaria das torres das mesquitas era difícil de acreditar", conforme os fiéis eram chamados para as orações, com mais de duas mil pessoas amontoadas dentro da mesquita principal. Ele também lembrou as chamadas à oração de manhã bem cedo – "pois são verdadeiramente devotos" – e as mulheres de véu em longas túnicas brancas de seda, algodão ou lã.[2]

A própria Isabel pode ter visto um pouco menos da cidade, embora seu orgulho em tê-la conquistado fosse evidente. Não se esperava que monarcas passassem seu tempo entre as pessoas da cidade, especialmente se estas eram muçulmanas e inimigos derrotados que podiam representar uma ameaça. Ela teria permanecido a maior parte do tempo em Alhambra, cumprindo seus deveres administrativos diários, rezando e desfrutando da tranquila sofisticação da arquitetura násrida e da beleza cuidadosamente mantida dos jardins Generalife. Sua visão da cidade era de cima, olhando do alto de Alhambra, de vez em quando do mirante Ain dar Aisha – o olho da casa de Aisha.[3]

Quando Isabel se instalou em Alhambra, a chamada à oração já não ecoava do alto dos minaretes. As palavras "Não há nenhum deus senão Alá, e Maomé é seu mensageiro" eram inaceitáveis para os Reis Católicos e, na verdade, foram expressamente proibidas por Roma no século XIV – embora ficasse a cargo de cada monarca e senhores locais aplicar a lei na Europa. Um visitante muçulmano viu isto como parte de uma erosão gradual dos direitos tradicionais depois da queda de Granada, "tendo sido suspensos até mesmo o chamado para as orações do alto dos minaretes". Em vez disso, as mesquitas de Granada usavam longos chifres para anunciar aos fiéis de que era hora de rezar. Mesmo isso, entretanto, era uma lembrança diária a Isabel de que, embora Granada fosse sua, ainda era uma cidade principalmente muçulmana.[4]

A viagem não pode ter sido fácil para Isabel, que agora estava sempre doente. Anghiera atribuía o fato às mortes trágicas de João e Isabel, seus dois filhos mais adorados. "Estamos com a rainha, que, por causa de seu sofrimento com a morte da filha, que sendo tão discreta e boa era sua favorita, está [agora] doente, de cama", ele havia escrito oito meses antes de Isabel partir para Granada. O pequeno Miguel, a nova e minúscula joia na coroa de Isabel, viajou com eles, juntamente com as duas filhas solteiras que lhe restavam, Maria e Catarina. O pai do menino ficara feliz em deixá-lo aos cuidados de Isabel, e seu estado de espírito se tornava tanto mais leve com a presença de Miguel quanto mais sombrio com a sua fragilidade. "Ele nasceu fraco, frágil e adoentado", avisou Anghiera, que ainda assim estava aliviado por haver um herdeiro disponível. "Com o nascimento da criança, qualquer que seja seu estado de saúde, todo o debate sobre primogenitura cessou." Isabel temia pelo pequeno e precioso menino, que havia sido jurado como herdeiro de sua coroa pelas cortes no começo de 1499.[5]

O luto, entretanto, não significava que Isabel podia se dar ao luxo de parar de pensar em política internacional e nas alianças necessárias para salvaguardar uma herança que, depois das mortes de João e da jovem Isabel, estava perdendo a solidez. Duas tentativas de trazer Portugal para mais perto através do casamento haviam sido frustradas pelo destino com as mortes de Isabel e, anteriormente, de seu primeiro marido, príncipe Afonso. Agora eles buscavam restabelecer a aliança. Felizmente, tinham um grande estoque de filhas. Após nove meses da morte da jovem Isabel, os soberanos espanhóis começaram a negociar com seu marido viúvo, o rei português Manuel, para que aceitasse sua terceira filha, Maria, como sua nova noiva. Mais uma vez condições religiosas foram colocadas na mesa antes do casamento, em outubro de 1500. Desta vez foi o rei português quem decidiu ditar os termos, uma vez que ele competia com Isabel sobre a questão da pureza religiosa.[6] Assim como a família de Isabel o havia importunado com hereges durante as negociações para seu primeiro casamento, Manuel agora acrescentou suas próprias exigências ao seu segundo enlace. Isabel e Fernando, ele insistiu, tinham que jurar que iriam destruir todas as mesquitas e banir os muçulmanos que ali rezavam. "Mesquitas serão demolidas, e não consentiremos que em nossos reinos e terras haja casas consagradas às orações dos mouros", Isabel prometeu em um documento manuscrito entregue ao embaixador de Manuel, que alegou, ainda assim, que eles já estavam comprometidos com isso.[7] Os próprios muçulmanos mudéjares de Castela, se tivessem descoberto, teriam sacudido a cabeça, perplexos. Os chifres que chamavam para as orações, afinal, ainda berravam por toda Granada, e os visitantes encontravam numerosas mesquitas nos reinos de Fernando.[8] Münzer encontrara as chamadas à oração em diversos lugares. Manuel mais tarde declarou que suas exigências haviam sido muito mais severas, inclusive solicitou "não apenas que ordens fossem dadas para a destruição das mesquitas dos mouros no reino de Castela, mas que seus filhos pequenos também fossem tirados de seus pais e batizados como cristãos".[9] Isabel pode até ter sentido uma pontada de inveja competitiva. Afinal, Manuel estava alegando ser um monarca cristão melhor do que ela e, com Deus levando seus filhos favoritos, ela deve ter se perguntado se estava fazendo o suficiente para agradá-Lo.

Isabel manteve Miguel por perto, zelando cuidadosamente pelo menino que trouxe uma alegria inocente a uma família de resto sombria, para a qual os veludos, sedas, algodão, lãs e linhos coloridos que ela mandava trazer do Norte da África e da Europa agora quase sempre chegavam em uma única cor – o preto do luto. O pequeno Miguel foi jurado como herdeiro da coroa de Castela, mas continuou adoentado. Isabel preocupava-se e cuidava dele, mas ele morreu em julho de 1500, com apenas vinte e dois meses de vida. Foi mais um terrível golpe. Sua morte tirou-lhe sua principal fonte de consolo por suas outras perdas recentes e sua última esperança de um herdeiro homem. A próxima na sucessão aos tronos de Castela e Aragão era a fraca e infeliz Joana. Foi, talvez, a maior de todas as tragédias de sua vida. Bernáldez chamou-a de "a terceira punhalada de dor a perfurar o coração da rainha" após as mortes de João e da jovem Isabel. Isabel mergulhou ainda mais em desespero. "A morte do infante Miguel abateu profundamente os dois avós. Eles evidentemente não foram capazes de suportar com tranquilidade tantos golpes do destino", escreveu Anghiera. "Eles disfarçam e se apresentam em público com expressões calmas e sorridentes, mas todos podem ver a tristeza. Não é difícil imaginar o que estão sentindo por dentro."[10] Um retrato da rainha pintado por Juan de Flandres sugere que, no caso de Isabel, a tristeza foi devastadora. Pintado em torno de seu quinquagésimo aniversário, mostra uma mulher lívida, envelhecida, com uma expressão ao mesmo tempo plácida e sofrida, como se ela tivesse aceito o permanente martírio de perdas e sofrimento. Foi, talvez, um papel para o qual a constante reflexão sobre o sofrimento e a paixão de Cristo já a havia preparado e no qual ela se encaixou facilmente. Sobrancelhas feitas bem finas tornavam seu rosto ainda mais pálido, enquanto os cabelos ainda gloriosamente louro-avermelhados estão em grande parte escondidos sob um gorro e um véu diáfano. A própria rainha estava doente e entrando em depressão, o mesmo problema que afligira sua mãe. "Dali em diante, ela viveu sem alegria", recordou um cronista.[11]

Quando Maria partiu para Portugal em setembro de 1500, Isabel e Fernando não conseguiram mais reunir as energias ou o entusiasmo para os complexos arranjos e preparativos de despedida que haviam proporcionado a Isabel e João. As regras do luto, de qualquer modo, teriam impedido grandes festejos. Desta vez, depois de Maria ter se casado por procuração em Granada, eles simplesmente percorreram a curta distância até Santa Fé com Maria e sua corte de cinquenta e dois espanhóis, ficaram ali em sua companhia por uma semana e então despediram-se dela. Restava apenas uma filha, Catarina de Aragão, na casa da rainha.

41

O imundo Tibre

Roma, junho de 1497

Isabel já sentia desprezo pelo bando de filhos ilegítimos do papa, mas quando soube que o corpo inchado de seu filho assassinado, João Bórgia, fora tirado do imundo rio Tibre, em Roma, em 16 de junho de 1497, deve ter pensado que a reputação da família não poderia descer ainda mais baixo. O "arrogante, cruel e irracional" João era também um nobre espanhol, ostentando o título de duque de Gandía, e havia deixado um filho e mulher grávida na Espanha quando chamado de volta a Roma por seu pai no ano anterior. O duque, de vinte e um anos, fora visto pela última vez dois dias antes, quando jantou com seu irmão, César, na casa de sua mãe perto de São Pedro, em Vincoli. Quando cavalgavam de volta, João disse ao irmão que tinha uns negócios particulares a resolver e, acompanhado de seu criado, se afastou. O papa foi informado na manhã seguinte de que seu filho não havia retornado para casa, mas não se preocupou. "Ele se convenceu de que o duque fora a uma festa e ficara na casa de alguma jovem", relatou Burchard, seu mestre de cerimônias.[1] "E que só deixaria essa casa mais tarde."

Equipes de busca foram enviadas na sexta-feira, encontrando o criado de João ferido – que não conseguia falar – e seu cavalo. No mesmo dia, um comerciante de madeira chamado Giorgio Schiavo contou sobre uma cena que presenciara havia duas noites, quando ficara em sua barcaça para vigiar uma carga de madeira. Pouco depois da meia-noite, ele viu dois homens de atitude suspeita emergirem a pé de um beco ao lado do hospital de Schiavoni, em San Girolamo. Eles caminharam ao longo da rua do rio, olhando em volta com desconfiança para ver se estavam sendo observados, antes de retornarem para o beco. "Um cavaleiro em um cavalo branco apareceu, com um cadáver jogado sobre o cavalo atrás dele; cabeça e braços de um lado, pés do outro", relatou Burchard. "Os dois primeiros homens caminhavam ao lado do cavaleiro, a fim de evitar que o corpo escorregasse. O cavalo foi conduzido mais adiante, ao longo do lugar onde o esgoto era jogado no rio... os dois homens a pé, então, levantaram o corpo, um segurando-o pelos braços e outro pelas pernas, e atiraram-no dentro do Tibre com toda a força de que eram capazes. O homem no cavalo perguntou se a operação funcionara e eles responderam 'Sim, senhor'." A casaca do morto, então, flutuou para a superfície, exigindo que eles atirassem pedras nele para fazê-lo afundar. O corpo de João foi finalmente retirado da água perto de Santa Maria del Popolo.[2] Ele havia sido esfaqueado nove vezes antes de ter a garganta cortada. A lista de inimigos e assassinos em potencial era longa, mas o assassinato foi um mau presságio para a estabilidade da Itália, cuja sorte estava atrelada à da descendência do papa. E com a Itália agora vital para a política externa da Espanha, Isabel e o marido devem ter se perguntado quem havia assassinado João Bórgia, e por quê.

 Dedos apontaram imediatamente para o marido de Lucrécia, Giovanni Sforza, que tinha boas razões para odiar os Bórgia, especialmente porque o papa havia decidido que sua filha podia encontrar um casamento melhor. Ele estava insistindo para que Sforza, cuja primeira mulher morrera de parto, agora publicamente afirmasse ser impotente e não ter sido capaz de consumar o casamento. Lucrécia havia obedientemente assinado um documento declarando que seu casamento de três anos tinha sido "sem relações sexuais ou conhecimento carnal". Teria sido necessária muita coragem para enfrentar os Bórgia, e Sforza não tinha nenhuma disposição para uma sugestão feita por seu tio Ludovico, de que ele deveria provar que essas alegações eram falsas fazendo sexo com Lucrécia, ou qualquer outra mulher, em frente a testemunhas. Os rumores mais exagerados em uma cidade que rotineiramente levava a especulação a extremos assustadores incluíam que "o duque de Gandía havia tido relações com sua [de Sforza] mulher [Lucrécia]".[3] Até mesmo incesto, ao que parece, era matéria-prima de rotina para a fábrica de boatos de Roma, que produzia tagarelices sobre supostas relações sexuais entre Lucrécia e quase todos os homens de sua família, inclusive seu pai. O próprio Sforza pode ter iniciado esses boatos, cobrando uma forma de vingança muito mais durável da família do que mero assassinato. De qualquer modo, a separação de Lucrécia foi anunciada pouco depois.

Outro suspeito era o mais novo dos irmãos Bórgia, Jofre, de quinze anos e "aparência lasciva", já que era mais do que provável que sua mulher, Sancha de Aragão, tivesse sido uma das muitas amantes de João. Em sua cidade natal, Nápoles, dizia-se, um guarda fora colocado à porta de seu quarto para bloquear o fluxo de rapazes. Uma hipótese mais geral, mas igualmente não comprovada, era de que João fora assassinado pelo seu outro irmão, César, provavelmente em uma briga por causa de Sancha – que também devia ser amante de César. Sem dúvida era o que acreditava Maria Enríquez, a mulher castelhana de João. Ela encomendou um pano de altar que mostrava César assassinando seu irmão a facadas.[4]

Uma das razões para Rodrigo Bórgia querer terminar o casamento de sua filha era que agora ele estava empenhado em construir uma aliança com Nápoles. Em julho de 1498, Lucrécia se casou de novo, desta vez com um membro da família real de Nápoles, o irmão de dezessete anos de Sancha, Afonso de Aragão. O papa também queria que César abandonasse a Igreja e se casasse com Carlota, a filha mais velha do rei de Nápoles na época. Esse era um passo grande demais para Isabel e Fernando, que foram vistos por trás das jogadas para bloquear o casamento, embora soubessem que interferir nas ambições de Rodrigo Bórgia para seus filhos era uma estratégia perigosa, e que se arriscavam a pagar por isso.

O confronto era muito mais sério do que parecia, porque o instável Bórgia agora mudou de lado na briga entre França e Espanha. César obedientemente renunciou ao seu chapéu cardinalício em agosto de 1498 e partiu para a França, onde o rei Luís XII, que estava decidido a recuperar o terreno perdido por seu antecessor na Itália, certificou-se de que ele imediatamente recebesse um ducado francês. Isabel e Fernando ficaram indignados, e o embaixador de Veneza em sua corte relatou que eles agora se recusavam até a pronunciar o nome de Bórgia, enquanto diziam "coisas muito ruins" sobre César, agora conhecido como duque de Valentinois.[5]

Os embaixadores espanhóis em Roma expressaram horror diante dessa confirmação da nova aliança do papa com a França. Alegações foram lançadas de um lado para o outro durante uma audiência em dezembro de 1498, quando Bórgia foi acusado de comprar sua eleição, enquanto ele por sua vez acusou Isabel e Fernando de usurpar um trono castelhano "ao qual não tinham nenhum direito e contra os [bons] escrúpulos". Era uma rara referência ao golpe de Isabel contra a Beltraneja. O assassinato do filho, João Bórgia, seus embaixadores retorquiram, fora um castigo divino pelo comportamento escandaloso do papa. Bórgia ficou furioso. "Seus monarcas foram mais punidos por Deus, e é por isso que não têm nenhum descendente [homem]", ele disse.[6] O filho de Isabel havia morrido no ano anterior e nada podia ser mais calculado para ferir o orgulho dela. Um segundo encontro terminou igualmente mal. "Após um longo discurso dos embaixadores, uma discussão violenta e ofensiva desenvolveu-se entre eles e o papa", Burchard relatou.[7] "Os espanhóis exigiram que um notário fosse convocado. O papa respondeu que eles próprios podiam escrever os resumos mais tarde, mas não podiam fazer isto em sua presença. Dizem que os embaixadores exigiam que o papa chamasse seu filho de volta da França e restaurasse sua dignidade como cardeal." Bórgia disse-lhes que se o sanguinário César estivesse presente em Roma, "ele teria lhes respondido da maneira que mereciam". Um encontro final terminou com ameaças de jogar os embaixadores no Tibre e, segundo o embaixador de Veneza, com insultos dirigidos contra Isabel por causa de sua atitude de beata fingida. "A rainha não é a mulher casta que alega ser", disse o papa, embora não tenha entrado em detalhes. A assustada população espanhola de Roma preferiu ficar dentro de casa durante os festejos de carnaval no fevereiro seguinte.[8]

O pacto de Bórgia com a França, enquanto isso, se fortaleceu e a Espanha sabiamente recuou, assegurando um acordo que lhe dava o controle apenas sobre a Calábria e a Apúlia – que ocupavam o dedo e o salto da "bota" da Itália, mas eram próximas das terras aragonesas da Sicília e da Sardenha. Essa partilha estrangeira do reino de Nápoles fez Maquiavel comentar que "graças a tropas estrangeiras, a Itália foi conquistada por Carlos VIII, pilhada por Luís XII [e] violentada por Fernando da Espanha".⁹

Enquanto a França flexionava seus músculos na Itália, Isabel continuava a concentrar-se em assegurar a Inglaterra como aliada. Sua filha Catarina há muito estava noiva do filho de Henrique VII, mas uma aliança não estaria assegurada enquanto o casamento não se concretizasse. Isabel continuava nervosa com o caso Warbeck, preocupando-se que o impostor pudesse destronar Henrique VII. O rei inglês conhecia sua preocupação, e quando Warbeck primeiro fugiu e depois foi recapturado em 1498, ele fez questão de que o embaixador de Isabel, Rodrigo de Puebla, fosse imediatamente informado. "Na mesma hora em que ele foi preso, o rei da Inglaterra enviou um de seus cavalheiros de alcova para me trazer a notícia", de Puebla escreveu em um despacho urgente, dizendo que Warbeck estava agora na Torre de Londres, "onde não vê nem o sol, nem a lua". Posteriormente, Henrique VII interrogou Warbeck pessoalmente em frente a Puebla. "Eu e outras pessoas aqui acreditamos que sua vida será muito curta", o embaixador relatou mais tarde. Quando Warbeck e o ingênuo conde de Warwick, outro candidato em potencial ao trono inglês, foram ambos executados em novembro de 1499, ele escreveu que já não restava nem "uma gota de sangue real duvidoso" na Inglaterra. Os pretendentes ao trono haviam sido executados, em parte, para tranquilizar Isabel.¹⁰

A empolgação dos ingleses com a ligação aos lendários monarcas espanhóis das Cruzadas, um aliado poderoso contra o antigo inimigo na França, era enorme. Até mesmo Henrique VII, notório por sua avareza, estava se preparando para não medir gastos. Como filho de uma mulher de vontade férrea, Margarida Beaufort, ele era fascinado pelas mulheres reais espanholas, dizendo a um visitante que ele daria metade de seu reino se Catarina fosse como sua mãe. Catarina trocou cartas formais de amor com Arthur no latim que ela aprendera na escola para moças de Isabel. "Li as cartas mais amorosas de Vossa Alteza dadas ultimamente a mim, das quais facilmente percebi vosso completo amor por mim", respondeu Arthur, de treze anos, em uma carta que chegou a Alhambra. "Que a vossa vinda para mim seja apressada, que em vez de ficar ausente possamos estar na presença um do outro, e que o amor concebido entre nós e as alegrias que nos desejam possam colher seu fruto."[11] A última frase era um lembrete de que o principal dever de Catarina – além de fomentar a posição de Castela na Inglaterra – era dar herdeiros para a nova e instável dinastia Tudor. Isabel gerara filhas cultas, inteligentes, conscienciosas, mas seu principal papel na vida ainda era biológico.

A avareza e a ganância de Henrique VII eram lendárias, deixando de Puebla impressionado com "a maravilhosa destreza de seus servidores em se apoderar do dinheiro dos outros". Mas seus planos para o casamento de Catarina eram grandiosos demais para Isabel. "Demonstrações de alegria na recepção à minha filha são naturalmente bem-vindas para mim. Entretanto, estaria mais de acordo com meus sentimentos... se as despesas fossem mais moderadas", ela escreveu para seu embaixador em Londres. "Não queremos que nossa filha seja causa de nenhum prejuízo para a Inglaterra. Ao contrário, desejamos que ela seja a fonte de todo tipo de felicidade... Nós, portanto, suplicamos ao rei, nosso irmão, que modere as despesas. Comemorações podem ser realizadas, mas imploramos ardentemente a ele que a parte substancial dos festejos seja o seu amor; que a princesa seja tratada por ele e pela rainha como sua verdadeira filha."[12] Mais uma vez, Isabel se preocupava se o mar iria engolir uma de suas filhas, pedindo que Catarina pudesse aportar em Southampton. Isso porque "... a consideração mais importante é a segurança da princesa, e... todos dizem que Southampton é o porto mais seguro da Inglaterra". Quaisquer custos extras resultantes da viagem de sua filha dali a Londres podiam ser mantidos no mínimo, Isabel acrescentou. "A princesa e seus acompanhantes se acostumarão, durante sua viagem através da Espanha, a pousar em estalagens e em pequenas vilas."

A mulher de Henrique, Elizabeth de York, escreveu calorosamente a Isabel recomendando que sua filha aprendesse a beber vinho, porque a água inglesa era intragável. Não foi feito nenhum esforço para ensinar inglês a Catarina, muito embora seu esmoler, John Reveles, fosse um dos vários ingleses na corte de Isabel, juntamente com o pintor conhecido como Maestre Anthony e uma cantora chamada Porris.[13] Catarina era esperada na Inglaterra em setembro de 1500, quando seu futuro marido completasse a idade para casar de quatorze anos, mas Isabel não estava com nenhuma pressa para se separar de sua última filha e manteve-a junto a si por mais oito meses. A rainha havia planejado viajar para a costa norte com sua filha, mas por fim contentou-se com uma despedida menos ambiciosa em Santa Fé, alegando que ela só iria atrasar a comitiva. Seis jovens espanholas foram com Catarina, para atender um pedido inglês de que ela fosse acompanhada de damas "gentis e belas ou, ao menos, de modo algum feias". Sua viagem por mar transformou-se em mais uma travessia de pesadelo, com seu navio empurrado de volta ao porto em Laredo antes de chegar a Plymouth, e um companheiro de viagem afirmou que "era impossível não ficar com medo" das ondas imensas que enfrentaram na segunda e bem-sucedida tentativa.[14]

A filha de Isabel levou consigo boas recordações de Granada e seus luxos, usando seu símbolo de uma romã como seu emblema pessoal. Seu casamento com Arthur em 14 de novembro de 1501 foi um dos acontecimentos mais opulentos do começo do período Tudor, embora sir Thomas More mais tarde tivesse escrito a Erasmo descrevendo seu séquito como "uns pigmeus corcundas, anões e descalços da Etiópia".[15] Trajando um vestido de seda branco que era "grande demais, tanto nas mangas quanto no corpo, com muitas pregas" e com um véu de seda bordado em ouro, pérolas e pedras preciosas cobrindo grande parte de seu rosto e estendendo-se até a cintura, ela caminhou ao longo da nave da antiga catedral de St. Paul em uma plataforma alta de madeira, de 106 metros de comprimento. Sua saia espanhola, com armação, provocou exclamações de espanto (e suas damas também usavam "sob a cintura certos aros que inflavam as saias dos vestidos, conforme a moda de seu país"),[16] a saia-balão sendo uma novidade na Inglaterra.

Mais uma vez, a desgraça se abateu rapidamente. O frágil príncipe morreu cinco meses depois, nos arredores cinzentos, batidos pela chuva e inóspitos do castelo de Ludlow em Shropshire. Catarina, que também estivera doente, foi transportada de volta a Londres em uma carruagem de cortinas negras enviada por sua sogra. Ainda com apenas dezesseis anos, ela já era viúva. Isabel logo se viu envolvida em um debate sobre o segredo-chave do primeiro casamento de Catarina. Ela era ou não ainda virgem? Anos mais tarde, um membro de seu grupo doméstico espanhol descreveu a manhã seguinte à noite de núpcias assim: "Francisca de Cáceres, que era encarregada de vestir e despir [Catarina] e de quem ela muito gostava e em quem confiava, estava com ar triste, contando às outras damas que nada acontecera entre o príncipe Arthur e sua mulher, o que surpreendeu a todas e as fez rir dele."[17] Um cronista inglês, entretanto, alegou que Arthur havia deixado seu quarto pedindo cerveja e gabando-se: "Passei esta noite no meio da Espanha, que é uma região quente, e essa jornada me deixou com muita sede; se vós já estivestes nesse clima quente, teríeis ficado ainda com mais sede do que eu."[18] A ama espanhola de Catarina por fim tranquilizou a mente de Isabel, escrevendo para dizer que ela "permanecia como era quando partiu".

Um emissário especial foi enviado à Inglaterra com instruções para exigir que sua filha, de luto, fosse enviada de volta para casa, mas isto não passava de uma tática de negociação destinada a forçar o rei inglês a concordar com um novo noivado, desta vez com o irmão ruivo de Arthur, o príncipe Henrique, que era seis anos mais novo do que Catarina.[19] Henrique VII não estava com nenhuma pressa e, quando Elizabeth de York morreu, apenas dez meses depois de Arthur, quando tentava compensar sua morte tendo outro filho, ele chegou à conclusão de que a jovem Catarina daria uma excelente noiva para ele próprio. Isabel ficou horrorizada. "Seria algo realmente terrível, jamais visto, e a simples menção ofende os ouvidos", ela proclamou.[20] "Se alguma coisa for dita sobre isso, responde como algo inaceitável", Isabel instruiu seu embaixador. "Deves também dizer com muita veemência que de nenhuma forma nós permitiríamos isso, ou sequer ouviríamos mencionar, de modo que, assim, o rei da Inglaterra possa perder toda esperança de que isso venha a acontecer, se ele tiver alguma. Pois a conclusão do noivado da princesa, nossa filha, com o príncipe de Gales, filho dele, se tornaria impossível caso ele alimentasse tal ideia."

Enquanto fazia um jogo temerário com Henrique VII, Isabel até enviou instruções a Catarina para fazer as malas, de modo a se juntar a uma frota espanhola que voltava de Flandres. Em pânico, Henrique VII então concordou com o casamento com seu outro filho. Catarina, com dezessete anos, de repente viu frustrada qualquer esperança que nutrisse de voltar para casa, e formalmente ficou noiva do príncipe Henrique, de onze anos, no palácio do bispo de Salisbury, na Fleet Street.[21] Seu pai escreveu para o papa explicando, mais uma vez, que seus pais a consideravam uma virgem, ainda que os ingleses estivessem insistindo que a dispensa papal permitindo-lhe casar novamente dissesse o contrário. "Em uma parte [da dispensa], é dito que o casamento entre sua filha, dona Catarina, e o agora falecido príncipe de Gales foi consumado, mas a verdade é que não foi, e que a princesa continuou intacta como antes do casamento, como é do conhecimento geral." Os ingleses, ele disse, haviam acrescentado a alegação de consumação para impedir quaisquer argumentos futuros sobre legitimidade.[22] Décadas mais tarde, quando Henrique VIII quis se divorciar de Catarina ao buscar um herdeiro masculino e uma nova esposa em Ana Bolena, essa mesma questão se tornou central para a sua decisão de separar a Igreja da Inglaterra da de Roma.

Enquanto isso, Catarina devia viver em Durham House – com vista para o Tâmisa a partir do Strand – sob a guarda severa da ama dominadora e sinistra escolhida para ela por Isabel, Elvira Manuel.[23] Isabel recebia relatórios constantes de seus problemas de saúde, problemas de alimentação e infelicidade geral, enquanto o avaro Henrique VII a tratava como uma mercadoria e sonegava sua pensão. Isabel não tinha tempo para aqueles que achavam que ela havia condenado sua filha à pobreza. "Algumas pessoas acreditam que a princesa de Gales não devia aceitar o que o rei da Inglaterra oferece para sua manutenção", Isabel e Fernando escreveram. "Elas não compreendem que ela deve aceitar o que quer que lhe seja dado." Mais uma vez, uma das filhas de Isabel mostrava uma grande capacidade para drama e para causar danos a si mesma, frequentemente recusando-se a comer. Não pode ter sido de ajuda a conclusão a que chegaram os médicos espanhóis de Catarina, "que a causa de sua doença era o fato de a princesa ainda ser virgem, não tendo [carnalmente] conhecido Arthur, e que se ela se casasse com alguém que soubesse lidar com as mulheres, ela melhoraria".[24] Ela jejuava tão violentamente que Henrique VII, em uma carta escrita em nome de seu filho, pediu ao papa para ordenar-lhe que comesse. A missiva enviada de volta dava ao príncipe de Gales o poder de impedir que Catarina jejuasse. "Uma esposa não tem poder total sobre seu próprio corpo", disse o papa.[25] "E as devoções e jejuns da mulher, se estiverem prejudicando sua saúde física e a procriação de filhos... podem ser revogados e anulados pelos homens... porque o homem é o líder da mulher... Ela não pode, sem sua permissão, observar tais devoções e orações, jejuns e abstinências e peregrinação, ou qualquer outro projeto seu que possa prejudicar a procriação de filhos." Isabel teria concordado.

42

Nós, alemães, os chamamos de ratos

Granada-Saragoça, 1499-1502

Antoine de Lalaing estava chocado. O jovem camareiro do genro de Isabel, Felipe, o Belo, era um viajante curioso e cronista talentoso de tudo que via. Mas sua visita ao bairro mouro de Saragoça deixou-o perplexo. "Eles realizaram seu abominável sacrifício a Maomé em um lugar que chamam de mesquita", relatou.[1] "Quanto à recusa em beber vinho ou comer carne de porco, tivemos vívidas experiências disso quando fomos alojados em suas casas, porque eles fizeram questão de que os pratos onde havíamos comido bacon, as panelas em que tinham cozinhado e os copos em que havíamos bebido vinho fossem todos limpos, juntamente com as partes da casa por onde havíamos andado."[2] Lalaing pareceu impressionado pelo modo disciplinado como os muçulmanos espanhóis iam à mesquita, lavando-se e tirando os sapatos, mas a impressão geral era de um povo estranho, com hábitos diferentes vivendo no coração da cristandade. O viajante alemão Popplau fora ainda mais crítico quando encontrou os mouros na Espanha cristã no começo do reinado de Isabel. "Nós, alemães, os chamamos de ratos", ele disse.[3]

O assombro de Lalaing há muito tempo era compartilhado por outros visitantes à Espanha. Hieronymus Münzer visitara Granada em 1494, quando os muçulmanos ainda ultrapassavam os cristãos em número em pelo menos quatro para um, e, depois de ver mais de duas mil pessoas na mesquita principal, ele concluiu que os habitantes muçulmanos da cidade eram "realmente devotos".[4] Alguns visitantes podem ter respeitado os mouros de Isabel por sua devoção religiosa, mas a Espanha estava se tornando cada vez mais incomum na Europa Ocidental.

Até Portugal já havia expulsado seus mouros. Se Isabel precisasse de um lembrete, bastava recordar as negociações para o casamento de sua filha, Maria, com o rei Manuel – e a insistência dele na destruição das mesquitas de Castela. Tal destruição evidentemente não havia acontecido na época em que Isabel se mudou para Alhambra em julho de 1499.[5] O barulho dos chifres chamando os fiéis para as orações ecoava pelo vale do rio Darro e reverberava através da própria Alhambra. Pela primeira vez, Isabel estava vivendo em uma cidade dominada por outra religião. É improvável que tenha gostado da sensação.

A atual residência de Isabel em Alhambra era a prova viva da riqueza artística e cultural que seu país devia à sua população muçulmana antiga e atual, e ela estava decidida a conservar ao menos uma parte disto. Ela adorava o conforto e o luxo dos palácios deixados pelos governantes mouros, inclusive o Real Alcácer de Sevilha, frequentemente escolhendo-o como sua residência nas ocasiões em que permanecia em um único lugar por muito tempo. Ela gastou generosamente em obras de restauração em Alhambra e em outros palácios mouros, ou mudéjares. Seu entusiasmo era compartilhado por Fernando, que também apreciava o imponente e fortificado palácio mouro construído no século XI, fora das muralhas de Saragoça e conhecido como a Aljafería. O originalmente chamado al-Qasr al-Surur, ou o Palácio da Alegria, fora projetado com base nos castelos do deserto construídos no que hoje se conhece como Síria e Jordânia pela dinastia omíada, no século VIII. Ali, os arcos mouros cuidadosamente elaborados e entrelaçados, as pinturas do teto delicadamente geométricas e o trabalho decorativo de reboco e tijolos fundiam-se com os símbolos do casal, o feixe de flechas e o jugo, feitos pelos artesãos mudéjares contratados para a reforma. Na verdade, este amor por palácios reais mudéjares "islamizados" tornava os edifícios reais de Isabel – em geral imitados pelos nobres – acentuadamente diferentes dos estilos góticos dominantes em todo o resto da Europa.[6]

Antes mesmo da conquista de Granada, a pequena população de muçulmanos mudéjares de Castela (que totalizava apenas 25 mil pessoas, diante de quatro milhões de castelhanos) era conhecida por suas habilidades no ramo da construção. Os mudéjares eram, entre outras habilidades, valiosos carpinteiros, estucadores, pedreiros e ladrilheiros. Mas eles formavam um grupo impotente e disperso, com 150 comunidades locais, ou aljamas, nos reinos de Isabel, variando enormemente em tamanho, importância e isolamento.[7] Hornachos, uma cidade de outra forma insignificante na Estremadura, era singular em ser quase inteiramente mudéjar — uma ilha de islamismo em um oceano de cristianismo. Sozinha, ela era responsável por um décimo de toda a população muçulmana de Castela fora do reino de Granada, com cerca de 2.500 muçulmanos em terras pertencentes à poderosa ordem militar religiosa de Santiago, que os protegia. Visitantes em 1494 não encontraram "nenhuma igreja ou convento na cidade ou em suas terras, porque são todos mouros — a única exceção era uma pequena capela no forte, onde o comendador e seus homens assistiam à missa".[8] Fora isso, os mudéjares eram mais frequentemente vistos nas pequenas *morerías* de cidades da Velha Castela. Ávila e seus vilarejos vizinhos tinham cerca de 1.500 mudéjares, e as três aljamas separadas em que estavam divididos para fins administrativos eram responsáveis por quase 10 por cento da população e representavam um importante papel nas comemorações locais, com suas danças da espada e espetáculos teatrais acrescentando um toque exótico e folclórico às festividades pela proclamação de Isabel como rainha. Arévalo, onde Isabel passou sua infância, tinha mais de seiscentos muçulmanos — um número extraordinariamente grande —, que ocupavam meia dúzia de ruas e, pelos impostos que pagavam, eram ricos pelos mais modestos padrões mudéjares.[9]

As fronteiras são quase sempre porosas e séculos de comércio e guerra, com suas trocas de reféns e mercadorias saqueadas, fizeram com que vilas e cidades do Sul, próximas à antiga fronteira andaluza, naturalmente assumissem um certo grau de mistura cultural. Nenhum dos dois lados, por exemplo, se importava em contratar de vez em quando mercenários da religião contrária. O lendário cavaleiro cristão

Rodrigo Díaz de Vivar, mais conhecido como El Cid Campeador, se empregara para os mouros no século XI, e tanto o soberano Boabdil, de Granada, quanto seu tio Zagal tinham lutado por Isabel e Fernando quando os tratados de paz os obrigavam. As fronteiras com o reino de Granada não foram claramente demarcadas, e os que não estavam familiarizados com o terreno e se viam em território "inimigo" eram muitas vezes escoltados de volta de uma maneira amável. As cidades de cada lado da fronteira nomeavam os chamados *rastreros* para solucionar, geralmente em conjunto, os crimes de fronteira, e os alfaqueques dos dois lados iam e vinham de um para o outro pagando resgates e libertando reféns.[10]

A fusão das culturas cristã e muçulmana podia ser vista em toda parte, das roupas aos métodos de construção, decorações e doces finos que emergiam das cozinhas de certos nobres que faziam questão de ter cozinheiros mouros.[11] Havia até visitas de cortesia de cavaleiros do lado oposto. Cavaleiros mouros da vizinha Cambil devem ter olhado com espanto para as brincadeiras durante as festas em Jaén (a pouco mais de trinta quilômetros de distância), quando convidados para assistir a uma luta em grupo entre 150 cristãos aparentemente bêbados que batiam na cabeça uns dos outros com abobrinhas secas. Havia ainda rituais de ridicularização dos muçulmanos, com ao menos um jogo de canas – um dos lados vestido como mouros, com barbas falsas, e o outro como cristãos – terminando com uma cerimônia pública para "batizar" o profeta Maomé na fonte pública de Jaén.[12]

A própria Isabel não era estranha aos cruzamentos culturais que vieram com a história incômoda da Espanha de coabitação e competição religiosas. Ela e suas damas costumavam usar artigos do vestuário mouro, especialmente na intimidade de seus aposentos. Entre eles, camisas largas e soltas, ou *alcandoras*, com adornos decorativos e letras árabes bordadas neles em ouro ou linha preta. Os acessórios de cabeça velados, de algodão fino ou seda, conhecidos como *almaizares* e *alharemes*, que as protegiam do sol e do vento conforme ziguezagueavam pelo país em suas mulas, também eram de origem moura. Isabel pode ser vista usando um deles nos altos-relevos, nos bancos inferiores do coro na catedral de Toledo, em uma cena representando a rendição da cidade de Vélez Blanco.[13] Outros trajes que ela e suas damas usavam incluíam *marlotas*, em estilo avental, e capas com capuz, grandes e ondulantes, como uma camada de proteção externa. Até mesmo as meias-calças folgadas tão típicas das mulheres muçulmanas de Granada, as chamadas *calzas moras*, eram usadas na privacidade de seus aposentos. E, é claro, os borzeguins de couro macio e outros artigos de couro mouros estavam sempre presentes, desde capas de almofadas decoradas ao couro gravado em relevo, ou *guadamecí*, usado para forrar baús, móveis e, às vezes, paredes. Uma predileção real por almofadas de seda, travesseiros e tapetes era outra parte da herança moura da corte. Os homens de Isabel aprendiam a montar não apenas ao estilo de estribos longos e pernas retas, comum em Castela, mas também no estilo *a la jineta*, de estribo curto, dos mouros.[14] É famosa a ocasião em que ela e Fernando se vestiram à moda moura quando se encontraram em Íllora em junho de 1486, durante a guerra de Granada. Isabel usava "uma capa cochonilha [carmesim] bordada, em estilo mouro", enquanto Fernando vestia o traje completo, inclusive um "turbante e chapéu" e "uma espada moura muito suntuosa" pendurada na cintura.[15]

Antes da guerra de Granada, a população moura da Espanha localizava-se principalmente nas terras de Fernando, onde também eram chamados de sarracenos. Havia cerca de 70 mil só no reino de Valência.[16] "Quem não tem mouros não tem dinheiro" era um dito popular, refletindo o papel dos mouros como trabalhadores agrícolas.[17] "Nos vilarejos rurais de Aragão, os sarracenos são mais numerosos do que os cristãos", observou Popplau.[18] Até seus sobrenomes, refletindo lugar de nascimento ou profissão, eram às vezes os mesmos daqueles de sua comunidade cristã "anfitriã". Os mouros aragoneses trabalhavam a terra e, em alguns casos, comercializavam com o Norte da África, onde sua religião lhes dava certa proteção contra os piratas da Berbéria. Como os judeus, os mudéjares organizavam-se em suas próprias comunidades, seguiam suas próprias leis religiosas e possuíam um sistema de justiça próprio. A nomeação do alcaide-mor, o chefe da comunidade em Castela, ficava nas mãos de Isabel. Como os judeus, também eles não eram verdadeiros cidadãos de Castela, mas estavam sob a proteção pessoal da própria Isabel – uma minoria que era aceita, ou tolerada, por ordem real, e que pagava por essa proteção com impostos especiais. Muitas das normas que governavam seu comportamento eram similares àquelas aplicadas aos judeus, e em geral eram escritas nos mesmos textos acordados em reuniões das cortes. Eles não podiam se casar com membros de outros grupos sociais, religiosos ou raciais, visitar prostitutas cristãs, ocupar cargos públicos que dessem a eles jurisdição sobre cristãos[19] ou tê-los como criados ou escravos.

Séculos de coexistência haviam produzido comunidades bem arraigadas, mas a passagem do tempo significava que a maioria dos que viviam nas antigas comunidades mudéjares não sabia árabe e havia perdido as tradições intelectuais que um dia fizeram da Espanha uma fonte famosa de sabedoria religiosa, filosófica e científica no mundo muçulmano.[20] A imagem cristã do "mouro sábio" – um homem culto, educado no conhecimento filosófico e científico superior do mundo árabe e, assim, digno de ser consultado por reis e nobres cristãos – também desaparecera. "Eles perderam suas riquezas e suas escolas de árabe", o escritor mudéjar segoviano Isa Gebir lamentou em 1462, depois de traduzir o Corão e diversos livros de direito para o espanhol. Isso criou verdadeiros problemas religiosos. "É possível ou não exprimir o venerável Corão em palavras não arábicas, de modo que aqueles que não entendem a língua árabe possam entendê-lo?" era uma pergunta que no começo do século XVI chegou às autoridades religiosas no Cairo. Os muçulmanos espanhóis também estavam inseguros quanto às normas que permitiam a eles permanecer em solo cristão. "E é permitido ao pregador de uma comunidade cujos membros não compreendem árabe fazer o sermão da sexta-feira nessa língua e depois explicá-lo em outra?" "As incomparáveis qualidades literárias do Corão baseiam-se no teor de suas palavras e em sua construção [em árabe]. E esta [qualidade específica] perde-se quando ele é traduzido", veio uma resposta desalentadora.[21]

Duas grandes diferenças, além da religião, separavam os mudéjares de Isabel dos judeus. Eles eram muito poucos e muito pobres para constituírem uma ameaça, mas não estavam sozinhos. Geograficamente, possuíam o reino de Granada e os reinos muçulmanos no Norte da África bem à mão, significando que tinham lugares de refúgio por perto e vizinhos armados que podiam agir em sua defesa. Nesse sentido, maltratar os muçulmanos de Castela tinha um preço mais alto do que maltratar os judeus – ou mesmo os cristãos conversos que estavam sendo perseguidos pela Inquisição de Isabel. Fernando e Isabel aprenderam isto desde cedo, quando os mudéjares de Aragão viajaram ao encontro do poderoso sultão mameluco do Egito para se queixar de que seus minaretes estavam sendo demolidos, e que medidas na mesma moeda deviam ser tomadas contra os templos cristãos em Jerusalém.[22] O cronista português Damião de Góis foi explícito em dizer que essa era uma das razões pelas quais o rei Manuel, que sequestrava os filhos dos judeus, não fez o mesmo com crianças muçulmanas.

> Para punir nossos pecados, Deus permitiu que os muçulmanos ocupassem a maior parte da Ásia e da África, bem como partes significativas da Europa, onde estabeleceram grandes impérios, reinos e domínios nos quais muitos cristãos vivem sob seu jugo, além dos muitos que mantêm prisioneiros. Para esses [cristãos] teria sido muito prejudicial se os filhos dos muçulmanos [portugueses] tivessem sido sequestrados, porque estes últimos buscariam vingança contra os cristãos que vivem em terras muçulmanas... E é por isso que os muçulmanos tiveram permissão para deixar o reino com seus filhos, ao contrário dos judeus.[23]

Isso não impediu, é claro, que Manuel mais tarde alegasse que havia exortado Isabel e Fernando a fazerem exatamente isso. A ameaça de que os muçulmanos de Castela pudessem persuadir os cristãos a se voltarem para o islã nunca foi uma grande questão para Isabel ou sua Inquisição. Aqueles que de fato mudavam de religião, os chamados *elches*, em geral fugiam para o reino de Granada.

Como os judeus, entretanto, os muçulmanos foram sujeitados às demarcações cada vez mais rígidas de Isabel. A reunião de 1480 das cortes em Toledo, uma das primeiras grandes oportunidades de impor sua visão de sociedade, fez com que os muçulmanos que viviam em bairros cristãos fossem forçados para dentro das chamadas *morerías* e tivessem que adotar códigos de vestimenta que os identificassem como não cristãos.[24] Isabel gostava de ordem, e essa medida também se adequava à sua necessidade subjacente de pureza social em Castela. Ela não viu nenhuma contradição em intimidar parte da comunidade muçulmana, forçando-a a abandonar suas casas enquanto também a protegia contra os ataques daqueles cuja intolerância baseava-se em princípios menos nobres de ganância ou simples maldade. Eles tinham menos direitos, mas ela fazia questão de que fossem respeitados. Regras, no mundo em preto e branco de Isabel, eram para ser obedecidas.

A queda de Granada, no entanto, fez uma enorme diferença. De repente a população muçulmana de Castela se multiplicara por dez, com uma em cada vinte pessoas que viviam nas terras de Isabel agora mudéjar. Com os judeus expulsos, rumores começaram a circular de que os mudéjares seriam os próximos. Alguns cristãos recusavam-se a fazer negócios com eles, temendo que não ficassem por perto tempo suficiente para honrar suas dívidas e cumprir os acordos. Isabel e Fernando negavam isso veementemente. "Nossa vontade e desejo não é, e nunca foi, ordenar que os referidos mouros sejam expulsos de nossos reinos", insistiam em afirmar em dezembro de 1493, ameaçando punir quem os contradissesse ou argumentasse publicamente a favor da expulsão dos mudéjares.[25]

A guerra e os anos seguintes a ela viram a população muçulmana do reino de Granada cair para a metade, cerca de 150 mil pessoas, e o objetivo de longo prazo continuou sendo transformar Granada em um reino adequadamente cristão, com isenção de impostos, terras e casas oferecidas aos que ali se instalassem. Em 1501, havia 40 mil cristãos vivendo no novo reino, quase um quarto da população.[26] Eles não eram santos. "A maioria das pessoas que vieram povoar a cidade [de Granada] era homem de guerra ou aventureira, e muitos eram totalmente entregues ao vício",[27] relatou Luis del Mármol Carvajal, um cronista do final do século. Prostitutas, párias e aqueles que não conseguiram fazer fortuna em outros lugares eram atraídos para a cidade das oportunidades, onde as regras eram novas e o roubo, fácil. Eram a "escória de outras cidades" ou "aqueles que não tinham nenhum outro lugar onde cair morto". Alguns nobres foram recompensados, mas a concessão de terras era mantida no mínimo, ou as terras eram fraturadas, de modo que não pudessem se tornar bases das quais o poder real poderia ser desafiado.[28]

Granada era a conquista da qual Isabel mais se orgulhava. Seu símbolo, uma romã, com casca verde e sementes douradas, foi acrescentado ao brasão real, e sua identidade como um reino em separado foi respeitada. Ela a colocou em quinto lugar na lista de títulos de rainha, depois de Castela, Leão, Aragão e Sicília – embora sempre fosse um de seus reinos pessoais, como parte do reino maior de Castela, em vez de pertencer à coroa aragonesa de seu marido. Representantes da cidade também se uniram às outras dezesseis cidades importantes que tinham voto nas cortes de Castela.[29]

Isabel e Fernando exigiram um alto grau de controle sobre a Igreja em Granada. Isto, em parte, era porque, em vez de ser uma fonte de renda, era uma enorme despesa. Isabel teve que enfrentar o dispendioso negócio de construção de igrejas – em geral transformando mesquitas –, equipando-as com cálices, cruzes, ostensórios e, é claro, padres. Não havia congregações prontas para pagar a manutenção, apesar de a transferência de alguma renda das mesquitas ajudar. Foram dadas ordens para que sinos fossem tirados de antigas fortalezas de fronteira, onde não mais seriam necessários para soar o alarme sobre ataques iminentes, e derretidos para fazer outros ainda maiores para as igrejas. Outros sinos foram encomendados até de locais tão distantes quanto a Inglaterra. Isabel pagou, ela mesma, pela maior parte dessas despesas, e custou-lhe 9 milhões de maravedis para financiar locais de adoração em Granada, Málaga, Guadix e Almeria só em 1493. Em troca, ela exigiu e obteve do papa um alto grau de controle sobre a organização da Igreja e as nomeações clericais. Ela recebeu um controle organizacional quase completo sobre a Igreja nesses locais, embora respeitasse a própria superioridade do clero sobre doutrina e trabalho pastoral. Ela e Fernando escolhiam os candidatos para bispados e muitos postos inferiores. Em uma sociedade em que a Igreja tinha tanto peso temporal quanto espiritual, isso representava uma considerável concentração de poder. Dava-lhe também um controle maior sobre a qualidade – e o grau de ofensa – de uma Igreja que era a base moral e intelectual de sua cruzada para purificar a Espanha. Era um precedente importante, e esse sistema, chamado Patronato Real era estendido a outros "novos" territórios, inclusive às Ilhas Canárias, e se tornaria o modelo perseguido nas Américas. Alexandre VI, o papa Bórgia, cedeu esses poderes em 1488, ajudando a tornar o novo reino de Granada da rainha no modelo perfeito, isabelino, de Estado – e um modelo para seu nascente império global. Bórgia tinha boas razões para atender as exigências de Isabel. Por um lado, todo o esforço não iria custar nada a Roma. Por outro, poucos lugares na Terra estavam produzindo tantos novos convertidos ao cristianismo em potencial quanto o reino de Castela. Os amados franciscanos de Isabel foram incumbidos de realizar a maior parte do trabalho de captar convertidos entre os muçulmanos, e receberam terras e propriedades para instalar mosteiros em Granada.[30]

Uma carta de Isabel a seus bispos em 1501 a mostrava alegremente emitindo instruções. "Soube que nas igrejas de muitas paróquias em seu bispado o Santíssimo Sacramento [a hóstia da comunhão ou, mais especificamente, o corpo de Cristo] não é tratado com a reverência e solenidade que deveria, e que não é guardado em uma caixa de prata... e que nem os panos nem os vasilhames no altar são mantidos limpos, nem os candelabros que deveriam queimar diante das hóstias estão sendo acesos como deveriam", ela escreveu em um tom que não dava margem a nenhuma discussão. "Sabendo disso, tenho certeza de que os senhores mudarão e melhorarão as condições gerais, como é o vosso dever."[31] Era, no mínimo, ousado para um monarca cujo poder deveria ser secular e que, além disso, era uma mulher, emitir instruções gerais a padres sobre como preparar a igreja para uma das partes mais importantes da liturgia.

Isabel nunca se esquecia de que os muçulmanos eram infiéis religiosos. Uma pequena minoria tolerada é uma coisa. Uma grande minoria tolerada, como ela já havia demonstrado com os judeus, era outra bem diferente. Seu primeiro instinto era confiar em seu guia espiritual, frei Hernando de Talavera. Ali estava um homem bom, santo, que certamente poderia converter muitos muçulmanos. Sincero e incorruptível, ele era um exemplo do tipo de clérigo devoto, bem-comportado, que Isabel queria, e ela escolheu Talavera para ser seu primeiro arcebispo de Granada. Se ele havia convencido uma rainha a se ajoelhar diante dele quando confessava, certamente poderia fazer o mesmo com humildes muçulmanos. Talavera trabalhou intensamente para conquistar almas. Seus evangelistas falavam árabe e traduções de orações e salmos cristãos eram distribuídos. Ele adaptou costumes culturais locais e combinou-os com costumes cristãos. Nas procissões de Corpus Christi, a *zambra* moura e outras danças foram incorporadas (embora, dando prova da permeabilidade cultural do cristianismo espanhol, elas já tivessem sido incluídas em outros locais de Castela). Conversão forçada estava fora de questão. "Jesus Cristo nunca ordenou que ninguém fosse morto ou subornado para observar Sua lei, porque ele não queria obediência forçada, mas que fosse de boa vontade e livre", o escritor castelhano Juan Manuel declarara 180 anos antes. Afonso X, o monarca castelhano que entraria para a história como "o Sábio", chegara a uma conclusão semelhante em seu magnífico livro de direito do século XIII, *Siete Partidas*. "Os cristãos se esforçam para conduzir os mouros para a nossa fé e convertê-los através de boas palavras e pregação racional, não pela força ou pelo suborno", ele escreveu.[32]

Não só isso era uma tradição secular de Castela, como também estava registrado no acordo de paz de Granada. "Fica acordado e estabelecido que nenhum mouro seja forçado a se tornar cristão", declarava. Talavera teve pouco sucesso, saindo-se melhor no Albaicín.[33] Seu conselho aos convertidos era o de ir além da mera observação de ritos cristãos. "Para que vossa conversão não perturbe os cristãos natos e para que eles não desconfiem que ainda guardais a seita de Maomé em vosso coração, é aconselhável que imiteis os costumes dos cristãos bons e honestos em seus hábitos de vestir, barbear-se, comer, preparar a mesa e os alimentos cozidos, fazendo-os da mesma forma também na maneira de andar, dar e tomar coisas e, acima de tudo, na maneira de conversar, abandonando ao máximo possível a língua árabe, esquecendo-a", ele disse em uma circular que foi impressa e distribuída aos novos convertidos.[34]

Nesse conselho para evitar irritar cristãos antigos, Talavera estava provavelmente pensando nos conversos, cujos problemas com a Inquisição tinham muito a ver com o preconceito popular contra os costumes culturais de origem judaica mantidos por algumas famílias. Ele sabia disso por experiência pessoal, pois o próprio Talavera vinha de uma família de conversos. O fato de Talavera sentir-se obrigado a avisar os convertidos de Granada sobre seu comportamento cultural demonstra o quanto era gigantesco o salto que Isabel e seus conselheiros religiosos esperavam que eles dessem. Não era apenas sua religião que eles deveriam esquecer. Sua língua, comida e hábitos rotineiros também deveriam desaparecer. Não é de admirar que apenas um número limitado optasse pela mudança, apesar dos presentes e outras vantagens que vinham em ser cristão. No entanto, Talavera não tinha dúvidas de que conversões forçadas estavam fora de questão. "Trazê-los para a Santa Fé à força é algo que jamais deveria ser feito, especialmente entre adultos", ele escreveu. Era um pecado, acrescentou, batizar um adulto que não tivesse tido ao menos oito meses de preparação.[35]

As *capitulaciones* de paz incluíam uma cláusula protegendo os *elches*. "Fica estabelecido e acordado que se qualquer cristão tiver se tornado um mouro [muçulmano] no passado ninguém deverá ter a ousadia de maltratá-lo ou insultá-lo em nenhum aspecto e, caso isto aconteça, o infrator deverá ser punido por Suas Altezas Reais", lia-se. Este texto contradizia leis da Igreja que, ao menos segundo a interpretação da Inquisição, afirmavam que todos os apóstatas eram passíveis de punição. Assim como havia pressionado pela expulsão dos judeus, agora a Inquisição abria caminho à força, enfiando suas botas pesadas no tecido delicado do tratamento aos muçulmanos de Granada. Durante os primeiros oito anos de seu domínio sobre a cidade, Isabel ficou feliz em ver suas próprias leis reais (como incluídas nas *capitulaciones*) se sobreporem às leis mais rigorosas e inflexíveis da Igreja. Mas a Inquisição era uma de suas mais importantes criações e algo com o que estava inteiramente comprometida. Ser boa para os *elches* fora uma necessidade política no início de seu reinado sobre os muçulmanos de Granada. Meses depois de ter se instalado em Alhambra, entretanto, ela estava pronta a mudar de ideia. Talvez o som dos muçulmanos da cidade sendo chamados à oração a lembrasse de como as pessoas de outras partes da Europa desprezavam seus reinos porque eles toleravam a presença do islã.

O homem que, por fim, mudou a opinião de Isabel foi o poderoso arcebispo de Toledo, Jiménez de Cisneros, que acompanhara a corte real para a cidade em novembro de 1499, pouco antes de Isabel deixar Alhambra para uma estada de seis meses em Sevilha. Cisneros e Talavera eram, de certo modo, notavelmente parecidos. Os dois frades eram os preferidos de Isabel. Ambos haviam sido seus confessores e ambos haviam resistido à nomeação a cargos de autoridade, preferindo a vida simples e espiritual do mosteiro. No entanto, por insistência de Isabel, eles foram elevados às mais altas posições eclesiásticas. Frei Talavera, ascético e usuário do cilício, era famoso por trancar as prostitutas da cidade em seu próprio palácio durante a Quaresma, pregando para elas por uma hora por dia e dizendo-lhes que o diabo as usava como mulas. Cisneros, que havia desistido de seus bens mundanos para entrar para um mosteiro aos quarenta e oito anos, também usava cilício, dormia no chão e retirara-se para um casebre em ruínas no campo antes de ser enviado para a corte como confessor de Isabel. As semelhanças entre os dois homens terminavam aí. Em Cisneros, futuro inquisidor geral que fora nomeado arcebispo de Toledo após a morte de Mendoza (e supostamente teve que ser fisicamente impedido de fugir quando Isabel o surpreendeu com a nomeação), Talavera tinha um inimigo natural. Enquanto o último acreditava na lenta conversão por *festina lente*, ou "apressa-te devagar", o primeiro preferia o *compelle intrare*, ou "obriga-os a entrar". Mas Cisneros era mais velho do que Talavera, e em sua mente a lei da Igreja era suprema. A necessidade de Isabel por uma conciliação cuidadosa também desaparecera e Talavera já tivera a sua chance. Os métodos inquisitoriais de Cisneros agora estavam liberados para serem aplicados naqueles a quem tinha sido prometida a proteção real. Os *elches* de Granada haviam sido, em resumo, ludibriados. E assim também seus companheiros muçulmanos.[36]

43

O fim do islã?

El Albaicín, Granada, dezembro de 1499

Os dois homens que abriam caminho pelas ruas estreitas do Albaicín em suas mulas já eram conhecidos como parte de uma nova geração de execráveis agentes cristãos que estavam atropelando os acordos de paz assinados oito anos antes. O cardeal Cisneros estava na cidade há apenas um mês, mas tanto o espírito quanto a letra dos acordos de paz assinados oito anos antes já estavam sendo ignorados. Homens como o oficial de justiça, ou *alguacil,* Velasco de Barrionuevo e seu auxiliar, Salcedo, estavam tentando obrigar os convertidos *elches* a retornar ao cristianismo. Faziam isso explorando uma brecha nas *capitulaciones* de paz, que permitiam que mulheres *elches* e seus filhos fossem interrogados "na presença de cristãos e mouros". Embora Talavera fosse o arcebispo de Granada, Cisneros era livre para imprimir sua própria autoridade sobre a cidade. Ele não só era o clérigo mais antigo e conceituado da Espanha, como Isabel e Fernando ainda o haviam nomeado inquisidor na cidade. A tensão cresceu quando os homens de Cisneros começaram a batizar os filhos pequenos dos *elches* sem a permissão de seus pais, "como a lei [eclesiástica] permite". A presença de Barrionuevo no Albaicín acendeu o pavio da revolta. Os relatos variaram. Em um deles, Barrionuevo tentava sequestrar uma menina para ser batizada à força. Em outro, ele estava caçando dois irmãos depois de forçar entrada na casa da mãe dos jovens.[1] De qualquer modo, o resultado foi o mesmo. "Achando que isso iria [finalmente] acontecer a todos eles, os *elches* se rebelaram e mataram o oficial que fora prender um deles; eles ergueram barricadas nas ruas, pegaram as armas que haviam escondido e fizeram novas, enquanto se preparavam para resistir", segundo o relato de um contemporâneo. Cisneros alegou que seus homens haviam simplesmente sido atacados quando passavam devagar em suas mulas e que as forjas de ferro do Albaicín rapidamente produziram quinhentas lanças, como se a rebelião tivesse sido cuidadosamente tramada com antecedência.[2]

Talavera e o conde de Tendilla, os dois homens mais velhos que haviam com sucesso administrado a cidade e assegurado uma coexistência relativamente harmoniosa entre os recém-chegados cristãos e os habitantes originais pelos oito anos anteriores, levaram três dias para acalmar os mudéjares do Albaicín. Tendilla usou tropas e diplomacia, chegando a depositar sua mulher e seus filhos como "reféns" e fiadores da paz. Uma anistia foi oferecida a todos aqueles que eram batizados. Os hagiógrafos de Talavera o descrevem serenamente desfilando com a cruz enquanto mudéjares beijavam seu hábito – uma cena improvável, considerando-se a tensão. Outros relatos dão conta de que ele foi atingido por pedras antes de voltar. Isabel e Fernando ficaram furiosos, culpando a falta de jeito de Cisneros – que parece ter fugido para a segurança de Santa Fé. "Ele nunca viu e não entende os mouros", escreveu Fernando. "Inteligência, não rigor" era necessária, disse furioso com somente aqueles responsáveis pela morte de Barrionuevo punidos – e, ele insistiu mais tarde, nenhuma conversão forçada, "pois isso não é uma boa medida".[3]

No entanto, a abordagem obstinada de Cisneros funcionou. Entre temores de que os que eram batizados seriam separados dos outros, quase o edifício inteiro da Granada muçulmana desmoronou. No começo as conversões eram de indivíduos, mas no final paróquias inteiras foram criadas, primeiro consagrando uma mesquita para transformá-la em uma igreja, e depois através do batismo – um a um – de quase todos aqueles que pertenciam a ela. Em Granada, isso significava até trezentos batismos individuais por padre e por dia. Muitos dos registros de batismo sobreviveram até hoje, com 9.100 deles em apenas três meses, até fevereiro de 1500. Assim, aqueles que se chamavam Muhammed, Ahmed, Ali e Ibrahim mudaram de nome para, por exemplo, Juan, Francisco, Alonso ou Fernando. Mulheres com nomes como Axa, Fátima, Omalfata ou Marien foram batizadas, por sua vez, como María, Isabel, Catalina ou Juana. Os registros da nova paróquia de São Gregório – anteriormente a mesquita de Gumalhara – refletem toda a mistura dos muçulmanos de Granada, que incluíam imigrantes mudéjares de outras partes de Castela e Aragão (inclusive um Muzehed de Hornachos, que se tornou Pedro), uma lista de vinte e seis negros africanos e doze pessoas que foram batizadas na cadeia. Em um único fim de semana em janeiro de 1500, três padres batizaram 806 pessoas na antiga mesquita.[4] Um alto-relevo nos bancos do coro da catedral de Granada mostra mulheres muçulmanas em fila, os rostos cobertos como se estivessem envergonhadas, aguardando para serem batizadas.[5]

Cerca de 35 mil pessoas na cidade e arredores foram batizadas no espaço de alguns meses, dando origem a uma nova categoria de mouros convertidos, chamados "mouriscos". "Essa conversão está indo muito bem e já não há ninguém nesta cidade que não seja cristão, e todas as mesquitas agora são igrejas", escreveu Cisneros em meados de janeiro de 1500. "E o mesmo está acontecendo nas cidades e vilas próximas."[6] Aquilo era obviamente conversão forçada. "Eles abraçaram a fé e aceitaram o batismo, mas sem seu coração, ou apenas de uma forma cerimonial", comentou Bernáldez.[7] Como tal, isso também transgredia inúmeros éditos papais e o conselho de teólogos.

Cisneros não estava nem um pouco preocupado. Sua visão era simples: enquanto Talavera, com suas tentativas evasivas de conversão pouco conseguira em oito anos, ele havia resolvido todo o problema em questão de meses. A força era a melhor forma de persuasão, e a conversão preferível ao exílio infligido aos judeus. Era "melhor não permitir que fossem para o exílio. Preferíamos que fossem convertidos ou aprisionados, como estes. Porque como prisioneiros eles podem se tornar cristãos melhores e o país estará a salvo para sempre, e como estão tão próximos do mar e tão perto de lá [Norte da África], e como há tantos deles, eles poderiam causar muito mal se os tempos mudassem",[8] ele disse, ressaltando tanto os benefícios práticos da conversão forçada quanto os benefícios religiosos.

Isabel e Fernando ficaram confusos quanto ao modo de reagir. Foram da raiva contra Cisneros por provocar confusão à alegria com o número de convertidos que ele estava conseguindo. Talavera, exausto e deprimido, enquanto isso, escreveu para Isabel pedindo-lhe que fosse a Granada assim que possível.[9] Era tarde demais. Isabel e o marido rapidamente tornaram-se entusiastas do método de Cisneros. "Meu voto, e o da rainha, é o de que esses mouros sejam batizados, e se não forem verdadeiros cristãos, seus filhos serão, assim como seus netos", Fernando supostamente teria dito.[10] Isabel sabia que Talavera e Cisneros não se davam bem,[11] mas ela claramente agora apoiava o último. Ela retornou de Sevilha em julho de 1500 e imediatamente começou a aumentar o número de clérigos em seu novo reino, que agora tinha dezenas de milhares de novos convertidos.[12]

A culpa por essa mudança de opinião pode também ser atribuída ao frade escocês Duns Scotus, que partira de Dumfries via Northampton até Oxford no século XIII. Scotus era um teólogo e filósofo franciscano, cujas ideias haviam sido amplamente divulgadas por um dos pensadores favoritos da família real espanhola, o mesmo Francesc Eiximenis, cujos conselhos sobre a criação de jovens princesas – usando tanto Deus quanto a vara – muito influenciara o mundo de Isabel.[13] "Creio que seria religiosamente correto obrigar os pais, através de ameaças e terror, a receberem o batismo", escreveu Scotus.[14] "Seus descendentes, se adequadamente educados, serão verdadeiros crentes na terceira ou quarta geração." O fim, ele queria dizer, justificava os meios.[15] Outra grande autoridade, Tomás de Aquino, teria discordado. "De modo algum as pessoas devem ser forçadas a aceitar a fé cristã, porque a crença é voluntária", ele dissera.[16] Havia espaço, em outras palavras, para escolha, e Isabel havia agora escolhido a mais implacável das duas opções.

Isabel considerou a conversão de 35 mil pessoas um sucesso espetacular. Mas ainda representava apenas um quarto dos muçulmanos no reino de Granada. Isabel e Fernando obviamente temiam enfrentar uma rebelião generalizada, e eles escreveram para aqueles nas montanhas que circundavam Ronda, que haviam recebido um acordo semelhante ao de Granada, assegurando-lhes de que não seriam de forma alguma afetados. "Soubemos que alguns de vós estão dizendo que nosso desejo é forçá-los a se tornarem cristãos, mas como nossa vontade é que nenhum mouro se torne cristão à força... prometemos em nossa fé e palavra real que não consentiremos nem permitiremos que nenhum mouro seja forçosamente convertido, porque nosso principal desejo é que aqueles mouros que são nossos súditos vivam em segurança e justiça", escreveram, ao mesmo tempo que multidões de mouriscos passavam pelas novas igrejas na cidade de Granada. Na montanhosa Alpujarra, para onde Boabdil fora inicialmente, e em outras cidades de Granada, como Guájar, os muçulmanos viram aquilo como um aviso do que iria acontecer. Eles se rebelaram, provocando uma campanha de três meses na Alpujarra na qual foram pouco a pouco vencidos. Sua rebelião serviu bem aos propósitos de Isabel, pois depois que foram derrotados, ela e Fernando puderam acusá-los de romper os termos das *capitulaciones* e impor novas e mais severas condições sobre eles. A propriedade foi confiscada, e Isabel ordenou que alguns dos capturados durante uma rebelião em Nijar fossem enviados a ela como escravos. Mais importante ainda, agora eram forçados a se converter.[17] Outro importante grupo de mouros e uma área geográfica do novo reino foram, assim, artificial e violentamente "normalizados".

Novas rebeliões acabaram eclodindo em outros lugares exigindo novas campanhas, mas produzindo resultados semelhantes em termos de conversão em massa. Grupos de linchamento em Castela se preparavam para atacar comunidades mudéjares menores e mais antigas, com Isabel explicitamente defendendo a aljama de Arévalo em uma carta que prometia punir qualquer um que a atacasse. Em maio de 1501, as chamas de rebelião haviam sido extintas. Cidades inteiras no reino de Granada decidiram que era mais sensato buscar o batismo do que se arriscar às consequências de uma visita dos homens de Cisneros.[18] Dois meses mais tarde, em julho de 1501, Isabel e Fernando proibiram a entrada de novos muçulmanos em um reino de Granada que agora era povoado em sua maior parte pelos chamados mouriscos, muçulmanos convertidos ao cristianismo que mantinham muitos de seus hábitos culturais, suas vestimentas e tradições. A ordem presumia que "não há absolutamente mais nenhum infiel", mas os monarcas acrescentaram uma cláusula dando a qualquer um que restasse três dias para ir embora, "sob pena de morte e perda de todos os seus bens para o nosso erário".[19]

Em setembro de 1501, em uma instrução que era tanto contraditória quanto assombrosa em seu cinismo, Isabel exigia que mais nenhuma conversão fosse realizada sob coação ou suborno, enquanto explicitamente ameaçava aqueles que não recebessem o batismo "voluntariamente". "Eles devem ser bem tratados", ela escreveu. "Mas se por fim não quiserem se converter segundo nossa vontade, podeis dizer a eles que devem deixar nossos reinos, porque não há nenhuma razão para que haja infiéis neles."[20] Era, na realidade, uma ordem de expulsão semelhante à emitida contra os judeus, e ajudava a empurrar o resto da população de Granada para o batismo forçado.

Como se a mensagem não fosse bastante clara, Isabel assinou mais uma ordem para ajudar a erradicar o islã. Todos os exemplares do Corão e outros textos islâmicos deveriam ser queimados. As instruções, emitidas em conjunto com Fernando, não deixavam margem a dúvidas. "Como sabeis, pela graça de Nosso Senhor, os mouros que vivem neste reino converteram-se à nossa Santa Fé católica. E porque na época que este reino era povoado por mouros eles tinham muitos livros de mentiras de sua falsa seita, estes agora devem ser queimados em uma fogueira, para que não reste nenhuma lembrança deles", escreveram. Nas praças, mercados e onde quer que as pessoas se reunissem na cidade e por todo o reino de Granada, pregoeiros públicos anunciaram que "dentro de trinta dias a partir do dia do anúncio eles devem entregar a vós, nossos agentes da lei, todos os livros que existam dentro de vossa jurisdição, de modo que não reste nenhum exemplar do Corão ou qualquer outro livro da seita de Maomé". Eles deveriam ser queimados em público, "e ordenamos que qualquer pessoa que possua tais livros ou que saiba de sua existência entregue a vós dentro desse prazo limite, de modo que não reste nenhum, sob pena de morte e perda de todos os bens para quem quer que conserve um livro e o esconda".[21] Cerca de cinco mil livros e rolos de pergaminho – inclusive delicadas obras de arte com belas iluminuras, páginas perfumadas e decorações em madrepérola e ouro – foram queimados. Grande parte da rica tradição poética e literária dos násridas se perdeu.[22] Somente textos médicos, alguma filosofia – pelos quais os árabes eram admirados – e crônicas históricas foram excluídos.[23]

A fumaça e o cheiro de literatura sagrada sendo queimada, de papel e pergaminho, ergueram-se no ar das praças e foram levados pelo vento pelas ruas estreitas de Granada e de outras cidades durante o outono de 1501. Esse ato de purificação pelo fogo, ao que consta realizado na Plaza Mayor de Granada[24] e alimentado pelas madrassas da cidade e suas bibliotecas, foi a derradeira humilhação para os agora secretos muçulmanos no mais novo reino de Isabel. A expulsão desses novos convertidos que pegaram em armas sugeria que Isabel sabia que muitos, não vendo outra opção, estavam fingindo, e poderiam recorrer à violência.[25] Também significava que, assim como acontecia com os conversos, esses cristãos-novos já estavam sendo tratados de forma diferente dos cristãos-velhos. Talavera logo ressaltou que nas novas igrejas da cidade muitos convertidos exibiam um óbvio desdém, pois os mouriscos convertidos "misturam-se ou sentam-se com as mulheres, enquanto outros recostam-se contra os altares ou dão as costas para eles, e outros vagam pela igreja durante o sermão". Ameaças de excomunhão mostravam-se inúteis, então Isabel e Fernando impuseram multas ou sentenças de dez dias de prisão.

Quatro meses depois, em fevereiro de 1502, Isabel e o marido deram o próximo passo, brutalmente lógico. "Nós trabalhamos muito no referido reino [de Granada], onde todos eram infiéis e agora não resta nenhum", Isabel pôde se vangloriar quando publicaram outro édito dramático, desta vez ordenando que as antigas comunidades mudéjares espalhadas pelo resto de Castela fossem embora. Foram-lhes concedidos apenas dois meses e meio, até o fim de abril de 1502, para se decidirem. "Considerando que agradou ao Nosso Senhor expulsar nesses tempos nosso inimigo deste reino [de Granada]... então é certo mostrar nossa gratidão... expulsando de [todos] os nossos reinos [de

Castela] os inimigos de Seu santo nome, e não mais permitir nesses nossos reinos pessoas que seguem tais leis condenáveis", dizia o édito que ela assinou no Real Alcácer de Sevilha em 12 de fevereiro daquele ano, aparentemente alheia à ironia de assinar tal édito em uma das maravilhas da arquitetura moura. O nome de Fernando também estava no documento, embora ele não abrangesse os mouros em suas próprias terras, já que eram importantes demais para a economia de reinos como Aragão e Valência. O argumento era exatamente o mesmo daquele que inspirara tanto a expulsão dos judeus quanto a fundação de sua Inquisição real. "Considerando que a maior fonte de corrupção de cristãos que já vimos nestes reinos se deu por contato e comunicação com os judeus, o contato com os ditos mouros de nossos reinos é um grande perigo aos novos convertidos."[26]

Enquanto as regras de expulsão para os judeus haviam sido brutais, as destinadas aos muçulmanos eram simplesmente impossíveis. Eles não podiam ir para os reinos aragoneses de Fernando nem para Navarra. Só podiam ir para países com os quais Castela não estava em guerra. Isso excluía o Império Otomano, o Norte da África e grande parte da Europa, onde provavelmente também não seriam bem-vindos, de qualquer modo.[27] As terras do Egito mameluco, que incluíam Jerusalém, eram praticamente o único destino possível. Elas ficavam do outro lado do Mediterrâneo, mas a ordem de expulsão dizia que os muçulmanos de Castela só podiam partir dos portos de Biscaia, na costa atlântica do Norte da Espanha, que era o lugar mais longe possível de seu destino. Eles teriam que navegar ao longo do perigoso litoral do norte da Galícia (posteriormente conhecido como a Costa da Morte) e ao redor do montanhoso e tempestuoso Fim da Terra da Espanha, ou Finisterra. A viagem, então, teria que seguir a costa atlântica de Portugal até o vertiginoso estreito de Gibraltar apenas para entrar no extremo ocidental do mar Mediterrâneo. Piratas berberes e outros perigos permaneciam ao longo da extensa travessia para o lado leste do Mediterrâneo.

Como não era de admirar, os mudéjares remanescentes, diante disso, se converteram. A conversão nem era mencionada como uma opção na ordem de expulsão, mas na verdade eles não tinham escolha. E assim as antigas comunidades mudéjares também foram batizadas em massa, acrescentando mais 20 mil a 25 mil pessoas à lista de convertidos. Somente em seus reinos, entre judeus e muçulmanos, Isabel havia acrescentado cerca de 150 mil almas para Cristo, ainda que muitos estivessem fingindo. Ela também havia cerrado as cortinas em sete séculos de coexistência entre as três "religiões do livro" em Castela. Ela só precisara de uma década. Sua revolução puritana estava quase completa. Até Maquiavel ficou surpreso com essa "obra pia de crueldade". "Não poderia ter havido um empreendimento mais deplorável ou impressionante", ele declarou.

Isabel endureceu ainda mais as condições perto do final do ano. Em setembro de 1502, em uma pragmática assinada apenas por ela, Isabel proibiu os novos convertidos nos reinos de Castela e Leão de irem embora pelos dois anos seguintes.[28] Eles tinham recebido uma oportunidade de irem embora, apesar de falsa, e agora eram cristãos. Ela não queria que fossem tentados a voltar para a sua antiga fé. Eles podiam comercializar em Aragão ou Portugal somente com uma permissão oficial de noventa dias. Se tentassem vender suas propriedades, elas seriam confiscadas pela coroa, sem nenhuma reparação nem para o comprador nem para o vendedor.

Isabel endereçou uma cópia da nova lei à sua filha Joana, agora também sua herdeira, assim como para todos os nobres e altos servidores. "Fui informada de que alguns deles, dando ouvidos a falsos conselhos, começaram a vender seus bens, a fim de poderem se mudar para outros reinos e para além-mar. E considerando que eu, como rainha e senhora, sou a guardiã do [adequado] serviço de Deus, Nosso Senhor, e de Sua Santa Fé católica, sinto-me obrigada a tomar medidas, a fim de assegurar que os novos convertidos permaneçam em nossa fé, longe daqueles que possam exortá-los a se afastar", ela disse.[29]

Os antigos mudéjares de Castela, agora mouriscos, também foram expulsos do reino de Granada, onde não podiam nem comercializar. Isso, ela explicou, era "por determinadas razões que têm a ver com os novos convertidos no referido reino".[30] Era o mais próximo que Isabel podia chegar para admitir publicamente que os mouriscos de Granada eram, em grande parte, ainda muçulmanos secretos, ou no mínimo maus cristãos que haviam sido convertidos à força.

O último exercício de Isabel em purificação foi, para a maioria de suas vítimas, uma farsa. A lei islâmica, sob uma cláusula de autoproteção denominada *taqiyya*, permitia a pretensa conversão sob circunstâncias extremas onde não havia nenhuma outra opção, e os cristãos contemporâneos logo perceberam o que estava acontecendo. "Eles diziam que eram cristãos, mas davam mais atenção aos ritos e cerimônias da seita de Maomé do que às normas da Igreja católica, e fechavam seus ouvidos ao que quer que os bispos, padres e outros religiosos pregavam", Mármol Carvajal, que nascera em Granada e falava árabe, escreveu no fim do século. Adivinhos conhecidos como *jofores* diziam aos infelizes convertidos que um dia eles retornariam à sua fé original. Até mesmo um século mais tarde, Mármol relatou, muitos – se não a maioria – eram muçulmanos às escondidas. "Eles odiavam o jugo católico romano e secretamente ensinavam uns aos outros os rituais e cerimônias da seita de Maomé... Se iam à missa aos domingos e dias santos era por obediência e para evitar punições", acrescentou. As orações muçulmanas eram recitadas em segredo, especialmente às sextas-feiras, e artesãos continuavam a trabalhar aos domingos por trás de portas fechadas. A confissão era, para muitos, uma farsa, e Mármol afirmava que crianças recém-batizadas eram "secretamente lavadas em água quente para retirar o crisma e o óleo consagrado" antes de receberem nomes mouros e os meninos serem circuncisados. "Noivas que haviam sido obrigadas a vestir trajes [cristãos] católicos para receber a bênção da Igreja eram desnudadas quando chegavam em casa e vestidas com trajes muçulmanos, celebrando um casamento mouro com comida e instrumentos mouros", ele escreveu.[31]

Alguns ficaram escandalizados, vendo que os problemas estavam se acumulando para mais tarde. "Vais objetar, entretanto, que eles continuarão a viver com o mesmo espírito de comprometimento com seu Maomé, como é lógico e razoável supor", Anghiera escreveu a Bernardino López de Carvajal, um dos cardeais espanhóis de Bórgia em Roma.[32] O próprio Anghiera obviamente pensava assim, mas também acreditava que seus filhos seriam bons cristãos. Mas agir contra os muçulmanos de Castela trouxe um outro conjunto de problemas, pois logo se ouviu boatos de que países poderosos ao sul e a leste do Mediterrâneo estavam preparando-se para adotar medidas de retaliação na mesma moeda contra os cristãos em suas terras. Isso explica por que Anghiera se viu sendo enviado como embaixador ao Egito, onde o sultão estava recebendo queixas iradas daqueles que estavam sendo forçados a se converter na Espanha.

44

O sultão do Egito

Veneza, 2 de outubro de 1501

O crescente status de Isabel e a posição da Espanha como potência política emergente da Europa significavam que as ondas de choque de seus atos mais ousados e controversos agora atingiam povos e terras distantes. Assim, ela foi obrigada a voltar sua atenção ao homem que considerava "o sultão da Babilônia, Egito e Síria, e Senhor de toda a Palestina", referindo-se ao sultão mameluco no Cairo, Qansuh al-Ghuri. Em outubro de 1501, ela e Fernando enviaram Peter Martyr d'Anghiera ao encontro do sultão com instruções estritas de negar as conversões forçadas. "Se ele perguntar o que quer que seja sobre conversões dos mouros neste reino, dizendo que foram forçadas ou que alguma injustiça foi cometida para obrigá-los a se converter à nossa Santa Fé católica, diga que a verdade é que nenhuma [conversão] foi feita à força e jamais será, porque nossa Santa Fé não deseja que assim seja feito a ninguém."[1]

Anghiera viajou para Veneza, onde subiu a bordo de uma galeaça de três mastros, uma enorme embarcação de comércio com 150 homens manejando remos de quinze metros, que tipicamente precisavam de sete a oito pessoas para cada um. A embarcação era parte de uma frota de quatorze, que fazia viagens regulares ao porto sírio de Beirute e ao seu próprio destino de Alexandria, de onde ele planejava viajar para o Cairo para ver o sultão. "Dizem que ele está ameaçando todos os cristãos para que, rejeitando as leis de Cristo, abracem as de Maomé", Anghiera explicou em uma carta. "A desculpa é que os granadinos abandonaram Maomé, e o fizeram porque foram forçados a isso com violência." A enorme galeaça veneziana em geral levava tecidos caros e outras mercadorias, retornando com pedras preciosas, perfumes ("que efeminam os homens e propiciam a libertinagem") e remédios árabes para distribuir pela Europa. Anghiera ficou impressionado com a indústria de Veneza, seu porto fervilhante, docas movimentadas e enormes embarcações, partindo para negociar em lugares distantes, como Constantinopla, Beirute, Alexandria, mar Negro, o rio Don (russo), Londres e o "oceano glacial" no Norte.[2]

A viagem de Anghiera ao Cairo pode ter sido desencadeada por um pedido de ajuda enviado ao imperador mameluco por alguns mouriscos espanhóis na forma de uma *qasida*, uma ode rimada de 105 versos em árabe, escrita em 1501. O poema explicava, em termos trágicos, a queda de Granada e o drama dos autoproclamados "escravos que permaneceram na terra de exílio, em Andaluzia, a oeste", em nome de quem o pedido de ajuda era escrito. Esses incluíam "velhos cujos cabelos brancos" foram arrancados, mulheres cujos "rostos foram expostos à companhia de não árabes" (embora as mulheres mouriscas desenhadas por Christoph Weiditz duas décadas mais tarde ainda mantivessem seus rostos parcialmente cobertos por véus, ao menos em público),[3] meninas levadas por padres para "camas de vergonha" e outros "forçados a comer carne de porco" e outras carnes de animais que não haviam sido abatidos em uma cerimônia.[4] O poeta dissera ao sultão que Isabel e seu marido "nos converteram ao cristianismo à força, com brutalidade e crueldade, queimando os livros que tínhamos e misturando-os com excrementos e imundície, sendo nossa religião o tema de cada livro". Eles foram "atirados à fogueira com desdém e escárnio", enquanto seus nomes foram alterados para nomes cristãos "sem nosso consentimento".

Anghiera chegou a Alexandria no começo de janeiro de 1502, sendo recebido pelo cônsul local de Barcelona. Foi obrigado a aguardar permissão para subir o Nilo em direção ao Cairo – que ele chamou de "capital deste império e anteriormente da Babilônia" –, a fim de encontrar-se com o sultão. Ele passeou como um turista, admirando o porto e os tanques de água cheios por aquedutos que vinham do Nilo, mas ciente de que os dias de glória da cidade já haviam acabado.

"Olhando para suas ruínas, eu diria que Alexandria um dia teve 100 mil casas ou mais", ele escreveu. "Agora, mal tem quatro mil. Em vez de ser habitada por pessoas, são ninhos de pombos." O sultão, a princípio, não quis vê-lo, algo pelo qual Anghiera culpava os judeus espanhóis expulsos. "Muitos buscaram refúgio nestas regiões", ele explicou. Anghiera enviou dois frades franciscanos para informar ao sultão que estes judeus haviam sido expulsos por Isabel e Fernando "como uma praga perigosa" e eram "inimigos da paz e da boa vontade entre soberanos". Anghiera também foi avisado de que outros reis do Norte da África haviam enviado emissários ao sultão "instigados por aqueles que foram expulsos de Granada, com terríveis reclamações".[5]

O emissário de Isabel e Fernando ficou surpreso por relativamente poucos mamelucos – originalmente soldados escravos importados de lugares tão distantes quanto os Bálcãs e a Geórgia – terem conseguido impor sua autoridade sobre os nômades árabes. "Esses árabes, no julgamento de todos, inclusive dos mamelucos, são nobres e trabalhadores, enquanto os mamelucos são, em sua grande maioria, ignóbeis tipos das montanhas trazidos até aqui pelos piratas", ele disse. "Todo mameluco possui tanto poder sobre o povo que pode bater em quem quiser com o bastão de madeira que carrega consigo, por puro capricho ou pelo menor pretexto." Finalmente ele foi levado diante do sultão ao amanhecer, em um palácio que ele comparou a Alhambra através de pátios, e passando por eunucos que guardavam as portas dos haréns. "O sultão... já sabia o quanto Vossa Alteza é poderosa", Isabel leu em um dos relatos que ele enviou. "Foi por isso, contra os costumes de seus antepassados, que ele permitiu que eu ficasse nos tapetes estendidos à sua frente em sua metade do pátio." Ele também foi dispensado de algumas das mesuras e genuflexões normalmente exigidas de embaixadores. O próprio sultão era um mameluco, supostamente de uma antiga família de escravos da Cítia, no extremo leste do mar Negro. Ele usava um acessório na cabeça de onde saíam dois chifres de pano que pareceram absurdos a Anghiera. "Só posso imaginar que esses bárbaros moldaram esses ridículos chifres nos caracóis, já que nunca vi nada igual antes", disse com desdém. Mas aparentemente o sultão gostou de Anghiera e o tratou bem – para grande fúria dos embaixadores mauritano e numidiano (berbere), que lembrou a todos que os mouros de Granada estavam sendo forçados a se converter ou expulsos. Anghiera relatou que a reputação de Isabel e Fernando era "de que vós sois perjuros mentirosos e soberanos violentos e tirânicos". O sultão, temendo que sua presença pudesse provocar uma rebelião, por fim ordenou a Anghiera que saísse furtivamente do Cairo à noite, mas este último mandou seu mensageiro de volta, lembrando-o de que ele, Anghiera, representava os soberanos de uma vasta extensão de terras que se estendiam "das praias mais distantes do mundo... à parte do reino de Nápoles que dá para leste, sobre o mar Adriático" e, assim, não ficava longe do próprio Egito. Em um encontro secreto antes do amanhecer, o sultão o interrogou, acima de tudo, sobre as conversões forçadas.[6]

"Você se queixa de que meus soberanos católicos tomaram a cidade de Granada dos mouros, juntamente com outras cidades fortificadas... que eles não respeitaram as religiões dos conquistados e que muitos milhares foram forçados a se tornarem cristãos; depois, vós ameaçastes fazê-los se arrepender de suas decisões", Anghiera respondeu. "Deveis ficar sabendo do seguinte: que os Reis Católicos de Espanha me enviaram para pedir favores em nome dos habitantes de Jerusalém, não para recontar suas próprias vitórias... Eles são [agora] tão poderosos que não temem ninguém... Do oceano [Atlântico] onde o sol se esconde abaixo do mar ao Adriático à Itália que tem vistas para as suas terras [do sultão] pelas Colunas de Hércules [o estreito de Gibraltar], à Sicília, Calábria... e Apúlia, todas estão subordinadas aos meus soberanos."[7] Era uma lista impressionante, impensável nos anos antes de Isabel reivindicar seu trono, e o sultão compreendeu que ele devia ouvir.

Anghiera insistiu que os próprios granadinos haviam suplicado a Isabel e Fernando que os batizassem depois de terem se rebelado e percebido que, sendo os vencidos, eles podiam ser escravizados. "Batismo! Batismo!", haviam gritado, ou assim ele alegou. "Nossa religião abertamente exige que ninguém ouse usar de violência ou ameaças para incitar as pessoas a mudar de religião", acrescentou. Prova disso, ele afirmou, eram os milhares de mouros e judeus que haviam escolhido se mudar para os reinos do sultão. "Sem dúvida eles teriam sido forçados ao batismo se nossa religião assim o permitisse", continuou. Ele também lembrou ao sultão que dezenas de milhares de muçulmanos ainda viviam nos reinos de Valência e Aragão "com a mesma liberdade dos cristãos". Era um lembrete útil ao sultão que qualquer perseguição de cristãos em suas terras ainda podia ser respondida com a perseguição dos muçulmanos remanescentes na Espanha. Anghiera previu que o sultão iria se arrepender de ter permitido que os judeus da Espanha se estabelecessem em seu território e exortou-o a ignorar as queixas deles. "Por que vos preocupar com eles? Foram eliminados de seus reinos pelos meus soberanos como uma peste venenosa", ele disse. "Um dia, se a Sorte vos der uma vida longa, percebereis a que tipo de homens deste proteção... e então admitireis como meus soberanos foram inteligentes, precisamente porque eles decidiram se livrar desses animais desprezíveis e doentios."[8]

Seus argumentos mais persuasivos, entretanto, tinham a ver com poder – pois os mamelucos estavam tão preocupados com a expansão otomana quanto a Europa cristã (com boas razões, considerando que haviam conseguido repelir os otomanos durante uma guerra uma década antes, e os últimos iriam invadir as terras dos mamelucos dentro de quinze anos). Os espanhóis o haviam ajudado durante a guerra otomana anterior, e um bom sultão sempre tinha que estar preparado para uma rebelião doméstica. "Nas frotas espanholas ancoradas na Apúlia e Calábria [Sul da Itália], tropas experientes estão prontas, e se alguma rebelião contra vós irromper ou uma guerra estourar, elas podem vir rapidamente para cá e ajudá-lo", Anghiera prometeu. "A mera notícia de nossa amizade, na verdade, pode vos ser útil, considerando nosso poder em terra e no mar."[9]

A estratégia funcionou. "O sultão está preparado para fazer qualquer coisa que eu pedir em vosso nome", Isabel leu em um relatório triunfante enviado por Anghiera. Ele continuou seu turismo, perambulando para ver as pirâmides – que descreveu como "os monumentos do Egito antigo" – enquanto documentos eram redigidos refletindo a antiga preocupação de Isabel com os remanescentes da comunidade cristã nas terras santas, prometendo proteger aqueles que estavam nas terras do sultão.[10] Esses documentos incluíam salvos-condutos e redução de impostos para peregrinos, bem como o direito de restaurar igrejas e mosteiros cristãos em Jerusalém, Belém, Beirute "e onde mais houver remanescentes da obra de Cristo". Muitas dessas construções vinham há séculos desmoronando em ruínas, mas não podiam ser restauradas sem permissão. "E agora, podeis fazer isso", Anghiera relatou. As terras de Isabel e Fernando juntas estendiam-se das ilhas do Caribe à ponta sul da Itália. Agora, sua influência também era sentida mais para leste e, mais importante ainda para a rainha, no mais sagrado dos lugares, conforme cristãos árabes se beneficiavam de seu poder e proteção. O sultão despediu-se de Anghiera com presentes, que incluíam uma túnica de linho verde-mar e um robe de seda combinando, e uma peça de vestuário entrelaçada com fios de ouro, com letras árabes bordadas e orlada de pele. O enviado subiu o Nilo de volta, convencido de que os cristãos deviam começar a retomada da Terra Santa.[11]

Anghiera dirigiu-se a Toledo para informar Isabel de suas experiências.[12] "Lancei âncora no mais seguro dos portos... diante da rainha que, como sabem, é a maior de todas do sexo feminino; ela não só imita os homens, mas em espírito, prudência e força – não exatamente uma qualidade feminina –; ela se compara aos grandes heróis; recebeu-me quatro vezes, afavelmente e com uma expressão serena e satisfeita", ele escreveu a um amigo em setembro de 1502. Isabel sem dúvida não havia perdido sua capacidade de amedrontar até mesmo seus próprios servidores, e o canto de glória de Anghiera para a rainha pode ter tido algo a ver com o fato de que ela obviamente nem sempre o achava divertido. "Eu agradei seus sublimes ouvidos contando-lhe as novidades", ele acrescentou. "Ela me acha mais agradável do que normalmente."

45

Como uma leoa enfurecida

Gante, fevereiro de 1500

O anel que a filha sobrevivente mais velha de Isabel, Joana, agora mantinha consigo fora usado pela Virgem Maria ao dar à luz Jesus Cristo, ou assim os monges de uma abadia perto de Gante alegaram antes de entregá-lo a ela enquanto a própria se preparava para dar à luz na cidade.[1] A criança em seu útero não era o primeiro neto de Isabel. Essa honra pertencia a Leonor, nascida há dois anos, em 1498. Na ocasião, o sogro de Joana, Maximiliano, estava a caminho de Bruxelas para o batismo, mas deu meia-volta depois que uma menina foi anunciada. Seu marido, Felipe, reagira de uma maneira igualmente despótica. "Como é uma menina, coloque-a nos bens da arquiduquesa [nas despesas dela]; quando Deus nos der um filho, coloque-o nos meus", ele disse.[2] Desta vez Joana rezava por um menino, e Felipe começou a preparar as carruagens, joias e outros adornos que proporcionariam a pompa devida ao nascimento de um menino. Em fevereiro de 1500, ela finalmente deu à luz o muito desejado herdeiro masculino, que seria batizado de Carlos. O marido geralmente insensato de Joana ficou encantado, dando-lhe de presente uma esmeralda embutida em uma rosa branca de ouro.[3]

O status de Joana na corte da Borgonha melhorou um pouco, mas ela não conseguia exercer o tipo de pressão pró-Espanha que Isabel esperara. No ano anterior, Isabel havia enviado um embaixador para passar uma descompostura em sua filha, presumivelmente por não fazer mais para lutar pelos interesses espanhóis. "Ela recebeu bem a repreensão, beijando as mãos da rainha [metaforicamente] por aconselhá-la a como viver sua vida, e ela me agradeceu muito", o embaixador, frei

Tomás de Matienzo, relatou em sua volta. "Ela me disse que estava tão fraca e abatida que sempre que se lembrava do quanto estava distante de Vossa Alteza não conseguia parar de chorar." Mas ela não conseguia exercer muito poder sobre o marido. "Todos no conselho do arquiduque... mantêm a senhora tão amedrontada que ela não consegue erguer a cabeça", acrescentou Matienzo. Um segundo embaixador, Gutierre Gómez de Fuensalida, exortou-a a lutar por mais poder. "Parece-me que ela não deve mais aceitar essas pessoas [os borgonheses], já que não têm nenhuma educação", ele relatou a Isabel e Fernando. O franco e pouco diplomático Fuensalida também, entretanto, considerou-a longe da mulher mentalmente instável que entraria na história como "Joana, a Louca". "Não creio que tanto bom senso tenha sido visto em ninguém tão jovem", ele relatou. Outro enviado espanhol especial que a conheceu mais ou menos na mesma época concordou, dizendo que ela era "muito sensata e prática", mas destacando que "ninguém a ajuda".[4] No entanto, havia pouco que Isabel pudesse fazer além de enviar emissários para encorajar sua filha.

Após a morte do pequeno Miguel em julho de 1500, Isabel pressionou fortemente para que Joana e o marido viajassem à Espanha, a fim de serem jurados como herdeiros dos tronos de Castela e Aragão. Entretanto, outra gravidez e as maquinações dos conselheiros pró-franceses de Felipe adiaram a viagem. "Os cavalheiros [ao redor de Felipe] têm horror dessa viagem, porque seus costumes em tudo são tão diferentes dos castelhanos quanto o bem do mal", observou Fuensalida, acrescentando que o próprio Felipe "preferia ir para o inferno do que para a Espanha". Sob os protestos de Joana, ela foi levada a Bruxelas para dar à luz depois que a cidade ofereceu 4 mil florins ou mais se a criança nascesse lá. Em 18 de julho de 1501, ela deu à luz o que poderia ser considerado uma dupla ofensa – a criança era uma menina e foi batizada com o nome de Isabel, como sua avó espanhola.[5]

Joana, cuja devoção a seu namorador marido estava tornando-se lendária, viu-se dividida entre seus dois deveres – Felipe e Isabel. "Os soberanos estão convencidos de que a filha deles concordará apenas em seguir seu marido", escreveu Anghiera. O humanista italiano estava, ele próprio, fazendo um cuidadoso jogo político de busca de patrocínio, e via que Felipe poderia se tornar o soberano da Espanha quando Isabel morresse. Ele tomava cuidado, portanto, em enfatizar a dedicação de Joana a Felipe, em vez do fato de que ela, e não ele, era a herdeira das coroas espanholas. "Ela está perdida de amor pelo marido. Nem ambição por tais reinos nem o amor de seus pais e outros companheiros de infância a demoveriam", escreveu Anghiera em uma de suas cartas. "Somente o apego a esse homem, que dizem que ela ama com tal ardor, a traria aqui [a Castela]."[6]

Quando Joana e Felipe finalmente partiram em novembro,[7] foram sem seus três filhos, proporcionando mais um lembrete de que até mesmo o poder doméstico estava com firmeza nas mãos do marido.[8] E se Isabel e Fernando esperassem que este seria o momento em que Felipe abandonaria uma preocupante postura pró-França, estavam enganados. Ele anunciou o compromisso de casamento de Carlos com a filha de Luís XII e também fez questão de que viajassem por terra, ignorando as embarcações enviadas da Espanha para eles a fim de passar por Paris e Blois, onde Luís e sua mulher, Ana da Bretanha, os aguardavam. Joana viu-se constantemente se esforçando para obrigar o protocolo francês não só a reconhecê-la como arquiduquesa, como também reconhecer sua posição recentemente elevada a herdeira da coroa de Castela. Ela até se vestiu com trajes espanhóis (um truque que sua irmã Catarina também usaria em encontros com os franceses) para enfatizar o fato.[9] Atravessando a fronteira para Castela em Fuenterrabía, em janeiro de 1502, os borgonheses tiveram seus preconceitos imediatamente confirmados. Tiveram que abandonar suas sofisticadas carruagens e carroças (cem das quais haviam partido de Flandres) e cavalgar em mulas pelos gelados desfiladeiros das montanhas em direção à *meseta*. Um obstinado nobre borgonhês insistiu em manter sua carruagem, conforme penosamente atravessavam o País Basco. "Monsenhor de Boussut conseguiu levar sua carruagem pelas montanhas de Biscaia, algo de que nunca se ouvira falar. E como os camponeses nunca tinham visto carruagens em suas terras, mostraram-se muito surpresos", relatou Antoine de Lalaing, que acompanhava o grupo. Ele também parece ter ficado surpreso com a língua antiga e ininteligível dos bascos. "É a mais estranha que já ouvi", observou um visitante italiano, ressaltando que as mulheres raramente falavam uma palavra em qualquer outro idioma.[10] "Não têm palavras do castelhano nem de nenhuma outra língua." Lalaing observou ainda que Alcalá de Henares, como Sevilha, era uma das poucas cidades que atravessaram que tivesse ruas pavimentadas "como as do nosso próprio país". Entre outros entretenimentos ao longo do caminho, o duque de Benavente exibia seu camelo de estimação.[11]

Quando finalmente entraram na cidade de Burgos, foi o escudeiro do próprio Felipe quem carregou a espada cerimonial pertencente ao herdeiro do trono de Castela, sugerindo que ele via a si mesmo como o futuro soberano. O festeiro Felipe não se demorou para começar a desfrutar os costumes espanhóis. Touradas eram uma de suas diversões prediletas, assim como se vestir com trajes mouros para tomar parte em jogos de canas envolvendo mais de quinhentos cavaleiros. Lalaing ficou impressionado com Isabel e sua ardorosa reputação. Ele a considerou a principal propulsora por trás de tudo, do casamento com Fernando à guerra de Granada até a viagem de exploração de Colombo. "Acredito que esta rainha da Espanha, chamada Isabel, não teve igual nesta Terra há quinhentos anos", ele disse. "Ela é obedecida em todo o seu reino e nenhum poderoso nobre, ao receber suas ordens, ainda que venham do seu mais humilde criado, jamais ousou desobedecer; porque [sabem] que ela puniria severamente os que desobedecessem, a fim de torná-los um exemplo para os outros."[12]

Isabel esperou para receber sua filha e encontrar seu genro pela primeira vez em Toledo, onde os visitantes só apareceram em maio. A essa altura, os planos para a recepção já haviam sido estragados pela notícia de que o jovem marido de Catarina de Aragão, Arthur, falecera. O tecido preto se esgotou em Toledo, e Isabel fez questão de apresentar uma grandiosa demonstração de luto. Acima de tudo, ela queria que essas notícias chegassem à Inglaterra, a fim de manter Henrique VII do seu lado na crescente rivalidade de ambos com a França. Fernando estava determinado a afastar Felipe de Luís, e fez questão de que fosse o marido de Joana a caminhar com ele sob um dossel dourado depois de se encontrarem nos portões de Toledo, em vez de sua herdeira. Foi preciso que Isabel fizesse a correção, levando Joana para debaixo do dossel cerimonial depois que ela os encontrou para uma missa na casa do marquês de Vilhena em Toledo, onde estavam hospedados. "A rainha... abraçou a ambos com muito amor, e levou sua filha pela mão para seus próprios aposentos", relatou Lorenzo de Padilla, autor de uma crônica posterior sobre o genro de Isabel Felipe.[13]

Mais importante ainda, as cortes de Castela então juraram fidelidade a Joana como princesa das Astúrias (e herdeira), e a Felipe apenas como consorte. A tensão começou a subir. Felipe, ofendido, expulsou alguns de seus seguidores mais pró-espanhóis e, quando um bando de castelhanos atacou três homens de Felipe, Isabel resolveu perdoá-los. A doença, como sempre, atormentava tanto os anfitriões quanto os visitantes. Felipe e Joana abandonaram Toledo no meio da noite, depois que Isabel, muitos em sua corte e alguns visitantes adoeceram. Dois de seus criados mais antigos ficaram e morreram.[14] Em seguida, o principal conselheiro pró-franceses de Felipe, o arcebispo de Besançon, também morreu, entre rumores de que fora envenenado.

Quando o grupo borgonhês viajou para Aragão, alguns de seus pajens comemoraram o dia de São Lucas saqueando uma mesquita local. Isabel viajou até Madri antes de ser acometida por uma febre terciária. Houve boatos de que ela estivesse fingindo sua doença, em uma tentativa de forçar Felipe e Joana, agora pesada em sua gravidez, a permanecer na Espanha. Na verdade, ela estava cada vez mais doente e incapaz, por exemplo, de receber um enviado de seu outro genro, o rei Manuel de Portugal. Ela iria permanecer em Madri, ou na vizinha Alcalá de Henares, por quase um ano. Felipe, a essa altura, bufava de raiva em Madri, ansioso para ir embora. "A rainha queria impedir que ele partisse, argumentando que a gravidez da princesa estava muito avançada e que ela não conseguiria chegar ao país dele antes do parto", relatou Lalaing. "O arquiduque disse que tinha negócios importantes a tratar... no que se referia à gravidez da princesa, ele ficaria feliz em partir, e de bom grado a deixaria com ela [sua mãe]."

Isabel pensou, erroneamente, que sua filha fosse capaz de impedir que ele partisse. "Reforce a ela para que impeça a partida dele de qualquer forma", ela e Fernando ordenaram a Vilhena, o anfitrião de Joana em Toledo.[15]

Isabel tentou argumentar com Felipe. Ele agora estava planejando viajar de volta através da França, vista como território inimigo, mas a viagem colocaria em perigo sua mulher e a criança que ela estava carregando. "A rainha insiste que ele esqueça isso... acrescentando que Joana, sua esposa, que está perto de dar à luz, abortaria de tristeza ou até morreria – considerando seu ardente amor pelo marido – se ele a abandonasse", relatou Anghiera. Isabel estava cada vez mais desesperada. Queria Felipe do lado deles, e não via, ou se recusava a ver, que o casamento de Joana não era como o seu. Felipe deixara claro desde o começo que aquele não era um casamento de iguais. Não só ele era um homem, mas o senhor de terras com interesses e prioridades diferentes dos da Espanha. Acima de tudo, ele possuía um poderoso e ameaçador vizinho na França. Se temia que Isabel pretendesse usar sua filha para transformar Flandres e suas outras terras em uma arma contra a França, então ele estava certo. Quando Felipe partiu de Madri em 19 de dezembro, a pobre Joana se viu espremida no meio, incapaz de satisfazer sua exigente mãe ou seu nada afetuoso marido. O arquiduque deixou instruções rígidas sobre o acesso ao pessoal doméstico de Joana, a fim de impedir que Isabel assumisse seu controle. Anghiera afirmou que Felipe era a "única preocupação, prazer e devoção" de sua mulher. Joana obviamente planejava dar à luz e, assim que possível, seguir seu marido. Mas Isabel tinha outros planos para sua herdeira de vinte e três anos.[16]

Com Felipe ausente, Isabel gastou prodigamente com os membros do grupo familiar de Joana – inclusive 1,7 milhão de maravedis em presentes de tecidos e sedas em um único dia. Ela estava, essencialmente, tentando comprar o apoio das pessoas que trabalhavam para o marido de Joana e deviam sua lealdade a ele. Ela também começou a ampliar e preencher as posições no ambiente doméstico de Joana com seus próprios indicados, assim entrando em competição direta com Felipe. Isabel, então, fez tudo que pôde para impedir, ou adiar, o retorno de Joana a seu marido em Flandres,[17] na esperança de que isso pudesse abrandar a tendência dele de apoiar a França. Um novo neto, Fernando, nasceu no palácio do bispo em Alcalá de Henares em março de 1503, mas Isabel ainda se recusava a se curvar aos pedidos tanto de Felipe quanto de Joana para sua filha deixar a Espanha.

Isabel há muito mostrara ter uma personalidade poderosa, intensa e às vezes inflexível. Cada uma de suas filhas herdara muito disso. Joana estava cada vez mais impotente, tanto em seu lar em Flandres quanto em Castela, mas ela também sabia ser rebelde e inflexível. Uma amarga batalha grassou entre mãe e filha quando suas naturezas obstinadas colidiram. Amor, raiva e doença se tornaram os principais ingredientes de um confronto explosivo.

"A disposição da princesa é tal que causaria grande sofrimento não só àqueles diretamente afetados e que tanto a amam, mas até mesmo a estranhos, porque ela dorme mal, come muito pouco e às vezes nada come. Está muito triste e extremamente magra", relataram os médicos de Isabel, depois de tratar de Joana, em 20 de junho de 1503. "Sua doença avança consideravelmente. A cura geralmente é assegurada por amor e súplicas ou pelo medo. Entretanto, ela não aceita apelos nem persuasão nem nada mais, e sente tal raiva e às vezes tal tristeza diante de qualquer leve tentativa de força que é uma pena aplicá-la, e ninguém deseja ou ousa fazê-lo."[18] Os médicos avisaram que as batalhas com Joana também estavam cobrando seu preço sobre a saúde da própria Isabel. "O peso de tudo isso não raro recai sobre a rainha", os três médicos, chamados Soto, Julián e de la Reyna, escreveram a Fernando em Barcelona. "A vida que a rainha está vivendo com a princesa está colocando sua saúde em grande perigo, já que todo dia acontece algum incidente." Os três médicos também pediram a Fernando que queimasse a carta, talvez temendo que Joana se vingasse deles se a descobrisse depois de herdar o trono.

As duas mulheres viajaram juntas para Segóvia no verão de 1503, no que se presumia que fosse o começo da viagem de volta de Joana após oito meses sem seu marido. Isabel estava temerosa da tentativa de Felipe de negociar em nome dos monarcas espanhóis um tratado de paz com a França na Itália, muito embora ela e Fernando tivessem lhe dado poderes para o fazer. Por meio de uma carta criptografada a seu embaixador em Londres, ela avisou Henrique VII para não confiar em Felipe. "Digas a ele [Henrique VII] em nosso nome que se ele for chamado a tomar qualquer decisão concernente a qualquer acordo que o arquiduque [Felipe] possa ter realizado em nosso nome com o rei da França, que ele o ignore, a menos que esteja acompanhado de nossa assinatura", ela escreveu. Felipe adoeceu na França (o que só pode ter aumentado a ansiedade de Joana), depois retornou para casa, em Flandres. "A princesa implorou à rainha, sua mãe, para lhe dar permissão para retornar para seu marido", relatou o cronista Padilha, mas a enferma Isabel continuou a protelar. Sua filha, então, prosseguiu sozinha para Medina del Campo, instalando-se na fortaleza La Mota da cidade e enviando instruções secretas ao capitão de um navio para esperar por ela em Bilbao. Seu plano foi frustrado quando Isabel ordenou que as mulas que transportavam seus bens fossem detidas, e deu ordens ao bispo de Córdoba, Juan Rodríguez de Fonseca, que estava com Joana, para impedi-la.[19]

A própria Isabel narrou os acontecimentos chocantes que se seguiram em uma carta a Fuensalida. "Ordenei ao bispo de Córdoba, que estava com ela, que se essa [partida] era o que ela queria fazer, ele não deveria sob nenhuma circunstância permitir que isso acontecesse e, em meu nome, deveria impedi-la de fazer algo que todos veriam como ruim e que seria tão vergonhoso para ela e desobediente em relação a nós", ela escreveu. "O referido bispo ordenou, em meu nome, que seus animais de carga não partissem. E quando a princesa descobriu, ela quis deixar a fortaleza e ir sozinha a pé, pela lama, para o local onde os animais de carga estavam. O bispo, então, para impedir que ela fizesse algo tão danoso à sua autoridade e reputação em um lugar tão público e à vista dos muitos estrangeiros e habitantes do local que estavam na feira, ordenou que os portões da fortaleza fossem fechados." Fonseca foi confrontado por uma furiosa Joana nos portões externos. "Por mais que ele implorasse e suplicasse, não conseguiu fazer a princesa voltar", relatou Padilha. Com a saída bloqueada, Joana permaneceu obstinadamente do lado de fora, nos baluartes da fortaleza, entre os portões internos e externos (Isabel e Fernando haviam construído uma muralha externa para ajudar a proteger a fortaleza de tiros de canhão). Ela despachou Fonseca com suas palavras ainda retinindo nos ouvidos dele e continuou a protestar contra aqueles que bloqueavam seu caminho. Ela permaneceu no baluarte externo em uma das noites mais frias daquele inverno, exigindo durante toda a tarde e até às duas horas da madrugada seguinte que o portão fosse aberto. Joana, com a cabeça descoberta, recusou-se a voltar aos seus aposentos. "Em vez disso, depois de todos terem lhe suplicado, ela entrou em umas cozinhas que havia ao lado do baluarte externo e ficou lá por quatro ou cinco dias."[20]

Isabel tentou argumentar com ela de longe, enquanto mensageiros enfrentavam o clima gelado, galopando de um lado para o outro ao longo da rota de cem quilômetros que separava Segóvia de Medina del Campo. "Apesar das cartas que lhe enviei, isso não mudou. Por causa disso vim para cá o mais rápido que pude, fazendo percursos mais longos do que seria bom para a minha saúde", Isabel escreveu depois de ser carregada em uma liteira pela chuva e pelo frio até sua filha rebelde. Deve ter sido uma viagem difícil, desconfortável, por mais confortavelmente agasalhada que ela estivesse em cobertores e peles, com a liteira sacolejando para cima e para baixo conforme as mulas ou cavalos avançavam penosamente pelas trilhas encharcadas e varridas pelo vento. O grupo real teve que pernoitar duas vezes ao longo do caminho, já que Isabel não podia se deslocar mais depressa do que a quarenta quilômetros por dia. Quando Isabel finalmente atravessou o largo fosso que circundava a imponente fortaleza La Mota, Joana ainda estava acampada do lado de fora nas precárias cozinhas externas. Ela obstinadamente se recusou a retornar para o confortável e aquecido palácio de pedra e tijolos que ficava a apenas alguns metros de distância, atrás de grossas muralhas. "Ela falou comigo com palavras tão horríveis de desobediência e tão distantes do que uma filha deveria dizer a uma mãe, que se não tivesse visto o estado em que estava, eu não teria tolerado seu comportamento nem por um instante", disse Isabel.[21]

Joana havia convencido a si mesma de que seus pais estavam tentando provocar o fim de seu casamento, uma separação permanente de seu marido, e Isabel procurou tranquilizá-la, pedindo-lhe "muito amorosamente que retornasse aos seus aposentos, e prometendo que assim que seu pai, o rei de Aragão, voltasse, ela a enviaria para o seu marido". Mãe e filha, então, passaram embaraçosos quatro meses juntas, enquanto Joana aguardava impacientemente uma oportunidade de ir embora, aparentemente consumida pela crença de que tudo estava conspirando contra ela, e Isabel tentava tanto acalmá-la quanto lidar com sua própria saúde precária.

Fernando estivera em Roussillon, levantando um cerco em Salses-le-Château, perto de Perpignan, que se seguira a uma invasão francesa em setembro de 1503, e fortalecendo suas fronteiras. Para alívio de Isabel, os franceses haviam partido sem travar uma batalha – ela suplicara a Fernando que evitasse derramar sangue cristão, jejuando e rezando no dia em que esperava que a batalha fosse ocorrer. A essa altura, a Espanha também já tinha o controle sobre o reino de Nápoles, que efetivamente se tornara o sétimo reino no poder da monarquia aragonesa, além de Aragão, Valência, Maiorca, Sicília, Sardenha e o principado da Catalunha. Quando os franceses contra-atacaram pela Itália, dois dos Bórgia – o papa e César – foram vitimados pela malária, que estava grassando por Roma. César sobreviveu. Seu pai, que acabara de nomear mais seis cardeais de sua região natal, Valência, não. O sucessor já doente de Bórgia, Pio III, resistiu apenas 26 dias. Novas vitórias espanholas e o desejo do novo papa, Júlio II, de livrar suas propriedades de exércitos estrangeiros ajudaram a empurrar todos os lados para a paz, com Nápoles agora firmemente nas mãos dos espanhóis. Foi mais uma confirmação de que o equilíbrio de poder na Europa estava se inclinando a favor da Espanha. A natureza puritana do regime de Isabel e Fernando foi imediatamente sentida em Nápoles.

Instruções foram emitidas para rastrear conversos que haviam fugido da Inquisição, perseguir homossexuais e se certificar de que os judeus fossem expulsos.[22]

Com Fernando de volta e a França batendo em retirada, Joana finalmente teve permissão para ir embora. Ela viajou para Laredo em março de 1504, e foi obrigada a esperar mais um mês pela mudança do tempo. Ela implicava com os espanhóis em sua equipe, mas a escolha da potencialmente perigosa rota pelo mar, em vez de uma viagem por terra através da França, sugere que, ao menos nisso, ela quis agradar sua mãe.

Isabel, agora, estava pensando no futuro de Castela após sua própria morte. A coroa teria que passar às mãos de Joana, embora parecesse claro que isso significava que Felipe seria o verdadeiro governante. Mas Isabel ainda estava determinada a influenciar os acontecimentos após sua morte se, como agora começava a suspeitar, isso não estivesse muito longe. Ela e Fernando então propuseram que o filho mais velho de Joana, Carlos, fosse enviado à Espanha para ser criado. Assim como seu pai fora nomeado rei da Sicília, prometeram a Carlos o reino de Nápoles. A isca para o seu pai, Felipe, era simples. Carlos permaneceria na Espanha, sendo educado para governar os vastos reinos pertencentes às coroas tanto de Castela quanto de Aragão (e, ao contrário de seu pai, aprender a falar espanhol). Felipe, enquanto isso, poderia governar o reino de Nápoles em nome de seu filho, e seus conselheiros receberiam valiosas propriedades lá.[23]

O amor de Felipe por seus sogros e pela Espanha parecia tão grande quanto seus sentimentos por Joana, que agora mudavam de indiferença a aversão. "Nem Sua Alteza escreve para o príncipe nem o príncipe escreve para ela", os embaixadores espanhóis relataram. Para Isabel, cujo relacionamento com Fernando era a base do que ela sempre vira como um sucesso compartilhado, as notícias que chegavam eram desalentadoras. "O que nos contaste sobre o descontentamento e a falta de amor entre o príncipe e a princesa pesa muito sobre nós... tenta da melhor forma possível assegurar que haja amor e reconciliação entre eles", ela e Fernando escreveram a Fuensalida. Seus emissários pouco podiam fazer. A desconfiança de Joana se estendera a todos à sua volta, exceto seus escravos. Felipe agora agia contra eles. "Considerando que a princesa não queria nenhuma outra companhia, exceto a de seus escravos, que já estavam exaustos com o trabalho que tinham e também por causa dos contínuos banhos e lavagem dos cabelos que, segundo os médicos, estavam lhe fazendo tanto mal, o príncipe decidiu retirar os escravos", os embaixadores espanhóis na corte de Bruxelas reportaram.[24]

Nos poucos dias seguintes, suas brigas se tornaram cada vez mais ruidosas e mais desagradáveis, enquanto todos ao redor – inclusive os embaixadores de Isabel e Fernando – observavam com espanto o colapso do casamento. Felipe recusou-se a visitá-la outra vez enquanto os escravos não tivessem sido trocados por servos mais velhos e confiáveis, enquanto Joana aparentemente ameaçava executar o mensageiro que lhe trouxesse carta dele. Após vários dias de discussão via mensageiros amedrontados, Felipe confrontou-a pessoalmente. "Eu não gosto que vivas acompanhada por esses escravos. Expulsa-os, porque eu não dormirei em teu quarto enquanto eles ainda estiverem aqui", ele lhe disse. Joana, a princípio, fingiu ter se livrado deles, depois os trouxe de volta, e um furioso Felipe ordenou que todas as entradas aos aposentos de Joana fossem trancadas, exceto uma. Joana então fez greve de fome, e quando seu marido voltou da caça e foi para seus próprios aposentos, que ficavam abaixo dos dela, para dormir, ela ficou batendo no assoalho com um pedaço de pau, resmungando e reclamando sem parar. "Fala comigo, quero saber se estás aí!", ela gritou. Felipe, furioso e sem poder dormir, disse que ele podia fazer isso, mas queria saber por que ela se recusara a obedecer suas instruções. "Se não fizeres o que eu digo, eu vou deixá-la e não me verás outra vez até que o faça", ele ameaçou. "Eu prefiro morrer a fazer o que quer que exijas", ela respondeu. "Então, faze o que quiseres", ele disse antes de sair furiosamente. Um relatório sugere que a briga terminara com Joana "parecendo uma leoa enfurecida" e Felipe batendo nela.[25]

Os embaixadores de Isabel em Bruxelas viram o caso como um desastre. "O príncipe foi para Flandres com a intenção de nunca mais ver a princesa, a menos que ela faça o que ele pediu que fizesse, que são coisas que Sua Alteza Real deve fazer", relataram.[26] Pelos próprios padrões de Isabel, sua filha e herdeira a estava decepcionando. Por mais de duas décadas, ela havia imposto a vontade real sobre Castela, aos poucos disciplinando-a e purificando-a, enquanto transformava a Espanha em uma potência europeia respeitada e temida. Ela agora se preocupava com quanto de seu trabalho sobreviveria após sua morte.

46

O Juízo Final

Medina del Campo, julho-novembro de 1504

Isabel já não conseguia viajar grandes distâncias. Em 1504, ela e Fernando passaram a Páscoa e o mês de junho no convento a poucas horas de distância, em Mejorada de Olmedo, mas o resto do tempo ela permaneceu em Medina del Campo – primeiro na fortaleza La Mota e depois em um palácio mais simples, com três pátios internos ao lado da grande Plaza de San Antolín. Medina há muito tempo era um de seus lugares favoritos. Certa vez ela teria declarado que, se tivesse tido três filhos, o primeiro e o segundo seriam rei e arcebispo de Toledo, enquanto o terceiro seria um *escribano*, autenticando os acordos feitos durante as feiras internacionais de comércio, que mantinham a cidade movimentada por cem dias todo ano. O palácio, infestado de ratos, não fora muito usado desde que seu pai fora criado ali. Mas até mesmo grandes fortalezas raramente podiam lidar com uma longa ocupação pela corte até a imundície se tornar insuportável, e pode ter sido mais higiênico se mudar de La Mota depois de passar vários meses ali com seu próprio pessoal e o de Joana. O palácio menor junto à praça da cidade estava atravessando uma grande reforma, mas Isabel agora passava a maior parte do seu dia na cama e precisava de bem pouco espaço para si mesma. Um carpinteiro foi chamado para fazer janelas, de modo que o ar fresco pudesse soprar das hortas e do pequeno pomar atrás do palácio, enquanto uma passagem especial era construída como um atalho entre seus aposentos e a capela.[1] O carpinteiro também teve que fazer armadilhas para manter os ratos do palácio longe da cama real.

Havia algo de seguro e aconchegante nessas antigas cidades castelhanas, que tanto haviam prosperado durante o seu reinado. As últimas duas décadas de estabilidade e o contínuo crescimento populacional finalmente permitiram que a economia de seu reino se expandisse vigorosamente. Muitas cidades, na verdade, haviam se derramado para além de suas muralhas medievais e desenvolviam grandes bairros "suburbanos" fora delas. O movimento de pessoas, as grossas muralhas defensivas, a crescente riqueza do comércio e até mesmo a presença de artesãos qualificados e homens letrados – vestidos em trajes do clero ou nas roupas elegantes e vistosas dos *escribanos* e financistas –, tudo era enriquecedor e reconfortante.

A própria Medina era uma lembrança de tudo que acontecera durante seus trinta anos no trono. Ela visitara sua grande feira pela primeira vez quando era criança, em viagens de Arévalo. Agora a feira, que durava por dois períodos de cinquenta dias, crescera tanto que havia falta de madeira para a construção de barracas. Isabel e Fernando haviam emitido ordens para que replantassem os bosques locais e cavassem pequenos lagos para que os comerciantes de fora pudessem lavar seus cavalos e mulas. Durante seu reinado, as ruas da cidade foram pavimentadas, mas dois incêndios, em 1479 e 1491, haviam causado terríveis danos. Isabel reagiu suspendendo os impostos sobre madeira de construção, e depois ordenou que muros altos fossem construídos a distâncias regulares de um certo número de ruas, a fim de bloquear o progresso de futuros incêndios.[2]

Entre os aromas levados pelo ar através das novas janelas em seu quarto – e cidades como Medina não eram famosas pela salubridade – estariam as fragrâncias complexas de incenso e especiarias, o cheiro cálido de cera, sebo ou alcatrão, a pungência de couros recém-curados ou curtidos e a rusticidade de gado, mulas e cavalos. A conquista de Granada, a facilidade de comércio com Aragão, a paz com Portugal e o crescente acesso às rotas comerciais a leste da Itália haviam ajudado a impulsionar o crescimento da feira. Comerciantes flamengos compravam volumosas cargas de lã merino para sua própria indústria têxtil, com até 40 mil fardos por ano seguindo para Bruges e Antuérpia. Eles traziam de volta tecidos prontos e materiais para vender, competindo com o comércio francês de sedas e tapetes sírios. Medina del Campo era agora considerada uma das maiores feiras de comércio da Europa, comparável às de Gênova, Lyon e Antuérpia. Além disto, um sofisticado centro bancário estava sendo desenvolvido, fornecendo crédito, moeda estrangeira e financiamento que ajudavam a atrair comerciantes da Itália, França e outros países.[3] O comércio com as Américas ainda era embrionário, mas a extração de ouro e prata e a futura exploração de plantações, como a da cana-de-açúcar, significavam que Isabel já havia inaugurado um século de crescimento sem precedentes em Medina del Campo e por toda a Espanha.

Isabel e Fernando adoeceram com febre em julho de 1504. O rei por fim livrou-se de sua doença, mas Isabel mal havia se recuperado quando foi atingida novamente por febres e calafrios recorrentes.[4] No fim de setembro, estava visivelmente pior, e não mostrava sinais de melhora.

Fernando escreveu a seu embaixador em Flandres no dia 26 de setembro, instruindo-o a avisar Joana e Felipe para se prepararem para o pior. "Guarda segredo do que estou contando. Ninguém além da princesa e do príncipe deve saber", sua carta começava. "Eu não quis escrever antes sobre a doença e indisposição da serena rainha, minha querida e amada esposa, porque achava que Nosso Senhor lhe devolveria a saúde... mas levando-se em conta o que tem acontecido e seu estado atual, estou muito temeroso... Nosso Senhor possa levá-la." Fernando queria que Joana e Felipe, a quem ele praticamente se dirigia, se preparassem para viajar à Espanha com urgência. Todos os preparativos tinham que ser secretos, ele enfatizava, mas eles teriam que agir rápido quando chegasse o fatídico dia, e deveriam evitar qualquer viagem através da França, já que se arriscariam a serem capturados ou detidos por Luís XII.[5]

Fernando também tentou assegurar que ele mantivesse algum poder quando sua mulher falecesse, ao menos como conselheiro do homem que iria governar em nome de Joana. "Sei o que ele e a princesa precisam fazer para manter a paz e a justiça nestes reinos, e conheço bem o povo que seria bom em servi-los", ele escreveu. "Com meu aconselhamento – para que não cometam erros –, eles poderão lidar melhor com os negócios e preencher cargos aqui." Acima de tudo, ele não queria que eles nomeassem servidores – especialmente estrangeiros – antes de viajarem. Não era um conselho que seu genro e os que o rodeavam davam sinais de querer seguir. Se Isabel morresse, eles sabiam, Fernando perderia instantaneamente seus poderes formais em Castela.

Isabel, nesse ínterim, preparava-se para a morte. Assim como não sentia necessidade de se retirar para um dos seus palácios mais gloriosos neste momento crucial, ela agora deixava claro que, na morte, buscava humildade. Em outubro de 1504, quando o barulho das trocas se erguia da praça nas diferentes línguas da Espanha e do resto da Europa, ela terminou seu testamento. Isabel temia muito pouco e se arrependia de menos ainda. Mas Deus e o Dia do Juízo Final a assustavam. Usar uma coroa não garantia um lugar no céu, ela sabia, embora lhe permitisse guardar dinheiro para que 20 mil missas pudessem ser rezadas em seu nome após sua morte. Ela também queria vestir duzentos pobres e pagar os resgates de duzentos cristãos prisioneiros no Norte da África. Tudo isto ajudaria quando tivesse que enfrentar "esse terrível julgamento e severo interrogatório, que é ainda mais terrível para os poderosos".

Seu último testamento era uma chance de reparar erros, mas também de reafirmar a legitimidade de seus atos e seu lugar na história. Isabel estava com cinquenta e três anos. Seu reinado de trinta anos fora repleto de eventos históricos, muitos o resultado direto de sua própria vontade e esforço. Ela havia, através do casamento, reunido a maior parte dos reinos da Espanha em uma forma curiosa e única de monarquia compartilhada. Isto significava que eles poderiam, um dia, estar completamente unidos através de seus filhos ou, mais provavelmente, seus netos. Ela terminara uma cruzada de sete séculos absorvendo o reino de Granada em Castela, e havia expandido a cristandade ainda mais, até às misteriosas terras do outro lado do oceano Atlântico. Havia purgado grande parte da corrupção para fora da Igreja e iniciado o trabalho de centralizar seu Estado moderno, domando a arrogância dos Grandes e esmagando sua rival pelo poder, a legítima herdeira Joana, a Beltraneja.

A severidade, até mesmo a crueldade, estiveram presentes em muitas de suas iniciativas. Judeus e mouros haviam sido expulsos, encerrando séculos de tolerância religiosa ou, como ela preferia ver, permissão. Uma Inquisição estatal liderada pelos reis buscou heresia entre aqueles cujos maiores crimes pareciam ser seu sangue contaminado e antepassados judeus. Até mesmo os cristãos-velhos viviam temerosos de sua insensível justiça. Entretanto, o mundo medieval do qual a Europa estava lentamente emergindo já era famoso por seus "contrastes violentos" e explosões de brutalidade pública.[6] A punição excessiva era um meio muito mais eficaz de provocar o "amor e medo" que se esperava que um monarca eficiente despertasse do que a generosidade, o acomodamento e agrados. A linha que separava um governo forte e a tirania era muito fina, e não há dúvidas de que Isabel a atravessou.

Ela havia construído uma nascente superpotência europeia. Mais notavelmente é que o fez sendo mulher, invertendo o *status quo* sem jamais desafiá-lo. Isabel exigira a obediência de homens e a recebera. Enquanto examinava seu testamento no palácio infestado de ratos em Medina del Campo, talvez não seja de surpreender que ela devia associar esse quase milagroso conjunto de realizações com suas súplicas a Deus. Suas preces haviam sido ouvidas, ainda que tenha tido que suportar as mortes trágicas de sua filha favorita, do seu filho e de seu valioso neto, Miguel. Mas para quem levava sua religião a sério e ao pé da letra, o sofrimento era um preço compreensível, até mesmo virtuoso, a pagar por fazer a vontade de Deus. Isso, para ela, era o verdadeiro significado da palavra "paixão".

Tudo isso fora suficiente para realizar suas ambições como rainha, mas agora tinha que perguntar a si mesma se isso também garantiria sua entrada no céu. Ela se declarou doente fisicamente, mas não mentalmente, e resolveu colocar sua casa em ordem, já que "todos temos que morrer, mas nunca sabemos quando ou onde isso poderá acontecer". Seu testamento a mostrou ainda empenhada em centralizar o poder na monarquia e em arrumar sua administração. A conveniência política a forçara a comprar apoio, cedendo demasiados arrendamentos e terras reais, ela admitia. Isabel relacionou aquelas terras das quais mais tinha se arrependido de doar em um documento separado e pediu que fossem devolvidas à coroa. E onde ela havia penhorado terras e rendas, a fim de financiar sua guerra em Granada, também essas deveriam ser reclamadas de volta, quando possível, para a coroa. Sua longa memória tanto era agradecida quanto vingativa. Ela exigiu que as terras do marquesado de Villena, anteriormente pertencentes à ainda rica família Pacheco, nunca mais fossem doadas novamente. Era uma forma de punir a família do valido de Henrique IV e seu próprio inimigo, Juan Pacheco. Mas ela também se lembrou dos leais seguidores de longa data, como o converso Andrés de Cabrera e Beatriz de Bobadilla, o casal que a ajudara a tomar o controle de Segóvia em um momento crucial. Deveriam ser recompensados "pela lealdade que demonstraram para que eu pudesse tomar posse dos meus reinos, como é do conhecimento de todos".

Se houve erros, ela acreditava, foram poucos e espaçados. A Inquisição foi uma necessidade. "Sempre apoie o que a Santa Inquisição fizer contra a heresia depravada", ela exortou sua filha Joana. Alguns de seus dignitários, ela admitiu, tinham se excedido em seu zelo, agido em proveito próprio ou sido corruptos, e era preciso lidar com eles. Fora isso, parecia haver pouco do que se arrepender.

Acima de tudo, ela queria que suas dívidas fossem saldadas. Para isso, eles deveriam vender, ou usar, todos os seus pertences, exceto as joias, que eram para Joana, e o ouro e a prata, para a Igreja em Granada. Mas Fernando tinha o direito de veto, e podia conservar qualquer joia ou outros objetos "se, ao vê-los, eles trouxerem à lembrança o amor especial que sempre senti por ele e se essa lembrança o ajudar a viver uma vida mais santa e mais justa, sem se esquecer de que todos nós devemos morrer e que eu estarei esperando por ele do outro lado".

Ela nomeou Joana como sua herdeira, mas obviamente temia que fosse Felipe quem iria governar e avisou para não trazer dignitários estrangeiros para governar os espanhóis ou sua Igreja. Seu aviso a Joana e Felipe era uma curta lição sobre sua própria atitude para um governo eficaz. Eles deveriam, antes de tudo, mostrar um amoroso respeito um pelo outro. Esta fora a base de seu próprio período bem-sucedido como rainha, tendo Fernando como seu parceiro. Eles deveriam impor a lei, ser justos, cobrar impostos com eficácia, mas com justiça, ouvir os conselhos de Fernando, manter os Grandes e outros membros da nobreza sob controle e evitar doar rendas ou propriedades reais. Deveriam garantir que as novas terras do outro lado do Atlântico, e as que ainda fossem descobertas, pertencessem à coroa de Castela – ao mesmo tempo concedendo a Fernando metade dos lucros da coroa. E deveriam tentar continuar a cruzada da Espanha, levando-a através do Mediterrâneo até a África. Finalmente, ela deveria ser enterrada em Alhambra – uma reafirmação de sua conquista mais importante – usando o hábito simples da ordem franciscana. Seu enterro deveria ser "simples, sem excessos" (treze tochas, ela pensou quando se deixou entrar automaticamente nos detalhes administrativos, seriam mais do que suficientes). O dinheiro poupado poderia ir para os pobres. Se Fernando quisesse movê-la mais tarde, para que pudessem jazer um ao lado do outro, ela estava de acordo.

O testamento que ela terminou em seus aposentos no pequeno palácio de Medina del Campo era típico de Isabel. Humilde diante de Deus, ela mantinha-se orgulhosa, resoluta e impenitente diante dos homens. Como rainha, tentara levar adiante a vontade de Deus. Somente Ele poderia agora julgar se, de fato, ela havia conseguido isso.

Monarcas em seu leito de morte devem pensar também em seu legado. O de Isabel era magnífico, mas frágil. Em seu testamento, Isabel não demonstrara nenhuma preocupação com a expulsão dos judeus ou com a conversão forçada dos muçulmanos, mas estes últimos continuaram a ser uma minoria recalcitrante e reprimida. Ao contrário dos conversos, muitos dos novos mouriscos cristãos estavam claramente fingindo e, como um visitante italiano observou, "não eram bem tratados" pelos outros súditos de Isabel. Rebeliões esporádicas continuariam até que cerca de 250 mil mouriscos fossem finalmente expulsos pouco mais de um século depois. A Inquisição, enquanto isso, continuaria a inventar crimes, infligindo dor e morte ou simplesmente arruinando reputações, até se tornar sinônimo das piores formas de paranoia e repressão tirânica do Estado. Até mesmo seu amado frei Talavera, o mais correto dos clérigos, testemunharia isso após a morte de Isabel, já que ele próprio foi perseguido entre alegações de que suas sobrinhas cruzavam o país no dorso de bodes, bêbadas e praticando bruxaria. "Algumas pessoas, invejosas de suas boas obras, em uma tentativa de pagar o bem com o mal, tentaram manchar sua vida santa e incorruptível", um papa furioso por fim escreveu. "E como não podem encontrar nada de ruim do que acusá-lo, elas trancafiaram sua irmã anciã, seus sobrinhos e outros servos e auxiliares, os quais, embora cristãos, foram torturados e atormentados de forma tão cruel que ninguém seria capaz de suportar."[7] Essa era a Inquisição que Isabel havia deixado de herança ao seu país e que iria sobreviver por mais trezentos anos.

Isabel era implacável e, como aqueles conversos que lutaram contra a Inquisição em Roma ou as pessoas que ousaram criticá-la em público descobriram, protestos não eram tolerados. Em um regime que preferia que a justiça fosse excessiva a ser omissa, somente os corajosos ou os temerários erguiam suas vozes. Não é nenhuma surpresa que, apesar da relativa ausência de protestos registrados durante sua vida, nem todos estavam tristes à ideia de sua morte. Entre esses estava um homem que ela pode ter conhecido quando estava em Medina, o futuro corregedor da cidade – principal autoridade real –, García Sarmiento. "Ela oprimia o povo", ele disse depois de sua morte, talvez achando que isso significasse que não iria ser punido.[8] "A rainha está no inferno. Ela e o rei de Aragão com ela [não fizeram] nada mais do que roubar e arruinar estes reinos, e ela era muito tirânica."

Isabel e Fernando nunca fizeram uma tentativa formal de unir seus reinos, preferindo deixar isso para a biologia e o curso do tempo. Com suas mortes, eles originalmente haviam esperado que os reinos combinados de Espanha – à exceção de Navarra – passariam às mãos de seu herdeiro. Mas isso agora parecia improvável. As tradições de

Aragão sempre impediram que a coroa fosse passada a uma mulher, e eles não tinham filhos sobreviventes. Na melhor das hipóteses, iria para os filhos de Joana. O mais velho, Carlos, tinha apenas quatro anos de idade. Na pior das hipóteses, significava que algum outro ramo da família real aragonesa reclamaria a coroa com a morte de Fernando ou até mesmo que ele iria se casar novamente e gerar seus próprios descendentes masculinos com direitos sobre Aragão, mas não sobre Castela. A unidade da Espanha não estava de forma alguma garantida.

Tudo isso, entretanto, dependeria do destino. Não havia nada que Isabel pudesse fazer para influenciar o futuro de Aragão – e assim o projeto conjunto da Espanha – depois de sua morte. Até mesmo o futuro de Castela parecia incerto. Superficialmente, a posição de Joana no começo do seu reinado era muito mais forte do que a de Isabel. Ela não era uma usurpadora nem havia nenhum outro desafio para o trono. A própria Castela estava sob firme governo real, significando que não havia nenhum valido, ou favorito – homens como Pacheco ou Luna, que governavam em nome do monarca –, com o poder de torcer os acontecimentos a favor de seus próprios objetivos. Isso teria permitido uma transferência mais fácil de poder de uma rainha para outra. Mas Isabel sabia que não seria esse o caso. Ela havia astutamente fortalecido sua própria posição como monarca, através de uma aliança conjugal bem negociada e bem administrada com Fernando, mas nada fizera para promover a posição de mulheres reais além de melhorar sua educação. Sendo uma conservadora, ela não tinha nenhum interesse em mudar o *status quo*, e, na verdade, teria certamente preferido ter um herdeiro homem.

Isabel casara suas filhas com príncipes estrangeiros cujas culturas eram muito diferentes das de Castela. Como tal, ela deve ter assumido parte da culpa pela situação aflitiva de Joana. Pois enquanto Isabel era uma igual em relação ao marido, sua filha era a parceira menor e inferior em um casamento no qual o marido esperava deter todo o poder, inclusive sobre as terras pertencentes à sua mulher por direito. Isso significava que um estrangeiro estava prestes a assumir o controle de Castela pela primeira vez desde que a avó inglesa de Isabel, Catarina de Lancaster, fora regente. Mesmo então, entretanto, a regência fora compartilhada, e o resultado estabelecido sempre foi o retorno de um homem castelhano ao trono. A ideia de ser governado por um europeu do Norte que pudesse drenar os recursos do país para ostentar seu poder em suas próprias terras era perturbadora.

O fato de parecer que Joana seria impedida de exercer o poder era, em si mesmo, uma dimensão da própria magnitude de Isabel. Sua única realização foi ser uma monarca poderosa e bem-sucedida na Europa. Até pelos padrões masculinos, entretanto, ela fora uma soberana extraordinária. Na verdade, se não fosse pelo fato de ser mulher, alguns a teriam visto como uma candidata a Último Imperador do Mundo, aquele monarca mítico que se esperava que viesse salvar a cristandade. Uma década mais tarde, o embaixador florentino na Espanha, o historiador Francesco Guicciardini, resumiu suas façanhas e a admiração provocada pela habilidade de uma mulher em fazê-las acontecer. Sob sua liderança, ele disse, Castela se livrara de sua má reputação, expandira suas terras e fora reduzida à obediência à sua monarquia "de tal forma que a Espanha foi iluminada e deixou para trás sua natural escuridão". Para surpresa do embaixador, ele encontrou muitas pessoas dispostas a atribuir a maior parte do sucesso a Isabel, e não ao marido. "Em todos esses acontecimentos memoráveis, a glória da rainha não foi menor [do que a de Fernando], mas todos concordam que a maior parte do sucesso e da glória deva ser atribuída a ela, porque a quase totalidade dos assuntos de Castela era tratada através de sua autoridade e controle. Ela supervisionava as questões mais importantes, e para as menores sempre era melhor persuadi-la do que persuadir seu marido... Ela se destaca em comparação a qualquer grande mulher de qualquer era anterior."[9]

No entanto, existe uma ironia nesta realização revolucionária como mulher, pois ela mesma jamais teria visto sua atuação nesses termos. Como uma poderosa rainha europeia reinante, Isabel sem dúvida foi a primeira desse pequeno grupo de monarcas mulheres similarmente bem-sucedidas, mas ela nem sabia que outras se seguiriam nem teria valorizado o aspecto de gênero de sua realização. Em sua mente, ela simplesmente fora a escolhida por Deus – a pessoa que Ele decidira que deveria ser colocada no trono de Castela. Por alguma razão, Deus quisera que ela – uma mulher – conduzisse seu país de volta à glória. Essa crença e a inabalável noção de merecimento, grandeza e autoconfiança a impeliram a tomar decisões firmes e fortes. Foi o que norteou, inicialmente, sua questionável reivindicação à coroa. A vitória no campo de batalha, outra decisão divina, veio provar aquilo de que ela já estava convencida de que era a verdade – que ela não era nenhuma usurpadora. Isso não foi nenhuma invenção conveniente dela mesma, mas uma prova amplamente aceita da justiça de uma reivindicação.

Se as decisões de Deus eram absolutas, também eram claras. Relativismo e dúvida moral nunca fizeram parte da constituição de Isabel. Isso explica a forma inabalável e imperturbável com que ordenou a expulsão dos judeus, a perseguição dos conversos ou a conversão forçada dos muçulmanos. Estas três medidas juntas, e considerando que até mesmo o mais puro e mais poderoso dos conversos vivia com medo da Inquisição, afetaram um terço da população de Castela. Na verdade, em termos puramente numéricos – se acrescentarmos padres, monges, frades e freiras atingidos pela reforma religiosa e aqueles ajudados ou perseguidos pela polícia da Santa Irmandade, além de um novo e rígido sistema de justiça real –, o peso de suas decisões deve ter sido diretamente sentido por uma grande parte da população de Castela. Isso a tornava uma presença real e concreta na vida dos cidadãos comuns – em vez da figura distante, ainda que temida, de muitas monarquias medievais.

Essa noção de convicção moral a tornou uma mulher de ação, em vez de pensamento. Quando a dúvida é banida, a ação é mais fácil de ser perseguida e os objetivos mais facilmente obtidos. As profundas reformas feitas em Castela definiram o futuro da Espanha e de um império que logo se estenderia por grandes partes do continente americano e (dali a setenta anos) atingiria as Filipinas. Acidentes da história permitiram que seu legado sobrevivesse mais ou menos intacto, com Fernando assumindo o governo de Castela após a repentina morte de Felipe em 1506 (quando Joana, em uma viagem famosa, atravessou o país acompanhada do corpo do marido). Pelos próximos dois séculos, riquezas extraídas das Américas iriam fluir através do Atlântico para o leste, financiando uma idade de ouro de poder e prosperidade. Um florescimento literário liderado por Miguel de Cervantes e pelo dramaturgo Lope de Vega também se tornou parte da riqueza gerada por uma superpotência global e confiante.

Deitada em seu leito de enferma em Medina del Campo, Isabel podia intuir apenas uma fração disso. Seus pensamentos mais íntimos, encobertos pelas considerações de Estado e detalhes administrativos de seu testamento, não estão disponíveis para nós — embora seja provável que se concentrassem tanto nos que já haviam morrido entre os membros de sua família e descendentes como no futuro de Castela. Dos que ela estaria deixando para trás, Fernando, sem dúvida, era a mais óbvia perda. Ele vinha de uma família muito mais longeva, e ela provavelmente teria que esperar muitos anos até ser sepultado ao seu lado. Ele talvez se casasse de novo e preferisse ser enterrado ao lado de outra pessoa. Nem havia qualquer garantia de que sua morte forneceria uma libertação de seu sofrimento, sendo o purgatório um pensamento terrível.

Essas, portanto, devem ter sido algumas de suas preocupações finais à medida que os dias ficavam mais curtos; o calor tremulante do verão na *meseta* se tornava uma lembrança distante e a intensidade do inverno da Castela central se manifestava. Quando outubro passou a novembro e as lareiras do palácio começaram a rugir mais alto, uma repentina avalanche de preocupações começou a perturbar sua consciência. Era uma mistura de inquietações pequenas e grandes, terrenas e espirituais — mas ela sentia que tinham que ser resolvidas. Em 23 de novembro, pouco depois de os comerciantes desaparecerem das praças e ruas de Medina, ela escreveu um apêndice ao testamento principal. Algumas das *alcabalas*, ou impostos sobre vendas, que forneciam a maior parte de sua renda, podiam ser injustas e precisavam ser revistas, ela admitiu. Ela não conseguira terminar de redigir um livro que unificasse as leis, estando ocupada ou doente demais, e exortava seus sucessores a fazê-lo. Acima de tudo, porque isso seria um verdadeiro pecado, e ela estava preocupada de ter abusado da renda que lhe era dada através da venda de Bulas da Cruzada. Era destinada a ser gasta em cruzadas, mas também foi usada na conquista das Ilhas Canárias e nas expedições de Colombo. Quaisquer gastos indevidos deveriam ser reembolsados. Igualmente, os gastos das ordens militares de Santiago, Alcântara e Calatrava deveriam ser para a causa de Deus. Se também nisso tivesse havido malversação, o erro deveria ser remediado. Ela ainda não estava preocupada com os excessos da Inquisição, mas temia que aqueles que estavam reformando os mosteiros para ela estivessem sendo zelosos demais. Era preciso verificar isso também, ela disse.

No geral, todas essas eram questões pessoais de consciência entre ela e Deus. Política e socialmente, ela continuava sem arrependimentos, exceto por uma grande dúvida que surgiu no último minuto. Ela conquistara terras desconhecidas do outro lado do oceano, ganhando novos convertidos para o cristianismo. Essas pessoas eram seus súditos, atribuídos a ela pelo papa, para que ela pudesse convertê-los. Era legítimo, agora, ter dúvidas sobre se fora isso o que realmente acontecera ou se elas estavam simplesmente sendo destruídas, escravizadas ou sangradas pelo ouro, pérolas ou quaisquer outros valores que pudessem lhes ser arrancados. Ela então suplicava a Fernando, Joana e Felipe que se certificassem de que esse padrão fora desfeito. "Esse deve ser o principal objetivo, e deveis ser diligentes a respeito e não permitir que indígenas, vizinhos e habitantes das referidas Índias e Terra Firme que foram, ou serão, descobertas, sejam maltratados... mas que sejam, ao contrário, tratados com justiça, e se alguém foi prejudicado, que o problema seja consertado, certificando-se de que [este tratamento] não vá além do que está descrito e ordenado nas concessões papais que nos foram dadas", ela escreveu. Isabel, em outras palavras, estava preocupada de que, ao menos nesta iniciativa, ela fracassara em fazer o bem em nome de Deus. Ela também se lembrou repentinamente dos mortos em suas guerras,[10] ordenando que mais

20 mil missas (o mesmo número que já havia encomendado só para ela) fossem rezadas por eles. Finalmente, ela nomeou Fernando como administrador de seus reinos até a chegada de Joana.[11]

Três dias mais tarde, pela manhã, as preocupações de Isabel sobre a cobrança injusta de impostos foram formalmente divulgadas quando um documento que escrera havia duas semanas foi lido na corte real. Isabel estava doente demais para comparecer. Nesse mesmo dia, Catarina de Aragão sentou-se em seus aposentos em Durham House, em Westminster, e escreveu duas cartas separadas para seus pais, pedindo notícias. Joana lhe dissera que ambos estavam doentes. Ela não tivera mais notícias de Fernando "há um ano", disse. Catarina disse a Isabel que ela não poderia "ficar satisfeita ou alegre"[12] enquanto não visse uma carta de sua mãe dizendo-lhe que havia se recuperado.

Era tarde demais. Nessa manhã, Isabel permaneceu "acordada e em contrição" em seu quarto, enquanto recebia a extrema-unção de seu confessor. Foi típico que, em seu leito de morte, ela se recusasse a permitir que o padre erguesse suas roupas acima dos tornozelos enquanto a ungia. O fim, ela sabia, estava se aproximando, e era reconfortante receber a extrema-unção. A árdua tarefa de arrependimento e preparação para a morte estava agora praticamente encerrada. Tudo que restava era Deus, que supervisionara seu grande empreendimento em Castela, e em cujas mãos, o padre relembrou-a, ela agora estava sendo entregue.

Ao ouvir isso, Isabel suspirou pesadamente e fez o sinal da cruz. Pouco antes do meio-dia, o padre declarou-lhe que "tudo está terminado". A rainha de Castela deu um último e leve suspiro, e morreu – encerrando três décadas de governo e trinta e cinco anos de casamento com Fernando. "Sua morte representa para nós o mais profundo pesar que poderia nos afligir nesta vida, pois perdemos a melhor esposa que um rei poderia ter", ele disse. Choveu durante semanas após sua morte.[13]

EPÍLOGO

Um raio de glória

Hispaniola, 1504

Em 1504, enquanto Isabel jazia em seu leito de enferma em Medina del Campo, um ambicioso castelhano de dezoito anos chamado Hernán Cortés chegou à ilha de Hispaniola. Este jovem capaz, de uma família modesta de *hidalgos* da Estremadura, era um produto da nova Castela autoconfiante e aventureira criada durante o reinado de Isabel. Ele havia crescido com as histórias de façanhas no Caribe e decidiu aproveitar a oferta de sua monarca de terras agrícolas gratuitas para quem chegasse aos novos territórios. Ele tinha sorte também de ser um parente distante do então governador, Nicolás de Ovando, e passou a se tornar um participante interessado em expedições destinadas a conquistar as partes ainda não colonizadas de Cuba e Hispaniola. Razoavelmente instruído e com talento para a liderança, Cortés subiu rapidamente pelos níveis hierárquicos coloniais e, no começo de 1519, ele arregimentou uma força de seiscentos homens e trinta e dois cavalos antes de içar velas para a costa do que hoje é o México.

No quarto de século desde que Isabel enviara Colombo em sua primeira viagem de descoberta, os colonizadores espanhóis haviam exaurido as ilhas caribenhas do ouro mais facilmente disponível, e sua população nativa estava sendo dizimada pela guerra, fome e doenças europeias, como a gripe e a varíola. Tudo que restava, ou assim parecia a muitos colonizadores, era o maçante negócio da lavoura ou a busca por terras intocadas para conquistar e explorar. Felizmente para a Espanha, não havia escassez disso – nem de homens como Cortés, que, imbuídos do destemido e às vezes ousado espírito castelhano de aventura promovido por Isabel e Colombo, se tornariam os conquistadores da América Latina.

Cortés deveria comercializar e explorar, mas em vez disso conquistou um império inteiro. Tendo fundeado seus navios em Veracruz, conduziu seu pequeno bando de homens para o interior, para a grandiosa cidade de Tenochtitlán, onde Montezuma, o líder asteca, o aguardava. Cortés sequestrou Montezuma e, nos anos seguintes, hábil e ousadamente usou as vantagens das armas de aço castelhanas, pólvora, lutas internas dos astecas e sua própria malícia implacável para subjugar um império que ostentava uma força de combate estimada em até 300 mil homens.

Uma década mais tarde, sua façanha inspirou um primo distante, Francisco Pizarro, a navegar para o sul, ao longo da costa do Pacífico, e depois partir para o interior – onde, com ainda menos homens e cavalos, derrubou o Império Inca, que tinha seu centro no atual Peru. Ele levou apenas alguns anos para colocar grande parte do maior império da América do Sul – com uma população de cerca de 20 milhões – sob o jugo espanhol. Durante esse tempo, Pizarro capturou o imperador Atahualpa, extorquiu um enorme resgate em ouro para sua libertação e mesmo assim o estrangulou depois. Estes eram os métodos cruéis, ainda que eficientes, dos novos conquistadores de Castela – homens que haviam assumido o triplo objetivo das aventuras coloniais de Isabel: buscar glória pessoal, ganhar prestígio e ouro para Castela e entregar novas almas ao seu Deus cristão. "Viemos aqui servir a Deus e à Sua Alteza, e também ficar ricos", admitiu mais tarde um dos homens de Cortés.[1] Qualquer um que se opusesse a esta missão divina poderia ser tratado com o desdém e a violência reservados aos inimigos do cristianismo.

Por fim, foram necessários apenas alguns milhares de soldados castelhanos para conquistar terras e povos que eram muitas vezes maiores do que a própria Espanha – e para iniciar o processo de criar uma extensão contínua de terras governadas pela Espanha, que se estendia da Flórida e Califórnia ao Chile e Argentina. Exploradores espanhóis, buscando a riqueza de civilizações míticas, como El Do-

UM RAIO DE GLÓRIA

rado, partiram em expedições para o interior da América do Norte, chegando aos atuais Carolina do Norte, Tennessee, Oklahoma, Texas e Kansas. Para o sul, apenas os povos indígenas do Chile foram capazes, inicialmente, de impedir seu progresso. Em meados do século XVI, depois que um espanhol chamado Bartolomé de Medina descobriu uma nova técnica de refino de metais chamada "processo de pátio" – usando amálgama de mercúrio, em vez da laboriosa e ineficiente fundição para extrair prata do minério encontrado nas minas mexicanas e peruanas –, frotas de lingotes estavam entregando uma média de 2 a 8 milhões de ducados de prata para Castela todo ano. Eles continuaram a fazê-lo por um século inteiro. Castela, em troca, enviava alimentos e outras mercadorias aos colonos que seguiam em bandos para as Américas – fortalecendo ainda mais a economia.

O influxo de prata causou um impacto muito além da Espanha, com alguns culpando o fato por um longo período de inflação alta, enquanto também intensificava o comércio com a China, ávida por prata. Mais importante ainda, acrescentava à Espanha o status de nova potência política da Europa, em geral em competição com a França. Os governantes espanhóis eram ricos. Eram também ambiciosos e, em consequência, perdulários. Entre eles, o neto e o bisneto de Isabel – Carlos I e Felipe II – levariam a Espanha ao ápice de sua glória no século XVI. Foi uma ascensão à proeminência global. "Por algumas décadas fabulosas, a Espanha seria o maior poder na Terra", afirma o historiador J. H. Elliot.[2] Nenhuma cultura centralizada na Europa, desde os romanos, fora tão bem-sucedida em termos das terras que controlava.

No entanto, como vimos, o futuro de Castela e da Espanha parecera precário com a morte de Isabel. Felipe de Habsburgo, o Belo, chegou para reivindicar o trono castelhano em nome de sua mulher, Joana, em abril de 1506, forçando Fernando a se retirar para seus próprios reinos. A união da Espanha sob uma coroa compartilhada – resultado da escolha de Isabel pelo futuro rei de Aragão como seu marido – foi rompida. Mas o destino logo consertou a situação. Felipe morreu seis meses depois de chegar à Espanha, aparentemente depois de frequentar festas demais com seus deleitados seguidores. A rainha Joana, já considerada louca, instalou-se por fim em Tordesilhas. A simbólica rainha de Castela foi uma figura trágica que viveu por mais quarenta e seis anos, mas ela havia sido definitivamente afastada por seu marido e seria igualmente ignorada por seu pai, Fernando, quando ele assumiu o poder outra vez, após a morte de Felipe. A parceria singular entre Isabel e seu marido significava que eles sempre tiveram um projeto conjunto, e o retorno de Fernando proporcionava continuidade. Os mesmos princípios que haviam guiado o jovem casal durante seus primeiros anos no poder permaneceram em vigor desde a ascensão de Isabel em 1474 até a morte de Fernando em 1516, significando que o projeto manteve-se vivo por quatro décadas. Em 1512, Fernando conduziu uma rápida anexação de Navarra, assim colocando no lugar a última peça do quebra-cabeça da Espanha contemporânea. Por toda parte, Fernando deu continuidade tanto ao que era positivo quanto ao que era negativo. A exploração e o comércio com as Índias foram intensificados e sistemas de controle real foram implantados. A Inquisição continuou a torturar, reprimir e perseguir. Escravos eram enviados de continente a continente. Regras de pureza de sangue, destinadas a excluir famílias de conversos do poder e dos privilégios, foram ampliadas. No entanto, quando Fernando finalmente foi colocado para descansar ao lado de Isabel em Granada, poucos duvidavam de que a Espanha era a maior potência da Europa.[3]

O destino quis que o sucessor dos Reis Católicos fosse um homem que havia crescido no Norte da Europa e não falasse uma palavra de espanhol – o filho de Joana, Carlos I. Como Isabel temia, a coroa agora estava nas mãos de alguém "de outra nação e de outra língua". Como neto dos soberanos de Aragão, Castela, Borgonha e das terras dos Habsburgo dentro e no entorno da Áustria, Carlos I era o senhor de várias partes grandes da Europa, mas muito diferentes. Ele logo seguiu seu avô Maximiliano, o arquiduque da Áustria, no papel de Sacro Imperador Romano – aumentando seu foco no Norte da Europa e provocando uma efêmera rebelião em Castela, na qual os chamados *comuneros* exigiam um retorno à autonomia política e à "liberdade segura" da época de Isabel. Carlos, insistiam, deveria seguir os costumes de "dom Fernando e dona Isabel, seus avós". A eleição de Carlos como Sacro Imperador Romano – tornando-o líder dos príncipes germânicos, cujas terras estavam frouxamente reunidas no Sacro Império Romano – lançou-o mais profundamente no papel de defensor do cristianismo contra o islã e os turcos otomanos. Esta foi uma causa que a Castela das cruzadas que Isabel levara ao ápice de sua glória ficava feliz em abraçar, ainda que o próprio rei tenha passado apenas dezesseis de seus quarenta anos de governo na Espanha.

A luta para impedir o avanço ainda mais profundo do islã pela Europa, que já vira os otomanos sitiarem Viena sem sucesso em 1529, atingiu um pico marítimo depois da ascensão ao trono do filho de Carlos, Felipe II, em 1556. Em 1571, o encontro no golfo de Corinto, perto de Lepanto, de cerca de 250 galés cristãs lideradas pela Espanha transformou-se em uma das maiores batalhas navais de todos os tempos. O número de embarcações de cada lado estava uniformemente distribuído, mas a esquadra turca foi derrotada e parte dela naufragou para o fundo do mar. A expansão otomana pela Europa atingira seu limite. Tanto os otomanos quanto os Habsburgo encontraram inimigos de suas próprias religiões – protestantes na Europa e persas na Ásia –, nos quais deveriam se concentrar. A reforma da Igreja de Isabel e Fernando preparara a Espanha para a luta contra o protestantismo, fazendo dela o principal bastião da Contrarreforma. Internamente, a Inquisição onividente que Isabel havia tão energicamente ajudado a inventar esmagava a menor sugestão de protestantismo na Espanha.

Com sua abdicação e retiro para um mosteiro espanhol em 1556, o esparramado império de Carlos – na verdade, um conjunto desarticulado de territórios – dividiu-se em dois. Seu filho, Felipe II, ficou com a Espanha (inclusive os reinos aragoneses que cobriam a maior parte da atual Itália) e os Países Baixos, enquanto o irmão de Carlos, Fernando, recebeu a Áustria e assumiu como Sacro Imperador Romano. Foi então que a Espanha tornou-se o centro adequado do império, cada vez mais concentrado no Novo Mundo, embora também tenha começado a colonizar as Filipinas (assim nomeadas em homenagem a Felipe) e a comercializar com elas a partir do México. A riqueza de Castela também ajudou a trazer para ela um novo prêmio, quando Portugal aceitou Felipe como seu rei em 1581. O império já impressionante de Felipe passou a incluir os territórios de Portugal no Brasil, África e Ásia. O lorde chanceler da Inglaterra, o filósofo Francis Bacon, observou que esse era um império (o primeiro do mundo) composto de domínios em que "o sol nunca se põe... mas brilha em uma ou outra parte deles: o que, para dizer a verdade, é um raio de glória".[4]

O próprio rei Felipe II construiu um mosteiro austero e sólido em El Escorial, na encosta de uma colina a cinquenta quilômetros de Madri, onde se preocupava com a infindável papelada de seu império. Ele também lançou tentativas ousadas de invadir a Inglaterra (onde, como marido da rainha Maria Tudor, ele havia sido, por pouco tempo, rei consorte quando mais jovem) com sua condenada armada e tentou impedir a difusão do protestantismo nos Países Baixos. A Espanha ganhou em poder, mas pagou um preço – dedicando recursos consideráveis a esses projetos e à administração do império. Endividada e sobrecarregada, por fim se tornou incapaz de manter suas terras. A preeminência europeia da Espanha desapareceu com a mesma rapidez com que emergiu. Por fim, o país se viu sendo deixado para trás por outras partes da Europa, e perguntando-se constantemente como havia se desviado do glorioso caminho que Isabel e seu marido haviam começado a trilhar.

É fácil fazer os dias de hoje parecerem como se tudo dependesse de um determinado momento ou evento na história – um artifício que, entre outras considerações, ignora o que mais poderia ter acontecido sem aquele evento. Entretanto, a chegada de três embarcações castelhanas ao Caribe, com Cristóvão Colombo e seus oitenta e oito marinheiros a bordo, teve um impacto óbvio e tangível no mundo ao longo dos séculos seguintes. Considere, por exemplo, algumas suposições simples sobre a produção e as culturas "nativas" de diferentes países. No século XIX, as batatas vieram a ocupar um terço das terras aráveis da Irlanda, mas isso nunca teria acontecido – e nem o país teria sofrido o surto de fome que matou um milhão de pessoas e levou 2 milhões a emigrar – se elas não tivessem sido levadas das Américas para a Europa. Os povos indígenas norte-americanos que circulavam pelas planícies a cavalo, de vez em quando caçando búfalos ou lutando contra os colonizadores, só foram capazes de o fazer porque Colombo e os conquistadores que o seguiram haviam introduzido cavalos no continente americano – e eles logo se espalharam, correndo soltos e selvagens pelo novo continente. A lista é extensa. Os tomates são uma parte central da tradicional dieta mediterrânea na Itália, Espanha e outras partes, mas eram desconhecidos na Europa até os navios castelhanos os levarem da América. Os mestres *chocolatiers* da Suíça e da Bélgica jamais teriam desenvolvido seus famosos produtos sem o cacau – outro produto que começou a viajar para a Europa nos mesmos navios. Tabaco, o passatempo da moda – e depois o flagelo – da sociedade ocidental era outro dos bens importados. Até a África, que adotaria o milho e a mandioca, finalmente viu sua agricultura transformada.

Em meio a esse revolucionário "intercâmbio colombiano" de plantas, animais, doenças infecciosas e tecnologia, entretanto, é fácil esquecer que um dos mais importantes produtos de exportação para a América foi o cristianismo. O grande beneficiário da descoberta de um novo continente foi a cristandade ocidental – esse compartilhado espaço cultural, religioso e político que definiu a Europa e que era o lar da civilização ocidental no século XV. As crenças e pressuposições culturais de uma pequena porção da Eurásia foram assim estendidas a uma vasta e nova massa terrestre, e a muitas pessoas de lá (ou, ao menos, às que sobreviveram às consequências mais letais da chegada dos europeus). A América, tanto a do Norte quanto a do Sul, foi transformada – especialmente depois que exploradores de Portugal, Inglaterra, França e Holanda uniram-se à corrida por terras no continente americano e no Caribe. Essa expansão não só levou uma riqueza extraída para a Europa, como também trouxe, com o tempo, uma mudança no equilíbrio do crescimento e do poder na direção do Atlântico e, por fim, através do oceano até a América do Norte – algo que por fim se tornou evidente no século XX. Não havia nada de inevitável nisso. Em termos de história eurasiana, a Espanha do século XV e o resto da Europa Ocidental eram periféricos em mais do que apenas o sentido geográfico. "A Europa Ocidental ocupava a borda externa dos mapas mundiais da época", destaca o historiador Felipe Fernández-Armesto. "Estudiosos na Pérsia ou na China, confiantes na superioridade de suas próprias tradições civilizadas, acharam que a cristandade mal valia a pena ser mencionada em seus estudos do mundo."[5] O posterior surgimento da civilização ocidental, em outras palavras, está inexoravelmente vinculado àquelas três pequenas naus e oitenta e oito marinheiros que partiram de Palos de la Frontera em 1492.

Mas o que aconteceu com a Espanha e seu motor, Castela, depois da morte de sua emblemática rainha? Quando Miguel de Cervantes publicou seu *Don Quijote de La Mancha* em 1605, um século depois da morte de Isabel, ele não estava apenas lançando o que agora é visto como a tradição do romance moderno. Ele estava também contando uma história nostálgica, ainda que amargurada, sobre os valores que haviam ajudado a impulsionar Castela à grandeza, mas que agora estavam se tornando irremediavelmente idealistas e impraticáveis. O herói tolo de Cervantes, aficionado por livros, Dom Quixote, parte em uma busca humilhante e cômica de glória cavalheiresca. Ele perdeu o juízo pelo excesso de leitura de romances de cavalaria e inventa para si mesmo uma Espanha imaginária, na qual oportunidades para realizar façanhas de bravura aparecem com frequência (ainda que isto requeira confundir moinhos de vento com gigantes) e onde elas serão admiradas. Ele está errado em ambos os aspectos, mas não percebe. Cruzadas, cavalheirismo e a rígida ortodoxia que veio com a Contrarreforma na Espanha estavam se tornando antiquados, ou, ao menos, inadequados para o século vindouro. A Inquisição ajudou a reprimir o debate intelectual e a ciência. As Américas atraíam a população, ao mesmo tempo que tornavam a Espanha excessivamente confiante nas matérias-primas extraídas de seu império e em sua reserva de mercado. Guerras em outras partes da Europa eram tanto uma distração quanto um desperdício de dinheiro a longo prazo. Ideais grandiosos

– de defender o cristianismo contra o islamismo, de proteger o catolicismo romano contra a heresia ou de manter terras em outros locais da Europa – afundaram a Espanha em dívidas, ao mesmo tempo impedindo-a de voltar suas energias para o cuidado consigo mesma. Cervantes, um orgulhoso veterano da batalha naval de Lepanto, parecia perceber que seu país havia se exaurido na aparentemente nobre e heroica defesa da cristandade e em seu amor pela aventura, permitindo que outros colhessem os benefícios. É difícil não ver as prioridades e crenças pessoais de Isabel como um dos motores dessa dinâmica. A morte de Cervantes, em abril de 1616, coincidiu quase exatamente com a de William Shakespeare, um escritor cujas peças refletiam o crescente orgulho e autoestima da Inglaterra – um país que construiu o único império baseado na Europa que, em termos geográficos, podia rivalizar com o Império Espanhol, que começara a emergir sob o reinado de Isabel.

Internamente, a Espanha continuou sendo uma coleção incontrolável de reinos com diferentes práticas e obrigações que eram difíceis de manejar. Quando Diego Velázquez estava pintando os nobres de grandes bigodes, os monarcas de queixo proeminente e os vestidos de saias-balão exageradamente amplas de pequenas princesas espanholas em meados do século XVII, já havia um toque de decadência e decomposição no mundo que ele estava retratando. Os aristocratas pintados no século seguinte por Francisco de Goya faziam parte de uma classe de administradores diferente, mas frequentemente desastrosa, que permitiu que a Espanha ficasse ainda mais para trás das principais nações da Europa. Suas pinturas escuras de monstros, guerra, insanidade e loucura humana revelavam a deterioração subjacente, oculta pelas vestimentas e adereços vistosos de seus patronos Grandes e pelas cenas rurais, idealizadas e românticas, que ele também pintava para eles.

Obcecada por si mesma, belicosa e desconfiada, a Espanha observava seu império se desintegrar, levando consigo muito de seu prestígio e de sua glória. As possessões europeias foram as primeiras a desaparecer, com metade dos Países Baixos declarando independência em 1580 e Portugal se rebelando em 1640. A metade da Itália que a Espanha ainda controlava foi perdida entre 1713 e 1715, juntamente com o que restava dos Países Baixos espanhóis (basicamente compostos da Bélgica e de Luxemburgo). Os territórios da Espanha nas Américas rebelaram-se um século mais tarde, rapidamente conquistando a independência. Os poucos e últimos postos avançados do império – Cuba, Porto Rico e as Filipinas – foram perdidos durante uma curta guerra contra os Estados Unidos no desastroso ano de 1898. Alguns veem todo esse longo declínio atingindo seu nadir com uma sangrenta guerra civil na década de 1930 e os quarenta anos de ditadura do general Francisco Franco que se seguiram. Outros dizem que os séculos de declínio foram exagerados pelos historiadores em detrimento do mito da lenda negra, ou afligidos por um sentimento irracional e sombrio de pessimismo nacional. De qualquer modo, a maneira como Isabel seria considerada por esse regime como prova das virtudes "naturais" do país era um sinal do quanto a Espanha se tornara desesperada por heróis nacionais. O símbolo que Isabel e Fernando inventaram, do jugo e das flechas, foi apropriado pelo partido Falange Espanhola, de inspiração fascista, e por Franco. Um monumento desse período ainda se ergue na frente de um edifício do Ministério das Relações Exteriores em Madri, a placa proclamando Isabel ser "a mãe da América... cujos brilhantes esforços completaram a plenitude geográfica e espiritual do mundo". Foi durante a ditadura de Franco que a campanha oficial para que Isabel fosse beatificada foi lançada em 1958, com a arquidiocese de Valladolid começando a trabalhar no relatório exigido e que, por fim, foi enviado a Roma em 1990.[6] Lá ele acumula pó, em meio à controvérsia sobre se ela teria levado a intolerância aos cristãos convertidos na Espanha, juntamente com o genocídio e a pilhagem econômica, ao invés de amor cristão, à América Latina.

Nas últimas décadas, em seguida ao retorno à democracia no final dos anos 1970, a Espanha tem desfrutado de outro, ainda que mais modesto, período de crescimento e prosperidade – suficiente para estabelecê-la em seu lugar de direito como um dos maiores países da

Europa, ancorado com segurança (por enquanto) na União Europeia. Isso também permitiu que ela se livrasse de alguns preconceitos e inseguranças sobre o passado, inclusive a apropriação de Isabel pelo franquismo. O momento agora é adequado, em outras palavras, para olhar para trás, para Isabel, sem primeiro colocar as lentes coloridas do preconceito político ou dos valores puramente do século XXI.

Ela foi, muito simplesmente, a primeira grande rainha da Europa. Em termos do impacto de seu reinado – e de suas decisões – no curso futuro da história mundial, ela também é a mais importante das rainhas. Isabel foi a counificadora de um país, a Espanha, e fundadora de um império que, afinal, se tornou um dos maiores da história ocidental. A unificação dos diferentes reinos da Espanha foi inicialmente tanto frágil quanto temporária, mas finalmente iria se perpetuar. Ao enviar Colombo em uma extraordinária aventura de ousadia cega e cavalheiresca, ela ajudou a superar o declínio da cristandade ocidental e a alterar o curso da história global na segunda metade do milênio. A civilização ocidental deve muito a Isabel de Castela, por mais que agora desaprove a maneira como oprimiu judeus, muçulmanos e conversos. Qualquer um desses eventos teria acontecido sem Isabel e seu parceiro Fernando? Inevitavelmente, grande parte de tudo isso teria acontecido. A história não é puramente, nem mesmo em grande parte, o resultado de um punhado de decisões feitas por monarcas e outros indivíduos extraordinários. Mas o mundo não pode reinventar, ou desfazer, a cadeia de acontecimentos que criou o presente. Isso tanto é bom quanto é ruim para a reputação de Isabel. Alguns, por exemplo, hoje traçam linhas de conexão entre a técnica do afogamento simulado empregada pelos militares dos Estados Unidos e as técnicas da Inquisição. A história da desigualdade econômica, da violência e da repressão aos povos indígenas na América Latina – sem mencionar a devastação por doenças europeias – é tanto uma consequência de suas decisões quanto o é a glória acumulada pela Espanha.

Pode ser mais inteligente perguntar a nós mesmos como a própria Isabel via, ou teria visto, sua vida. Em uma era de ambição individual e da constante asserção de direitos pessoais, somos agora encorajados a julgar a nós mesmos em termos de felicidade cotidiana. Por essa medida, Isabel terminou sua vida como um fracasso. O retrato de aparência sombria de quando ela entra em seus cinquenta anos é ampla prova disso. Aquelas três punhaladas de dor – causadas pelas mortes de seu amado filho João, sua filha Isabel e seu pequeno neto Miguel – lançaram sofrimento e dor em seus últimos anos. Mesmo na questão dos assuntos de Estado, ela já parecia estar passando o papel de protagonista a Fernando naqueles anos finais. As dramáticas discussões com sua filha Joana nos baluartes da fortaleza La Mota mostraram Isabel colocando suas minguantes energias em uma luta que estamos todos destinados a perder – a de controlar os acontecimentos após a nossa morte. O ciúme e, provavelmente, a depressão também faziam parte de suas provações.

No entanto, seria um erro ter pena dela, pois Isabel não via a vida em termos de autorrealização ou busca de satisfação pessoal. De todos os atuais parâmetros de sucesso, o único que ela teria reconhecido seria a busca da fama – que ela sem dúvida alcançou. Fora isso, seu mundo era de deveres, obediência e temor a Deus. Isso explica por que, em seus derradeiros dias, ela não se preocupou com a crueldade de expulsar judeus, converter muçulmanos à força ou torturar conversos. Os objetivos – de perseguir a heresia e purificar Castela – eram claramente objetivos que seu Deus devia aprovar. Ela teria considerado o sofrimento pessoal como um caminho em potencial para a expiação e para a salvação. A morte dolorosa, lenta e violenta de Jesus Cristo pela crucificação – sua "Paixão" – era prova disso. Ela não poderia, portanto, ter visto seu próprio sofrimento como um sinal de qualquer espécie de fracasso, e pode até mesmo ter sentido uma satisfação secreta em ter que suportá-lo. Para onde mais que olhasse, ela só pode ter visto sucesso. Castela estava pura e próspera, ou muito mais do que estava quando ela subiu ao trono. Seu povo estava em segurança. E quaisquer que fossem suas preocupações sobre o tratamento aos povos do Caribe, hereges e infiéis que estavam sendo perseguidos ou convertidos em casa e em outros lugares. A cristandade ocidental estava, ao menos, se expandindo. Ela havia, em outras palavras, não só se apegado aos seus princípios – ou aqueles ditados por Deus –, como os impusera em outras partes. Era para isso que servia o poder de um monarca, por mais duvidosas que fossem suas origens, no caso de Isabel. O orgulho era um pecado, mas em seus momentos finais de temor sobre o que a aguardava, esse conhecimento só pode ter lhe proporcionado consolo e confiança.

APÊNDICE: VALORES MONETÁRIOS E MOEDAS

Castela usava inúmeras moedas diferentes, cujos valores variaram ligeiramente durante o reinado de Isabel. Como muitos espanhóis de hoje, que ainda precificam importantes produtos, como casas e automóveis, em pesetas, há muito desaparecidas, em vez do euro, Castela usava o antigo maravedi como o valor do preço para quase tudo. As moedas na época também tinham seu valor em maravedis.

MOEDAS E QUANTIDADES MONETÁRIAS	EQUIVALENTE EM MARAVEDIS
1 *dinero granadino* (Granada)	3
1 *pesante granadino* de prata (Granada)	30
1 *real*	31
1 *florin* (Aragão)	265
1 *corona*, ou coroa	328
1 *libra* (Valência)	357
1 *doble*	365
1 *ducado*	375 ou 420
1 *dobla zahen grandino* (Granada)	445
1 *castellano* de ouro	485
1 *justo*	580
1 *cuento* (quantidade, não moeda)	1 milhão

PRODUTOS	VALOR EM MARAVEDIS
1 kg de açúcar	55
1.000 alfinetes de costura	62
1 escova para roupas	62
1 dia de trabalho de uma bordadeira	62
1 pequeno livro de orações	77
1 par de chapins	135
2 copos de Valência	280
1 pia de cobre para lavar cabelos	310

2 chapéus (1 de algodão e 1 de lã)   324
12 pares de luvas   375
1 extração de dente do príncipe pelo barbeiro   485
1 livro em latim do filósofo Boécio   485
1 rédea de mula   530
1 viola   1.125
1 ano de salário de um pajem da nobreza   3.000
1 ano de aluguel de uma mula e um almocreve   4.500
72 pares de borzeguins ou de sapatos do príncipe   7.812
1 escravo africano ou das Ilhas Canárias   8-10.000
1 mula   12.000
1 pagamento de resgate de prisioneiro muçulmano na guerra de Granada   13.000
A maior pepita de ouro encontrada em Hispaniola (valor estimado)   1,5 milhão
A primeira viagem de Colombo   2 milhões

NOTAS

INTRODUÇÃO: A PRIMEIRA GRANDE RAINHA DA EUROPA

1. Alonso de Palencia, *Crónica de Enrique IV*, org. A. Paz y Meliá, 4 vols., Madri, Revista de Archivos, 1904–8, Década 2, Livro 10, Cap. 10.
2. Ibid.
3. Álvaro Fernández de Córdova Miralles, *La Corte de Isabel I. Ritos y ceremonias de una reina (1474–1504)*, Madri, Dykinson, 2002, pp. 44–6.
4. Antoine de Lalaing, "Relato del primer viaje de Felipe el Hermoso a España", *Viajes de extranjeros por España y Portugal, desde los tiempos más remotos hasta fines del siglo XVI*, org. J. García Mercadal, Madri, 1952, pp. 482–3, 486.
5. Ver J. A. Maravall, *Estado moderno y mentalidad social (siglos XV a XVII)*, Madri, Revista de Occident, 1972. Ver também Felipe Fernández-Armesto, 1492. *El nacimiento de la modernidad*, Madri, Debate, 2010.
6. Hugh Thomas, *Rivers of Gold: The Rise of the Spanish Empire from Columbus to Magellan*, Penguin, Londres, 2010, p. 28.
7. Norman Davies, *Europe: A History*, Oxford, Oxford University Press, 1996, pp. 409–13. Eugene Thacker, *The Global Genome: Biotechnology, Politics and Culture*, Cambridge, MA, e Londres, MIT Press, 2006, p. 218. Angus MacKay, *Spain in the Middle Ages: From Frontier to Empire, 1000–1500*, Londres, Macmillan, 1977, p. 183. Richard Britnell, "Land and Lordship: Common Themes and Regional Variations", in Richard Britnell e Ben Dodds (orgs.), *Agriculture and Rural Society after the Black Death: Common Themes*, Hatfield, University of Hertfordshire Press, 2008, pp. 149–67.
8. Peggy K. Liss, *Isabel the Queen: Life and Times*, Filadélfia, University of Pennsylvania Press, 2004, pp. 103–4.
9. Francisco Guicciardini, in Jorge de Einghen et al., *Viajes por España de Jorge de Einghen, del Barón Leon de Rosmithal de Blatine, de Francisco Guicciardini y de Andrés Navajero; traducido, anotados y con un introducción por Antonio María Fabié*, Madri, Librería de los Bibliófilos, 1889, pp. 211–12.
10. Palencia, *Crónica de Enrique IV*, Década 2, Livro 10, Cap. 10. MacKay, *Spain in the Middle Ages*, pp. 58–9.

11 Joseph Pérez, *Isabel y Fernando. Los Reyes Católicos*, San Sebastián, Nerea, 1997, p. 91. MacKay, *Spain in the Middle Ages*, pp. 58–9. Tarsicio de Azcona, *Isabel la Católica. Estudio crítico de su vida y su reinado*, Madri, Biblioteca de Autores Cristianos, 1993, p. 243.
12 Perry Anderson, *Lineages of the Absolutist State*, Nova York e Londres, Verso, 2013, p. 62 (citando J. Vicens Vives, *Manual de historia economica de España*, pp. 11–12). Simon Barton, *A History of Spain*, Londres, Palgrave Macmillan, 2009, p. 93.
13 Miguel Ángel Motis Dolader, "Las comunidades judías de la Corona de Aragón en el siglo XV", in Ángel Alcalá (org.), *Judíos, sefarditas, conversos. La expulsión de 1492 y sus consecuencias. Ponencias del Congreso Internacional celebrado en Nueva York en noviembre de 1992*, Valladolid, Ambito, 1995, p. 45. Miguel Ángel Ladero Quesada, "El número de judíos en la España de 1492", in Alcalá (org.), *Judíos, sefarditas, conversos*, p. 171. Alexander Marx, "The Expulsion of the Jews from Spain: Two New Accounts", *Jewish Quarterly Review*, vol. 20, n. 2, jan. 1908, pp. 246–7. Miguel Ángel Ladero Quesada, *La España de los Reyes Católicos*, Madri, Alianza, 2014, p. 18.
14 Niccolò Machiavelli, *The Prince*, trad. George Bull, Londres, Penguin, 1999, cap. 21.
15 James Gairdner, *Henry VII*, Londres, Macmillan, 1889, p. 166.

CAPÍTULO 1: NENHUM HOMEM JAMAIS TEVE TANTO PODER
1 Fernán Pérez de Guzmán, *Crónica de Juan II*, in *Crónicas de los Reyes de Castilla*, vol. 2, org. Cayetano Rosell, Madri, Rivadeneyra, 1887, pp. 595, 606, 683. Navagero in Jorge de Einghen et al., *Viajes por España de Jorge de Einghen, del Barón Leon de Rosmithal de Blatine, de Francisco Guicciardini y de Andrés Navajero; traducido, anotados y con un introducción por Antonio María Fabié*, Madri, Librería de los Bibliófilos, 1889, p. 322. Isabel Pastor Bodmer, *Grandeza y tragedia de un valido. La muerte de Don Álvaro de Luna. Estudios y documentos*, Madri, Caja Madrid, 1992, vol. 1, p. 253. Casimiro González García, *Datos para la historia biográfica de Valladolid*, vol. 1, Valladolid, Maxtor, 2003, p. 820. Modesto Lafuente, *Historia general de España*, vol. 6, Barcelona, Montaner y Simón, 1888, p. 48. Juan Agapito y Revilla, *Las calles de Valladolid. Nomenclátor histórico. Datos para la historia biográfica de Valladolid*, Valladolid, Maxtor, 2004, pp. 336–9.
2 Ver Carrillo de Huete, *Crónica del halconero de Juan II*, org. Juan de Mata Carriazo y Arroquia, Madri, Espasa-Calpe, 1946.
3 Carmen Alicia Morales, *Isabel de Castilla. Una psicobiografía*, San Juan, Puerto Rico, Adoquín, 2013 (ed. Kindle), loc. 4192. Luis Suárez Fernández, *Enrique IV de Castilla. La difamación como arma política*, Barcelona, Ariel, 2001, p.

29. José-Luis Martín, *Enrique IV de Castilla. Rey de Navarra, Príncipe de Cataluña*, San Sebastián, Nerea, 2003, p. 222. María Isabel del Val Valdivieso, *Isabel I de Castilla (1451–1504)*, Madri, Ediciones del Orto, 2005, p. 33. José Manuel Nieto Soria, "El 'poderío real absoluto' de Olmedo (1445) a Ocaña (1469). La monarquía como conflicto", *En la España Medieval*, n. 21, 1998, p. 208. Peggy K. Liss, *Isabel the Queen: Life and Times*, Filadélfia, University of Pennsylvania Press, 2004, pp. 13, 23, 105–9. Francisco de Paula Cañas Gálvez, *El itinerario de la corte de Juan II de Castilla (1418–1454)*, Madri, Silex Ediciones, 2007, pp. 481–2.

4 Pérez de Guzmán, *Juan II*, p. 584.

5 Jorge Manrique, *El Cancionero*, Madri, Pérez Dubrull, 1885, p. 27. Alonso de Palencia, *Crónica de Enrique IV*, org. A. Paz y Meliá, 4 vols., Madri, Revista de Archivos, 1904–8, Década 1, Livro 1, Cap. 10. Fernan Pérez de Guzmán, *Pen Portraits of Illustrious Castilians*, trad. Marie Gillette e Loretta Zehngut, Washington, D.C., Catholic University Press, 2003, pp. xxvi, 56. Morales, *Psicobiografía*, locs. 4025–38. Val Valdivieso, *Isabel*, p. 33.

6 Morales, *Psicobiografía*, locs. 1847, 1871, 4189, 4259.

7 Pérez de Guzmán, *Juan II*, p. 654. Palencia, *Crónica de Enrique IV*, Década 1, Livro 1, Cap. 10.

CAPÍTULO 2: O IMPOTENTE

1 Hieronymus Münzer, *Viaje por España y Portugal (1494–1495)*, Madri, Polifemo, 1991, p. 263. Emilio Maganto Pavón, "Enrique IV de Castilla (1454–1474). Un singular enfermo urológico. Retrato morfológico y de la personalidad de Enrique IV 'El Impotente' en las crónicas y escritos contemporáneos", *Archivos Españoles de Urología*, vol. 56, n. 3, 2003, pp. 211–20. Willem Ombelet e Johan Van Robays, "History of Human Artificial Insemination", *Facts, Views & Vision*, 2010, pp. 1–5. Felipe Fernández-Armesto, *Ferdinand and Isabella*, Nova York, Dorset Press, 1991, p. 34.

2 Diego de Valera, *Memorial de diversas hazañas, crónica de Enrique IV*, in *Crónicas de los Reyes de Castilla*, vol. 3, Madri, Rivadeneyra, 1878, Cap. 7. Gregorio Marañón, *Ensayo biológico sobre Enrique IV de Castilla y su tiempo*, Madri, Boletín de la Real Academia 22, 1930.

3 Marañón, *Ensayo*, pp. 23–5.

4 Peggy K. Liss, *Isabel the Queen: Life and Times*, Filadélfia, University of Pennsylvania Press, 2004, p. 11.

5 Juan José Montalvo, *De la historia de Arévalo y de sus sexmos*, vol. 1, Valladolid, Imprenta Castellana, 1928, p. 12.

6 Ibid., pp. 221, 223. Popplau in Javier Liske, *Viajes de extranjeros por España y Portugal en los siglos XV, XVI y XVII*, Madri, Medina, 1878, pp. 55–6. Ver

também Francesc Eiximenis, *Carro de las donas. Valladolid, 1542/adaptación del Llibre de les dones de Francesc Eiximenis O.F.M., realizada por el P. Carmona O.F.M.*, org. Carmen Clausell Nácher, Madri, Fundación Universitaria Española, 2007. Miguel Ángel Ladero Quesada, "Los mudéjares de Castilla en la Edada Media Baja", *Historia. Instituciones. Documents*, n. 5, Sevilha, 1978, pp. 284–8.

7 Alfredo Alvar Ezquerra, *Isabel la Católica*, Madri, Temas de Hoy, 2002, p. 191. Carmen Alicia Morales, *Isabel de Castilla. Una psicobiografía*, San Juan, Puerto Rico, Adoquín, 2013 (ed. Kindle), locs. 3955, 3954. Carmen Alicia Morales, "Isabel de Barcelos. Su importancia en la niñez de Isabel de Castilla, Arévalo", *Cuadernos de Cultura y Patrimonio*, n. 14, para La Alhóndiga, Asociación de Cultura y Patrimonio, abr. 2012, pp. 71–98. Liss, *Isabel*, p. 13.
8 Liss, *Isabel*, p. 13.
9 Fernán Pérez de Guzmán, *Crónica de Juan II*, in *Crónicas de los Reyes de Castilla*, vol. 2, org. Cayetano Rosell, Madri, Rivadeneyra, 1887, p. 566.
10 Montalvo, *Arévalo*, vol. 1, pp. 56, 60, 62–3, 67.
11 Theresa Earenfight, "Two Bodies, One Spirit: Isabel and Fernando's Construction of Monarchical Partnership", in Barbara F. Weissberger (org.), *Queen Isabel I of Castile: Power, Patronage, Persona*, Woodbridge, Suffolk, Tamesis, 2008, p. 8. Barbara F. Weissberger, *Isabel Rules: Constructing Queenship, Wielding Power*, Mineápolis, University of Minnesota Press, 2003, pp. 32, 102–5. Ver também Miriam Shadis, *Berenguela of Castile (1180–1246) and Political Women in the High Middle Ages*, Nova York, Palgrave Macmillan, 2009.
12 Luis Suárez Fernández, *Enrique IV de Castilla. La difamación como arma política*, Barcelona, Ariel, 2001, p. 73.
13 Ibid., p. 24.
14 Marañón, *Ensayo*, p. 30. Diego Enríquez del Castillo, *Crónica del rey don Enrique el Quarto de este nombre*, org. A. Sánchez Martín, Valladolid, Universidad de Valladolid, 1994, Cap. 13.
15 Barbara Weissberger, "'¡A tierra, puto!': Alfonso de Palencia's Discourse of Effeminacy", in Josiah Blackmore e Gregory S. Hutcheson (orgs.), *Queer Iberia: Sexualities, Cultures, and Crossings from the Middle Ages to the Renaissance*, Durham, Carolina do Norte, e Londres, Duke University Press, 1999, p. 298.
16 Alonso de Palencia, *Crónica de Enrique IV*, org. A. Paz y Meliá, 4 vols., Madri, Revista de Archivos, 1904–8, Década 1, Livro 7, Cap. 3.
17 Castillo, *Crónica*, Cap. 1.
18 Ibid.
19 Maganto Pavón, "Enrique IV", pp. 211–20.
20 Castillo, *Crónica*, Cap. 1.

21 Suárez, *Enrique IV*, p. 145.
22 Ibid., p. 161.
23 Ibid., pp. 178–81.
24 Castillo, *Crónica*, Cap. 64. Palencia, *Crónica de Enrique IV*, Década 1, Livro 7, Cap. 4.
25 Palencia, *Crónica de Enrique IV*, Década 1, Livro 3, Cap. 8.
26 Benzion Netanyahu, *The Origins of the Inquisition in Fifteenth Century Spain*, Nova York, New York Review Books, 2001, p. 824. Suárez, *Enrique IV*, p. 243.
27 Netanyahu, *Origins*, pp. 821–2.
28 Ibid., p. 1291 (citando Espina, *Fortalitium*, liv. III, fol. 163).
29 Ibid., pp. 800–3, 811.
30 Ibid., pp. 814–15.
31 Palencia, *Crónica de Enrique IV*, Década 1, Livro 9, Cap. 6. Suárez, *Enrique IV*, pp. 243–7.
32 Netanyahu, *Origins*, p. 742. Suárez, *Enrique IV*, p. 246.
33 Castillo, *Crónica*, Cap. 53. Netanyahu, *Origins*, p. 742.
34 Netanyahu, *Origins*, pp. 716, 738–40, 742. Suárez, *Enrique IV*, pp. 152, 242, 245, 277, 289.
35 Alvar Ezquerra, *Isabel la Católica*, p. 191 (citando *Colección diplomática*, pp. 630–9, n. CLXXXVII).

CAPÍTULO 3: A FILHA DA RAINHA
1 Lorenzo Galíndez de Carvajal, *Crónica de Enrique IV*, org. Juan Torres Fontes, Múrcia, Consejo Superior de Investigaciones Científicas, 1946, p. 144. Diego Enríquez del Castillo, *Crónica del rey don Enrique el Quarto de este nombre*, org. A. Sánchez Martín, Valladolid, Universidad de Valladolid, 1994, Cap. 23.
2 Nicasio Salvador Miguel, "Isabel, Infanta de Castilla, en la Corte de Enrique IV (1461–1467). Formación y entorno literario", *Actes del XX Congres Internacional de l'Associació Hispánica de Literatura Medieval*, Alacant, Institui Interuniversitari de Filología Valenciana "Symposia Philologica", vol. 1, 2005, pp. 191–2.
3 Castillo, *Crónica*, Cap. 37.
4 Álvaro Fernández de Córdova Miralles, *La Corte de Isabel I. Ritos y ceremonias de una reina (1474–1504)*, Madri, Dykinson, 2002, p. 61. Tarsicio de Azcona, *Isabel la Católica. Estudio crítico de su vida y su reinado*, Madri, Biblioteca de Autores Cristianos, 1993, p. 40. José Sánchez Herrero, "Amantes, barraganas, compañeras, concubinas clericales", *Clío y Crímen*, n. 5, 2008, pp. 106–37.
5 Alonso de Palencia, *Crónica de Enrique IV*, org. A. Paz y Meliá, 4 vols., Madri, Revista de Archivos, 1904–8, Década 1, Livro 3, Cap. 10.

6   R. O. Jones, "Isabel la Católica y el amor cortés", *Revista de literatura*, vol. 21, n. 41–2, 1962, pp. 55–64. Luis Suárez Fernández, *Enrique IV de Castilla. La difamación como arma política*, Barcelona, Ariel, 2001, pp. 206–7.
7   Castillo, *Crónica*, Caps. 34–6. Palencia, *Crónica de Enrique IV*, Década 1, Livro 5, Caps. 2 e 4. Suárez, *Enrique IV*, pp. 206, 345, 555.
8   Castillo, *Crónica*, Cap. 23. Palencia, *Crónica de Enrique IV*, Década 1, Livro 4, Caps. 2 e 6. Suárez, *Enrique IV*, p. 207.
9   Luis de Salazar, *Historia genealógica de la Casa de Lara, justificada con instrumentos y escritores de inviolable fe*, Madri, Imprenta Real, para Mateo de Llanos y Guzmán, 1698, vol. 2, pp. 142–3.
10 Palencia, *Crónica de Enrique IV*, Década 1, Livro 5, Cap. 8.
11 Ibid., Livro 4, Cap. 2. Gómez Manrique, *El Cancionero*, p. 184.
12 Carmen Alicia Morales, *Isabel de Castilla. Una psicobiografía*, San Juan, Puerto Rico, Adoquín, 2013 (ed. Kindle), loc. 2454.
13 Azcona, *Isabel la Católica*, p. 41. Morales, *Psicobiografía*, loc. 2454.
14 Castillo, *Crónica*, Cap. 36. Morales, *Psicobiografía*, locs. 2531–44 de 9294. Azcona, *Isabel la Católica*, p. 41.
15 Castillo, *Crónica*, Cap. 38.
16 Peggy K. Liss, *Isabel the Queen: Life and Times*, Filadélfia, University of Pennsylvania Press, 2004, p. 36.
17 Castillo, *Crónica*, Cap. 38.
18 Ibid., Cap. 40.
19 Azcona, *Isabel la Católica*, p. 43.
20 Castillo, *Crónica*, Cap. 40. Azcona, *Isabel la Católica*, p. 45. Cesar Oliveiza Santos, *Las Cortes de Castilla y Leon y la crisis del Reino*, Valladolid, Cortes de Castilla y León, 1986, p. 110.
21 Alfredo Alvar Ezquerra, *Isabel la Católica*, Madri, Temas de Hoy, 2002, p. 191. Salvador Miguel, "Isabel, Infanta de Castilla, en la Corte de Enrique IV (1461–1467)", p. 159 (citando *Colección diplomática*, pp. 630–9). Azcona, *Isabel la Católica*, p. 45.
22 Castillo, *Crónica*, Cap. 39. Ver também Salvador Miguel, "Isabel, Infanta de Castilla, en la Corte de Enrique IV (1461–1467)" e Fernan Pérez de Guzmán, *Pen Portraits of Illustrious Castillians*, trad. Marie Gillette e Loretta Zehngut, Washington, D.C., Catholic University Press, 2003.
23 Azcona, *Isabel la Católica*, pp. 47–8.
24 Suárez, *Enrique IV*, p. 125.
25 Emilio Maganto Pavón, "Enrique IV de Castilla (1454–1474). Un singular enfermo urológico. Retrato morfológico y de la personalidad de Enrique IV 'El Impotente' en las crónicas y escritos contemporáneos", Archivos Españoles de Urología, vol. 56, n. 3, 2003, p. 249. Isabel Pastor Bodmer, *Grandeza y*

tragedia de un valido. La muerte de Don Álvaro de Luna. Estudios y documentos, Madri, Caja Madrid, 1992, vol. 2, p. 293. Suárez, *Enrique IV*, p. 125. Castillo, *Crónica*, Cap. 118.

26 *Memorias de don Enrique IV de Castilla. Contiene la colección diplomática del mismo rey compuesta y ordenada por la Real Academia de la Historia*, org. Duque de Berwick y de Alba, Madri, Fortanet, 1913, p. 331-2. Suárez, *Enrique IV*, p. 290.

CAPÍTULO 4: DOIS REIS, DOIS IRMÃOS

1 Diego Enríquez del Castillo, *Crónica del rey don Enrique el Quarto de este nombre*, org. A. Sánchez Martín, Valladolid, Universidad de Valladolid, 1994, Cap. 74.

2 Alonso de Palencia, *Crónica de Enrique IV*, org. A. Paz y Meliá, 4 vols., Madri, Revista de Archivos, 1904–8, Década 1, Livro 7, Cap. 8. Castillo, *Crónica*, Cap. 74.

3 Luis Suárez Fernández, *Enrique IV de Castilla. La difamación como arma política*, Barcelona, Ariel, 2001, p. 33.

4 Palencia, *Crónica de Enrique IV*, Década 1, Livro 7, Cap. 8. Castillo, *Crónica*, Cap. 74.

5 Palencia, *Crónica de Enrique IV*, Década 1, Livro 7, Cap. 8.

6 James A. Brundage, *Law, Sex, and Christian Society in Medieval Europe*, Chicago, University of Chicago Press, 1987, pp. 357, 433.

7 Castillo, *Crónica*, Cap. 57. Suárez, *Enrique IV*, pp. 267, 275. Nicasio Salvador Miguel, "Isabel, Infanta de Castilla, en la Corte de Enrique IV (1461–1467). Formación y entorno literario", *Actes del XX Congres Internacional de l'Associació Hispánica de Literatura Medieval*, Alacant, Institui Interuniversitari de Filología Valenciana "Symposia Philologica", vol. 1, 2005, p. 199.

8 Castillo, *Crónica*, Cap. 60, *Memorias de don Enrique IV de Castilla. Contiene la colección diplomática del mismo rey compuesta y ordenada por la Real Academia de la Historia*, org. Duque de Berwick y de Alba, Madri, Fortanet, 1913, pp. 302–3. Suárez, *Enrique IV*, pp. 275–6, 279–81.

9 Suárez, *Enrique IV*, pp. 271–4, 282–3.

10 Palencia, *Crónica de Enrique IV*, Década 1, Livro 4, Cap. 7. *Colección diplomática*, pp. 327–34. Suárez, *Enrique IV*, pp. 277–8, 289–90.

11 Castillo, *Crónica*, Cap. 65. *Colección diplomática*, p. 348. Suárez, *Enrique IV*, pp. 292–9, 302–3, 311–12.

12 Castillo, *Crónica*, Cap. 85. Suárez, *Enrique IV*, pp. 351–3.

13 Castillo, *Crónica*, Cap. 85. Suárez, *Enrique IV*, pp. 353–4, 358.

14 Suárez, *Enrique IV*, pp. 305–6, 359, 367, 370, 375.

15 Lorenzo Galíndez de Carvajal, *Crónica de Enrique IV*, org. Juan Torres Fontes, Múrcia, Consejo Superior de Investigaciones Científicas, 1946, Cap. 92. Suárez, *Enrique IV*, pp. 310, 374-5, 378, 380.
16 Suárez, *Enrique IV*, p. 380 (citando o duque de Berwick e Alba, *Documentos escogidos de la Casa de Alba*, pp. 8-9).
17 José Martínez Millán e María Paula Marçal Lourenço, *Las relaciones discretas entre las Monarquías Hispana y Portuguesa. Las Casas de las Reinas (siglos XV-XIX)*, Madri, Polifemo, 2008, p. 139. Suárez, *Enrique IV*, pp. 382-3.
18 Palencia, *Crónica de Enrique IV*, Década 1, Livro 10, Cap. 9. Suárez, *Enrique IV*, pp. 386, 393.
19 Juan Torres Fontes (org.), *Estudio de la "Crónica de Enrique IV" del Dr. Galíndez de Carvajal*, Múrcia, Sucesores de Nogués, 1946, p. 832. Suárez, *Enrique IV*, pp. 393-4.

CAPÍTULO 5: TOUROS

1 Diego Enríquez del Castillo, *Crónica del rey don Enrique el Quarto de este nombre*, org. A. Sánchez Martín, Valladolid, Universidad de Valladolid, 1994, Cap. 116. Tarsicio de Azcona, *Isabel la Católica. Estudio crítico de su vida y su reinado*, Madri, Biblioteca de Autores Cristianos, 1993, pp. 141-2. Luis Suárez Fernández, *Los Reyes Católicos*, Barcelona, Ariel, 2004, p. 54.
2 Luis Suárez Fernández, *Enrique IV de Castilla. La difamación como arma política*, Barcelona, Ariel, 2001, p. 405.
3 *Memorias de don Enrique IV de Castilla. Contiene la colección diplomática del mismo rey compuesta y ordenada por la Real Academia de la Historia*, org. Duque de Berwick e de Alba, Fortanet, Madri, 1913, p. 567. Alonso de Palencia, *Crónica de Enrique IV*, org. A. Paz y Meliá, 4 vols., Madri, Revista de Archivos, 1904-8, Década 2, Livro 10, Cap. 2. Fernando del Pulgar, *Claros varones de Castilla y Letras*, Madri, Jerónimo Ortega, 1789, título xx. Miguel Ángel Ladero Quesada, *La España de los Reyes Católicos*, Madri, Alianza, 2014, p. 255. Suárez, *Los Reyes Católicos*, pp. 52-4.
4 Suárez, *Los Reyes Católicos*, p. 53.
5 Jerónimo Zurita, *Anales de Aragón*, org. Ángel Canellas López et al., Saragoça, Institución Fernando el Católico, disponível em http://ifc.dpz.es/publicaciones/ver/id/2448, p. 19. Joseph Pérez (org.), *La inquisición española. Nuevas visiones, nuevos horizontes*, Madri, Siglo XXI, 1980, pp. 36-8.
6 Castillo, *Crónica*, Cap. 117. Palencia, *Crónica de Enrique IV*, Década 2, Livro 1, Cap. 3. Alfredo Alvar Ezquerra, *Isabel la Católica*, Madri, Temas de Hoy, 2002, p. 47. Suárez, *Enrique IV*, pp. 399, 407-8.
7 Castillo, *Crónica*, Cap. 117. Azcona, *Isabel la Católica*, p. 159. Suárez, *Enrique IV*, pp. 395, 400.

NOTAS

8 Azcona, *Isabel la Católica*, p. 137 (citando Archivo Municipal Jerez de la Frontera, *Actas Capitulares de 1468*, fols. 128v–137). Juan Torres Fontes, "Dos fechas de España en Murcia", *Anales de la Universidad de Murcia*, vol. 6, 1946, pp. 646–8. Juan Torres Fontes (org.), *Estudio de la "Crónica de Enrique IV" del Dr. Galíndez de Carvajal*, Múrcia, Sucesores de Nogués, 1946, p. 832.
9 Azcona, *Isabel la Católica*, pp. 136–9. Antonio de la Torre y del Cerro, *Cuentas de Gonzalo de Baeza, tesorero de Isabel la Católica*, 2 vols., Madri, Consejo Superior de Investigaciones Científicas, 1956, vol. 1, p. 160. Torres Fontes, "Dos Fechas", pp. 641, 646.
10 Suárez, *Enrique IV*, pp. 395, 400, 407. Azcona, *Isabel la Católica*, pp. 140–1.
11 Palencia, *Crónica de Enrique IV*, Década 2, Livro 1, Cap. 4. *Colección diplomática*, pp. 562, 564. Suárez, *Enrique IV*, pp. 402, 404.
12 *Colección diplomática*, pp. 561–6. Suárez, *Enrique IV*, pp. 402–3. José-Luis Martín, *Enrique IV de Castilla. Rey de Navarra, Príncipe de Cataluña*, San Sebastián, Nerea, 2003, p. 72.
13 *Colección diplomática*, p. 562. Suárez, *Enrique IV*, p. 404.

CAPÍTULO 6: ESCOLHENDO FERNANDO

1 *Memorias de don Enrique IV de Castilla. Contiene la colección diplomática del mismo rey compuesta y ordenada por la Real Academia de la Historia*, org. Duque de Berwick e de Alba, Madri, Fortanet, 1913, pp. 573–8. Tarsicio de Azcona, *Isabel la Católica. Estudio crítico de su vida y su reinado*, Madri, Biblioteca de Autores Cristianos, 1993, p. 152.
2 *Colección diplomática*, pp. 573–8. Azcona, *Isabel la Católica*, p. 152.
3 *Colección diplomática*, p. 575.
4 Ibid. Luis Suárez Fernández, *Enrique IV de Castilla. La difamación como arma política*, Barcelona, Ariel, 2001, pp. 408–9.
5 *Colección diplomática*, p. 578.
6 Ibid., pp. 573–8.
7 Alonso de Palencia, *Crónica de Enrique IV*, org. A. Paz y Meliá, 4 vols., Madri, Revista de Archivos, 1904–8, Década 2, Livro 1, Cap. 5. *Colección diplomática*, pp. 573–8. Azcona, *Isabel la Católica*, p. 152. Miguel Ángel Ladero Quesada, *Isabel I de Castilla. Siete ensayos sobre la reina, su entorno y sus empresas*, Madri, Dykinson, 2012, p. 106.
8 Palencia, *Crónica de Enrique IV*, Década 2, Livro 1, Cap. 7. Azcona, *Isabel la Católica*, p. 153. Suárez, *Enrique IV*, p. 443.
9 Jaime Vicens Vives, *Historia crítica de la vida y reinado de Fernando II de Aragón*, Saragoça, Institución Fernando el Católico, 2007, pp. 199, 202. Azcona, *Isabel la Católica*, pp. 155, 161–2. Suárez, *Enrique IV*, pp. 437, 447.

10 Archivo General de Simancas, PTR, LEG, 49, DOC. 40, Valladolid. Diego Enríquez del Castillo, *Crónica del rey don Enrique el Quarto de este nombre*, org. A. Sánchez Martín, Valladolid, Universidad de Valladolid, 1994, Cap. 127. Palencia, *Crónica de Enrique IV*, Década 2, Livro 1, Cap. 7. *Coleccion diplomática*, p. 619. Suárez, *Enrique IV*, pp. 419–28, 440–9. Azcona, *Isabel la Católica*, pp. 140, 167.

11 Palencia, *Crónica de Enrique IV*, Década 2, Livro 1, Cap. 7. Azcona, *Isabel la Católica*, p. 154. Vicens Vives, *Fernando II*, p. 247. Suárez, *Enrique IV*, pp. 249, 418.

12 Palencia, *Crónica de Enrique IV*, Década 3, Livro 2, Cap. 1. Castillo, *Crónica*, Caps. 128, 131. Suárez, *Enrique IV*, p. 431.

13 Azcona, *Isabel la Católica*, pp. 161–2. Diego Clemencín, *Elogio a la reina Isabel la Católica e ilustraciones sobre varios asuntos de su reinado*, vol. 6, Madri, Memorias de la Real Academia de la Historia, 1821, p. 577. María Isabel del Val Valdivieso, "Isabel, *Infanta* and Princess of Castile", in David A. Boruchoff (org.), *Isabel la Católica, Queen of Castile: Critical Essays*, Nova York e Basingstoke, Palgrave Macmillan, 2003, p. 49.

14 Archivo General de Simancas, PTR, LEG, 12, DOC. 28. Luis Suárez Fernández, *La Conquista del trono*, Madri, Rialp, 1989, pp. 232–3. Azcona, *Isabel la Católica*, pp. 165–6. Vicens Vives, *Fernando II*, pp. 247–9. Suárez, *Enrique IV*, p. 432.

15 Clemencín, *Elogio*, p. 577. Vicens Vives, *Fernando II*, pp. 247–9. Peggy K. Liss, *Isabel the Queen: Life and Times*, Filadélfia, University of Pennsylvania Press, 2004, p. 64.

16 Clemencín, *Elogio*, p. 577.

17 Palencia, *Crónica de Enrique IV*, Década 2, Livro 1, Caps. 8–9. *Colección diplomática*, doc. 168, p. 608. Castillo, *Crónica*, Cap. 142. Azcona, *Isabel la Católica*, pp. 160, 166–8. Clemencín, *Elogio*, p. 577.

18 Palencia, *Crónica de Enrique IV*, Década 2, Livro 1, Cap. 9; Livro 2, Cap. 3. Castillo, *Crónica*, Cap. 131. Azcona, *Isabel la Católica*, p. 170. Del Val, "Isabel, *Infanta* and Princess of Castile", p. 50.

19 Palencia, *Crónica de Enrique IV*, Década 2, Livro 2, Cap. 3. Azcona, *Isabel la Católica*, p. 169.

20 Palencia, *Crónica de Enrique IV*, Década 2, Livro 2, Cap. 3. *Colección diplomática*, doc. 168, p. 608. Suárez, *Enrique IV*, p. 443.

CAPÍTULO 7: CASAMENTO COM FERNANDO

1 Alonso de Palencia, *Crónica de Enrique IV*, org. A. Paz y Meliá, 4 vols., Madri, Revista de Archivos, 1904–8, Década 2, Livro 2, Cap. 3. Luis Suárez Fer-

nández, *Enrique IV de Castilla. La difamación como arma política*, Barcelona, Ariel, 2001, p. 446. Azcona, *Isabel la Católica*, p. 173.

2 Palencia, *Crónica de Enrique IV*, Década 2, Livro 2, Cap. 3. Suárez, *Enrique IV*, p. 446.

3 Palencia, *Crónica de Enrique IV*, Década 2, Livro 2, Cap. 3. Antonio Paz y Meliá, *El cronista Alonso de Palencia. Su vida y sus obras. Sus décadas y las crónicas contemporáneas*, Madri, Hispanic Society of America, 1914, pp. 24, 91. Tarsicio de Azcona, *Isabel la Católica. Estudio crítico de su vida y su reinado*, Madri, Biblioteca de Autores Cristianos, 1993, p. 173 (citando Jaime Vicens Vives, *Historia crítica de la vida y reinado de Fernando II de Aragón*, Saragoça, Institución Fernando el Católico, 2007, p. 259).

4 Azcona, *Isabel la Católica*, p. 171. *Memorias de don Enrique IV de Castilla. Contiene la colección diplomática del mismo rey compuesta y ordenada por la Real Academia de la Historia*, org. Duque de Berwick y de Alba, Fortanet, Madri, 1913, p. 606. John Edwards, *Isabel la Católica. Poder y fama*, Madri, Marcial Pons, 2004, p. 22.

5 *Colección diplomática*, p. 607.

6 Ibid., p. 609.

7 Remedios Ruiz Benavent, *Palacio de don Gutierre de Cardenas en Ocaña*, Madri, Editorial Visión Libros, 2006, p. 25. *Colección diplomática*, p. 610. Palencia, *Crónica de Enrique IV*, Década 2, Livro 2, Cap. 3. Suárez, *Enrique IV*, p. 447. Felipe Fernández-Armesto, *Ferdinand and Isabella*, Nova York, Dorset Press, 1991, p. 41.

8 Palencia, *Crónica de Enrique IV*, Década 2, Livro 2, Caps. 3 e 5. Azcona, *Isabel la Católica*, p. 174 (citando Simancas, PR 11–45).

9 Palencia, *Crónica de Enrique IV*, Década 2, Livro 2, Cap. 5. Vicente Rodríguez Valencia e Luis Suárez Férnandez, *Matrimonio y derecho sucesorio de Isabel la Católica*, Valladolid, Facultad de Teología de Oña, 1960, pp. 50–1. Azcona, *Isabel la Católica*, pp. 176, 179, 181–3.

10 *Colección diplomática*, p. 636.

CAPÍTULO 8: PRINCESA REBELDE

1 *Memorias de don Enrique IV de Castilla. Contiene la colección diplomática del mismo rey compuesta y ordenada por la Real Academia de la Historia*, org. Duque de Berwick y de Alba, Madri, Fortanet, 1913, p. 635. Diego Clemencín, *Elogio a la reina Isabel la Católica e ilustraciones sobre varios asuntos de su reinado*, vol. 6, Madri, Memorias de la Real Academia de la Historia, 1821, p. 590. Diego de Valera, *Memorial de diversas hazañas, crónica de Enrique IV*, in *Crónicas de los Reyes de Castilla*, vol. 3, Madri, Rivadeneyra, 1878, p. 54.

2   Alonso de Palencia, *Crónica de Enrique IV*, org. A. Paz y Meliá, 4 vols., Madri, Revista de Archivos, 1904–8, Década 2, Livro 2, Cap. 5. Jaime Vicens Vives, *Historia crítica de la vida y reinado de Fernando II de Aragón*, Saragoça, Institución Fernando el Católico, 2007, pp. 263–4.
3   Tarsicio de Azcona, *Isabel la Católica. Estudio crítico de su vida y su reinado*, Madri, Biblioteca de Autores Cristianos, 1993, p. 188.
4   Jerónimo Zurita, *Anales de Aragón*, org. Ángel Canellas López et al., Saragoça, Institución Fernando el Católico, disponível em http://ifc.dpz.es/publicaciones/ver/id/2448, Livro 18, Cap. 26.
5   Fernando del Pulgar, *Claros varones de Castilla y Letras*, Madri, Jerónimo Ortega, 1789, título xx. Kayoko Takimoto, "De secretario a cronista real. Fernando del Pulgar, oficial real de la corona de Castilla del siglo XV", *Hiyoshi Review of the Humanities*, n. 23, 2008, pp. 351–77, disponível em http://koara.lib.keio.ac.jp/xoonips/modules/xoonips/detail.php?koara_id=AN10065043-20080531-0351. Ver também José Rodríguez Molina, "Poder político de los arzobispos de Toledo en el siglo XV", in Antonio Luis Cortés Peña, José Luis Betrán Moya e Eliseo Serrano (orgs.), *Religión y poder en la Edad Moderna*, Granada, Universidad de Granada, 2005.
6   Azcona, *Isabel la Católica*, p. 174.
7   Zurita, *Anales*, Livro 18, Caps. 27 e 30.
8   Antonio Paz y Meliá, *El cronista Alonso de Palencia. Su vida y sus obras. Sus décadas y las crónicas contemporáneas*, Madri, Hispanic Society of America, 1914, p. 108. Vicens Vives, *Fernando II*, p. 273.
9   Paz, *Cronista*, p. 101. Azcona, *Isabel la Católica*, p. 187.
10 Azcona, *Isabel la Católica*, p. 177.
11 Paz, *Cronista*, pp. 93–4. Zurita, Anales, Livro 18, Caps. 26 e 27. Azcona, *Isabel la Católica*, pp. 200–1.
12 Zurita, *Anales*, Livro 18, Cap. 30. Vicens Vives, *Fernando II*, pp. 272, 278. Luis Suárez Fernández, *Enrique IV de Castilla. La difamación como arma política*, Barcelona, Ariel, 2001, p. 469. Azcona, *Isabel la Católica*, pp. 188–90.
13 Zurita, *Anales*, Livro 18, Cap. 30.
14 Diego Enríquez del Castillo, *Crónica del rey don Enrique el Quarto de este nombre*, org. A. Sánchez Martín, Valladolid, Universidad de Valladolid, 1994, Cap. 144. Azcona, *Isabel la Católica*, p. 188.
15 Paz, *Cronista*, p. 108. Zurita, *Anales*, Livro 18, Cap. 31. Vicens Vives, *Fernando I*, p. 272. Azcona, *Isabel la Católica*, p. 191.
16 Palencia, *Crónica de Enrique IV*, Década 2, Livro 3, Cap. 2. *Colección diplomática*, p. 618. Paz, *Cronista*, pp. 108–10. Álvaro Fernández de Córdova Miralles, *La Corte de Isabel I. Ritos y ceremonias de una reina (1474–1504)*,

Madri, Dykinson, 2002, pp. 76, 150 (citando Gracia Dei, *Blasón General*, p. 18). Azcona, *Isabel la Católica*, pp. 190–1.

17 Palencia, *Crónica de Enrique IV*, Década 2, Livro 3, Cap. 3.

18 Zurita, *Anales*, Livro 18, Caps. 30 e 31. Palencia, *Crónica de Enrique IV*, Década 2, Livro 3, Caps. 2–4. Paz, *Cronista*, pp. 105–6. Ver também José-Luis Martín, *Enrique IV de Castilla. Rey de Navarra, Príncipe de Cataluña*, San Sebastián, Nerea, 2003.

19 Zurita, *Anales*, Livro 18, Cap. 31.

20 Ibid., Caps. 30 e 31. Azcona, *Isabel la Católica*, p. 193. Suárez, *Enrique IV*, p. 439.

21 *Colección diplomática*, p. 619.

22 Ibid. Vicens Vives, *Fernando II*, p. 281.

23 *Colección diplomática*, p. 619. Azcona, *Isabel la Católica*, p. 192. Vicens Vives, *Fernando II*, p. 283. Suárez, *Enrique IV*, p. 467.

24 Vicens Vives, *Fernando II*, pp. 288–9. Azcona, *Isabel la Católica*, p. 197.

25 Vicens Vives, *Fernando II*, pp. 289–90. Azcona, *Isabel la Católica*, p. 198. Suárez, *Enrique IV*, p. 472.

26 *Colección diplomática*, pp. 630, 638. Vicens Vives, *Fernando II*, p. 243.

27 *Colección diplomática*, pp. 630–6.

28 Ibid., pp. 633, 636.

29 Ibid., p. 639. Azcona, *Isabel la Católica*, p. 195n. Suárez, *Enrique IV*, p. 476.

CAPÍTULO 9: OS BÓRGIA

1 Alonso de Palencia, *Crónica de Enrique IV*, org. A. Paz y Meliá, 4 vols., Madri, Revista de Archivos, 1904–8, Década 2, Livro 5, Cap. 2. Jaime Vicens Vives, *Historia crítica de la vida y reinado de Fernando II de Aragón*, Saragoça, Institución Fernando el Católico, 2007, pp. 288–9.

2 Ludwig Pastor, *Historia de los Papas desde fines de la Edad Media*, Barcelona, Gustavo Gili, 1910, vol. 4, pp. 192–3. Christopher Hibbert, *The Borgias*, Londres, Constable, 2011, pp. 26, 40.

3 Pastor, *Papas*, pp. 192-5. Hibbert, *The Borgias*, p.29.

4 Palencia, *Crónica de Enrique IV*, Década 1, Livro 7, Caps. 2, 3, 4 e 8.

5 Ibid., Cap. 4. Vicens Vives, *Fernando II*, p. 311. Tarsicio de Azcona, *Isabel la Católica. Estudio crítico de su vida y su reinado*, Madri, Biblioteca de Autores Cristianos, 1993, pp. 203–4.

6 Azcona, *Isabel la Católica*, p. 206. Luis Suárez Fernández, *Enrique IV de Castilla. La difamación como arma política*, Barcelona, Ariel, 2001, p. 502.

7 *Memorias de don Enrique IV de Castilla. Contiene la colección diplomática del mismo rey compuesta y ordenada por la Real Academia de la Historia*, org. Duque de Berwick e de Alba, Madri, Fortanet, 1913, p. 635–6.

8   Diego Enríquez del Castillo, *Crónica del rey don Enrique el Quarto de este nombre*, org. A. Sánchez Martín, Valladolid, Universidad de Valladolid, 1994, Cap. 150. Azcona, *Isabel la Católica*, pp. 197, 198.
9   Palencia, *Crónica de Enrique IV*, Década 2, Livro 6, Cap. 2. Antonio Antelo Iglesias, "Alfonso de Palencia. Historiografía y humanismo en la Castilla del siglo XV", *Espacio, Tiempo y Forma*, vol. 3, 1990, pp. 21–40.
10 Palencia, *Crónica de Enrique IV*, Década 2, Livro 2, Cap. 9; Livro 6, Cap. 2.
11 Ibid., Livro 2, Cap. 9. Jerónimo Zurita, *Anales de Aragón*, org. Ángel Canellas López et al., Saragoça, Institución Fernando el Católico, disponível em http://ifc.dpz.es/publicaciones/ver/id/2448, Livro xviii, Cap. 39. Vicens Vives, *Fernando II*, p. 317.
12 Azcona, *Isabel la Católica*, pp. 198–200.
13 Ibid., p. 208.
14 Vicens Vives, *Fernando II*, pp. 311, 312 (citando Miralles, *Dietari*, 370), 319.
15 Zurita, *Anales*, Livro 18, Cap. 40. Vicens Vives, *Fernando II*, pp. 313–15, 318. Azcona, *Isabel la Católica*, pp. 206–8.
16 Suárez, *Enrique IV*, pp. 500–1.
17 Álvaro Fernández de Córdova Miralles, *La Corte de Isabel I. Ritos y ceremonias de una reina (1474–1504)*, Madri, Dykinson, 2002, p. 314.
18 Palencia, *Crónica de Enrique IV*, Década 2, Livro 7, Cap. 6. Vicens Vives, *Fernando II*, pp. 320–2. Suárez, *Enrique IV*, p. 501.
19 Paz, *Cronista*, p. 124. Vicens Vives, *Fernando II*, pp. 323–7.
20 Palencia, *Crónica de Enrique IV*, Década 2, Livro 7, Cap. 6.
21 Ibid. Ramón Gonzálvez Ruíz, "Las bulas de la catedral de Toledo y la imprenta incunable castellana", *Toletum: Boletín de la Real Academia de Bellas Artes y Ciencias Históricas de Toledo*, n. 18, 1985, pp. 66–9.
22 *Colección diplomática*, p. 689. Vicens Vives, *Fernando II*, pp. 333, 337, 566–9. Suárez, *Enrique IV*, p. 505.
23 Andreu Alfonsello, in Vicens Vives, *Fernando II*, p. 346. Vicens Vives, *Fernando II*, p. 341 e n.
24 Palencia, *Crónica de Enrique IV*, Década 2, Livro 6, Cap. 2; Livro 8, Cap. 5. Fernando del Pulgar, *Letras*, org. J. Domínguez Bordona, Madri, Espasa-Calpe, 1958, pp. 127–34. Diego Clemencín, *Elogio a la reina Isabel la Católica e ilustraciones sobre varios asuntos de su reinado*, vol. 6, Madri, Memorias de la Real Academia de la Historia, 1821, pp. 124–35.
25 Palencia, *Crónica de Enrique IV*, Década 2, Livro 8, Cap. 5.
26 Ibid.
27 Vicens Vives, *Fernando II*, pp. 346, 358–9. Theresa Earenfight, *Queenship and Political Power*, pp. 47-9.

28 Castillo, *Crónica*, Caps. 161 e 163. *Colección diplomática*, p. 693. Suárez, *Enrique IV*, pp. 508, 518, 501. Vicens Vives, *Fernando II*, pp. 346, 359–62. Azcona, *Isabel la Católica*, pp. 219, 224.

29 *Colección diplomática*, pp. 693–7. Vicens Vives, *Fernando II*, pp. 362–4. Azcona, *Isabel la Católica*, p. 221.

30 Suárez, *Enrique IV*, pp. 511, 517, 519. Azcona, *Isabel la Católica*, pp. 223–4.

31 Paz, *Cronista*, pp. 156–7. Azcona, *Isabel la Católica*, p. 225.

32 Castillo, *Crónica*, Cap. 164. Azcona, *Isabel la Católica*, pp. 226 (citando Astato Milano, *Sforzesco Carteggio*, p. 656), 227.

33 Paz, *Cronista*, pp. 170–1. Castillo, *Crónica*, Cap. 166. Vicens Vives, *Fernando II*, pp. 336, 341–2, 389. Azcona, *Isabel la Católica*, pp. 234.

34 Palencia, *Crónica de Enrique IV*, Década 2, Livro 10, Cap. 2.

35 Suárez, *Enrique IV*, p. 527.

36 Palencia, *Crónica de Enrique IV*, Década 3, Livro 1, Cap. 1. Paz, *Cronista*, p. 171. Suárez, *Enrique IV*, pp. 527–8. Azcona, *Isabel la Católica*, p. 236.

CAPÍTULO 10: RAINHA

1 Alonso de Palencia, *Crónica de Enrique IV*, org. A. Paz y Meliá, 4 vols., Madri, Revista de Archivos, 1904–8, Década 2, Livro 10, Cap. 10. Juan Torres Fontes, *Don Pedro Fajardo, adelantado mayor del reino de Murcia*, Madri, Consejo Superior de Investigaciones Científicas, 1953, pp. 237–8. Tarsicio de Azcona, *Isabel la Católica. Estudio crítico de su vida y su reinado*, Madri, Biblioteca de Autores Cristianos, 1993, p. 243n.

2 Palencia, *Crónica de Enrique IV*, Década 2, Livro 10, Cap. 10.

3 Ibid. Azcona, *Isabel la Católica*, p. 244 (citando *Acta de Proclamación* e Grau, "Así fue coronada Isabel la Católica", pp. 20–39 e Peñalosa, "Conmemoración del IV centenario de los Reyes Católicos pp. 333–51).

4 Palencia, *Crónica de Enrique IV*, Década 2, Livro 10, Cap. 10. Azcona, *Isabel la Católica*, p. 244.

5 Jaime Vicens Vives, *Historia crítica de la vida y reinado de Fernando II de Aragón*, Saragoça, Institución Fernando el Católico, 2007, pp. 391–2.

6 Azcona, *Isabel la Católica*, pp. 241–2.

7 Ibid.

8 Azcona, *Isabel la Católica*, p. 244n (citando Peñalosa, "Conmemoración del IV centenario de los Reyes Católicos"). Palencia, *Crónica de Enrique IV*, Década 2, Livro 10, Cap. 10.

9 Palencia, *Crónica de Enrique IV*, Década 2, Livro 10, Cap. 10. Vicens Vives, *Fernando II*, pp. 388–90, 394.

CAPÍTULO 11: E REI!
1. Alonso de Palencia, *Crónica de Enrique IV*, org. A. Paz y Meliá, 4 vols., Madri, Revista de Archivos, 1904–8, Década 3, Livro 1, Cap. 1.
2. Ibid.
3. Ibid., Prólogo e Cap. 1. Fernando del Pulgar, *Crónica de los Señores Reyes Católicos Don Fernando y Doña Isabel de Castilla y de Aragón*, in *Crónicas de los Reyes de Castilla*, vol. 3, org. Cayetano Rosell, Madri, Rivadeneyra, 1878, Parte II, Cap. 2, p. 255. Jerónimo Zurita, *Anales de Aragón*, org. Ángel Canellas López et al., Saragoça, Institución Fernando el Católico, disponível em http://ifc.dpz.es/publicaciones/ver/id/2448, Livro 19, Cap. 16.
4. *Memorias de don Enrique IV de Castilla. Contiene la colección diplomática del mismo rey compuesta y ordenada por la Real Academia de la Historia*, org. Duque de Berwick e de Alba, Madri, Fortanet, 1913, p. 705. Palencia, *Crónica de Enrique IV*, Década 3, Livro 1, Cap. 1. Jaime Vicens Vives, *Historia crítica de la vida y reinado de Fernando II de Aragón*, Saragoça, Institución Fernando el Católico, 2007, pp. 396, 397 (citando BAH, Col. Salazar, a-7, 160).
5. Palencia, *Crónica de Enrique IV*, Década 3, Livro 1, Cap. 1.
6. Blas Sánchez Dueñas, "Una particular visión de la mujer en el siglo XV: *Jardín de Nobles Doncellas*, de Fray Martín de Córdoba", *Boletín de la Real Academia de Córdoba*, n. 141, 2001, p. 298.
7. Palencia, *Crónica de Enrique IV*, Década 3, Livro 1, Cap. 2.
8. *Colección diplomática*, p. 706. Palencia, *Crónica de Enrique IV*, Década 3, Livro 1, Caps. 2–4. Diego de Colmenares, *Historia de la insigne ciudad de Segovia y compendio de las historias de Castilla*, Segóvia, 1984, vol. 2, pp. 380–1.
9. Vicens Vives, *Fernando II*, p. 396n. Tarsicio de Azcona, *Isabel la Católica. Estudio crítico de su vida y su reinado*, Madri, Biblioteca de Autores Cristianos, 1993, p. 246n.
10. Colmenares, *Historia de Segovia*, vol. 2, Cap. 35, p. 382. Vicens Vives, *Fernando II*, pp. 397–8 (citando Anon, *Crónica incompleta de los Reyes Católicos*, org. Julio Puyol, Madri, 1934, p. 133). Azcona, *Isabel la Católica*, p. 247
11. Azcona, *Isabel la Católica*, pp. 246–7.
12. Pulgar, *Crónica*, Parte 2, Cap. 2. Diego Dormer, *Discursos varios*, Saragoça, Herederos de Diego Dormer, 1683, pp. 295–302. Palencia, *Crónica de Enrique IV*, Década 3, Livro 1, Caps. 4–5. Vicens Vives, *Fernando II*, pp. 401–2. Luis Suárez Fernández, *La conquista del trono*, Madri, Rialp, 1989, p. 232.
13. Pulgar, *Crónica*, Parte 2, Cap. 2. Vicens Vives, *Fernando II*, pp. 399, 407.
14. Vicens Vives, *Fernando II*, pp. 405–6.

NOTAS

CAPÍTULO 12: NUVENS DE GUERRA
1. Alonso de Palencia, *Crónica de Enrique IV*, org. A. Paz y Meliá, 4 vols., Madri, Revista de Archivos, 1904–8, Década 3, Livro 1, Cap. 4.
2. Joseph Pérez (org.), *La inquisición española. Nuevas visiones, nuevos horizontes*, Madri, Siglo XXI, 1980, pp. 36–8. Perry Anderson, *Lineages of the Absolutist State*, Nova York e Londres, Verso, 2013, p. 63. Jaime Vicens Vives, *Historia crítica de la vida y reinado de Fernando II de Aragón*, Saragoça, Institución Fernando el Católico, 2007, pp. 389, 407. Tarsicio de Azcona, *Isabel la Católica. Estudio crítico de su vida y su reinado*, Madri, Biblioteca de Autores Cristianos, 1993, p. 268.
3. Palencia, *Crónica de Enrique IV*, Década 3, Livro 1, Cap. 4. Vicens Vives, *Fernando II*, pp. 408–9.
4. Jerónimo Zurita, *Anales de Aragón*, org. Ángel Canellas López et al., Saragoça, Institución Fernando el Católico, disponível em http://ifc.dpz.es/publicaciones/ver/id/2448, Livro 19, Cap. 22. Vicens Vives, *Fernando II*, p. 406.
5. Fernando del Pulgar, *Letras*, org. J. Domínguez Bordona, Madri, Espasa-Calpe, 1958, n. 7, p. 181. Antonio Paz y Meliá, *El cronista Alonso de Palencia. Su vida y sus obras. Sus décadas y las crónicas contemporáneas*, Madri, Hispanic Society of America, 1914, p. 176. Azcona, *Isabel la Católica*, p. 271. Vicens Vives, *Fernando II*, pp. 346 (citando F. Fita, *Los Reys d'Aragó y la Seu de Girona des de l'any 1462 fins al 1482. Col·lecció d'actes capitulars*, Barcelona, 1873, 1, 51), 406–8.
6. *Memorias de don Enrique IV de Castilla. Contiene la colección diplomática del mismo rey compuesta y ordenada por la Real Academia de la Historia*, org. Duque de Berwick y de Alba, Madri, Fortanet, 1913, pp. 709–10. Azcona, *Isabel la Católica*, p. 265.
7. Zurita, *Anales*, Livro 19, Cap. 18. Vicens Vives, *Fernando II*, pp. 409–12.
8. Zurita, *Anales*, Livro 19, Caps. 22 e 24. Fernando del Pulgar, *Crónica de los Señores Reyes Católicos Don Fernando y Doña Isabel de Castilla y de Aragón*, in *Crónicas de los Reyes de Castilla*, vol. 3, org. Cayetano Rosell, Madri, Rivadeneyra, 1878, Parte 2, Cap. 5. Vicens Vives, *Fernando II*, pp. 408–9, 413. Azcona, *Isabel la Católica*, pp. 259, 265.
9. Zurita, *Anales*, Livro 19, Cap. 18.
10. Palencia, *Crónica de Enrique IV*, Década 3, Livro 2, Cap. 5. Pulgar, *Letras*, n. 7, p. 183. Pulgar, *Crónica*, Parte 2, Cap. 14. Zurita, *Anales*, Livro 19, Caps. 18–19. Vicens Vives, *Fernando II*, p. 409.

CAPÍTULO 13: SOB ATAQUE
1. Anon, *Cronicón de Valladolid*, Valladolid, Princiano, 1984, pp. 92–4. Anon, *Crónica incompleta de los Reyes Católicos*, org. Julio Puyol, Madri, 1934, pp.

165–9. Carmen Parrilla, "Un cronista olvidado. Juan de Flores, autor de la Crónica incompleta de los Reyes Católicos", in Alan Deyermond e Ian Macpherson (orgs.), *The Age of the Catholic Monarchs, 1474–1516*, número especial do *Bulletin of Hispanic Studies*, Liverpool, Liverpool University Press, 1989, pp. 123–33.

2   Fernando del Pulgar, *Crónica de los Señores Reyes Católicos Don Fernando y Doña Isabel de Castilla y de Aragón*, in *Crónicas de los Reyes de Castilla*, vol. 3, org. Cayetano Rosell, Madri, Rivadeneyra, 1878, Parte 2, Cap. 24. Pedro Flor, "Un retrato desconocido de Isabel la Católica", *Archivo Español de Arte*, vol. 86, n. 341, jan. – mar. 2012, pp. 1–14. Navagero em Jorge de Einghen et al., *Viajes por España de Jorge de Einghen, del Barón Leon de Rosmithal de Blatine, de Francisco Guicciardini y de Andrés Navajero; traducido, anotados y con un introducción por Antonio María Fabié*, Madri, Librería de los Bibliófilos, 1889, p. 322.

3   Pulgar, *Crónica*, Parte 2, Cap. 24.

4   Ramón Gonzálvez Ruíz, "Las bulas de la catedral de Toledo y la imprenta incunable castellana", *Toletum: Boletín de la Real Academia de Bellas Artes y Ciencias Históricas de Toledo*, n. 18, 1985, pp. 100–5. Alonso Fernández de Madrid, *Fray Hernando de Talavera*, Granada, Archivium, 1992, p. 112.

5   John Edwards, *Ferdinand and Isabella - Profiles in Power*, Harlow, Pearson Longman, 2005, pp. 103–4.

6   Ver Cécile Codet, "Hablar de la mujer o hablar a la mujer en tiempos de los Reyes Católicos. Visiones contrastadas en tres tratados de Hernando de Talavera", *La Clé des Langues*, n. 2, 2010–11, pp. 1–18.

7   Alonso de Palencia, *Crónica de Enrique IV*, org. A. Paz y Meliá, 4 vols., Madri, Revista de Archivos, 1904–8, Década 3, Livro 2, Cap. 3. Tarsicio de Azcona, *Isabel la Católica. Estudio crítico de su vida y su reinado*, Madri, Biblioteca de Autores Cristianos, 1993, pp. 260–2.

8   Pulgar, *Crónica*, Parte 2, Caps. 3 e 24. Vicente Rodríguez Valencia, *Isabel la Católica en la opinión de españoles y extranjeros. Siglos XV al XX*, vol. 1: *Siglos XV al XVI*, Valladolid, Instituto "Isabel la Católica" de Historia Eclesiástica, 1970, p. 20. Giles Tremlett, *Catherine of Aragon*, Londres, Faber & Faber, 2010, p. 60.

9   Gonzalo Fernández de Oviedo, *Libro de la Cámara Real del Príncipe don Juan e offiçios de su casa e seruiçio ordinario*, p. 178. Álvaro Fernández de Córdova Miralles, *La Corte de Isabel I. Ritos y ceremonias de una reina (1474–1504)*, Madri, Dykinson, 2002, pp. 139–42.

10 Antonio de la Torre y del Cerro, *Cuentas de Gonzalo de Baeza, tesorero de Isabel la Católica*, 2 vols., Madri, Consejo Superior de Investigaciones Científicas, 1956, vol. 2, pp. 50–2. Oviedo, *Cámara*, pp. 126, 129. Bethany Aram, *Juana the Mad: Sovereignty and Dynasty in Renaissance Europe*, Baltimore, Johns

Hopkins University Press, 2005, p. 26. Córdova, *La Corte*, pp. 140, 411. Azcona, *Isabel la Católica*, p. 269.

11   *Crónica incompleta*, pp. 166, 168. *Cronicón de Valladolid*, pp. 92–4. Peggy K. Liss, *Isabel the Queen: Life and Times*, Filadélfia, University of Pennsylvania Press, 2004, p. 107. Ver também Georgina Olivetto, "Un testimonio de la crónica de Enrique IV atribuida por Nicolás Antonio a Fernando del Pulgar", *Cuadernos de Historia de España*, vol. 82, 2008, pp. 55–98.

12   Palencia, *Crónica de Enrique IV*, Década 3, Livro 2, Caps. 2 e 8.

13   Ibid., Cap. 3. *Crónica incompleta*, p. 168. *Cronicón de Valladolid*, pp. 92–4. Navagero in Einghen, *Viajes*, p. 322. Córdova, *La Corte*, p. 333.

14   *Crónica incompleta*, p. 166.

15   Ibid. *Cronicón de Valladolid*, pp. 92–4. R. O. Jones, "Isabel la Católica y el amor cortés", *Revista de literatura*, vol. 21, n. 41–2, 1962, pp. 55–64.

16   Palencia, *Crónica de Enrique IV*, Década 3, Livro 2, Cap. 1. Pulgar, *Crónica*, Parte 2, Caps. 9–10. Jaime Vicens Vives, *Historia crítica de la vida y reinado de Fernando II de Aragón*, Saragoça, Institución Fernando el Católico, 2007, pp. 414–16.

17   Antonio Paz y Meliá, *El cronista Alonso de Palencia. Su vida y sus obras. Sus décadas y las crónicas contemporáneas*, Madri, Hispanic Society of America, 1914, doc. 82. Jerónimo Zurita, *Anales de Aragón*, org. Ángel Canellas López et al., Saragoça, Institución Fernando el Católico, disponível em http://ifc.dpz.es/publicaciones/ver/id/2448, Livro 19, Cap. 24. Azcona, *Isabel la Católica*, p. 272. Vicens Vives, *Fernando II*, p. 415.

18   Zurita, *Anales*, Livro 19, Cap. 24. Pulgar, *Crónica*, Parte 2, Cap. 13.

19   Pulgar, *Crónica*, Parte 2, Caps. 10, 13 e 15. Palencia, *Crónica de Enrique IV*, Década 3, Livro 2, Cap. 4. Azcona, *Isabel la Católica*, pp. 272–4.

20   *Crónica incompleta*, p. 210n. Diego Dormer, *Discursos varios*, Saragoça, Herederos de Diego Dormer, 1683, pp. 302–5. Azcona, *Isabel la Católica*, pp. 251, 274. Vicens Vives, *Fernando II*, p. 418. Liss, *Isabel*, pp. 204–5.

21   Azcona, *Isabel la Católica*, p. 266.

22   Tarsicio de Azcona, "El Príncipe don Juan, heredero de los Reyes Católicos, en el V centenario de su nacimiento (1478–1497)", *Cuadernos de Investigación Histórica*, n. 7, 1983, p. 240.

23   Palencia, *Crónica de Enrique IV*, Década 3, Livro 2, Cap. 7. Fernando Villaseñor Sebastián, *La corte literaria de Juan de Zúñiga y Pimentel (Plasencia, 1459-1504 Guadalupe)*. Anales de Historia del Arte 2013, vol. 23, n. especial (II), pp. 581-594. Azcona, *Isabel la Católica*, pp. 267, 273.

24   Zurita, *Anales*, Livro 19, Cap. 27. Azcona, *Isabel la Católica*, pp. 267–9.

25   Paz, *Cronista*, p. 181. Palencia, *Crónica de Enrique IV*, Década 3, Livro 2, Caps. 3 e 10. Vicens Vives, *Fernando II*, pp. 411, 415.

26 Vicens Vives, *Fernando II*, pp. 418–19.
27 Ibid., pp. 419–21. El Duque de Berwick y de Alba, *Noticias históricas y genealógicas de los Estados de Montijo y Teba, según los documentos se sus archivos*, Madri, Imprenta Alemana, 1915, pp. 232–4. Azcona, *Isabel la Católica*, pp. 276–7.
28 Azcona, "El Príncipe don Juan", p. 241. Vicens Vives, *Fernando II*, p. 422.
29 *Crónica incompleta*, p. 211. Vicens Vives, *Fernando II*, p. 422.

CAPÍTULO 14: EMBORA EU SEJA APENAS UMA MULHER

1 Juan Torres Fontes, *Don Pedro Fajardo, adelantado mayor del reino de Murcia*, Madri, Consejo Superior de Investigaciones Científicas, 1953, pp. 132, 267. Jaime Vicens Vives, *Historia crítica de la vida y reinado de Fernando II de Aragón*, Saragoça, Institución Fernando el Católico, 2007, p. 418. Tarsicio de Azcona, *Isabel la Católica. Estudio crítico de su vida y su reinado*, Madri, Biblioteca de Autores Cristianos, 1993, pp. 273–4.
2 Anon, *Crónica incompleta de los Reyes Católicos*, org. Julio Puyol, Madri, 1934, p. 208.
3 Ibid., pp. 208–22. Vicens Vives, *Fernando II*, pp. 418, 423. Fernando del Pulgar, *Crónica de los Señores Reyes Católicos Don Fernando y Doña Isabel de Castilla y de Aragón*, in *Crónicas de los Reyes de Castilla*, vol. 3, org. Cayetano Rosell, Madri, Rivadeneyra, 1878, Parte 2, Caps. 23 e 30. Azcona, *Isabel la Católica*, p. 275.
4 *Crónica incompleta*, pp. 212, 220, 223–4, 226. Pulgar, *Crónica*, Parte 2, Cap. 21.
5 *Crónica incompleta*, pp. 225, 227.
6 Alonso de Palencia, *Crónica de Enrique IV*, org. A. Paz y Meliá, 4 vols., Madri, Revista de Archivos, 1904–8, Década 3, Livro 2, Caps. 3, 5, 6 e 10. *Crónica incompleta*, pp. 222–3, 232–7. Vicens Vives, *Fernando II*, pp. 417, 425.
7 *Crónica incompleta*, pp. 238–40.
8 Ibid., pp. 239–40.
9 Ibid., pp. 239-42. Peggy K. Liss, *Isabel the Queen: Life and Times*, Filadélfia, University of Pennsylvania Press, 2004, pp. 203, 297.
10 *Crónica incompleta*, pp. 243–4.
11 Ibid., p. 473. Vicens Vives, *Fernando II*, p. 426.

CAPÍTULO 15: MOMENTO DECISIVO

1 Tarsicio de Azcona, *Isabel la Católica. Estudio crítico de su vida y su reinado*, Madri, Biblioteca de Autores Cristianos, 1993, p. 281. Jaime Vicens Vives, *Historia crítica de la vida y reinado de Fernando II de Aragón*, Saragoça, Institución Fernando el Católico, 2007, p. 435.

2 Navagero, in Jorge de Einghen et al., *Viajes por España de Jorge de Einghen, del Barón Leon de Rosmithal de Blatine, de Francisco Guicciardini y de Andrés Navajero; traducido, anotados y con un introducción por Antonio María Fabié*, Madri, Librería de los Bibliófilos, 1889, p. 331.
3 Fernando del Pulgar, *Crónica de los Señores Reyes Católicos Don Fernando y Doña Isabel de Castilla y de Aragón*, in *Crónicas de los Reyes de Castilla*, vol. 3, org. Cayetano Rosell, Madri, Rivadeneyra, 1878, Parte 2, Caps. 25 e 30. Vicens Vives, *Fernando II*, pp. 429–32. Azcona, *Isabel la Católica*, p. 278.
4 Vicens Vives, *Fernando II*, p. 432. Pulgar, *Crónica*, Parte 2, Caps. 30–1. Azcona, *Isabel la Católica*, p. 279.
5 Pulgar, *Crónica*, Parte 2, Caps. 22 e 33. Vicens Vives, *Fernando II*, pp. 427–8.
6 Pulgar, *Crónica*, Parte 2, Cap. 28.
7 Ibid., Cap. 34. Vicens Vives, *Fernando II*, p. 433.
8 Pulgar, *Crónica*, Parte 2, Cap. 30. Azcona, *Isabel la Católica*, p. 281. Vicens Vives, *Fernando II*, p. 434.
9 Vicens Vives, *Fernando II*, p. 427.
10 Antonio Paz y Meliá, *El cronista Alonso de Palencia. Su vida y sus obras. Sus décadas y las crónicas contemporáneas*, Madri, Hispanic Society of America, 1914, p. 208.
11 Pulgar, *Crónica*, Parte 2, Cap. 36.
12 Ibid. Azcona, *Isabel la Católica*, p. 282.
13 Pulgar, *Crónica*, Parte 2, Cap. 26. Azcona, *Isabel la Católica*, p. 283.
14 *Memorias de don Enrique IV de Castilla. Contiene la colección diplomática del mismo rey compuesta y ordenada por la Real Academia de la Historia*, org. Duque de Berwick y de Alba, Madri, Fortanet, 1913, p. 713. Alonso de Palencia, *Crónica de Enrique IV*, org. A. Paz y Meliá, 4 vols., Madri, Revista de Archivos, 1904–8, Década 3, Livro 25, Caps. 8–9. Pulgar, *Crónica*, Parte 2, Cap. 65. Vicens Vives, *Fernando II*, p. 438–41.
15 *Colección diplomática*, p. 714. Palencia, *Crónica de Enrique IV*, Década 3, Livro 25, Caps. 8–9. Pulgar, *Crónica*, Parte 2, Cap. 65.
16 Azcona, *Isabel la Católica*, pp. 284–5. Vicens Vives, Fernando II, p. 441.
17 Pulgar, *Crónica*, Parte 2, Cap. 37. Vicens Vives, *Fernando II*, pp. 452–4. Modesto Sarasola, *Vizcaya y los Reyes Católicos*, Madri, Consejo Superior de Investigaciones Científicas, Patronato Marcelino Menéndez Pelayo, 1950, p. 106.

CAPÍTULO 16: AVILTANDO OS GRANDES DA NOBREZA

1 Antonio Paz y Meliá, *El cronista Alonso de Palencia. Su vida y sus obras. Sus décadas y las crónicas contemporáneas*, Madri, Hispanic Society of America, 1914, pp. 220, 227–9. Fernando del Pulgar, *Crónica de los Señores Reyes Católicos*

Don Fernando y Doña Isabel de Castilla y de Aragón, in Crónicas de los Reyes de Castilla, vol. 3, org. Cayetano Rosell, Madri, Rivadeneyra, 1878, Parte 2, Cap. 20. Tarsicio de Azcona, Isabel la Católica. Estudio crítico de su vida y su reinado, Madri, Biblioteca de Autores Cristianos, 1993, pp. 305–6. Jaime Vicens Vives, Historia crítica de la vida y reinado de Fernando II de Aragón, Saragoça, Institución Fernando el Católico, 2007, p. 446.

2   Pulgar, Crónica, Parte 2, Caps. 56 e 58. Alonso de Palencia, Crónica de Enrique IV, org. A. Paz y Meliá, 4 vols., Madri, Revista de Archivos, 1904–8, Década 3, Livro 26, Caps. 2 e 10.

3   Pulgar, Crónica, Parte 2, Cap. 58. Azcona, Isabel la Católica, pp. 304–5.

4   Guicciardini, in Jorge de Einghen et al., Viajes por España de Jorge de Einghen, del Barón Leon de Rosmithal de Blatine, de Francisco Guicciardini y de Andrés Navajero; traducido, anotados y con un introducción por Antonio María Fabié, Madri, Librería de los Bibliófilos, 1889, p. 201.

5   Jerónimo Zurita, Anales de Aragón, org. Ángel Canellas López et al., Saragoça, Institución Fernando el Católico, disponível em http://ifc.dpz.es/publicaciones/ver/id/2448, Livro 19, Cap. 54. Juan Torres Fontes, Don Pedro Fajardo, adelantado mayor del reino de Murcia, Madri, Consejo Superior de Investigaciones Científicas, 1953, doc. 41, p. 280. Azcona, Isabel la Católica, pp. 306–7.

6   Antonio de la Torre y del Cerro e Luis Suárez Fernández (orgs.), Documentos referentes a las relaciones con Portugal durante el reinado de los Reyes Católicos, Valladolid, Consejo Superior de Investigaciones Científicas, 1960–3, vol. 1, doc. 34, p. 100. Torres Fontes, Don Pedro Fajardo, p. 286. Azcona, Isabel la Católica, pp. 307, 319 (citando Gual, La Forja, pp. 263–8).

7   Zurita, Anales, Livro 19, Cap. 54. Azcona, Isabel la Católica, p. 307.

8   Zurita, Anales, Livro 19, Caps. 58–9. Azcona, Isabel la Católica, pp. 307–8, 317.

9   Palencia, Crónica de Enrique IV, Década 3, Livro 27, Cap. 9. Pulgar, Crónica, Parte 2, Cap. 63, pp. 315–18.

10 Zurita, Anales, Livro 19, Cap. 48; Livro 20, Cap. 1. Azcona, Isabel la Católica, pp. 315–17.

11 Bachiller Palma, Divina retribución sobre la caída de España en tiempo del noble rey Don Juan el Primero, Madri, Bibliófilos Españoles, 1879, p. 62. Azcona, Isabel la Católica, pp. 317–18. Simon Barton, A History of Spain, Londres, Palgrave Macmillan, 2009, p. 17. Hieronymus Münzer, Viaje por España y Portugal (1494– 1495), Madri, Polifemo, 1991, pp. 247–9, 259. Miguel Ángel Ladero Quesada, La España de los Reyes Católicos, Madri, Alianza, 2014, p. 25. Miguel Sobrino, Catedrales. Las biografías desconocidas de los Grandes Templos de España, Madri, La Esfera de los Libros, 2009, p. 865.

12 Palma, Divina retribución, p. 63.

NOTAS

13 Ibid., pp. 63–5. Münzer, *Viaje*, p. 247.
14 Ana Isabel Carrasco Manchado, "Discurso político propaganda en la corte de los Reyes Católicos (1474– 1482)", tese de doutorado, Universidad Complutense de Madrid, 2000, disponível em http://eprints.ucm.es/2525/, pp. 398, 949, 962–5, 1015. Richard L. Kagan, *Clio and the Crown: The Politics of History in Medieval and Early Modern Spain*, Baltimore, Johns Hopkins University Press, 2009 (ed. Kindle), loc. 1054.
15 Kagan, *Clio*, locs. 928, 1129.
16 Ibid., locs. 312, 1045, 1089, 1116, 1185.
17 Ibid., loc. 1142. Pulgar, *Crónica*, Parte 2, Cap. 61. David A. Boruchoff, "Historiography with License: Isabel, the Catholic Monarch and the Kingdom of God", in David A. Boruchoff (org.), *Isabel la Católica, Queen of Castile: Critical Essays*, Nova York e Basingstoke, Palgrave Macmillan, 2003, p. 259.
18 Eloy Benito Ruano, *Toledo en el siglo XV. Vida política*, Madri, Consejo Superior de Investigaciones Científicas, Escuela de Estudios Medievales, 1961, pp. 153–5, 293. Azcona, *Isabel la Católica*, p. 318. Ladero Quesada, *España*, p. 25.
19 Zurita, *Anales*, Livro 19, Cap. 54. Pulgar, *Crónica*, Parte 2, Cap. 65. Palencia, *Crónica de Enrique IV*, Década 3, Livro 7, Cap. 27. Azcona, *Isabel la Católica*, p. 321. Ladero Quesada, *España*, p. 20.
20 Palencia, *Crónica de Enrique IV*, Década 3, Livro 27, Cap. 7. Azcona, *Isabel la Católica*, pp. 320–1. Vicens Vives, *Fernando II*, p. 485. Ladero Quesada, *España*, p. 25.

CAPÍTULO 17: JUSTIÇA IMPLACÁVEL

1 Fernando del Pulgar, *Crónica de los Señores Reyes Católicos Don Fernando y Doña Isabel de Castilla y de Aragón*, in *Crónicas de los Reyes de Castilla*, vol. 3, org. Cayetano Rosell, Madri, Rivadeneyra, 1878, Parte 2, Cap. 70.
2 Ibid.
3 Marvin Lunenfeld, *The Council of Santa Hermandad: A Study of the Pacification Forces of Ferdinand and Isabela*, Coral Gables, Flórida, University of Miami Press, 1970, pp. 29, 31, 35, 38–9. Tarsicio de Azcona, *Isabel la Católica. Estudio crítico de su vida y su reinado*, Madri, Biblioteca de Autores Cristianos, 1993, pp. 304–5. Peggy K. Liss, *Isabel the Queen: Life and Times*, Filadélfia, University of Pennsylvania Press, 2004, p. 141. Popplau in Javier Liske, *Viajes de extranjeros por España y Portugal en los siglos XV, XVI y XVII*, Madri, Medina, 1878.
4 Alonso de Palencia, *Crónica de Enrique IV*, org. A. Paz y Meliá, 4 vols., Madri, Revista de Archivos, 1904–8, Década 3, Livro 28, Cap. 6. Lunenfeld, *Hermandad*, pp. 10, 36, 38. Miguel Ángel Ladero Quesada, *La Hermandad*

de Castilla. Cuentas y memoriales, 1480–1498, Madri, Real Academia de la Historia, 2005, p. 20.

5   Diego Ortiz de Zúñiga, *Anales eclesiásticos y seculares de la muy noble y muy leal ciudad de Sevilla*, vol. 3, Madri, Imprenta Real, 1796, p. 86.

6   Lalaing, in Emilo García Rodríguez, "Toledo y sus visitantes extranjeros hasta 1561", *Toletum: Boletín de la Real Academia de Bellas Artes y Ciencias Históricas de Toledo*, n. 1, 1955, p. 21. Lunenfeld, *Hermandad*, pp. 34, 39, 99.

7   Hieronymus Münzer, *Viaje por España y Portugal (1494–1495)*, Madri, Polifemo, 1991, pp. 83, 279.

8   Fidel Fita, *Historia hebrea. Documentos y monumentos*, Boletín de la Real Academia de la Historia, tomo 16, Madri, 1890, pp. 432–56. Pulgar, *Crónica*, Parte 2, p. 70. Jaime Vicens Vives, *Historia crítica de la vida y reinado de Fernando II de Aragón*, Saragoça, Institución Fernando el Católico, 2007, p. 486. Münzer, *Viaje*, p. 155. Lunenfeld, *Hermandad*, p. 38. Miguel Sobrino, *Catedrales. Las biografías desconocidas de los Grandes Templos de España*, Madri, La Esfera de los Libros, 2009, p. 607.

9   Palencia, *Crónica de Enrique IV*, Década 3, Livro 29, Cap. 8. Navagero, in Jorge de Einghen et al., *Viajes por España de Jorge de Einghen, del Barón Leon de Rosmithal de Blatine, de Francisco Guicciardini y de Andrés Navajero; traducido, anotados y con un introducción por Antonio María Fabié*, Madri, Librería de los Bibliófilos, 1889, p. 265.

10 Münzer, *Viaje*, pp. 155, 157.

11 Palencia, *Crónica de Enrique IV*, Década 3, Livro 29, Cap. 7. Antonio Antelo Iglesias, "Alfonso de Palencia. Historiografía y humanismo en la Castilla del siglo XV", *Espacio, Tiempo y Forma*, vol. 3, 1990, p. 25.

12 Münzer, *Viaje*, p. 157.

13 Palencia, *Crónica de Enrique IV*, Década 3, Livro 29, Cap. 9. Pulgar, *Crónica*, Parte 2, Cap. 70.

14 Pulgar, *Crónica*, Parte 2, Cap. 24.

15 Palencia, *Crónica de Enrique IV*, Década 3, Livro 29, Cap. 9. Marineo Sículo em Einghen, *Viajes*, p. 547.

16 Palencia, *Crónica de Enrique IV*, Década 3, Livro 29, Cap. 9. Azcona, *Isabel la Católica*, pp. 322–3. Vicens Vives, *Fernando II*, pp. 486, 489.

17 Palencia, *Crónica de Enrique IV*, Década 3, Livro 29, Caps. 9 e 30. Vicens Vives, *Fernando II*, p. 488.

18 Palencia, *Crónica de Enrique IV*, Década 3, Livro 30, Caps. 3–4. Vicens Vives, *Fernando II*, p. 490. Lunenfeld, *Hermandad*, p. 39.

19 Alonso de Palencia, *Cuarta década de Alonso de Palencia*, org. J. López de Toro, Madri, Real Academia de la Historia, 1974, vol. 2, Década 4, Livro 32, Cap. 3. Azcona, *Isabel la Católica*, p. 332. Vicens Vives, *Fernando II*, p.

490. Miguel Ángel Ladero Quesada, *La España de los Reyes Católicos*, Madri, Alianza, 2014, p. 25. Luis Suárez Fernández, *Enrique IV de Castilla. La difamación como arma política*, Barcelona, Ariel, 2001, p. 510.

20 Palencia, *Cuarta década*, Década 4, Livro 32, Cap. 6. Azcona, *Isabel la Católica*, p. 323.

21 R. O. Jones, "Isabel la Católica y el amor cortés", *Revista de literatura*, vol. 21, n. 41–2, 1962, pp. 55–64.

22 Palencia, *Cuarta década*, Década 4, Livro 32, Cap. 1. Fita, *Historia hebrea*, pp. 432–56. Luis Suárez Fernández, *Documentos acerca de la expulsión de los judíos*, Valladolid, Aldecoa, 1964, p. 14. Antonio de la Torre, "Un médico de los Reyes Católicos", *Hispania*, n. 14, 1944, pp. 69–72. Azcona, *Isabel la Católica*, p. 329.

CAPÍTULO 18: *ADIÓS* BELTRANEJA

1 Andrés Bernáldez, *Historia de los Reyes Católicos don Fernando y doña Isabel*, in *Crónicas de los Reyes de Castilla*, org. Cayetano Rosell, vol. 70, Madri, Biblioteca de Autores Españoles, 1878, Cap. 32. Tarsicio de Azcona, *Isabel la Católica. Estudio crítico de su vida y su reinado*, Madri, Biblioteca de Autores Cristianos, 1993, p. 329. Álvaro Fernández de Córdova Miralles, *La Corte de Isabel I. Ritos y ceremonias de una reina (1474–1504)*, Madri, Dykinson, 2002, p. 167.

2 Pulgar, *Claros Varones de Castilla y Letras*, Madri, Jerónimo Ortega, 1789, Carta 9, pp. 198–9. Alonso de Palencia, *Cuarta década de Alonso de Palencia*, org. J. López de Toro, Madri, Real Academia de la Historia, 1974, vol. 2, Década 4, Livro 32, Cap. 1. Azcona, *Isabel la Católica*, p. 329. Tarsicio de Azcona, "El Príncipe don Juan, heredero de los Reyes Católicos, en el V centenario de su nacimiento (1478–1497)", *Cuadernos de Investigación Histórica*, n. 7, 1983, pp. 220–1.

3 Azcona, *Isabel la Católica*, p. 330. Jaime Vicens Vives, *Historia crítica de la vida y reinado de Fernando II de Aragón*, Saragoça, Institución Fernando el Católico, 2007, p. 489.

4 Bachiller Palma, *Divina retribución sobre la caída de España en tiempo del noble rey Don Juan el Primero*, Madri, Bibliófilos Españoles, 1879, p. 72.

5 Bernáldez, *Historia de los Reyes Católicos*, Caps. 33–4. Azcona, *Isabel la Católica*, p. 331. Azcona, "El Príncipe don Juan", pp. 240–1. Ángel Rodríguez Sánchez, "La muerte del Príncipe de Asturias, Señor de Salamanca", *Revista de Estudios Extremeños*, vol. 57, n. 1, 2001, 23–48.

6 Azcona, *Isabel la Católica*, p. 333. Rodríguez Sánchez, "La muerte", pp. 41–3.

7 Hieronymus Münzer, *Viaje por España y Portugal (1494–1495)*, Madri, Polifemo, 1991, pp. 223, 227, 237. Azcona, *Isabel la Católica*, pp. 331–2.

8 Antonio de la Torre y del Cerro e Luis Suárez Fernández, *Documentos referentes a las relaciones con Portugal durante el reinado de los Reyes Católicos*, 3 vols., Valladolid, Consejo Superior de Investigaciones Científicas, 1960–3, vol. 1, p. 147; vol. 2, pp. 297–300. Azcona, *Isabel la Católica*, pp. 324–5. Vicens Vives, *Fernando II*, pp. 502–3.
9 Vicente Álvarez Palenzuela, *"Paz con Portugal". La guerra civil castellana y el enfrentamiento con Portugal (1475–1479)*, Alicante, Biblioteca Virtual Miguel de Cervantes (consultado em 27 nov. 2014).
10 Fernando del Pulgar, *Crónica de los Señores Reyes Católicos Don Fernando y Doña Isabel de Castilla y de Aragón*, in *Crónicas de los Reyes de Castilla*, vol. 3, org. Cayetano Rosell, Madri, Rivadeneyra, 1878, Parte 2, Cap. 85.
11 Ibid., Cap. 89. Carlos G. Villacampa, *Grandezas de Guadalupe. Estudios sobre la historia y las bellas artes del gran monasterio extremeño*, Madri, C. Vallinas, 1924, p. 45. Azcona, *Isabel la Católica*, p. 334.
12 De la Torre e Suárez, *Documentos Portugal*, vol. 1, p. 179n.
13 Ibid., p. 180.
14 Ver Álvarez Palenzuela, *La guerra civil castellana*.
15 De la Torre e Suárez, *Documentos Portugal*, vol. 1, pp. 179–85, 227, 239, 241.
16 Azcona, *Isabel la Católica*, pp. 334, 339–40.
17 De la Torre e Suárez, *Documentos Portugal*, vol. 1, pp. 184–5.
18 Pulgar, *Crónica*, Parte 2, Cap. 90.
19 De la Torre e Suárez, *Documentos Portugal*, vol. 1, pp. 184–5, 238. Azcona, *Isabel la Católica*, pp. 340, 345. Álvaro Fernández de Córdova Miralles, *Alejandro VI y los Reyes Católicos. Relaciones político-eclesiásticas (1492–1503)*, Roma, Edizioni Università della Santa Croce, 2005, p. 465. Ver também Álvarez Palenzuela, *La guerra civil castellana*.
20 De la Torre e Suárez, *Documentos Portugal*, vol. 1, p. 383.
21 Ibid., pp. 218, 227, 239, 241. Azcona, *Isabel la Católica*, pp. 340–1, 346–8. Vicens Vives, *Fernando II*, p. 504.
22 Córdova, *La Corte*, p. 373. Antonio Rumeu de Armas, *Itinerario de los Reyes Católicos, 1474–1516*, Madri, Instituto Jerónimo Zurita, Biblioteca Reyes Católicos, 1974, pp. 75–85.
23 Córdova, *La Corte*, 353.
24 Lu Ann Homza, *The Spanish Inquisition 1478-1614*, Indianápolis, Hackett, 2006, p. 75.
25 Córdova, *La Corte*, p. 139
26 Ibid., pp.63-5, 133-9, 369-70.
27 Bernáldez, *Historia de los Reyes Católicos*, Cap. 162. De la Torre e Suárez, *Documentos Portugal*, vol. 1, pp. 284–327, 361–4. Azcona, *Isabel la Católica*, pp. 341–5.

NOTAS

28   Pulgar, *Crónica*, Parte 2, Cap. 92. De la Torre e Suárez, *Documentos Portugal*, vol. 1, p. 218. Azcona, *Isabel la Católica*, pp. 345–8.
29   Münzer, *Viaje*, p. 44. Navagero in Jorge de Einghen et al., *Viajes por España de Jorge de Einghen, del Barón Leon de Rosmithal de Blatine, de Francisco Guicciardini y de Andrés Navajero; traducido, anotados y con un introducción por Antonio María Fabié*, Madri, Librería de los Bibliófilos, 1889, p. 240.
30   Miguel Ángel Ladero Quesada, *La España de los Reyes Católicos*, Madri, Alianza, 2014, p. 114. Angus MacKay, *Spain in the Middle Ages: From Frontier to Empire, 1000–1500*, Londres, Macmillan, 1977, pp. 180–1. Azcona, *Isabel la Católica*, p. 635.
31   Ver Popplau, in Javier Liske, *Viajes de extranjeros por España y Portugal en los siglos XV, XVI y XVII*, Madri, Medina, 1878.
32   Jerónimo Zurita, *Anales de Aragón*, org. Ángel Canellas López et al., Saragoça, Institución Fernando el Católico, disponível em http://ifc.dpz.es/publicaciones/ver/id/2448, Livro 19, Cap. 41. Alfredo Chamorro Esteban, "Ceremonial monárquico y rituales cívicos. Las visitas reales a Barcelona desde el siglo XV hasta el XVII", tese de doutorado, Universitat de Barcelona, 2013, pp. 179, 188, 214–18. Azcona, *Isabel la Católica*, p. 635.
33   Chamorro Esteban, "Ceremonial monárquico y rituales cívicos", pp. 22, 27, 128, 234. Theresa Earenfight (org.), *Queenship and Political Power in Medieval and Early Modern Spain*, Burlington, Vermont, Ashgate, 2005, pp. 48-9.
34   Azcona, *Isabel la Católica*, p. 636 (citando Madurell, *Legaciones*, p. 207).

CAPÍTULO 19: A INQUISIÇÃO — POPULISMO E PUREZA
1   Joaquín Guichot, *Historia de la Ciudad de Sevilla*, vol. 1, Sevilha, Imp. Gironés y Orduña, 1875, vol. 1, pp. 183–4. Norman Roth, in Norman Roth (org.), *Medieval Jewish Civilization: An Encyclopedia*, Nova York, Routledge, 2003, p. 226. Fernando del Pulgar, *Crónica de los Señores Reyes Católicos Don Fernando y Doña Isabel de Castilla y de Aragón*, in *Crónicas de los Reyes de Castilla*, vol. 3, org. Cayetano Rosell, Madri, Rivadeneyra, 1878, Parte 2, Cap. 120. Julio Caro Baroja, *Los judíos en la España moderna y contemporánea*, vol. 1, Madri, Ediciones Istmo, 1978, p. 66.
2   Antonio Collantes de Terán Sánchez, *Sevilla en la Baja Edad Media*, Sevilha, Servicio de Publicaciones del Excmo, Ayuntamiento, 1977, p. 417. Henry Kamen, *La Inquisición Española. Mito e historia crítica*, Barcelona, Crítica, 2013, p. 447. Henry Kamen, *The Spanish Inquisition: A Historical Revision*, New Haven, Yale University Press, 1998, pp. 48, 354. Henry Charles Lea, *History of the Inquisition of Spain*, vol. 3, Nova York, Macmillan, 1906–7, pp. 83-4.

3   Benzion Netanyahu, *The Origins of the Inquisition in Fifteenth Century Spain*, Nova York, New York Review Books, 2001, p. 410. Kamen, *Inquisition*, pp. 43–7.
4   Haim Beinart, "The Conversos Community of Fifteenth-Century Spain", in Richard Barnett (org.), *The Sephardi Heritage: Essays on the History and Cultural Contribution of the Jews of Spain and Portugal*, vol. 1: *The Jews in Spain and Portugal Before and After the Expulsion of 1492*, Londres, Vallentine Mitchell, 1971, pp. 425–6. Benzion Netanyahu, *The Marranos of Spain: From the Late 14th to the Early 16th Century*, Ithaca, NY, Cornell University Press, 1999, pp. 186, 236. Netanyahu, *Origins*, pp. 410, 994–5. Kamen, *Inquisition*, pp. 38–40, 43–6.
5   Roth, *Medieval Jewish Civilization*, pp. 320, 150–1. David Raphael (org.), *The Expulsion 1492 Chronicles: Medieval Chronicles Relating to the Expulsion of the Jews from Spain and Portugal*, North Hollywood, Califórnia, Carmi House, 1992 (ed. Kindle), locs. 451–84, 548 (citando Elijah Capsali, *Seder Eliyahu Zuta*, vol. 1).
6   Kamen, *Inquisition*, p. 49.
7   Tarsicio de Azcona, *Isabel la Católica. Estudio crítico de su vida y su reinado*, Madri, Biblioteca de Autores Cristianos, 1993, pp. 502, 509, 521. J. Valdeón Baruque, *Cristianos, judíos, musulmanes*, Barcelona, Crítica, 2006, p. 139. Lu Ann Homza, *The Spanish Inquisition 1478-1614*, Indianápolis, Hackett, 2006, p. 9. José Antonio Escudero, "Los Reyes Católicos y el Establecimiento de la Inquisición", *Anuario de Estudios Atlánticos*, n. 50, 2004, pp. 375, 381–3. Márquez em Hernando de Talavera, *Católica impugnación del herético libelo maldito y descomulgado que fue divulgado en la ciudad de Sevilla* (com Francisco Márquez Villanueva e Stefania Pastore), Córdoba, Almuzara, 2012, Introdução p. 59.
8   Netanyahu, *Marranos*, pp. 240, 258–9.
9   Ibid., pp. 239, 259 (citando Crescas, *Letter to the Jews of Avignon*).
10 Raphael, loc. 2022 (citando Solomon ibn Verga, *Shevet Yehuda*).
11 Netanyahu, *Marranos*, pp. 240, 247, 255, 258, 259.
12 Jerónimo Zurita, *Anales de Aragón*, org. Ángel Canellas López et al., Saragoça, Institución Fernando el Católico, disponível em http://ifc.dpz.es/publicaciones/ver/id/2448, Livro 19, Cap. 49.
13 Joseph Pérez (org.), *La inquisición española. Nuevas visiones, nuevos horizontes*, Madri, Siglo XXI, 1980, pp. 36–8.
14 Zurita, *Anales*, Livro 19, Cap. 49.
15 Pastore, in Talavera, *Católica impugnación*, p. xxiii.
16 Ibid., p. 12.
17 Roth, *Medieval Jewish Civilization*, p. 226.

NOTAS

18 Andrés Bernáldez, *Historia de los Reyes Católicos don Fernando y doña Isabel*, in *Crónicas de los Reyes de Castilla*, org. Cayetano Rosell, vol. 70, Madri, Biblioteca de Autores Españoles, 1878, Cap. 43.
19 Ibid.
20 Ibid., Caps. 43–4. Fidel Fita, "Historia hebrea. Documentos y monumentos", *Boletín de la Real Academia de la Historia*, tomo 16, Madri, 1890, pp. 450–1. Guichot, *Historia de la Ciudad de Sevilla*, vol. 1, pp. 169, 178, 183–4.
21 Bernáldez, *Historia de los Reyes Católicos*, Caps. 43–4.
22 José Antonio Escudero, *Estudios sobre la Inquisición*, Madri, Marcial Pons, 2005, pp. 119–20, 376, 383–5.
23 Bernáldez, *Historia de los Reyes Católicos*, Caps. 43–4.
24 Pulgar, *Crónica*, Parte 2, Cap. 120. Roth, *Medieval Jewish Civilization*, pp. 221, 226.
25 Bernardino Llorca, *Bulario Pontificio de la Inquisición española en su período constitucional (1478–1525), según los fondos del Archivo Histórico nacional de Madrid*, Roma, Pontificia Università Gregoriana, 1949, pp. 63, 109, 110; Archivo General de Simancas, RGS, LEG, 148612, 7. Lea, *Spain*, vol. 1, p. 577, e vol. 3, pp. 81–4.
26 Valdeón, *Cristianos*, p. 125. Roth, *Medieval Jewish Civilization*, p. 226.
27 Kamen, *Inquisición*, p. 449. Trad. de Kamen, *Inquisition*, p. 354.
28 Carlos Carrete Parrondo (org.), *Fontes Iudaeorum Regni Castellae*, vol. 2: *El tribunal de la Inquisition en el obispado de Soria (1486–1502)*, Salamanca, Universidad Pontificia, 1985, p. 23.
29 Raphael, loc. 600 (citando Capsali, *Seder Elihayu Zuta*, vol. 1).
30 Roth, *Medieval Jewish Civilization*, p. 241.
31 Raphael, loc. 2248 (citando Joseph Hacohen, *Vale of Tears*).
32 Ibid., loc. 2762 (citando Samuel Usque, *Consolation for the Tribulations of Israel* (Consolaçam ás Tribulaçoens de Israel), trad. Martin A-Cohen.
33 Nicolas Lopes Martínez, *Los judaizantes castellanos y la Inquisición en tiempo de Isabel la Católica*, Burgos, Imprenta de Aldecoa, 1954, p. 435.
34 Kamen, *Inquisition*, pp. 14, 35–6.
35 Haim Beinart, *Records of the Trials of the Spanish Inquisition in Ciudad Real*, 2 vols., Jerusalem, The Israel National Academy of Sciences and Humanities, 1974–7, vol. 2, pp. 10–12. Homza, *Spanish Inquisition*, pp. 27–9.
36 Beinart, *Records*, vol. 2, pp. 11, 14–15. Homza, *Spanish Inquisition*, p. 44.
37 Beinart, *Records*, vol. 2, pp. 9-40. Homza, *Spanish Inquisition*, 16n. Tradução do autor, com uma excelente tradução alternativa de todo o julgamento nas pp. 27–49.
38 Pulgar, *Crónica*, Parte 2, Cap. 120. Roth, *Medieval Jewish Civilization*, pp. 226, 230.

39 Azcona, *Isabel la Católica*, p. 511 (citando F. Cantera, "Fernando del Pulgar y los conversos", *Sefarad*, vol. 4, pp. 295–348).
40 Azcona, *Isabel la Católica*, pp. 516–18.
41 Escudero, *Estudios sobre la Inquisición*, pp. 125, 368. José Antonio Escudero, "Los Reyes Católicos y el establicimiento de la Inquisición", Anvaro de Estudios Atlánticos, n. 50, 2004, p. 368. Gonzalo Martínez Díez, *Bulario de la Inquisición Española. Hasta la muerte de Fernando el Católico*, Madri, Editorial Complutense, 1998, pp. 106–9. Azcona, *Isabel la Católica*, pp. 516–18. Kamen, *Inquisition*, p. 53.
42 Kamen, *Inquisition*, p. 58. Azcona, *Isabel la Católica*, pp. 517, 519.
43 Escudero, "Los Reyes Católicos", p. 368.
44 Kamen, *Inquisición*, pp. 28, 44, 157.
45 Tarsicio de Azcona, "Relaciones de Inocencio VIII con los Reyes Católicos según el Fondo Podocataro de Venecia", *Hispania Sacra*, n. 32, 1980, pp. 3–30.
46 Netanyahu, *Marranos*, pp. 206, 231 (citando o *Book of Complaints*).
47 Ibid., pp. 204–5, 282.
48 Ibid., p. 78. Roth, *Medieval Jewish Civilization*, p. 323.
49 Netanyahu, *Marranos*, p. 205.
50 Ibid., pp. 184, 286. Roth, *Medieval*, p. 323.
51 Alexander Marx, "The Expulsion of the Jews from Spain: Two New Accounts", *Jewish Quarterly Review*, vol. 20, n. 2, jan. 1908, p. 256.
52 Netanyahu, *Marranos*, pp. 3, 189, 190, 236, 248, 284. Raphael, loc. 1946.
53 Netanyahu, *Origins*, pp. 995, 1003. Eloy Benito Ruano, *Los orígenes del problema converso*, Barcelona, El Albir, 1976, p. 110, para o Memorial Bachiller Marcos García de la Mora (Marquillos de Marambroz).
54 Claudio Guillén, "Un padrón de conversos sevillanos (1510)", *Bulletin Hispanique*, vol. 58, n. 2, 1956, pp. 49–98. Roth, *Medieval Jewish Civilization*, pp. 230, 232–3 (citando José de Sigüenza, *Historia de la Orden de San Jerónimo*, 1907). Kamen, *Inquisition*, pp. 183, 304–10.
55 Alonso de Fuentes, *Cuarenta cantos de diversas y peregrinas historias*, Sevilha, 1545, Canto noveno de la primera parte, fol. xliii. Escudero, *Estudios sobre la Inquisición*, pp. 338, 368, 371. Azcona, *Isabel la Católica*, p. 525.
56 Luis Suárez Fernández, *Judíos españoles en la Edad Media*, Madri, Rialp, 1980, pp. 55–6. Netanyahu, *Origins*, p. 1088. Roth, *Medieval*, p. 283.
57 Raphael, locs. 2508–18 (citando Isaac ibn Faradj). Marx, "The Expulsion of the Jews from Spain", pp. 240–71.

CAPÍTULO 20: CRUZADA

1. Juan de Mata Carriazo, *Historia de la guerra de Granada*, in Menendez Pidal (org.), *Historia de Espana*, XVII, vol. 1, Madri, Espasa-Calpe, 1969, pp. 409–10 (citando *El Tumbo de los Reyes Católicos del Concejo de Sevilla*, docs. 53, 54).
2. Ibid. Diego Clemencín, *Elogio a la reina Isabel la Católica e ilustraciones sobre varios asuntos de su reinado*, vol. 6, Madri, Memorias de la Real Academia de la Historia, 1821, p. 577.
3. Carriazo, *Guerra*, p. 433 (citando *Tumbo Sevilla*, doc. 526).
4. Ibid., pp. 399, 409–10.
5. Ibid., p. 399.
6. Ibid., p. 403.
7. Ibid., p. 400.
8. Ibid., pp. 400–2, 406. Harvey, *Islam in Spain, 1250 to 1500*, Chicago, University of Chicago Press, 1990, p. 266.
9. Hernando de Baeza, *Relaciones de algunos sucesos*, org. Emilio Lafuente y Alcántara, Madri, Rivadeneyra, 1868, p. 7. Carriazo, *Guerra*, pp. 401, 406.
10. Baeza, *Relaciones*, p. 7. Andrés Bernáldez, *Historia de los Reyes Católicos don Fernando y doña Isabel*, in *Crónicas de los Reyes de Castilla*, org. Cayetano Rosell, vol. 70, Madri, Biblioteca de Autores Españoles, 1878, Cap. 56. Carriazo, *Guerra*, p. 473.
11. Carriazo, *Guerra*, p. 445-7.
12. Ibid., pp. 449, 453, 454 (citando *Tumbo Sevilla*, doc. 532).
13. Carriazo, *Guerra*, pp. 448–9.
14. Fernando del Pulgar, *Crónica de los Señores Reyes Católicos Don Fernando y Doña Isabel de Castilla y de Aragón*, in *Crónicas de los Reyes de Castilla*, vol. 3, org. Cayetano Rosell, Madri, Rivadeneyra, 1878, Parte 3, Cap. 7. Carriazo, *Guerra*, p. 463.
15. Pulgar, *Crónica*, Parte 3, Caps. 7–9. Tarsicio de Azcona, *Isabel la Católica. Estudio crítico de su vida y su reinado*, Madri, Biblioteca de Autores Cristianos, 1993, p. 637. Carriazo, *Guerra*, pp. 463–5.
16. Carriazo, *Guerra*, pp. 465–7.
17. Pulgar, *Crónica*, Parte 3, Cap. 9.
18. Carriazo, *Guerra*, pp. 469, 472.
19. Ibid., pp. 404–5, 469, 471–2.
20. Ibid., pp. 489–90, 494.
21. Bernáldez, *Historia de los Reyes Católicos*, Cap. 60, pp. 164–5. Carriazo, *Guerra*, pp. 489–94. Azcona, *Isabel la Católica*, pp. 639–42.
22. Baeza, *Relaciones*, p. 15.
23. Bernáldez, *Historia de los Reyes Católicos*, Cap. 60, p. 165. Carriazo, *Guerra*, p. 492.

24 Bernáldez, *Historia de los Reyes Católicos*, Cap. 60, pp. 168–9.
25 Fernando del Pulgar, *Letras*, org. J. Domínguez Bordona, Madri, Espasa-Calpe, 1958, p. 61. Carriazo, *Guerra*, p. 493.
26 Carriazo, *Guerra*, p. 494 (citando *Tumbo Sevilla*, doc. 618).
27 Ibid., pp. 499–500. Harvey, *Islam in Spain*, p. 278.
28 Carriazo, *Guerra*, p. 501.
29 Harvey, *Islam in Spain*, pp. 278–9. Carriazo, *Guerra*, pp. 501, 509.
30 Carriazo, *Guerra*, p. 508.
31 Ibid., pp. 512, 515, 521, 535. Azcona, *Isabel la Católica*, p. 643.
32 Bernáldez, *Historia de los Reyes Católicos*, Cap. 58.
33 Pulgar, *Crónica*, Parte 3, Cap. 22. Carriazo, *Guerra*, pp. 525–6, 536–7, 674. Azcona, *Isabel la Católica*, pp. 664–7.
34 Angus MacKay, *Spain in the Middle Ages: From Frontier to Empire, 1000–1500*, Londres, Macmillan, 1977, p. 215.
35 Peggy K. Liss, *Isabel the Queen: Life and Times*, Filadélfia, University of Pennsylvania Press, 2004, p. 77 (citando Rucquoi, "Jeanne d'Arc", pp. 155–74). Azcona, *Isabel la Católica*, p. 644.

CAPÍTULO 21: ASSOLARAM-NOS, CIDADE POR CIDADE

1 Juan de Mata Carriazo, *Historia de la guerra de Granada*, in Menendez Pidal (org.), *Historia de Espana*, XVII, vol. 1, Madri, Espasa-Calpe, 1969, p. 554.
2 Ibid., pp. 554, 662.
3 Weston F. Cook Jr, "The Cannon Conquest of Nasid Granada and the End of the *Reconquista*", in Donald J. Kagay e L. J. Andrew Villalon (orgs.), *Crusaders, Condottieri, and Cannon: Medieval Warfare in Societies around the Mediterranean*, Leiden and Boston, Brill, 2003, p. 261.
4 Carriazo, *Guerra*, p. 557.
5 Ibid., pp. 559–61.
6 Ibid., pp. 561–3.
7 Luis Suárez Fernández, *Judíos españoles en la Edad Media*, Madri, Rialp, 1980, pp. 255–6. Roth, in Norman Roth (org.), *Medieval Jewish Civilization: An Encyclopedia*, Nova York, Routledge, 2003, p. 283. Carriazo, *Guerra*, pp. 571–3.
8 Carriazo, *Guerra*, p. 573.
9 Cook, "The Cannon Conquest of Nasid Granada", p. 274.
10 Ibid.
11 James T. Monroe, "A Curious Morisco Appeal to the Ottoman Empire", *Al-Andalus*, vol. 31, 1966, pp. 281–303. P. S. van Koningsveld e G. A. Wiegers, "The Islamic Statute of the Mudejars in the Light of a New Source", *Al-Qantara*, vol. 17, 1996, pp. 19–58. Carriazo, *Guerra*, p. 447.

NOTAS

12 Andrés Bernáldez, *Historia de los Reyes Católicos don Fernando y doña Isabel*, in *Crónicas de los Reyes de Castilla*, org. Cayetano Rosell, vol. 70, Madri, Biblioteca de Autores Españoles, 1878, Cap. 81. Cook, "The Cannon Conquest of Nasid Granada", p. 253.
13 Joaquín Gil Sanjuan e Juan J. Toledo Navarro, "Importancia de la artillería en la conquista de las poblaciones malagueñas (1485–1487)", *Baetica*, n. 30, 2008, pp. 315–18. Cook, "The Cannon Conquest of Nasid Granada", p. 261.
14 Cook, "The Cannon Conquest of Nasid Granada", p. 273.
15 Ibid., pp. 263, 275. Carriazo, *Guerra*, p. 649.
16 Carriazo, *Guerra*, pp. 623–37, 649, 655–9.
17 Bernáldez, *Historia de los Reyes Católicos*, Cap. 80. Carriazo, *Guerra*, pp. 643, 650, 655.
18 Bernáldez, *Historia de los Reyes Católicos*, Cap. 80. Carriazo, *Guerra*, pp. 664–5.
19 Cook, "The Cannon Conquest of Nasid Granada", p. 276 (citando Pulgar).
20 Bernáldez, *Historia de los Reyes Católicos*, Cap. 81. Carriazo, *Guerra*, pp. 665–70.

CAPÍTULO 22: DEUS SALVE O REI BOABDIL!
1 Juan de Mata Carriazo, *Historia de la guerra de Granada*, in Menendez Pidal (org.), *Historia de Espana*, XVII, vol. 1, Madri, Espasa-Calpe, 1969, pp. 682–8.
2 Ibid., p. 693.
3 Ibid., pp. 696–8.
4 Hernando de Baeza, *Relaciones de algunos sucesos*, org. Emilio Lafuente y Alcántara, Madri, Rivadeneyra, 1868, p. 39.
5 Carriazo, *Guerra*, pp. 685–6, 699, 703, 705.
6 Ibid., p. 703.
7 Fernando del Pulgar, *Crónica de los Señores Reyes Católicos Don Fernando y Doña Isabel de Castilla y de Aragón*, in *Crónicas de los Reyes de Castilla*, vol. 3, org. Cayetano Rosell, Madri, Rivadeneyra, 1878, Parte 3, Cap. 83. Carriazo, *Guerra*, pp. 703–7.
8 Carriazo, *Guerra*, p. 712.
9 Pulgar, *Crónica*, Parte 3, Cap. 74. Carriazo, *Guerra*, pp. 707–12.
10 Pulgar, *Crónica*, Parte 3, Cap. 75. Carriazo, *Guerra*, pp. 711, 715.
11 Pulgar, *Crónica*, Parte 3, Caps. 82 e 85.
12 Ibid., Caps. 80–2 e 85. Carriazo, *Guerra*, pp. 716, 723.
13 Pulgar, *Crónica*, Parte 3, Cap. 78. Andrés Bernáldez, *Historia de los Reyes Católicos don Fernando y doña Isabel*, in *Crónicas de los Reyes de Castilla*, org. Cayetano Rosell, vol. 70, Madri, Biblioteca de Autores Españoles, 1878, Cap. 84.

14 Bernáldez, *Historia de los Reyes Católicos*, Cap. 83.
15 Alonso de Palencia, *Guerra de Granada*, Alicante, Biblioteca Virtual Miguel de Cervantes, 1999, disponível em http://www.cervantesvirtual.com/nd/ark:/59851/bmc833n9, Livro 7. Carriazo, *Guerra*, pp. 717, 721.
16 Pulgar, *Crónica*, Parte 3, Caps. 88 e 92–3. Carriazo, *Guerra*, p. 717.
17 Bernáldez, *Historia de los Reyes Católicos*, Cap. 84.
18 Pulgar, *Crónica*, Parte 3, Cap. 93. Carriazo, *Guerra*, pp. 718–21.
19 Pulgar, *Crónica*, Parte 3, Cap. 93.
20 Ibid. Carriazo, *Guerra*, pp. 718–21, 722 (citando Tumbo *Sevilla*, doc. 1051).
21 Pulgar, *Crónica*, Parte 3, Cap. 93. Carriazo, *Guerra*, p. 722.
22 Carriazo, *Guerra*, p. 723.
23 Ibid., p. 728.
24 Ibid., pp. 727–32.
25 Ibid., p. 775.
26 Ibid. (citando Garrido Atienza, *Las capitulaciones para la entrega de Granada*, pp. 173–4).
27 Ibid., p. 757.
28 Ibid., pp. 735, 756.
29 Ibid., p. 758.
30 Ibid., pp. 759–62.
31 Bernáldez, *Historia de los Reyes Católicos*, Cap. 112. Carriazo, *Guerra*, p. 764.
32 Ver Miguel Ángel Ladero Quesada, "Las coplas de Hernando de Vera. Un caso de crítica al gobierno de Isabel la Católica", *Anuario de Estudios Atlánticos*, n. 14, 1968, pp. 365–81.
33 Pulgar, *Crónica*, Parte 3, Cap. 120.
34 Álvaro Fernández de Córdova Miralles, *La Corte de Isabel I. Ritos y ceremonias de una reina (1474–1504)*, Madri, Dykinson, 2002, p. 311.
35 Pulgar, *Crónica*, Parte 3, Caps. 121–2.
36 *Colección de documentos inéditos*, vol. 8, pp. 402–10. Miguel Ángel Ladero Quesada, *Isabel I de Castilla. Siete ensayos sobre la reina, su entorno y sus empresas*, Madri, Dykinson, 2012, pp. 168–9. Carriazo, *Guerra*, pp. 767, 771, 774.
37 Carriazo, *Guerra*, p. 786 (citando *Tumbo Sevilla*, doc. 1167).

CAPÍTULO 23: OS TUDOR

1 Álvaro Fernández de Córdova Miralles, *La Corte de Isabel I. Ritos y ceremonias de una reina (1474–1504)*, Madri, Dykinson, 2002, p. 333.
2 Journals of Machado, in James Gairdner, *Memorials of King Henry the Seventh*, Londres, Longman, Brown, Green, Longmans & Roberts, 1858, p. 328
3 Ibid., pp. 350–1.
4 Ibid., p. 341

NOTAS

5   Ibid.
6   Ibid., pp. 166, 336.
7   Machado, pp. 328–32, 338
8   Ibid., pp. 172, 343, 354. Córdova, *La Corte*, p. 337.
9   Bethany Aram, *Juana the Mad: Sovereignty and Dynasty in Renaissance Europe*, Baltimore, Johns Hopkins University Press, 2005, p. 23.
10 *Calendar of Letters, Despatches and State Papers relating to the negotiations between England and Spain preserved in the archives of Simancas and elsewhere* (daqui em diante, *CSP Spain*), vol. 1, G. A. Bergenroth, Pascual de Gayangos e Garrett Mattingly, Londres, Longman, Green, Longman & Roberts, 1862, p. 164.
11 Ibid., p. 11. Machado, pp. 343, 354.
12 Machado, p. 345.
13 Ibid., p. 347.
14 Córdova, *La Corte*, pp. 356–7.
15 Machado, p. 351.
16 *CSP Spain*, vol. 1, p. 34. Ver José Luis Orella Unzué, "Las relaciones vascas con Inglaterra. Siglos XIV–XVI", *Lurralde*, n. 28, 2005, pp. 85–152.

CAPÍTULO 24: A QUEDA DE GRANADA

1   Fernando del Pulgar, *Crónica de los Señores Reyes Católicos Don Fernando y Doña Isabel de Castilla y de Aragón*, in *Crónicas de los Reyes de Castilla*, vol. 3, org. Cayetano Rosell, Madri, Rivadeneyra, 1878, Parte 3, Cap. 130. Tarsicio de Azcona, "El Príncipe don Juan, heredero de los Reyes Católicos, en el V centenario de su nacimiento (1478–1497)", *Cuadernos de Investigación Histórica*, n. 7, 1983, p. 223. Tarsicio de Azcona, *Isabel la Católica. Estudio crítico de su vida y su reinado*, Madri, Biblioteca de Autores Cristianos, 1993, p. 659. Juan de Mata Carriazo, *Historia de la guerra de Granada*, in Menendez Pidal (org.), *Historia de Espana*, XVII, vol. 1, Madri, Espasa-Calpe, 1969, pp. 791–2.
2   Ana Isabel Carrasco Manchado, "Discurso político propaganda en la corte de los Reyes Católicos (1474–1482)", tese de doutorado, Universidad Complutense de Madrid, 2000, disponível em http://eprints.ucm.es/2525/, pp. 33–7, 134.
3   Peggy K. Liss, *Isabel the Queen: Life and Times*, Filadélfia, University of Pennsylvania Press, 2004, pp. 101–4. Anon, *Crónica Incompleta de los Reyes Católicos*, org. Julio Puyol, Madri, 1934, pp. 181, 304.
4   John Edwards, *Isabel la Católica. Poder y fama*, Madri, Marcial Pons, 2004, p. 41.
5   Antonio de la Torre y del Cerro, *Cuentas de Gonzalo de Baeza, tesorero de Isabel la Católica*, vol. 1, Madri, Consejo Superior de Investigaciones Científicas, 1956, pp. 334, 347, 363. Azcona, *Isabel la Católica*, p. 658–60.

6 Carriazo, *Guerra*, pp. 792, 804.
7 Ibid., pp. 791–2, 804, 811–16, 823. Azcona, *Isabel la Católica*, p. 660. Miguel Ángel Ladero Quesada, *Isabel I de Castilla. Siete ensayos sobre la reina, su entorno y sus empresas*, Madri, Dykinson, 2012, p. 167.
8 Andrés Bernáldez, *Historia de los Reyes Católicos don Fernando y doña Isabel*, in *Crónicas de los Reyes de Castilla*, org. Cayetano Rosell, vol. 70, Madri, Biblioteca de Autores Españoles, 1878, Cap. 101. Carriazo, *Guerra*, p. 820. Azcona, *Isabel la Católica*, p. 661.
9 Bernáldez, *Historia de los Reyes Católicos*, Cap. 101.
10 Carriazo, *Guerra*, p. 820.
11 Hernando de Baeza, *Relaciónes de algunos sucesos*, org. Emilio Lafuente y Alcántara, Madri, Rivadeneyra, 1868, p. 48. Carriazo, *Guerra*, pp. 824–5, 829.
12 Carriazo, *Guerra*, pp. 829–31.
13 Ibid.
14 Baeza, *Relaciónes*, p. 43.
15 Ibid., p. 44.
16 Carriazo, *Guerra*, p. 837.
17 Ibid., p. 844.
18 Ibid., pp. 838–40, 844.
19 James T. Monroe, "A Curious Morisco Appeal to the Ottoman Empire", *Al-Andalus*, vol. 31, 1966, pp. 281– 303. P. S. van Koningsveld e G. A. Wiegers, "The Islamic Statute of the Mudejars in the Light of a New Source", *Al-Qantara*, vol. 17, 1996, pp. 19–58.
20 James Gairdner, *Three Fifteenth-Century Chronicles with Historical Memoranda by John Stowe*, Camden Society, Londres, 1880, disponível em http://www.british-history.ac.uk/camden-record-soc/vol28, p. 87.
21 Carriazo, *Guerra*, pp. 827, 878.

CAPÍTULO 25: TRANSFERÊNCIA DE PODER

1 Juan de Mata Carriazo, *Historia de la guerra de Granada*, in Menendez Pidal (org.), *Historia de Espana*, XVII, vol. 1, Madri, Espasa-Calpe, 1969, p. 884.
2 Francisco Medina de Mendoza, "Vida del cardenal don Pedro González de Mendoza", in Real Academia de la Historia, *Memorial Histórico Española*, vol. 6, Madri, 1853, pp. 289–90. Carriazo, *Guerra*, pp. 827, 878, 884, 888. Miguel Ángel Ladero Quesada, *Isabel I de Castilla. Siete ensayos sobre la reina, su entorno y sus empresas*, Madri, Dykinson, 2012, pp. 175–6, 163.
3 Carriazo, *Guerra*, pp. 890–1.
4 Ibid., pp. 877, 887, 891–3.
5 Ibid., pp. 891–2.
6 Ibid., pp. 858–9, 866, 895.

7   Ibid., pp. 858, 873, 882, 896 n.2.
8   Ibid., p. 896.
9   María del Carmen Pescador del Hoyo (org.), "Cómo fue de verdad la toma de Granada, a la luz de un documento inédito", *Al-Andalus*, vol. 20, 1955, pp. 283–344.
10 Carriazo, *Guerra*, p. 876
11 Carriazo, *Guerra*, pp. 875–7.
12 Ibid., p. 858.
13 Robert Irwin, *The Alhambra*, Londres, Profile Books, 2004, p. 57.
14 Ibid., pp. 46, 93.
15 Ibid., pp. 49, 44, 33, 52, 55.
16 Ibid., p. 41.
17 José Antonio García Luján, *El Generalife. Jardín del paraíso*, Granada, J. A. García, 2006, pp. 63–5.
18 Carriazo, *Guerra*, p. 878.
19 Ibid., pp. 903–11.
20 Ibid., p. 910.
21 Ladero Quesada, *Isabel*, pp. 167–8.
22 Isabelle Poutrin Reyes, "Los derechos de los vencidos. Las capitulaciones de Granada", *Sharq al-Andalus*, vol. 19, 2008–10, pp. 11–34. Ladero Quesada, *Isabel*, pp. 167–9. Carriazo, *Guerra*, pp. 854, 858.
23 Carriazo, *Guerra*, pp. 850–4.
24 Poutrin, "Los derechos de los vencidos", pp. 11–34.
25 Ibid. Carriazo, *Guerra*, p. 858.
26 Carriazo, *Guerra*, pp. 858, 861.
27 Ladero Quesada, *Isabel*, pp. 169–70.
28 Carriazo, *Guerra*, pp. 855–6, 877.

CAPÍTULO 26: EXPULSÃO DOS JUDEUS

1   Tarsicio de Azcona, *Isabel la Católica. Estudio crítico de su vida y su reinado*, Madri, Biblioteca de Autores Cristianos, 1993, p. 799, citando *Introduction to the Former Prophets*, de Abravanel. Outra tradução pode ser encontrada em David Raphael (org.), *The Expulsion 1492 Chronicles: Medieval Chronicles Relating to the Expulsion of the Jews from Spain and Portugal*, North Hollywood, Califórnia, Carmi House, 1992 (ed. Kindle), loc. 1296.
2   Raphael, loc. 662.
3   Azcona, *Isabel la Católica*, p. 799. Raphael, loc. 1328 (citando Isaac Abravanel, *Perush al Nebiim Rishonin*).
4   J. Contreras (org.), *Inquisición Española. Nuevas aproximaciones*, Madri, Centro de Estudios Inquisitoriales, 1987, pp. 3–8. Raphael, loc. 3586.

5   Jane Gerber, *The Jews of Spain: a history of the Sephardic experience*, The Free Press, Nova York, 1992, p. 136 (citando Solomon ibn Verga, *Shevet Yehuda*).
6   Joseph Pérez (org.), *La inquisición española. Nuevas visiones, nuevos horizontes*, Madri, Siglo XXI, 1980, pp. 11–22. Benzion Netanyahu, *The Origins of the Inquisition in Fifteenth Century Spain*, Nova York, New York Review Books, 2001, pp. 12, 62, 127, 1096. Miguel Ángel Ladero Quesada, *La España de los Reyes Católicos*, Madri, Alianza, 2014, p. 18. Fred Rosner, "The Life of Moses Maimonides, a Prominent Medieval Physician", *Einstein Quarterly*, 1995, pp. 125–8.
7   Netanyahu, *Origins*, p. 12. Pérez, *Inquisición*, p. 22.
8   Henry Kamen, *La Inquisición Española. Mito e historia crítica*, Barcelona, Crítica, 2013, p. 10.
9   Ariel Hessayon, rev. de François Soyer, *The Persecution of the Jews and Muslims of Portugal. King Manuel I and the End of Religious Tolerance (1496–7)*, disponível em http://www.history.ac.uk/reviews/review/797.
10 Popplau, in Javier Liske, *Viajes de extranjeros por España y Portugal en los siglos XV, XVI y XVII*, Madri, Medina, 1878, pp. 55–6.
11 Pérez, *Inquisición española*, p. 27.
12 Ibid., pp. 24, 27, 30, 40, 65.
13 J. Valdeón Baruque, *Cristianos, judíos, musulmanes*, Barcelona, Crítica, 2006, p. 154.
14 Pérez, *Inquisición española*, p. 25.
15 Luis Suárez Fernández, *Documentos acerca de la expulsión de los judíos*, Aldecoa, Valladolid, 1964, p. 116.
16 Ibid., pp. 116, 124.
17 Pérez, *Inquisición española*, p. 56. J. M. Monsalvo Antón, *Teoría y evolución de un conflicto social. El antisemitismo en la corona de Castilla en la Baja Edad Media*, Siglo XXI, Madri, 1985, pp. 256–7.
18 Pérez, *Inquisición española*, p. 61.
19 Raphael, loc. 105.
20 Henry Kamen, *The Spanish Inquisition: A Historical Revision*, New Haven, Yale University Press, 1998, p. 22.
21 Pérez, *Inquisición española*, pp. 31-2. Roth, in Norman Roth (org.), *Medieval Jewish Civilization: An Encyclopedia*, Nova York, Routledge, 2003, pp. 318, 321. Kamen, *Inquisition*, pp. 17, 19, 22. Raphael, loc. 87.
22 Pérez, *Inquisición española*, p. 28.
23 María Fuencisla García Casar, "Las comunidades judías de la Corona de Castilla al tiempo de la expulsión", in Ángel Alcalá (org.), *Judíos, sefarditas, conversos. La expulsión de 1492 y sus consecuencias. Ponencias del Congreso In-*

ternacional celebrado em Nueva York em noviembre de 1992, Valladolid, Ambito, 1995, p. 26.

24 Miguel Ángel Motis Dolader, "Las comunidades judías de la Corona de Aragón en el siglo XV", in Alcalá (org.), *Judíos, sefarditas, conversos*, p. 45. Miguel Ángel Ladero Quesada, "El número de judíos en la España de 1492", in Alcalá (org.), *Judíos, sefarditas, conversos*, p. 171. Alexander Marx, "The Expulsion of the Jews from Spain: Two New Accounts", *Jewish Quarterly Review*, vol. 20, n. 2, jan. 1908, pp. 246–7.

25 Suárez, *Documentos expulsión*, pp. 15, 119, 345, 781.
26 Ibid., pp. 15, 344–6.
27 Ibid., pp. 13–14.
28 Roth, *Medieval Jewish Civilization*, p. 299.
29 Raphael, loc. 3166.
30 Suárez, *Documentos expulsión*, pp. 13–14 (citando De la Torre, *Un médico de los reyes católicos*, in Hispania XIV, 69).
31 Contreras, *Inquisición Española. Nuevas aproximaciones*, pp. 35–40. Azcona, *Isabel la Católica*, pp. 499, 785.
32 Contreras, *Inquisición Española. Nuevas aproximaciones*, pp. 36–8. Archivo General de Simancas, CCA, DIV, 1, 78, Memorial del Prior de Santa Cruz sobre las cosas que la Reina Católica debía remediar.
33 Pérez, *Inquisición española*, pp. 97–8. *Cortes de los antiguos reinos de León y Castilla*, pub. por la Real Academia de la Historia, vol. 4, Madri, Rivadeneyra, 1882, p. 149.
34 Contreras, *Inquisición Española. Nuevas aproximaciones*, pp. 36–8.
35 Raphael, loc. 179. Suárez, *Documentos expulsión*, p. 24. Azcona, *Isabel la Católica*, pp. 786, 788.
36 María Antonia Bel Bravo, *Los Reyes Católicos y los judíos andaluces*, Granada, Biblioteca Chronica Nova de Estudios Históricos, 1989, pp. 160, 240. Ladero Quesada, "El número de judíos en la España de 1492", p. 171.
37 Bel Bravo, *Los Reyes Católicos y los judíos andaluces*, pp. 241–2. Pérez, *Inquisición española*, p. 149.
38 Pérez, *Inquisición española*, p. 108. Raphael, locs. 1990–3 (citando Solomon ibn Verga, *Shevet Yehuda*).
39 Pérez, *Inquisición española*, pp. 144–5.
40 Ibid., pp. 108, 151.
41 Ibid., pp. 146, 148.
42 Ibid., p. 149.
43 Ibid., pp. 150–1.
44 Ibid., p. 107.

45 Antoine de Lalaing, *Collection des voyages des souverains des Pays-Bas*, Gachard, Bruxelas, 1876, p. 453.
46 Pérez, *Inquisición española*, p. 107.

CAPÍTULO 27: O VALE DE LÁGRIMAS
1 Anon, *Cronicón de Valladolid*, Valladolid, Princiano, 1984, p. 195. Roth, in Norman Roth (org.), *Medieval Jewish Civilization: An Encyclopedia*, Nova York, Routledge, 2003, p. 130.
2 Ariel Hessayon, rev. de François Soyer, *The Persecution of the Jews and Muslims of Portugal. King Manuel I and the End of Religious Tolerance (1496–7)*, disponível em http://www.history.ac.uk/reviews/review/797. Joseph Pérez (org.), *La inquisición española. Nuevas visiones, nuevos horizontes*, Madri, Siglo XXI, 1980, p. 10.
3 David Raphael (org.), *The Expulsion 1492 Chronicles: Medieval Chronicles Relating to the Expulsion of the Jews from Spain and Portugal*, North Hollywood, Califórnia, Carmi House, 1992 (ed. Kindle), loc. 683 (citando Elijah Capsali, *Seder Elihayu Zuta*, vol. 1).
4 Kevin Ingram (org.), *The Conversos and Moriscos in Late Medieval Spain and Beyond*, vol. 2, Leiden, Brill, 2009, p. 26. Roth, *Medieval Jewish Civilization*, pp. 129–30. Miguel Ángel Ladero Quesada, *La Hermandad de Castilla. Cuentas y memoriales, 1480–1498*, Madri, Real Academia de la Historia, 2005, p. 23.
5 Raphael, loc. 1913 (citando Joseph Hacker, "New Chronicles on the Expulsion of the Jews from Spain: Its Causes and Consequences", pp. 201–28). Roth, *Medieval*, p. 8.
6 Raphael, loc. 1929 (citando *The De la Cavalleria Chronicle*, in Hacker, "New Chronicles", pp. 201–28).
7 Roth, *Medieval*, pp. 300–3. Pérez, *Inquisición española*, p. 111.
8 Pérez, *Inquisición española*, p. 111.
9 Raphael, loc. 1340 (citando Isaac Abravanel, *Perush al Nebiim Rishonin*).
10 Ibid., loc. 659 (citando Capsali, *Seder Eliyahu Zuta*, vol. 1).
11 Ibid., loc. 1951 (citando Joseph Hacker, "New Chronicles on the Expulsion of the Jews from Spain: Its Causes and Consequences", pp. 201–28).
12 Andrés Bernáldez, *Historia de los Reyes Católicos don Fernando y doña Isabel*, in *Crónicas de los Reyes de Castilla*, org. Cayetano Rosell, Madri, Biblioteca de Autores Españoles, 1878, Cap. 110.
13 Raphael, loc. 695 (citando Capsali, *Seder Eliyahu Zuta*, vol. 1).
14 Pérez, *Inquisición española*, p. 117. Raphael, locs. 332, 802, 825.
15 Bernáldez, *Historia de los Reyes Católicos*, Cap. 110.
16 Ibid.

17 Ibid.
18 François Soyer, *The Persecution of the Jews and Muslims of Portugal: King Manuel I and the End of Religious Tolerance (1496–7)*, Leiden, Brill, 2007, p. 111.
19 Bernáldez, *Historia de los Reyes Católicos*, Cap. 110. Soyer, *Persecution of the Jews and Muslims*, p. 105.
20 Bernáldez, *Historia de los Reyes Católicos*, Cap. 110. Pérez, *Inquisición española*, pp. 153–7. Raphael, loc. 2277.
21 Bernáldez, *Historia de los Reyes Católicos*, Cap. 110.
22 Raphael, loc. 683 (citando Capsali, *Seder Eliyahu Zuta*, vol. 1).
23 Isabel Montes Romero-Camacho, "Judíos y mudéjares", *Medievalismo*, n. 14, 2004, pp. 253–4.
24 Raphael, loc. 2051 (citando Solomon ibn Verga, *Shevet Yehuda*).
25 Ibid., locs. 2084–95 (citando Ibn Verga, *Shevet Yehuda*).
26 Ibid., loc. 1827.
27 Abraham Gross, *Iberian Jewry from Twilight to Dawn: The World of Rabbi Abraham Saba*, Leiden, Brill, 1995, pp. 11–14.
28 Bernáldez, *Historia de los Reyes Católicos*, Cap. 113.
29 Soyer, *Persecution of the Jews and Muslims*, p. 102.
30 Ibid., pp. 107–8, 111–12.
31 Ibid., p. 115.
32 Ibid., pp. 44, 117, 120–1. Gross, *Iberian Jewry*, pp. 5–7, 9–39.
33 Soyer, *Persecution of the Jews and Muslims*, pp. 126–30 (citando Damião de Góis, *Crónica do felicíssimo Rei D. Manuel*, vols. 1–2, Coimbra, 1949, vol. 1, pp. 23–4).
34 Soyer, *Persecution of the Jews and Muslims*, pp. 122, 131. Gross, *Iberian Jewry*, p. 18.
35 Soyer, *Persecution of the Jews and Muslims*, p. 130.
36 Raphael, locs. 2354–2407 (citando Nahum N. Glatzer, *A Jewish Reader: In Time and Eternity*, trad. Olga Marx). Soyer, *Persecution of the Jews and Muslims*, p. 113.
37 Bernáldez, *Historia de los Reyes Católicos*, Cap. 113.
38 Raphael, loc. 1689. Bernáldez, *Historia de los Reyes Católicos*, Cap. 110.
39 Soyer, *Persecution of the Jews and Muslims*, p. 133. Luis Suárez Fernández, *Documentos acerca de la expulsión de los judíos*, Valladolid, Aldecoa, 1964, pp. 487–9 e 526–7.
40 Soyer, *Persecution of the Jews and Muslims*, p. 134 (citando Rui de Pina, *Crónica de D. João II*, p. 138).
41 Haim Beinart, "Vuelta de judíos a España después de la expulsión", in Ángel Alcalá (org.), *Judíos, sefarditas, conversos. La expulsión de 1492 y sus consecuen-*

cias. *Ponencias del Congreso Internacional celebrado en Nueva York en noviembre de 1992*, Valladolid, Ambito, 1995, pp. 186, 191. Miguel Ángel Ladero Quesada, "El número de judíos en la España de 1492", in Alcalá (org.), *Judíos, sefarditas, conversos*, pp. 176-7.

42 Raphael, loc. 3415 (citando Abraham Ben Solomon, de Ardutiel), *Sefer Ha-Kabbalah*, in A. Neubauer (org.), *Medieval Jewish Chronicles and Chronological Notes*, Oxford, 1887, vol. 1.
43 Ladero Quesada, "El número de judíos en la España de 1492", pp. 176-7. Beinart, "Vuelta de judíos a España después de la expulsión", pp. 177, 183-5. Tarsicio de Azcona, *Isabel la Católica. Estudio crítico de su vida y su reinado*, Madri, Biblioteca de Autores Cristianos, 1993, p. 807n.
44 Suárez, *Documentos expulsión*, p. 116.
45 Raphael, locs. 422-612.
46 Ibid., locs. 600-8 (citando Capsali, *Seder Eliyahu Zuta*, vol. 1).
47 Ibid., loc. 2228 (citando Ibn Verga, *Shevet Yehuda*). Roth, *Medieval Jewish Civilization*, pp. 300-1. Soyer, *Persecution of the Jews and Muslims*, p. 107.
48 Raphael, loc. 1340 (citando Abravanel, *Perush al Nebiim Rishonin*). Pérez, *Inquisición española*, pp. 130-1, 136.

CAPÍTULO 28: A CORRIDA PARA A ÁSIA

1 Consuelo Varela, *Cristóbal Colón. Retrato de un hombre*, Barcelona, Alianza, 1992, pp. 37, 68, 149. Antonio Rumeu de Armas, *La Rábida y el descubrimiento de América*, Madri, Ediciones Cultura Hispanica, 1968, p. 148.
2 Andrés Bernáldez, *Historia de los Reyes Católicos don Fernando y doña Isabel*, in *Crónicas de los Reyes de Castilla*, org. Cayetano Rosell, vol. 70, Madri, Biblioteca de Autores Españoles, 1878, Cap. 118.
3 Eufemio Lorenzo Sanz, *Salamanca en la vida de Colón*, Salamanca, Diputación Provincial, 1983, pp. 14-17.
4 Martín Fernández Navarrete, *Colección de los viages y descubrimientos que hicieron por mar los españoles desde fines del siglo XV*, vols. 1-3, Madri, Imprenta Real, 1825, vol. 1, p. 154. Francisco Javier Sánchez Cantón, *Libros, tapices y cuadros que coleccionó Isabel la Católica*, Madri, Consejo Superior de Investigaciones Científicas, 1950, pp. 67, 82. Varela, *Retrato*, pp. 149-50.
5 Navarrete, *Viages*, vol. 1, p. 154.
6 Bartolomé de Las Casas, *Historia de las Indias*, vols. 1-2, Madri, Imprenta Ginesta, 1875, vol. 1, Cap. 12. Felipe Fernández-Armesto, *Columbus*, Oxford, Oxford University Press, 1991, pp. 30-1.
7 Samuel Eliot Morison, *The Great Explorers: The European Discovery of America*, Oxford, Oxford University Press, 1986, pp. 370.
8 Fernández-Armesto, *Columbus*, p. 54.

NOTAS

9 Las Casas, *Historia de las Indias*, vol. 1, Caps. 27 e 29. Antonio Rumeu de Armas, *Nueva luz sobre las capitulaciones de Santa Fe de 1492 concertadas entre los Reyes Católicos y Cristóbal Colón. Estudio Institucional y diplomático*, Madri, Consejo Superior de Investigaciones Científicas, 1985, pp. 142–3. Varela, *Retrato*, pp. 59, 75.
10 Rumeu de Armas, *La Rábida*, pp. 13, 22, 27, 50–60. Fernández-Armesto, *Columbus*, p. 60. Varela, *Retrato*, p. 151.
11 Varela, *Retrato*, p. 151.
12 Ibid., pp. 149–51.
13 Consuelo Varela, *Textos y documentos completos*, Madri, Alianza, 1992, p. 303. Andrés María Mateo, *Colón y Isabel la Católica*, Valladolid, Consejo Superior de Investigaciones Científicas, 1942, pp. 3–5.
14 Fernández-Armesto, *Columbus*, pp. 4, 17.
15 Bernáldez, *Historia de los Reyes Católicos*, Cap. 118.
16 Navarrete, *Viages*, vol. 1, p. 265.
17 Consuelo Varela, *La caída de Cristóbal Colón. El juicio de Bobadilla*, Barcelona, Marcial Pons, Ediciones de Historia, 2006, p. 70.
18 Varela, *Retrato*, pp. 99, 107.
19 Fernández-Armesto, *Columbus*, pp. 40, 64.
20 Thomas Suárez, *Shedding the Veil: Mapping the European Discovery of America and the World*, Singapura, World Scientific Publishing, 1992, p. 44.
21 Las Casas, *Historia de las Indias*, vol. 1, Cap. 31, p. 242. Felipe Fernández-Armesto, *Columbus on Himself*, Cambridge, Massachusetts, Hackett, 2010, p. 11. Varela, *Retrato*, p. 15.
22 Las Casas, *Historia de las Indias*, vol. 1, Cap. 31, p. 243.
23 Ibid., pp. 242–3.
24 Ibid., Cap. 32, p. 247.
25 Tarsicio de Azcona, *Isabel la Católica. Estudio crítico de su vida y su reinado*, Madri, Biblioteca de Autores Cristianos, 1993, pp. 815–16.
26 María Montserrat León Guerrero, "El segundo viaje colombino", tese de doutorado, Universidad de Valladolid, 2002, p. 88.
27 Fernández-Armesto, *Columbus*, p. 62.
28 Ibid., pp. 62, 56.
29 León, "Segundo viaje", pp. 89–90 (citando J. Varela, *El Tratado de Tordesillas*, p. 39). Fernández-Armesto, *Columbus*, p. 62.
30 Azcona, *Isabel la Católica*, pp. 831–2.
31 Las Casas, *Historia de las Indias*, Cap. 31, p. 243 disponível em http://www.mcu.es/archivos/docs/Novedades/capitulaciones_ACA.pdf. Juan Manzano Manzano, *La incorporación de las Indias a la Corona de Castilla*, Madri, Ediciones Cultura Hispánica, 1948, p. 265. Azcona, *Isabel la Católica*, pp. 834–5.

32 Murga Sanz, pp. 298–9. István Szászdi León-Borja, "El origen de la Armada de Vizcaya y el Tratado de las Alcáçovas", *Historia, instituciones, documentos*, n. 26, 1999, p. 563.
33 Antonio Rumeu de Armas, *La política indigenista de Isabel la Católica*, Valladolid, Instituto "Isabel la Católica" de Historia Eclesiástica, 1969, pp. 203–7, 227–9.
34 Azcona, *Isabel la Católica*, pp. 819–20.
35 Manuel Lobo Cabrera, *La conquista de Gran Canaria (1478–1483)*, Las Palmas de Gran Canaria, Cabildo Insular de Gran Canaria, Departamento de Ediciones, 2012, p. 157. Miguel Ángel Ladero Quesada (org.), *Edad Media*, vol. 2 de *Historia Militar de España*, Madri, Ministerio de Defensa, 2013, pp. 352–3.
36 Lobo Cabrera, *Conquista de Gran Canaria*, pp. 153, 156.
37 Ibid., pp. 158–9.
38 Ibid., p. 178.
39 Ibid., pp. 152–3, 167, 169–75.
40 *Esclavos*, vol. 8 de *Documentos para la historia de Canarias*, Santa Cruz de Tenerife, Gobierno de Canarias, 2006, pp. 19, 23.
41 Hieronymus Münzer, *Viaje por España y Portugal (1494–1495)*, Madri, Polifemo, 1991, p. 62.
42 Rumeu de Armas, *Política*, p. 38 e doc. 4.
43 Ibid., doc. 15.
44 Lobo Cabrera, *Conquista de Gran Canaria*, p. 182.
45 Fernández-Armesto, *Before Columbus*, pp. 212–14. Lobo Cabrera, *Conquista de Gran Canaria*, pp. 70–1, 186.
46 Rumeu de Armas, *La Rábida*, pp. 102–5.
47 Fernández-Armesto, *Columbus*, pp. 43–4.
48 León, "Segundo viaje", p. 17.
49 Juan Gil e Consuelo Varela (orgs.), *Cartas de particulares a Colón y relaciones coetáneas*, Madri, Alianza, 1984, p. 99. Fernández-Armesto, *Columbus*, pp. 53, 73.

CAPÍTULO 29: MULHERES E O ESPÍRITO FESTIVO
1 Diego Clemencín, *Elogio a la reina Isabel la Católica e ilustraciones sobre varios asuntos de su reinado*, vol. 6, Madri, Memorias de la Real Academia de la Historia, 1821, p. 371.
2 Ibid., pp. 351–71.
3 Ibid., p. 371.
4 Ibid.
5 Ibid., p. 375 e n. 11.

6 Álvaro Fernández de Córdova Miralles, *La Corte de Isabel I. Ritos y ceremonias de una reina (1474–1504)*, Madri, Dykinson, 2002, pp. 356–7.
7 Fernando del Pulgar, *Crónica de los Señores Reyes Católicos Don Fernando y Doña Isabel de Castilla y de Aragón*, in *Crónicas de los Reyes de Castilla*, vol. 3, org. Cayetano Rosell, Madri, Rivadeneyra, 1878, Parte 2, Cap. 24.
8 Ibid.
9 Córdova, *La Corte*, p. 153.
10 Bethany Aram, *Juana the Mad: Sovereignty and Dynasty in Renaissance Europe*, Baltimore, Johns Hopkins University Press, 2005, p. 18.
11 Journals of Roger Machado, in James Gairdner, *Chronicles of Henry VII*, p. 355.
12 Córdova, *La Corte*, p. 28 (citando Marineo Sículo).
13 Carmen Manso Porto, in Luis Suárez Fernández e Carmen Manso Porto (orgs.), *Isabel la Católica en la Real Academia de la Historia*, Madri, Real Academia de la Historia, 2004, pp. 194–5. Francisco Javier Sánchez Cantón, *Libros, tapices y cuadros que coleccionó Isabel la Católica*, Madri, Consejo Superior de Investigaciones Científicas, 1950, p. 23. Gonzalo Fernández de Oviedo, *Batallas y quinquagenas*, org. J. Pérez de Tudela y Bueso, vol. 1, Madri, pp. 481–6. Córdova, *La Corte*, pp. 74, 299. Gonzalo Fernández de Oviedo, *Libro de la Cámara Real del Príncipe don Juan e offiçios de su casa e seruiçio ordinario*, p. 107.
14 Córdova, *La Corte*, pp. 160, 166, 293, 299. Giles Tremlett, *Catherine of Aragon*, Londres, Faber & Faber, 2010, p. 93.
15 *CSP Spain*, vol. 1, p. 156.
16 Córdova, *La Corte*, p. 112.
17 Ibid., p. 127.
18 Aram, *Juana the Mad*, p. 23.
19 Juan Luis Vives, *The Education of a Christian Woman: A Sixteenth-Century Manual*, org. e trad. Charles Fantazzi, Chicago, University of Chicago Press, 2000, p. 49.
20 Ver Oviedo, *Quincuagenas*.
21 Desiderius Erasmus, *The Epistles of Erasmus*, trad. Francis Morgan Nichols, vol. 3, Londres, Longmans, Green, 1901, p. 421.
22 Elisa Ruiz, "El patrimonio gráfico de Isabel la Católica y sus fuentes documentales", *Signo: Revista de Historia de la Cultura Escrita*, n. 14, 2004, p. 133.
23 Alfonso Martínez de Toledo, Arcipreste de Talavera, *Corbacho, o Reprobación del amor mundano*, Biblioteca Virtual Miguel de Cervantes, disponível em http://www.cervantesvirtual.com/servlet/SirveObras/01473958655714017554480/index.htm.1466, Cap. 13.
24 Francesc Eiximenis, *Carro de las donas*, org. Carmen Clausell Nácher, Madri, Fundación Universitaria Española, 2007, vol. 2, Cap. 19.

25 Córdova, *La Corte*, p. 299.
26 Ibid., pp. 74, 299 (citando Galindez de Carvajal). Sánchez, *Libros, tapices*, p. 23. Oviedo, *Quinquagenas*, pp. 233, 481–6. Oviedo, *Cámara*, pp. 29–31, 107.
27 Oviedo, *Cámara*, pp. 29–31, 107. Sánchez, *Libros, tapices*, p. 23.
28 Córdova, *La Corte*, p. 297.
29 Ibid., pp. 254, 275.

CAPÍTULO 30: UMA NOITE INFERNAL
1 Pietro Martire d'Anghiera, *Epistolario de Pedro Mártir de Anglería*, org. e trad. de José López de Toro, Madri, Imp. de Góngora, 1953–7, Cartas 125 e 127.
2 Ibid., Cartas 125–6.
3 Ibid., Carta 125.
4 Pere Miguel Carbonell, *Chròniques de Espanya, fins aci no divulades*, Barcelona, Carles Amoros, 1547, pp. 521–5.
5 Martire d'Anghiera, *Epistolario*, Cartas 125–6.
6 Ibid., Carta 126.
7 Ibid., Carta 127.
8 Ibid., Carta 127.
9 Ibid., Carta 126.
10 Carbonell, *Chròniques de Espanya*, pp. 521–5. Peggy K. Liss, *Isabel the Queen: Life and Times*, Filadélfia, University of Pennsylvania Press, 2004, p. 348.
11 Gonzalo Fernández de Oviedo, *Libro de la Cámara Real del Príncipe don Juan e offiçios de su casa e seruiçio ordinario*, pp. 193–6.

CAPÍTULO 31: UM NOVO MUNDO
1 Felipe Fernández-Armesto, *Columbus on Himself*, Cambridge, Massachusetts, Hackett, 2010, pp. 97–8 (citando Fernando Colón, *Historia del Almirante*, vol. 1, pp. 162–3).
2 María Montserrat León Guerrero, "El segundo viaje colombino", tese de doutorado, Universidad de Valladolid, 2002, p. 28.
3 Consuelo Varela, *Cristóbal Colón. Retrato de un hombre*, Barcelona, Alianza, 1992, pp. 167, 207–8. León, "Segundo viaje", pp. 233–4. Martín Fernández Navarrete (org.), *Colección de los viages y descubrimientos que hicieron por mar los españoles desde fines del siglo XV*, vols. 1–3, Madri, Imprenta Real, 1825, vol. 1, pp. 447–8.
4 Ver Antonio Rumeu de Armas, *Libro copiador de Cristóbal Colón. Estudio histórico-crítico y edición*, 2 vols., Madri, Ministerio de Cultura, 1989.
5 Navarrete, *Viages*, vol. 1, p. 153.
6 Fernández-Armesto, *Columbus on Himself*, pp. 38–9.

7   Bartolomé de Las Casas, *Historia de las Indias*, vols. 1 e 2, Madri, Imprenta Ginesta, 1875, vol. 1, Cap. 36, p. 267.
8   Ibid., Cap. 39, p. 286. Christopher Columbus, *Diaro of 1492*, disponível em http://www.ems.kcl.ac.uk/content/etext/e019.html.
9   Las Casas, *Historia de las Indias*, vol. 1, Cap. 39, p. 287.
10 Ibid., p. 288.
11 Ibid., pp. 288–9.
12 Fernández-Armesto, *Columbus on Himself*, pp. 50–2.
13 Luis Suárez Fernández, *Expansión de la Fé*, Madri, Rialp, 1990, p. 251.
14 Juan Gil e Consuelo Varela (orgs.), *Cartas de particulares a Colón y relaciones coetáneas*, Madri, Alianza, 1984, p. 120.
15 Felipe Fernández-Armesto, *Columbus*, Oxford, Oxford University Press, 1991, p. 88.
16 Fernández-Armesto, *Columbus on Himself*, p. 133.
17 Fernández-Armesto, *Columbus*, p. 87.
18 Navarrete, *Documentos*, vol. 2, pp. 24–5.
19 Las Casas, *Historia de las Indias*, vol. 1, Cap. 64, p. 415.
20 Felipe Fernández-Armesto, *Pathfinders: A Global History of Exploration*, Oxford, Oxford University Press, 2007, pp. 141–3, 157–8.
21 Ibid., pp. 127, 131–2, 145–6.
22 Ibid. Richard W. Kaeuper, *Chivalry and Violence in Medieval Europe*, p. 151. Jennifer G. Wollock, *Rethinking Chivalry and Courtly Love*, p. 138.

CAPÍTULO 32: ÍNDIOS, PAPAGAIOS E REDES
1   Juan Gil e Consuelo Varela (orgs.), *Cartas de particulares a Colón y relaciones coetáneas*, Madri, Alianza, 1984, pp. 227, 235. María Montserrat León Guerrero, "El segundo viaje colombino", tese de doutorado, Universidad de Valladolid, 2002, pp. 28–33.
2   León, "Segundo viaje", pp. 23–8.
3   Consuelo Varela, *Cristóbal Colón. Retrato de un hombre*, Barcelona, Alianza, 1992, p. 218.
4   Bartolomé de Las Casas, *Historia de las Indias*, vols. 1 e 2, Madri, Imprenta Ginesta, 1875, vol. 1, Cap. 78.
5   Ibid., p. 447.
6   Angus A. A. Mol, "The Gift of the 'Face of the Living': Shell Faces as Social Valuables in the Caribbean Late Ceramic Age", *Journal de la Société des Américanistes*, vol. 97, n. 2, 2011, pp. 6-7, disponível em http://jsa.revues.org/11834.
7   León, "Segundo viaje", pp. 33–4. Martín Fernández Navarrete (org.), *Colección de los viages y descubrimientos que hicieron por mar los españoles desde fines del siglo XV*, vols *1–3*, Madri, Imprenta Real, 1825, vol. 2, p. 23.

8 Las Casas, *Historia de las Indias*, vol. 1, Cap. 78, p. 477. León, "Segundo viaje", p. 36.
9 Álvaro Fernández de Córdova Miralles, *La Corte de Isabel I. Ritos y ceremonias de una reina (1474–1504)*, Madri, Dykinson, 2002, p. 79 (citando F. Bermúdez de Pedraza, *Historia eclesiástica*).
10 León, "Segundo viaje", p. 36 (citando Las Casas, *Historia de las Indias*, vol. 1, p. 478).
11 Felipe Fernández-Armesto, *Columbus*, Oxford, Oxford University Press, 1991, p. 89.
12 Luis Suárez Fernández, *Expansión de la Fé*, Madri, Rialp, 1990, p. 251.
13 Mol, "The Gift of the 'Face of the Living'", pp. 6–8.
14 León, "Segundo viaje", pp. 53, 59.
15 Ibid., p. 42 (citando A. Allegretti, *Il diario delle cose di Siena dall'anno 1450 fino al 1496)*.
16 Felipe Fernández-Armesto, *Columbus on Himself*, Cambridge, MA, Hackett, 2010, p. 101. Álvaro Fernández de Córdova Miralles, *Alejandro VI y los Reyes Católicos. Relaciones político-eclesiásticas (1492–1503)*, Roma, Edizioni Università della Santa Croce, 2005, p. 480.
17 Richard L. Kagan, *Clio and the Crown: The Politics of History in Medieval and Early Modern Spain*, Baltimore, Johns Hopkins University Press, 2009 (ed. Kindle), pp. 51–2.
18 "John Cabot in Seville", in *The Smugglers' City*, University of Bristol, disponível em http://www.bristol.ac.uk/Depts/History/Maritime/Sources/1494cabotseville.htm.
19 León, "Segundo viaje", p. 68.
20 Ibid., p. 69 (citando AGI, 7 maio 1493).
21 Ibid., pp. 72–3.
22 Ibid., pp. 70–4, 78, 84–8, 108–9, 111, 121, 179, 182.
23 Fernández-Armesto, *Columbus*, pp. 62, 56. León, "Segundo viaje", pp. 89, 125n.
24 Consuelo Varela, *Los cuatro viajes. Testamento*, Barcelona, Alianza, 2007, p. 13.
25 León, "Segundo viaje", pp. 95–104.
26 Ibid., pp. 116–19, 121–5, 191–4, 198. Férnandez-Armesto, *Columbus*, pp. 62, 56.
27 León, "Segundo viaje", p. 110.
28 Ibid., pp. 200–1, 229–31, 242.
29 Consuelo Varela, *Textos y documentos*, Madri, Alianza, 1992, p. 219.
30 León, "Segundo viaje", pp. 232–3.
31 Ibid., pp. 229–37.
32 Ibid., pp. 173–9.

NOTAS

CAPÍTULO 33: REPARTINDO O MUNDO

1 María Montserrat León Guerrero, "El segundo viaje colombino", tese de doutorado, Universidad de Valladolid, 2002, p. 402.
2 Felipe Fernández-Armesto, *Columbus*, Oxford, Oxford University Press, 1991, pp. 99–100. Martín Fernández Navarrete (org.), *Colección de los viages y descubrimientos que hicieron por mar los españoles desde fines del siglo XV*, vols. 1–3, Madri, Imprenta Real, 1825, vol. 2, p. 155.
3 Ibid.
4 Miguel Ángel Ladero Quesada, *Isabel I de Castilla. Siete ensayos sobre la reina, su entorno y sus empresas*, Madri, Dykinson, 2012, p. 208.
5 León, "Segundo Viaje", pp. 241–4.
6 Ibid., pp. 250–1.
7 Ibid., pp. 254–5, 258, 266–73. Consuelo Varela, *La caída de Cristóbal Colón. El juicio de Bobadilla*, Barcelona, Marcial Pons, Ediciones de Historia, 2006, p. 95.
8 León, "Segundo Viaje", pp. 256, 275–7.
9 Ibid., p. 451.
10 Cristóvão Colombo, *Memorial para los reyes católicos*, disponível em www.artic.ua.es/biblioteca/u53/documentos/1142.doc.
11 Ibid.
12 Ibid.
13 Ibid.
14 León, "Segundo Viaje", p. 287.
15 Ibid., p. 288. Cristóvão Colombo, *Memorial para los reyes católicos*, disponível em www.artic.ua.es/biblioteca/u53/documentos/1142.doc.
16 Antonio Rumeu de Armas, *La política indigenista de Isabel la Católica*, Valladolid, Instituto "Isabel la Católica" de Historia Eclesiástica, 1969, pp. 314–15, 318, 341, 366–72, 396.
17 Gonzalo Fernández de Oviedo, *Libro de la Cámara Real del Príncipe don Juan e offiçios de su casa e seruiçio ordinario*, p. 122.
18 Ver Ildefonso Gutierrez Azopardo, "Los papas en los inicios de la trata negrera", disponível em http://www.africafundacion.org/spip.php?article1847.
19 Ibid.
20 León, "Segundo Viaje", pp. 290–2. Disponível em www.artic.ua.es/biblioteca/u53/documentos/1142.doc.
21 León, "Segundo Viaje", p. 301.
22 Ibid., pp. 310–18, 325.
23 Ibid., pp. 328–41, 348, 358.
24 Ibid., pp. 382, 395, 399–402. "Treaty between Spain and Portugal at Tordesillas", 7 jun. 1494, in Frances Gardiner Davenport, *European treaties bearing*

on the history of the United States to 1648, Washington, Carnegie Institution, 1917, disponível em http://avalon.law.yale.edu/15th_century/mod001.asp.
25 Juan Gil e Consuelo Varela (orgs.), *Cartas de particulares a Colón y relaciones coetáneas*, Madri, Alianza, 1984, p. 226.
26 Ibid., pp. 228–30.
27 León, "Segundo Viaje", pp. 451, 453.
28 Ibid., pp. 412–15, 422.
29 Bartolomé de Las Casas, *Historia de las Indias*, vols. 1–2, Madri, Imprenta Ginesta, 1875, vol. 2, Cap. 100, pp. 73–4.
30 León, "Segundo Viaje", pp. 424–9 (citando Colón, *Carta Relación del segundo viaje explorador al interior de la Española*), 435, 440–3.
31 Ibid., pp. 419–20. Navarrete, *Documentos*, vol. 1, p. 177.
32 León, "Segundo Viaje", pp. 420, 440, 467.
33 Ibid., pp. 450, 453, 457–60, 474–7. Fernández-Armesto, *Columbus*, p. 111. Gil e Varela, *Cartas*, pp. 264–5.
34 León, "Segundo Viaje", pp. 445, 468. Fernández-Armesto, *Columbus*, pp. 113–14.
35 León, "Segundo Viaje", pp. 462–5. Navarrete, *Colección de los viages y descubrimientos que hicieron por mar los españoles desde fines del siglo XV*, vols. 1–3, Madri, Imprenta Real, 1825, vol. 1, p. 186.
36 León, "Segundo Viaje", pp. 468–70.
37 Ibid., pp. 471–2, 479.
38 Antonio Rumeu de Armas, *Libro copiador de Cristóbal Colón. Estudio histórico-crítico y edición*, 2 vols., Madri, Ministerio de Cultura, 1989, vol. 1, pp. 308–9.
39 Raúl Aguilar Rodas, *Cristóbal Colón. Realidad y ficción tras 500 años de su muerte 1506–2006*, Medellín, Panibérica, 2006, pp. 89–90.
40 Fernández-Armesto, *Columbus*, pp. 116–20. Felipe Fernández-Armesto, *Columbus on Himself*, Cambridge, MA, Hackett, 2010, p. 133.
41 Consuelo Varela, *Textos y documentos*, Madri, Alianza, 1992, p. 197.
42 Navarrete, *Documentos*, vol. 1, p. 392.
43 Ibid., p. 393.
44 Ibid., p. 394.

CAPÍTULO 34: UM NOVO CONTINENTE

1 Felipe Fernández-Armesto, *Columbus*, Oxford, Oxford University Press, 1991, pp. 117, 122. Laurence Bergreen, *Columbus: The Four Voyages*, Nova York, Viking Penguin, 2011, p. 323.
2 Martín Fernández Navarrete, *Colección de los viages y descubrimientos que hicieron por mar los españoles desde fines del siglo XV*, vols. 1–3, Madri, Imprenta Real, 1825, vol. 3, pp. 506–7.

3   Consuelo Varela, *Textos y documentos*, Madri, Alianza, 1992, pp. 238–9. Fernández-Armesto, *Columbus*, pp. 123–9. Bergreen, *Columbus*, p. 248. Felipe Fernández-Armesto, *Colón*, Barcelona, Crítica, 1992, p. 187.
4   Fernández-Armesto, *Columbus*, p. 129.
5   Varela, *Textos y documentos*, p. 203.
6   Fernández-Armesto, *Columbus*, pp. 129–31. Fernández-Armesto, *Colón*, p. 194.
7   Bartolomé de Las Casas, *Historia de las Indias*, vols. 1–2, Madri, Imprenta Ginesta, 1875, vol. 2, Cap. 148. Bergreen, *Columbus*, pp. 249, 254.
8   Consuelo Varela, *La caída de Cristóbal Colón. El juicio de Bobadilla*, Barcelona, Marcial Pons, Ediciones de Historia, 2006, p. 43. Juan Gil e Consuelo Varela (orgs.), *Cartas de particulares a Colón y relaciones coetáneas*, Madri, Alianza, 1984, pp. 271–6. Varela, *Textos y documentos*, pp. 255–6. Bergreen, *Columbus*, p. 260.
9   Las Casas, *Historia de las Indias*, vol. 2, Cap. 155.
10 Varela, *Textos y documentos*, p. 256.
11 Varela, *Bobadilla*, p. 39. George J. Armelagos et al., "The Science Behind Pre-Columbian Evidence of Syphilis in Europe", *Evolutionary Anthropology*, vol. 21, n. 2, 2012, pp. 50–7. Nathan Nunn e Nancy Qian, "The Columbian Exchange: A History of Disease, Food, and Ideas", *Journal of Economic Perspectives*, vol. 24, n. 2, 2010, pp. 163–88.
12 Felipe Fernández-Armesto, *Columbus on Himself*, Cambridge, MA, Hackett, 2010, p. 178.
13 Varela, *Textos y documentos*, p. 258.
14 Varela, *Bobadilla*, pp. 44–5. Fernández-Armesto, *Columbus*, p. 135 (citando Las Casas, *Historia de las Indias*, vol. 2, p. 257).
15 Varela, *Bobadilla*, p. 52.
16 Ibid., pp. 53–4.
17 Gil e Varela, *Cartas*, p. 329.
18 Varela, *Bobadilla*, pp. 72–3, 85.
19 Ibid., pp. 98–100, 104–5.
20 Ibid., pp. 111–14, 119.
21 Ibid., pp. 112–16.
22 Antonio Rumeu de Armas, *La política indigenista de Isabel la Católica*, Valladolid, Instituto "Isabel la Católica" de Historia Eclesiástica, 1969, p. 396.
23 Navarrete, *Viages*, vol. 2, p. 331. Miguel Ángel Ladero Quesada, *Isabel I de Castilla. Siete ensayos sobre la reina, su entorno y sus empresas*, Madri, Dykinson, 2012, p. 231.
24 Varela, *Bobadilla*, p. 116.
25 Ladero Quesada, *Isabel*, p. 231.

26 Ibid., pp. 226–7.
27 Varela, *Bobadilla*, p. 168. Las Casas, *Historia de las Indias*, vol. 2, pp. 511–12.
28 Varela, *Textos y documentos*, p. 264.
29 Ibid.
30 Navarrete, *Viages*, vol. 1, p. 421.
31 Varela, *Textos y documentos*, p. 271.
32 Varela, *Bobadilla*, pp. 169–71. María Montserrat León Guerrero, "El segundo viaje colombino", tese de doutorado, Universidad de Valladolid, 2002, pp. 85–6.
33 Varela, *Textos y documentos*, p. 303. Cristóvão Colombo, *Carta a los reyes*, disponível em http://www.ems.kcl.ac.uk/content/etext/e023.html.
34 Varela, *Bobadilla*, pp. 171–4.
35 Consuelo Varela, *Los cuatro viajes. Testamento*, Barcelona, Alianza, 2007, pp. 29–32. Fernández-Armesto, *Columbus on Himself*, p. 221. Varela, *Textos y documentos*, p. 317.
36 Varela, *Textos y documentos*, p. 317.
37 Las Casas, *Historia de las Indias*, vol. 2, Cap. 5. Varela, *Bobadilla*, p. 172. Fernández-Armesto, *Columbus on Himself*, pp. 220–1. Clarence H. Haring, "American Gold and Silver Production in the First Half of the 16th Century", *Quarterly Journal of Economics*, vol. 29, n. 3, maio 1915, p. 465.
38 Varela, *Los cuatro viajes*, pp. 31–2.
39 Gil e Varela, *Cartas*, p. 501.
40 Varela, *Textos y documentos*, pp. 328–9.

CAPÍTULO 35: CASAMENTOS DOS BÓRGIA

1 Luis Suárez Fernández, *El camino hacia Europa*, Madri, Rialp, 1990, p. 15. Johann Burchard, *At the Court of the Borgia*, org. Geoffrey Parker, Londres, Folio Society, 2002, pp. 64–7.
2 Christopher Hibbert, *The Borgias*, Londres, Constable, 2011 (ed. Kindle), pp. 47–50.
3 Burchard, *Borgia*, pp. 64–7.
4 Mary Hollingsworth, *The Borgias: History's Most Notorious Dynasty*, Londres, Quercus, 2011 (ed. Kindle), loc. 1660.
5 Ibid., loc. 1404.
6 Hibbert, *Borgias*, p. 50.
7 Ibid., pp. 51–2.
8 Suárez, *Europa*, pp. 13–15, 23–9. Álvaro Fernández de Córdova Miralles, *La Corte de Isabel I. Ritos y ceremonias de una reina (1474–1504)*, Madri, Dykinson, 2002, p. 275.

NOTAS

9   Álvaro Fernandez de Córdova Miralles, *Alejandro VI y los Reyes Católicos. Relaciones político-eclesiásticas (1492-1503)*, Roma, Edizioni Università della Santa Croce, 2005, pp. 236, 476.
10 Suárez, *Europa*, p. 25, n. 42 (citando seu próprio *Política internacional*, vol. 3, p. 105, n. 52). Córdova, *Alejandro VI*, p. 276.
11 Suárez, *Europa*, pp. 13–15, 18, 26, 34, 48, 56, 95, 198.
12 Burchard, *Borgia*, pp. 91–120. Hollingsworth, *Borgias*, locs. 1792–1884.
13 Luis Suárez Fernández, "La declaración de guerra a Francia por parte de los Reyes Católicos en 1494", *Archivum*, vol. 12, 1962, pp. 204, 207–9. Suárez, *Europa*, pp. 50–6. Hollingsworth, *Borgias*, locs. 1923–1943. Antonio Rodríguez Villa, *Crónicas del Gran Capitan*, Bailly, Madri, 1908, p. 30.
14 Suárez, *Europa*, p. 72.
15 Ibid., p. 64.

CAPÍTULO 36: TODOS OS TRONOS DA EUROPA
1   *CSP Spain*, vol. 1, pp. 43–51.
2   Ibid. Luis Suárez Fernández, *El camino hacia Europa*, Madri, Rialp, 1990, p. 28.
3   *CSP Spain*, vol. 1, pp. 107–14.
4   Ibid.
5   Suárez, *Europa*, p. 103.
6   Ibid., pp. 26–7, 34, 48, 56. Luis Suárez Fernández, "La declaración de guerra a Francia por parte de los Reyes Católicos en 1494", *Archivum*, vol. 12, 1962, p. 195. Bethany Aram, *Juana the Mad: Sovereignty and Dynasty in Renaissance Europe*, Baltimore, Johns Hopkins University Press, 2005, p. 186.
7   Suárez, *Europa*, pp. 67–8, 82, 86. Tarsicio de Azcona, *Isabel la Católica. Estudio crítico de su vida y su reinado*, Madri, Biblioteca de Autores Cristianos, 1993, p. 891.
8   Carmen Manso Porto, in Luis Suárez Fernández e Carmen Manso Porto (orgs.), *Isabel la Católica en la Real Academia de la Historia*, Madri, Real Academia de la Historia, 2004, pp. 194–5. Francisco Javier Sánchez Cantón, *Libros, tapices y cuadros que coleccionó Isabel la Católica*, Madri, Consejo Superior de Investigaciones Científicas, 1950, p. 23. Gonzalo Fernández de Oviedo, *Batallas y quinquagenas*, org. J. Pérez de Tudela y Bueso, vol. 1, Madri, 1983, pp. 481–6. Álvaro Fernández de Córdova Miralles, *La Corte de Isabel I. Ritos y ceremonias de una reina (1474–1504)*, Madri, Dykinson, 2002, pp. 74, 299. Gonzalo Fernández de Oviedo, *Libro de la Cámara Real del Príncipe don Juan e offiçios de su casa e seruiçio ordinario*, p. 107.
9   Alfredo Alvar Ezquerra, *Isabel la Católica*, Madri, Temas de Hoy, 2002, p. 132 (citando Pietro Martire d'Anghiera, *Epistolario de Pedro Mártir de Angle-*

ría, org. e trad. de José López de Toro, Madri, Imp. de Góngora, 1953–7). Álvaro Fernández de Córdova Miralles, *Alejandro VI y los Reyes Católicos. Relaciones político-eclesiásticas (1492–1503)*, Roma, Edizioni Università della Santa Croce, 2005, p. 867.

10 Martire d'Anghiera, *Epistolario*, Carta 171.
11 Ibid.
12 Luis Suárez Fernández, *Política internacional de Isabel la Católica*, 6 vols., Valladolid, Instituto "Isabel la Católica" de Historia Eclesiástica, 1965–72, vol. 4, p. 698. François Soyer, *The Persecution of the Jews and Muslims of Portugal: King Manuel I and the End of Religious Tolerance (1496–7)*, Leiden, Brill, 2007, p. 173.
13 Lalaing in Emilo García Rodríguez, "Toledo y sus visitantes extranjeros hasta 1561", *Toletum: Boletín de la Real Academia de Bellas Artes y Ciencias Históricas de Toledo*, n. 1, 1955, p. 26.
14 Martire d'Anghiera, *Epistolario*, Carta 374.
15 Antonio de la Torre y del Cerro e Luis Suárez Fernández, *Documentos referentes a las relaciones con Portugal durante el reinado de los Reyes Católicos*, 3 vols., Valladolid, Consejo Superior de Investigaciones Científicas, 1960–3, vol. 3, pp. 13–18. Suárez, *Europa*, pp. 110–12. Soyer, *Persecution of the Jews*, p. 239. Javier Liske, *Viajes de extranjeros por España y Portugal en los siglos XV, XVI y XVII*, Madri, Medina, 1878, p. 64.
16 De la Torre e Suárez, *Documentos Portugal*, vol. 3, p. 13.
17 Soyer, *Persecution of the Jews*, pp. 122, 188–90, 230–8.
18 Ibid., p. 192.
19 Ibid., pp. 14, 192, 194, 206, 209.
20 Abraham Gross, *Iberian Jewry from Twilight to Dawn: The World of Rabbi Abraham Saba*, Leiden, Brill, 1995, p. 9.
21 Soyer, *Persecution of the Jews*, pp. 16, 207.
22 Ibid., pp. 210, 217.
23 Ibid., p. 213.
24 Ibid., pp. 217–19.
25 Gross, *Iberian Jewry*, p. 10. Soyer, *Persecution of the Jews*, p. 229.
26 De la Torre e Suárez, *Documentos Portugal*, vol. 3, p. 10. Soyer, *Persecution of the Jews*, pp. 263–8.

CAPÍTULO 37: EMBORA CLÉRIGOS... AINDA SOMOS DE CARNE E OSSO

1 Ver Juan Ruiz, Arcipreste de Hita, *Libro de buen amor*, Paris, Louis Michaud, s/d, disponível em http://www.cervantesvirtual.com/obra-visor/el-libro-de--buen-amor--0/html/ff0ec418-82b1-11df-acc7002185ce6064.html.

2 María Sabina Álvarez Bezos, "Violencia contra las mujeres en la castilla del final de la edad media. Documentos para el estudio de las mujeres como protagonistas de su historia", tese de doutorado, Universidad de Valladolid, 2013, pp. 293–7, disponível em https://uvadoc.uva.es/bitstream/10324/4413/1/TESIS472-140224.pdf.

3 Álvaro Fernández de Córdova Miralles, *Alejandro VI y los Reyes Católicos. Relaciones político-eclesiásticas (1492–1503)*, Roma, Edizioni Università della Santa Croce, 2005, pp. 624–5.

4 José Sánchez Herrero, "Amantes, barraganas, compañeras, concubinas clericales", *Clío y Crímen*, n. 5, 2008, p. 137.

5 Navagero, in Jorge de Einghen et al., *Viajes por España de Jorge de Einghen, del Barón Leon de Rosmithal de Blatine, de Francisco Guicciardini y de Andrés Navajero; traducido, anotados y con un introducción por Antonio María Fabié*, Madri, Librería de los Bibliófilos, 1889, p. 254. Hieronymus Münzer, *Viaje por España y Portugal (1494–1495)*, Madri, Polifemo, 1991, p. 247. Córdova, *Alejandro VI*, p. 656.

6 Alonso de Palencia, *Crónica de Enrique IV*, org. A. Paz y Meliá, 4 vols., Madri, Revista de Archivos, 1904–8, Década 1, Livro 5, Cap. 8. Lucio Marineo Sículo, *Vida y hechos de los Reyes Católicos*, Madri, Atlas, 1943, pp. 73–4. Córdova, *Alejandro VI*, pp. 541–2.

7 Palencia, *Crónica de Enrique IV*, Década 1, Livro 7, Cap. 4. Córdova, *Alejandro VI*, p. 269 (citando Reinhard, "Le népotisme. Fonctions et avatars d'une constante de l'histoire pontificale", in Reinhard, *Papauté, confessions, modernité*, pp. 69–98).

8 Córdova, *Alejandro VI*, pp. 276, 569–72, 608, 611. Marvin Lunenfeld, *The Council of Santa Hermandad: A Study of the Pacification Forces of Ferdinand and Isabela*, Coral Gables, Flórida, University of Miami Press, 1970, p. 212.

9 *Cortes de los antiguos reinos de León y Castilla*, pub. por la Real Academia de la Historia, vol. 4, Madri, Rivadeneyra, 1882, p. 144. Córdova, *Alejandro VI*, pp. 625, 629. Álvarez Bezos, "Violencia contra las mujeres", pp. 299–305.

10 John Edwards, *Isabel la Católica. Poder y fama*, Madri, Marcial Pons, 2004, pp. 181–2, 192.

11 Popplau, in Javier Liske, *Viajes de extranjeros por España y Portugal en los siglos XV, XVI y XVII*, Madri, Medina, 1878, p. 8.

12 Indigo de Mendoza, *Coplas de vita Christi*, disponível em http://revistaliterariakatharsis.org/Coplas_de_Vita.pdf.

13 Córdova, *Alejandro VI*, p. 643.

14 Ibid., pp. 646–50.

15 Ibid., pp. 667–9.

16 Ibid., pp. 667–70.

17   Andrés Bernáldez, *Historia de los Reyes Católicos don Fernando y doña Isabel*, in *Crónicas de los Reyes de Castilla*, org. Cayetano Rosell, vol. 70, Madri, Biblioteca de Autores Españoles, 1878, Cap. 202.
18   Córdova, *Alejandro VI*, pp. 542–60, 673.

CAPÍTULO 38: A FROTA DE JOANA

1   Alonso de Santa Cruz, *Crónica de los Reyes Católicos*, org. Juan de Mata Carriazo, Sevilha, Publicaciones de la Escuela de Estudios Hispano-Americanos de Sevilla, 1951, Cap. 32. Miguel Ángel Ladero Quesada, *La Armada de Flandes. Un episodio en la política naval de los Reyes Católicos*, Madri, Real Academia de la Historia, 2003, pp. 86, 104. Miguel Ángel Ladero Quesada, *Isabel I de Castilla. Siete ensayos sobre la reina, su entorno y sus empresas*, Madri, Dykinson, 2012, pp. 115, 127.
2   Hieronymus Münzer, *Viaje por España y Portugal (1494–1495)*, Madri, Polifemo, 1991, p. 44.
3   *Isabel la Católica. Magnificencia de un reinado*, p. 303. Ladero Quesada, *La Armada*, pp. 95–6, 148, 160–2. Ladero Quesada, *Isabel*, p. 128.
4   María Montserrat León Guerrero, "La Armada de Flandes y el viaje de la Princesa Juana", *Revista de Estudios Colombinos*, n. 5, 2009, p. 57. Ladero Quesada, *Isabel*, p. 128.
5   León, "La Armada de Flandes", p. 57.
6   Ladero Quesada, *La Armada*, pp. 63, 128.
7   Ladero Quesada, *Isabel*, pp. 128–30. Ladero Quesada, *La Armada*, p. 92.
8   Oviedo, *Cámara*, p. 165. Ladero Quesada, *Isabel*, p. 132.
9   Ladero Quesada, *Isabel*, p. 131.
10 Antonio Rumeu de Armas, *Itinerario de los Reyes Católicos, 1474–1516*, Madri, Instituto Jerónimo Zurita, Biblioteca Reyes Católicos, 1974, pp. 227–8. Santa Cruz, *Crónica*, Cap. 32. Luis Suárez Fernández, *El camino hacia Europa*, Madri, Rialp, 1990, pp. 82–3. John Edwards, *Isabel la Católica. Poder y fama*, Madri, Marcial Pons, 2004, pp. 154–5.
11 Luis Suárez Fernández, *Política internacional de Isabel la Católica*, 6 vols., Valladolid, Instituto "Isabel la Católica" de Historia Eclesiástica, 1965–72, vol. 4, doc. 177.
12 Santa Cruz, *Crónica*, Cap. 32. Ladero Quesada, *La Armada*, pp. 86, 104. Ladero Quesada, *Isabel*, p. 127. Suárez, *Política internacional*, vol. 4, doc. 178.
13 Santa Cruz, *Crónica*, Cap. 32. Ladero Quesada, *La Armada*, pp. 14, 104. Suárez, *Política internacional*, vol. 4, doc. 183.
14 *CSP Spain*, Supplement, pp. 54–62. Bethany Aram, *Juana the Mad: Sovereignty and Dynasty in Renaissance Europe*, Baltimore, Johns Hopkins University

Press, 2005, pp. 35–6, 42, 54. Antonio Rodríguez Villa, *La Reina Doña Juana la Loca. Estudio histórico*, Madri, Librería Murillo, 1892, pp. 185, 199.

15 Miguel Ángel Zalama Rodríguez, *Cólon y Juana I. Los viajes por mar de la reina entre España y los Países Bajos*, Revista de Estudios Colombinos, n. 5, 2009, p. 42. Duque de Berwick e de Alba (org.), *Correspondencia de Gutierre Gómez de Fuensalida. Embajador en Alemania, Flandes e Inglaterra (1496–1509)*, Madri, Imprenta Alemana, 1907, p. ix

16 Jean Molinet, *Chroniques*, 5, Paris, 1828, p. 64. Suárez, *Europa*, p. 108.

17 Molinet, *Chroniques*, p. 64. Suárez, *Europa*, p. 108.

18 Duque de Berwick e de Alba (org.), *Correspondencia de Gutierre Gómez de Fuensalida. Embajador en Alemania, Flandes e Inglaterra (1496–1509)*, Madri, Imprenta Alemana, 1907, p. ix. Vicente Rodríguez Valencia, *Isabel la Católica en la opinión de españoles y extranjeros. Siglos XV al XX*, vol. 1: *Siglos XV al XVI*, Valladolid, Instituto "Isabel la Católica" de Historia Eclesiástica, 1970, p. 20. Aram, *Juana the Mad*, pp. 34–5, 41, 47, 77. Suárez, *Política internacional*, vol. 4, doc. 188.

19 Molinet, *Chroniques*, p. 64. Suárez, *Política internacional*, vol. 5, docs. 72 e 100. Aram, *Juana the Mad*, p. 42. Ladero Quesada, *La Armada*, pp. 114, 134.

20 Fuensalida, *Correspondencia*, pp. 139, 143.

CAPÍTULO 39: DOIS MARIDOS TENDO, MORREU DONZELA

1 Marino Sanuto, *I diarii di Marino Sanuto*, vol. 1, Veneza, Fratelli Visentini Tipografi Editori, 1886, vol. 1, pp. 620–3.

2 Alonso de Santa Cruz, *Crónica de los Reyes Católicos*, org. Juan de Mata Carriazo, 2 vols., Sevilha, Publicaciones de la Escuela de Estudios Hispano-Americanos de Sevilla, 1951, pp. 164–5. Álvaro Fernández de Córdova Miralles, *La Corte de Isabel I. Ritos y ceremonias de una reina (1474–1504)*, Madri, Dykinson, 2002, pp. 289, 403. Garrett Mattingly, *Catherine of Aragon*, Londres, Jonathan Cape, 1942, p. 22. Emilo García Rodríguez, "Toledo y sus visitantes extranjeros hasta 1561", *Toletum: Boletín de la Real Academia de Bellas Artes y Ciencias Históricas de Toledo*, n. 1, 1955, p. 17. Felipe Fernández-Armesto, *Ferdinand and Isabella*, Nova York, Dorset Press, 1991, p. 108.

3 Mattingly, *Catherine of Aragon*, p. 22.

4 Gonzalo Fernández de Oviedo, *Libro de la Cámara Real del Príncipe don Juan e offiçios de su casa e serviçio ordinario*, p. 158.

5 Ibid., p. 111.

6 Córdova, *La Corte*, p. 150.

7 Oviedo, *Cámara*, pp. 197–8. Córdova, *La Corte*, p. 150. Juana María Arcelus, "La Desconocida Librería de Isabel la Católica", in *Actes del X Congres Internacional de l'Associació Hispánica de Literatura Medieval*, org. Rafael Alemany,

Josep Luís Martos e Josep Miquel Manzanaro, vol. 1, Alicante, 2005, pp. 296–7.

8   Tarsicio de Azcona, "El Príncipe don Juan, herdero de los Reyes Católicos, en el V centenario de su nacimiento (1478–1497)", *Cuadernos de Investigación Histórica*, n. 7, 1983, p. 223.

9   Ibid., pp. 224–5. Antonio de la Torre y del Cerro, *Cuentas de Gonzalo de Baeza, tesorero de Isabel la Católica*, 2 vols., Madri, Consejo Superior de Investigaciones Científicas, 1956, vol. 2, pp. 50–2. Oviedo, *Cámara*, p. 129.

10 Oviedo, *Cámara*, p. 111.

11 Arcelus, "La Desconocida Librería", p. 299. Azcona, "El Príncipe don Juan", pp. 226–7. Ver também Barbara F. Weissberger, *Isabel Rules: Constructing Queenship, Wielding Power*, Mineápolis, University of Minnesota Press, 2003.

12 Córdova, *La Corte*, p. 150 (citando Blasón General, fol. 18).

13 Azcona, "El Príncipe don Juan", p. 243.

14 Pietro Martire d'Anghiera, *Epistolario de Pedro Mártir de Anglería*, org. e trad. de José López de Toro, Madri, Imp. de Góngora, 1953–7, Cartas 176, 334 e 335. Ángel Rodríguez Sánchez, "La muerte del Príncipe de Asturias, Señor de Salamanca", *Revista de Estudios Extremeños*, vol. 57, n. 1, 2001, p. 30.

15 Miguel Ángel Pérez Priego, "Historia y literatura en torno al príncipe D. Juan, la 'Representación sobre el poder del Amor' de Juan del Encina", in R. Beltrán, J. L. Canet e J. L. Sirera (orgs.), *Historias y ficciones. Coloquio sobre la literatura del siglo XV*, València, Universitat-Departament de Filologia Espanyola, 1992, pp. 337–49.

16 Luis Suárez Fernández (org.), *Isabel la Católica en la Real Academia de la Historia*, Madri, Real Academia de la Historia, 2004, p. 85. Azcona, "El Príncipe don Juan", p. 235.

17 Martire d'Anghiera, *Epistolario*, Carta 335.

18 Andrés Bernáldez, *Historia de los Reyes Católicos don Fernando y doña Isabel*, in *Crónicas de los Reyes de Castilla*, org. Cayetano Rosell, vol. 70, Madri, Biblioteca de Autores Españoles, 1878, Cap. 155. Rodríguez Sánchez, "La muerte del Príncipe de Asturias", pp. 32, 44. Antonio Rumeu de Armas, *Itinerario de los Reyes Católicos, 1474–1516*, Madri, Instituto Jerónimo Zurita, Biblioteca Reyes Católicos, 1974, p. 237. Santa Cruz, *Crónica*, p. 167.

19 Azcona, "El Príncipe don Juan", pp. 234–6.

20 Bernáldez, *Historia de los Reyes Católicos*, Cap. 154.

21 Azcona, "El Príncipe don Juan", p. 237. Arcadio de Larrea Palacios, *El Cancionero judío del norte de Marruecos*, Madri, CSIC, 1952, pp. 68–9.

22 Tarsicio de Azcona, *Isabel la Católica. Estudio crítico de su vida y su reinado*, Biblioteca de Autores Cristianos, Madri, 1993, p. 878 (citando *Libro de Cedulas* 2-2, fol. 325).

23 Bernáldez, *Historia de los Reyes Católicos*, Cap. 155.
24 Martire d'Anghiera, *Epistolario*, Carta 183.
25 Joseph Pérez, *Isabel y Fernando. Los Reyes Católicos*, San Sebastián, Nerea, 1997, p. 217.
26 Oviedo, *Cámara*, pp. 135, 136.
27 Rafael Ramírez de Arellano, *Historia de Córdoba desde su fundación hasta la muerte de Isabel la Católica*, Ciudad Real, Tipografía del Hospicio Provincial, vol. 4, 1919, p. 354. Pérez Priego, "Historia y literatura", p. 341.
28 Azcona, *Isabel la Católica*, p. 879, n. 16 (citando Arellano, *Historia de Córdoba*, vol. 4, pp. 285–8). Arellano, *Historia de Córdoba*, vol. 4, pp. 354–7.
29 Duque de Berwick e de Alba (org.), *Correspondencia de Gutierre Gómez de Fuensalida. Embajador en Alemania, Flandes e Inglaterra (1496–1509)*, Madri, Imprenta Alemana, 1907, p. 7.
30 Bartolomé de Las Casas, *Historia de las Indias*, vols. 1–2, Madri, Imprenta Ginesta, 1875, vol. 1, Cap. 126.
31 Luis Suárez Fernández, "1500. Un giro radical en la política de los Reyes Católicos", *En la España Medieval*, n. 9, 1986, p. 1257.
32 Martire d'Anghiera, *Epistolario*, Carta 374.
33 Ibid., Cartas 373–4.
34 Azcona, *Isabel la Católica*, p. 713.

CAPÍTULO 40: A TERCEIRA PUNHALADA DE DOR
1 Hieronymus Münzer, *Viaje por España y Portugal (1494–1495)*, Madri, Polifemo, 1991, pp. 33–5. Antonio Rumeu de Armas, *Itinerario de los Reyes Católicos, 1474–1516*, Madri, Instituto Jerónimo Zurita, Biblioteca Reyes Católicos, 1974, p. 254.
2 Münzer, *Viaje*, pp. 105, 113, 115, 127. José Antonio García Luján, *El Generalife. Jardín del paraíso*, Granada, J. A. García, 2006, p. 11.
3 Robert Irwin, *The Alhambra*, Londres, Profile Books, 2004, p. 55.
4 Isabelle Poutrin Reyes, "Los derechos de los vencidos. Las capitulaciones de Granada", *Sharq al-Andalus*, vol. 19, 2008–10, pp. 13–18.
5 Pietro Martire d'Anghiera, *Epistolario de Pedro Mártir de Anglería*, org. e trad. de José López de Toro, Madri, Imp. de Góngora, 1953–7, Carta 199. Tarsicio de Azcona, *Isabel la Católica. Estudio crítico de su vida y su reinado*, Madri, Biblioteca de Autores Cristianos, 1993, pp. 529, 880. Rumeu de Armas, *Itinerario*, p. 274.
6 Antonio de la Torre y del Cerro e Luis Suárez Fernández, *Documentos referentes a las relaciones con Portugal durante el reinado de los Reyes Católicos*, 3 vols., Valladolid, Consejo Superior de Investigaciones Científicas, 1960–3, vol. 3, p. 30. François Soyer, *The Persecution of the Jews and Muslims of Portugal: King*

Manuel I and the End of Religious Tolerance (1496–7), Leiden, Brill, 2007, p. 278.
7   De la Torre e Suárez, *Documentos Portugal*, vol. 3, p. 30. Soyer, *Persecution of the Jews*, pp. 278–9. Damião de Góis, *Crónica do felicíssimo Rei D. Manuel*, vols. 1–2, Coimbra, 1949, pp. 224–7.
8   Poutrin, "Los derechos de los vencidos", p. 18.
9   Soyer, *Persecution of the Jews*, pp. 278–9.
10 Martire d'Anghiera, *Epistolario*, Carta 216.
11 Andrés Bernáldez, *Historia de los Reyes Católicos don Fernando y doña Isabel*, in *Crónicas de los Reyes de Castilla*, org. Cayetano Rosell, vol. 70, Madri, Biblioteca de Autores Españoles, 1878, Cap. 154. Martire d'Anghiera, *Epistolario*, Carta 216. Azcona, *Isabel la Católica*, pp. 526, 529.

CAPÍTULO 41: O IMUNDO TIBRE
1   Johann Burchard, *At the Court of the Borgia*, org. Geoffrey Parker, Londres, Folio Society, 2002, pp. 144–6.
2   Ibid.
3   Christopher Hibbert, *The Borgias*, Londres, Constable, 2011, p. 112.
4   Mary Hollingsworth, *The Borgias: History's Most Notorious Dynasty*, Londres, Quercus, 2011 (ed. Kindle), locs. 2128–39.
5   Ibid., locs. 2268–87. Hibbert, *Borgias*, p. 119. Álvaro Fernández de Córdova Miralles, *Alejandro VI y los Reyes Católicos. Relaciones político-eclesiásticas (1492–1503)*, Roma, Edizioni Università della Santa Croce, 2005, p. 399.
6   Córdova, *Alejandro VI*, p. 397.
7   Hollingsworth, *Borgias*, loc. 2307.
8   Córdova, *Alejandro VI*, p. 400.
9   Luis Suárez Fernández, "1500. Un giro radical en la política de los Reyes Católicos", *En la España Medieval*, n. 9, 1986, p. 1265. Hollingsworth, *Borgias*, loc. 2503.
10 National Archives, PRO 31/11. *CSP Spain*, vol. 1, pp. 152, 156, 185–6, 198.
11 Mary Anne Everett Wood Green, *Letters of Royal and Illustrious Ladies of Great Britain*, 3 vols., Londres, Henry Colburn, 1846, vol. 1, p. 122. *CSP Spain*, vol. 1, p. 164.
12 National Archives, PRO 31/11. *CSP Spain*, vol. 1, pp. xci, 207.
13 Antonio de la Torre y del Cerro, *Cuentas de Gonzalo de Baeza, tesorero de Isabel la Católica*, vol. 1, Madri, Consejo Superior de Investigaciones Científicas, 1956, pp. 266, 297, 428. Francisco Javier Sánchez Cantón, *Maestre Nicolás Francés*, Madri, CSIC, Instituto Diego Velázquez, 1964, pp. 41–65.
14 National Archives, PRO 31/11/3. *CSP Spain*, vol. 1, pp. 163, 179, 226, 258, 305. Garrett Mattingly, *Catherine of Aragon*, Londres, Jonathan Cape, 1942,

NOTAS

p. 26. Alfredo Alvar Ezquerra, *Isabel la Católica*, Madri, Temas de Hoy, 2002, p. 322.
15 Thomas More, *Selected Letters*. Elizabeth Frances Rogers (org.), New Haven, Yale University Press, 1961, p. 2.
16 Gordon Kipling (org.), *The Receyt of The Ladie Kateryne*, Oxford, Oxford University Press for the Early English Text Society, 1990, p. 41.
17 Real Academia de Historia, MS 9-4674 (Veruela).
18 Edward Hall. *Hall's Chronicle - The Union of the Two Noble and Illustre Families of Lancastre and Yorke (1548)*, Londres, J. Johnson, 1809, p. 494.
19 *CSP Spain*, vol. 1, p. 278. Álvaro Fernández de Córdova Miralles, *La Corte de Isabel I. Ritos y ceremonias de una reina (1474–1504)*, Madri, Dykinson, 2002, p. 86.
20 *CSP Spain*, vol. 1, p. 360. National Archives, PRO 31/11/4.
21 A. H. Thomas e I. D. Thornley (orgs.), *The Great Chronicle of London*, Gloucester, Alan Sutton, 1983, p. 323.
22 Nicholas Pocock (org.), *Records of the Reformation: The Divorce, 1527–33*, vol. 2, Oxford, Clarendon Press, 1870, pp. 426–8.
23 Giles Tremlett, *Catherine of Aragon*, Londres, Faber & Faber, 2010, pp. 63, 104.
24 *CSP Spain*, vol. 4, p. 572.
25 Stephan Ehses (org.), *Römische Dokumente zur Geschichte der Ehescheidung Heinrichs VIII von England*, Paderborn, Ferdinand Schöningh, 1893, p. xliii. J. J. Scarisbrick, *Henry the Eighth*, Londres, Eyre Methuen, 1981, pp. 9–10.

CAPÍTULO 42: NÓS, ALEMÃES, OS CHAMAMOS DE RATOS
1 Antoine de Lalaing, "Relato del primer viaje de Felipe el Hermoso a España", in *Viajes de extranjeros por España y Portugal, desde los tiempos más remotos hasta fines del siglo XVI*, org. J. García Mercadal, Madri, 1952, pp. 247–8.
2 Ibid., p. 497.
3 Popplau, in Javier Liske, *Viajes de extranjeros por España y Portugal en los siglos XV, XVI y XVII*, Madri, Medina, 1878, p. 55.
4 Hieronymus Münzer, *Viaje por España y Portugal (1494–1495)*, Madri, Polifemo, 1991, pp. 93–7, 103, 127.
5 Isabelle Poutrin Reyes, "Los derechos de los vencidos. Las capitulaciones de Granada", *Sharq al-Andalus*, vol. 19, 2008–10, pp. 13–20.
6 Navagero em Jorge de Einghen et al., *Viajes por España de Jorge de Einghen, del Barón Leon de Rosmithal de Blatine, de Francisco Guicciardini y de Andrés Navajero; traducido, anotados y con un introducción por Antonio María Fabié*, Madri, Librería de los Bibliófilos, 1889, p. 246. Noelia Silva Santa-Cruz, "Maurofilia y mudejarismo en época de Isabel la Católica", in Fernando

Checa Cremades (org.), *Isabel la Católica. Magnificencia de un reinado. Quinto centenario de Isabel la Católica, 1504–2004*, Madri, Sociedad Estatal de Conmemoraciones Culturales, 2004, pp. 143-5. Bernabé Cabañero Subiza, "La Aljafería de Zaragoza", *Artigrama*, n. 22, 2007, p. 107.

7 Miguel Ángel Ladero Quesada, *Isabel I de Castilla. Siete ensayos sobre la reina, su entorno y sus empresas*, Madri, Dykinson, 2012, pp. 159–61. Miguel Ángel Ladero Quesada, "Los mudéjares de Castilla cuarenta años después", *En la España Medieval*, n. 33, 2010, p. 389.

8 Miguel Ángel Ladero Quesada, *Los mudéjares de Castilla en tiempos de Isabel I*, Madri, Instituto "Isabel la Católica" de Historia Eclesiástica, 1969, pp. 17–19. Jean-Pierre Molénat, "Hornachos fin XVe–début XVIe siècles/Hornachos, Late 15th–Early 16th Century", *En la España Medieval*, n. 31, 2008, pp. 161–76.

9 Isabel Montes Romero-Camacho, "Las comunidades mudéjares en la Corona de Castilla durante el siglo XV", in *De mudéjares a moriscos. Una conversión forzada. Actas*, Instituto de Estudios Turolenses, Centro de Estudios Mudéjares, 2002, p. 461. Serafín de Tapia Sánchez, "Los mudéjares de la Extremadura castellanoleonesa. Notas sobre una minoría dócil (1085–1502)", *Studia Historica*, n. 7, 1989, pp. 109–10. Serafín de Tapia Sánchez, "Los judíos de Ávila en vísperas de la expulsión", *Sefarad*, n. 57/1, 1997, pp. 136, 145.

10 Angus MacKay, *Spain in the Middle Ages: From Frontier to Empire, 1000–1500*, Londres, Macmillan, 1977, pp. 215–18.

11 Ladero Quesada, *Isabel*, p. 176 (citando Anon, *Hechos del condestable Miguel Lucas de Iranzo*, Granada, Universidad de Granada, 2009).

12 Anon, *Hechos del condestable Miguel Lucas de Iranzo*, pp. 98–100, 111–12. José Julio Martín Romero, "El Condestable Miguel Lucas en su crónica", *Revista de Filología Española*, vol. 91, 2011, pp. 129–58.

13 Silva Santa-Cruz, "Maurofilia y mudejarismo", pp. 143, 145. Gonzalo Menéndez Pidal, *La España del siglo XIII. Leída en imágenes*, Madri, Real Academia de la Historia, 1986, pp. 94–5.

14 Ladero Quesada, *Isabel*, pp. 176, 185–8. Álvaro Fernández de Córdova Miralles, *La Corte de Isabel I. Ritos y ceremonias de una reina (1474–1504)*, Madri, Dykinson, 2002, p. 286.

15 Silva Santa-Cruz, "Maurofilia y mudejarismo", pp. 145, 143–4. Barbara Fuchs, *Exotic Nation: Maurophilia and the Construction of Early Modern Spain*, Filadélfia, University of Pennsylvania Press, 2009, p. 70.

16 Ladero Quesada, *Isabel*, p. 159.

17 Münzer, *Viaje*, pp. xvi, 209.

18 Liske, *Viajes*, pp. 55–6.

NOTAS

19 Ladero Quesada, *Isabel*, pp. 159–61. Jose Bordes e Enrique Sanz, "El protagonismo mudéjar en el comercio entre Valencia y el norte de Africa", in *De mudéjares a moriscos. Una conversión forzada. Actas*, Instituto de Estudios Turolenses, Centro de Estudios Mudéjares, 2002, pp. 275–81.
20 Ladero Quesada, *Isabel*, p. 162.
21 Ibid., pp. 161–2. P. S. van Koningsveld e G. A. Wiegers, "The Islamic Statute of the Mudejars in the Light of a New Source", *Al-Qantara*, vol. 17, 1996, pp. 19–58. P. S. Koningsveld e G. A. Wiegers, "Islam in Spain during the Early Sixteenth Century: The Views of Four Chief Judges in Cairo", *Orientations* 4, 1996, p. 140.
22 Ladero Quesada, *Isabel*, pp. 158–62. Koningsveld e Wiegers, "Islam in Spain during the Early Sixteenth Century", p. 137.
23 François Soyer, *The Persecution of the Jews and Muslims of Portugal: King Manuel I and the End of Religious Tolerance (1496–7)*, Leiden, Brill, 2007, pp. 260–1 (citando Damião de Góis, *Crónica do felicíssimo Rei D. Manuel*, vols. 1–2, Coimbra, 1949, vol. 1, p. 43).
24 Ladero Quesada, *Isabel*, p. 160.
25 Ibid., pp. 159–62. Ladero Quesada, *Mudéjares*, p. 203.
26 Ladero Quesada, *Isabel*, pp. 170, 186–8, 200.
27 Ver François Martínez, "Talavera/Cisneros. Dos posturas diferentes con un mismo fin ideológico", in *Actas del IX° Congreso Internacional de Sociocrítica*, Edmond Cros, Blanca Cárdenas Fernández e Juan Carlos González Vidal (orgs.), Morelia, Universidad Michoacana, 2005. Luis del Mármol Carvajal, *Historia del rebelión y castigo de los moriscos del Reino de Granada*, Madri, Imprenta de Sancha, 1797, p. 58.
28 Ladero Quesada, *Isabel*, p. 203.
29 Ibid., pp. 178–9.
30 Ibid., pp. 196–201, 254. Tarsicio de Azcona, *Isabel la Católica. Estudio crítico de su vida y su reinado*, Madri, Biblioteca de Autores Cristianos, 1993, pp. 681, 685. Córdova, *La Corte*, pp. 671–2.
31 Azcona, *Isabel la Católica*, p. 686.
32 Ladero Quesada, *Isabel*, pp. 164, 170, 174. Azcona, *Isabel la Católica*, pp. 686–7, 689n. Ver também François Martínez, "Talavera/Cisneros. Dos posturas diferentes con un mismo fin ideológico", in *Actas del IX° Congreso Internacional de Sociocrítica*, Edmond Cros, Blanca Cárdenas Fernández e Juan Carlos González Vidal (orgs.), Morelia, Universidad Michoacana, 2005.
33 Azcona, *Isabel la Católica*, pp. 687–9. Herrero del Collado, *Talavera y Cisneros: dos vivencias socio-religiosas en la conversión de los moros de Granada*, Madri, Darek-Nyumba, 2001, p. 27. Ladero Quesada, *Isabel*, p. 171.
34 Azcona, *Isabel la Católica*, p. 689.

35   Herrero del Collado, *Talavera y Cisneros*, pp. 20, 64.
36   Ibid., pp. 20–1, 64. Alonso Fernández de Madrid, *Fray Hernando de Talavera*, Granada, Archivium, 1992, pp. lxiii–lxx, 47, 105. Ladero Quesada, *Isabel*, p. 171. Miguel Ángel Ladero Quesada, "Los bautismos de los musulmanes granadinos en 1500", in *De mudéjares a moriscos. Una conversión forzada. Actas*, Instituto de Estudios Turolenses, Centro de Estudios Mudéjares, 2002, p. 489.

CAPÍTULO 43: O FIM DO ISLÃ?

1   L. P. Harvey, *Muslims in Spain, 1500 to 1614*, Chicago, University of Chicago Press, 2005, pp. 29–30. Pastore in Hernando de Talavera, *Católica impugnación del herético libelo maldito y descomulgado que fue divulgado en la ciudad de Sevilla* (com Francisco Márquez Villanueva e Stefania Pastore), Córdoba, Almuzara, 2012, p. xxxix. François Martínez, "Talavera/Cisneros. Dos posturas diferentes con un mismo fin ideológico", *Actas del IX° Congreso Internacional de Sociocrítica*, Morelia, México, 2003, p. 6.
2   Miguel Ángel Ladero Quesada, *Los mudéjares de Castilla en tiempos de Isabel I*, Madri, Instituto "Isabel la Católica" de Historia Eclesiástica, 1969, pp. 229–30. Tarsicio de Azcona, *Isabel la Católica. Estudio crítico de su vida y su reinado*, Madri, Biblioteca de Autores Cristianos, 1993, pp. 691–2.
3   Ladero Quesada, *Mudéjares*, p. 228. Martínez, "Talavera/Cisneros", p. 8. Alonso Fernández de Madrid, *Fray Hernando de Talavera*, Granada, Archivium, 1992, p. 56. Miguel Ángel Ladero Quesada, *Isabel I de Castilla. Siete ensayos sobre la reina, su entorno y sus empresas*, Madri, Dykinson, 2012, p. 171. Harvey, *Muslims in Spain*, pp. 29–30. Azcona, *Isabel la Católica*, p. 692.
4   Miguel Ángel Ladero Quesada, "Los bautismos de los musulmanes granadinos en 1500", in *De mudéjares a moriscos. Una conversión forzada. Actas*, Instituto de Estudios Turolenses, Centro de Estudios Mudéjares, 2002, pp. 494–5, 509–39, 542.
5   Maria Martínez, "La creación de una moda propia en la España de los Reyes Católicos", *Aragón en la Edad Media*, n. 19, 2006, p. 380.
6   Azcona, *Isabel la Católica*, p. 692. Ladero Quesada, *Isabel*, p. 171.
7   Andrés Bernáldez, *Historia de los Reyes Católicos don Fernando y doña Isabel*, in *Crónicas de los Reyes de Castilla*, org. Cayetano Rosell, vol. 70, Madri, Biblioteca de Autores Españoles, 1878, Cap. 160.
8   Ladero Quesada, *Mudéjares*, p. 238.
9   Azcona, *Isabel la Católica*, p. 695.
10 Ladero Quesada, *Isabel*, p. 172. Ladero Quesada, "Bautismos", p. 491.
11 Ladero Quesada, *Isabel*, p. 233.
12 Azcona, *Isabel la Católica*, p. 696.
13 Ladero Quesada, "Bautismos", p. 492.

NOTAS

14 Ladero Quesada, *Isabel*, p. 172. Ladero Quesada, "Bautismos", p. 492.
15 Tarsicio Herrero del Collado, *Talavera y Cisneros: dos vivencias socio-religiosas en la conversión de los moros de Granada*, Madri, Darek-Nyumba, 2001. François Martínez, "Talavera/Cisneros", p. 5.
16 Ladero Quesada, "Bautismos", p. 493.
17 Ladero Quesada, *Isabel*, pp. 171–2. Ladero Quesada, *Mudéjares*, pp. 237, 305. Ladero Quesada, "Bautismos", p. 486. Azcona, *Isabel la Católica*, p. 692.
18 Ladero Quesada, *Isabel*, pp. 172–3. Ladero Quesada, *Mudéjares*, pp. 241–2.
19 Ana Isabel Carrasco Manchado, "Discurso político propaganda en la corte de los Reyes Católicos (1474–1482)", tese de doutorado, Universidad Complutense de Madrid, 2000, disponível em http://eprints.ucm.es/2525/, pp. 226–7.
20 Azcona, *Isabel la Católica*, p. 697.
21 Emilio Meneses García, *Correspondencia del Conde de Tendilla. Biografía, estudio y transcripción*, vol. 1, Madri, Real Academia de la Historia, 1973, pp. 299–300. Azcona, *Isabel la Católica*, p. 698. Ladero Quesada, *Mudéjares*, pp. 318–19.
22 Daniel Eisenberg, "Cisneros y la quema de los manuscritos granadinos", *Journal of Hispanic Philology*, vol. 16, 1992, pp. 107–24 (citando contemporâneos Juan de Vallejo e Alvar Gómez de Castro).
23 Herrero del Collado, *Talavera y Cisneros*, p. 51.
24 Azcona, *Isabel la Católica*, p. 698.
25 Carrasco Manchado, "Discurso", pp. 228-30, 234 e doc. 64.
26 Ibid., p. 234. Ladero Quesada, *Mudéjares*, p. 314.
27 François Soyer, *The Persecution of the Jews and Muslims of Portugal: King Manuel I and the End of Religious Tolerance (1496–7)*, Leiden, Brill, 2007, pp. 279–81.
28 Niccolò Machiavelli, *The Prince*, trad. George Bull, Londres, Penguin, 1999, p. 120. Miguel Ángel Ladero Quesada, "Los mudéjares de Castilla cuarenta años después", *En la España Medieval*, n. 33, 2010, pp. 389–40. Azcona, *Isabel la Católica*, pp. 699–701. Anon, *Tomo segundo de las Leyes de Recopilacion, que contiene los libros sexto, septimo, octavo i nono*, Madri, Herederos de la Viuda de Juan García Infanzón, 1772, p. 321.
29 Carrasco Manchado, "Discurso", pp. 237–9.
30 Ibid., p. 238.
31 Luis del Mármol Carvajal, *Historia del rebelión y castigo de los moriscos del Reino de Granada*, Madri, Imprenta de Sancha, 1797, pp. 123–365.
32 Pietro Martire d'Anghiera, *Epistolario de Pedro Mártir de Anglería*, org. e trad. de José López de Toro, Madri, Imp. de Góngora, 1953–7, Carta 215. Azcona, *Isabel la Católica*, p. 702.

CAPÍTULO 44: O SULTÃO DO EGITO
1 Luis García y García, *Una embajada de los Reyes Católicos a Egipto, según la "Legatio Babylonica" y el "Opus epistolarum" de Pedro Mártir de Anglería*, Valladolid, Instituto Jerónimo Zurita, 1947, pp. 32–50.
2 Ibid., pp. 32, 39–42, 48, 50, 52, 212. Pietro Martire d'Anghiera, *Epistolario de Pedro Mártir de Anglería*, org. e trad. de José López de Toro, Madri, Imp. de Góngora, 1953–7, Carta 223, citado em Manuel Moreno Alonso, "El mundo por descubrir en la historiografía del Descubrimiento", *Congreso de Historia del Descubrimiento (1492–1556). Actas*, vol. 4, 1992, p. 304. Luis Suárez Fernández, *Expansión de la Fé*, Madri, Rialp, 1990, p. 221. Antonio de la Torre, *Documentos sobre relaciones internacionales de los Reyes Católicos*, vol. 6, Barcelona, Consejo Superior de Investigaciones Científicas, Patronato Marcelino Menéndez Pelayo, 1951, pp 266-70.
3 Hieronymus Münzer, *Viaje por España y Portugal (1494–1495)*, Madri, Polifemo, 1991, pp. xvi, 209.
4 P. S. van Koningsveld e G. A. Wiegers, "Islam in Spain during the Early Sixteenth Century: The Views of Four Chief Judges in Cairo", *Orientations* 4, 1996, p. 138. James T. Monroe, "A Curious Morisco Appeal to the Ottoman Empire", *Al-Andalus*, vol. 31, 1966, pp. 281–303.
5 García y García, *Una embajada*, pp. 80, 82, 84, 98, 143.
6 Ibid., pp. 92, 98, 106, 122, 142–4, 150.
7 Ibid., p. 152.
8 Ibid., pp. 158–64.
9 Ibid., p. 168. Luis Suárez Fernández, "Las relaciones de los Reyes Católicos con Egipto", *En la España Medieval*, n. 1, 1980, p. 512.
10 Agustín Arce, "Presencia de España en Jerusalem", *Boletín de la Real Academia de la Historia*, vol. 173, 1976, pp. 471–2. Suárez, "Las relaciones de los Reyes Católicos con Egipto", p. 514.
11 García y García, *Una embajada*, pp. 170–4, 212. Suárez, "Las relaciones de los Reyes Católicos con Egipto", pp. 514, 519.
12 Suárez, *Expansión de la Fé*, p. 222.

CAPÍTULO 45: COMO UMA LEOA ENFURECIDA
1 Bethany Aram, *Juana the Mad: Sovereignty and Dynasty in Renaissance Europe*, Baltimore, Johns Hopkins University Press, 2005, p. 53.
2 Miguel Ángel Ladero Quesada, *Isabel I de Castilla. Siete ensayos sobre la reina, su entorno y sus empresas*, Madri, Dykinson, 2012, p. 134.
3 Aram, *Juana the Mad*, p. 53.
4 Ibid., pp. 55–6. Ladero Quesada, *Isabel*, pp. 134–5. *CSP Spain*, Supplement, pp. 54–62.

5 Luis Suárez Fernández, *El camino hacia Europa*, Madri, Rialp, 1990, p. 204. Ladero Quesada, *Isabel*, p. 147. Aram, *Juana the Mad*, p. 56.
6 Aram, *Juana the Mad*, pp. 59, 68.
7 Ladero Quesada, *Isabel*, p. 147.
8 Aram, *Juana the Mad*, p. 56.
9 Ibid., pp. 59–60.
10 Navagero, in Jorge de Einghen et al., *Viajes por España de Jorge de Einghen, del Barón Leon de Rosmithal de Blatine, de Francisco Guicciardini y de Andrés Navajero; traducido, anotados y con un introducción por Antonio María Fabié*, Madri, Librería de los Bibliófilos, 1889, p. 364.
11 Antoine de Lalaing, "Relato del primer viaje de Felipe el Hermoso a España", *Viajes de extranjeros por España y Portugal, desde los tiempos más remotos hasta fines del siglo XVI*, org. J. García Mercadal, Madri, 1952, pp. 452, 481. Lalaing, *Collection des voyages des souverains des Pays-Bas*, Gachard, Bruxelas, 1876, p. 150. Suárez, *Europa*, pp. 227, 245.
12 Lalaing, "Relato", pp. 481-6. Fernando Checa Cremades (org.), *Isabel la Católica. Magnificencia de un reinado. Quinto centenario de Isabel la Católica, 1504–2004*, Madri, Sociedad Estatal de Conmemoraciones Culturales, 2004, p. 294. Aram, *Juana the Mad*, pp. 60–1.
13 Ladero Quesada, *Isabel*, pp. 136, 147. Suárez, *Europa*, pp. 235–7.
14 Lalaing, "Relato", p. 480. Aram, *Juana the Mad*, p. 62.
15 Marino Sanuto, *I diarii di Marino Sanuto*, vol. 1, Veneza, Fratelli Visentini Tipografi Editori, 1886, vol. 4, p. 662. Aram, *Juana the Mad*, pp. 62–3. Suárez, *Europa*, pp. 248, 266. Lalaing, "Relato", pp. 493–4. Tarsicio de Azcona, *Isabel la Católica. Estudio crítico de su vida y su reinado*, Madri, Biblioteca de Autores Cristianos, 1993, p. 913.
16 Aram, *Juana the Mad*, pp. 64, 69–70. Lalaing, "Relato", p. 495. Documentos inéditos para la Historia de España, vol. 10, p. 35, Carta 250.
17 Aram, *Juana the Mad*, pp. 70–1.
18 Ibid., p. 72 (citando RAH Salazar A-11, fols. 380v–381). Antonio Rodríguez Villa, *La Reina Doña Juana la Loca. Estudio histórico*, Madri, Librería Murillo, 1892, p. 82.
19 Lorenzo de Padilla, *Crónica de Felipe I, Llamado el Hermoso, escrita por don Lorenzo de Padilla y dirigida al emperador Carlos V*, vol. 8 da *Colección de documentos inéditos para la historia de España*, Madri, Imprenta de Calero, 1846, pp. 114–15. Antonio Rumeu de Armas, *Itinerario de los Reyes Católicos, 1474–1516*, Madri, Instituto Jerónimo Zurita, Biblioteca Reyes Católicos, 1974, pp. 287, 296. Aram, *Juana the Mad*, pp. 69–71. Luis Suárez Fernández, *Política internacional de Isabel La Católica: estudio y documentos*, vol. 6, Valla-

dolid, Universidad de Valladolid, 1965-2002, p. 131. Suárez, *Europa*, pp. 248, 262–5, 292. Ladero Quesada, *Isabel*, p. 136.
20 Felix de Llanos y Torriglia, "Sobre la fuga frustrada de doña Juana la Loca", *Boletín de la Real Academia de la Historia*, vol. 102, 1933, p. 97.
21 Ibid. Rumeu de Armas, *Itinerario*, pp. 299–300.
22 Suárez, *Europa*, pp. 285, 295–9, 308, 310, 313–16, 319. Pietro Martire d'Anghiera, *Epistolario de Pedro Mártir de Anglería*, org. e trad. de José López de Toro, Madri, Imp. de Góngora, 1953–7, pp. 65-7. Padilla, *Crónica*, pp. 114–15.
23 Duque de Berwick y de Alba (org.), *Correspondencia de Gutierre Gómez de Fuensalida. Embajador en Alemania, Flandes e Inglaterra (1496–1509)*, Madri, Imprenta Alemana, 1907, p. 198. Suárez, *Europa*, pp. 329, 333–7. Aram, *Juana the Mad*, p. 74.
24 Fuensalida, *Correspondencia*, pp. 265, 267, 297–301.
25 Suárez, *Europa*, pp. 297–301, 339.
26 Fuensalida, *Correspondencia*, pp. 297–301.

CAPÍTULO 46: O JUÍZO FINAL
1 Felix de Llanos y Torriglia, "Sobre la fuga frustrada de doña Juana la Loca", *Boletín de la Real Academia de la Historia*, vol. 102, 1933, p. 259. Luis Suárez Fernández, *El camino hacia Europa*, Madri, Rialp, 1990, p. 333. Peggy K. Liss, *Isabel the Queen: Life and Times*, Filadélfia, University of Pennsylvania Press, 2004, p. 213.
2 Gerardo Moraleja, *Historia de Medina del Campo*, Medina del Campo, Alaguero, 1971, pp. 45, 101, 103, 149. J. H. Elliott, *Imperial Spain 1469–1716*, Londres, Pelican, 1970, p. 124.
3 Antonio Sánchez del Barrio, *Comercio y ferias en tiempos de Isabel la Católica*, Alicante, Biblioteca Virtual Miguel de Cervantes, 2005, disponível em http://www.cervantesvirtual.com/obra-visor-din/comercio-y-ferias-en-tiemposde-isabel-la-catlica-0/html/. Edwin S. Hunt e James M. Murray, *A History of Business in Medieval Europe, 1200–1550*, Nova York, Cambridge University Press, 1999, p. 194. Moraleja, *Historia*, pp. 141, 145, 149. Elliot, *Imperial Spain*, p. 120.
4 Duque de Berwick e de Alba (org.), *Correspondencia de Gutierre Gómez de Fuensalida. Embajador en Alemania, Flandes e Inglaterra (1496–1509)*, Madri, Imprenta Alemana, 1907, pp. 286–7.
5 Ibid.
6 Norman Davies, *Europe: A History*, Oxford, Oxford University Press, 1996, p. 383 (citando Johan Huizinga).
7 François Martínez, "Talavera/Cisneros. Dos posturas diferentes con un mismo fin ideológico", *Actas del IX° Congreso Internacional de Sociocrítica*, Morelia, México, 2003, pp. lxvii–lxxi. Miguel Ángel Ladero Quesada, "Los

NOTAS

bautismos de los musulmanes granadinos en 1500", in *De mudéjares a moriscos. Una conversión forzada. Actas*, Instituto de Estudios Turolenses, Centro de Estudios Mudéjares, 2002, p. 489. Tarsicio Herrero del Collado, *Talavera y Cisneros: dos vivencias socio-religiosas en la conversión de los moros de Granada*, Madri, Darek-Nyumba, 2001, p. 64.

8   Liss, *Isabel*, p. 402.
9   Guicciardini, in Jorge de Einghen et al., *Viajes por España de Jorge de Einghen, del Barón Leon de Rosmithal de Blatine, de Francisco Guicciardini y de Andrés Navajero; traducido, anotados y con un introducción por Antonio María Fabié*, Madri, Librería de los Bibliófilos, 1889, pp. 211–12.
10 Liss, *Isabel*, p. 398.
11 Tarsicio de Azcona, *Isabel la Católica. Estudio crítico de su vida y su reinado*, Madri, Biblioteca de Autores Cristianos, 1993, p. 937.
12 *CSP Spain*, vol. 1, p. 413. National Archives, PRO 31/11/4. Azcona, *Isabel la Católica*, p. 936.
13 James Gairdner, *Memorials of King Henry the Seventh*, Londres, Longman, Brown, Green, Longmans & Roberts, 1858, pp. 415–16. Moraleja, *Historia*, p. 102.

EPÍLOGO: UM RAIO DE GLÓRIA

1   Simon Barton, *A History of Spain*, Londres, Palgrave Macmillan, 2009 p. 121 (citando Bernal Díaz del Castillo).
2   J. H. Elliott, *Imperial Spain 1469–1716*, Londres, Pelican, 1970, p. 153.
3   Bethany Aram, *Juana the Mad: Sovereignty and Dynasty in Renaissance Europe*, Baltimore, Johns Hopkins University Press, 2005, pp. 97-100. J. H. Elliott, *Imperial Spain 1469–1716*, Londres, Pelican, 1970, p. 142. Hugh Thomas, *The Slave Trade, The History of the Atlantic Slave Trade, 1440-1870*, Weidenfeld & Nicolson, 2015 (ed. Kindle), loc. 233.
4   Francis Bacon, *The Works of Francis Bacon* (org. Basil Montagu), Filadélfia, Carey e Hart, 1841, vol. 2, p. 438. Simon Barton, *A History of Spain*, Londres, Palgrave Macmillan, 2009, pp. 112-3. J. H. Elliott, *Imperial Spain 1469–1716*, Londres, Pelican, 1970, pp. 153, 164.
5   Felipe Fernández-Armesto, *Pathfinders: A Global History of Exploration*, Oxford, Oxford University Press, 2007, p. 122
6   Um site dedicado à beatificação de Isabel publica, duas vezes por ano, boletins eletrônicos nos quais os devotos alegam ter Isabel ouvido suas preces e intercedido por eles diante de Deus para curar doenças ou permitir que passassem em exames. Pode ser encontrado em http://www.reinacatolica.org/. A Igreja espanhola continua a pressionar Roma para dar prosseguimento ao processo, segundo o mesmo site.

BIBLIOGRAFIA

MANUSCRITOS
Biblioteca Nacional, Madri.
Real Academia de la Historia, Madri.
Archivo General de Simancas, Valladolid.
The National Archives, Londres.
British Library, Londres.

CALENDÁRIOS E DOCUMENTOS
Calendar of Letters, Despatches and State Papers relating to the negotiations between England and Spain preserved in the archives of Simancas and elsewhere, vols. 1–5, Suplemento e Suplemento adicional aos vols. 1 e 2, org. G. A. Bergenroth, Pascual de Gayangos e Garrett Mattingly, Londres, Longman, Green, Longman & Roberts, 1862.
Jewish History Sourcebook: The Expulsion from Spain, 1492 CE, em http://www.fordham.edu/halsall/jewish/1492-jews-spain1.html/.
Letters and Papers Illustrative of the Reigns of Richard III and Henry VII, 2 vols., org. James Gairdner, Londres, Longman, Green, Longman & Roberts, 1861.

FONTES ESPANHOLAS
Agapito y Revilla, Juan, *Las calles de Valladolid. Nomenclátor histórico. Datos para la historia biográfica de Valladolid*, Valladolid, Maxtor, 2004.
Aguilar Rodas, Raúl, *Cristóbal Colón. Realidad y ficción tras 500 años de su muerte 1506–2006*, Medellín, Panibérica, 2006.
Alcalá, Ángel (org.), *Judíos, sefarditas, conversos. La expulsión de 1492 y sus consecuencias. Ponencias del Congreso Internacional celebrado en Nueva York en noviembre de 1992*, Valladolid, Ambito, 1995.
Alvar Ezquerra, Alfredo, *Isabel la Católica*, Madri, Temas de Hoy, 2002.
Álvarez Bezos, María Sabina, "Violencia contra las mujeres en la castilla del final de la edad media. Documentos para el estudio de las mujeres como protagonistas de su historia", tese de doutorado, Universidad de Valladolid, 2013, em https://uvadoc.uva.es/bitstream/10324/4413/1/TESIS472-140224.pdf.

Álvarez Palenzuela, Vicente, *"Paz con Portugal". La guerra civil castellana y el enfrentamiento con Portugal (1475–1479)*, Alicante, Biblioteca Virtual Miguel de Cervantes, em http://www.cervantesvirtual.com/obra-visor-din/la-guerra-civil-castellana-y-elenfrentamiento-con-portugal-14751479-0/html/ (consultado em 27 nov. 2014).

Anghiera, Pietro Martire d', *Epistolario de Pedro Mártir de Anglería*, org. e trad. de José López de Toro, Madri, Imp. de Góngora, 1953–7.

——, *Una embajada de los Reyes Católicos a Egipto, según la "Legatio Babylonica" y el "Opus Epistolarum" de Pedro Mártir de Anglería*. Luis García y García (org.), Valladolid, Consejo Superior de Investigaciones Científicas, Instituto "Jerónimo Zurita", Sección de Historia Moderna "Simancas", 1947.

Anon, *Continuación de la Crónica de Pulgar por un autor anónimo*, Cayetano Rosell (org.), Madri, Biblioteca de Autores Españoles, 1953.

Anon, *Crónica anónima de Enrique IV de Castilla, 1454–1474* (Crônica castelhana), M. P. Sánchez Parra (org.), Madri, Ediciones de la Torre, 1991.

Anon, *Crónica de don Álvaro de Luna*, Madri, Espasa-Calpe, 1940.

Anon, *Crónica incompleta de los Reyes Católicos*, Julio Puyol (org.), Madri, Tipografía de Archivos, 1934.

Anon, *Cronicón de Valladolid*, Valladolid, Princiano, 1984.

Anon, *Documentos relativos a la visita del Cardenal Adriano cuando pasó de España a Roma, elegido Papa. – Proceso de la reina da Catalina de Aragón, reina de Inglaterra. – Registrum abbatis monasterii verolen. 1480*, Veruela, Real Academia de la Historia, Manuscrito 9–4674.

Anon, *Hechos del condestable Miguel Lucas de Iranzo*, Granada, Universidad de Granada, 2009.

Anon, *Las cortes de Castilla y León en la Edad Media*, Cortes de Castilla y León (org.), 1988.

Anon, *Tomo segundo de las Leyes de Recopilacion, que contiene los libros sexto, septimo, octavo i nono*, Madri, Herederos de la Viuda de Juan García Infanzón, 1772.

Antelo Iglesias, Antonio, "Alfonso de Palencia. Historiografía y humanismo en la Castilla del siglo XV", *Espacio, Tiempo y Forma*, vol. 3, 1990, pp. 21–40.

Arce, Agustín, "Presencia de España en Jerusalem", *Boletín de la Real Academia de la Historia*, vol. 173, 1976, pp. 469–79.

Arcelus, Juana María, "La Desconocida Librería de Isabel la Católica", *Actes del X Congres Internacional de l'Associació Hispánica de Literatura Medieval*, Rafael Alemany, Josep Lluís Martos e Josep Miquel Manzanaro (orgs.), vol. 1, Alicante, 2005, pp. 295–320.

Azcona, Tarsicio de, *Isabel la Católica. Estudio crítico de su vida y su reinado*, Madri, Biblioteca de Autores Cristianos, 1964, 1993.

——, "El Príncipe don Juan, heredero de los Reyes Católicos, en el V centenario de su nacimiento (1478–1497)", *Cuadernos de Investigación Histórica*, n. 7, 1983, pp. 219–44.

——, "Relaciones de Inocencio VIII con los Reyes Católicos según el Fondo Podocataro de Venecia", *Hispania Sacra*, n. 32, 1980, pp. 3–30.

Baeza, Hernando de, *Relaciones de algunos sucesos*, Emilio Lafuente y Alcántara (org.), Madri, Rivadeneyra, 1868.

Barrios Aguilera, Manuel, *Granada Morisca, la convivencia negada. Historia y textos*, Albolote, Comares, 2002.

Beinart, Haim, "Vuelta de judíos a España después de la expulsión", in Ángel Alcalá (org.), *Judíos, sefarditas, conversos. La expulsión de 1492 y sus consecuencias. Ponencias del Congreso Internacional celebrado en Nueva York en noviembre de 1992*, Valladolid, Ambito, 1995, pp. 181–94.

Bel Bravo, María Antonia, *Los Reyes Católicos y los judíos andaluces*, Granada, Biblioteca Chronica Nova de Estudios Históricos, 1989.

Benito Ruano, Eloy, *Los orígenes del problema converso*, Barcelona, El Albir, 1976.

——, *Toledo en el siglo XV. Vida política*, Madri, Consejo Superior de Investigaciones Científicas, Escuela de Estudios Medievales, 1961.

Bernáldez, Andrés, *Historia de los Reyes Católicos don Fernando y doña Isabel*, in *Crónicas de los Reyes de Castilla*, Cayetano Rosell (org.), vol. 70, Madri, Biblioteca de Autores Españoles, 1878.

——, *Memorias del reinado de los Reyes Católicos*, Manuel Gómez Moreno e Juan de Mata Carriazo (orgs.), Madri, Real Academia de la Historia, 1962.

Bernis, Carmen, *Trajes y modas en la España de los Reyes Católicos*, Madri, Consejo Superior de Investigaciones Científicas, 1978.

Berwick e de Alba, Duque de (org.), *Correspondencia de Gutierre Gómez de Fuensalida. Embajador en Alemania, Flandes e Inglaterra (1496–1509)*, Madri, Imprenta Alemana, 1907.

——, *Noticias históricas y genealógicas de los Estados de Montijo y Teba, según los documentos de sus archivos*, Madri, Imprenta Alemana, 1915.

Bordes, José e Sanz, Enrique, "El protagonismo mudéjar en el comercio entre Valencia y el norte de Africa", *De mudéjares a moriscos. Una conversión forzada. Actas*, Instituto de Estudios Turolenses, Centro de Estudios Mudéjares, 2002, pp. 275–82.

Cabañero Subiza, Bernabé, "La Aljafería de Zaragoza", *Artigrama*, n. 22, 2007, pp. 103–29.

Calvo Poyato, José, *Enrique IV el Impotente y el final de un época*, Barcelona, Planeta, 1993.

Cañas Gálvez, Francisco de Paula, *El itinerario de la corte de Juan II de Castilla (1418– 1454)*, Madri, Silex Ediciones, 2007.

——, "Las Casas de Isabel y Juana de Portugal, reinas de Castilla. Organización, dinámica institucional y prosopografía (1447–1496)", José Martínez Millán e María Paula Marçal Lourenço (orgs.), *Las relaciones discretas entre las Monarquías Hispana y Portuguesa. Las Casas de las Reinas (siglos XV–XIX)*, Madri, Polifemo, 2008, vol. 1, pp. 9–10.

Carbonell, Pere Miguel, *Chròniques de Espanya, fins aci no divulades*, Barcelona, Carles Amoros, 1547.

Caro Baroja, Julio, *Los judíos en la España moderna y contemporánea*, vol. 1, Madri, Ediciones Istmo, 1978.

Carrasco Manchado, Ana Isabel, "Discurso político propaganda en la corte de los Reyes Católicos (1474–1482)", tese de doutorado, Universidad Complutense de Madrid, 2000, em http://eprints.ucm.es/2525/.

——, "Propaganda política en los panegíricos poéticos de los Reyes Católicos. Una aproximación", *Anuario de Estudios Medievales*, vol. 25, n. 2, 1995, pp. 517–45.

Carrete Parrondo, Carlos (org.), *Fontes Iudaeorum Regni Castellae, vol. 2: El tribunal de la Inquisition en el obispado de Soria (1486–1502)*, Salamanca, Universidad Pontificia, 1985.

Carrillo de Huete, Pedro, *Crónica del halconero de Juan II*, Juan de Mata Carriazo y Arroquia (org.), Madri, Espasa-Calpe, 1946.

Chamorro Esteban, Alfredo, "Ceremonial monárquico y rituales cívicos. Las visitas reales a Barcelona desde el siglo XV hasta el XVII", tese de doutorado, Universitat de Barcelona, 2013.

Checa Cremades, Fernando et al., *Isabel la Católica. La magnificencia de un reinado. Quinto centenario de Isabel la Católica, 1504–2004*, Madri, Sociedad Estatal de Conmemoraciones Culturales, 2004.

Clausell Nácher, Carmen, "Carro de las donas (Valladolid, 1542). Estudio preliminar y edición anotada", tese de doutorado, Departamento de Literatura Española, Universitat Autònoma de Barcelona, 2004, em http://www.tesisenxarxa.net/TDX-0608105-110729/.

Clemencín, Diego, *Elogio de la reina Católica Doña Isabel, al que siguen varias ilustraciones sobre su reinado*, Madri, Sancha, 1821.

Collantes de Terán Sánchez, Antonio, *Sevilla en la Baja Edad Media*, Sevilha, Servicio de Publicaciones del Excmo. Ayuntamiento, 1977.

Colmenares, Diego de, *Historia de la insigne ciudad de Segovia y compendio de las historias de Castilla*, vol. 2, Segóvia, Eduardo Baeza, 1984.

Contreras, J. (org.), *Inquisición Española. Nuevas aproximaciones*, Madri, Centro de Estudios Inquisitoriales, 1987.

Cortes de los antiguos reinos de León y Castilla, pub. por la Real Academia de la Historia, vol. 4, Madri, Rivadeneyra, 1882.

BIBLIOGRAFIA

Dormer, Diego, *Discursos varios*, Saragoça, Herederos de Diego Dormer, 1683.

Doussinague, José Maria, *La política internacional de Fernando el Católico*, Madri, Espasa-Calpe, 1944.

Doval, G., *Refranero temático español*, Madri, Ediciones del Prado, 1998.

Edwards, John, *Isabel la Católica. Poder y fama*, Madri, Marcial Pons, 2004.

Einghen, Jorge de et al., *Viajes por España de Jorge de Einghen, del Barón Leon de Rosmithal de Blatine, de Francisco Guicciardini y de Andrés Navajero; traducido, anotados y con un introducción por Antonio María Fabié*, Madri, Librería de los Bibliófilos, 1889.

Eisenberg, Daniel, "Cisneros y la quema de los manuscritos granadinos", *Journal of Hispanic Philology*, vol. 16, 1992, pp. 107–24.

Eiximenis, Francesc, *Carro de las donas. Valladolid, 1542/adaptación del Llibre de les dones de Francesc Eiximenis O.F.M., realizada por el P. Carmona O.F.M.*, Carmen Clausell Nácher (org.), Madri, Fundación Universitaria Española, 2007.

Enríquez del Castillo, Diego, *Crónica del rey don Enrique el Quarto de este nombre*, A. Sánchez Martín (org.), Valladolid, Universidad de Valladolid, 1994.

Esclavos, vol. 8 de *Documentos para la historia de Canarias*, Santa Cruz de Tenerife, Gobierno de Canarias, 2006.

Escudero, José Antonio, *Estudios sobre la Inquisición*, Madri, Marcial Pons, 2005.

——, "Los Reyes Católicos y el Establecimiento de la Inquisición", *Anuario de Estudios Atlánticos*, n. 50, 2004, pp. 357–93.

Fernández de Córdova Miralles, Álvaro, *Alejandro VI y los Reyes Católicos. Relaciones político-eclesiásticas (1492–1503)*, Roma, Edizioni Università della Santa Croce, 2005.

——, *La Corte de Isabel I. Ritos y ceremonias de una reina (1474–1504)*, Madri, Dykinson, 2002.

——, "Imagen de los Reyes Católicos en la Roma pontificia", *En la España Medieval*, n. 28, 2005, pp. 259–354.

Fernández de Madrid, Alonso, *Fray Hernando de Talavera*, Granada, Archivium, 1992.

Fernández de Oviedo, Gonzalo, *Libro de la Cámara Real del Príncipe don Juan e offiçios de su casa e serviçio ordinario*, Santiago Fabregat Barrios (org.), València, Universitat de València, 2002.

——, *Batallas y quinquagenas*, J. Pérez de Tudela y Bueso (org.), 3 vols., Madri, Real Academia de la Historia, 1983–2000.

Fernández Navarrete, Martín et al. (orgs.), *Colección de documentos inéditos para la historia de España*, 112 vols., várias reedições, 1842–95.

——, *Colección de los viages y descubrimientos que hicieron por mar los españoles desde fines del siglo XV*, vols. 1–3, Madri, Imprenta Real, 1825.

Fernández Suárez, José Ramón, "Luis Vives. Educador de los jóvenes ingleses", *ES: Revista de filología inglesa*, n. 17, 1993, pp. 141–50.

Fernández-Armesto, Felipe, *Colón*, Barcelona, Crítica, 1992.

——, *1492. El nacimiento de la modernidad*, Madri, Debate, 2010.

Fita, Fidel, *Los Reys d'Aragó y la Seu de Girona des de l'any 1462 fins al 1482. Col. lecció d'actes capitulars*, Barcelona, Obradors & Sulé, 1873.

——, "Historia hebrea. Documentos y monumentos", *Boletín de la Real Academia de la Historia*, tomo 16, Madri, 1890, pp. 432–56.

Flor, Pedro, "Un retrato desconocido de Isabel la Católica", *Archivo Español de Arte*, vol. 86, n. 341, jan.–mar. 2012, pp. 1–14.

Fuentes, Alonso de, *Cuarenta cantos de diversas y peregrinas historias*, Sevilha, 1545.

Galíndez de Carvajal, Lorenzo, *Crónica de Enrique IV*, Juan Torres Fontes (org.), Múrcia, Consejo Superior de Investigaciones Científicas, 1946.

García Casar, María Fuencisla, "Las comunidades judías de la Corona de Castilla al tiempo de la expulsión", Ángel Alcalá (org.), *Judíos, sefarditas, conversos. La expulsión de 1492 y sus consecuencias. Ponencias del Congreso Internacional celebrado en Nueva York en noviembre de 1992*, Valladolid, Ambito, 1995, pp. 21–31.

García Luján, José Antonio, *El Generalife. Jardín del paraíso*, Granada, J. A. García, 2006.

García Rodríguez, Emilio, "Toledo y sus visitantes extranjeros hasta 1561", *Toletum: Boletín de la Real Academia de Bellas Artes y Ciencias Históricas de Toledo*, n. 1, 1955, pp. 5–37.

García y García, Luis, *Una embajada de los Reyes Católicos a Egipto, según la "Legatio Babylonica" y el "Opus epistolarum" de Pedro Mártir de Anglería*, Valladolid, Instituto Jerónimo Zurita, 1947.

Gil, Juan e Varela, Consuelo (orgs.), *Cartas de particulares a Colón y relaciones coetáneas*, Madri, Alianza, 1984.

Gil Sanjuan, Joaquín e Toledo Navarro, Juan J., "Importancia de la artillería en la conquista de las poblaciones malagueñas (1485–1487)", *Baetica*, n. 30, 2008, pp. 311–31.

Góis, Damião de, *Crónica do felicíssimo Rei D. Manuel*, 4 vols., Coimbra, Universidade de Coimbra, 1949.

Goméz-Moreno, Manuel, "Joyas arabes de la Reina Católica", *Al-Andalus*, vol. 8, 1943, pp. 473–5.

González García, Casimiro, *Datos para la historia biográfica de Valladolid*, 2 vols., Valladolid, Maxtor, 2003.

Gonzálvez Ruíz, Ramón, "Las bulas de la catedral de Toledo y la imprenta incunable castellana", *Toletum: Boletín de la Real Academia de Bellas Artes y Ciencias Históricas de Toledo*, n. 18, 1985, pp. 9–180.

Gracia Dei, Pedro, *Blasón General y Nobleza del Universo*, Madri, Murillo, 1882.

——, *La crianza y virtuosa doctrina*, A. Paz y Meliá (org.), *Opúsculos literarios de los siglos XIV y XV*, Madri, Sociedad de Bibliofilos Españoles, 1892.

Grau, M., "Así fue coronada Isabel la Católica", *Estudios Segovianos*, n. 1, 1949, pp. 20–39 (Ver reedição *Polvo de Archivos. Páginas para la historia de Segovia*, Segóvia, Caja de Ahorros, 1973, pp. 17–26).

Guichot, Joaquín, *Historia de la Ciudad de Sevilla*, vol. 1, Sevilha, Imp. Gironés y Orduña, 1875.

Guillén, Claudio, "Un padrón de conversos sevillanos (1510)", *Bulletin Hispanique*, vol. 65, n. 1, 1963.

Gutierrez Azopardo, Ildefonso, "Los papas en los inicios de la trata negrera", em http://www.africafundacion.org/spip.php?article1847.

Herrero del Collado, Tarsicio, *Talavera y Cisneros: dos vivencias socio-religiosas en la conversión de los moros de Granada*, Madri, Darek-Nyumba, 2001.

Jones, R. O., "Isabel la Católica y el amor cortés", *Revista de Literatura*, vol. 21, n. 41–2, 1962, pp. 55–64.

Kamen, Henry, *La Inquisición Española. Mito e historia crítica*, Barcelona, Crítica, 2013.

Ladero Quesada, Manuel Fernando, "Recibir princesas y enterrar reinas (Zamora 1501 y 1504)", *Espacio, tiempo y forma. Serie III. Historia medieval*, n. 13, 2000, pp. 119–38.

Ladero Quesada, Miguel Ángel (org.), *Edad Media*, vol. 2 de *Historia militar de España*, Madri, Ministerio de Defensa, 2013.

——, "El número de judíos en la España de 1492", Ángel Alcalá (org.), *Judíos, sefarditas, conversos. La expulsión de 1492 y sus consecuencias. Ponencias del Congreso Internacional celebrado en Nueva York en noviembre de 1992*, Valladolid, Ambito, 1995, pp. 170–80.

——, *Isabel I de Castilla. Siete ensayos sobre la reina, su entorno y sus empresas*, Madri, Dykinson, 2012.

——, "Isabel la Católica vista por sus contemporáneos", *En la España Medieval*, n. 29, 2006, pp. 225–86.

——, *La Armada de Flandes. Un episodio en la política naval de los Reyes Católicos*, Madri, Real Academia de la Historia, 2003.

——, *La España de los Reyes Católicos*, Madri, Alianza, 2014.

——, *La Hermandad de Castilla. Cuentas y memoriales, 1480–1498*, Madri, Real Academia de la Historia, 2005.

——, "Las coplas de Hernando de Vera. Un caso de crítica al gobierno de Isabel la Católica", *Anuario de Estudios Atlánticos*, n. 14, 1968, pp. 365–81.

——, "Los bautismos de los musulmanes granadinos en 1500", *De mudéjares a moriscos. Una conversión forzada. Actas*, Instituto de Estudios Turolenses, Centro de Estudios Mudéjares, 2002, pp. 481–542.

———, "Los mudéjares de Castilla cuarenta años después", *En la España Medieval*, n. 33, 2010, pp. 383–424.

———, "Los mudéjares de Castilla en la Edada Media Baja", *Historia. Instituciones. Documents*, n. 5, Sevilha, 1978, pp. 284-8.

———, *Los mudéjares de Castilla en tiempos de Isabel*, Madri, Instituto "Isabel la Católica" de Historia Eclesiástica, 1969.

Lafuente, Modesto, *Historia general de España*, vol. 6, Barcelona, Montaner y Simón, 1888.

Lalaing, Antoine de, "Relato del primer viaje de Felipe el Hermoso a España", *Viajes de extranjeros por España y Portugal, desde los tiempos más remotos hasta fines del siglo XVI*, J. García Mercadal (org.), Madri, Aguilar, 1952.

Larrea Palacios, Arcadio de, *El Cancionero judío del norte de Marruecos*, Madri, CSIC, 1952.

Las Casas, Bartolomé de, *Historia de las Indias*, vols. 1–2, Madri, Imprenta Ginesta, 1875.

León Guerrero, María Montserrat, "El segundo viaje colombino", tese de doutorado, Universidad de Valladolid, 2002, em http://media.cervantesvirtual.com/s3/BVMC_OBRAS/ff7/e02/4c8/2b1/11d/fac/c70/021/85c/e60/64/mimes/ff7e024c-82b1-11df-acc7-002185ce6064.pdf.

———, "La Armada de Flandes y el viaje de la Princesa Juana", *Revista de Estudios Colombinos*, n. 5, 2009, pp. 53–62.

Liske, Javier, *Viajes de extranjeros por España y Portugal en los siglos XV, XVI y XVII*, Madri, Medina, 1878.

Llanos y Torriglia, Félix de, *Así llegó a reinar Isabel la Católica*, Madri, Editorial Voluntad, 1927.

———, *Catalina de Aragón, Reina de Inglaterra*, Madri, Imprentas Helénicas, 1914.

———, *En el hogar de los Reyes Católicos y cosas de sus tiempos*, Madri, Ediciones Fax, 1946.

———, "Sobre la fuga frustrada de doña Juana la Loca", *Boletín de la Real Academia de la Historia*, vol. 102, 1933, pp. 97–114.

Llorca, Bernardino, *Bulario pontificio de la Inquisición española en su período constitucional (1478–1525), según los fondos del Archivo Histórico nacional de Madrid*, Roma, Pontificia Università Gregoriana, 1949.

Lobo Cabrera, Manuel, *La conquista de Gran Canaria (1478–1483)*, Las Palmas de Gran Canaria, Cabildo Insular de Gran Canaria, Departamento de Ediciones, 2012.

López Martínez, Nicolás, *Los judaizantes castellanos y la Inquisición en tiempo de Isabel la Católica*, Burgos, Imprenta de Aldecoa, 1954.

Lorenzo Sanz, Eufemio, *Salamanca en la vida de Colón*, Salamanca, Diputación Provincial, 1983.

Maganto Pavón, Emilio, "Enrique IV de Castilla (1454–1474). Un singular enfermo urológico. Retrato morfológico y de la personalidad de Enrique IV 'El Impotente' en las crónicas y escritos contemporáneos", *Archivos Españoles de Urología*, vol. 56, n. 3, 2003, pp. 211–54.

Manrique, Jorge, *Cancionero*, Madri, Pérez Dubrull, 1885.

Manzano Manzano, Juan, *La incorporación de las Indias a la Corona de Castilla*, Madri, Ediciones Cultura Hispánica, 1948.

Marañón, Gregorio, *Ensayo biológico sobre Enrique IV de Castilla y su tiempo*, Madri, Boletín de la Real Academia 22, 1930.

Maravall, J. A., *Estado moderno y mentalidad social (siglos XV a XVII)*, Madri, Revista de Occident, 1972.

Marineo Sículo, Lucio, *Vida y hechos de los reyes Católicos*, Madri, Atlas, 1943.

Mármol Carvajal, Luis del, *Historia del rebelión y castigo de los moriscos del Reino de Granada*, Madri, Imprenta de Sancha, 1797.

Márquez de la Plata y Ferrándiz, Vicenta María, *Mujeres renacentistas de la corte de Isabel la Católica*, Madri, Editoral Castalia, 2005.

Martín, José-Luis, *Enrique IV de Castilla. Rey de Navarra, Príncipe de Cataluña*, San Sebastián, Nerea, 2003.

——, *Isabel la Católica. Sus hijas y las damas de su corte, modelos de doncellas, casadas y viudas, en el Carro de las donas (1542)*, Ávila, J.L. Martín, 2001.

Martín Romero, José Julio, "El Condestable Miguel Lucas en su crónica", *Revista de Filología Española*, vol. 91, 2011, pp. 129–58.

Martínez de Toledo, Alfonso, *Arcipreste de Talavera, Corbacho, o Reprobación del amor mundano*, Biblioteca Virtual Miguel de Cervantes, em http://www.cervantesvirtual.com/obravisor/arcipreste-de-talavera-o-corbacho--0/html/fedfb970-82b1-11df-acc7002185ce6064_2.html/.

Martínez, Francisco Javier, *Fray Hernando de Talavera*, Granada, Archivium, 1992.

Martínez, François, "Talavera/Cisneros. Dos posturas diferentes con un mismo fin ideológico", *Actas del IX° Congreso Internacional de Sociocrítica*, Edmond Cros, Blanca Cárdenas Fernández e Juan Carlos González Vidal (orgs.), Morelia, Universidad Michoacana, 2005.

Martínez, María, "La creación de una moda propia en la España de los Reyes Católicos", *Aragón en la Edad Media*, n. 19, 2006, pp. 343–80.

Martínez Díez, Gonzalo, *Bulario de la Inquisición Española. Hasta la muerte de Fernando el Católico*, Madri, Editorial Complutense, 1998.

Martínez Millán, José e Marçal Lourenço, María Paula, *Las relaciones discretas entre las Monarquías Hispana y Portuguesa. Las Casas de las Reinas (siglos XV–XIX)*, Madri, Polifemo, 2008.

Mártir de Anglería, Pedro. Ver Anghiera, Pietro Martire d'.

Mata Carriazo, Juan de, *Historia de la guerra de Granada*, Menendez Pidal (org.), *Historia de Espana*, XVII, vol. 1, Madri, Espasa-Calpe, 1969.

Mateo, Andrés María, *Colón e Isabel la Católica*, Valladolid, Consejo Superior de Investigaciones Científicas, 1942.

Medina y Mendoza, Francisco, "Vida del cardenal don Pedro González de Mendoza", in Real Academia de la Historia, *Memorial Histórico Española*, vol. 6, Madri, 1853, pp. 147–310.

Memorias de don Enrique IV de Castilla. Contiene la colección diplomática del mismo rey compuesta y ordenada por la Real Academia de la Historia, Duque de Berwick y de Alba (org.), Madri, Fortanet, 1913.

Menéndez Pidal, Gonzalo, *La España del siglo XIII. Leída en imágenes*, Madri, Real Academia de la Historia, 1986.

Meneses García, Emilio, *Correspondencia del Conde de Tendilla. Biografía, estudio y transcripción*, vol. 1, Madri, Real Academia de la Historia, 1973.

Molénat, Jean-Pierre, "Hornachos fin XVe–début XVIe siècles [Hornachos, Late 15th–Early 16th Century]", *En la España Medieval*, n. 31, 2008, pp. 161–76.

Molinet, Jean, *Chroniques*, vol. 5, Paris, 1828.

Monsalvo Antón, J. M., *Teoría y evolución de un conflicto social. El antisemitismo en la corona de Castilla en la Baja Edad Media*, Siglo XXI, Madri, 1985.

Montalvo, Juan José, *De la Historia de Arévalo y sus sexmos*, 2 vols., Valladolid, Imprenta Castellana, 1928.

Montes Romero-Camacho, Isabel, "Judíos y mudéjares", *Medievalismo*, n. 14, 2004, pp. 241–74.

——, "Las comunidades mudéjares en la Corona de Castilla durante el siglo XV", *De mudéjares a moriscos. Una conversión forzada. Actas*, Instituto de Estudios Turolenses, Centro de Estudios Mudéjares, 2002, pp. 367–480.

Moraleja, Gerardo, *Historia de Medina del Campo*, Medina del Campo, Alaguero, 1971.

Morales, Carmen Alicia, *Isabel de Barcelos. Su importancia en la niñez de Isabel de Castilla*, Arévalo, Cuadernos de Cultura y Patrimonio, n. 14, Arévalo, La Alhóndiga - Asociación de Cultura y Patrimonio, 2012.

——, *Isabel de Castilla. Una psicobiografía*, San Juan, Puerto Rico, Adoquín, 2013 (ed. Kindle).

Motis Dolader, Miguel Ángel, "Las comunidades judías de la Corona de Aragón en el siglo XV", Ángel Alcalá (org.), *Judíos, sefarditas, conversos. La expulsión de 1492 y sus consecuencias. Ponencias del Congreso Internacional celebrado en Nueva York en noviembre de 1992*, Valladolid, Ambito, 1995, pp. 32–54.

Münzer, Hieronymus, *Viaje por España y Portugal (1494–1495)*, Madri, Polifemo, 1991.

Nieto Soria, José Manuel, "El 'poderío real absoluto' de Olmedo (1445) a Ocaña (1469). La monarquía como conflicto", *En la España Medieval*, n. 21, 1998, pp. 159–228.

———, "La renovación de la historia política en la investigación medieval. Las relaciones de poder", *Relaciones de poder en Castilla: el ejemplo de Cuenca*, Cuenca, 1997, pp. 37–64.

Olivera Santos, César, *Las Cortes de Castilla y León y la crisis del Reino*, Valladolid, Cortes de Castilla y León, 1986.

Olivetto, Georgina, "Un testimonio de la crónica de Enrique IV atribuida por Nicolás Antonio a Fernando del Pulgar", *Cuadernos de Historia de España*, vol. 82, 2008, pp. 55–98.

Orella Unzué, José Luis, "Las relaciones vascas con Inglaterra. Siglos XIV–XVI", *Lurralde*, n. 28, 2005, pp. 85–152.

Ortiz de Zúñiga, Diego, *Anales eclesiásticos y seculares de la muy noble y muy leal ciudad de Sevilla*, vol. 3, Madri, Imprenta Real, 1796.

Padilla, Lorenzo de, *Crónica de Felipe I, Llamado el Hermoso, escrita por don Lorenzo de Padilla y dirigida al emperador Carlos V*, vol. 8, Navarrete et al. (orgs.), *Colección de documentos inéditos para la historia de España*, Madri, Imprenta de Calero, 1846.

Palencia, Alonso de, *Crónica de Enrique IV*, 5 vols., A. Paz y Meliá (org.), Biblioteca de Autores Españoles, Madri, Atlas, 1904.

———, *Cuarta década de Alonso de Palencia*, J. López de Toro (org.), 2 vols., Madri, Real Academia de la Historia, 1970–4.

———, *Gesta hispaniensia ex annalibus suorum dierum collecta*, B. Tate e J. Lawrance (orgs.), 2 vols., Madri, Real Academia de la Historia, 1999.

———, *Guerra de Granada*, Alicante, Biblioteca Virtual Miguel de Cervantes, 1999, em http://www.cervantesvirtual.com/nd/ark:/59851/bmc833n9.

Palma, Bachiller, *Divina retribución sobre la caída de España en tiempo del noble rey Don Juan el Primero*, Madri, Bibliófilos Españoles, 1879.

Parrilla, Carmen, "Un cronista olvidado. Juan de Flores, autor de la Crónica incompleta de los Reyes Católicos", in Alan Deyermond e Ian Macpherson (orgs.), *The Age of the Catholic Monarchs, 1475–1516*, n. especial de *Bulletin of Hispanic Studies*, Liverpool, Liverpool University Press, 1989, pp. 123–33.

Pastor, Ludwig, *Historia de los Papas desde fines de la Edad Media*, Barcelona, Gustavo Gili, 1910.

Pastor Bodmer, Isabel, *Grandeza y tragedia de un valido. La muerte de Don Álvaro de Luna. Estudios y documentos*, 2 vols., Madri, Caja Madrid, 1992.

Paz y Meliá, Antonio, *El cronista Alonso de Palencia. Su vida y sus obras. Sus décadas y las crónicas contemporáneas*, Madri, Hispanic Society of America, 1914.

Pérez, Joseph, *Isabel y Fernando. Los Reyes Católicos*, San Sebastián, Nerea, 1997.

———, *La España de los Reyes Católicos*, Madri, Arlanza, 2004.

———, *La inquisición española. Nuevas visiones, nuevos horizontes*, Madri, Siglo XXI, 1980.

Pérez de Guzmán, Fernán, *Crónica de Juan II*, in *Crónicas de los Reyes de Castilla*, vol. 2, Cayetano Rosell (org.), Madri, Rivadeneyra, 1887.

Pérez de Guzmán y Gallo, Juan, "Noticias históricas y genealógicas de los Estados de Montijo y Teba, según los documentos de sus archivos", *Boletín de la Real Academia de la Historia*, vol. 67, dezembro de 1915, pp. 562–78, e Alicante, Biblioteca Virtual Miguel de Cervantes, 2008, em http://www.cervantesvirtual.com/obra/noticias-historicas-y-genealogicasde-los-estados-de-montijo-y-teba-segun-los-documentos-de-sus-archivos-las-publica-elduque-de-berwick-y-de-alba-escudo-ducal-madrid-imprenta-alemana-fuencarral-137-1915-0/.

Pérez Priego, Miguel Ángel, "Historia y literatura en torno al príncipe D. Juan, la 'Representación sobre el poder del Amor' de Juan del Encina", in R. Beltrán, J. L. Canet e J. L. Sirera (orgs.), *Historias y ficciones. Coloquio sobre la literatura del siglo XV*, València, Universitat-Departament de Filología Espanyola, 1992, pp. 337–49.

Pescador del Hoyo, María del Carmen (org.), "Cómo fue de verdad la toma de Granada, a la luz de un documento inédito", *Al-Andalus*, vol. 20, 1955, pp. 283–344.

Poutrin Reyes, Isabelle, "Los derechos de los vencidos. Las capitulaciones de Granada", *Sharq al-Andalus*, vol. 19, 2008–10, pp. 11–34.

Pulgar, Fernando del, *Claros varones de Castilla y Letras*, Madri, Jerónimo Ortega, 1789.

———, *Crónica de los Señores Reyes Católicos Don Fernando y Doña Isabel de Castilla y de Aragón*, in *Crónicas de los Reyes de Castilla*, vol. 3, Cayetano Rosell (org.), Madri, Rivadeneyra, 1878.

———, *Letras*, J. Domínguez Bordona (org.), Madri, Espasa-Calpe, 1958.

Ramírez de Arellano, Rafael, *Historia de Córdoba desde su fundación hasta la muerte de Isabel la Católica*, Ciudad Real, Tipografía del Hospicio Provincial, vol. 4, 1919.

Rodríguez Molina, José, "Poder político de los arzobispos de Toledo en el siglo XV", in Antonio Luis Cortés Peña, José Luis Betrán Moya e Eliseo Serrano (orgs.), *Religión y poder en la Edad Moderna*, Granada, Universidad de Granada, 2005, pp. 11–36.

Rodríguez Sánchez, Ángel, "La muerte del Príncipe de Asturias, Señor de Salamanca", *Revista de Estudios Extremeños*, vol. 57, n. 1, 2001, pp. 23–48.

Rodríguez Valencia, Vicente, *Isabel la Católica en la opinión de españoles y extranjeros. Siglos XV al XX*, vol. 1: *Siglos XV al XVI*, Valladolid, Instituto "Isabel la Católica" de Historia Eclesiástica, 1970.

——, *Perfil moral de Isabel la Católica*, Valladolid, Instituto "Isabel la Católica" de Historia Eclesiástica, 1974.

—— e Suárez Férnandez, Luis, *Matrimonio y derecho sucesorio de Isabel la Católica*, Valladolid, Facultad de Teología de Oña, 1960.

Rodríguez Villa, Antonio, *La Reina Doña Juana la Loca. Estudio histórico*, Madri, Librería Murillo, 1892.

——, *Crónicas del Gran Capitán*, Bailly, Madri, 1908.

Rucquoi, Adeline, *Valladolid en la Edad Media*, 2 vols., Valladolid, Junta de Castilla y León, Consejería de Educación y Cultura, 1997.

Ruiz, Elisa, "El patrimonio gráfico de Isabel la Católica y sus fuentes documentales", *Signo: Revista de Historia de la Cultura Escrita*, n. 14, 2004, pp. 89–138.

Ruiz, Juan, Arcipreste de Hita, *Libro de buen amor*, Paris, Louis Michaud, s/d, em http://www.cervantesvirtual.com/obra-visor/el-libro-de-buen-amor--0/html/ff0ec418-82b111df-acc7-002185ce6064.html/.

Ruiz Benavent, Remedios, *Palacio de don Gutierre de Cárdenas en Ocaña*, Madri, Editorial Visión Libros, 2006.

Rumeu de Armas, Antonio, *Itinerario de los Reyes Católicos, 1474–1516*, Madri, Instituto Jerónimo Zurita, Biblioteca Reyes Católicos, 1974.

——, *La política indigenista de Isabel la Católica*, Valladolid, Instituto "Isabel la Católica" de Historia Eclesiástica, 1969.

——, *La Rábida y el descubrimiento de América*, Madri, Ediciones Cultura Hispanica, 1968.

——, *Libro copiador de Cristóbal Colón. Estudio histórico-crítico y edición*, 2 vols., Madri, Ministerio de Cultura, 1989.

——, *Nueva luz sobre las capitulaciones de Santa Fe de 1492 concertadas entre los Reyes Católicos y Cristóbal Colón. Estudio Institucional y diplomático*, Madri, Consejo Superior de Investigaciones Científicas, 1985.

Salazar y Castro, Luis de, *Historia genealógica de la Casa de Lara, justificada con instrumentos y escritores de inviolable fe*, Madri, Imprenta Real, para Mateo de Llanos y Guzmán, 1698.

Salvador Miguel, Nicasio, "Isabel, Infanta de Castilla, en la corte de Enrique IV (1461–1467). Formación y entorno literario", *Actes del XX Congres Internacional de l'Associació Hispánica de Literatura Medieval*, Alacant, Institui Interuniversitari de Filología Valenciana "Symposia Philologica", vol. 1, 2005, pp. 185–212.

Sánchez Cantón, Francisco Javier, *Libros, tapices y cuadros que coleccionó Isabel la Católica*, Madri, Consejo Superior de Investigaciones Científicas, 1950.

——, *Maestre Nicolás Francés*, Madri, CSIC, Instituto Diego Velázquez, 1964.

Sánchez del Barrio, Antonio, *Comercio y ferias en tiempos de Isabel la Católica*, Alicante, Biblioteca Virtual Miguel de Cervantes, 2005, em http://www.

cervantesvirtual.com/obra-visordin/comercio-y-ferias-en-tiempos-de-isabel-la-catlica-0/html/.

Sánchez Dueñas, Blas, "Una particular visión de la mujer en el siglo XV. Jardín de Nobles Doncellas, de Fray Martín de Córdoba", *Boletín de la Real Academia de Córdoba*, n. 141, 2001, pp. 291–9.

Sánchez Herrero, José, "Amantes, barraganas, compañeras, concubinas clericales", *Clío y Crímen*, n. 5, 2008, pp. 106–37.

Santa Cruz, Alonso de, *Crónica de los Reyes Católicos*, Juan de Mata Carriazo (org.), 2 vols., Sevilha, Publicaciones de la Escuela de Estudios Hispano-Americanos de Sevilla, 1951.

Sarasola, Modesto, *Vizcaya y los Reyes Católicos*, Madri, Consejo Superior de Investigaciones Científicas, Patronato Marcelino Menéndez Pelayo, 1950.

Segura Graíño, Cristina, "Derechos sucesorios al trono de la mujeres en la Corona de Aragón", *Mayurqa*, n. 22(2), 1989, pp. 591–600.

Silva Santa-Cruz, Noelia, "Maurofilia y mudejarismo en época de Isabel la Católica", in Fernando Checa Cremades (org.), *Isabel la Católica. Magnificencia de un reinado. Quinto centenario de Isabel la Católica, 1504–2004*, Madri, Sociedad Estatal de Conmemoraciones Culturales, 2004, pp. 141–54.

Sobrino, Miguel, *Catedrales. Las biografías desconocidas de los Grandes Templos de España*, Madri, La Esfera de los Libros, 2009.

Suárez Fernández, Luis, "1500. Un giro radical en la política de los Reyes Católicos", *En la España Medieval*, n. 9, 1986, pp. 1249–66.

——, *Documentos acerca de la expulsión de los judíos*, Valladolid, Aldecoa, 1964.

——, *El camino hacia Europa*, Madri, Rialp, 1990.

——, *Enrique IV de Castilla. La difamación como arma política*, Barcelona, Ariel, 2001.

——, *Expansión de la Fé*, Madri, Rialp, 1990.

——, *Fernando el Católico*, Barcelona, Ariel, 2013.

——, *Isabel I*, Barcelona, Ariel, 2000.

——, *Judíos españoles en la Edad Media*, Madri, Rialp, 1980.

——, *La conquista del trono*, Madri, Rialp, 1989.

——, "La declaración de guerra a Francia por parte de los Reyes Católicos en 1494", *Archivum*, vol. 12, 1962, pp. 193–209.

——, "Las relaciones de los Reyes Católicos con Egipto", *En la España Medieval*, n. 1, 1980, pp. 507–19.

——, *Los Reyes Católicos*, Barcelona, Ariel, 2004.

——, *Política internacional de Isabel la Católica: estudio y documentos*, 6 vols., Valladolid, Instituto "Isabel la Católica" de Historia Eclesiástica, 1965–72.

——, Carmen Manso Porto e Abraham Rubio Celada (orgs.), *Isabel la Católica en la Real Academia de la Historia*, Madri, Real Academia de la Historia, 2004.

BIBLIOGRAFIA

Szászdi León-Borja, István, "El origen de la Armada de Vizcaya y el Tratado de las Alcáçovas", *Historia, instituciones, documentos*, n. 26, 1999, pp. 547–74.

Takimoto, Kayoko, "De secretario a cronista real. Fernando del Pulgar, oficial real de la corona de Castilla del siglo XV", *Hiyoshi Review of the Humanities*, n. 23, 2008, pp. 351–77, em http://koara.lib.keio.ac.jp/xoonips/modules/xoonips/detail.php?koara_id=AN1006504320080531-0351.

Talavera, Hernando de, *Católica impugnación del herético libelo maldito y descomulgado que fue divulgado en la ciudad de Sevilla* (com Francisco Márquez Villanueva e Stefania Pastore), Córdoba, Almuzara, 2012.

Tapia Sánchez, Serafín de, "Los judíos de Ávila en vísperas de la expulsión", *Sefarad*, n. 57/1, 1997, pp. 135–78.

——, "Los mudéjares de la Extremadura castellano-leonesa. Notas sobre una minoría dócil (1085–1502)", *Studia Historica*, n. 7, 1989, pp. 96–125.

Torre y del Cerro, Antonio de la, *Documentos sobre relaciones internacionales de los Reyes Católicos*, 6 vols., Barcelona, Patronato Marcelino Menéndez Pelayo, 1949-66.

——, *La Casa de Isabel la Católica*, Madri, Consejo Superior de Investigaciones Científicas, 1954.

——, "Maestros de los hijos de los Reyes Católicos", *Hispania*, n. 63, 1956, pp. 256–66.

——, "Un médico de los Reyes Católicos", *Hispania*, n. 14, 1944, pp. 66–72.

—— e Eugenia Alsina (orgs.), *Cuentas de Gonzalo de Baeza, tesorero de Isabel la Católica*, 2 vols., Madri, Consejo Superior de Investigaciones Científicas, 1955–6.

—— e Luis Suárez Fernández (orgs.), *Documentos referentes a las relaciones con Portugal durante el reinado de los Reyes Católicos*, 3 vols., Valladolid, Consejo Superior de Investigaciones Científicas, 1960–3.

Torres Fontes, Juan, *Don Pedro Fajardo, adelantado mayor del reino de Murcia*, Madri, Consejo Superior de Investigaciones Científicas, 1953.

——, "Dos fechas de España en Murcia", *Anales de la Universidad de Murcia*, vol. 6, 1946, pp. 641–8.

—— (org.), *Estudio de la "Crónica de Enrique IV" del Dr. Galíndez de Carvajal*, Múrcia, Sucesores de Nogués, 1946.

Val Valdivieso, María Isabel del, *Isabel I de Castilla (1451–1504)*, Madri, Ediciones del Orto, 2005.

——, "Isabel, *Infanta* and Princess of Castile", in David A. Boruchoff (org.), *Isabel la Católica, Queen of Castile: Critical Essays*, Nova York e Basingstoke, Palgrave Macmillan, 2003, pp. 41–56.

——, *Isabel la Católica. Princesa (1468–1474)*, Valladolid, Instituto "Isabel la Católica" de Historia Eclesiástica, 1974.

——, "La educación de las mujeres en la corte de Isabel la Católica", *Nara Historical Journal (Nara Shien)*, n. 52, fevereiro de 2007.
Valdeón Baruque, J., *Cristianos, judíos, musulmanes*, Barcelona, Crítica, 2006.
——, "Judíos y conversos en la Castilla Medieval", in Fernando Checa Cremades (org.), *Isabel la Católica. Magnificencia de un reinado. Quinto centenario de Isabel la Católica, 1504–2004*, Madri, Sociedad Estatal de Conmemoraciones Culturales, 2004, pp. 63–74.
——, *Los conflictos sociales en el reino de Castilla en los siglos XIV y XV*, Madri, Siglo XXI, 1975.
Valera, Diego de, *Crónica de los Reyes Católicos*, Juan de Mata Carriazo (org.), Madri, José Molina, 1927.
——, *Epístolas*, Madri, Sociedad de Bibliófilos, 1878.
——, *Memorial de diversas hazañas, crónica de Enrique IV*, in *Crónicas de los Reyes de Castilla*, Cayetano Rosell (org.), vol. 3, Madri, Rivadeneyra, 1878.
Varela, Consuelo, *Cristóbal Colón. Retrato de un hombre*, Barcelona, Alianza, 1992.
——, *La caída de Cristóbal Colón. El juicio de Bobadilla*, Barcelona, Marcial Pons, Ediciones de Historia, 2006.
——, *Los cuatro viajes. Testamento*, Barcelona, Alianza, 2007.
—— (org.), *Textos y documentos completos*, Madri, Alianza, 1992.
—— (org.), *Textos y documentos completos. Relaciones de viajes, cartas y memoriales*, Madri, Alianza, 1984.
Vicens Vives, Jaime, *Historia crítica de la vida y reinado de Fernando II de Aragón*, Saragoça, Institución Fernando el Católico, 2007.
——, *Juan II de Aragón. Monarquía y revolución*, Barcelona, Editorial Teide, 1953.
Villacampa, Carlos G., *Grandezas de Guadalupe. Estudios sobre la historia y las bellas artes del gran monasterio extremeño*, Madri, C. Vallinas, 1924.
Villaseñor Sebastián, Fernando, "La corte literaria de Juan de Zúñiga y Pimentel (Plasencia, 1459-1504 Guadalupe)", *Anales de Historia del Arte*, 2013, vol. 23, n. especial (II).
Zalama Rodríguez, Miguel Ángel, "Oro, perlas, brocados... La ostentación en el vestir en la corte de los Reyes Católicos", *Revista de Estudios Colombinos*, n. 8, 2012, pp. 13–22.
——, "Colón y Juana I. Los viajes por mar de la reina entre España y los Países Bajos", *Revista de Estudios Colombinos*, n. 5, 2009, p. 42.
Zurita, Jerónimo, *Anales de Aragón*, Ángel Canellas López et al. (orgs.), Saragoça, Institución Fernando el Católico, em http://ifc.dpz.es/publicaciones/ver/id/2448.
——, *Historia del rey Don Fernando el Católico. De las empresas, y ligas de Italia*, José Javier Iso et al. (orgs.), Saragoça, Oficina de Domingo de Portonariis,

BIBLIOGRAFIA

y Ursino impresor de la Sacra, Real, y Católica Majestad, y del reino de Aragón, Saragoça, 1580, em http://ifc.dpz.es/publicaciones/ver/id/2423.

FONTES EM INGLÊS E EM OUTRAS LÍNGUAS QUE NÃO ESPANHOL
Anderson, Perry, *Lineages of the Absolutist State*, Nova York e Londres, Verso, 2013.
Anon, "Original Documents Relating to Queen Katharine of Aragon", *Gentleman's Magazine*, 42, New series, dez. de 1854, p. 572.
Aram, Bethany, *Juana the Mad: Sovereignty and Dynasty in Renaissance Europe*, Baltimore, Johns Hopkins University Press, 2005.
Armelagos, George J. et al. "The Science Behind Pre-Columbian Evidence of Syphilis in Europe", *Evolutionary Anthropology*, vol. 21, n. 2, 2012, pp. 50–7.
Bacon, Francis, *The Works of Francis Bacon*, Basil Montagu (org.), Filadélfia, Carey and Hart, 1841, 3 vols.
Barnett, Richard (org.), *The Sephardi Heritage: Essays on the History and Cultural Contribution of the Jews of Spain and Portugal*, vol. 1: *The Jews in Spain and Portugal Before and After the Expulsion of 1492*, Londres, Vallentine Mitchell, 1971.
Barton, Simon, *A History of Spain*, Londres, Palgrave Macmillan, 2009.
Beinart, Haim, "The Conversos Community of Fifteenth-Century Spain", in Richard Barnett (org.), *The Sephardi Heritage: Essays on the History and Cultural Contribution of the Jews of Spain and Portugal*, vol. 1: *The Jews in Spain and Portugal Before and After the Expulsion of 1492*, Londres, Vallentine Mitchell, 1971, pp. 425–56
——, *Records of the Trials of the Spanish Inquisition in Ciudad Real*, 2 vols., Jerusalem, The Israel National Academy of Sciences and Humanities, 1974–7.
Blackmore, Josiah e Hutcheson, Gregory S., *Queer Iberia: Sexualities, Cultures, and Crossings from the Middle Ages to the Renaissance*, Durham, Carolina do Norte e Londres, Duke University Press, 1999.
Boruchoff, David A., "Historiography with License: Isabel, the Catholic Monarch and the Kingdom of God", in David A. Boruchoff (org.), *Isabel la Católica, Queen of Castile: Critical Essays*, Nova York e Basingstoke, Palgrave Macmillan, 2003, pp. 225–94.
—— (org.), *Isabel la Católica, Queen of Castile: Critical Essays*, Nova York e Basingstoke, Palgrave Macmillan, 2003.
Britnell, Richard e Dodds, Ben, *Agriculture and Rural Society after the Black Death: Common Themes*, Hatfield, University of Hertfordshire Press, 2008.
Brundage, James, *Law, Sex, and Christian Society in Medieval Europe*, Chicago, University of Chicago Press, 1987.
Burchard, Johann, *At the Court of the Borgia*, Geoffrey Parker (org.), Londres, Folio Society, 2002.

Columbus, Christopher, *Select Letters of Christopher Columbus: With Other Original Documents, Relating to His Four Voyages to the New World*, Richard Henry Major (org.), 2 vols., Londres, Impresso para a Hakluyt Society, 1847.

Cook Jr., Weston F., "The Cannon Conquest of Nasid Granada and the End of the Reconquista", in Donald J. Kagay e L. J. Andrew Villalon (orgs.), *Crusaders, Condottieri, and Cannon: Medieval Warfare in Societies around the Mediterranean*, Leiden e Boston, Brill, 2003, pp. 253–84.

Cunningham, Sean, *Henry VII*, Londres, Routledge, 2007.

Davies, Norman, *Europe: A History*, Oxford, Oxford University Press, 1996.

Earenfight, Theresa (org.), *Queenship and Political Power in Medieval and Early Modern Spain*, Burlington, Vermont, Ashgate, 2005.

——, "Two Bodies, One Spirit: Isabel and Fernando's Construction of Monarchical Partnership", in Barbara F. Weissberger (org.), *Queen Isabel I of Castile: Power, Patronage, Persona*, Woodbridge, Suffolk, Tamesis, 2008, pp. 3–18.

Edwards, John, *Ferdinand and Isabella - Profiles in Power*, Harlow, Pearson Longman, 2005.

——, *Torquemada and the Inquisitors*, Stroud, Tempus, 2005.

Ehses, Stephan (org.), *Römische Dokumente zur Geschichte der Ehescheidung Heinrichs VIII von England*, Paderborn, Ferdinand Schöningh, 1893.

Elliott, J. H., *Imperial Spain 1469–1716*, Londres, Pelican, 1970.

Ellis, Henry (org.), *Original Letters Illustrative of English History*, 1ª série, 3 vols., 2ª série, 4 vols., 3ª série, 4 vols., Londres, Harding, Triphook & Lepard, 1824.

Erasmus, Desiderius, *The Epistles of Erasmus*, trad. Francis Morgan Nichols, vol. 3, Londres, Longmans, Green, 1901.

Fernández-Armesto, Felipe, *Before Columbus: Exploration and Colonisation from the Mediterranean to the Atlantic, 1229–1492*, Filadélfia, University of Pennsylvania Press, 1987.

——, *Columbus*, Oxford, Oxford University Press, 1991.

——, *Columbus on Himself*, Cambridge, MA, Hackett, 2010.

——, *Ferdinand and Isabella*, Nova York, Dorset Press, 1991.

——, *Pathfinders: A Global History of Exploration*, Oxford, Oxford University Press, 2007.

Fuchs, Barbara, *Exotic Nation: Maurophilia and the Construction of Early Modern Spain*, Filadélfia, University of Pennsylvania Press, 2009.

Gairdner, James, *Henry VII*, Londres, Macmillan, 1889.

——, *Memorials of King Henry the Seventh*, Londres, Longman, Brown, Green, Longmans & Roberts, 1858.

—— (org.), *Three Fifteenth-Century Chronicles with Historical Memoranda by John Stowe*, Camden Society, Londres, 1880, em http://www.british-history.ac.uk/camden-recordsoc/vol28.

Gerber, Jane. *The Jews of Spain: a history of the Sephardic experience*, The Free Press, Nova York, 1992, p. 136 (citando Solomon ibn Verga, *Shevet Yehuda*).

Gross, Abraham, *Iberian Jewry from Twilight to Dawn: The World of Rabbi Abraham Saba*, Leiden, Brill, 1995.

Hall, Edward, *Hall's Chronicle — The Union of the Two Noble and Illustre Families of Lancastre and Yorke (1548)*, Londres, J. Johnson, 1809.

Haring, Clarence H., "American Gold and Silver Production in the First Half of the 16th Century", *Quarterly Journal of Economics*, vol. 29, n. 3, maio, 1915, pp. 433–79.

Harvey, L. P., *Islam in Spain, 1250 to 1500*, Chicago, University of Chicago Press, 1990.

——, *Muslims in Spain, 1500 to 1614*, Chicago, University of Chicago Press, 2005.

Hessayon, Ariel, rev. de François Soyer, *The Persecution of the Jews and Muslims of Portugal. King Manuel I and the End of Religious Tolerance (1496–7)*, em http://www.history.ac.uk/reviews/review/797.

Hibbert, Christopher, *The Borgias*, Londres, Constable, 2011 (ed. Kindle).

Hollingsworth, Mary, *The Borgias: History's Most Notorious Dynasty*, Londres, Quercus, 2011 (ed. Kindle).

Homza, Lu Ann, *The Spanish Inquisition 1478-1614*, Indianápolis, Hackett, 2006.

Hunt, Edward S. e Murray, James M., *A History of Business in Medieval Europe, 1200–1550*, Nova York, Cambridge University Press, 1999.

Ingram, Kevin (org.), *The Conversos and Moriscos in Late Medieval Spain and Beyond*, vol. 2, Leiden, Brill, 2009.

Irwin, Robert, *The Alhambra*, Londres, Profile Books, 2004.

Kagan, Richard L., *Clio and the Crown: The Politics of History in Medieval and Early Modern Spain*, Baltimore, Johns Hopkins University Press, 2009 (ed. Kindle).

Kamen, Henry, *The Spanish Inquisition: A Historical Revision*, New Haven, Yale University Press, 1998.

Kipling, Gordon (org.), *The Receyt of The Ladie Kateryne*, Oxford, Oxford University Press para a Early English Text Society, 1990.

Koningsveld, P. S. van e Wiegers, G. A., "Islam in Spain During the Early Sixteenth Century. The Views of the Four Chief Judges in Cairo (Introduction, Translation and Arabic Text)", in O. Zwartjes, G.J. van Gelder e E. de Moor (orgs.), *Poetry, Politics and Polemics. Cultural Transfer between the Iberian Peninsula and North Africa*, Amsterdã, Atlanta, 1997, pp. 133-152.

——, "The Islamic Statute of the Mudejars in the Light of a New Source", *Al-Qantara*, vol. 17, 1996, pp. 19–58.

Lalaing, Antoine de, *Collection des voyages des souverains des Pays-Bas*, Gachard, Bruxelas, 1876.

Lea, Henry Charles, *History of the Inquisition of Spain*, 4 vols., Nova York e Londres, Macmillan, 1906–7.

Liss, Peggy K., *Isabel the Queen: Life and Times*, Filadélfia, University of Pennsylvania Press, 2004.

Lunenfeld, Marvin, *The Council of Santa Hermandad: A Study of the Pacification Forces of Ferdinand and Isabela*, Coral Gables, Flórida, University of Miami Press, 1970.

Machiavelli, Niccolò, *The Prince*, trad. George Bull, Londres, Penguin, 1999.

MacKay, Angus, *Spain in the Middle Ages: From Frontier to Empire, 1000–1500*, Londres, Macmillan, 1977.

Marx, Alexander, "The Expulsion of the Jews from Spain: Two New Accounts", *Jewish Quarterly Review*, vol. 20, n. 2, 1908, pp. 240–71.

Mattingly, Garrett, *Catherine of Aragon*, Londres, Jonathan Cape, 1942.

Mol, Angus A. A., "The Gift of the 'Face of the Living': Shell Faces as Social Valuables in the Caribbean Late Ceramic Age", *Journal de la Société des Américanistes*, vol. 97, n. 2, 2011, pp. 7–43, em http://jsa.revues.org/11834.

Monroe, James T., "A Curious Morisco Appeal to the Ottoman Empire", *Al-Andalus*, vol. 31, 1966, pp. 281–303.

More, Thomas. *Selected letters*. Elizabeth Frances Rogers (org.), New Haven, Yale University Press, 1961.

Morison, Samuel Eliot, *The Great Explorers: The European Discovery of America*, Oxford, Oxford University Press, 1986.

Netanyahu, Benzion, *The Marranos of Spain: From the Late 14th to the Early 16th Century*, Ithaca, NY, Cornell University Press, 1999.

———, *The Origins of the Inquisition in Fifteenth Century Spain*, Nova York, New York Review Books, 2001.

Nicolas, Nicholas Harris, *Privy Purse Expenses of Elizabeth of York: Wardrobe Accounts of Edward the Fourth*, Londres, William Pickering, 1830.

Nunn, Nathan e Qian, Nancy, "The Columbian Exchange: A History of Disease, Food, and Ideas", *Journal of Economic Perspectives*, vol. 24, n. 2, 2010, pp. 163–88.

Ombelet, Willem e Van Robays, Johan, "History of Human Artificial Insemination", *Facts, Views & Vision*, monografia, 2010, pp. 1–5, em http://www.fvvo.be/assets/97/13Ombelet_et_al.pdf.

Pérez de Guzmán, Fernán, *Pen Portraits of Illustrious Castilians*, trad. Marie Gillette e Loretta Zehngut, Washington, D.C., Catholic University Press, 2003.

Pocock, Nicholas (org.), *Records of the Reformation: The Divorce, 1527–33*, 2 vols., Oxford, Clarendon Press, 1870.

Raphael, David (org.), *The Expulsion 1492 Chronicles: Medieval Chronicles Relating to the Expulsion of the Jews from Spain and Portugal*, North Hollywood, Califórnia, Carmi House, 1992 (ed. Kindle).

Rosner, Fred, "The Life of Moses Maimonides, a Prominent Medieval Physician", *Einstein Quarterly*, vol. 19, 2002, pp.125-8.
Norman Roth (org.), *Medieval Jewish Civilization: An Encyclopedia*, Nova York, Routledge, 2003.
——, *Conversos, Inquisition, and the Expulsion of the Jews from Spain*, Madison, University of Wisconsin Press, 2002
Rubin, Nancy, *Isabella of Castile: The First Renaissance Queen*, Lincoln, Nebraska, ASJA Press, 2004.
Rucquoi, Adeline, *De Jeanne d'Arc à Isabelle la Catholique. L'image de la France en Castille au XVe siècle, Journal des Savants*, vol. 1, n. 1, jan.–jun. 1990, pp. 155–74.
Sanuto, Marino, *I diarii di Marino Sanuto*, vols. 1, 14, 15, 16, 17, 39, 54, Veneza, Fratelli Visentini Tipografi Editori, 1879-86.
Scarisbrick, J. J., *Henry the Eighth*, Londres, Eyre Methuen, 1981.
Shadis, Miriam, *Berenguela of Castile (1180–1246) and Political Women in the High Middle Ages*, Nova York, Palgrave Macmillan, 2009.
Silleras-Fernández, Nuria, *Power, Piety, and Patronage in Late Medieval Queenship: Maria de Luna*, Nova York, Palgrave Macmillan, 2009
Soyer, François, *The Persecution of the Jews and Muslims of Portugal: King Manuel I and the End of Religious Tolerance (1496–7)*, Leiden, Brill, 2007.
Strickland, Agnes, *Lives of the Queens of England*, Filadélfia, Blanchard & Lea, 1852.
Suárez, Thomas, *Shedding the Veil: Mapping the European Discovery of America and the World*, Cingapura, World Scientific Publishing, 1992.
Thacker, Eugene, *The Global Genome: Biotechnology, Politics and Culture*, Cambridge, Massachusetts e Londres, MIT Press, 2006.
Thomas, Hugh, *Rivers of Gold: The Rise of the Spanish Empire, from Columbus to Magellan*, Londres, Penguin, 2010.
——, *The Golden Age: The Spanish Empire of Charles V*, Londres, Penguin, 2011.
——, *The Slave Trade, The History of the Atlantic Slave Trade, 1440–1870*, Weidenfeld & Nicolson, 2015 (ed. Kindle).
Thomas, A. H. e Thornley, I. D. (orgs.), *The Great Chronicle of London*, Gloucester, Alan Sutton, 1983.
Tremlett, Giles, *Catherine of Aragon*, Londres, Faber & Faber, 2010.
Vives, Juan Luis, *The Education of a Christian Woman: A Sixteenth-Century Manual*, org. e trad. de Charles Fantazzi, Chicago, University of Chicago Press, 2000.
——, *Vives: On Education. A translation of the tradendis disciplinis of Juan Luis Vives together with an Introduction by Foster Watson*, Cambridge, Cambridge University Press, 1913.

Watson, Foster (org.), *Vives and the Renascence Education of Women*, Londres, Arnold, 1912.

Weissberger, Barbara F., "'¡A tierra, puto!': Alfonso de Palencia's Discourse of Effeminacy", in Josiah Blackmore e Gregory S. Hutcheson (orgs.), *Queer Iberia: Sexualities, Cultures, and Crossings from the Middle Ages to the Renaissance*, Durham, Carolina do Norte e Londres, Duke University Press, 1999, pp. 291–324.

——, *Isabel Rules: Constructing Queenship, Wielding Power*, Mineápolis, University of Minnesota Press, 2003.

—— (org.), *Queen Isabel I of Castile: Power, Patronage, Persona*, Woodbridge, Suffolk, Tamesis, 2008.

Wollock, Jennifer G., *Rethinking Chivalry and Courtly Love*, Santa Bárbara, Praeger, 2011.

Wood, Mary Anne Everett, *Letters of Royal and Illustrious Ladies of Great Britain*, 3 vols., Londres, Henry Colburn, 1846.

Wroe, Ann, *Perkin: A Story of Deception*, Londres, Jonathan Cape, 2003.

AGRADECIMENTOS

Agradeço profundamente aos historiadores acadêmicos que foram generosos com seu tempo e reflexões. Os professores Fernández-Armesto, da Universidade de Notre-Dame, e Simon Barton, da Universidade de Exeter, foram gentis o bastante para ler partes inteiras do manuscrito deste livro e fazer suas observações críticas e comentários. Sou grato em especial ao professor Fernández-Armesto por sua orientação em diversos assuntos. A versão final deste livro é de minha autoria, inclusive os erros que porventura cometi e a minha conclusão do lugar de Isabel na história, sua usurpação da coroa, a emergência do que hoje chamamos de "racismo" durante o seu reinado e a concentração de poder na sua corte como um precursor do absolutismo.

Sou grato ao professor David Raphael e a Esther Carmi por permitirem que eu usasse extratos de traduções das crônicas hebraicas publicadas em *The Expulsion 1492 Chronicle: An Anthology of Chronicles Relating to the Expulsion of the Jews from Spain and Portugal*, de autoria do professor. Esta obra é a fonte mais valiosa em língua inglesa a abordar a experiência de expulsão dos judeus sefarditas. A professora Lu Ann Homza, da Faculdade William and Mary e da Hackett Publishing, também me ofereceu gentilmente sua permissão para que eu citasse o seu *Spanish Inquisition, 1478-1614: An Anthology of Sources*, embora, após encontrar o material original, tenha optado pelo princípio de traduzir eu mesmo sempre que possível. Recomendo o livro da professora Homza para aqueles que desejam uma imersão mais profunda nas fontes de primeira mão sobre a Inquisição. Como também recomendo, do professor Fernández-Armesto, o seu *Columbus on Himself*, que nos fornece traduções alternativas e completas dos escritos de Cristóvão Colombo. Pedro Flor, da Universidade Nova de Lisboa, em Portugal, descobriu o que considero um importante acréscimo ao reduzido número de retratos de Isabel que ainda sobrevivem, e gentilmente respondeu minhas indagações sobre o assunto. Agradeço por sua ajuda e assim espero que a National Gallery, de Londres, revise o seu catálogo. Bibliotecários e arquivistas da Biblioteca Nacional de Madri, da Real Academia de la Historia, da Biblioteca Britânica e do National Archives foram de inestimável apoio.

Grande parte deste livro dependeu de obras publicadas por mestres especialistas na história espanhola dos séculos XV e XVI – entre eles Tarsicio de Azcona, Miguel Ángel Ladero Quesada, Luis Suárez Fernández, Consuelo Varela, Álvaro Fernández de Córdova Miralles, J.H. Elliott e Felipe Fernández-Armesto, para mencionar apenas alguns. Também gostaria de agradecer aos que me disponibilizaram suas teses de doutorado ou versões delas – como Córdova Miralles, sobre o papa Alexandre VI (Rodrigo Bórgia) e os Reis Católicos, Maria Montserrat Léon Guerrero, sobre a segunda viagem de Colombo, Ana Isabel Carrasco Manchado, sobre propaganda, e a Carmen Alicia Morales, por seu fascinante trabalho em *Psiquobiografía*. Sou apenas uma das inúmeras pessoas que aguardam com grande interesse a tese de Teresa Tinsley sobre Hernando de Baeza, e agradeço a ela por compartilhar suas ideias.

A equipe da Bloomsbury foi paciente, minuciosa e criativa, por isso agradeço a Michel Fishwick, Bill Swainson, Anna Simpson, Marigold Atkey, Kate Quarry, David Atkinson e Angelique Van Sang. Peter James condisse com sua reputação de um dos melhores editores de texto britânicos, e meus agradecimentos também se estendem a Catherine Best por sua revisão cuidadosa. Minha agente, Georgina Capel, como sempre, ofereceu-me firmeza e orientação. Walter Donohue, com sua mente aplicada de editor, leu generosamente uma primeira versão do texto. Um agradecimento especial à mais perspicaz leitora, Katharine Scott, e aos que participaram de inúmeras conversas sobre Isabel de Castela à mesa do jantar – Lucas e Samuel Tremlett.

Impressão e Acabamento:
EDITORA JPA LTDA.